国家出版基金项目
NATIONAL PUBLICATION FOUNDATION

中国近代
思想家文库

◎

汤仁泽 编

谭嗣同卷

中国人民大学出版社
·北京·

谭嗣同像

谭嗣同像

（光绪戊戌春夏间摄）　叶觉迈　谭嗣同　王史　欧榘甲　韩文举　唐才常　李维格

湖南时务学堂总理及教习合影

海鹽張元濟題

譚嗣同全集

蔡尚思、方行编：《谭嗣同全集》（三联书店 1954 年版）

陈乃乾校订：《谭浏阳全集》（附续编）（上海文明书局 1917 年版）

钦宪世兄大人阁下矿师有回信谕及

此间榴差须廿日后方能启行

浏阳近日大株矿雅用土法开

採而报之人为极迅真唐铍逆

拔贞才芇呙□一如顶楼唐信

二山该□之煤运□二百二十二石

故不钱政局试验是否合用乞信

一佇主

谭嗣同手迹

总　序

　　对于近代的理解，虽不见得所有人都是一致的，但总的说来，对于近代这个词所涵的基本意义，人们还是有共识的。一个国家、一个民族走入近代，就意味着以工业化为主导的经济取代了以地主经济、领主经济或自然经济为主导的中世纪的经济形态，也还意味着，它不再是孤立的或是封闭与半封闭的，而是以某种形式加入到世界总的发展进程。尤其重要的是，它以某种形式的民主制度取代君主专制或其他不同形式的专制制度。中国是个幅员广大、人口众多、历史悠久的多民族国家，由于长期历史发展是自成一体的，与外界的交往比较有限，其生产方式的代谢迟缓了一些。如果说，世界的近代是从 17 世纪开始的，那么中国的近代则是从 19 世纪中期才开始的。现在国内学界比较一致的认识，是把 1840 年到 1949 年视为中国的近代。

　　中国的近代起始的标志是 1840 年的鸦片战争。原来相对封闭的国门被拥有近代种种优势的英帝国以军舰、大炮再加上种种卑鄙的欺诈打开了。从此，中国不情愿地加入到世界秩序中，沦为半殖民地。原来独立的大一统的中央集权的君主专制国家，如今独立已经极大地被限制，大一统也逐渐残缺不全，中央集权因列强的侵夺也不完全名实相符了。后来因太平天国运动，地方军政势力崛起，形成内轻外重的形势，也使中央集权被弱化。经历第二次鸦片战争、中法战争、甲午战争、八国联军入侵的战争以及辛亥革命后的多次内外战争，直至日本全面侵略中国的战争，致使中国的经济、政治、教育、文化，都无法顺利走上近代发展的轨道。古今之间，新旧之间，中外之间，混杂、矛盾、冲突。总之，鸦片战争后的中国，既未能成为近代国家，更不能维持原有的统治秩序。而外患内忧咄咄逼人，人们都有某种程度"国将不国"的忧虑。

　　"天下兴亡，匹夫有责"，读书明理的士大夫，或今所谓知识分子，尤为敏感，在空前的危机与挑战面前，皆思有所献替。于是发生种种救亡图存的思想与主张。有的从所能见及的西方国家发展的经验中借鉴某些东西，形成自己的改革方案；有的从历史回忆中拾取某些智慧，形成某种民族复兴的设想；有的则力图把西方的和中国所固有的一些东西加以调和或结合，形成某种救亡图强的主张。这些方案、设想、主张，从世界上"最先进的"，到"最落后的"，几乎样样都有。就提出这些方案、设想、主张者的初衷而言，绝大多数都含着几分救国的意愿。其先进与落后，是否可行，能否成功，尽可充分讨论，但可不必过为诛心之论。显而易见，既然救国的问题最为紧迫，人们所心营目注者自然是种种与救国的方案直接相关的思想学说，而作为产生这些学说的更基础性的理论，及其他各种知识、思想，则关注者少。

围绕着救国、强国的大议题，知识精英们参考世界上种种思想学说，加以研究、选择，认为其中比较适用的思想学说，拿来向国人宣传，并赢得一部分人的认可。于是互相推引，互相激励，更加发挥，演而成潮。在近代中国，曾经得到比较广泛的传播的思想学说，或者够得上思潮的，主要有以下几种：

（一）进化论。近代西方思想较早被引介到中国，而又发生绝大影响的，要属进化论。中国人逐渐相信，进化是宇宙之铁则，不进化就必遭淘汰。以此思想警醒国人，颇曾有助于振作民族精神。但随后不久，社会达尔文主义伴随而来，不免发生一些负面的影响。人们对进化的了解，也存在某些片面性，有时把进化理解为一条简单的直线。辩证法思想帮助人们形成内容更丰富和更加符合实际的发展观念，减少或避免片面性的进化观念的某些负面影响。

（二）民族主义。中国古代的民族主义思想，其核心是"非我族类，其心必异"，所以最重"华夷之辨"。鸦片战争前后一段时期，中国人的民族思想，大体仍是如此。后来渐渐认识到"今之夷狄，非古之夷狄"，"西人治国有法度，不得以古旧之夷狄视之"。但当时中国正遭受西方列强的侵略和掠夺，追求民族独立是民族主义之第一义。20世纪初，中国知识精英开始有了"中华民族"的概念。于是，渐渐形成以建立近代民族国家为核心的近代民族主义。结束清朝君主专制，创立中华民国，是这一思想的初步实现。第一次世界大战爆发，中国加入"协约国"，第一次以主动的姿态参与世界事务，接着俄国十月革命爆发，这两件事对近代中国的发展历程造成绝大影响。同时也将中国人的民族主义提升到一个新的层次，即与国际主义（或世界主义）发生紧密联系。也可以说，中国人更加自觉地用世界的眼光来观察中国的问题。新生的中国共产党和改组后的国民党都是如此。民族主义成为中国的知识精英用来应对近代中国所面临的种种危机和种种挑战的一个重要的思想武器。

（三）社会主义。社会主义作为一种模糊的理想是早在古代就有的，而且不论东方和西方都曾有过。但作为近代思潮，它是于19世纪在批判近代资本主义的基础上产生的。起初仍带有空想的性质，直到马克思和恩格斯才创立起科学社会主义。20世纪初期，社会主义开始传入中国。当时的传播者不太了解科学社会主义与以往的社会主义学说的本质区别。有一部分人，明显地受到无政府主义的强烈影响，更远离科学社会主义。直到五四新文化运动兴起之后，中国人始较严格地引介、宣传科学社会主义。但有一段时间，无政府主义仍是一股很大的思想潮流。中国共产党的成立，从思想上说，是战胜无政府主义的结果。中国共产党把在中国实现社会主义乃至共产主义作为自己的奋斗目标。此后，社会主义者，多次同各种非科学社会主义思想的信仰者进行论争并不断克服种种非科学社会主义思想的影响。

（四）自由主义。自由主义也是从清末就被介绍到中国来，只是信从者一直寥寥。直到五四新文化运动兴起，具有欧美教育背景的知识精英的数量渐渐多起来，自由主义始渐渐形成一股思想潮流。自由主义强调个性解放、意志自由和自己承担责任，在政治上反对一切专制主义。在中国的社会条件下，自由主义缺乏社会基础。在政治激烈动荡的时候，自由主义者很难凝聚成一股有组织的力量；在稍稍平和的时候，他们往往更多沉浸在自己的专业中。所以，在中国近代史上，自由主义不曾有，也不可能有大的作为。

（五）激进主义与保守主义。处于转型期的社会，旧的东西尚未完全退出舞台，新的东西也还未能巩固地树立起来，新旧冲突往往要持续很长的时间，有时甚至达到很激烈的程度。凡助推新东西成长的，人们便视为进步的；凡帮助旧东西排斥新东西的，人们便视为保守的。其实，与保守主义对应的，应是进步主义；与顽固主义相对的则应是激进主义。不过在通常话语环境中人们不太严格加以区分。中国历史悠久，特别是君主专制制度持续两千余年，旧东西积累异常丰富，社会转型极其不易。而世界的发展却进步甚速。中国的一部分精英分子往往特别急切地想改造中国社会，总想找出最厉害的手段，选一条最捷近的路，以最快的速度实现全盘改造。这类思想、主张及其采取的行动，皆属激进主义。在中共党史上，它表现为"左"倾或极左的机会主义。从极端的激进主义到极端的顽固主义，中间有着各种程度的进步与保守的流派。社会的稳定，或社会和平改革的成功，都依赖有一个实力雄厚的中间力量。但因种种原因，中国社会的中间力量一直未能成长到足够的程度。进步主义与保守主义，以及激进主义与顽固主义，不断进行斗争，而实际所获进步不大。

（六）革命与和平改革。中国近代史上，革命运动与和平改革运动交替进行，有时又是平行发展。两者的宗旨都是为改变原有的君主专制制度而代之以某种形式的近代民主制度。有很长一个时期，有两种错误的观念，一是把革命理解为仅仅是指以暴力取得政权的行动，二是与此相关联，把暴力革命与和平改革对立起来，认为革命是推动历史进步的，而改革是维护旧有统治秩序的。这两种论调既无理论根据，也不合历史实际。凡是有助于改变君主专制制度的探索，无论暴力的或和平的改革都是应予肯定的。

中国近代揭幕之时，西方列强正在疯狂地侵略与掠夺殖民地和半殖民地，中国是它们互相争夺的最后一块、也是最大的资源地。而这时的中国，沿袭了两千年的君主专制制度已到了奄奄一息的末日，统治当局腐朽无能，对外不足以御侮，对内不足以言治，其统治的合法性和统治的能力均招致怀疑。革命运动与改革的呼声，以及自发的民变接连不断。国家、民族的命运真的到了千钧一发之际，危机极端紧迫。先觉分子救国之心切，每遇稍具新意义的思想学说便急不可待地学习引介。于是西方思想学说纷纷涌进中国，各阶层、各领域，凡能读书读报者，受其影响，各依其家庭、职业、教育之不同背景而选择自以为不错的一种，接受之，信仰之，传播之。于是西方几百年里相继风行的思想学说，在短时期内纷纷涌进中国。在清末最后的十几年里是这样，五四时期在较高的水准上重复出现这种情况。

这种情况直接造成两个重要的历史现象：一个是中国社会的实际代谢过程（亦即社会转型过程）相对迟缓，而思想的代谢过程却来得格外神速。另一个是在西方原是差不多三百年的历史中渐次出现的各种思想学说，集中在几年或十几年的时间里狂泻而来，人们不及深入研究、审慎抉择，便匆忙引介、传播，引介者、传播者、听闻者，都难免有些消化不良。其实，这种情况在清末，在五四时期，都已有人觉察。我们现在指出这些问题并非苛求前人，而是要引为教训。

同时我们也看到，中国近代思想无比的多样性与复杂性呈现出绚丽多彩的姿态，各种思想持续不断地展开论争，这又构成中国近代思想史的一个突出特点。有些论争为我们留下了非常丰富的思想资料。如兴洋务与反洋务之争，变法与反变法之争，革命与改良之争，共和与立宪之争，东西文化之争，文言与白话之争，新旧伦理之争，科学与人生观之争，中国社会性质的论争，社会史的论争，人权与约法之争，全盘西化与本位文化之争，民主与独裁之争，等等。这些争论都不同程度地关联着一直影响甚至困扰着中国人的几个核心问题，即所谓中西问题、古今问题与心物关系问题。

中国近代思想的光谱虽比较齐全，但各种思想的存在状态及其影响力是很不平衡的。有些思想信从者多，言论著作亦多，且略成系统；有些可能只有很少的人做过介绍或略加研究；有的还可能因种种原因，只存在私人载记中，当时未及面世。然这些思想，其中有很多并不因时间久远而失去其价值。因为就总的情况说，我们还没有完成社会的近代转型，所以先贤们对某些问题的思考，在今天对我们仍有参考借鉴的价值。我们编辑这套《中国近代思想家文库》，希望尽可能全面地、系统地整理出近代中国思想家的思想成果，一则借以保存这份珍贵遗产，再则为研究思想史提供方便，三则为有心于中国思想文化建设者提供参考借鉴的便利。

考虑到中国近代思想的上述诸特点，我们编辑本《文库》时，对于思想家不取太严格的界定，凡在某一学科、某一领域，有其独立思考、提出特别见解和主张者，都尽量收入。虽然其中有些主张与表述有时代和个人的局限，但为反映近代思想发展的轨迹，以供今人参考，我们亦保留其原貌。所以本《文库》实为"中国近代思想集成"。

本《文库》入选的思想家，主要是活跃在 1840 年至 1949 年之间的思想人物。但中共领袖人物，因有较为丰富的研究著述，本《文库》则未收入。

编辑如此规模的《文库》，对象范围的确定，材料的搜集，版本的比勘，体例的斟酌，在在皆非易事。限于我们的水平，容有瑕隙，敬请方家指正。

《中国近代思想家文库》编纂委员会

目 录

导　言

一

　　提起谭嗣同，人们总会想起他血洒刑场前的从容不迫，也会想起"我自横刀向天笑，去留肝胆两昆仑"的英勇气概。1898 年 9 月 28 日，谭嗣同与其他五位志士在北京宣武门外菜市口遇害，"就义之日，观者万人"，谭嗣同"慷慨神气不少变。……乃从容就戮。呜呼烈矣！"①

　　谭嗣同字复生，号壮飞，一号华相众生，一号东海褰冥氏。他的祖先原居住在福建省清流县，后迁至湖南长沙。明末，七世祖濬轩公（讳世昌）为避乱，自长沙迁于浏阳，遂为浏阳人。曾祖经义，字镇方，号矩斋，累赠光禄大夫，教授乡里，以义称于时；妣氏李。祖学琴，字步襄，别字贵才，国子监生，以子继洵贵，累赠光禄大夫；妣氏毛，讳开，累赠一品夫人。父继洵，字敬甫，光禄大夫，赐进士出身。

　　母亲徐五缘，浏阳国子监生韶春之女，年十九适继洵，"归谭君也，食贫者十余年，随于京师者十余年，佐夫治家，条理毕具"②。早在七岁时，母亲挈伯兄嗣贻返浏阳就婚，谭嗣同送母至卢沟桥，"目泪盈眶，强抑不令出"。返家后，因受庶母歧视，精神上受到很大刺激，整日沉默，忧郁成疾。十一岁时，父亲谭继洵由户部员外郎升任郎中，在通州任职，全家迁入京城。第二年京城发生白喉传染病，母亲和大哥嗣贻、

---

　　① 梁启超：《谭嗣同传》。（凡著录本书的引文，不标明页码，在书内皆能查阅，下同。）

　　② 谭嗣同：《先妣徐夫人逸事状》。

二姐嗣淑都被感染，不治身亡。"是岁亲属殁京师者六人"①。谭嗣同染疫死去三日后苏醒，所以父亲给他起了个字叫"复生"。"一旦失庇荫，未尝不或流涕思之"，家庭的不幸，在他幼小心灵处打下了深刻的烙印。《仁学·自叙》这样写道："吾自少至壮，遍遭纲伦之厄，涵泳其苦，殆非生人所能任受，濒死累矣，而卒不死；由是益轻其生命，以为块然躯壳，除利人之外，复何足惜。深念高望，私怀墨子摩顶放踵之志矣。"梁启超说他："幼丧母，为父妾所虐，备极孤孽苦，故操心危，虑患深，而德慧术智日增长焉。"② 谭嗣同自小在特殊的环境中长大，养成了刚强坚毅的性格。

十三岁时，父亲补授甘肃巩秦阶道，谭嗣同跟随父亲到了西北地区，观赏到"烟消大漠群山出，河入长天落日浮"③、"远天连雪暗，落日入沙黄"④ 的壮观景象。以后几年内，多次往来于直隶、陕西、甘肃、湖南、湖北、山西、安徽、江西、江苏等地，观察社会风情，了解民众疾苦，发出"露草逼蛩语，霜花凋雁翎。但忧悬磬室，兵气寓无形"⑤ 的担忧和感叹，激起了对清政府腐败统治的不满和探求救国救民真理的热忱。

在游历名山大川的过程中，谭嗣同对书本知识作实地考察，辨别真伪。《毛诗》说"泾以渭浊"。孔颖达疏曰："泾水以有渭水清，故见泾水浊。"朱熹沿袭其说，曰："泾浊渭清"。他则相反："泾清渭浊"。谭嗣同多次途经甘肃，亲临泾、渭，"留心觇之"，探究后明白了两河在不同时期的清浊变化："当泾涨渭涸，则'泾浊渭清'；泾涸渭涨，则'泾清渭浊'。"

十九岁，与李闰结婚，妻子贤惠，谭嗣同曾赞道："十五年来同学道，养亲抚侄赖君贤。"⑥

二

五岁时，谭嗣同在京始与仲兄嗣襄师从毕莼斋读书，读《三字经》、

---

① 陈乃乾：《浏阳谭先生年谱》，3 页，见《谭浏阳全集》（附续编），陈乃乾校订，上海，上海文明书局，1917。
② 梁启超：《谭嗣同传》。
③ 谭嗣同：《和景秋坪侍郎甘肃总督署拂云楼诗二篇》。
④ 谭嗣同：《白草原五律》。
⑤ 谭嗣同：《武昌夜泊二篇》。
⑥ 谭嗣同：《戊戌北上留别内子》。

《千字文》等。八岁时，与伯兄嗣贻、仲兄嗣襄读书京师宣武城南，拜韩荪农为师。十岁起，从湖南名儒欧阳中鹄读书。欧阳先生推崇王夫之（号薑斋，一号船山，湖南浏阳人），自号瓣薑，取瓣香薑斋之意，谭嗣同开始接触王船山的思想。十三岁那年，与同县唐才常相识，两人共师事欧阳中鹄，结下同生死，共患难的"刎颈交"。十六岁时，拜同乡涂大围为师。谭嗣同师从欧阳中鹄、涂大围，有系统地学习中国传统文化知识，学习算学及格致之类的自然科学，这些对其思想的形成有较大影响。

二十岁后，谭嗣同曾多次应试，均落第。二十八岁时，博览清代学者著作，尤其嗜好甘泉、焦循关于易学和数理的著作。次年在京师结识吴季清、吴樵（铁樵）父子，对自然科学产生兴趣，购买了当时江南制造局翻译馆翻译的自然科学和广学会翻译的外国历史、地理、政治和耶稣教神学等书籍阅读，努力学习西方文化。

谭嗣同自述"二十学文"，初学桐城古文，后好魏、晋骈文。"少颇为桐城所震，刻意规之数年，久自以为似矣；出示人，亦以为似。……稍稍自惭，即又无以自达。或授以魏、晋间文，乃大喜，时时籀绎，益笃耆之。由是上溯秦、汉，下循六朝，始悟心好沉博绝丽之文，子云所以独辽辽焉。"① 在三十岁以前，已完成诗文著作十六种二十四卷。

谭嗣同生活的时代，正处于中国封建社会向半殖民地半封建社会转变的时期。1894 年他三十岁，中日甲午战争爆发，北洋水师战败，"世变日亟"，"天朝上国"竟被"蕞尔小国"——日本击败，民族危机空前严重。奇耻大辱极大地震动并唤醒了国人，康有为领导的"公车上书"在社会上产生巨大的影响，形成强烈的变法维新思潮。谭嗣同在时局的刺激和维新思潮的推动下，思想发生了根本的变化，谭嗣同这样写道："世间无物抵春愁，合向沧溟一哭休。四万万人齐下泪，天涯何处是神州？"② 他决心告别过去，抛弃旧学，干一番事业。1896 年，听说康有为等在北京创办强学会，慕名往访，见到梁启超、麦孟华等志同道合者，"始备闻一切微言大义，竟与嗣同冥思者十同八九"③。

---

① 谭嗣同：《三十自纪》。
② 谭嗣同：《题江建霞东邻巧笑图诗》。
③ 谭嗣同：《治事篇第十·湘粤》。

三

1898 年 2 月至 4 月，南学会在长沙开讲，谭嗣同作《论中国情形危急》演讲，"愿与诸君讲明今日危急情形，共相勉为实学，以救此至危急之局……夫日本席全盛之势，犹时恐危亡，忧及我国，我何可不自危而自振乎？"① 又与唐才常在长沙创办《湘报》，按日刊行；与熊希龄等组织延年会；与黄遵宪、唐才常等发起湖南不缠足会；湖南延年会在长沙成立，谭嗣同撰《叙》及《章程》等。在 1898 年 4 月 23 日《湘报》第四十二号上呼吁："诸君诸君！我辈不好自为之，则去当奴仆、当牛马之日不远矣。""今日救亡保命、至急不可缓之上策，无过于学会者"②。通过办学会，可以培养和团结一批通晓中、西学的知识分子，组织起致力于维新事业的骨干力量，从而"结群力厚"，以开风气而挽世变。

6 月 11 日，光绪帝下《定国是诏》，宣布变法，百日维新开始。

9 月 5 日，赏杨锐、刘光第、林旭、谭嗣同加四品卿衔，在军机章京行走，参预新政事宜。章京品级虽不高，却是光绪帝在军机处推行变法的得力助手。

18 日，光绪帝命林旭传出"密诏"，令康有为"即速出外"。晚间，谭嗣同赴法华寺造访袁世凯，劝说袁世凯勤王，杀荣禄，除旧党。谭嗣同"尽以密谋告袁"，"袁尚未允也，然亦未决辞"。

19 日，慈禧太后突然从颐和园回宫。21 日政变发生，重新"训政"，废除新法。

政变发生后，京城及各地大肆搜捕维新人士，大难随时会降临到他们的身上。梁启超劝谭嗣同出走，谭嗣同说："昔欲救皇上，既无可救，今欲救（康）先生，亦无可救，吾已无事可办，惟待死期耳！"梁启超劝他一起去日本驻华使馆暂避，再谋出国，以图维新大业的复兴。谭嗣同执意不从，说自己受皇上恩宠，理应酬圣主的恩泽。

谭嗣同"竟日不出门，以待捕者"，捕者未至，"携所著书及诗文辞稿本数册，家书一箧"交给梁启超，说："不有行者，无以图将来；不

---

① 谭嗣同：《论中国情形危急》。
② 谭嗣同：《谭复生观察南学会第八次讲义》。

有死者，无以酬圣主。今南海（康有为）之生死未可卜，程婴杵臼，月照西乡，吾与足下分任之。"遂相与一抱而别。22 日至 24 日三天，谭嗣同"复与侠士谋救皇上，事卒不成"①。日本志士数名劝谭嗣同避难日本，不听，再三苦劝，谭嗣同说："各国变法，无不从流血而成，今中国未闻有因变法而流血者，此国之所以不昌也。有之，请自嗣同始！"

25 日，清廷逮捕谭嗣同、杨锐、刘光第、林旭等，交刑部审讯。谭嗣同在狱中，"意气自若，终日绕行室中，拾取地上煤屑，就粉墙作书"②。题一诗于狱壁曰："望门投宿思张俭，忍死须臾待杜根。我自横刀向天笑，去留肝胆两昆仑。"28 日，谭嗣同、林旭、刘光第、杨深秀、康广仁、杨锐于北京菜市口遇难，史称"戊戌六君子"。"就义之日，观者万人"，谭嗣同"慷慨神气不少变。时军机大臣刚毅监斩，君呼刚前曰：'吾有一言。'刚去不听，乃从容就戮。呜呼烈矣！"

四

《仁学》是谭嗣同的代表作。《仁学》的写作酝酿于 1896 年，次年春写成，有上下两卷，凡五万言。

1896 年，谭嗣同奉父命纳赀为候补知府，在南京候补一年，从居士杨仁山（文会）学佛学，"闭门养心读书，冥探孔、佛之精奥，会通群哲之心法"。1896 年 10 月 26 日致函唐才常，提及撰述《仁学》事："若夫近日所自治，则有更精于此者，颇思共相发明，别开一种冲决网罗之学。"1897 年 2 月 19 日《致汪康年书》说："斯事体大，未敢率尔，且亦不暇也。""近始操觚为之，孤心万端，触绪纷出。非精探性天之大原，不能写出此数千年之祸象，与今日宜扫荡桎梏冲决网罗之故，便觉刺刺不能休，已得数十篇矣。少迟当寄上。"这样看来，所指写作宜为《仁学》，且至 2 月中旬，谭嗣同已完成"数十篇"了。

《仁学》写成后，未公开印行，谭嗣同曾"以示一二同志"③。梁启超在《三十自述》中说："时谭复生宦隐金陵，间月至上海，相过从，连舆接席。复生著《仁学》，每成一篇，辄相商榷，相与治佛学，复生所以

①　梁启超：《谭嗣同传》。
②　黄浚：《花随人圣盦摭忆》，141 页，上海，上海书店出版社，1998。
③　《新民丛报》创刊号（1902 年 2 月 8 日出版），载有《仁学》广告，谓"著成后，恐骇流俗，故仅以示一二同志，秘未出世"。

砥砺之者良厚。"① 看到原稿的"同志"还有唐才常、章太炎、宋恕等。

1896 年 8 月,谭嗣同与宋恕同去上海,宋恕"惠之以诗"赠谭嗣同,谭嗣同以《酬宋燕生道长见报之作即用原韵》回赠,后附跋语:"丙申秋八月,偶客上海,燕生惠我以诗,人事卒卒,未有以报。及还金陵,乃克奉答,并书扇以俟指正。"《宋平子文钞》有《赠谭复生》:"五十年来数壮夫,南州一郭圣人徒。神交昔堕千行泪,声应今传万字书。"这"万字书"很可能是指《仁学》。

1897 年初,梁启超致函严复说:"侪辈之中,见有浏阳谭君复生者,其慧不攘穗卿(夏曾佑),而力过之,真异才也。著《仁学》三卷,仅见其上卷,已为中国旧学所无矣。此君前年在都与穗卿同职之,彼时觉无以异于常人,近则深有得于佛学,一日千里,不可量也。"②

1897 年 4 月 15 日,谭嗣同致唐才常函说:"嗣同蒿目时艰……止期直达所见,未暇弥纶群言,不免有所漏耳。"所说也是《仁学》。唐才常受其影响,于同年 6 月出版的《湘学报》上发表《质点配成万物说》,引用其说。谭嗣同读后,致函唐才常说:

> 得此则嗣同之《仁学》殆欲无作,乃足下于《湘学报》一则曰:"绵《仁学》之公理";再则曰:"《仁学》之真诠";三则曰:"《仁学》大兴";四则曰:"宅于《仁学》";五则曰:"积《仁学》以融机械之心";六则曰:"《仁学》大昌"。转令嗣同惭惶,虑《仁学》虚有其表,复何以副足下之重许?然近依《仁学》之理衍之,则读经不难,迎刃而解,且日出新义焉。

可见唐才常看到《仁学》,且受到影响。

章太炎看到《仁学》,是由宋恕"见示"的。《太炎先生自定年谱》光绪二十三年记载:"会平阳宋恕平子来,与语,甚相得。平子以浏阳谭嗣同所著《仁学》见示,余怪其杂糅,不甚许也。"

《宋恕师友手札》中多次提到谭嗣同的《仁学》,如光绪二十五年正月十一日章太炎《致宋恕书》第四书云:

> 复笙《仁学》,今见于《清议报》,其说以以脱为灵魂,不生不

---

① 梁启超:《饮冰室合集·文集》之十一,18 页,见《饮冰室合集》卷 2,北京,中华书局,1936。

② 梁启超:《饮冰室合集·文集》之一,110 页,见《饮冰室合集》卷 1,北京,中华书局,1936。

灭，故无生死；原质托始，故无尔我。其义可以振怯死之气，而泯
小智之私，诚鸷杰矣。惜天末相思，汨罗不出，不能与辩于梦寐之
中，使果有此，则仆将自裂相说。今未见复笙，则参以实验，而知
灵魂之未尝有也。①

"复笙"，即谭嗣同。

《仁学》的问世在谭嗣同遇难以后。最先刊登《仁学》的是戊戌政
变后梁启超在日本横滨发行的《清议报》，自1899年1月2日起至1901
年12月21日止连载，共刊载十三次，历时近三年。略后是上海发行的
《亚东时报》，自第五号（1899年1月1日）起连载，至第十九号
（1900年2月28日）刊完，共刊载十四次，历时一年多。此后还有单
行本出现。20世纪60年代初，汤志钧先生曾对《仁学》出版始末及各
版本加以考核，认为最早刊登《仁学》的是《清议报》和《亚东时报》，
但两者不是同源，《清议报》本源自梁启超所藏"副本"，而《亚东时
报》本则源自唐才常的藏本。国民报社以后各本都沿用梁启超所藏"副
本"。② 经追本溯源，以《亚东时报》版《仁学》为依据，与不同版本
互勘校注，使《仁学》更接近原来面目。本卷采用的就是校注后的《仁
学》。

《仁学》的理论来源，用谭嗣同自己的话说："凡为仁学者，于佛书
当通《华严》及心宗、相宗之书；于西书当通《新约》及算学、格致、
社会学之书；于中国书当通《易》、《春秋公羊传》、《论语》、《礼记》、
《孟子》、《庄子》、《墨子》、《史记》及陶渊明、周茂叔、张横渠、陆子
静、王阳明、王船山、黄梨洲之书。"③ 梁启超认为："《仁学》之作，
欲将科学、哲学、宗教冶为一炉，而更使适于人生之用，真可谓极大胆
极辽远之一种计画。此计画吾不敢谓终无成立之望，然以现在全世界学
术进步之大势观之，则似为期尚早，况在嗣同当时之中国耶？"④ 可见
写作《仁学》的理论基础是以儒学为主，吸取佛学理念及自然科学知
识，建立起新的理论体系。

① 汤志钧：《读〈宋恕师友手札〉》，见《汤志钧史学论文集》，221～222页，上海，上
海社会科学院出版社，2013。
② 参见汤志钧：《〈仁学〉版本探源》，载《学术月刊》，1963（5）。
③ 谭嗣同：《仁学·界说》。
④ 梁启超：《饮冰室合集·专集》之三十四，67页，见《饮冰室合集》卷8，北京，中
华书局，1936。

五

《谭嗣同卷》由上、中、下三卷组成，上卷是《仁学》，中卷是谭嗣同自定的"东海褰冥氏三十以前旧学四种"，下卷是 1894 年后的诗文及报章文辑、书简、附录等。

谭嗣同是浏阳人，他说："县产菊花石，尝铭以为砚，因名庐曰'石菊影'。又以陶诗'远我遗世情'之言，名堂曰'远遗'。"① 谭嗣同生前编定旧学四种稿本：《寥天一阁文》卷一、卷二（东海褰冥氏三十以前旧学弟一种）；《莽苍苍斋诗》卷一、卷二和补遗（东海褰冥氏三十以前旧学弟二种）；《远遗堂集外文》初编、续编（东海褰冥氏三十以前旧学弟三种）；《石菊影庐笔识》上、下卷（东海褰冥氏三十以前旧学弟四种）。1897 年 4 月于南京，在刘淞芙的协助下以石刻版刊印。本卷按原顺序编入。

谭嗣同自幼接受良好的传统文化教育，文章、论说极有成就，诗篇也很出色，留下诗作达二百余首。

谭嗣同自定三十岁前后的诗文名称，即大致可以 1894 年为界，分作两个阶段：1894 年前的诗篇大都收入《莽苍苍斋诗》卷一、卷二、补遗及《远遗堂集外文》初编、续编中；1894 年后的诗篇大都收入《秋雨年华之馆丛脞书》卷一、卷二中。

谭嗣同去世后，梁启超搜集并刊载谭氏诗作，其中《题麦孺博扇有感旧四首之三》，刊载于《饮冰室合集·文集》"诗话"之首，并评价说："谭浏阳志节学行思想，是我中国二十世纪开幕第一人，不待言矣。……浏阳殉国时，年仅三十二，故所谓新学之诗，寥寥极希。"该诗"其言沉郁哀艳，盖浏阳集中所罕见者，不知其何所指也。然遣情之中，字字得学道有得语，亦浏阳之所以为浏阳，新学之所以为新学欤！"②

梁启超对谭嗣同的诗作赞赏有加。如《晨登衡岳祝融峰》一诗是"浏阳人格，于此可见"，诗中有"身高殊不觉，四顾乃无峰"句，是"何等自负语"，诗作于 1896 年"未出任天下事"之前，"先时之人物，

---

① 谭嗣同：《石菊影庐笔识·思篇》之四十一。
② 梁启超：《饮冰室合集·文集》之四十五（上），1 页，见《饮冰室合集》卷 5，北京，中华书局，1936。

其气魄固当尔尔"①。如《丙申之春缘事以知府引见候补浙江寄别瓣志师兼简同志诸子诗》，"此八章即其所谓三十年以后新学之初唱矣，沉雄俊远，诚在《莽苍苍斋》之上"。所遗憾的是"篇中语语有寄托，而其词瑰玮连犿，断非寻常所能索解，唐绂丞尝语余云：'此诗惟我能解之。'余时匆匆未暇叩绂丞也，而今绂丞亦云亡，诵元遗山独恨无人作郑笺之句，又怆然涕下矣"②。

《石菊影庐笔识》上卷《学篇》，共七十七则③，系谭氏多年累积的读书札记，凡经、史、子、集、理、化、天文、地理等，无所不包。如六十三则的"透光镜"，当时人们不明其理，问于英人傅兰雅，并在《格致汇编》中解答原理。其实宋时已有人作过解释了。谭嗣同感叹时人之孤陋寡闻："足证西人致思之精，益叹吾华人之无学。并古人所已明者而失之，而琐琐问之西人，又奚但此一镜尔乎？"④

《石菊影庐笔识》下卷《思篇》，共五十四则，包括杂记、诗文、掌故和交友情况。

谭嗣同传世的著述、信札不多。谭氏被捕前，因恐株连家属、师友，"曾把身边一切文件信札付之一炬"。遇害后："一时新人物全数销声匿迹，算学馆无形停顿，匿名揭帖满街都是，我祖父（欧阳中鹄）的名字，被劣绅们从圣庙的首事名册上撕下，说是'毁圣叛君，不许与祭'。外边的谣言很大，说是要围搜我们的家，于是举凡与谭氏有往来的人家都相戒惧，就把谭先生的墨迹一齐毁了。""所以他的尺牍，和当时一班青年志士与他论学论政的信流传甚少。"⑤ 陆续发表的谭氏遗墨都是难得的灾后"烬余"，十分珍贵。

本卷上卷《仁学》采用汤志钧、汤仁泽校注后的《仁学》。中卷和下卷大多采用陈乃乾校订的《谭浏阳全集》（附续编）或张乃济编纂的《戊戌六君子遗集》刊载的诗文，两集均出版于1917年；另有篇目选自蔡尚思、方行编的《谭嗣同全集》。本集很多诗文、报章文辑出自当时报刊，如从《时务报》、《湘报》、《湘学报》、《清议报》、《知新报》、《亚

　① 梁启超：《饮冰室合集·文集》之四十五（上），42页，见《饮冰室合集》卷5。
　② 同上书，40页。
　③ 《谭浏阳全集》刊载《石菊影庐笔识》时只分段，无数列，《谭嗣同全集》（蔡尚思、方行编，北京，三联书店，1954）分为七十六则；《谭嗣同全集》（蔡尚思、方行编，增订本，北京，中华书局，1981）分为七十七则。
　④ 谭嗣同：《石菊影庐笔识·学篇》之六十三。
　⑤ 欧阳予倩编：《谭嗣同书简·序》，5页，上海，文化供应社，1948。

东时报》等辑录下来的。这些早期报刊散藏在全国各主要图书馆，查阅不易，极为珍贵。

本卷还将欧阳予倩编纂的《谭嗣同书简》收入卷内，皆是劫后存世不多的信札，正如编者所言：

> 凡研究一个人物，单看人家所写的传记是不够的。从其人和朋友，尤其是和亲密的朋友的通信当中，最容易看出他的个性、人格、行为和风度。谭先生这些信，很能看得出他当时情绪的高涨和斗争的激烈。其中论述时事，慷慨激昂，尤其对于甲午中日战争失败的愤慨，眦裂血沸之情，跃然纸上。①

另有录自《湖南历史资料》刊载的《上谭继昇夫妇》、《致刘淞芙书其二》、《致张蒉云书》和《致李闰书》等信函，并附上原编者按语，以明材料的来源、书写年代等信息。

---

① 欧阳予倩编：《谭嗣同书简·序》，5～6页。

上

卷

仁　学

仁学自叙①

"仁"从二从人，相偶之义也。"元"从二从儿，"儿"古人字，是亦"仁"也。"无"，邡说通"元"为"无"，是"无"亦从二从人，亦"仁"也②。故言仁者不可不知元，而其功用可极于元。能为仁之元而神于无者有三：曰佛，曰孔，曰耶。佛能统孔、耶③，而孔与耶仁同，而所以仁不同。能调燮④联融于孔与耶之间，则曰墨。周秦学者必曰孔、墨，孔、墨诚仁之一宗也。惟其尚俭非乐，似未足进于大同。然既标兼爱之旨，则其病亦自足相消，盖兼爱则人我如一，初非如世之专以尚俭非乐苦人也。故墨之尚俭非乐，自足与其兼爱相消，犹天元代数之以正负相消，无所于害（爱）焉。墨有两派：一曰"任侠"，吾所谓仁也，在汉有党锢，在宋有永嘉，略得其一体；一曰"格致"，吾所谓学也，在秦有《吕览》，在汉有《淮南》，各识其偏端。仁而学，学而仁，今之士其勿为高远哉！盖即墨之两派以近合孔、耶，远探佛法，亦云汰矣。吾自少至壮，遍遭纲伦之厄，涵泳其苦，殆非生人所能任受，濒死

---

① 最先刊登《仁学》的是戊戌政变后梁启超在日本横滨发行的《清议报》，自1899年1月2日至1901年12月21日连载；略后是上海发行的《亚东时报》，自第五号（1899年1月1日）起连载，至第十九号（1900年2月28日）刊完；此后还有单行本出现。因排校多误，20世纪60年代初，汤志钧先生曾将《仁学》标校出版，对各种印本也加考核，追本溯源，以《亚东时报》版《仁学》为底本，与不同版本互勘，择善而从，使之接近原来面目。本卷采用的即此印本。

② "亦，仁也"，《亚东》本落，今据各本补出。

③ "佛能统孔、耶"句，各本并落。

④ "调燮"，《清议报》本、《全编》本均作"调燮"；惟《国民报》本作"调变"。

累矣，而卒不死；由是益轻其生命，以为块然躯壳，除利人之外，复何足惜。深念高望，私怀墨子摩顶放踵之志矣。二三豪俊，亦时切亡教之忧，吾则窃不谓然。何者？教无可亡也。教而亡，必其教之本不足存，亡亦何恨？教之至者，极其量不过亡其名耳，其实固莫能亡矣。名非圣人之所争。圣人亦名也，圣人之名若姓皆名也。即吾之言仁言学，皆名也。名则无与于存亡。呼马，马应之可也；呼牛，牛应之可也；道在屎溺，佛法是干屎橛，无不可也。何者，皆名也，其实固莫能亡矣。惟有其实而不克既其实，使人反督于名实之为苦。以吾之遭，置之婆娑世界中，犹海之一涓滴耳，其苦何可胜道。窃揣历劫之下，度尽诸苦厄，或更语以今日此土之愚之弱之贫之一切苦，将笑为诳语而不复信，则何可不千一述之，为流涕哀号，强聒不舍，以速其冲决网罗，留作券剂耶？网罗重重，与虚空而无极：初当冲决利禄之网罗，次冲决俗学若考据、若词章之网罗，次冲决全球群学之网罗，次冲决君主之网罗，次冲决伦常之网罗，次冲决天之网罗，次冲决全球群教之网罗，终将冲决佛法之网罗。然真能冲决[①]，亦自无网罗；真无网罗，乃可言冲决。故冲决网罗者，即是未尝冲决网罗。循环无端，道通为一，凡诵吾书，皆可于斯二语领之矣。所俱智悲未圆，语多有漏。每思一义，理奥例赜，辄坌涌奔腾，随笔来会，（急）不暇择，但期直达所见，文词亦自不欲求工[②]。况少有神悟，又决非此世间之语言文字所能曲达，乃至非此世间之脑气心思所能径至。此古之达人，悼夫词害意，意害志，所以终默尔也[③]。庄不云乎？千世而一遇大圣人，知其解者犹旦暮也。夫既已著为篇章，即堕粗迹，而知解不易，犹至如此。何哉？良以一切格致新理，悉未萌芽，益复无由悟入，是以若彼其难焉。今则新学竞兴，民智渐辟，吾知地球之运，自苦向甘，吾惭吾书未餍观听，则将来之知解为谁，或有无洞抉幽隐之人，非所敢患矣。成书凡五十篇，分为二卷，首界说二十七条[④]。

---

① 除《亚东》本外，各本均作"然其能冲决"，误。

② 除《亚东》本外，各本均作"每思一义，理奥例赜，辄坌涌奔腾，际笔来会，急不暇择，修词易刺，止期直达所见，文词亦自不欲求工"。

③ 除《亚东》本外，各本均作"所以宁终默尔也"。

④ 除《清议报》本未载外，各本均作"吾惭吾书未餍观听则有之，若夫知解为谁某，为几何，非所敢患也矣。书凡五十篇，分为二卷，首界说二十七条。华相众生自叙于虫虫虫天之微大弘弧精舍"。

仁学界说二十七界说①

仁以通为第一义；以太也，电也，心力也，皆指出所以通之具。㊀

以太也，电也，粗浅之具也，借其名以质心力。㊁

通之义，以"道通为一"为最浑括。㊂

通有四义：中外通，多取其义于《春秋》，以太平世远近大小若一故也；上下通，男女内外通，多取其义于《易》，以阳下阴吉、阴下阳吝、泰否之类故也；人我通，多取其义于佛经，以"无人相，无我相"故也。㊃

"仁"亦名也，然不可以名名也。恶名名者，故恶名；知恶名，几无仁学。㊄

不识仁，故为名乱；乱于名，故不通。㊅

通之象为平等。㊆

通则必尊灵魂；平等则体魄可为灵魂。㊇

灵魂，智慧之属也；体魄，业识之属也。㊈

智慧生于仁。㊉

仁为天地万物之源，故唯心，故唯识。⑪

仁者寂然不动，感而遂通天下之故。⑫

不生不灭，仁之体。⑬

不生与不灭平等，则生与灭平等，生灭与不生不灭亦平等。⑭

生近于新，灭近于逝；新与逝平等，故过去与未来平等。⑮

有过去，有未来，无现在；过去、未来皆现在。⑯

仁一而已；凡对待之词，皆当破之。⑰

破对待，当参伍错综其对待。⑱

参伍错综其对待，故迷而不知平等。⑲

参伍错综其对待，然后平等。⑳

无对待，然后平等。㉑

无无，然后平等。㉒

平等生万化，代数之方程式是也。其为物不贰，故生物不测。不贰则无对待，不测则参伍错综其对待。代数如权衡然，参伍错综之不已，

---

① 《仁学界说》，《亚东》本未载，兹据《清议报》本和《国民报》本补。

必平等，则无无。㊂

试依第十四条"不生与不灭平等，则生与灭平等，生灭与不生不灭亦平等"之理，用代数演之。命生为甲，命灭为乙，不字为乘数，列式如左：

$$甲＝生$$
$$乙＝灭$$
$$乘＝不$$
$$不×甲＝不×乙$$
$$乙＝\dfrac{不×乙}{不}$$
$$甲｜乙＝\dfrac{不×乙}{不}｜\dfrac{不×甲}{不}$$
$$不×(甲｜乙)＝不×乙｜不×甲$$
$$不×(甲｜乙)＝不×(乙｜甲)$$
$$\overline{甲｜乙}＝\overline{乙｜甲}$$
$$甲＝\overline{二乙｜甲}$$
$$乙＝\overline{二甲｜乙}$$
$$甲＝乙$$
$$\overline{不×甲｜不×乙}＝\overline{不×乙·｜不×甲}$$
$$不×甲＝\overline{二不×乙｜不×甲}$$
$$不×乙＝\overline{二不×甲｜不×乙}$$
$$\overline{不×甲｜甲}＝\overline{不×乙｜乙}$$
$$不×甲｜\overline{不×乙}＝\overline{乙｜甲}$$
$$甲＝\overline{不×乙}｜\overline{乙｜不×甲}$$
$$乙＝\overline{不×甲}｜\overline{甲｜不×乙}$$
$$\overline{甲｜乙}＝\overline{不×甲｜不×乙}$$

平等者，致一之谓也。一则通矣，通则仁矣。㊃

凡为仁学者，于佛书当通《华严》及心宗、相宗之书；于西书当通《新约》及算学、格致、社会学之书；于中国书当通《易》、《春秋公羊传》、《论语》、《礼记》、《孟子》、《庄子》、《墨子》、《史记》及陶渊明、周茂叔、张横渠、陆子静、王阳明、王船山、黄梨洲之书。㊄

算学即不深，而不可不习几何学，盖论事办事之条段在是矣。㊅

格致即不精，而不可不知天文、地舆、全体、心灵四学，盖群学群教之门径在是矣。㊆

仁学一

遍法界、虚空界、众生界，有至大至精微，无所不胶粘，不贯洽，不筦络，而充满之一物焉。目不得而色，耳不得而声，口鼻不得而臭味，无以名之，名之曰"以太"。其显于用也：孔谓之"仁"，谓之"元"，谓之"性"，墨谓之"兼爱"；佛谓之"性海"，谓之"慈悲"；耶谓之"灵魂"，谓之"爱人如己"、"视敌如友"；格致家谓之"爱力"、"吸力"；咸是物也。法界由是生，虚空由是立，众生由是出。夫人之至切近者莫如身，身之骨二百有奇，其筋肉血脉脏腑又若干有奇，所以成是而粘砌是不使散去者，曰惟以太。由一身而有夫妇，有父子，有兄弟，有君臣朋友；由一身而有家有国有天下，而相维系不散去者，曰惟以太。身之分为眼、耳、鼻、舌、身。眼何以能视，耳何以能闻，鼻何以能嗅，舌何以能尝，身何以能触，曰惟以太。与身至相切近莫如地，地则众质点粘砌而成。何以能粘砌？曰惟以太。（任）剖某质点一小分，以至于无，察其为何物所凝结，曰惟以太。至与地近，厥惟月。月与地互相吸引，不散去也。地统月，又与金、水、火、木、土、天王、海王为八行星；又与无数小行星，无数彗星，互相吸引，不散去也。金、水诸行星，又各有所统之月，互相吸引，不散去也。合八行星与所统之月与小行星与彗星，绕日而疾旋，互相吸引不散去，是为一世界。此一世界之日，统行星与月，绕昴星而疾旋；凡得恒河沙数成天河之星团，互相吸引不散去，是为一大千世界。此一大千世界之昴星，统日与行星与月，以至于天河之星团，又别有所绕而疾旋；凡得恒河沙数各星团、星林、星云、星气，互相吸引不散去，是为一世界海。恒河沙数世界海为一世界性，恒河沙数世界性为一世界种，恒河沙数世界种为一华藏世界。至善（华）藏世界以上，始足为一元。而元之数，则巧历①所不能稽，而终无有已时；而皆互（相）吸引不散去，曰惟以太。其间之声、光、热、电、风、雨、云、露、霜、雪之所以然，曰惟以太。更小之于一叶，至于目（所）不能（辨）之一尘，其中莫不有山河动植，如吾所履之地，为一小地球；至于一滴水，其中莫不有微生物千万而未已；更小之又小以至于无，其中莫不有微生物，浮寄于空气之中，曰惟以太。

---

① "巧历"，除《亚东》本外，各本均作"算"。

学者第一当认明以太之体与用，始可与言仁。

以太之用之至灵而可征者，于人身为脑。其别有六：曰大脑，曰小脑，曰脑蒂，曰脑桥，曰脊脑；其分布于四肢及周身之皮肤，曰脑气筋。于虚空则为电，而电不止寄于虚空。盖无物不弥纶贯彻；脑其一端，电之有形质者也。脑为有形质之电，是电必为无形质之脑。人知脑气筋通五官百骸为一身，即当知电气通天地万物人我为一身也。是故发一念，诚不诚，十手十目严之；出一言，善不善，千里之外应之。莫显乎微，容色可征意旨；莫见乎隐，幽独即是大廷①。彼己本来不隔，肺肝所以如见。学者又当认明电气即脑，无往非电，即无往非我，妄有彼我之辨，时乃不仁。虽然，电与脑犹以太之表著于一端者也；至于以太，尤不容有差别，而电与脑之名亦不立。

若夫仁，试即以太中提出一身而验之：有物骤而与吾身相切，吾知为触；重焉，吾知为痒为痛。孰知之？脑知之。所切固手足之末，非脑也，脑何由知之？夫固言脑即电矣，则脑气筋之周布，即电线之四达，大脑小脑之盘结，即电线之总汇，一有所切，电线即传信于脑，而知为触、为痒、为痛。其机极灵，其行即（极）速。惟病麻木痿痹，则不知之，由电线已摧坏，不复能传信至脑，虽一身如异域然；故医家谓麻木痿痹为不仁。不仁则一身如异域，是仁必异域如一身。异域如一身，犹不敢必尽仁之量，况本为一身哉！一身如异域，此至奇不恒有，人莫不怪之。独至无形之脑气筋如以太者，通天地万物人我为一身，而妄分彼此，妄见畛域，但求利己，不恤其他，疾痛生死，忽不加喜感（戚）于心，反从而忌之、蚀之、龃龅之、屠杀之，而人不以为怪，不更怪乎！反而观之，可识仁体。

是故仁不仁之辨，于其通与塞；通塞之本，惟其仁不仁。通者如电线四达，无远弗届，异域如一身也；故《易》首言元，即继言亨。元，仁也；亨，通也。苟仁，自无不通。亦惟通，而仁之量乃可完。由是自利利他，而永以贞固。彼鄙夫骏竖，得一美衣食，则色然喜，喜其得于我也。其时乍见有我，见之力量，遂止于此。② 而不能通之于人；争夺之患起，虽父子兄弟，乾糇以愆矣。少贤于此，则能通于一家，而不能通于乡里。寝假而一乡一县，又不能通于一国；寝假而一国，而语及全

---

① 除《亚东》本外，各本均有"我之心力，能感人使与我同念，故自观念之所由始，即知所对者品诣之高卑"。数句。

② 除《亚东》本外，各本均作"其时乍见有我之力量，遂止于此"。

球，则又傀焉不欲任受。夫是以仁者希也。抑岂不以全球为远于一身一家乎哉！然而全球者，一身一家之积也。近身者家，家非远也；近家者邻，邻非远也；近此邻者彼邻，彼邻又非远也；我以为远，在邻视之，乃其邻也；此邻以为远，在彼邻视之，亦其邻也；唧接为邻，邻邻不断，推之以至无垠，周则复始，斯全球之势成矣。且下掘地球而通之，华之邻即美也，非有隔也。更广运邻神而通之①，地球之邻，可尽虚空界也，非有隔也。安见夫全球之果大，而一身一家之果小也！数十年来，学士大夫，覃思典籍，极深研几，罔不自谓求仁矣，及语以中外之故，辄曰"闭关绝市"，曰"重申海禁"，抑何不仁之多乎！夫仁、以太之用，而天地万物由之以生，由之以通。星辰之远，鬼神之冥漠，犹将以仁通之②；况同生此地球，而同为人，岂一二人之私意所能塞之？亦自塞其仁而已。彼治于我，我将师之；彼忽于我，我将拯之。可以通学，可以通政，可以通教，又况于通商之常常者乎！譬如一身然，必妄立一法曰："左手毋得至乎右，右手毋得至乎左，三焦百脉毋得相贯注。"又有是理乎？而猥曰闭之绝之禁之，不通矣：夫惟不仁之故。

　　天地间亦仁而已矣。佛说："百千万亿恒河沙数世界，有小众生起一念，我则知之。虽微至雨一滴，能知其数。"岂有他神奇哉？仁之至，自无不知也。牵一发而全身为动，生人知之，死人不知也。伤一指而终日不适，血脉贯通者知之，痿痹麻木者不知也。吾不能通天地万物人我为一身，即莫测能通者之所知，而诧以为奇；其实言通至于一身，无有不知者，至无奇也。知不知之辨，于其仁不仁。故曰：天地间仁不仁而已矣③，无智之可言也。

　　孔子曰："仁者必有勇。"手足之捍头目，子弟之卫父兄，其事急，其情切，岂有犹豫顾虑而莫敢前者？勇不勇之辨，于其仁。④ 故曰：天地间仁而已矣，无勇之可言也。义之为宜，出于固然，无可言也。吾知手必不能为足之所为，足必不能为手之所为也，苟其能而无害，又莫非宜也。信之为诚，亦出于固然，无可言也。知痛痒，知捍卫，吾知其非外假也，非待设心而然也，非有欲于外之人也。礼者，即其既行之迹，从而名之。至于礼，抑末矣。其辨皆于仁不仁，故曰：天地间（亦）仁

---

①　除《亚东》本外，各本均作"更广运精神而通之"。
②　除《亚东》本外，各本均作"星辰之远，鬼神之冥，漠然将以仁通之"。
③　除《亚东》本外，各本均作"天地间亦仁而已矣"。
④　除《亚东》本外，各本均作"勇不勇之辨，于其仁不仁"。

而已矣。

吾悲夫世之妄生分别也，犁然不可以缔合！寐者蓬蓬，乍见一我，对我者皆为人；其机始于一人我，究于所见，无不人我者。见愈小者，见我亦愈切。愚夫愚妇，于家庭则肆其咆哮之威①，愈亲则愈甚，见外人反畏而忘之，以切于我与不切于我也②。切于我者，易于爱；易于爱者，亦易于不爱；爱之所不及，亦不爱之所不及。同一人我，而人者（我）之量，斯其小者；大于此者，其人我亦大。湘人士不幸处于未通商之地，不识何者为中外，方自以为巍巍然尊，任我以非礼施设，而莫余敢止，虽同里之人，曾疑忌忌诽谤之不已。于是乎好谣言，于是乎好攻击。及出而游历，始惊天地之大，初不若吾向者之所私度，直疑不胜疑，忌不胜忌，攻击不胜攻击，又未尝不爽然自失，不能自解向者之何以为也。庄曰："室无空虚，妇姑勃溪。"以所处者小故也。汉儒训仁为相人偶。人于人不相偶，尚安有世界？不相人偶，见我切也，不仁矣，亦以不人。虽然，此之分别，由于人我而人我之也。甚至一身而有人我。何则？仁而已矣，而忽有智勇之名，而忽有义信礼之名，而忽有忠孝廉节之名！仁亦名矣，不可立而犹可立者也，傅以智勇义信礼云云，胡为者？故凡教主如佛、如孔、如耶，则专言仁，间有傍及，第（就）世俗所已立之名，藉以显仁之用，使众易晓耳，夫岂更有与仁并者哉！学人不察，妄生分别，就彼则失此，此得又彼丧，徘徊首鼠，卒以一无成而两俱败。只见其拘牵文义，嫌疑罣碍，分崩离析，无复片段，犹一身而断其元首，剖其肺肠，车裂支解其四体，磔膊脔割其肌肉，而相率以叠毙于分别之下。彼人我之人我，车裂之刑也；此一身之人我，寸磔之刑也。不其悲夫！不其悲夫！

仁之乱也，则于其名。名忽彼而忽此，视权势之所积；名时重而时轻，视习俗之所尚。甲亦一名也，乙亦一名也，则相持。名，名也；不名，亦名也，则相诡。名本无实体，故易乱。名乱焉，而仁从之，是非名罪也，主张名者之罪也。俗学陋污③，动言名教，敬若天命而不敢渝，畏若国宪而不敢议。嗟乎！以名为教，则其教已为实之宾，而决非实也。又况名者，由人创造，上以制其下，而不能不奉之；则数千年来，三纲五伦之惨祸烈毒，由是酷焉矣。君以名桎臣，官以名轭民，父

---

① 除《亚东》本外，各本均作"于家庭所亲，则肆其咆哮之威"。
② 除《亚东》本外，各本均作"以切我者与不切于我也"，误。
③ "俗学陋污"，《全编》本作"俗学陋儒"；《国民报》本作"俗学陋行"。

以名压子，夫以名困妻，兄弟朋友各挟一名以相抗拒，而仁尚有少存焉者得乎？然而仁之乱于名也，亦其势自然也。中国积以成（威）刑，箝制天下，则不得不广立名，为箝制之器。如曰"仁"，则共名也，君父以责臣子，臣子亦可反之君父，于箝制之术不便，故不能不有忠孝廉节等一切分别之名①，乃得以责臣子曰："尔胡不忠！尔胡不孝！是当放逐也，是当诛戮也。"忠孝既为臣子之专名，则终必不能以此反之；虽或他有所撼，意欲诘诉，而终不敌忠孝之名为名教之所出，反更益其罪，曰"怨望"，曰"觖望"，曰"怏怏"，曰"腹诽"，曰"讪谤"，曰"亡等"，曰"大逆不道"。是则以为当放逐，放逐之而已矣；当诛戮，诛戮之而已矣；曾不若狐豚之被縶缚屠杀也，犹得奋荡呼号，以声其痛楚，而人不之责也。施者固泰然居之而不疑，天下亦从而和之曰："得罪名教，法宜至此。"而逢、比、屈原、伯奇、申生之流，遂衔冤饮恨于万古之长夜②，无由别白其美。实不幸更不逮逢、比诸人之遭，则转复被之以恶名。《易》曰："丰其蔀，日中见斗。"此其黑暗，岂非名教之为之蔀耶？然名教也者，名犹依倚乎教也。降而弥甚，变本加厉，乃亡其教而虚牵于名，抑惮乎名而竟不敢言教，一若西人乃有教，吾一言教，即陷于夷狄异端也者。凡从耶教，则谓之教民，煌煌然见于谕旨，见于奏牍，见于檄移文告，是耶教有民，孔教无民矣。又遇中外交涉事，则曰："民教相安"，或曰："反教为民"，煌煌然见于谕旨，见于奏牍，见于檄移文告，是惮乎教之名，而世甘以教专让于人，而甘自居为无教之民矣。嗟乎！因卫教而立名，不谓名之弊乃累教如此也！

　　仁乱而以太亡乎？曰：无亡也。匪惟以太也，仁固无亡；无能亡之者也，亦无能亡之。乱、亡者，即其既有条理，而不循其条理之谓。孰能于其既有也而强无之哉？夫是，故亦不能强无而有。不能强有，虽仁如天，仁乎何增？不能强无，虽不仁至如禽（兽），仁乎何减？不增，惟不生故；不减，惟不灭故。知乎不生不灭，乃今可与谈性。生之谓（性），性也。形色天性，性也。性善，性也；性无，亦性也。无性何以善？无善，所以善也。有无善然后有无性，有无性斯可谓之善也。善则性之名固可以立。就性名之已立而论之，性一以太之用，以太有相成相爱之能力，故曰性善也。性善，何以情有恶？曰"情"岂有恶哉？从而

---

　　①　除《亚东》本外，各本均作"故不能不有忠孝廉节一切分别等衰之名"。
　　②　除《亚东》本外，各本均作"而逢、比、屈原、伯奇、申生之流逐，衔冤饮恨于万古之长夜"，误。

为之名耳。所谓恶，至于淫杀而止矣。淫固恶，而仅行于夫妇，淫亦善也。杀固恶，而仅行于杀杀人者，杀亦善也，礼起于饮食，而以之沉湎而饕餮者，即此饮食也；不闻惩此而废饮食，即饮食无不善也。民生于货财，而以之贪黩而劫夺者，即此货财也；不闻戒此而去货财，则货财无不善也。妄喜妄怒，谓之不善，然七情不能无喜怒，特不当其可耳，非喜怒恶也。忽寒忽暑，谓之不善，然四时不能无寒暑，特不顺其序耳，非寒暑恶也。皆既有条理，而不循条理之谓也。故曰：天地间仁而已矣，无所谓恶也。恶者，即其不循善之条理而名之。用善者之过也，而岂善外别有所谓恶哉？若第观其用，而可名之曰"恶"，则用自何出？用为谁用？岂惟情可言恶，性亦何不可言恶？言性善，斯情亦善。生与形色，又何莫非善？故曰：皆性也。世俗小儒，以天理为善，以人欲为恶，不知无人欲，尚安得有天理？吾故悲夫世之妄生分别也。天理善也，人欲亦善也。王船山有言曰："天理即在人欲之中；无人欲，则天理亦无从发见。"适合乎佛说："佛即众生，无明即真如矣。"且更即用征之：用固有恶之名矣，然名，名也，非实也；用，亦名也，非实也。名于何起？用于何始？人名名，而人名用，则皆人之为也，犹名中之名也。何以言之？男女构精，名之曰"淫"，此淫名也。淫名，亦生民以来沿习既久，名之不改，故皆习谓淫为恶耳。向使生民之初，即相习以淫为朝聘宴飨之巨典，行于朝庙，行之于都市，行之于稠人广众。如中国之长揖拜跪，西国之抱腰接吻，沿习至今，亦孰知其恶者？乍名为恶，即从而恶之矣。或谓男女之体出（生）于幽隐，人不恒见，非如世之行礼者光明昭著[①]，为人易闻易睹，故易谓淫为恶耳。是礼与淫，但有幽显之辨，果无善恶之辨矣。向使生民之始，天不生其具于幽隐，而生于面额之上，举目即见，将以淫为相见礼矣，又何由知为恶哉？戕害生民之命，名之曰"杀"。此杀名也。然杀为恶，则凡杀皆当为恶。人不当杀，则凡虎狼、牛马、鸡豚之属，又何当杀者？何以不并名恶也？或曰："人与人同类耳。"然则虎狼于人不同类也，虎狼杀人，则名虎狼为恶；人杀虎狼，何以不名人为恶也？天亦尝杀人矣，何以不名天为恶也？是杀名，亦生民以来，沿习既久，第名杀人为恶，不名杀物为恶耳。以言其实，人不当杀，物亦不当杀，杀杀之者，非杀恶也。孔子曰："性相近，习相远"，沿于习而后有恶之名。恶既为名，名又生于

[①] 《全编》本作"生于幽独"。《国民报》本作"然如世之行礼者光明昭著"。

习，可知断断乎无有恶矣。假使诚有恶也，有恶之时，善即当灭；善灭之时，恶又当生；不生不灭之以太，乃如此哉？或曰："不生不灭矣，何以有善？有善则仍有生灭。"曰："生灭者，彼此之辞也，善而有恶，则有彼此，彼灭则此生，独善而已，复何生灭？"曰："有善矣，何以言善性无？性无，则善亦无。"①曰："有无亦彼此之辞也。善而有恶，则有彼此，彼无则此有，独善而已，复何有无？"虽然，世间无淫，亦无能淫者；无杀，亦无能杀者；有善，故无恶；无恶，故善之名可以不立。佛说："自无始来，颠倒迷误，执妄为真。"当夫生民之初，不问（闻）何一人出而偏执一义，习之数千年，遂确然定为善恶之名。甚矣众生之颠倒也，反谓不颠倒者颠倒！颠倒生分别，分别生名。颠倒，故分别亦颠倒；谓不颠倒者颠倒，故名曰颠倒。（颠倒），习也，非性也。

　　断杀者何？断不爱根故；断淫者何？断爱根故。不爱断而爱亦断者何？有所爱必有所不爱故。譬诸吸力焉：必上下四方，齐力并举，敌引适均，无所偏倚，然后日星于中运，大地于中举，万类于中生。向使一面吸力独重，则将两相（面）切附，而毕弃其余；毕弃其余，则吸力不周；而既两相切附，则胶固为一，吸力亦且无由以显，而亡于无。夫吸力即爱力之异名也。善用爱者，所以贵兼爱矣。有所爱，必有所大不爱也；无所爱，将留其爱以无不爱也。是故断杀，必先断淫；不断淫，亦必不能断杀。淫而杀，杀而淫，其情相反，其事相因。杀即淫，淫即杀，其势相成，其理相一。陷桁杨，膏萧斧，罪狱多起于淫；恣房掠，沓奸嬲，横决皆肆于杀。此其易明者也。若乃其机，则犹不始此。杀人者，将以快己之私，而泄己之欲，是杀念即淫念也。淫人者，将以人之宛转痛楚，奇痒殊颤，而为己之至乐，是淫念即杀念也。同一女色，而髫龄室女，尤流俗所涎慕，非欲创之至流血哀啼而后快耶？杀机一也。穿耳以为饰，杀机又一也。又其甚者，遂残毁其肢体，为缠足之酷毒，尤杀机之暴著者也。缠足不知何昉据，其见于诗词吟咏，要以赵宋为始盛。呜呼悲哉！彼北狄之纪纲文物，何足与华人比并者，顾自赵宋以后，奇渥温、爱新觉罗之族，迭主华人之中国，彼其不缠足一事，已足承天眷佑，而非天之误有偏私也。又况西人治化之美，万万过于北狄者乎？华人若犹不自省其亡国之由，以畏惧而亟变缠足之大恶，则愈淫愈杀，永无底止，将不惟亡其国，又以亡其种类，不得归怨于天之不仁

---

　　① 除《亚东》本外，各本均作"何以言性无？性无，别善亦无"。

矣。且又不惟中国，非洲之压首、欧洲之束腰，皆杀机也。断杀以断淫，不能不一切划除之也。若夫世之防淫，抑又过矣，而适以召人于淫。曰：锢妇女使之不安也，曰：严男女之际使不相见也。[①] 曰：立淫律也；曰：禁淫书也；曰：耻淫语也；虽文明如欧美，犹讳言床笫，深以淫为羞辱，信乎达者之难觏也。夫男女之异，非有他，在牝牡数寸间耳，犹夫人之类也。今锢之，严之，隔绝之，若鬼物，若仇雠，是重视此数寸之牝牡，翘之以示人，使知可贵可爱，以艳羡乎淫。然则特偶不相见而已，一旦瞥见，其心必大动不可止，一若方苞之居丧，见妻而心乱。真（直）以淫具待人，其自待亦一淫具矣，复何为不淫哉！故重男轻女者，至暴乱无礼之法也。男则姬妾罗侍，纵淫无忌；女一淫即罪至死。驯至积重流为溺女之习，乃忍为蜂蚁豺虎之行（所）不为。中国虽亡，而罪当有余（矣），夫何说乎！佛书虽有"女转男身"之说，惟小乘法尔。若夫《华严》、《维摩诘》诸大经，女身自女身，无取乎转，自绝无重男轻女之意也。苟明男女同为天地之菁英，同有无量之盛德大业，平等相均，初非为淫而始生于世，所谓色者，粉黛已耳，服饰已耳，去其粉黛服饰，血肉聚成，与我何异，又无色之可好焉。则将导之使相见，纵之使相习，油然相得，澹然相忘，犹朋友之相与往还，不觉有男女之异，复何有于淫？淫然后及今可止也。藏物于箧，惧使人见，而欲见始愈切，坦然剖以相示，则且曰熟视而若无睹矣。夫淫亦非有他，机器之关捩冲荡已耳。冲荡又非能自主，有大化之炉鞴鼓之。童而精少，老而闭房，鸟兽方春而交，轮轴缘汽而动。平澹无奇，发于自然，无所谓不乐，自无所谓乐也。今悬为厉禁，引为深耻，沿为忌讳，是明诲人此中之有至甘焉。故为吝之秘之，使不可即得，而迫以诱之。瘗金璧者曰："皆不得发焉"，是使人盗也。陈浆酺者曰："皆不得饮焉"，是使人渴也。戒淫者曰："而勿淫"，是淫之心由是而启也。不惟人以为禁、为耻、为讳，又自禁之，自耻之，自讳之，岂不以此中有至甘焉，深耽笃嗜，惟恐人之讥责，而早为之地耶？迂儒乃曰："以此防民，民犹有逾者，奈何去之？"是果以防为足断淫耶？淫者自淫，防岂能断耶？不淫自不淫，（抑）岂防之力耶？且逆水而防，防愈厚，水力亦愈猛，终必一溃决，氾滥之患，遂不可收拾矣。水患，防所激成，淫

---

① "曰：锢妇女使之不安也，曰：严男女之际使不相见也"二句，除《亚东》本外，各本均无。

祸亦禁与耻与讳所激成也。俗间妇女，昧于理道，奉腐儒古老之谬说为天经地义，偶一失足，或涉疑似之交，即使受人劫持，箝其舌，使有死不敢言。至于为人玩弄，为人胁逃，为人鬻贩，或忍为婢媵，或流为娼妓，或羞愤断吭以死，而不知男女构精，特两机之动，毫无可羞丑，而至予人间隙也。中国医家，男有三至，女有五至之说，最为精美，凡人皆不可不知之。若更得西医之精化学者，详考交媾时筋络肌肉如何动法，涎液质点如何情状，绘图列说，毕尽无余，兼范蜡肖人形体，可析卸谛辨。多开考察淫学之馆，广布阐明淫理之书，使人人皆悉其所以然，徒费一生嗜好，其事乃不过如此如此，机器焉已耳，而其动又有所待，其待又有待，初无所谓淫也，更何论于断不断，则未有不废然返者。遇断淫之因缘，则径断之。无其因缘，盍（盖）亦奉行天地之化机，而我无所增损于其间。佛说："视横陈时，味同嚼蜡。"虽不断犹断也。西人男女相亲，了不忌避，其接生至以男医为之，故淫俗卒少于中国。遏之适以流之，通之适以塞之，凡事盖莫不然。况本所无有而强致之，以苦恼一切众生哉？遇断杀之因缘，亦径断之，可也。即不断，要不可不断于心也。辟佛在（者）动谓："断淫则人类几绝；断杀则禽兽充塞。"此何其愚而悍也！人一不生不灭者，有何可绝耶？禽兽亦一不生不灭者，将欲杀而灭之乎？野处之禽兽，得食甚难，孳衍稍多，则无以供，虽不杀之，自不能充塞。其或害人，乃人之杀机所召，不关充塞不充塞也。家畜之禽兽，尤赖人之勤于牧养，刍豢偶缺，立形衰耗。明明人将杀之，而故蕃之，岂自能充塞乎？以论未开化之游牧部落或可耳，奈何既已成国，既艰食而粒我，犹为口腹残物命，愈杀以愈生，顾反谓杀（之）始不充塞乎！故曰：世间无淫，亦无能淫者；无杀，亦无能杀者。以性所本无故。性所本无，以无性故。

或难曰："草木金石，至冥也，而寒热之性异；鸟兽鱼鳖，至愚也，而水陆之性异。谓人无性，无乃不可乎？"曰：就其本原言之，固然其无性，明矣；彼动植之异性，为自性尔乎？抑无质点之位置与分剂有不同耳。质点不出乎六十四种之原质①，某原质与某原质化合，则成一某物之性；析而与他原质化合，或增某原质，减某原质，则又成一某物之性；即同数原质化合，而多寡主佐之少殊，又别成一某物

---

① 《亚东》本、《清议报》本并作"六十四种之原质"；《全编》本、铅字排印本、《国民报》本并作"七十三种之原质"，下同。

之性。纷纭蕃变，不可纪极，虽聚千万人之毕生精力治化学，不（能）竟其绪而宣其蕴，然而原质则初无增损之故也。香之与臭，似判然各有性矣，及考其成此香臭之所以然，亦质点布列微有差池，致触动人鼻中之脑气筋，有顺逆（迎）拒之异，故觉为香为臭。苟以法改其质点之聚，香臭可互易也。此化学家之浅者，皆优为之。乌睹所谓一成不改之性耶？庖人之治庖也，同一鱼肉，同一蔬笋，调和烹煮之法又同，宜（同）一味矣，而或方正切之，或斜切之，或以藿叶切之，或脔之，或糜之，或巨如块，或细如丝，其奏刀异，其味亦因之而不同。此岂性也哉？由大小斜正之间，其质点不无改变，及与舌遇，遂改变舌上脑气筋之动法，觉味有异耳。故论于（其）原质，必不容有寒热云云诸性矣①。然原质犹六十四之异，至于原质之原，则一以太而已矣。一，故不生不灭；不生，故不得言有；不灭，故不得言无。谓以太即性，可也；无性可言也。

  "不生不灭"有征乎？曰：弥望皆是也。如向所言化学诸理，穷其学之所至，不过析数原质而使之分，与并数原质而使之合，用其已然而固然者，时其好恶，剂其盈虚，而以号曰某物某物，如是而已；岂能竟消磨一原质，与别创造一原质哉？矿学之取金类也，不能取于非金类之矿；医学之御疵疠也，不能使疵疠绝于天壤之间。本为不生不灭，乌从生之灭之？譬于水加热则渐涸，非水灭也，化为轻气淡气也。使收其轻气淡气②，重与原水等，且热去而仍化为水，无少减也。譬于烛久爇则尽跋，非烛灭也，化为气质流质定质也。使收其所发之炭气，所流之蜡泪，所余之蜡煤，重与原烛等，且诸质散而滋育他物，无少弃也。譬于陶埴，失手而碎之，其为器也毁矣；然陶埴，土所为也，方其为陶埴也，在陶埴曰成，在土则毁；及其碎也，还归乎土，在陶埴曰毁，在土又以成：但有回环，都无成毁。譬如饼饵，入胃而化之，其为食也亡矣；然饼饵，谷所为也，方其为饼饵也，在饼饵曰存，在谷曰亡；及其化也，还粪乎谷，在饼饵曰亡，在谷又以存：但有变易，复何存亡？譬于风，朝南而暮北，昨飓而今飔，由质点动静往来疾徐之互殊，而此风即彼风，非此生而彼灭也。譬于雨，东云霖而西云曦，秋患旱而春患潦，由地气寒热燥湿舒郁之所致，而上之霖霖，即下之渊泉，川之氾

---

  ① 除《亚东》本外，各本均作"必不容有寒热云云诸性明矣"。

  ② 除《亚东》本外，各本均作"轻气养气"。

滥，即陆之蒸润，非于霄生而于壤灭也。譬于陵谷沧桑之变易：地球之
生，而不知几千几百变矣①。洲渚之壅淤，知崖岸之将有倾颓；草木金
石之质，日出于地，知空乏（穴）之终就沦陷；赤道以还速而隆起，即
南北极之所翕敛也；火期之炎，冰期之冱，即一气之所舒卷也；故地球
体积之重率，必无轩轾于时，有之则畸重而去日远，畸轻而去日近，其
轨道且岁不同矣。譬于流星陨石之变：恒星有古无而今有，有古有而今
无，彗孛而有循椭圆线，而往可复返，有循抛物线，而一往不返。往返
者，远（近也），非生灭也；有无者，聚散也，非生灭也。（木）星本统
四月，近忽多一月，知近度之所吸取。火、木之间依比例当更有一星，
今惟小行星武女等百余，知女星之所剖裂，即此地球亦终有陨散之时，
然地球之所陨散，他星又将用其质点以成新星矣。王船山之说《易》，
谓："一卦有十二爻，半隐半见。"故大《易》不言有无，隐见而已。孔
之论礼，谓："殷因于夏，周因于殷。"故礼有不得，与民变革损益而已。
凡此诸谊②，虽"一一佛有阿僧祇身，一一身有阿僧祇口"，亦不能尽。

　　好生而恶死也，可谓大惑不解者矣！盖于"不生不灭"瞢焉。瞢而
惑，故明知是义，特不胜其死亡之惧，缩朒而不敢为，方更于人祸所不
及，益以纵肆于恶，而顾景汲汲，而四方蹙蹙，惟取自快慰焉已尔，天
下岂复有可治也！今夫目力所得而谛观审视者，不出寻丈，顾谓此寻丈
遂足以极天下之所至，无复能有余，而一切因以自画，则鲜不谓之大
愚。何独于其生也，乃谓止此卒卒数十年而已③，于是心光之所注射，
虽万变百迁，（终）不出乎饮食男女货利名位之外？则彼苍之生人，徒
以供玩弄，而旋即毁之矣。呜呼，悲矣！孔曰："未知生，焉知死。"欲
明乎死，试与论生。生何自？而生能记忆前生者，往往有之。借曰生无
自也，则无生而不生矣④。知不生，亦当知不灭。匪直其精灵然也，即
体魄之至粗，为筋骨血肉之属，兼化学之医学家则知凡得铁若干，余金
类若干，木类若干，燐若干，炭若干，小粉若干，糖若干，盐若干，油
若干，水若干，余杂质若干，气质若干，皆用天地固有之质点粘合而成
人。及其既敝而散，仍初（各）还其质点之故，复他有所粘合而成新人

---

　　① 除《亚东》本外，各本均作"不知经几千万变矣"。
　　② 《清议报》本、《全编》本并作"凡此诸征"；铅字排印本、《国民报》本作"凡此诸
征"。
　　③ 《亚东》本作"乃谓止此卒卒十数年而已"，今据各本改。
　　④ 《清议报》本同。《国民报》本作"则无往而不生矣"。

新物。生固非生，灭亦非灭。又况体魄中之精灵，固无从睹其生灭者乎。庄曰："善吾生者，乃所以善吾死也。"此言最为学道入圣之始基。由是张横渠有"太和"之说，王船山有"一圣人死，其气分为众贤人"之说；其在耶，则曰"寻魂"，曰"永生"；在佛，则曰"轮回"，曰"死此生彼"。或疑孔子教无此，夫系《易》固曰："原始反终，故知死生之说，精气为物，游魂为变，是故知鬼神之情状"，何为不言乎！英士韦廉臣，著《古教汇参》，杂陈（东）西古今之教，至为觳觫，有极精微者，亦有荒诞不可究诘者。然不论如何精微荒诞，皆用相同之公理二：曰"慈悲"，曰"灵魂"。不言慈悲、灵魂，不得有教。第言慈悲，不言灵魂，教而不足以行。言灵魂不极荒诞，又不足行于愚冥顽梗之域。且荒诞云者，自世俗名之云尔，佛眼观之，何荒诞之非精微也？鄙儒老生，一闻灵魂，咋舌惊为荒诞，乌知不生不灭者固然其素矣！今使灵魂之说明，虽至阇者犹知死后有莫大之事，（及）无穷之苦乐，必不于生前之暂苦暂乐而生贪著厌离之想。知天堂地狱，森列于心目，必不敢欺饰放纵，（将）日迁善以自兢惕。知身为不死之物，虽杀之亦不死，则成仁取义，必无怛怖于其衷。且此死（生）未及竟者，来生固可以补之，复何所惮而疐疐。此以杀为不死，然已又断杀者，非哀其死也，哀其具有成佛之性，强夭阏之使死而又生也。是故学者当知身为不死之物，然后好生恶死之惑可祛也。谭嗣同曰[1]："西人虽日为枪炮杀人之具，而其心实别有所注，初不在此数十年之梦幻。所谓顾諟天之明命，众惑尽祛而事业乃以勃兴焉。"或曰："来生不复记忆今生，犹今生之不知前生。虽有来生，竟是别为一人，善报恶报，与今生之我何与？"则告之曰：达此又可与忘人我矣。今生来生本为一我，而以为别一人，以其不相知也。则我于世之人，皆不相知，皆以为别一人，即安知皆非我耶？况佛说无始劫之事，耶曰"末日审判"，又未必终无记忆而知之日也。若夫道力不足，任世之险阻，为一时愤怒所激，妄欲早自引决，孱弱诡避，转若恶生好死者，岂不以死则可以倖免矣。不知业力所缠，愈死且愈生，强脱此生之苦，而彼生忽然又加甚矣，虽百死复何济？《礼》于畏、压、溺谓之三不吊，孟曰："知命者不立乎岩墙之下。"此修身俟命之学所以不可不讲，而轮回因果报应诸说所以穷古今无可诎焉。

虽然，西人言灵魂，亦有不尽然也。同一大圆性海，各得一小分，

禀之以为人，为动物，为植物，为金石，为沙砾水土，为屎溺，乃谓惟
人有灵魂，物皆无之，此固不然矣。佛说："人化为羊，羊化为人"，而
恶道中有畜生一道。人不保其灵魂，则堕为动物；动物苟善保其灵魂，
则还为人。动物与人，食息不能或异，岂独无灵魂哉？至若植物，似于
人远矣。然亦食渊泉雨露，息炭养二气也。非洲之毒草，则竟有食人物
血肉者。人之肺在内，植物之肺在外，即叶是也。悉去植物之叶，而绝
其萌芽，则立槁（矣）：无肺固无以呼吸矣。西人谓《诗》"东门之杨，
其叶肺肺"，体物象形，为最工致。此亦训诂之奇而确者。至若金石、
沙砾、水土、屎溺之属，竟无食息矣，然而不得谓之无知也。何以验其
有知？曰：有性情。何以验其有性情？曰：有好恶。有好恶，于是有攻
取；有攻取，于是有异同；有异同，于是有分合，有生克。有此诸端，
医家乃得而用之①。夫人之能用物，岂有他哉！熟知其好恶之知，而慎
感之已耳。推此则虚空之中，亦皆有知也。而世咸目植物以下者为无
知，直不当以人所知之数例之；所以疑莫能明。人之知为繁，动物次
之；植物以下，惟得一端，如葵之倾日，铁之吸电，火之炎上，水之流
下。知虽一端，要非人所不能有也。在人则谓之知，在物乃不谓之知，
可乎？且夫人固号为有知矣，独是所谓知者，果何等物也？谓知出乎
心，心司红血紫血之出纳，乌睹所谓知耶？则必出于脑，剖脑而察之，
其色灰败，其质脂，其形洼隆不平，如核桃仁；于所谓知，又无有也。
切而求之，心何以能司血？脑之形色何所于用？夫非犹是好恶攻取也
欤？人亦一物耳，是物不惟有知，抑竟同于人之知，惟数多寡异耳。或
曰："夫如是，何以言无性也？"曰：凡所谓有性无性，皆使人物归于一
体而设之词②，庄所谓道行之而成，物谓之而然也。谓人有性，物固有
性矣；谓物无性，人亦无性矣。然则即推物无知，谓人亦无知，无不可
也。今既有知之谓矣，知则出于以太，不生不灭同焉；灵魂者，即其不
生不灭之知也。而谓物无灵魂，是物无以太矣，可乎哉？西人论心灵，
进穷艳丽之所本，因谓齿角羽毛，华叶附萼，云谲波诡，霞绚星明，凡
物皆能自出其光采以悦人。然则其中莫不有至精灵者焉，何复自背其
说，谓物无灵魂？故知此必不然矣。抑彼更有大谬不然者：既知灵魂之
后果为天堂地狱，或永苦，或永乐，独不明灵魂之前因为何，求之不

---

① 铅字排印本、《国民报》本增"水火电热声光学乃得而用之，农矿工艺制造学乃得而
用之"二句。

② 铅字排印本、《国民报》本作"皆使人物归于一体而言"。

得，乃强为之说曰："人皆有罪。"似矣，罪于何起？则又强为之说曰："始祖亚当、夏娃，及历代祖宗所遗之罪。"夫前人之罪，前人实承之，于后人何与？罪人不孥，人法犹尔，岂天之仁爱乃不逮人乎？且彼所重者灵魂，而原罪于前人，是又专重体魄矣。体魄为前人所遗，岂灵魂亦前人所遗乎？然则前人之灵魂又何往？若谓转为后人之灵魂，是一性自为轮回，与其教之宗旨不合，与永乐、永苦犹不合也。审是，则灵魂亦自有罪而自受之；自无始来，死生流转，曾无休息，复于生体魄不生灵魂之前人何与也？《易》虽有"余庆余殃"之说，殆以观形起化言之，所谓余者，庆不一庆、殃不一殃之谓，必非余而遗诸后人矣。乃中国之谈因果，亦辄推本前人，皆泥于体魄，转使灵魂之义晦昧而不彰，过矣！失与西人同耳。泥于体魄，而中国一切诬妄惑溺，始由是起矣。事鬼神者，心事之也，即自事其心也，即自事其灵魂也，而偏妄拟鬼神之体魄，至以土木肖之。土木盛而灵魂愚矣，灵魂愚而体魄之说横矣。风水也，星命也，五行也，壬遁也，杂占杂忌也，凡为祸福、富贵、利益而为之者，皆见及于体魄而止。不谓儒之末流，则亦专主体魄以为教。其言曰："吾所以异于异端者，法度文为，皆自亲而及疏也。彼墨子之兼爱，乱亲疏之言也。"呜呼，墨子何尝乱亲疏哉？亲疏者，体魄乃有之。从而有之，则从而乱。若夫不生不灭之以太，通天地万物人我为一身，复何亲疏之有？亲疏且无，何况于乱？不达乎此，反诋墨学，彼乌知惟兼爱一语为能超出体魄之上而独任灵魂，墨学中之最合以太者也。不能超体魄而分亲疏，亲疏生分别。分别亲疏，则有礼之名。自礼名亲疏，而亲疏于是乎大乱。心所不乐而强之，身所不便而缚之。缚则升降拜跪之文繁，强则至诚恻怛之意泊。亲者反缘此而疏，疏者亦可冒此而亲。日糜其有用之精力，有限之光阴，以从事无谓之虚礼。即彼自命为守礼，亦岂不知其无谓，特以习俗所尚，聊伪以将之云耳。故曰："礼者，忠信之薄，而乱之首也。"夫礼，依仁而著，仁则自然有礼，不待别为标识而刻绳之，亦犹伦常亲疏，自然而有，不必严立等威而苛持之也。礼与伦常皆原于仁，而其究也，可以至于大不仁，则泥于体魄之为害大矣哉！

不生不灭乌乎出？曰：出于微生灭。此非佛说菩萨地位之微生灭也，乃以太中自有之微生灭也。不生不灭，至于佛入涅槃，蔑以加矣，然佛固曰不离师子座，现身一切处，一切一入，一入一切，则又时时从兜率天宫下，时时投胎，时时住胎，时时出世，时时出家，时时成道，时时降魔，时时转法轮，时时般涅槃。一刹那顷，已有无量佛生灭，已有无量众生生灭，已有无量世界法界生灭。求之过去，生灭无始；求之未来，生灭无终；求之现在，生灭息息，过乎前而未尝或住。是故轮回者，不于生死而始有也，彼特大轮回耳。无时不生死，即无时非轮回；自（有）一出一处，一行一止，一语一默，一思一寂，一听一视，一饮一食，一梦一醒，一气缕，一血轮，彼去而此来，此连而彼断。去者死，来者又生；连者生，断者又死。何所为而生？何所为而死？乃终无能出于生死轮回之外。可哀矣哉！由念念相续而造之使成也。例乎此，则大轮回亦必念念所造成。佛故说"三界惟心"，又说"一切惟心所造"①。人之能出大轮回与否，则于细轮回而知之矣。细轮回不已，则生死终不得息，以太之微生灭亦不得息。庄曰："藏舟于壑，自谓已固，有大力者夜半负之而走。"吾谓将并壑而负之走也。又曰："鸿鹄已翔于万仞，而罗者犹视乎薮泽。"吾谓并薮泽亦一已翔者也。又曰："日夜相代乎前。"吾谓代则无日夜者。又曰："方生方死，方死方生。"吾谓方则无生死也。王船山曰："已生之天地，今日是也；未生之天地，今日是也。"吾谓今日者即无今日也。皆自其生灭不息言之也。不息故久，久而不息，则暂者绵之永，短者引之长，涣者统之萃，绝者续之亘，有数者浑之而无数，有迹者沟之而无迹，有间者强之而无间，有等级者通之而无等级。人是故皆为所瞒，而自以为有生矣。孔在川上曰："逝者如斯夫，不舍昼夜。"昼夜即川之理，川即昼夜之形。前者逝而后者不舍，乍以为前，又以居乎后，卒不能割而断之曰孰前孰后也。逝者往而不舍者复继，乍以为继，适以成乎往，卒不能执而私之曰孰往孰继也。可摄川于涓滴，涓滴所以汇而为川；可缩昼夜于瞬息，瞬息所以衍而为昼夜。亦逝而已矣，亦不舍而已矣。非一非异②，非断非常。旋生旋灭，即灭即生。生与灭相授之际，微之又微，至（于）无可微，密之又密，至无可密。夫是以融化为一，而成乎不生不灭。成乎不生不灭，而所以成之之微生灭，固不容掩焉矣。

今夫我何以知有今日也？比于过去未来而知之。然而去者则已去，来者又未来，又何以知有今日？迨乎我知有今日，则固已逝之今日也。过去独无今日乎？乃谓之曰过去。未来独无今日乎？乃谓之曰未来。今

① 《亚东》本作"为心"误，今据《国民报》本作"惟心"。
② 除《亚东》本、《清议报》本外，各本均作"非一非二"。

日宜为今日矣，乃阅明日，则不谓今日为今日。阅又明日，又不谓明日为今日。日析为时，时析为刻，刻析为分，分析为秒忽，秒忽随生而随灭，确指某秒某忽为今日，某秒某忽为今日之秒忽，不能也。昨日之天地，物我据之以为生，今日则皆灭；今日之天地，物我据之以为生，明日则又灭。不得据今日为生，即不得据今日为灭，故曰：生灭即不生不灭也。抑尝有悟于梦矣：一夕而已，而梦中所阅历者，或数日，或数月，或数年，或数十年。夫一夕而已，何以能容此？此而能容，当不复醒矣，及其既醒，而数日、数月、数年、数十年者，即又何往？庸讵知千万年前之今日，非今日之今日？庸讵知千万年后之今日，非今日之今日？佛故名之曰："三世一时"。三世一时，则无可知也。自以为知有今日，逝者而已矣。今夫我又何以知有我也？比于非我而知之。然而非我既已非我矣，又何以知有我？迨乎我知有我，则固已逝之我也。一身而有四体五官之分，四体五官而有筋骨血肉之分，筋骨血肉又各有无数之分，每分之质点，又各有无数之分，穷其数可由一而万万也。今试言某者是我，谓有一是我，余皆非我，则我当分裂。谓皆是我，则有万万我，而我又当分裂。由胚胎以至老死，由气质流质以成定质，由肤寸之以抵七尺之干，又由体魄以终于溃烂朽化，转辗变为他物，其数亦由一而万万也。试言某者是我，谓有一是我，余皆非我，则我当分裂。谓皆是我，则有万万我，而我又当分裂。我之往来奔走也，昨日南而今日北，谓我在北，则昨南之我何往？谓我去南，则今北之我又非终于不去。确指南者是我，北者是我，不能也。我之饮食呼吸也，将取乎精英以补我之气与血。然养气也，旋化而为炭气，红血也，旋变而为紫血；或由九窍而出之，为气，为唾涕，为泗洟，为矢溺，为凝结之物；或由毛孔而出之，为热气，为湿气，为汗，为油，为垢腻；或为须发之脱，或为爪甲之断落。方气血之为用也，曾不容秒忽而旋即谢去，确指某气缕之出入为我，某血轮之流动为我，不能也。以生为我，而我倏灭；以灭为我，而我固生。可云我在生中，亦可云我在灭中。故曰：不生不灭，即生灭也。抑尝有悟于思矣：谓思在脑，脑之形有量而思无量，或一世界，或数世界，或恒河沙数世界，莫不朗悬目前，了了可辨。夫以无量入有量，有量何往？及所思既倦，而无量又何往？一切众生，并而为我，我不加大；我遍而为一切众生，我不减小。故名之曰："一多相容"。一多相容，则无可知也。自以为知有我，逝者而已矣。王船山亦有言，以为德之已得，功之已成，皆其逝焉者也。夫目能视色，迨色之至乎目，而色既逝矣；耳能听声，迫声之至乎耳，而声既逝矣；惟鼻、舌、身亦复如是。体貌颜色，日日代变，晨起而观，人无一日同也。骨肉之亲，聚处数十年，不觉其异，然回忆数十年前之情景，宛若两人也。则日日生者，实日日死也。天曰生生，性曰存存；继继承承，运以不停。孰不欲攀援而从之哉？而势终处于不及。世人妄逐既逝之荣辱得丧，执之以为哀乐。过驹不留，而堕甑犹顾；前者未忘，而后者沓至。终其身接应不暇，而卒于无一所（能）应，不亦悲乎！①

　　"一多相容"也，"三世一时"也，此下士所大笑不信也，乌知为天地万物自然而固然之真理乎？真理之不知，反缘历劫之业力，障翳深厚。执妄为真，认贼为子，自扰自乱，自愚自惑，遂为对待所瞒耳。对待生于彼此，彼此生于有我。我为一，对我者为人，则生二；人我之交，则生三。参之伍之，错之综之，朝三而暮四，朝四而暮三，名实未亏，而喜恶因之。由是大小多寡，长短久暂，一切对待之名，一切对待之分别，歘然阒然。其瞒也，其自瞒也，不可以解矣。然而有瞒之不尽者，偶露端倪，所以示学人以路也。一梦而数十年月也，一思而无量世界也。尺寸之镜，无形不纳焉；铢两之脑，无物不志焉。西域之技，吐火而吞刀；真人之行，火不热而水不濡。水为流质，则相浮游泳。若处于空地为圆体，则倒竖横斜，皆可以立。同一空气，忽传声忽传光而不歃也；同一电浪，或传热或传力而不舛也。虚空有无量之星日，星日有无量之虚空，可谓大矣。非彼大也，以我小也。有人不能见之微生物，有微生物不能见之微生物，可谓小矣。非彼小也，以我大也。何以有大？比例于我小而得之；何以有小？比例于我大而得之。然则但有我见，世间果无大小矣。多寡长短久暂，亦复如是。疑以为幻，虽我亦幻也。何幻非真？何真非幻？真幻亦对待之词，不足疑对待也。惊以为奇，而我之能言、能动、能食、能思，不更奇乎？何奇非庸？何庸非奇？庸奇又对待之词，不足惊对待也。凡此皆瞒之不尽者，而尤以西人格致之学，为能毕发其覆。涨也缩之，微也显之，亡也存之，尽也衍之。声光虚也，可贮而实之；形质阻也，可鉴而洞之。声光化电气重之说盛，对待或几几乎破矣！欲破对待，必先明格致；欲明格致，又必先辨对待。有此则有彼，无独有偶焉，不待问而知之，辨对待之说也。无

---

　　①　除《亚东》本、《清议报》本外，《全编》本作"终至于接应不暇，而卒于无一能应，不亦悲乎？"铅字排印本、《国民报》本作"终至接应不暇，而卒于无一能应，不亦悲乎？"

彼复无此，此即彼，彼即此焉，不必知，亦无可知，破对待之说也。辨对待者，西人所谓辨学也，公孙龙、惠施之徒时术之，"坚白异同"之辨曲达之，学者之始基也。由辨学而算学，算学实辨学之衍于形者也；由算学而格致，格致实辨学、算学同致于用者也，学者之中成也。格致明而对待破，学者之极诣也。孔子曰："下学而上达。"未有可以躐等而蹴几，亦何可以中止而自画也。故尝谓西学皆源于佛学，亦惟有西学，而佛学可复明于世。彼其大笑而不信，抑又何据而然乎？岂不以眼、耳、鼻、舌、身所不及接？此其愚惑也滋甚。眼、耳、鼻、舌、身所及接者，曰色、声、香、味、触五而已。以法界、虚空界、众生界之无量无边，其间所有，必不止五也明矣。仅凭我所有之五，以妄度无量无边，而臆断其有无，奚可哉？是故同为眼也，有肉眼，有天眼，有慧眼，有法眼，有佛眼。肉眼见为国土为虚空，天眼或见为海水为地狱；无所见而不异焉。慧眼以上，又各有异。奈何以肉眼所见为可据也！耳、鼻、舌、身亦复如是。即以肉眼、肉耳论，有远镜、显微镜所见，而眼不及见者焉，又有远镜、显微镜亦不及见者焉；有电筒、德律风所闻，而耳不及闻者焉，又有电筒、德律风亦不及闻者焉。且眼耳所见闻，又非真能见闻也。眼有帘焉，形入而绘其影，由帘达脑而觉为见，则见者见眼帘之影耳，其真形实万古不能见也。岂惟形不得见，影既缘绘而有是，必点点线线而缀之，枝枝节节而累之，惟其甚速，所以不觉其劳倦，迨成为影，彼其形之逝也，亦已久矣；影又待脑而知，则影一已逝之影，并真影不得而见也。故至远之恒星，有毁已千万年，而光始达于地者。推光行之速率，至于密迹，亦何莫不然。耳有鼓焉，声入而肖其响，由鼓传脑而觉为闻，则闻者闻耳鼓之响耳，其真声实万古不能闻也。岂惟声不得闻，响既缘肖而有是，必彼之既终，而此方以为始，惟其甚捷，所以不觉其断续，迨成为响，彼其声之逝也，亦已久矣；响又待脑而知，则响一已逝之响，并真响不得而闻也。故雷炮之远发，山谷之徐应，有逾时而声始往返者。推声浪之速率，至于切近，亦何莫不然。悬虱久视，大如车轮；床下蚁动，有如牛斗。眼耳之果足恃耶否耶？鼻依香之逝，舌依味之逝，身依触之逝，其不足恃，均也。恃五以接五，犹不足以尽五，况无量无边之不止五！彼其大笑而不信，乃欲恃五以接不止五乎？恃五则五寡矣，然恃五又多此五矣。苟不以眼见，不以耳闻，不以鼻嗅，不以舌尝，不以身触，乃至不以心思，转业识而成智慧，然后"一多相容"、"三世一时"之真理乃日见乎前，任逝者之逝而我不逝，任我之逝而逝者卒未尝逝。真理出，斯对待不破以自破。

反乎逝而观，则名之曰"日新"，孔曰："革去故，鼎取新。"又曰："日新之谓盛德。"夫善至于日新而止矣，夫恶亦至于不自（日）新而止矣。天不新，何以生？地不新，何以运行？日月不新，何以光明？四时不新，何以寒燠发敛之迭更？草木不新，丰缛者歇矣；血气不新，经路（络）者绝矣；以太不新，三界万法皆灭矣。孔曰"改过"，佛曰"忏悔"，耶曰"认罪"，新之谓也。孔曰"不已"，佛曰"精进"，耶曰"上帝国近尔矣"，新而又新之谓也。则新也者，夫亦群教之公理也。德之宜新也，世容知之，独何以居今之世，犹有守旧之鄙生，断断然曰不当变法，何哉？是将挟其苶敝惰怯之私，而窒天之生，而尼（厄）地之运行，而蔽日月之光明，而乱四时之迭更，而一狄百产万灵之芸芸，不恤亡学、亡政、亡教，以拗戾乎不生不灭者也。虽然，彼之力又何足以云尔哉？毋亦自断其方生之化机，而与于不仁之甚，则终成为极旧极敝一残朽不灵之废物而已矣！乃彼方诩于人曰"好古者"，是又大惑也已。古而可好，又何必为今之人哉？所贵乎读书者，在得其精意以充其所未逮焉耳；苟以其迹而已，则不问理之是非，而但援事之有无，枭獍四凶，何代蔑有，殆将一一则之效之乎？郑玄笺《诗》"言从之迈"，谓当自杀以从古人，则尝笑其愚。今之自矜好古者，奚不自杀以从古人，而漫鼓其辅颊舌以争乎今也？夫孔子则不然，删《书》则断自唐、虞，存《诗》则止乎三百。然犹早岁从周之制作也，晚而道不行，掩涕于获麟，默知非变法不可，于是发愤作《春秋》，悉废古学，而改今制，复何尝有好古之云云也。□□□曰："《论语》第七篇，当是《默而》第七，刘歆私改'默'为'述'，窜入'述而不作，信而好古，窃比于我老彭'十四字以申其古学，篇名遂号《述而》矣。""我非生而知之者，敏以求之者也。""生知"与"敏求"相反相对，文义自足，无俟旁助，而忽中梗"好古"二字，语意都不连贯，是亦歆窜矣。世岂甘为莽、歆之奴隶也乎？则好古亦其宜也。□□□曰："于文从古，皆非佳义。从艹则苦，从木则枯，从艹木则楛，从网则罟，从辛则辜，从攴则故，从口则固，从歹则殆，从疒则痼，从监则盬，从牛则牯，从疒口则痼，从水口则涸。且从人则估，估客非上流也。从水为沽，孔子所不食也。从女为姑，姑息之谓细人。吾不知好古者何去何从也。"欧、美二洲，以好新而兴；日本效之，至变其衣食嗜好。亚、非、澳三洲，以好古而亡。中国动辄援古制，死亡之在眉睫，犹栖心于榛狉未化之世，若于今熟视无睹也者。庄曰："莫悲于心死，而身死次之"，谥曰至愚，可不谓之大哀！

日新乌乎本？曰：以太之动机而已矣。独不见夫雷乎？虚空洞杳，都无一物，忽有云雨相值，则合两电，两则有正有负，正负则有异有同，异则相攻，同则相取，而奔崩轰殉（硠）发焉。宇宙为之掀鼓，山川为之战撼，居者愕眙，行者道仆，懦夫孺子，掩耳而良久不怡，夫亦可谓暴矣。然而继之以甘雨，扇之以和风，雾豁天醒，霾敛气苏，霄宇轩昭，大地澄涤，三辰晶英于上，百昌（汇）孚甲振奋于下，蜎飞蠕动，雍容任运而自得，因之而时和，因之而年丰，因之而品汇亨通，以生以成，夫孰非以太之一动，而绵绵以无极也。斯可谓仁之端也已！王船山邃于《易》，于有雷之卦，说必加精，明而益微。至"屯"之所以满盈也，"豫"之所以奋也，"大壮"之所以壮也，"无妄"之所以无妄也，"复"之所以见天心也，"震"之所以不丧匕鬯而再则泥也，罔不由于动。天行健，自动也。天鼓万物，鼓其动也。辅相裁成，奉天动也。君子之学，恒其动也。吉凶悔吝，贞夫动也。谓地不动，昧于历算者也。《易》抑阴而扶阳，则柔静之与刚动异也。夫善治天下者，亦岂不由斯道矣！夫鼎之革之，先之劳之，作之兴之，废者举之，敝者易之。饱食暖衣而逸居，则惧其沦于禽兽；乌知乎有李耳者出，言静而戒动，言柔而毁刚！乡曲之士，给饘粥，察鸡豚，而长养子孙，以之自遁而苟视息焉，固亦术之工者矣；乌知乎学子术焉，士大夫术焉，诸侯王术焉，浸淫而天子亦术焉，卒使数千年来成乎似忠信似廉洁、一无刺无非之乡愿天下！言学术则曰"宁静"，言治术则曰"安静"。处事不计是非，而首禁更张；躁妄喜事之名立，百端由是废弛矣。用人不问贤不肖，而多方遏抑；少年意气之论起，柄权则颓暮矣。陈言者则命之曰"希望恩泽"，程功者则命之曰"露才扬己"。既为糊名以取之，而复隘其途；既为年资以用之，而复严其等。财则惮辟利源，兵则不贵朝气。统政府台谏六部九卿督抚司道之所朝夕孜孜不已者，不过力制四万万人之动，絷其手足，涂塞其耳目，尽驱以入契乎一定不移之乡愿格式。夫群四万万（之）乡愿以为国，教安得不亡，种类安得而可保也！呜呼，吾且为西人悲矣！西人以喜动而霸五大洲，驯至文士亦尚体操，妇女亦侈游历，此其崛兴为何如矣。顾哀中国（之）亡于静，辄曰此不痛不痒顽钝而无耻者也，为危词以怵之，为巽语以诱之，为大声疾呼以警之，为通商以招之，为传教以聒之，为报馆、为译书以海之，为学堂、为医院以拯之，至不得已而为兵戈、枪炮、水雷、铁舰以大创之，然而中国则冥然而罔觉，悍然而不顾，自初至终未尝一动也。夫掘冢中枯骨与数百年之陈死人而强之使动，乌可得乎哉！西人方拳拳焉不以自阻，可谓愚矣，故足为悲也。西人之喜动，其坚忍不挠，以救世为心之耶教使然也。又岂惟耶教，孔教固然矣；佛教尤甚。曰"威力"，曰"奋迅"，曰"勇猛"，曰"大无畏"，曰"大雄"，括此数义，至取象于师子。言密必济之以显，修止必偕之以观。以太之动机，以成乎日新之变化，夫固未有能遏之者也！论者阇于佛、老之辨，混而同之，以谓山林习静而已，此正佛所诋为顽空，为断灭，为九十六种外道，而佛岂其然哉！乃若物（佛）之静也，则将以善其动，而遍度一切众生。更精而言之，动即静，静即动，尤不必有此对待之名，（故）夫善学佛者，未有不震动奋厉而雄强刚猛者也。

　　李耳之术之乱中国也，柔静其易知矣。若夫力足以杀尽地球含生之类，胥天地鬼神以沦陷于不仁，而卒无一人能少知其非者，则曰"俭"。俭，从人，佥声；凡俭皆金人也。且夫俭之与奢也，吾又不知果何所据而得其比较，差其等第，以定厥名，曰某为奢、某为俭也。今使日用千金，俗所谓奢矣，然而有倍蓰者焉，有什伯千万者焉。奢至于极，莫如佛。金刚以为地，摩尼以为坐。种种缨络帝网，种种宝幢宝盖，种种香花衣云，种种饮食胜味。以视世人，谁能奢者？则奢之名不得而定也。今使日用百钱，俗所谓俭矣，然而流氓乞丐，有日用数钱者焉，有掘草根、屑树皮、苟食以待尽，而不名一钱者焉。俭至于极，莫如禽兽。穴土栖木以为居，而无宫室；毛羽蒙茸以为暖，而无衣裳；恃爪牙以求食，而无耕作贩运之劳。以视世人，谁能俭者？则俭之名不得而定也。本无所谓奢俭，而妄生分别以为之名，又为之教曰黜奢崇俭。虽唐、虞三代之盛，不能辨去此惑，是何异抟虚空以为质，扪飘风而不释者矣。虽然，无能限多寡以定奢俭，则试量出入以定奢俭。俗以日用千金为奢，使入万金焉，则固不名之奢而名之俭，以其尚储九千于无用之地也。俗以日用百钱为俭，使入不逮百钱，则不名之俭而名之奢，以其聪明才力仅足以及此也。溢则倾之，歉而纳焉，是俭自有天然之度，无待崇也。且所谓崇俭，抑又矛盾之说也。衣布枲足矣，而遣使劝蚕桑胡为者？岂非导之奢乎？则蚕桑宜禁矣。通有无足矣，而开矿取金银胡为者？岂非示之汰乎？则金银宜禁矣。此虽日胶离朱之目，捆工倕之指，犹患不给，凡开物成务，利用前民，励材奖能，通商惠工，一切制度文为，经营区画，皆当废绝。嗟乎！金玉货币，与夫六府百产之饶，诚何足撄豪杰之心胸，然而历代圣君贤相贵之重之，何哉？以其为生民之大命也。持筹握算，铢积寸累，力遏生民之大命而不使之流通。今日节一食，天下必有受其饥者；明日缩一衣，天下必有受其寒者。家累巨万，无异穷人。坐视羸瘠盈沟壑，饿殍蔽道路，一无所动于中，而独室家子孙之为计。天下且翕然归之曰：俭者美德也。是以奸猾桀黠之资，凭藉高位，尊齿重望，阴行豪强兼并之术，以之欺世盗名焉。此乡愿之所以贼德，而见（允）为金人之尤矣！向以为米盐凌杂，鸡豚诟谇，特老媪灶婢之所用心，及泛览于今之士大夫，乃莫不然。宁使粟红贯朽，珍异腐败，终不以分于人；一闻兴作工役，罔不动色相戒惧，以为家之索也。其教诫子弟，必以俭为莫大之教训，而子弟卒以狂荡破家闻。抑尝观于乡矣，千家之聚，必有所谓富室焉，左右比邻以及附近之困顿不自聊者，所仰而以为生也。乃其刻豁琐啬，弥甚于人，自苦其身，以剥削贫民为务。放债则子巨于母而先取质，粜籴则阴伺其急而厚取利；扼之持之，使不得出。及其箍络久之，胥一乡皆为所并吞，遂不得不供其奴役，而入租税于一家。《周礼》有保富之文，富而若此，岂堪更保之耶？居无何，乡里日益贫，则流而为盗贼，伺衅劫夺焚杀，富室乃随之煨烬。即幸而不至此，愈俭则愈陋，民智不兴，物产凋窳。所与皆窭人也，已亦不能更有所取，且暗受其销铄。一传而后，产析而薄，食指加繁，又将转而被他人之剥削并吞，与所加乎于人者无或异也。转辗相苦，转辗相累，驯至人人俭而人人贫。天下大势，遂乃不可以支。《葛屦》、《桃园》之刺，诗人有远忧焉。盖坐此寂寂然一乡，而一县，而一省，而遍毒于四海，而二万里之地，而四万万之人，而二十六万种之物，遂成为至贫极窭之中国。不惟中国，彼非洲、澳洲，及中亚之回族、美洲之土番、印度巫来由之杂色人、越南、缅甸、高丽、琉球之藩邦，其败亡之由，咸此而已矣。言静者，惰归之暮气，鬼道也；言俭者，龌龊之昏心，禽道也。率天下而为鬼为禽，且犹美之曰"静德俭德"，夫果何取也？

夫岂不知奢之为害烈也，然害止于一身家，而利十百矣。锦绣珠玉栋宇车马歌舞宴会之所集，是固农工商贾从而取赢，而转移执事者所奔走而趋附也。楚人遗弓，楚人得之，孔子犹叹其小。刘蒉而遗簪，田妇方且不惜。奈何思（私）垄断天下之财，恝不一散，以沾润于国之人也，即使流弊所极，利不胜害，不犹愈于坚握生民之大命，死之于鄙吝猥陋之小夫哉？然欲求百利而无一害，抑岂无道以处此？必令于富者曰："而瘁而形，而劬而力，而以有而之积蓄，而悉以散诸贫无赀者"，则为人情所大难。夫亦孰为必使之散之哉？且将大聚之，在流注灌输之间焉耳。有矿焉，建学兴机器以开之，凡辟山、通道、濬川、凿险咸视此。有田焉，建学兴机器以耕之，凡材木、水利、畜牧、蚕织咸视此。有工焉，建学兴机器以代之，凡攻金、攻木、造纸、造糠咸视此。大富则为（设）大厂，中富附焉，或别为分厂。富而能设机器厂，穷民赖以养，物产赖以盈，钱币赖以流通，己之富亦赖以扩充而愈厚。不惟无所用俭也，亦无所用其施济；第就天地自有之利，假吾力焉以发其覆，遂至充溢溥遍而收博施济众之功。故理财者慎毋言节流也，开源而已。源日开而日亨，流日节而日困。始之以困人，终必困乎己。犹大旱之岁，土山焦，金石流，惟画守蹄涔之涓涓，谓可私于己；果可施（私）于己乎？则孰若浚清渠，激洪波，引稽天之泽，苏渺莽之原，人皆蒙惠，而己固在其中乎。然而昧者闻之，又将反其实，曰："机器夺民之利。"噫，何不观于欧、美诸洲，而一绳其得失也！今且诘之曰："民之贫也，贫于物产之饶乎？抑贫于物产之绌乎？求富民者，将丰其物产以富之乎？抑耗其物产以富之乎？"彼必曰："饶富而耗贫。"又诘之曰："百人耕而养一人，与一人耕而养百人，孰为饶？孰为耗？"彼必曰："耕一养百者耗，耕百养一者饶。"然则机器固不容缓矣。用货之生齿，远繁于昔，而出货之疆土，无辟于今。其差数无异百之于一也。假而有货焉，百人为之不足，用机器则一人为之有余，是货百饶于人也。一人百日为之不足，用机器则一人一日为之有余，是货百饶于日也。日愈益省，货愈益饶，民愈益富。饶十则富十倍，饶百则富百倍。虽不识九九之人，不待布算之劳，可定其比例矣。人特患不能多造货物，以广民利耳。或造矣，而力未逮；或逮矣，而时不给。今用机器，则举无虑焉，其为功于民何如哉？称天之德，不过曰造物而已，而曰夺民利，何耶？且所省之人工日工，又将他有所兴造，利源必推行日广，岂有失业坐废之虞。譬之一家焉，伯制器，仲贩运，叔耕以供养，季织以供衣，若用机器助力，伯所制器必加多，用机器运物，仲又舍其贩运而增制（机）器，机器无衣食之费，叔季初不加其供亿，益将委耕织于机器，而增制器，以视向者所获，不既多乎？难者又曰："机器兴，物产饶，物价宜廉矣，而欧、美反贵者，何也？"曰：此机器之所以利民也。小民穷岁月之力，拮据辛劳，以成一物，岂不欲器多值哉？而价止于此，此其可哀甚矣。盖物价之贵贱，隐视民命之重轻以为衡。治化隆美之世，民皆丰乐充裕，爱惜生命，不肯多用人力，人亦从而爱惜之焉。故创造一物，即因其力之可贵而贵之。苟或不贵，固不急求售，亦将不复造。且民皆富矣，虽多出值，复何吝？然非机器，又何由皆富厚若此？机器兴而物价贵，又以见机器固非夺民利矣。中国之民，至鬻其身以为奴隶，驱使若犬羊，系役类重囚，然尚为美国、南洋所迫逐，而不遑得食。身且如此，更何论所造之物？此所以虽贱极犹莫能售也。乃今之策士，又曰："中国醇俗庞风，为不可及也。工价之廉，用度之俭，足以制胜于欧、美。"转若重为欧、美忧者。嗟乎，此何足异！中国守此不变，不数十年，其醇其庞，其廉其俭，将有食稿壤，饮黄泉，人皆饿莩，而人类灭亡之一日。何则？生计绝，则势必至于此也。惟静故惰，惰则愚；惟俭故陋，陋又愚。兼此两愚，固将杀尽含生之类，而无不足。故静与俭，皆愚黔首之惨术，而挤之于死也。夫以欧、美治化之隆，犹有均贫富之党，轻身命以与富室为难，毋亦坐拥厚赀者，时有褊之心以召之欤？则俭之为祸，视静弥酷矣。

假赀于人，而岁责子金百之一，世必谓之薄息矣；易以月则厚，易以日则愈厚，是犹一与十二与三百六十之比也。执业于肆，岁成一器，虽获利百之十，世犹谓之贱工矣。易岁以日，富莫大焉，犹十与三百六十之比也。稗贩于千里之外，岁一往还，虽获利十之二，世犹谓之窘贾矣。岁百往还，则猗顿①莫尚焉，犹二与百之比也。故货财之生，生于时也。时糜货财歉，时啬货财丰。其事相反，适以相成。机器之制与运也，岂有他哉？惜时而已。惜时与不惜时，其利害相去，或百倍，或千倍，此又机器之不容缓者也。时积而成物，物积而值必落，于是变去旧法，别创新物，以新而救积，童子入市，知所决择焉。而值自上，又有新者，值又上。人巧奋，地力尽，程度谨于国，苦窳绝于市，游惰知所警，精良遍于用。西人售物于中国，则以其脆敝者，云中国喜贱值也。喜贱值由于国贫，国贫由于不得惜时之道，不得惜时之道由于无机器；然则机器兴而物价贵，斯乃治平之一效矣。治平进而不已；物价亦进而不已。衰国之民，飨飧不给，短褐不完，虽有精物，无能承受，而不解事之腐儒，乃曰天地生财，止有此数，强抑天下之人，使拂性之本然，而相率出于俭。物价自不能违其俭，而孤以腾踊。其初以人谋之不臧，而诿过于天，其继窒天生之富有而以制人②。自俭之名立，然后君权日以尊，而货弃于地，亦相因之势然也。一旦衔勒去，民权兴，得以

---

① 猗顿，《亚东》本误作"倚赖"，据各本改。
② 此据《国民报》本，《亚东》本作"其继以窒天生之富有，而挟以制人"，误。

从容谋议，各遂其生，各均其利，杼轴繁而悬鹑之衣绝，工作盛而仰屋之叹消。矿禁弛，谁不轻其金钱；旅行速，谁不乐乎游览？复何有俭之可言哉？且验之币政，又有然矣。上古之时，以有易无，无所谓币也。风化渐开，始有用贝代币者。今美洲土番，犹有螺壳钱，即中国古时之贝，可为风化初开之证。久之，民智愈启，始易以铜；又久之，易以银；今西国又进而用金。使风化更开，必将舍金而益进于上。夫治平至于人人皆可奢，则人之性尽；物物皆可贵，则物之性亦尽。然治平至于人人可奢，物物可贵，即无所用其歆羡畔援，相与两忘，而咸归于淡泊。不惟奢无所眩耀，而奢亦俭，不待勉强而俭，岂必遏之塞之，积疲苦之极，反使人欲横流，一发不可止，终酿为盗贼凶叛，攘夺篡弑之祸哉？故私天下者尚俭，其财偏以壅，壅故乱；公天下者尚奢，其财均以流，流故平。

夫财均矣，有外国焉，不互相均，不足言均也。通商之义，缘斯起焉。西人初亦未达此故，以谓通商足以墟人之国，恐刮取其膏血以去，则柴立而毙也，于是有所谓保护税者，重税外入之货，以阴拒其来。邻国不睦，或故苛其税，藉以相苦，因谓税务亦足以亡人国也。而其实皆非也。一父有数子，数传之后，将成巨族。西人因详稽夫家之丰耗，每一岁中，生死相抵，百人可多一人。使无水旱沴疠兵戈及诸灾眚，不数十年，本国之物产，必不能支。将他辟新土，而势处于无可辟，则幸而有外国之货物输入而弥缝之，不啻为吾之外府，而岁效其土贡，且又无辟地之劳费。自然之大利，无便于此者。故通商者，相仁之道也，两利之道也，客固利，主尤利也。西人商于中国，以其货物仁我，亦欲购我之货物以仁彼也。则所易之金银，将不复持去，然辄持去者，谁令我之工艺不兴，商贾不恤，而货物不与匹敌乎？即令中国长此黮黯，无工艺，无商贾，无货物，又未尝不益蒙通商之厚利也。己既不善制造，愈不能不仰给于人，此其一利矣。彼所得者金银而已，我所得者千百种之货物；货物必皆周于用，金银则饥不可食而寒不可衣。以无用之金银，易有用之货物，不啻出货而为我服役也①。此又一利也。或以为金银即货物，金银竭，货物亦亡。是无矿之国，则可云尔矣。中国之矿，富甲地球，夫谁掣其肘，掴其指，不使其民采之取之，而仅恃已出之支流，以塞无当之玉卮乎？② 此之不明，而曰以通商致贫，蓄怨毒于外国，不

---

① 除《亚东》本、《清议报》本外，各本均作"不啻出货佣彼而为我服役也"。

② 除《亚东》本、《清议报》本外，各本均作"以塞无穷之漏卮乎？"

自振奋而偏巧于推咎，惰者固莫不然也。夫彼以通商仁我，我无以仁彼，既足愧焉；曾不之愧而转欲绝之，是以不仁绝人之仁。且绝人之仁于我，先即自不仁于我矣。绝之不得，又欲重税以绝之。税固有可重者，徒重税亦乌能绝之哉？英人尝重税麦入矣，卒以大困，旋去其税，惟重税（其）不切民用者。故凡谓以商务、税务取人之国，皆西人之旧学也。彼亡国者，别有致亡之道，即非商与税，亦必亡也。印度、南洋群岛，岂有一可不亡之政哉？阅历久而利害审，今且悉变其说焉。且夫绝其通商，匪惟理不可也，势亦不行。今之吴、楚，古之蛮夷也，自河南、山东视之，俨然一中外（也）。骤使画江而守，南不至北，北不至南，日用饮食，各取于其地，毋一往来焉，能乎不能乎？况轮船、铁路、电线、德律风之属，几缩千程于咫尺，玩地球若股掌，梯山航海，如履户阈，初无所谓中外之限，若古之夷夏，更乌从而绝之乎？为今之策，上焉者奖工艺，惠商贾，速制造，蓄货物，而尤扼重于开矿；庶彼仁我，而我亦有以仁彼。能仁人，斯财均，而己亦不困矣。次之，力不足仁彼，而先求自仁，亦省彼之仁我。不甘受人仁者，如（始）能仁人[①]。既省彼之仁我，即以舒彼仁我之力，而以舒之者仁之矣。不然，日受人之仁，安坐不一报，割（游）惰困穷，至于为人薃灭屠割，揆之上天报施之理，亦有宜然焉耳。夫仁者，通人我之谓也。通商仅通之一端，其得失已较然明白若此。故莫仁于通，莫不仁于不通。

　　惜时之义大矣哉！禹惜寸阴，陶侃惜分阴。自天下之万机，以至于庶人之一技，自圣贤之功用，以至于庸众之衣食，咸自惜时而有也。自西人机器之学出，以制以运，而惜时之具乃备。今第即运言之，执途人而语之曰："轮船铁道，可以延年永命，无则短祚促龄。"鲜不笑其妄矣。而非妄也，有万里之程焉，轮船十日可达，铁道则三四日。苟无二者，动需累月经年，犹不可必至。此累月经年中，仕宦废其政（事），工商滞其货殖，学子荒其艺文，佣走臁其生计，劳人伤于行役，思妇叹于室庭。缅山川之履綦，邈音书而飞越，寒暑异候，盗发不时，此父母兄弟骨肉朋友之亲，死生契阔离别忧悲之什，所由作焉。坐此仆仆无所事事之气体，虽生而无所裨生人之业，则生不异于死，是此经月（年）累月之命短焉矣。由此类推，无往而非玩时愒日，即幸而得至百年，无形中已耗其强半。又况军务之不可迟而迟，赈务之不容缓而缓；豪杰散

处，而无以萃其群；百产弃置，而无以发其采；固明明有杀人杀物之患害者矣。有轮船铁路，则举无虑此。一日可兼十数日之程，则一年可办十数年之事；加以电线邮政机器制造，工作之简易，文字之便捷，合而计之，一世所成就，可抵数十世，一生之岁月，恍阅数十年。志气发舒，才智奋起，境象宽衍，和乐充畅，谓之延年永命，岂为诬乎？故西国之治，一旦轶三代而上之，非有他术，惜时而时无不给，犹一人并数十人之力耳。《记》曰："为之者疾"，惟机器足以当之。夫惜时之效若此，不惜时之害若彼，语曰："化世之日舒以长，乱世之日促以短"，有具以惜之，与无具以惜之，治乱之大闲，闲于此也。若夫微生灭之倏过乎前，与不生不灭相纬而成世界，因而有时之名，于此而不惜，乾坤或几乎息矣。今不惟不惜，反从而促之：取士则累其科目，用人则困以年资，任官则拘于轮委，治事则繁为簿书，关吏则故多留难，盐纲则抑使轮销，皆使天下惟恐时之不疾驰以去也。嗟乎，时去则岂惟亡其国，将并其种而亡之！抑岂惟存亡为然哉？宣尼大智，至七十而从心；善财凡夫，乃一生而证果。然则惜时之义，极之成佛成圣而莫能外。

微生灭乌乎始？曰：是难言也。无明起处，惟佛能知。毛道不定，曷克语此？虽然，吾试言天地万物之始；洞然窅然，恍兮忽兮，其内无物，亦无内外。知其为无，则有无矣；知其有无，是亦有矣。俄而有动机焉，譬之于云，两两相遇，阴极阳极，是生两电，两有异同，异同攻取，有声有光，厥名曰"雷"。振微明玄，参伍错综，而有有矣。有有之生也，其惟异同攻取乎？其成也，其惟参伍错综乎？天地万物之始，一泡焉耳。泡分万泡，如镕金汁，因风旋转，卒成圆体。日又再分，遂得此土。遇冷而缩，由缩而干；缩不齐度，凸凹其状，枣暴果膜，或乃有纹，纹亦有理，如山如河。缩疾干迟，溢为泽水；干更加缩，水始归墟。沮洳郁蒸，草蕃虫蜎，璧他利亚，微植微生，螺蛤蛇龟，渐具禽形。禽至猩猿，得人七八。人之聪秀，后亦胜前。恩怨纷结，万生万灭[①]，息息生灭，实未尝生灭。见生灭者，适成唯识。即彼藏识，亦无生灭。佛与众生，同其不断。忽被七识所执，转为我相。执生意识，所见成相。眼、耳、鼻、舌、身，又各有见，一一成相。相实无柱受薰习，此生所造，还入藏识，为来生因。因又成果，颠倒循环，无始沦滔。沦滔不已，乃灼然谓天地万物矣。天地乎，万物乎，夫孰知其在内

---

① 　除《亚东》本、《清议报》本外，各本均作"方生方灭"，误。

而不在外乎？虽然，亦可反言之曰：心在外而不在内。是何故乎？曰：心之生也，必有缘，必有所缘。缘与所缘，相续不断。强不令缘，亦必缘空。但有彼此迭代，竟无脱然两释。或缘真，或缘妄，或缘过去，或缘未来；非皆依于真天地万物乎？妄天地万物乎？过去之天地万物乎？未来之天地万物乎？世则既名为外矣，故心亦在外，非在内也。将以眼识为在内乎？眼识幻而色，故好色之心，非在内也。心栖泊于外，流转不停，寝至无所栖泊，执为大苦。偶于色而一驻焉，方以得所栖泊为乐。其令栖泊偶久者，诧以为美，亦愈以为乐。然而既名之栖泊矣，无能终久也。栖泊既厌，又转而之他。凡好色若子女玉帛，若书画，若山水，及一切有形，皆未有焉。好其一而念念不息者，以皆非本心也，代之心也。何以知为代？以心所本无也。推之耳、鼻、舌、身，亦复如是。吾大脑之所在，藏识之所在也。其前有圆洼焉，吾意以为镜，天地万物，毕现影于中焉。继又以天地万物为镜，吾现影于中焉。两镜相涵，互为容纳，光影重重，非内非外。

其谓有始者，乃即此器。世间一日一地球云尔，若乃日、地未生之前，必仍为日、地，无始也，日、地既灭之后，必仍为日、地，无终也，以以太固无始终也。以太者，亦《唯识》之相分，谓无以太可也；既托言以太矣，谓以太有始终不可。然则识亦无终乎？曰：识者，无始也，有终也。业识转为智慧，是识之终矣。吾闻□□之讲《大学》，《大学》盖《唯识》之宗也。《唯识》之前五识，无能独也，必先转第八识；第八识无能自转也，必先转第七识；第七识无能遽转也，必先转第六识；第六识转而为妙观察智，《大学》所谓致知而知至也。佛之所谓知意识转，然后执识可转，故曰："欲诚其意者，必先致其知。"致知藉乎格物；致知者，万事之母①。孔曰："下学而上达也。"朱紫阳补《格致传》，实用《华严》之五教。《华严》，小教小学也，非《大学》所用。其四教者，《大学》始教："必使学者即天下之物，莫不因其已知之理，而益穷之"，始教也；"以求至乎其极"，终教也；"至于用力之久，而一旦豁然贯通焉"，顿教也；"则众物之表里精粗无不到，而吾心之全体大用，无不明矣"，圆教也。无论何事，要必自格致始，此之谓妙观察智。第七识转而为平等性智，《大学》所谓诚意而意诚也。佛之所谓执，孔之所谓意。执识转，然后藏识可转，故曰："欲正其心，必先诚其意。"

① 《清议报》本、《国民报》本作"格物致知者，万事之母"。

执者，执以为我也，意之所以不诚，亦以有我也。惟平等然后无我，无我然后无所执而名为诚。"所谓诚其意者，毋自欺也。"以我欺我也。"如恶恶臭，如好好色。"当其好恶之诚，不知有我也。"小人闲居为不善，无所不至，见君子而后厌然，揜其不善而著其善。"不惟有我，且有二我也。"人之视己，如见其肺肝然。"灼然见其有我也。欲其无我，必修止观。"君子必慎其独"，孔门之止也。曾子"十目所视，十手所指，其严乎"，孔门之观也。十手十目，佛所谓之千手千眼。千之与十，又何别焉？又以见人十能之己千之也。此之谓平等性智。第八识转而为大圆镜智，《大学》所谓正心而心正也。佛之所谓藏，孔之所谓心。藏识转，然后前五识不待转而自转，故曰："欲修其身者，必先正其心。"心一有所，即不得其正，亦即有不在焉。藏识所以为无覆无记。心正者无心，亦无心所，无在而无不在，此之谓大圆镜智。前五识转而为成所作智，《大学》所谓修身而身修也。佛之所谓眼耳鼻舌身，孔皆谓之身。孔告颜以四勿，第就视听言动言之，其直截了当如是，可知颜之藏识已转也。藏识转，始足以为仁。三月不违，不违大圆镜智也。曰三月者，孔自计观颜之时，至于三月之久也。观之三月之久，不见其违，可信其终不违也。"其余日月至焉"，第七识之我执犹未断也。至若前五识皆转，无所往而非仁，齐家治国平天下不足言也，故"壹是皆以修身为本"。此之谓成所作智。夫孔子大圣，所谓初发心时，即成正果，本无功夫次第之可言。若乃现身说法，自述历历，亦诚有不可诬者。十五志学也者，亦自意诚入手也；三十而立，意已一而不纷矣，然犹未断也；四十不惑，意诚转为妙观察智矣；五十知天命，我执断矣，然犹有天命之见存，法执犹未断也；六十耳顺，法执亦断，为平等性智矣；七十从心所欲不逾矩，藏识转为大圆镜智矣。转识成智，盖圣凡之所同也。智慧者，孔谓之道心；业识者，孔谓之人心。人心外无道心，即无业识，亦无由转成智慧。王船山曰："天理即在人欲之中。"无人欲则天理亦无从发现，最与《大学》之功夫次第合；非如紫阳人欲净尽之误于离，姚江满街圣人之误于混。且《大学》又与四法界合也：格物，事法界也；致知，理法界也；诚意正心修身，理事无碍法界也；齐家治国平天下，事事无碍法界也。夫惟好学深思，《六经》未有不与佛经合者也，即未有能外佛经者也。

　　□□□曰："三教其犹行星之轨道乎？"佛生最先，孔次之，耶又次之。乃今耶教则既昌明矣，孔教亦将引厥绪焉，而佛教仍晦盲如故。先生之教主，教反后行；后生之教主，教反先行，此何故欤？岂不以轨道有大小，程途有远近；故运行有久暂，而出现有迟速哉？佛教大矣，孔次大，耶为小。小者先行，次宜及孔，卒乃（及）佛，此其序矣。□□□曰："佛其大哉，列天于六道①，而层累于其上。孔其大哉，立元以统天。耶自命为天已耳；小之，其自为也。"虽然，其差如此，而其变不平等教为平等则同，三教殆皆源于婆罗门乎？以同一言天，而同受压于天也。天与人不平等，斯人与人愈不平等。中国自绝地天通，惟天子始得祭天。天子既挟一天以压制天下，天下遂望天子俨然一天，虽胥天下而残贼之，犹以为天之所命，不敢不受。民至此乃愚入膏肓，至不平等矣。孔出而变之；删《诗》、《书》，订《礼》、《乐》，考文字，改制度，而一寓其权于《春秋》。《春秋》恶君之专也，称天以治之，故天子诸侯，皆得施其褒贬，而自立为素王。又恶天之专也，称元以治之，故《易》、《春秋》皆以元统天。《春秋》授之公羊，故《公羊传》多微旨，然旨微犹或弗彰也；至于佛肸、公山之召而欲往，孔子之心见矣。后儒狃于君主暴乱之法，几疑孔为从逆，而辍遗经大义而不讲，彼乌知君者公位也！庄子曰："时为帝"，又曰："递相为君臣国，人人可以居之"。彼君之不善，人人得而戮之，初无所谓叛逆也。叛逆者，君主创之以恫喝天下之名。不然，彼君主未有不自叛逆来者也。不为君主，即詈以叛逆；偶为君主，又谄以帝天。中国人犹自以忠义相夸示，真不知世间有羞耻事矣！夫佛肸、公山之召而欲往，犹民主之义之仅存者也，此孔之变教也。泰西自摩西造律，所谓十诫者，偏倚于等威名分，言天则私之曰以色列之上帝，而若屏环球于不足道，至不平等矣。耶出而变之，大声疾呼，使人人皆为天父之子，使人人皆为天之一小分，使人人皆有自主之权，破有国有家者之私，而纠合同志以别立天国，此耶之变教也。印度自喀私法之名立，分人为四等，上等者世为君卿大夫士，下等者世为贱庶奴虏，至不平等矣。佛出而变之；世法则曰平等，出世法竟愈出天之上矣，此佛之变教也。三教不同，同于变；变不同，同于平等。

由前之说，佛其至矣；由后之说，孔、佛皆至矣。然而举不足以定其等级也。何也？凡教主之生也，要皆际其时，因其势，量众生之根器，而为之现身说法。故教主之不同，非教主之有等级也。众生所见者，教主之化身也，其法身实一矣。今试断章取义，则《景教流行中国

---

① 各本作"列天下六道"，误。

碑》之"强名言兮演三一",可为三教之判语。乃夫本三而卒不一①,则众生之为之,而教主亦会有不幸也。以《公羊传》三世之说衡之,孔最为不幸。孔之时,君子之法度,既已甚密而且繁,所谓伦常礼义,一切束缚箝制之名,既已浸渍于人人之心,而猝不可与革,既已为据乱之世,孔无如之何也。其于微言大义,仅得托诸既(隐)晦之辞,而宛曲虚渺,以著其旨。其见于雅言,仍不能不牵率于君主之旧,亦止据乱之世之法已耳。据乱之世,君统也,后之学者,不善求其指归,则辨上下,陈高卑,懔天泽,定名位,祗见其为独夫民贼之专资耳矣。耶次不幸。彼其时亦君主横恣之时也,然而礼仪等差之相去,无若中国之悬绝,有昇平之象焉,故耶得伸其天治之说于升平之世而为天统也。然亦(为)其旧教所囿,无能更出于天之上者也。由今观之,其称阿罗诃天主,则《成唯识论》执一大自在,天之法执也;称灵魂永生,又近外道之神教也。惟佛独幸,其国土本无所称历代神圣之主,及摩西、约翰之属②,琢其天真,漓其本朴,而佛又自为世外出家之人,于世间无所避就,故得毕伸其大同之说于太平之世而为元统也。夫大同之治,不独父其父,不独子其子;父子平等③,更何有于君臣?举凡独夫民贼所为一相箝制束缚之名,皆无得而加诸,而佛遂以独高于群教之上。时然也,势不得不然也,要非可以揣测教主之法身者。教主之法身,一而已矣。□□□曰:"三教教主一也,共(吾)拜其一,则皆拜之矣。"斯言也,吾取之。

　　孔之不幸,又不宁惟是。孔虽当据乱之世,而黜古学,改今制,托词寄义于升平、太平,未尝不三致意焉。今第观其据乱之雅言,既不足以尽孔教矣。况其学数传而绝,乃并至粗极浅者,亦为荀学搀杂,而变本加厉,胥失其真乎。孔学衍为两大支:一为曾子传子思而至孟子,孟故畅宣民主之理,以竟孔之志;一由子夏传田子方而至庄子,庄故痛诋君主,自尧、舜以上,莫或免焉。不幸此两支皆绝不传,荀乃乘间冒孔之名,以败孔之道。曰:"法后王,尊君统。"以倾孔学也。曰:"有治人,无治法。"阴防后人之变其法也。又喜言礼乐政刑之属,惟恐箝制束缚之兴之不至繁也。一传而为李斯,而其为祸亦暴著于世矣。然而其为学也,在下者术之,又疾遂其苟富贵取容悦之心,公然为卑诌侧媚奴颜婢膝而无伤于臣节,反以其助纣为虐者名之曰"忠义";在上者术之,

---

①　各本作"乃夫本一而卒不一"。

②　各本作"及摩西、约翰、禹、汤、文、武、周公之属"。

③　除《亚东》本外,其余各本均作"父子且无",似以"且无"为是。

尤利取以尊君卑臣愚黔首，自放纵横暴而涂锢天下之人心。故秦亡而汉高帝术之于上："从吾游者吾能尊显之"，君主之潜施其饵也。叔孙通术之于下："今而后知皇帝之贵"，绵蕞之导君于恶也。汉衰而王莽术之于上，竟以经学行篡弑矣；刘歆术之于下，又窜易古经以煽之矣。新蹶而汉光武术之于上："吾以柔道治天下"，盖渐令其驯扰，而已得长踞之焉。桓荣术之于下："车服，稽古之力也"，挟《尚书》以为稗贩，无所用耻焉。如是者四百年，安得不召三国虎争，五胡汤沸，南北分割之乱哉？至唐一小康矣，而太宗术之于上："天下英雄，皆入吾彀中矣"，此其猜忌为何如耶？韩愈术之于下："君者出令者也，臣者行君之令而致之民者也，民者出粟米麻丝作器皿通货财以事其上者也"，竟不达何所为而立君，显背民贵君轻之理而谄一人，以犬马土芥乎天下。至于"臣罪当诛，天王圣明"，乃敢倡邪说以诬往圣，遑一时之谀悦而坏万世之心术，罪尤不可逭矣。至宋又一小康，而太宗术之于上，修《太平御览》之书，以消磨当世之豪杰；孙复术之于下，造"春秋尊王发微"，以割绝上下之分，严立中外之防，惨鸷刻核，尽窒生民之灵思，使不可复动，遂开两宋南北诸大儒之学派，而诸大儒亦卒莫能脱此牢笼，且弥酷而加厉焉。呜呼，自生民以来，迄宋而中国乃真亡矣！天乎，人乎？独不可以深思而得其故乎？至明而益不堪问，等诸自郐以下可也，虑皆转相授受[1]，自成统绪，无能稍出宋儒之胯下，而一睹孔教之大者。其在上者，亦莫不极崇宋儒，号为洙泗之正传，意岂不曰宋儒有私德大利于己乎？悲夫悲夫！民生之厄，宁有已时耶！故常以为二千年来之政，秦政也，皆大盗也；二千年来之学，荀学也，皆乡愿也。惟大盗利用乡愿；惟乡愿工媚大盗。二者相交相资，而罔不托之于孔。被托者之大盗乡愿，而责所托之孔，又乌能知孔哉？

方孔之初立教也，黜古学，改今制，废君统，倡民主，变不平等为平等，亦汲汲然勤矣。岂谓为荀学者，乃尽亡其精意，而泥其粗迹，反授君主以莫大无限之权，使得挟持一孔教以制天下！彼为荀学者，必以伦常二字，诬为孔教之精诣，不悟其为据乱之法也。且即以据乱之世而论，有（言）伦常而不临之以天，已为偏而不全，其积重之弊，将不可计矣；况又妄益之以三纲，明创不平等之法，轩轾凿枘，以苦父天母地之人。无惑乎西人辄诋中国君权太重，父权太重，而亟劝其称天以挽救

---

① 除《亚东》本外，各本均作"类皆转相授受"。

之，至目孔教为偏畸不行之教也。由是二千年来君臣一伦，尤为黑暗否塞，无复人理，沿及今兹①，方愈剧矣。夫彼君主犹是耳目手足，非有两头四目，而智力出于人也，亦果何所恃以虐四万万②之众哉？则赖乎早有三纲五伦字样，能制人之心③，如庄所谓"窃钩者诛，窃国者侯"，田成子窃齐国，举仁义礼智之法而并窃之也。窃之而同为中国之人，同为乱教之人，不可有而犹可有也④；奈何使素不知中国，素不识孔教之奇渥温、爱新觉罗⑤诸贱类异种，亦得凭陵乎蛮野凶杀之性气以窃中国！及既窃之，即以所从窃之法还制其主人，亦得从容觍颜，挟持所素不识之孔教，以压制所素所知之中国矣⑥，而中国犹奉之如天，而不知其罪！焚《诗》、《书》以愚黔首，不如即以《诗》、《书》愚黔首，嬴政犹钝汉⑦矣乎！彼为荀学而授君主以权，而愚黔首于死，虽万被戮，岂能赎其卖孔⑧之罪哉？孔为所卖，在天之灵，宜如何太息痛恨，凡为孔徒者，又宜如何太息痛恨，而懋不一扫荡廓清之耶！且耶教之初，亦犹是也，其立天国，即予人以自主之权，变去诸不平等者以归于平等，犹孔之称天而治也。教未及行，不意罗马教皇者出，即藉耶之说，而私天于己，以制其人。虽国王之尊，任其废立，至舐手吮足以媚之；因教而兴兵者数百，战死数千百万人；犹孔以后君主之祸也。迄路德之党盛，而教皇始蹶，人始睹耶教之真矣。故耶教之亡，教皇亡之也；其复之也，路德之力也。孔教之亡，君主及言君统之伪学亡之也；复之者尚无其人也，吾甚祝孔教之有路德也。⑨

仁学二

君统盛而唐、虞后无可观之政矣，孔教亡而三代下无可读之书矣！乃若区玉检于尘编，拾火齐于瓦砾，以冀万一有当于孔教者，则黄梨洲

---

① "今兹"，《亚东》本作"□□"，今据各本补出。

② "四万万"，《亚东》本作"□□□"，今据各本补出。

③ 除《亚东》本外，各本作"能制人之身者，能制人之心"。

④ 除《亚东》本外，各本作"同为孔教之人，不可言而犹可言也"，误。

⑤ "奇渥温、爱新觉罗"，《亚东》本刊落，《清议报》本作"□□□□□□□"；《国民报》本作"奇渥温、爱新觉罗"，铅字排印本作"奇渥温、爱亲觉罗"，今据《国民报》本补出。

⑥ 除《亚东》本外，各本作"挟持所素不识之孔教以压制所素知之中国矣"。

⑦ "钝汉"，《亚东》本作"□□"，今据各本补出。

⑧ "卖孔"，《亚东》本作"卖□"，今据各本补出。

⑨ 《亚东》本不分卷，紧接下文。按谭氏《自叙》，应分二卷，今据各本，于此分卷。

《明夷待访录》，其庶几乎！其次，为王船山之《遗书》，皆于君民之际，有隐恫①焉。黄出于陆、王，陆、王将蒙庄之仿佛。王出于周、张，周、张亦缀邹峄之坠遗绪②。辄有一二闻于孔之徒，非偶然也。若夫与黄、王齐称，而名实相反、得失背驰者，则为顾炎武。顾出于程、朱，程、朱则荀学之云礽也；君统而已，岂足骂哉！夫君统有何幽邃之义，而可深耽熟玩，至变易降衷之恒性，变易隆古之学术，至杀其身家、杀其种类，以宛转攀恋于数千年之久，而不思脱其轭耶？呜呼！盍亦反其本矣！生民之初，本无所谓君臣，则皆民也。民不能相治，亦不暇治，于是共举一民为君。夫曰共举之，则非君择民，而民择君也。夫曰共举之，则其分际又非甚远于民，而不下侪于民也。夫曰共举之，则因有民而后有君；君末也，民本也。天下无有因末而累及本者，亦岂可因君而累及民哉？夫曰共举之，且必可共废之君。③君也者，为民办事者也；臣也者，助办民事者也。赋税之取于民，所以为办民事之资也。如此而事犹不办，事不办而易其人，亦天下之通义也。观夫乡社赛会，必择举一长，使治会事，用人理财之权咸隶焉。长不足以长则易之，虽愚夫愿农，犹知其然矣；何独于君而不然？岂谓举之戴之，乃以竭天下之身命膏血，供其盘乐怠傲，骄奢而淫杀乎？供一身之不足，又滥纵其百官，又欲传之世世万代子孙，一切酷毒不可思议之法，由此其繁兴矣。民之俯首帖耳，恬然坐受其鼎镬刀锯，不以为怪，固已大可怪矣，而君之亡犹欲为之死节④！故夫死节之说，未有如是之大悖者矣。君亦一民也，且较之寻常之民而更为末也。民之于民，无相为死之理；本之与末，尤无相为死之理。然则古之死节者，乃皆不然乎？请为一大占（言）断之曰：止有死事的道理，决无死君的道理！死君者，宦官宫妾之为爱，匹夫匹妇之为谅也。人之甘为宦官宫妾，而未免于匹夫匹妇，又何诛焉？夫曰共举之，犹得曰吾死吾所共举，非死君也；独何以解于后世之君，皆以兵强马大力征经营而夺取之，本非自然共戴者乎！况又有满、汉种类之见，收役天下者乎！⑤夫彼收役天下者，固甚乐民之为其死节矣。

---

① "隐恫"，《亚东》本作"□恫"，今据各本补出。

② 除《亚东》本外，各本作"周、张亦缀孟之坠遗"。

③ 除《亚东》本外，各本作"夫曰共举，则且必可共废之"。

④ 除《亚东》本外，《全编》本作"犹愿为之死节"；《国民报》本、铅字排印本并作"犹顾为之死节"。

⑤ "满、汉种类"，《亚东》本、《清议报》本并作"□□□□"，今据《国民报》本补出。"收役"，除《亚东》本外，各本作"奴役"，下同。

　　一姓之兴亡，渺渺乎小哉，民何与焉？乃为死节者，或数万而未已也。本末倒置，宁有加于此者？伯夷、叔齐之死，非死纣也，固自言以暴易暴矣，则亦不忍复睹君主之祸，遂一瞑而万世不视耳。且夫彼之为前主死也，固后主之所心恶也[1]，而事甫定，则又祷之祠之，俎豆之，尸祝之，岂不亦欲后之人之为我死，犹古之娶妻者，取其为我詈人也。若夫山林幽贞之士，固犹在室之处女也，而必胁之出仕，不出仕则诛；是挟兵刃搂处女而乱之也。既乱之，又诉其不贞，暴其失节，至为贰臣傅以辱之；是岂惟辱其人哉，又阴以吓天下后世，使不敢背去。以不贞而失节于人也，淫凶无赖子之于娼妓，则有然矣。始则强奸之，继又防其奸于人也，而幽锢之，终知奸之不胜防，则标著其不当从己之罪，以威其余。夫在弱女子，亦诚无如（之）何，而不能不任其所为耳；奈何几亿兆[2]智勇材力之人，彼乃娼妓畜之，不第不敢微不平于心，益且诩诩然曰"忠臣忠臣"，古之所谓忠乃尔愚乎？古之所谓忠，以实之谓忠也。下之事上当以实，上之待下乃不当以实乎？则忠（者）共辞也，交尽之道也，岂又专责之臣下乎？孔子曰："君君臣臣。"又曰："父父子子，兄兄弟弟，夫夫妇妇。"教主未有不平等者。古之所谓忠，忠心之谓忠也。抚我则后，虐我则雠，应物平旋（施），心无偏袒，可谓中矣，亦可谓忠矣。君为独夫民贼，而犹以忠事之，是辅桀也，是助纣也。其心中乎不中乎？呜呼，三代以下之忠臣，其不为辅桀助纣者几希！况又为之掊克聚敛，竭泽而渔，自命为理财，为报国，如今之言节流者，至分为国与为民二事乎？国与民已分为二，吾不知除民之外，国果何有？无惑乎君主视天下为其囊橐中（之）私产，而犬马土芥乎天下之民也。民既摈斥于国外，又安得少有爱国之忧？何也？于我无与也。继自今，即微吾说，吾知其必无死节者矣。

　　天下为君主囊橐中之私产，不始今日，固数千年以来矣。然而有如辽、金、元之罪浮于前此之君主（者）乎？其土则秽壤也，其人则羶种也，其心则禽心也，其俗则毳俗也；一旦逞其凶残淫杀之威，以攫取中原之子女玉帛，砺猰貐之巨齿，效盗跖之肝（奸）人，马足蹴中原，中原墟矣，锋刃拟华人，华人靡矣，乃犹以为未餍！峻死灰复燃之防，为盗憎主人之计，锢其耳目，桎其手足，压制其心思，绝其利源，窘其生

---

　　①　除《亚东》本外，各本作"固后主之所深恶也"。

　　②　"几亿兆"，除《亚东》本外，各本作"四万万"。

计，塞蔽其智术；繁拜跪之仪，以挫其气节，而士大夫之才窘矣；立著书之禁，以缄其口说，而文字之祸烈矣；且即挟此士所崇之孔教，缘饰皮傅①，以愚其人，而为藏身之固！悲夫悲夫！王道圣教典章文物之亡也，此而已矣！与彼愈相近者，受祸亦愈烈。故夫江淮大河以北，古所称天府膏腴，入相出将，衣冠荟萃之薮泽，诗书藻翰之津途也，而今北五省何如哉？夫古之暴君，以天下为其私产止矣；彼起于游牧部落，直以中国为其牧场耳，苟见水草肥美，将尽驱其禽畜，横来吞噬。所谓驻防，所谓名粮，所谓厘捐②，及一切诛求之无厌，刑狱之酷滥，其明验矣。且其授官也，明明托人以事，而转使之谢恩，又薄其禄入焉。何谢乎？岂非默使其剥蚀小民以为利乎？虽然，成吉思（汗）之乱也，西国犹能言之，忽必烈之虐也，郑所南《心史》纪之；有茹痛数百年不敢言不敢纪者，不愈益悲乎！《明季稗史》中之《扬州十日记》、《嘉定屠城纪略》③，不过略举一二事，当时既纵焚掠之军，又严薙发之令，所至屠杀，莫不如是④。去彼准部⑤，方数千里，一大种族也，遂无复乾隆⑥以前之旧籍，其残暴为何如矣。亦有号为令主者焉，及观《南巡录》⑦所载淫掳无赖，与隋炀、明武不少异，不徒鸟兽行者之显著《大义觉迷录》⑧也。台湾⑨者，东海之孤岛，于中原非有害也。郑氏据之，亦足存前明之空号⑩，乃无故贪其土地，攘为己有。攘为己有，犹之可也，乃既竭其二百余年之民力，一旦苟以自救，则举而赠之于人。其视华人⑪之身家，曾弄具之不若。噫！以若所为，台湾固无伤耳，尚有十八省之华人⑫，宛转于刀碪之下，瑟缩于贩贾之手，方命之曰：此食毛践土者之分然也。夫果谁食谁之毛？谁践谁之土？久假不归，乌知非

---

① 除《亚东》本外，各本作"为缘饰史传"。

② "驻防"、"名粮"、"厘捐"，《亚东》本并作"□□"，今据各本补出。

③ 《明季稗史》、《扬州十日记》、《嘉定屠城纪略》，《亚东》本并作"□"号，今据各本补出。

④ "薙发"，《亚东》本作"□□"，今据各本补出；又各本下句作"所至屠杀虏掠，莫不如是"。

⑤ "准部"，《亚东》本作"□□"，今据各本补出；又"去彼"，各本作"即彼"。

⑥ "乾隆"，《亚东》本作"□□"，今据各本补出。

⑦ "南巡录"，《亚东》本作"□□□"，今据各本补出。

⑧ "大义觉迷录"，《亚东》本作"大义□□□"，今据各本补出。

⑨ "台湾"，《亚东》本作"□□"，今据各本补出，下同。

⑩ "郑氏"、"前明"，《亚东》本作"□氏"、"前□"，今据各本补出。

⑪ "华人"，《亚东》本作"□人"，今据各本补出，下同。

⑫ "十八省之华人"，《亚东》本作"□□□□□□"，今据各本补出。

有。人纵不言，己宁不愧于心乎？吾愿华人勿复梦梦谬引以为同数（类）也。夫自西人视之，则早歧而为二矣，故俄报有云："华人苦到尽头处者，不下数兆，我当灭其朝而救其民。"凡欧、美诸国，无不为是言，皆将藉仗义之美名，阴以渔猎其资产。华人不自为之，其祸可胜言哉？

法人之改民主也，其言曰："誓杀尽天下君主，使流血满地球，以泄万民之恨。"朝鲜人亦有言曰："地球上不论何国，但读宋、明腐儒之书，而自命为礼义之邦者，即是人间地狱。"夫法人之学问，冠绝地球，故能唱民主之义，未为奇也。朝鲜乃地球上最愚阇之国，而亦为是言，岂非君主之祸，至于无可复加，非生人所能任受耶？夫其祸为前朝所有之祸，则前代之人，既已顺受，今之人或可不较；其知外患深矣①，海军燔矣，要害扼矣，堂奥入矣，利权夺矣，财源竭矣，分割兆矣，民倒悬矣，国与教与种将偕亡矣。唯变法可以救之，而卒坚持不变！岂不以方将愚民，变法则民智；方将贫民，变法则民富；方将弱民，变法则民强；方将死民，变法则民生；方将私其智其富其强其生于一己，而以愚贫弱死归诸民，变法则与己争智争富争强争生，故坚持不变也。究之智与富与强与生，决非独夫之所任为。彼岂不知之？则又以华人彼（比）牧场之水草，宁与之同为菹粉，而贻其利于人，终不令我所咀嚼者，还抗乎我。此非深刻之言也。试征之数百年之行事，与近今政治及交涉，若禁强学会，若订俄国密约②，皆毅然行之不疑，其迹已若雪中之飞鸿，泥中之斗兽，较然不可以掩。况东事③亟时，决不肯假民以自为战守之权，且曰："宁为怀、愍、徽、钦，而决不令汉人④得志。"固明（宣）之语言，华人宁不闻而知之耶？乃犹道路以目，相顾而莫敢先发，曰畏祸也。彼其文字之冤狱，凡数十起，死数千百人；违碍干禁书目，凡数千百种，并前数代若宋、明⑤之书，亦在禁列。文网可谓至密矣，而今则莫敢谁何。故天命去，则虐焰自衰，无可畏也。《诗》曰："上帝临汝，无贰尔心。"武王、周公之呼吸，真（直）通帝座矣。《易》明言："汤、武革命，顺乎天而应乎人。"而苏轼犹曰："孔子不称汤、武"，真诬说（也）。至于谓（汤）武未尽善者，自指家天下者言之，非谓其不当诛

---

① "今之人"，《亚东》本作"□之人"，今据各本补出；"其知外患深矣"，各本作"无如外患深矣"。

② "强学会"、"俄国密约"，《亚东》本作"□□□"、"□国密约"，今据各本补出。

③ "东事"，《亚东》本作"□事"，今据各本补出。

④ "汉人"，《亚东》本作"□人"，今据各本补出。

⑤ "宋、明"，《亚东》本作"□、□"，今据各本补出。

独夫也。以时考之，华人固可以奋矣。且举一事，而必其事之有大利，非能利其事者也。故华人慎毋言华盛顿、拿破仑矣，志士仁人求为陈涉、杨玄感，以供圣人之驱除，死无憾焉。若其机无可乘，则莫若为任侠，亦足以伸民气，倡勇敢之风，是亦拨乱之具也。西汉民情易上达，而守令莫敢肆，匈奴数犯边，而终驱之于漠北，内和外威，号称一治。彼吏士之顾忌者谁欤？未必非游侠之力也。与中国最近而亟当效法者，莫如日本。其变法自强之效，亦由其俗好带剑行游，悲歌叱咤，挟其杀人报仇之气概，出而鼓更化之机也。儒者轻诋游侠，比之匪人，乌知困于君权之世，非此益无以自振拔，民乃益愚弱而瘝败！言治者不可不察也。

　　幸而中国之兵不强也，向使海军如英、法，陆军如俄、德，恃以逞其残贼，岂直君主之祸愈不可思议，而（彼）白人焉，红人焉，黑人焉，棕色人焉，将为准噶尔，尚有噍类焉得乎？故东西各国之压制中国，天实使之，所以曲用其仁爱，至于极致也。中国不知感，乃欲以挟忿寻仇为务，多见其不量，而自窒其生矣。又令如策者之意见，竟驱彼于海外，绝不往来。前此本未尝相通，仍守中国之旧政。伈伈俔俔，如大盗乡愿吞剥愚弄，绵延长夜，丰蔀万劫，不闻一新理，不睹一新法，则二千年由三代之文化降而今日之土番野蛮者，再二千年，将由今日之土番野蛮降而猿狄，而犬豕，而蛙蚌，而生理殄绝，惟余荒荒大陆，若未始生人生物之沙漠而已。夫焉得不感天之仁爱，阴使中外和会，救黄人将亡之种以脱独夫民贼①之鞅轭乎？远者吾弗具论，湘军②之平定东南，此宛宛犹在耳目者矣。洪、杨③之徒，见苦于君官，挺（铤）而走险，其情良足悯焉。在西国刑律，非无死刑，独于谋反，虽其已成，亦仅轻系数月而已。非故纵之也，彼其律意若曰：谋反公罪也，非一人数人所能为也。事不出于一人数人，故名公罪。公罪则必有不得已之故，不可任国君以其私而重刑之也。且民而谋反，其政法之不善可知，为之君者，尤当自反。藉曰重刑之，则请自君始。此其为罪，直公之上下耳。奈何湘军乃戮民为义耶？虽洪、杨所至，颇纵杀，然于既据之城邑，亦未尝尽戮之也。乃一经湘军之所谓克复，借搜缉捕匪为名，无良莠皆膏之于锋刃，乘势淫掳焚掠，无所不至。卷东南数省之精髓，悉数入于湘军，或至逾三四十年无能休复元气，若金陵其尤凋惨者矣。中兴

① "独夫民贼"，《亚东》本作"□□□□"，今据各本补出。
② "湘军"，《亚东》本作"□军"，今据各本补出，下同。
③ "洪、杨"，《亚东》本作"□□"，今据各本补出，下同。

诸公，正孟子所谓"服上刑者"，乃不以为罪，反以为功，湘人既挟以自骄，各省遂争慕之，以为可长恃以无败。苟非牛庄一溃，中国之昏梦，将终天地无少苏。夫西字之入中国①，前此三百年矣，三百年不骇诧以为奇，独湘军既兴，天地始从而痛绝之；故湘人守旧不化，中外仇视，交涉愈益棘手，动召奇祸。又法令久不变，至今为梗，亦湘军之由也。善夫《东方商埠述要》之言曰："英人助中国荡平洪、杨，而有识之士，佥谓当日不若纵其大乱，或有人出而整顿政纪，中国犹可焕然一新，不至如今日之因循不振。盖我西国维新之政，无不从民变而起"云云。是则湘军助纣为虐②之罪，英人且分任之矣。奈何今之政治家，犹嚣然侈言兵事，岂其肤革坚厚，乃逾二尺之钢甲③，虽日本以全力创之，曾不少觉辛痛耶？若夫日本之胜，则以善仿效西国仁义之师，恪遵公法，与君为仇，非与民为敌，故无取乎多杀。敌军被伤者，为红十字会以医之；其被虏者，待和议成而归之。辽东大饥，中国不之恤，而彼反靡巨金汎粟以赈之。且也，摧败中国之军，从不穷追，追亦不过鸣空炮慑之而已。是尤有精义焉：盖追奔逐北，能毙敌十之五六，为至众矣，而其未死者，必鉴于奔败之不免于死，再遇战事，将愤而苦斗以求生；是败卒皆化为精兵，不啻代敌操练矣。惟败之而不杀，侦知走与禽，皆求生之道；由是战者知不战不死，战必不勇，守者知不守不死，守必不坚，民知非与己为敌，必无固志，且日希彼之惠泽。当日本去辽东时，民皆号泣从之，其明征也。嗟乎！仁义之师，所以无敌于天下者，夫何恃？恃我之不杀而已矣。《易》曰："神武不杀。"不杀即其所以神武也。佳兵不祥，盍图之哉？

　　中国之兵，固不足以御外侮，而自屠割其民则有余。自屠割其民，而方受大爵，膺大赏，享大名，睊然骄居，自以为大功者，此吾所以至耻恶湘军不须臾忘也。虽然，彼为兵者，亦可谓大愚矣。月得饷银三两余，营官又从而减蚀之，所余无几，内不足以赡其室家，外仅足以殖其生命；而且饥疲劳辱，无所不至，寒凝北征，往（往）冻毙于道，莫或收恤。其无所赖于为兵如此也，然而一遇寇警，则驱使就死。养之如彼其薄，责之如此其厚，自非丧心病狂，生而大愚者，孰能任为兵矣④？

---

①　除《亚东》本外，各本作"夫西人之入中国"。
②　"助纣为虐"，《亚东》本作"助□为□"，今据各本补出。
③　除《亚东》本外，各本作"乃逾三尺之钢甲"。
④　除《亚东》本外，各本作"孰肯愿为兵矣"。

迨闻牛庄一役，一战而溃，为之奇喜，以为吾民之智，此其猛进乎！至于所谓制兵，养虽愈薄，然本不足以备战守，又不足论。且其召募，皆集于临事，非素教之也。敌既压境，始起而夺其农民之耒耜，强易以未尝闻之后膛枪炮，使执以御敌，不聚歼其兵而馈械于敌，夫将焉往？及其死绥也，则委之而去，视为罪所应得。旌恤之典，尽属虚文。妻子哀望，莫之过问。即或幸而不死，且尝立功矣，而兵难稍解，遽遣归农，扶伤裹创，生计之绝。或散于数千里外，欲归不得，沦为乞丐，而杀游勇之令，又特严酷。吾初以为游勇者，必其兵勇之逃亡为盗贼者，然不得为盗贼之证也。既乃知不然，即其遣散不得归者也。今制：获游民，先问其曾充营勇否，曾充营勇，即就地正法，而报上官曰："杀游勇若干人。"上官即遽以为功。所谓游勇者而已矣。呜呼，吾今乃知曾充营勇为入于死罪之名！上既召之，乃即以应召者为入于死罪之名，是上以死罪召之也。设陷阱以诱民，从而掩之杀之，以遇禽兽，或尚不忍矣，奈何虐吾华民，果决乃尔乎！杀游勇之不足，又济之以杀"会匪"。原"会匪"之兴，亦兵勇互相联结，互相扶助，以同患难耳，此上所当嘉予赞叹者。且会也者，在生人之公理不可无也，今则不许其公。不许其公，则必出于私，亦公理也。① 遂乃横被以"匪"之名，株连搜杀，死者岁辄以万计。往年梅生②、李洪同谋反之案，梅生照西律监禁七月，期满仍逍遥海上，而中国长江一带，则血流殆遍。徒自虐民，不平孰甚！况官吏贪于高擢，贱勇涎于厚赏，于是诬陷良民，枉杀不辜，蔑所不有矣。凡此皆所谓阱也。彼其治天下也，于差役亦斯类也。既召而役使之矣，复贱辱之，蹂踏（之），三代不得为良民，著有（于）令甲。且又不唯兵与役之为阱也，其所以待官、待士、待农、待工、待商者，繁其条例，降其等差，多为之网罟，故侵其利权，使其前跋后疐，牵制百状，力倦筋疲，末由自振，卒老死于奔走艰塞，而生人之气，索然俱尽。然后彼君主③者，始坦然高枕曰："莫予毒也已。"此其阱天下之故，庄所谓"游于羿之彀中"。中央者地也，然而不中者命也，今也不中者谁欤？君主④之祸，所以烈矣。

君臣之祸亟，而父子、夫妇之伦遂各以名势相制为当然矣。此皆三

---

① 《亚东》本误作"上则不许公，不许其必出于私，亦公理也"。疑刊误，今据各本补出。
② "梅生"，《亚东》本作"按生"，下同。
③ "君主"，《亚东》本作"□□"，今据各本补出。
④ 同上。

纲之名之为害也。名之所在，不惟关其口，使不敢昌言，乃并锢其心，使不敢涉想。愚黔首之术，故莫以繁其名为尚焉。君臣之名，或尚以人合而破之。至于父子之中，则真以为天之所合，卷舌而不敢议。不知天合者，泥于体魄之言也，不见灵魂者也。子为天之子，父亦为天之子，父非人所得而袭取也，平等也。且天又以元统之，尔亦非天所得而陵压也，平等也。① 庄曰："相忘为上，教为次焉。"相忘则平等矣。詹詹小儒，乌足以语此哉？虽然，又非谓相忘者遂不有孝也。法尚废（当）舍，何况非法；孝且不可，何况不孝哉？夫彼之言天合者，于父子固有体魄之可据矣，若夫姑之于妇，显为体魄之说所不得行，抑何相待之暴也？古者舅姑飨妇，行一献之礼，送爵荐脯，直用主宾相酬酢者处之。诚以付托之重，莫敢不敬也。今则虏役之而已矣，鞭笞之而已矣。至计无复之，辄自引决。村女里妇，见戕于姑恶，何可胜道？父母兄弟，茹终身之痛，无术以援之，而卒不闻有人焉攘臂而出，颂（昌）言以正其义。又况后母之于（前）子，庶妾之于嫡子，主人之于奴婢，其于体魄皆无关，而黑暗或有过此者乎！三纲之慑人，足以破其胆，而杀其灵魂，有如此矣。《记》曰："婚姻之礼废，夫妇之道若（苦）。"本非两情相愿，而强合渺不相关之人，縶之终身，以为夫妇，夫果何恃以伸（其）偏权而相若（苦）哉？实亦三纲之说苦之也。夫既自命为纲，则所以遇其妇者，将不以人类（齿）。于古有下堂求去者，尚不失自主之权也。自秦垂暴法，于会稽刻石，宋儒炀之，妄为"饿死事小，失节事大"之瞽说，直于室家施申、韩，闺闼为岸狱：是何不幸而为妇人，乃为人申、韩之、岸狱之！此在常人，或犹有所忌而不能肆；彼君主者，独兼三纲而据其上②，父子夫妇之间，视为锥刀地耳。书史所记，更仆难终。今制伯叔父若从祖、祖父，虽朝夕燕见，不能无拜跪，甚至于本生父母，臣之妾之，而无答礼。中国动以伦常自矜异，而疾视外人；而为之君③者，乃真无复伦常，天下转相习不知怪，独何歟？尤可愤者，己则渎乱夫妇之伦，妃御④多至不可计，而偏喜绝人之夫妇，如所谓割势之阉寺与幽闭之宫人，其残暴无人理，虽禽兽不逮焉。而工于献媚

---

① 除《亚东》本外，各本作"子为天之子，父亦为天之子，父非人所得而袭取也，平等也，且天又以元统之，人亦非天所得而陵压，平等"。
② "彼君主者"至此，除"彼"字外，《亚东》本均以"□"号表之，今据各本补出。
③ "君"，《亚东》本作"□"，今据各本补出。
④ "妃御"，《亚东》本作"□□"，今据各本补出。

者，又曲为广嗣续之说，以文其恶。然则阉寺、宫人之嗣续，固当殄绝之耶？且广嗣续之说，施于常人，且犹不可矣；中国百务不讲，无以养，无以教，独于嗣续，自长老以至弱幼，自都邑以至村僻，莫不视为绝重大之事，急急以图之，何其惑也？徒泥于体魄，而不知有灵魂，其愚而惑，势必至此。向使伊古以来，人人皆有嗣续，地球上早无容人之地矣，而何以为存耶？又况天下者，天下之天下，徒广独夫民贼①之嗣续，复奚为也？独夫民贼，固甚乐三纲之名，一切刑律制度皆依此为率，取便己故也。

五伦中于人生最无弊而有益，无纤毫之苦，有淡水之乐，其惟朋友乎！顾择交何如耳，所以者何？一曰"平等"；二曰"有（自）由"；三曰"节宣惟意"。总括其义，曰不失自主之权而已矣。兄弟于朋友之道差近，可为其次。余皆为三纲所蒙蔽，如地狱矣。上观天文，下察地理，远观诸物，近取之身，能自主者兴，不能者败。公理昭然，罔不率此。伦有五，而全具自主之权（者）一，夫安得不矜悉（重）之乎？且夫朋友者，固统（住）世出世所不得废也。自孔、耶以来，先儒牧师所以为教②，所以为学，莫不倡学会，联大群，动辄合数千万人以为朋友。盖匪是即不有教，不有学，亦即不有国，不有人。凡吾所谓仁，要不能不恃乎此。为孔者知之，故背其井里，捐弃其君臣、父子、夫妇、兄弟之伦，而从孔游，其或干禄为宰，离群索居，孔必斥之，甚至罪为贼夫人之子，而称吾与点也以诱之；及至终不留，睽进四出，犹咨叹曰："从我于陈、蔡者，皆不及门也。"其惋惜也如此。③ 为耶者知之，故背其井里，捐弃其君臣、父子、夫妇、兄弟之伦，而从耶游。甚至税吏渔师，皆舍其素业，而同归于天国。 （虽）亲死归葬，耶犹不许（曰）："听其死人葬死人。"其固结也又如此。然此犹世法也。若夫释迦文佛，诚（超）出矣，君臣、父子、夫妇、兄弟之伦，皆空诸所有，弃之如无，而独于朋友，则出定入定，无须臾离。说法必与几万几千人俱，必有十方诸佛诸菩萨来会，而己亦不离狮子座，现身一切处，偏往无酬（量）无边恒河沙数世界与诸佛诸菩萨会，往来酬答，为无休息。甚至如《华严经》所说："虽暂住胎中，而往来聚会说法如故。"此其于朋友何如矣？世俗泥于体魄，妄生分别，为亲疏远近之名，而末视朋

---

① "独夫民贼"，《亚东》本作"□□□□"，今据各本补出。
② "所以为教"句，除《亚东》本外，各本落。
③ 除《亚东》本外，各本作"其晚而惋惜也如此"。

友。夫朋（友）岂真贵于余四伦而已，将为四伦之圭臬，而四伦咸以朋友之道贯之，是四伦可废也？此非谰言也。其在孔教，臣哉邻哉，与国人交，君臣朋友也；不独父其父，不独子其子，父子朋友也；夫妇者，嗣为兄弟，可合可离，故孔氏不讳出妻，夫妇朋友也；至兄弟之为友于，更无论矣。其在耶教，明标其旨曰："视敌如友。"故民主者，天国之义也，君臣朋友也；父子异宫异财，父子朋友也；夫妇择偶判妻，皆由两情自愿，而成婚于教堂，夫妇朋友也；至于兄弟，更无论矣。其在佛教，则尽率其君若臣与夫父母妻子兄弟眷属天亲，一一出家受戒，会于法会，是又普化彼四伦者，同为朋友矣。无所谓国，若一国；无所谓家，若一家；无所谓身，若一身。夫惟朋友之伦独尊，然后彼四伦不废自废。亦惟明四伦之当废，然后朋友之权力始大。今中外皆侈谈变法，而五伦不变，则举凡至理要道，悉无从起点，又况于三纲哉！

　　西人悯中国之愚于三纲也，亟劝中国称天而治：以天纲人，世法平等，则人人不失自主之权，可扫除三纲畸轻畸重之弊矣。固秘天为耶教所独有，转旋（议）孔教之不免有阙漏，不知皆孔教之所已有。大《易》之义，天下地"泰"，反之"否"；火下水"既济"，反之"未济"；凡《易》阳下阴①，男下女吉，反之凶且吝。② 是早矫其不平等之弊矣。且《易》曰"统天"，曰"先天而天弗违"，殆与佛同乎？是又出于耶教之上。特此土众生根器太劣，不皆闻大同之教。今所流布者，言小康十居七八，犹佛之有小乘，有权教，而又窜乱淆夺于乡愿之学派，是以动为彼所持也。今将笼众教而合之，则为孔教者鄙外教之不纯，为外教者即笑孔教之不广，二者必无相从之势也。二者不相从，斯教之大权，必终授诸佛教。佛教纯者极纯，广者极广，不可为典要。惟教所适，极地球上所有群教群经诸子百家，虚如名理，实如格致，以及希夷不可闻见，为人思力所仅能到，乃至思力所必不能到，无不异量而兼容，殊条而共贯。佛教虽创于印度，而为婆罗门及回教所厄，卒未得遍行，故印度之亡，佛无与焉。据佛书，释迦文佛尝娶三妻，诸大菩萨亦多有妻者，出家乃其一法耳，何尝尽似今日之僧流乎？英士韦廉臣著《古教汇参》，遍诋群教，独于佛教则叹曰："佛真圣人也。"美士阿尔格特尝纠同志创佛学会于印度，不数年，欧、美各国遂皆立分会，凡四十余处，

---

① 《亚东》本作"凡易下套"，误。
② 除《亚东》本外，各本作"凡阳下阴，男下女吉，反之凶且吝"。

法国信者尤众；且翕然称之曰："地球上最兴盛之教，无若耶者；他日耶教衰歇，足以代兴者，其佛乎？"英士李提摩太尝翻译《大乘起信论》，传于其国，其为各教折服如此。日本素以佛教名于亚东，几无不通其说者。近日南条文雄诸人，至分诣绝域，遍搜梵文古经，成梵文会，以治佛学。故日本变法之易，系维佛教隐为助力，使变动不居，以无胶固执著之见存也。总之，佛教能治无量无边不可说之日球星球，尽虚空界无量无边不可说之微尘世界。尽虚空界，何况此区区之一地球！故言佛教，则地球之教，可合而为一。由合一之说推之：西人深赞中国井田之法，为能御天灾，尽地利，安土著，平道路，限戎马，均贫富。其治河为纵横方罫之堤，实阴用之而收奇效。故尽改民主以行井田之法，则地球之政，可合而为一。又其不易合一之故：由语言文字，万有不齐，越国即不相通，愚贱犹难遍晓；更若中国之象形字，尤为之梗也。故尽改象形字为谐声，如（各）用土语，互译其意，朝授而夕解，彼作而此述，则地球之学，可合而为一。

孔教何尝不可遍治地球哉！然教则是，而所以行其教者又非也。无论何等教，无不严事其教主，俾定于一尊，而牢笼万有；故求智者往焉，求财者往焉，求子者往焉，求寿者往焉，求医者往焉。由日用饮食之身，而成家人父子之天下，寤寐寝兴，靡纤靡巨，人人悬一教主于日用[①]心目之前，而不敢纷驰于无定，道德所以一，风俗所以同也。中国则不然。府厅州县，虽立孔子庙，惟官中学中人，乃同祀之；至不堪，亦必纳数十金鬻一国子监生，始赖以骏奔执事于其间。农夫野老，徘徊观望于门墙之外，既不睹礼乐之声容，复不识何所为而祭之，而己独不得一与其盛，其心岂不曰：孔子庙，一势利场而已矣。如此，又安望其教之行哉！且西人之尊耶稣也，不问何种学问，必归功于耶稣，甚至疗一病，赢一钱，亦必报谢曰："此耶稣之赐也。"附会归美，故耶稣庞然而日大，彼西人乃尔愚哉？事教主之道，固应如此也。中国之（所）谓儒，不过孔教中之一端而已。司马迁论六家要指，其微意可知之。而为儒者乃欲以儒蔽孔教，遂专以剥削孔子为务。于治功则曰："五尺羞称也。"于学问则曰："玩物丧志也。"于刑名又以为申、韩刻核，于兵陈又以为孙、吴惨黩，于果报轮回又以为异端邪说，皆所不容。孔子之道，日削日小，几无措足之地。小民无所归命，心好一事祀一神，甚至

一人祀一神，泉石尸祭，草木神丛，而异教乃真起矣。为孔者终不思行
其教于民也，汉以后佛遂代为教之，至今日耶又代为教之。为耶者曰：
"中国既不自教其民，即不能禁我之代为教。"彼得托于一视同仁，我转
无词以拒。岂惟无词以拒，往者诸君子抱亡教之忧，哀号求友，相约建
孔子教堂，仿西人传教之法，遍传诸愚贱，某西人闻之曰："信能如是，
吾属教士，皆可归国矣。"不悟斯举适与愚黔首之旨背戾，故遭禁锢。
后虽名为开禁，实则止设一空无所有之官书局，徒增一势利场而已矣。
于力不能拒之耶教，则听之，且保护之；于衰微易制之孔教，则禁之，
且严绝之。痛哉痛（哉）！先（圣）何辜，生民何辜，乃胥遭夭阏于独
夫民贼之手！其始思压制其人，则谬为崇奉孔教之虚礼，以安反侧；终
度积威所劫，已不复能转动，则竟放胆绝其孔教。此其狼毒，虽蝮蛇鸩
鸟，奚以逮此！生其间者，反不如汪洋恣肆于异教，转可以行其志矣。
天津有在理教者，最新而又最小。其书浮浅，了无精义，乃刺取①佛
教、耶教、回教之粗者而为之；然别有秘传，誓不为外人道。吾尝入其
教以求之，盖攘佛教唵嘛呢叭咪吽六字，借为服气口诀而已，非有他奥
巧也。然且从其教者，几遍直隶。非其（教）主力能尔也，赖有果报轮
回诸说，愚夫愚妇辄易听从；又严断烟酒，亦能隐为穷民节不急之费。
故不论其教（如何），皆能有益（于）民（生），总愈于中国摈弃愚贱于
教外，乃至全无教也。原夫世间之所以有教，与教之所以得行，皆缘民
生自有动而必静、倦而思息之性，然后始得迎其机而利导之。人即至野
悍，迫于前尘之既谢，往迹之就湮，循所遭遇，未尝不恋之拳拳，相彼
禽族，犹有喞啾之顷者，此也。此而无教以慰藉而启发之，则可哀孰甚
焉！《传》曰："饥者易为食，渴者易为饮。"岂为政为然哉？生无教之
时，民苦无所系属，（任取谁何）一妄人所倡至僻陋之教，皆将匍匐往
从，不尤可哀乎！虽然，又岂惟愚贱之不教乎！

谈者至不一矣。约而言之，凡三端，曰"学"，曰"政"，曰"教"。
学不一精，格致乃为实际；政不一兴，民权乃为实际；至于教则最难
言，中外各有所囿，莫能折衷，殆非佛无能统一之矣。言进学之次第，
则以格致为下学之始基，次及政务，次始可窥见教务之精微。以言其衰
也，则教不行而政敝，政敝而学亡。故言政言学，苟不言教，则等于无
用，其政术学术，亦或反为杀人之具。然而求保国之急效，又莫捷于学

───────────

① "刺取"，各本作"剥"。

矣。法之败于普也，师熸君禽，已无存理，普之力，非不能径灭之；然卒与言和者，毕士马克稔知德民之学，远不逮法，各有疆域，犹可拒守，若灭之，则浑然一国，形见势绌，莫可遁逃，普其终为法奴役，若安以一女子复其国，夫固法之已事矣。故破其国而不敢有，法人之学为之也。故曰："保国莫捷于学也。"万国公法，两国开战之时，于学堂、学会、书院、藏书楼、博物院、天文台、医院等，皆视同局外，为炮弹枪子所不至，且应妥为保护。然则其朝廷即不兴学，民间亦当自为之，所以自保也。且朝廷无论如何横暴，终不能禁民使不学，中国之民，惟此权尚能自主，则由此充之，凡已失之权，无不可因此而胥复也。锢水于锅炉，勿谓水弱也，烈火熻其下，虽铖铁百重，而锅炉必为汽裂，涨力之谓也。豫章之木，勾萌于石罅，勿虑无所容也，日以长大，将渐据石所据之地，石且为之崩离，挤力之谓也。惟学亦具此二力。才智日聪，谋虑日宏，声气日通，生计日丰，进无求于人，退无困于己，上而在朝，下而在野，济济盈廷，穆穆布列，皆同于学，即皆为学之所摄。发政施令，直举而措之可也。某某所谓变亦变，不变亦变；某某所谓通亦通，不通亦通。犹意大利之取罗马城也，初不烦兵刃，直置教堂于不闻不睹，任其自生自死焉耳。闵焉则存之，否则去之，无不在我，彼何能为哉①！涨力以除旧，挤力以布新，猗欤休哉，而有学也！是以揖让为征诛，揭竿斩木为受箓膺图也；而眈眈思逞，期一泄怨毒于其上者，复何为乎！且民而有学，国虽亡，亦可也。无论易何人为之君，必无敢虐之。直君亡耳。视君亡犹易臧获，于民宁有害焉。故泰西诸国，有此国偶乏其君，乃聘请别国渺不相涉之人以为之君，或竟并数国为一国，如古之英伦三岛，瑞典之于挪威，以及所谓联邦，皆是也。《春秋》之义，天下一家，有分土，无分民。同生地球上，本无所谓国，谁复能此疆尔界，糜躯命以保国君之私产，而国遂以无权。国无权，权奚属？学也者，权之尾闾而归墟也。

以言乎大一统之义，天地间不当有国也，更何有于保？然此非可以一蹴几也。世乱不极，亦未由拨乱反之正。故审其国之终不治也，则莫若速使其乱，犹（冀）万一能治之者也。且其间亦有劫运焉，虽独夫民贼之罪，要由众生无量生中之业力所感召而纠结。吾观中国，知大劫行至矣，不然，何人心之多机械也！西人以在外之机械，制造货物；中国

---

① 本句据《清议报》本；各本作"无不我而彼何能为哉！"疑误。

以在心（内）之机械，制造劫运。今之人莫不尚机心，其根皆由于疑忌。乍见一人，其目灼灼然，其口缄，其舌矫矫欲鼓，其体能卑屈，而其股肱将欲翱翔而攫搏，伺人之瑕隙而踏焉。吁，可畏也！谈人之恶则大乐；闻人之善则厌而怒。以谩骂为高节，为奇士，其始渐失其好恶，终则瞀天下而无是非。故今人之论人，鲜不失其真焉。

京朝官益以攻击为事，初尚分君子小人之党，旋并君子小人而两攻之。党之中又有党，党之中又自相攻[1]，一人而前后歧出，一时而毁誉矛盾。如釜中虾蟹，嚣然以阗，火益烈，水益热，而阗益甚。故知大劫不远矣。且观中国人之体貌，亦有劫象焉。试以拟诸西人，则见其委靡，见其猥鄙，见其粗俗，见其野悍。或瘠而黄，或肥而弛，或萎而伛偻，其光明秀伟有威仪者，千万不得一二。或曰：中国人愁困劳苦，喧隘不洁，易生暗疾。向之所见，盖无无病者也，固也。然使既以遭遇攻其外，不更以疑忌巧诈自蠹其中，彼外来之患害犹可袪也。岂非机心之益其疾耶？无术以救之，亦惟以心救之。缘劫运既由心造，自可以心解之。

夫心力最大者，无不可为。惟其大也，又适以召阻：格致盛而愈多难穷之理，化电盛而愈多难分之质，医学盛而愈多难治之症，算学盛而愈多难取之题，治理盛而愈多难防之弊。道高一尺，魔高一丈，愈进愈阻，永无止息。然反而观之，向使不进，乃并此阻而不可得。是阻者进之验，弊者治之效也。同消同长，道通为一，惟在不以此自阻焉耳。苟畏难而偷安，防害而不敢兴利，动援西国民党之不靖，而谓不当学西法，不知正其治化日进之凭据也。即有小乱，当统千万年之全局观之，徒童阈于一孔，谓头痛当医头，腹痛当医腹，遂弃置全局于不顾，此其心力，诚不足道矣！然而知心力之不可恃，不审心力之所由发，直情径遂，壮趾横行，则持以平机心之心力，转而化为机心。以机愈机，轴轮双转，助劫而已，焉能挽劫哉？然则如之何？曰：盍于一人试之。见一用机之人，先去乎自己机心，重发一慈悲之念，自能不觉人之有机。人之机为我忘，亦必能自忘；无召之者，自不来也。此可试之一二人而立效，使心力骤增万万倍，天下之机心不难泯也。心力不能骤增，则莫若开一讲求心之学派，专治佛家所谓愿力。美士[2]乌特亨立所谓治心免病法。合众人之心力为之，亦勿虑学派之难开也。各教教主，皆自匹夫一

---

① 《亚东》本作"旋并君子小人而两攻之，党之中又有党，又有党党之党，又有相攻"。

② "美士"，除"亚东"本外，各本作"英士"。

意孤行而创之者也。盖心力之实体，莫大于慈悲。慈悲则我视人平等，而我以无畏；人视我平等，而人亦以无畏。无畏则无所用机矣。佛一名"大无畏"。其度人也，日施无畏。无畏有五，曰：无死畏，无恶名畏，无不活畏，无恶道畏，乃至无大众威德畏。而非慈悲则无以造（度）之。故慈悲为心力之实体。今夫向人涕泣陈诉，恻怛沉痛，则莫不暂释其机心而哀怜之。彼伪悲而不慈，奚足感人若此①，又况天地民物为无量之大慈悲乎！

以心挽劫者，不惟发愿救本国，并彼极强盛之西国，与夫含生之类，一切皆度之。心不公，则道力不进也。故凡教主教徒，不可自言是某国人，当如耶稣之立天国，平视万国，皆其国，皆其民，质言之，曰无国可也。立一法，不惟利于本国，必无损于各国，使皆有利；创一教，不惟可行于本国，必合万国之公理，使智愚皆可授法。以此为心，始可言仁，言恕，言诚，言絜矩，言参天地、赞化育。以感一二人而一二化；则以感天下而劫运可挽也。今夫西国，岂非所谓极盛强者哉？然以衡诸地球万万年之全运，为人言思拟议所不能及之盛，则犹堆积盈野之茧，特微引其绪耳，乌足为极！且致衰之道亦不一矣。中国、土耳其、阿富汗、波斯、朝鲜，海内所号为病夫者也。英、美、德、法诸国，不并力强革其弊政，以疗其病，则其病将传染于无病之人。而俄罗斯则故曲徇其守旧之意，虚为保护之貌，惟恐他国革其弊政，所以阴弱之。又以自固其君主国之势，又使守旧者感其患②，而守旧之国，亦竟深相倚寄。中国则订密约矣；朝鲜寄居其（使）馆，且授兵柄矣。乘渴而饮以鸩酒，乘饥而饱以漏脯。愚公之愚，固折入于俄而不足惜；彼旁观者，独不虑孙策坐大乎？中国又虐杀回回人，西宁有已降老弱妇女万余人，镇将邓增一夕尽杀之，而以克复三国关张皇入告。回教切齿，思归俄国。土耳其又虐杀害希腊教人、革雷得岛亚米尼亚人，兵连祸结，数年不息。希腊教人切齿，思归俄国。呜呼！吾将见可杀克之马兵蹂躏欧、亚两洲，而各国宁能无恙耶？即彼两国，亦宁能（无）物极必反，俱伤而两败耶？地球战祸，殆于不可纪极矣。顾此犹其显而易见者也。若夫各国致衰之由，则不宁惟是。吾敢断之曰：各国欺陵远、近东病夫之道，即其所以致衰之道。何也？国于天地，必有与立，则信与义，其

---

① 除《亚东》本外，各本作"故仅悲而不慈，奚足感人若此"，疑误。
② 除《亚东》本外，各本均作"使守旧者感其惠"。

内治外交之胶粘物也。各国之强盛，罔不由于信义，天下既共闻而共见之矣；不幸独遇所谓病夫者，以信义待之，彼反冥然罔觉，悍然不顾。于是不得已而胁之以威，诈之以术。又不幸胁与诈而果得所欲，且逾其初志焉，将以为是果外交之妙用也已。相习成风，转视信义为迂缓。则以之待病夫者，旋不觉以施诸无病之人。无病之人，不能忍受，别求所以相报。由是相诡相遁，外交之信义亡矣。又相习愈深，以待与国者，旋不觉以施诸国中之人。上下同列，相诡相遁，内治之信义又亡矣。信义不立，其不同为病者与有几？故夫人与己，本非二致；而人心者，又可固不可攫者也。攫之以信义，在有道者观之，犹以为其效必极于不信不义，况攫之以不信不义①，其祸胡可言哉！今将挽救之，而病夫者，非是则莫肯率从。甚矣病夫之累人，而各国遭遇之苦，诚有不幸也！然为各国计，莫若明目张胆，代其革政，若何废其所谓君主，而择其国之贤明者，为之民主，如墨子所谓"选天下之贤者，立为天子"，俾人人自主，有以图存，斯信义可复也。若虑俄国之扰也，则先修欧、亚两洲东西大铁路，东起朝鲜，贯中国、阿富汗、波斯、东土耳其、梁君士但丁峡，达西土耳其，作为万国公路，皆不得侵犯之。按诸地图，此诸病夫者，同在北纬三十度至四十度之间，天若豫为位置，令其土壤成一直线。苟因天之巧，济以人力，以三万余里之铁轨穿为一贯，如牛鼻之有雉，鱼腮之有柳，诸病夫戢戢相依，托余生之（于）铁路，不致为大力者负（之）而走，其病亦自向苏，而各国所获铁路之利，抑孔厚矣。俄国西比利亚之铁路成，则东西洋之商旅皆将出于其途。俄之厚，邻之薄也。今修此路，则彼为其弧，此为其弦；远之于近，其利一。彼路长则成功劳，此路短则成效速；难之于易，其利二。彼路长则行李稍淹，此路短则计日加捷；迟之于速，其利三。彼越乌拉岭之南北干山，与铁路正交，此循葱岭之东西干山，与铁路平行；险之于夷，其利四。彼近寒带，天时凛冽，此在温带，天时和煦；寒之于暖，其利五。彼荒寒枯瘠，物产萧寥，此农矿膏腴，物产充牣；歉之于盈，其利六。彼工艺制造，寂然无闻，此商货灌输，日不暇给；僻之于繁，其利七。彼人民野悍，驾驭难周，此人民柔顺，驱使易效；梗之于驯，其利八。彼人少工价昂，此人多工价廉；散之于聚，其利九。彼一国孤撑，此众擎易举；

① 《清议报》本作"人心者，又不可攫者也"；《全编》作"而人心者，又不可攫者也，攫之以信义"；《国民报》本作"反本不可攫者也"。

重之于轻，其利十。彼专利于一方，此溥利于万国；私之于公，其利十一。彼以危人之安，此以安人之危；利之于义，其利十二。彼路为众心共疾，此路为群情争向；恶之于好，其利十三。彼路成，适以召天下之兵，此路成，足以定天下之乱①；失之于得，其利十四。总此十四利，则彼之借款难，此之招股易；背之于向，其利十五。总此十五利，则彼之偿息多，此之偿息少；疑之于信，其利十六。总此十六利，则彼之成本重，此之成本轻；耗之于省，其利十七。总此十七利，则彼之获利微，此之获利巨；啬之于丰，其利十八。总此十八利，则彼之铁路，十年积虑，尽掷黄金于虚牝，此之铁路，一旦出争，立致青云于顷刻；废之于兴，其利十九。总此十九利，则彼不能以铁路侵人国土，此转欲以铁路致其死命；败之于功，其利二十。且夫弭将发之兵端，保五洲之太平，仁政也；极（拯）垂亡之弱国，植极困之遗黎，义举也；笼总汇之商务，收溢散之利源，智谋也；争棋劫之先着，杜横流之后患，勇功也。以言乎其实，则详于二十；以言乎其名，则略举有四。此盖蠹天绝地之勋德，夫何惮而久不为也？英、法、德、意、奥、和、比、日、葡、瑞、挪、丹、日本，皆以商为国，即皆宜肩此责。而英之商务尤大，尤宜倡首。英见美修万余里之大铁路，遂于坎拿大效其所修，而与之平行。夫坎拿大不及美之土地富厚，犹欲与之争驰，有反乎此者，乃熟视而澹忘之与？美国固素守局外，然此于商务有关，亦何可甘居人后！且华盛顿倡民主于前，林肯复释黑奴于后，义闻宣昭，炳耀寰宇，乘此时攘臂而出，光烈可缵，鼎足成三，不必别为弭兵之费，抑无俟于公断之约，神武睿智，其有取诸！日本《国民杂志》称：由中部亚洲而出扬子江畔为第一好路，不独中国之利，天下亦将享受其便。英伦《三者姆四》称②：俄路既通之后，当通第二条华路，中国一切商务，可由波斯、土耳其而达欧洲，与俄路平行。亦各粗著其端，惜乎未究厥旨；众生业力将消，中外必多同心者矣。

然则中国谋自强，益不容缓矣。名之曰"自强"，则其责在己而不在人，故慎毋为复仇雪耻之说，以自乱其本图也。任彼之轻贱我，欺陵我，我当视为兼弱攻昧，取乱侮亡，彼分内可应为，我不变法，即不应不受。反躬自责，发愤为雄，事在人为，怨尤胥泯，然后乃得一意督

---

① 除《亚东》本外，各本均作"足以定天下之兵"。

② 除《亚东》本外，各本作"英伦《泰晤士报》称"。

责，合并其心力，专求自强于一己。则诋毁我者，金玉我也；干戈我者，药石我也。无事不可借鉴，即随地皆可见功。耶曰："视敌如友"，亦诚有益于友也。管子之术，"人弃我取"，"因祸为福"，"转败为功"，斯亦天下之至巧者矣。盖心力之用，以专以一。佛教密宗，宏于咒力，咒非他，用心专耳。故梵咒不通翻译，恐一求其义，即纷而不专。然而必尚传授者，恐自我创造，又疑而不专。思之思之，鬼神通之。孔曰："民可使由之，不可使知之。"殆谓此也。自强者，强自而已矣；知其为自，已觉多此一知，况欲以加乎人哉？今夫自强之策，其为世俗常谈者，吾弗暇论；论其至要，亦惟求诸己而已矣。行之则王，否则亡。不俟著蔡，毅然可决，则曰变衣冠。文化之消长，每与日用起居之繁简得同式之比例。人惟痲惰，不欲兴事，则心无意于求简，而听其繁。苟民智大开，方将经纬天地，酬酢万物之不暇，岂暇事此繁缛之衣冠？繁必滞，简必灵；惟简然后能驭繁。故繁于物者，必先简于己。一定之理，无可移易。吾闻西人之论方言矣：教化极盛之国，其言者必简而轻灵，出于唇齿者为多，舌次之，牙又次之，喉为寡，深喉则几绝焉。发音甚便利，而成言也不劳；所操甚约，而错综可至于无极。教化之深浅，咸率是以为差。此亦由简之辨也。又闻之法律家（矣）：头等教化之国，国律时时更改，以趋于便，而变通尽利，斯法为人用，人不至反为法用；其次则有一定之律矣。教化之深浅，咸率是以为差。此又灵滞之辨也。夫于衣冠，（又）何独不然？既非上衣下裳，而偏为长斋博袖；既非席地屈坐，而偏为跪拜顿首。事之颠倒失理，宁或过此？以士大夫而为此，则犹可言矣；顾农夫之于畎亩，工役之于机器，兵卒之于战阵，佣隶之于趋走，于今之衣冠礼范有大不便者，而亦不闻异其制，何耶？呜呼！君主之弱天下也，必为正繁重之礼与俗，使竭毕生之精神，仅足以胜其繁重，而保其身以不戾于时，则天下必无暇分其精力，思与君主抗，积之既久，忘其本始，遂以为理之当然，而事之固然，不恤役志于繁重，以自塞锢其聪明，虽祸患在眉睫，亦将不及顾，或语以简便，则反诧为诡异。故中国士民之不欲变法，良以繁重之习，渐渍于骨髓；不变其至切近之衣冠，终无由耸其听闻，决其志虑，而咸与新也。日本之强，则自变衣冠始，可谓知所先务矣。乃若中国，尤有不可不亟变者，薙发而垂发辫是也。姑无论其出于北狄鄙俗之制，为生人之大不便；吾试举今古中外所以处发之道，听人之自择焉。处发之道凡四，曰"全发"，中国之古制也是。发受于天，必有所以用之，盖保护脑气筋者也。全而不修，此其所长（也）；而其病则有重腿（脮）之累。曰"全薙"，僧制是也。清洁无累，此其所长也；而其病则无以护脑。曰"半剪"，西制是也。既足以护脑，而又轻其累，是得两利。曰"半薙"，蒙古、鞑靼之制是也。薙处适当大脑，既无以蔽护于前，而长发垂辫，又适足以重累于后，是得两害。孰得孰失，奚去奚从，明者自能辨之，无俟烦言而解矣。

心力可见否？曰：人之所赖以办事者是也。吾无以状之，以力学家凹凸力之状状之。愈能办事者，其凹凸力愈大；无是力，即不能办事，凹凸力一奋动，有挽强持满，不得不发之势，虽千万人，未或能遏之而改其方向者也。今略举十有八：曰"永力"，性久不变，如张弓然。曰"反力"，忽然全变，如弛弓然。曰"摄力"，挽之使近，如右手控弦然。曰"拒力"，推之使远，如左手持弓然。曰"总力"，能任群重，如杠杆之倚点然。曰"折力"，能分条段，如尖劈之斜面然。曰"转力"，互易不穷，如滑车然。曰"锐力"，曲而能入，如螺丝然。曰"速力"，往来飞疾，如鼓琴而弦颤然。曰"韧力"①，阻制驰散，如游丝之节动然。曰"拧力"，两矫相连，如绞网而成绳然。曰"超力"一瞬即过，如屈钢条而使跃然。曰"钩力"，逆探至隐，如饵钓鱼，时禽时纵然。曰"激力"，虽异争起，如风鼓浪，乍生乍灭然。曰"弹力"，骤起击压，无坚不摧，如弩括突矢，突矢贯札然。曰"决力"，临机立断，自残不恤，如剑锋直陷，剑身亦折然。曰"偏力"，不俯即昂，不令相平，所以居己于重也，如碓杵然。曰"平力"，不低不昂，适剂其平，所以息物之争也，如悬衡然。此诸力者，皆能挽劫乎？不能也。此佛所谓生灭心也，不定聚也。自撄撄人，奇幻万变，流术（衍）无穷，愈以造（劫）。吾哀夫世之所以有机械也，无一不缘此诸力而起。天赋人以美质，人假之以相斗，故才智愈大者，争亦愈大。此凹凸力之为害也。然（苟）无是力，即又不能办事。宜如之何？曰：何莫并凹凸力而用之于仁？仁之为通（道）也凡四，曰"上下通"。天地交泰，不变（交）否；损上益下，益反之损，是也。曰"中外通"。子欲居九夷，《春秋》大黄池之会，是也。曰"男女内外通"。"子见南子"是也。终括其义，曰"人我通"。此三教之公理，仁民之所为仁也。原夫人我所以不通之故，脑气之动法各异也。吾每于静中自观，见脑气之动，其色甚白，其光灿烂，其微如丝，其体纡曲缭绕。其动法：长短多寡有无，屡变不定，而

————————————

① "曰韧力"，除《亚东》本外，各本作"动力"。

疾速不可名言，如云中之电，无几微之不肖。信乎脑即电也。吾初意以
为无法之动，继乃知不然。当其万念澄澈，静伏而不可见；偶萌一念，
电象即呈，念念不息，其动不止。易为他念，动亦大异，愈念愈异，积
之至繁，即又淆浊不复成象矣。于其异念则异动，因知动法皆摹拟乎
念，某念即某式，某念变某式，必为有法之动，且有一定之比例。惜其
理至赜，牵涉万端，为时太暂，不容一瞬，虽欲详考，其道无由。昔天
文家误以天王、海王二星，为无法之动，久殆（始）察知其外摄力正
杂，运行易致参差。然统计众轨道之全体，仍可驭之入算，列之成图，
非无法也。脑气之动，殆正类此。其动者，意识也；大脑之用也。为大
脑之体者，藏识也。其使有法之动者，执识也；小脑之体也。为小脑之
用者，前五识也。惟睡梦疯癫，辄为无法之动，意识未断，而执识先断
也。执识亦非断，即我执未断，而法执先断也；大脑明，而小脑半昧
也。《唯识》所谓昏沉举第七识暂断者也。夫断识本有定序，先意识而
后执识，先我执而后法执；今全倒其序，是以成为无法之动也。睡梦
者，乃其平日前五识所受之染，深锲其体质品状于大脑之藏识，而小脑
司其启闭，使布列井井，条理咸备。法执苟断，是断其小脑之半，故梦
中未尝不知有我，以我执犹在也。意识渐从藏识中发露，一一复呈所染
于前五识，恍然犹前五识重与之接，因而成梦。其实前五识为小脑之
用，小脑既断其半，是前五识已断矣。然辄迷离谬悠，凑泊无理，几能
别自创一世界，则以无次第整齐之法执也。是以孩提无梦，智识未盛
也；愚人无梦，藏识不灵也；至人亦无梦，前五识不受染也。此睡梦之
脑气动法也。推之疯癫，亦应如是，惟前五识未断耳。夫脑气动法，既
万有不齐，意识乘之，纷纭而起。人与人，地与地，时与时，事与事，
无所往而不异，则人我安得有相通之理？凹凸力之为害，即意识之为害
也。今求通之，必断意识；欲断意识，必自改其脑气之动法。外绝牵
引，内归易简，简之又简，以至于无，斯意识断矣。意识断，则我相
除；我相除，则异同泯；异同泯，则平等出；至于平等，则洞澈彼此，
一尘不隔，为通人我之极致矣。佛氏之言云："何是山河大地？"孔氏之
言曰："天下何思何虑？"此其断意识之妙术，脑气所由不妄动，而心力
所由显。仁矣夫！

　　天下皆善其心力也，治化之盛当至何等地步？曰：此未易一二言，
吾试言其粗浅，则地球之治，必视农学为进退。孟子曰："天下之生久
矣，一治一乱。"夫治而有乱，其必有大不得已之故，而保治之道未善

也。大不得已之故，无过人满。地球之面积，无可展拓，而人类之蕃衍，代必倍增，所产不敷所用，此固必乱之道也。今幸轮船铁路，中外尽通，有余不足，互相酌剂，总计荒地正多，即丁口再加百十倍，犹易生活。吾观西国辟地通商，汲汲为殖民政策，而叹其志虑宏远矣。王船山尝恨两汉史官昧于政体：时承大乱之后，归降动至百万数十万人，其用兵之数，当不止此，皆不农不末，无业游民也，一旦归休，如何安置，如何劳来，还定安集之，又操何术，使有执业，足自给而不为乱，当时至大至难之事，宁有过于此者？而史官一字不及，真可谓无识焉耳。于古既无所征，后世遂百思不得其故。曾国藩深慨遣散兵卒之难，甚于募练，至于无法以处其后。散勇之溃叛，降人之反覆，不一而足，至今为戒。试为思一处置之法，则无若迁耕旷土之为得也。是以俄迁波兰人于西比利亚，英迁罪徒于澳洲，各国或迁于非洲，美释黑奴而封之于曲兰斯佛耳为民主国，皆以农政为消纳人口之计；而尤以美封黑奴，称震古铄今之仁政焉。故人满之患，必生于他处之土满，非真满也。土满之患，必生于居处之不均，垦辟之不讲，亦未能定为真满也。苟统五大洲人土两均，而犹患人满，斯真满矣。斯农之所以贵有学也。地学审形势，水学御旱潦，动植学辨物性，化学察品质，汽机学济人力，光学论光色，电学助光热。有学之农，获数十倍于无学之农。然竭尽地球之力，则尤不止于此数。使地球之力，竭尽无余，而犹不足以供人之食用，则必别有他法。考食用之物，为某原质配成，或将用水原质化合为物①，而不全恃乎农。使原质又不足以供，必将取于空气，配成质料，而不全恃乎实物。且将精其医学，详考人之脏腑肢体所以必需食用之故，而渐改其性，求与空气合宜，如道家辟谷服气之法，直可不用世间之物，而无不给矣。又使人满至于极尽，即不用一物，而地球上骈肩重足犹不足以容，又必进思一法，如今之电学，能无线传力传热，能照见筋骨肝肺，又能测验脑气体用，久之必能去其重质，留其轻质，损其体魄，益其灵魂，兼讲进种之学，使一代胜于一代，万化而不已；必别生种人，纯用智，不用力，纯有灵魂，不有体魄。犹太古初生，先有蠢物，后有灵物；物既日趋于灵，然后集众灵物之灵而为人。今人灵于古人，人既日趋于灵，亦必集众灵人之灵，而（化）为纯用智纯用灵魂之人。可以住水，可以住火，可以住风，可以住空气，可以飞行往来于诸

---

① 除《亚东》本外，各本作"将用各原质化合为物"，作"水"误。

星诸日，虽地球全毁，无所损害，复何不能容之有！惟是众生之业力难消，地球之变局日甚：地球由热而冷，由涨而缩，由松而紧，由软而坚，由圆而扁；岁差数十秒，七十余年而差一度，二万余年而复其始。复其始，又不能真复其原点；则积无量二万年，而地球之南北极，与天空之南北极，两相易位。其间之水火海陆，不知凡几经大变，而地球亦有终毁之时。他日之治乱兴衰，诚非人之私意所能逆料，然而极之弥勒下生，维摩病起，人民丰乐，山河如镜，真性各各①，充满法界，一切众生，普遍成佛；其未成佛者，舍此世界地球极治之时，必即在地球将毁之时矣。何者？众生之业力消，地球之业力亦消；众生之体魄去，地球之体魄亦去。夫地球亦众生也，亦一度众生者也；地球之不得即毁，众生累之也。

地球之治也，以有天下而无国也。庄曰："闻在宥天下，不闻治天下。"治者，有国之义也；在宥者，无国之义也。□□□曰②"在宥"，盖"自由"之转音，旨哉言乎！人人能自由，是必为无国之民。无国则畛域化，战争息，猜忌绝，权谋弃，彼我亡，平等出；且虽有天下，若无天下矣。君主废，则贵贱平；公理明，则贫富均。千里万里，一家一人。视其家，逆旅也；视其人，同胞也。父无所用其慈，子无所用其孝，兄弟忘其友恭，夫妇忘其倡随。若西书中百年一觉者，殆仿佛《礼运》大同之象焉。盖治国如此，而家始可言齐矣。然则《大学》言"家齐而后国治，国治而后天下平"，非欤？曰："非也。"□□□曰③：彼所言者，封建世之言也。封建世，君臣上下，一以宗法统之。天下大宗也，诸侯、卿大夫皆世及，复各为其宗。民田受之于上，而其上之制禄，亦以农夫所入为差。此龚定盦所以有《农宗》之作也。宗法行，而天下如一家。故必先齐其家，然后能治国平天下。自秦以来，封建久废，宗法荡尽，国与家渺不相涉。家虽至齐，而国仍不治；家虽不齐，而国未尝不可治；而国之不治，则反能牵制其家，使不得齐。于是言治国者，转欲先平天下；言齐家者，亦必先治国矣。大抵经传所有，此封建世之治，与今日事务，往往相反，明者决知其必不可行。而迂陋之僻儒，辄喜引经据典，侈谈古制，实欲见诸施行，而不悟其不合，良足悼焉。或曰："天下至平者无天下，国至治者无国，家至齐者无家，无他，

① 除《亚东》本外，各本作"真性如如"。
②③ 除《亚东》本、《清议报》本外，各本仅有"曰"字。

轻灭体魄之事，使人人不困于伦常而已矣。然世有娼妓者，非伦常，非非伦常，非以困人，亦不以困人①。禁之欤，抑听之欤？曰：体魄之事尽，则自无娼妓，不待禁也。苟其不尽，虽禁不止。子不见西国乎？治化不为不盛，而娼妓日多，卒无术以禁止，遂成为五大洲通行之风俗。然而既不能禁，即不能终听之矣。凡官之于民，如家人父子然，见有不善，力能禁之固善；力不能禁，即当引为己任，而与之同其利害，非可闭塞耳目，置诸不理，以不闻不问，苟焉为自洁也。娼妓亦其一事焉。明知万不能禁，则胡不专设一官，经理其事？限定地段，毋与良民杂处；限定名额，宁溢毋隐；洁清其居，毋使致疾；整齐其法，毋使虐待；抽取费用，如保险之利，为在事诸人之薪俸。规条灿然，莫能欺遁，而陷溺者亦自有止境。岂非仁政之大者哉？虽然，以论于中国民事，有更大于此者，尚且隔膜坐视，不加喜戚于心，又况娼妓之区区（者耶）！

难者曰："子陈义高矣，既已不能行，而滔滔然为空言，复奚益？"曰：吾贵知，不贵行也。知者，灵魂之事也；行者，体魄之事也。孔曰："知之为知之，不知为不知，是知也。"知亦知，不知亦知。是行有限，而知无限；行有穷，而知无穷也。且行之不能及知，又无可如何之势也。手足之所接，必不及耳目之远；记性之所至，必不及悟性之广；权尺之所量，必不及测量之确；实事之所肇②，必不及空理之精；夫孰能强易之哉？僻儒所患能知而不能行者，非真知也，真知则无不能行矣。教也者，求知之方也。故凡教主教徒，皆以空言垂世，而不克及身行之，且为后世诟詈戮辱而不顾也。耶杀身，其弟子十二人，皆不得其死。孔仅免于杀身，其弟子七十人，达者盖寡。佛与弟子，皆饥困乞食，以苦行终。此其亡躯命，以先知觉后知，以先觉觉后觉，岂暇问其行不行者！惟摩西、穆罕默德，以权力行其教，君主而已矣，何足为教主？然则知之与行，孰为贵而孰为贱也？今之谈者，辄曰："吾专言学，是以学教也。"否则，曰："吾专言政，是以政教也。"或竟明言曰："吾不言教，是自成为不言教之教也。"不言教之教，禅宗所谓不立文字，又谓运水搬柴，尽是神通妙用是也。盖教能包政、学，而政、学不能包教。教能包无教，而无教不能包教。彼诋教者，不知教之大，为天下所不能逃，而刻意欲趋教外，实深堕乎教中，则何其不知量之甚也！故佛

---

① 除《亚东》本外，各本作"非伦常，非非伦常，亦能困人"；《全编》本落"能"。
② 除《亚东》本外，各本作"实事之所丽"。

说（有云）："谤佛者即是信。"以其既已知有佛矣，不能以谤而自灭其知也。明乎此，复何疑于吾言？且吾言地球之变，非吾之言，而《易》之言也。《易》冒天下之道，故至赜而不可恶，吾尝闻□□□之论乾卦矣，于《春秋》三世之义有合也。《易》"兼三才而两之"，故（有）两三世。内卦逆而外卦顺，"初九，潜龙勿用"，太平世也，元统也。无教主，亦无君主。于时为洪荒太古，氓之蚩蚩，互为酋长已耳。于人为初生。勿用者，无所可用者也。"九二，见龙在田，利见大人"，升平世也，天统也。时则渐有教主君主矣，然去民尚未远也，故曰在田。于时为三皇五帝。于人为童稚。"九三，君子终日乾乾，夕惕若厉，无咎"，据乱世也，君统也。君主始横肆，教主乃不得不出而剂其平，故词多忧虑。于时为三代。于人为冠婚。此内卦之逆三世也。"九四，或跃在渊，无咎"，据乱世也，君统也。上不在天，下不在田；或者试词也。知其不可为而为之者，孔子也。于时自孔子之时至于今日，皆是也。于人则为壮年以往。"九五，飞龙在天，利见大人"，升平世也，天统也。地球群教，将同奉一教主；地球群国，将同奉一君主。于时为大一统。于人为知天命。"上九，亢龙有悔"，太平世也，元统也。合地球而一教主，一君主，势又孤矣。孤故亢，亢故悔。悔则人人可有教主之德，而教主废；人人可有君主之权，而君主废。于时为遍地民主。于人为功夫纯熟，所谓"从心所欲，不逾矩"也。此外卦之顺三世也。然而犹有迹象也。至于"用九，见群龙无首，吉"，天德不可为首也。又曰：天下治也，则一切众生，普遍成佛。不惟无教主，乃至无教；不惟无君主，乃至无民主；不惟浑一地球，乃至无地球；不惟统天，乃至无天；夫然后至矣尽矣，蔑以加矣。呜呼！尊教主者，宁教主之愿也哉？有恶劣之众生，而后有神圣之教主，不愿众生之终于恶劣，故亦不愿教主之长为神圣，此推穷治理，必以无教为极致矣。孔子曰："天下有道，丘不与易也。"孟子曰："予岂好辩哉？予不得已也。"夫教主之出现，诚不幸而遇于不得已焉耳。悲夫悲夫！

救人之外无事功，即度众生之外无佛法。然度人不先度己，则己之智慧不堪敷用，而度人之术终穷；及求度己，又易遗弃众生，显与本旨相违，若佛所谓证于实际，堕落二乘矣。然则先度人乎？先度己乎？曰：此皆人己太分之过，谛听谛听，当如是：知人外无己，己外无人，度人即是度己，度己即是度人。譬诸一身，先度头乎？先度手乎？头亦身之头，手亦身之手，度即并度，无所先后也。若因世俗，强分彼此，则可反言之曰：度己，非度己也，乃度人也；度人，非度人也，乃度己也。何以言之？今夫空山修证，洁治心源，此世俗所谓度己者也。然心源非己之源也，一切众生之源也。无边海印，万象森罗。心源一洁，众生皆洁。度人孰有大于此者？况四万八千户虫在己身，己有无数众生，安见己身果己身有耶？故曰："度己，非度己也，乃度人也。"今夫方便施舍，广行善事，此世俗所谓度人者（也）。然仅态益众生之体魄，聊为小补，众生迷误，则如故也。虽法施广大，宏愿熏习，不难资以他力，要视众生之自力何如，非可人人强之也。由是以谈度人，未能度到究竟，而己之功德则已不可量矣。故曰："度人，非度人也，乃度己也。"尝以此说质之□□，则曰："子前之说是也。后之说谓度人未能度到究竟，亦尚有未尽。今试予人一钱，扶人一步，其为度也微矣。然而由此充之，锲而不舍，极于无量劫，终必度到究竟。以度到究竟之因缘，自此而结，度人者勿以善小而勿为矣。"

众生度得尽否？当在何时度尽？曰：时时度尽，时时度不尽。自有众生以来，即各各自有世界。各各之意识所造不同，即各各之五识所见不同。小而言之，同一明日皓月，绪风晤雨，同一名山大川，长林幽谷，或把酒吟啸，触境皆灵①，或怀远伤离，成形即惨：所见无一同者。大而言之，同一文字语言，而仁者见仁，智者见智；同一天下国家，而治者自治，乱者自乱；智慧深，则山河大地，立成金色；罪孽重，则食到口边，都化猛火：所见更无一同者。三界惟心，万（法）惟识。世界因众生而异，众生非因世界而异。然则世界众生度尽度不尽，亦随众生所见何如耳。且即其实而言之，佛与众生，同一不增不减之量。谓众生不度尽，则众生将日增；谓众生度尽，则佛将日增。有所增亦必有所减，二者皆非理也。其实佛外无众生，众生外无佛；虽真性不动，依然随处现身；虽流转世间，依然遍满法界。往而未尝生，生而未尝往。一身无量身，一心无量心。一切入一，一入一切。尚何尽不尽之可言哉？是故佛既说"有一小众生不得度者，我誓不成佛"；又说"卒无有一众生得灭度"者，亦尽亦不尽也。《易》言："天下同归而殊途，一致而百虑。"不言殊途同归，百虑一致者，殊则不复同，而不害其为同，固不得强同之矣。百则不复一，而不害其为一，固不得强一之矣。噫嘻，天下之势，其犹川之决乎！一逝而万古不合，此《易》之所以始

① 除《亚东》本外，各本作"触境皆虚"。

乾而终未济也。

（作于 1896—1897 年春）

附录　仁学①
（梁启超）

呜呼！此支那②为国流血第一烈士亡友浏阳谭君之遗著也。烈士之烈，人人知之；烈士之学，则罕有知之者，亦有自谓知之，而其实未能知者。余之识烈士，虽仅三年，然此三年之中，学问言论行事，无所不与共。其于学也，同服膺南海③，无所不言，无所不契。每共居，则促膝对坐一榻中，往复上下，穷天人之奥，或彻数日夜废寝食，论不休。十日不相见，则论事论学之书盈一箧。呜呼！烈士之可以千古，尚有出乎烈士之外者，余今不言，来者曷述焉。乃叙曰：

《仁学》何为而作也？将以光大南海之宗旨④，会通世界圣哲之心法，以救全世界之众生也。南海之教学者曰："以求仁为宗旨，以大同为条理，以救中国为下手，以杀身破家为究竟。"《仁学》者，即发挥此语之书也。而烈士者，即实行此语之人也。

今夫众生之大蔽，莫甚乎有我之见存；有我之见存，则因私利而生计较，因计较而生罣碍，因罣碍而生恐怖，驯至一事不敢办，一言不敢发。充其极也，乃至见孺子入井而不怵惕，闻邻榻呻吟而不动心，视同胞国民之糜烂而不加怜，任同体众生之痛痒而不知觉，于是乎大不仁之事起焉。故孔子绝四，终以无我；佛说曰"无我相"。

今夫世界乃至恒河沙数之星界，如此其广大；我之一身，如此其藐小。自地球初有人类，初有生物，乃至前此无量劫，后此无量劫，如此其长；我之一身，数十寒暑，如此其短。世界物质，如此其复杂；我之一身，分合六十四原质⑤中之各质组织而成，如此其虚幻。然则我之一身，何可私之有，何可爱之有。既无可私，既无可爱，则毋宁舍其身以

---

①　原题为《校刻浏阳谭氏〈仁学〉序》。录自《清议报》第二册，一八九八年十一月二十一日，即 1899 年 1 月 2 日。

②　"支那"，《全编》、《合集》无。

③　"同服膺南海"，同上注。

④　"光大南海之宗旨"，同上注。

⑤　"六十四原质"，《全编》、《合集》作"七十三原质"。

为众生之牺牲，以行吾心之所安。

盖大仁之极，而大勇生焉。顾婆罗门及其他旧教，往往有以身饲蛇虎，或断食，或卧车下辙下求死；而孔、佛不尔者，则以吾固有不忍人之心，既曰不忍矣，而洁其身而不思救之，是亦忍也。故佛说："我不入地狱，谁入地狱？"孔子曰："天下有道，丘不与易也。"古之神圣哲人，无不现身于五浊恶世，经历千辛万苦者，此又佛所谓"乘本愿而出世"，孔子所谓"求仁而得仁，又何怨"也。

烈士发为众生流血之大愿也久矣。虽然，或为救全世界之人而流血焉，或为救一种之人而流血焉，或为救一国之人而流血焉，乃至或为救一人而流血焉，其大小之界，至不同也。然自仁者视之，无不同也。何也？仁者，平等也，无差别相也，无拣择法也，故无大小之可言也，此烈士所以先众人而流血也。况有《仁学》一书，以公于天下，为法之灯，为众生之眼，则烈士亦可以无愧于全世界也夫！亦可以无愧于全世界也夫！

烈士流血后九十日，同学梁启超叙

（作于 1899 年 1 月 2 日）

中

卷

寥天一阁文卷弟一[*]

报贝元徵书

元徵仁兄：

　　足下无恙。霜英遂徂，抚序曾喟，况乃远道，云胡不思？

　　昔奉弟一书，会尊舅氏王先生辱过，发械共省，薄言永叹。以谓足下资性卓绝，造德隆崇，出之渊渊，等辈咸伏。犹尚戢翼天衢，纡步尘鞅，兼抱齐衰之戚，空谷涟洏，同方雅故，畴不乡风愵呮乎？溯曩岁盍簪之盛，既皆暌迸，王先生复之官山东，于兹朝发，居今谈昔，相与不欢而罢。以足下遂当西迈，振策在涂，故不以时报，谅之谅之！

　　旋奉弟二书，猥荷包蒙，存问周挚，感不可已，所布诸书，分达如恉。爪霖顷上京师，还当界之。足下改辕河南，允云胜算，既近尊外舅蔚庐先生之德光，又中原山川纯厚，益以自敦其蕴。比当税息嵩高，敷赋梁苑，一遨一观，蔑非进道之资矣。然则砭顽之责，足下宜为嗣同肩之，乃反见督耶？谨斋心以俟。

　　今奉弟三书，忠告谠言，果如私望。然又咎己进止不决，有类谰甀。夫事有万端，遇之者一，万无适形，一有定理。迨遇随事改，理以赴形，固非立乎其先者所能钩取逆观。宦学遐土，去留殆难自由，称心而言，无嫌参差也。嗣同神形疏放，靡有羁束，恒妄冀不即弃于大雅，时复攻所阙略，饥渴情愊，匪异朝昔，往所酬酓，尚未餍其侈心。今闻

---

　　* 谭氏将《寥天一阁文》编定为"东海褰冥氏三十以前旧学弟一种"。录自《戊戌六君子遗集》（张乃济编纂，上海，商务印书馆，1917）。

纷扰之规，恢扩宏义，开通鄙怀，不惜降志自责，宛曲引喻，擘察艾萧，中臣要害，此诚嗣同毕岁营营，期自制而不能者。获足下毅色呵止，为之涤衷易情，识奋勉之攸在，敢不钦登嘉觌，不惭以忻！特虑意久且懈，违谬厥初，和缓逝而疾复萌，电雷收而震遂泥。素丝何常，惟所染之。故忻者今兹，而惭者来日也。乃若足下自状，愚以为降志相诱，非其本怀。何者？足下降质纯一，夙德坚定，似与嗣同微反，而失亦因之。嗣同失既在此，则足下之失，宜在彼矣，此对待之说也。且嗣同之失，往往不自觉，而足下自能省察如此，此又疏密之辨也。讯病推原，然与，不然与？

夫大《易》观象，变动不居，四序相宣，匪用其故。天以新为运，人以新为生。汤以日新为三省，孔以日新为盛德，川上逝者之叹，水哉水哉之取，惟日新故也。未生之天地，今日是也；已生之天地，今日是也，亦日新故也。喜怒哀乐，发不中节，不必其乖戾也。方其机已勃兴于后，乃其情犹执滞于前，何异鸿鹄翔于万仞，而罗者视乎薮泽？则势常处于不及矣。智名勇功，儒者弗重，不必其卑狭也。方其事之终成，即其害之始伏，何异日夜相代乎？前而藏舟，自谓已固，则患且发于无方矣。此又皆不新故也。早岁之盛强，晚岁已成衰弱；今日之神奇，明日即化腐臭。道限之以无穷，学造之以不已，庸讵有一义之可概、一德之可得乎？常异善岂一而已，择之何云固执？俛仰寻思，因知固执乎此，将以更择乎彼。不能守者固不足以言战，不能进者抑岂能长保不退耶？此拳拳服膺之颜子，必待欲罢不能而后纯；惟恐有闻之仲氏，且闻何足以臧而后进也。圣人重言性天，非能之而不言，殆亦言之而不能。盖日新者，行之而后见，泛然言之，徒滋陈迹而已。庄生者，疏人也。然其行文，时近日新，为其自言之而旋自驳之也。

嗣同之纷扰，殆坐欲新而卒不能新，其故由性急而又不乐小成。不乐小成是其所长，性急是其所短。性急则欲速，欲速则躐等，欲速躐等则终无所得。不得已又顾而之它；又无所得，则又它顾；且失且徙，益徙益失。此其弊在不循其序，所以自纷自扰而无底止也。夫不已者日新之本体，循序者日新之实用，颇思以循序自救，而以不已赠足下，不已则必不主故常而日新矣。墨墨乎株守，岂有一当哉！然在足下自治甚严，自观甚密，觉万一有近似于纷扰者。嗣同至愚极妄，以为乃明之未融，非守之不搞。若夫读书忙乱，少沉潜玩索之味，此病不难医，苟挥斥箸书工文之念，霍然立瘳矣。

嗣同深感不遗在远之惠，又恃往日挚爱之雅，妄欲上慕仲、颜赠处之风，下规苏、李倡和之美，远取圣贤之所黾勉，近陈彼已之所忧患。竭心尽言，忘其自丑，将以大叩，敢云浅报。加久冻新煦，品汇向苏，筋力畅固，视听精明，兴至命笔，已不能休。故曼衍尔尔，世俗笺奁，都不复效。惟时时思闻德音，少解独学岑寂。

谭嗣同谨上

（作于 1896 年 2 月）

与沈小沂书一

小沂仁兄同门足下：

东都祭帆，殷勤须臾，口血未干，陵跞以去。夫以道路常常之人，牵裾道款曲，犹尚睉焉不息，况我惠子，曷止恨恨！执雉始见，志同道合。识孟嘉于广坐，标刘尹之云柯，千顷汪洋，已可涯涘。虽以嗣同之质朽形秽，百靡一当，犹乐与从容文酒，臧否人伦。雕龙白马，互逞其辞；夕秀朝华，苟持其辨。意有所得，狂呼野走。于是般桓乎夕照之寺，弭节乎圆松之邱。决眦鸟飞，天穷于远莽；索群兽走，物感乎暮气。相谓此亦寻常，行复见思，不日不月，斯会邈然，遂已陈迹。可胜叹哉！可胜叹哉！

道出天津，地形平衍，空明四鉴，托体若虚。车中倦卧，仰见游丝百尺，亭亭苕苕，婵娟裔漾于九天之上。谓是偶尔谛视，则处处有之，惟背日乃得见。今年春暮，江南看杨华，风日俱素，正复类之。目力故胜，静且加明，初可十许丈，久之辨及百丈，内外平视，亦二三十丈，何时不有游丝，静便了了尔许。曩及足下讨论，苦乏精采，正坐不静耳。夫侃侃之余，曷尝不遗物外已，摄心一粟？然遇于所触，歌哭纵横，独抽之茧，那复成绪。当此之时，自觉鞭之不痛，杀之无血，莫悲于心死，而身死次之，此既为哀感中伤，心不若人矣。

又嗣同弱娴技击，身手尚便，长弄弧矢，尤乐驰骋。往客河西，尝于隆冬朔雪，挟一骑兵，闲道疾驰，凡七昼夜，行千六百里。岩谷阻深，都无人迹，载饥载渴，斧冰作糜。比达，髀肉狼藉，濡染裈裆。此同辈所目骇神战，而嗣同殊不觉。今车行未二日，计程财百里，筋骸骭骸，若不自胜。年未三十，颓弛若此，异时傥遂有济耶？足下英年绩学，独秀无双。时时自省，神非完固，灵府噎不得开。愿持之以缓，胜之以不战，徐出而求友以自辅。同县有贝元徵者，足下见后必当有异，此又目不见睫而侈论泰山，臣死药亦不灵者也。日来离忧结辖，魂依左右，口占此书，用致绸缪，宜发为谈，未止此耳。

嗟嗟！怀哉于役，天风海山之歌；去矣皇都，铜辇秋衾之梦。务崇明德，请自此辞。

谭嗣同谨上

（作于 1894 年夏）

与沈小沂书二

小沂仁兄同门足下：

岁暮得奉畣教，柄德谦谦，盈而冲用之，自处善矣，而非下走所克承。自惟薄劣，未遑《诗》、《礼》，恃以无恐，多师而已。前书云云，与足下长赖友朋之言，若同质剂，非敢以诐人者谤人也。嗣是请一切罢去。献岁开春，兴致颇复佳否？《纬候解题》当已写定，质直见示，所获愈多。今复有数事请益，遵义黎氏《古逸丛书》目录称高似孙《骚略》，《四库存目》遍翻不可得，烦懑欲绝，由不审应入何部。足下专精此书，望指陈所在。近自家大人使蜀，颇富闲暇，忘其专辄，粗欲有事捃拾。而官事转掠，时复与达官往还，哇言尸貌，实违鄙心。署中度岁，薪米要会，性尤不近，论说之友，又终阙如，以此居恒邑邑。内计心力渐顿，便再咿唔一百年，亦不过如是尔尔也。悲夫！

荧荧之露，既未容把玩；殇伯鬼中，亦会有穷期。正色苍苍，熟视无睹；坤灵搏搏，蹴我则胜。曾几日月，乃曰今古；通乎昼夜，乃曰幽明。暌车丰斗，圣人语怪于前；虑妃、娥女，骚客媟亵于后。陆通见圣，犹发却曲之狂谈；平子何愁，厥有龙丸之诡制。巨灵高掌，六鳌短趾，海垂天仰，云止峰流，俯仰旷观，谁不应有。区区曼羡荒唐，曷尝不为志士焉归矣。因得奇理二件，试与足下嬉笑剖之。地球冯虚而运，所以不坠，大气举之。气何从生？日月五星地球之相与吸也。吸不力，地球坠；吸不均，偏而不能运。八面缭绕，彼牵此曳，蓬槁团飞，略无停晷。地球与日月五星，正各各相赖。借使一面吸力畸重，地球必偏向重之一面，愈偏愈重，愈重亦愈偏，势必肤切肺附而后止。然则欲至月中，固可以人力为之。地球重率视月加三之一，其斤数九八一四五六〇〇〇〇〇〇〇〇〇〇〇〇〇〇〇〇〇〇〇〇有奇，今不具论。试取小数易明者为比例，定为百斤，亦须百斤之吸力乃能举之。粗剖球体为百面，面应受吸力一斤。以一斤离心力之气球，安于百面之一面，择空漠无人之区，窍地绲绳。绳之巨细，视窍之多寡；窍之多寡，视离心力之大小。系气球于地球，即是系地球于气球。伺月行至此度，鼓气球令充足，欲绝地上腾，而下萦于地，必引地之一面而俱上。地球与月，本来相吸，得此一面助之，此一面之吸力，自重于余九十九面。一有所重，即有所偏。偏向月，吸力即专属于月，月将不复旁行而趋于下，一上一下，翕合无拒，余九十九面之吸力，自愈远而愈懈。不惟愈懈，地球一离本位，九十九面之空气必争赴填其虚。因其填虚，又以得挤送之力，力既有定向，虽撤去气球，自然相即不能已。大致造端离位最难，故气球宜绝大。大或难造，分无数小气球，其比例仍同。但能掣动分寸，一得势，万万里无难矣。此就地球往月言之。月来地球，亦复吸者一面，挤者九十九面。非此往则彼来，必辨为孰往孰来，或两俱来而遇于隙地。若国君之会境上，华夷之交瓯脱，尚无由逆亿，惟月较小较轻，来体多耳。月去地面八十万里有奇，以轮船速率日八百里计之，千日可达。况行于寥霄，非有轮船行水之阻力，抑非若火车轮碾轨道之相滞，其速当数倍。迨愈近吸力愈重，行亦愈速，不过数月，已联串如珠。惟胖合之顷，其来势远，则相趋力猛，恐一击两碎。是所设之气球，仍不可撤，日有曾益，以为抵御，若两舟相切，隔以浮筏，固无害也。既已联串，性无可改，即终古无暌析之道。由是复与它星相引，累累固结，如布棋以平，如累卵以长，如堆垛以方，以圆，以尖，以鳖臑，以秧马。纵横如志，惟所使之。欲自占一国，则自取一星，人满之患以息，争城争野之患以息。华夷各有所骛，而陵杂之患亦息。于是与足下朝蹑赤霞之标，暮度青霄之梁，倏星倏月，掉臂行游，是诚可以破拘挛之俗，驰域外之观矣。足下其有意乎？

凡物春夏则涨，秋冬则缩，寒暑燥泾使然也。大者有草木之荣落，江河之涸溢。其实小物亦然。木为凿柄，水之苦不可入；金为牝牡，火之坚不可拔。时辰钟表，不能无差，机轮刚柔有时也；木尺量纸，不能无差，木纸盈朒殊科也。故绘图之家，以纸为尺。然此纸非彼纸，仍不能无差。惟即画其尺于所图之纸，图尺同在一纸，久久如故。

其实人身亦然，肌寒而粟缩也，皮暑而泽涨也。然涨缩分度甚微，人遂以为止此耳。所谓微者，特两两相较而见为微，是各体涨缩不齐之余差，非即本体涨缩之真数。本体涨缩之数，必一涨缩，一不涨缩，始可相较而得其真。今既无是物，则吾身涨之与缩，安知不相去数十百丈，数千万丈，数恒河沙丈。小而虫豸尘芥无不然，大而日星山河无不然。无不然，则虽相去数十百丈，数千万丈，数恒河沙丈，犹不涨缩，此谓日用之而不知也。必欲知之，惟鬼而后可。鬼无适形，无可涨缩。故世之说鬼，有数丈、数十丈者，有首大如车轮者，有掌如箕者，拇如椎者；亦有小如婴儿者，财数寸者。鬼岂如此哉？以涨缩视不涨缩，转谓不涨缩者涨缩，人涨视鬼小，人缩视鬼大，鬼岂如此哉？于是与足下召巫阳于帝阍，问实沈之所郊，匿微踪于幽隐，睹情状之昭昭。以静拟动，以逸知劳，非于物而有迫，而物或莫逃。见夫跂行而喙息，暴长而暴消，昔孰屈而卑，今何抗而高，方将运肘布指絜其度，占星刻晷纪其由，举手歔瘉，喜则斯陶。足下能彊起从之游乎？

斯二者，持之非无故，申之则有章，言似谬悠，实根理要。又尝以方波黎鲋口安湉叶，用汽机筒抽去空气，旋即自碎，圆鲋则否。盖方者受外气之挤力独多，圆即自相旋转，无所用其挤也。西人识此理，因论日月星地所以必为圆体。愚谓日月星地，古未必无方者，特皆被挤碎，今不见耳。是以知十日并出，其九不存，必皆为方体，惟今之日月星地，悉毁圭角，苟圆取容而已。

嗟乎！凡今之所谓已修已齐已治已平者，其不为苟容几何矣。世宙信促，避之无所，一庐蛰伏，疑遂颓废，稍自激昂，故具说如前。盖曰以诧其振奇，适状此中之无所得也。足下怜之否？莫笑其骏否？

谭嗣同谨上

（作于一八九五年正月，即 1895 年 2 月）

报刘淞芙书一

淞芙仁兄足下：

乃者奏记申酬，辞渫义陋。将以博孙郎帐下之嗤，何意辱季重东阿之畣？伏见文虎耆采，苞凤骞华。书规河北，薄山阴为妩媚；章溯当涂，异元和之弦急。煌煌丽制，古今奚闲焉？远惟《诗》、《书》之所垂戒，矇史之所纪诵，胖情缔谊，莫不以斯文为盛轨，其称赓歌扬休尚矣。嗣是《式微》启联句之篇，宣尼炳会友之诏。至若盲左所甄，难可悉述。故宁戚白水，索解于童奴；子赣抽琴，徵辞于浣妇。发言为志，莫近于兹。自非终葵论象，谬诂于陋儒；金楼迫观，见穷于伧父。亦畴不乐有多闻之友，鸿厖魁硕之侣，推衿送抱，兴往情来，析皋比未曙之疑，申细席旧传之学，玉琢于石，锦浣于灰，用胥益其性情，而雪其聋瞆之辱者哉？

嗣同不自鉴观，怀此弥岁。远无获于尚论，近几失于亲面。乃承大度包荒，曲见矜许。渔父延缘之棹，且张皇于漆园；协律已厄之诗，犹褒赞于笠泽。刘书《六合》，魏收未鄙其名愚；卫瓘《三都》，太冲莞颜于覆瓿。执谦冲挹，受者曷任。被饰薰沐，逾量为恶。夫操簴钟者非期于倾赏，而倾赏者遇之；书举烛者无当于治国，而治国者效之。同类曰孚，不行而至。言念施报，则亦有可述者：嗣同少禀惛惰，长益椎鲁，幸承家训，不即顽废。然而家更多难，弱涕坐零。身役四方，车轮无角。虽受读于瓣疆、大围之门，终暴弃于童蒙无知之日。东游江海，中郎之椽竹常携；西极天山，景宗之饿鸱不释。飞土逐肉，掉鞅从禽。目营浩罕所屯，志驰伊吾以北。穹天泱漭，矢音敕勒之川；斗酒纵横，抵掌《游侠》之传。戊己校尉，椎牛相迎；河西少年，擎拳识面。于时方为驰骋不羁之文，讲霸王经世之略。墨酾盾鼻，诡辩澜翻；米聚秦山，奇策纷出。狂瞽不思，言之腾笑。以为遂足以究天人之奥，据上游之势矣。既而薄上京师，请业蔚庐，始识永康之浅中弱植，俶睹横渠之深思果力，闻衡阳王子精义之学，缅乡贤朱先生阒然之致，又有王信余、陈曼秋、贝元徵诸君以为友。困而求亨，幡然改图，愧弄戟多少之讥，冀折节勤学之效。如何不淑，变生海外。原隰悼痛，跄踉来归。基础遂隳，何期云构。自顷以来，精力荏于当年，锋锐顿于一蹶。子桓曾逝者之唏，公干卧幽忧之疾。后得复事瓣疆，续欢王、贝。益以涂君质初，相勗亟勤；他州豪俊，存问不绝。而临觞撤御，都无好怀；发策未竟，已复忘弃。耀灵急节，蹉跎至今，三十之年，行见舍去。君苗之砚未焚，余子之步终失。亲知雨散，益复无聊。虞思慷慨，不其嗟矣！

足下被褐怀玉，质有其文。蚤受凿楹之书，高视都讲之肆。艺文数通，虽一斑片羽，可由意其深造。同里之彦，实多君子；家公之学，遂有传人。夫何张衡之《四愁》，顿释陈蕃之鄙吝。斯固见《灵光》之赋，为之辍翰；景说士之风，甘于食肉者也。然嗣同至愚，尤伏愿足下恢八纮以贞度，综群说以为郛。博取四库之精，约以一家之旨。不汲汲于浅效，不沾沾于细名。同舍生学有异同，无伤观感。任彼讥诃之来，转资多识之益。竺信不惑，终底大成。他日汝南先贤，襄阳耆旧，与所称同县诸君，后先骖靳，左右齐轸。嗣同不敏，亦将凭轼以观，以丐洪河之余润，而瞻桑梓之殊光，岂不懿与？岂不懿与？刘君瑾先，元徵亟称之，曩岁枉过，会亲疾在视，不获晤语为怅，然累年天假之缘，终当一识乡间之贤者，念此用不切切也。属书少作，不骇其丑，勉思效命。附呈《白香亭诗》，此老本原深厚，虎步湘中，当代作者，殆难相右，知拟先睹之也。

迟日肄业，遂及何书，有得不吝见教，于斯道宜重有发明，若嗣同则徒云云而已。山能受壤，终泽隐豹之毛；陆不如河，虚抱法蛇之志。裁书布往，主臣如何？诸在口宣，不复一一。

谭嗣同谨上①

（作于 1894 年 12 月）

报刘淞芙书二

淞芙仁兄足下：

奉来教论陶靖节诗，与嗣同所见若重规叠矩。今更申之，真西山称陶公学本经术，最为特识。足下所举区区诸老翁云云，他若"道丧向千载，人人惜其情"、"汲汲鲁中叟，弥缝使其醇"、"遥遥沮溺心，千载乃相关"皆足为证。而嗣同尤有谬解，以谓陶公忼慨悲歌之士，非无意于世，世以冲澹目之，失远矣。朱子据箕子、荆轲诸篇，识其非冲澹人。今案其诗，不仅此也。"本不植高原"今日复何悔明，可以无死之故也。"若不委穷达，素抱深可惜，怀宝而无其时也"，伤己感时，衷情如诉，真可以泣鬼神，裂金石，兴亡之际，盖难言之。使不幸居晋之高位，则铮铮以烈鸣矣。

今其诗又觉中正和平，斯其涵养深纯，经术之效也。张南轩讥其委心之言，不知皆其不得已而托焉者也。且南轩能知其所委为何心乎？后此若王、孟、韦、柳、储、苏，特各各成家，于陶无涉。浅者辄曰：

---

① 《谭嗣同全集》（蔡尚思、方行编，北京，三联书店，1954）于"不复一一"后有"赋性偏急，不及庄写，惟察幸甚！此颂撰安！"末为"谭嗣同顿首"。

"原出于陶"，真皮相之言也。尝谓：学诗宜穷经，方不为浮辞所囿，闻者或不信之，今于陶公，既验其然矣。即有宋儒，先以性理为诗，至为才士訾诟，然平心论之，惟《击壤集》中有过于俚率者，至于朱子、陈白沙，于声调排偶之中，仍不乏超然自得之致，此诣又何易几及也。同县蔚庐、瓣薑两先生，实能出《风》入《雅》，振前贤未坠之绪。瓣薑先生雅自秘惜，不欲以此皮肤粗迹表襮于人，故传钞未广。

以愚观之，经义湛深，柴桑后未尝有也。蔚庐先生称心而言，绝无依傍，雍容真挚，适肖其中之所存，《翠华》、《黄屋》、《屯蒙》、《隐见》诸篇，非学穷奥域，贯彻天人，亦乌能言之？我辈兀兀雕镂声律，殆终无以企之矣，谨检以呈阅。惟知德者乃能知言，当不责其阿好。

嗣同昔有妄言，后世无乐文辞。即乐，善察者不惟可得人品之高下，兼可卜世运之盛衰。瓣薑先生致为赏叹。持此以观两先生诗，若《遣兴》三十章，《海国》八章，匪风无王，下泉无霸，讽咏三复，不知涕之何从。《海国》犹显，《遣兴》志文俱晦，在作者久官京朝，词无泛设，然亦断不肯自言其不得已之故。以意逆志，十仅得二三，遂已感人若此。巢居知风，穴居知雨，哀思之音，发于贤者，此殆非天下之小故。夫以两先生之才，使不得为《关雎》、《鹿鸣》之声者，时为之也，悲夫！

嗣同于韵语，初亦从长吉、飞卿入手，转而太白，又转而昌黎，又转而六朝。近又欲从事玉溪，特苦不能丰腴。类皆抗而不能坠，辟而不能翕。拔起千仞，高唱入云，瑕隙尚不易见。迨至转调旋宫，陡然入破，便绷弦欲绝，吹竹欲裂，猝迫卞隘，不能自举其声，不得已而强之，则血涌筋粗，百脉腾沸，岌岌无以为继。此中得失，惟自知最审，道之最切。今时暂辍不为，别求所以养之者，必且有异。不然，匪惟寡德之征，抑亦薄福之象。尊师巨湖山樵亦觉微有此失。无此失而又不靡薄者，唐初四杰，宋初西昆，明初青邱，国初渔洋，开国隆盛之时，顺气成象，万物昭苏，墙有朕兆，不可诬也。昧者求其故不得，乃泥于一句一字之险夷华朴，以为吉凶娭祥之占，其于声音之道奚当哉！由斯以谈，则《击壤集》之俚率，要未可全非，而陶公益偶乎远矣！

谭嗣同谨上

（作于一八九四年十二月初九日，即1895年1月4日）

上欧阳瓣薑师书①

夫子大人函丈：

舟维甫鄂，辙环逮湘，仲路为之后从，荣趆因而失问。坐睽令德，悇憛如何？前日里门时诣笠耕世兄，歆其风气日上，掇皮皆真。秉荀氏之规，有万石之谨。通家厚谊，道款推诚。率尔造门，辄与李膺之燕；外存宾客，辱损马援之贻。事会纷纭，来去仓卒，竟不及一笺言谢，媿悚而已。顷见函丈与黄佩豹书，兼示嗣同，藉审道履休鬯为慰。读至“既经展拜新茔，稍遂昊天瞻仰，则此后无论升沉夷险，可以少安于心”，我瞻四方，蹙蹙靡骋，何辞之悽苦而心之仁厚也。

夫锋颕者顿猝，滑疑者图耀，赴几者迅奋，委运者后时，蹈海者狭节，却金者止赎，昌言者亡等，默塞者违实。天元地黄，五角六张，势趋于极，虽造物不能以自纲，则志士仁人之所为长顾而审虑。要必经纬万端，衷于一是，特非事变未至而先设一成格待之之所能黾皇矣。然而有不能不自疑者，东征之师，既挫衂不复可振矣。则天下有大患，不在于战，而专中于始事主战之人。来书云：“深夜思之，芒刺在背，可愢惧也。”在某某岂不知如此举止之面，犹隔一篴，不了家事之意，未宣外庭。乃逆抉其隐微，使无复容匿，而忍惭于一逞。亦必深观密计，见夫机之已发，情之已急，言之如此，不言亦如此，是不若明白忼慨，直斥无隐，天下因晓然于是非之所在，庶几一意奉戴，得以改图易虑于人心向背之机。其济则天，不济亦何惜一身为三监藉口之资，盖其深心矣。

嗣同一齐民，何与人家国事，窃恐刈蓍而遗蓍簪，尚不若故剑前鱼之可念。一旦卿何以处我之问，瞠目而不能畣，不知不觉，遂与于不仁之甚，而身长为罪人。悲夫！既不能高飞远走，不在人间，斯贞之与邪，亦止争毫发。反复推求，思所以终身自靖之道，了不可得。鸣毂复闻，纳肝谁属。已矣绕朝之策，徒有士燮之祈，愤激即万万不敢，而细席之言，虑忘于临难，倚楹之叹，转疑于思嫁，又抑郁谁语乎？若夫运策帷幄，折冲尊俎，何以图恢复，何以靖海氛？中权有寄，六翮顿张，

---

① 此篇收入《谭嗣同书简》卷一第一篇，后有“恭印福安”句，另署“十二月二十六日”，当作于一八九四年十二月二十六日，即1895年1月21日。

自智勇不世出之事，非鄙心所敢任。惟冀天祚我国，使和议速就，日月朗县如初，草泽无词可执，则杞人诚愚也。幸甚幸甚！

奉教在迩，余不缕写，遥通江水，毋任钦迟。

谭嗣同谨上

《史例》自叙

韩宣子观《易》象，《春秋》曰："周礼尽在鲁矣。"故凡纪载皆史，而礼则由以著焉者也。少受《易》，因及《三礼》，于《春秋》独不喜言例。以为例者史臣之通法，非圣人褒贬之精意所存。顾于杜元凯《释例》数数观之。以为例者非圣人褒贬之精意所存，固史臣之通法也。法具而史明，史明而礼起。圣人吾不得见之矣，秉此，失其鲜乎？尝病条目疏简，又刓夺不完，不足规周公制作之全，而给后世纪传之用。辄研校四库辑本，罗列杜氏所释，辅以陆氏《春秋集传纂例》、刘氏《春秋传说例》，益推衍伦类，广求诸经史百家，择其尤雅，详以训诂小学阐说字义，本诸《易》以究天人古今之变，而一折衷于《礼》。疏别部居，附于诸例之后，于以补阙略，通废滞，俾学者不失依据，觊云万一焉。乃若崔氏之本例及例要，张氏之《五礼例宗》，丁氏之《公羊释例》，许氏之《谷梁释例》，说人人殊。今专标史例，非曰治经，故揽取言例之最先者，而余不悉及。

夫《易》，言变者也；《礼》，不变者也。变者周流六虚，不可为典要，所谓新意变例，归趣非例也。故笔削微显，不惟其文惟其道，圣人之《春秋》以之。不变者，质文损益，万变不离其宗，所谓发凡正例也。故科律严谨，皆足以远示来裔，史臣之例以之。欲发其例，必先稽以小学，著其指事类情之所在，然后绸绎史籍，征信于三代、两汉之书；于《礼》得其体，于《易》得其通，史学固然，凡学莫不然也。神而明之，又岂例云例云而已。

（作于 1894 年冬）

《仲叔四书义》自叙

孔冲远作《正义》，闲肖经传声口，反覆申析其意。王介甫效为新学，易诗赋声病刌薄之习，凿空说经，益张其名曰义，祸七八百年未渫。二者皆无当生人之用。新学尤能汩人性灵，而阴使售其伪，惟鄙儒小生，惰于殖学，易其速办而捷给，乃独好之。虑皆故矜秘其术，抗为孤诣奥传以自重，夜晦无人，私挟八寸《论语》，转相授受，传弟子数百人，偃然自跻于文学之科，雄视四民之首，愈益陵躐古今天下才士。黠者渐觉其愚陋，小变体貌，刺取司马子长、韩退之颣率不经意之一二字窜其中，号于人曰："古文，古文！"人或弗能察也。上焉者应科举中第，举所习一切拉杂摧烧之，庶乎知耻之勇者。

嗣同兄弟，生用新学之时，舍之无以操业。受书以来，未尝不掊其有用之精力，钺心镂肝，昕夕从事，以薪一当。嗣同顾好弄，不喜书，冀盖所短，时时诡遁他途，流转滑疑其辞，与当世大人先生辩论枝柱。仲兄泗生不幸先生八年，为新学梏独久，致力亦独深，记诵所谓名大家义千，自为亦数百，取径独峻绝幽隘，乃至不容人思，投之南北闱考官及学政府县吏，又亟得而复失，或不能句读。嗣同所为，薄小芜俚，宜易识。然年自二十有一至今三十年，十年中，六赴南北省试，几获者三，卒坐斥，仲兄则且僇然謇抑死矣。

方今天下多故，日本蹋我朝鲜，袭我盛京，海上用兵无虚日。民迫穷困，且向乱，群族盱目而环伺，大臣席不暇暖，食不逮晨。蒐卒乘，峙刍粟，缮申械，折冲决胜，徂内辑外，机牙四出，百心莫照，此岂新学能任其万一者哉？

窃惟不废新学，无以发舒人人聪彊。弦久懦，则更张之。新学不为不久矣，效亦可睹矣，更张之时，其在斯乎。嗣同行与新学长辞，不复能俯首下心奉之，因纂辑所为若干，别为一通，仲兄仅乃箸录其二，知不欲以此见也。

夫日月之迈，疾不容瞬，当宋之始更制，岂知延延绵绵，用弗绝至今日。若嗣同兄弟共案，厉呼愤读，力竭声廯，继以瘄咽涕洟，回顾一镫荧然，几二十年所，犹尚如昨日事。尝感船山"忽念身本经生"之言，以为有无穷之悲，宁可复然哉？益悲而已！后之人幸见新学之废，其心得免于戕贼，端居泛览，或逮兹流，失今无述，将不知前乎此者，被毒酷烈若此。上之亦足究识当时取士之具，其间体势不一，各有所至，今昔风气，变迁略备矣。

（作于 1894 年冬）

记洪山形势

洪山违武昌会城四三里，塔于其脊，登者于环城百里可一览尽。夫建国必有所依据以为固，武昌国于江、汉之冲，江水南来，掠城西而北，折而东，汉水又在其西。其它涧溪陂泽，夹持左右，惟道洪山而东。陆达咸宁、通山，以联湖南、江西之势。自魏晋南北割据，策士以武昌上控荆、襄，旁制湘、粤，睥睨秦、蜀，鞭辟中原，为南戎山河之上游，而英雄用武所必争。沿及今兹，屹为重镇。而咸宁、通山，又为武昌之吭背。洪山岿然扼其生死呼吸之所由，且逼城而峙，俛瞰城中，一一在列，诚主得之为要，客得之为害者也。

昔洪秀全窜踞武昌，湘乡罗忠节公驻军洪山，断其饷道，虽贾身锋镝，而城卒以复。然而洪山，绝地也，立于必败，败而不可为者也。主之利，非客之利也。何也？争利莫惨于前，自完莫良于后。狼之善顾，非怯也，不有可退，无以为进也。洪山蜿蜒以东，势雄而单，夹两水闲，无冈阜以为之辅。远山皆在数十里外，且阻水莫能达，使城贼潜军断其后，则不攻自破矣。罗公之奏效，非洪山之为之，而金口之为之也。方罗公之未至也，益阳胡文忠公已先据金口，且下及沌水。罗公既得洪山，益南攻贼垒，以自达金口军，于是犄角之势成，而武昌以南皆非贼有矣。贼伺其北，则道险不利仰攻，由北而绕出其后，不惟无以自反，而洪山既通金口，则以金口为后，它非所恤。今按其垒皆在洪山南，盖垒于南，则可以取远势；垒于北，则徒自保而已。故金口可袭洪山，洪山必不能远争金口，此险易之辨也。

然论武昌于今日，又非天下所必重。古之重武昌者，以其挈长江之要领也；今则中外互市，轮舟上下，而长江尽失其险。长江尽失其险，则武昌者，主固无以御客，即客得之亦不能一日守。故武昌譬则斗也，而其柄不在此。将欲操其柄以斟酌海内，挹注入荒，必先以河南、陕西、四川、云贵、湖南、江西为根本，而以武昌为门户，合势并力，以临驭长江之下流，然后东北诸行省恃以益重。

嗟乎！古今之变，亦已极矣。变者日变，其不变者，亦终不变也。强变者不变，持之断断，且卒不能无变，况强不变者变哉。余谓毋遽求诸变也，先立天下之不变者，乃可以定天下之变。观于斯者，苟权其本末顺逆，则又若洪山、金口之辨矣。

（作于1890年秋）

刘云田传

光绪初元，山西、陕西、河南大饥，赤地方数千里，句萌不生，童木立槁，沟渎之殣，水邕莫前，殀夭横辙，过车有声，札疠踵兴，行旅相戒。四年夏，大人上官甘肃，道河南、陕西，触暑前轵，并日而食。宾从死二人，厮隶死十余人。它仆皆病惫无人状，又时时思逸去，莫肯率作。维时以宾从躬厮隶之役者，为益阳刘君云田。云田羸瘠若不胜衣，独奋发敢任，无择劳辱。大人卧疾陕州，一家皆不能兴，资斧行竭，药又不时得。云田日削牍告急戚友，夜持火走十里市药，践死人，大惊，绝气狂奔，踣于地。火熄，以手代目，揣而进，连触死人首，卒市药归。归则血濡袜履，盖踣伤足及践死人血也。而云田亦卒不病。自是客大人幕府前后十有三年，入粟得从九品职，出榷关税，卒乃赞安定防军军事。十有六年，大人巡抚湖北，云田以疾不能从。三月，殁于安定军中，年三十有七。

云田名丙炎。考某，县学附生，早殁；以云田得官，貤赠登仕佐郎。母氏赵，貤封孺人，用节孝著称。云田既以行谊为大人所重，而仲兄泗生及嗣同尤瞎就云田。中表徐蓉侠，从子传简，亦皆与莫逆。嗣同兄弟少年盛气，凌厉无前，蓉侠亦敏毅自喜，传简年尤少，益下隘，自卓荦法度外。云田性独迂缓，短小貌寝，般辟行圈豚，恶豪迈人如寇仇。时时称道村儒腐语规切人，听者唾涕欠伸，犹絮聒不休。而数人者，或数年十数年，日益亲密闾间。聚则给以非理，戏谑百出，又斁使骑，鞭马奔驰，观其伛偻伏鞍，啼号战栗，以为笑乐。云田则庄色陈论不可，终不以为侮。

安定防军，隶大人部。嗣同闲至军，皆橐鞬帛首以军礼见，设酒馔军乐，陈百戏。嗣同一不顾，独喜强云田并辔走山谷中，时私出近塞，遇西北风大作，沙石击人，如中强弩。明驼咿嚘，与鸣雁嗥狼互畬。臂鹰腰弓矢，从百十健儿，与凹目凸鼻黄须雕题诸胡，大呼疾驰，争先逐猛兽。夜则支幕沙上，椎髻箕踞，掬黄羊血，杂雪而咽。拨琵琶，引吭作秦声。或据服匿，群相饮博，欢呼达旦。回顾云田，方蛙坐瞑目，诵

《大学章句》。嗣同亦不诧其不合，益乐亲云田。

云田殁前一年，嗣同战艺走京师，以传简从，别云田安定，话往年道中事。云田感念畴昔，悲不自胜。及行，云田送上马，立马前，泣不可仰视。嗣同大怪，寻常别耳，云田不当若此。悠悠昊天，别几何时，仲兄先云田一年死，传简后云田一月死，蓉侠不忍汶汶之故，窜迹穷谷，为老死不出之计，而嗣同亦且规规然绳墨中腐儒矣。呜呼！

（作于 1890 年夏）

代大人撰赠奉政大夫任君墓志铭并叙

光绪十有八年，巴陵任本垚自甘肃奉其妣彭宜人丧归，祔其考律清赠君之兆。初，赠君以贫故，澉葬未有铭，今将累其家世子姓卒葬，封赠行谊刻于幽堂，而徵辞于某某。某某友本垚且十年，闻赠君事故习。往者布政甘肃，事无险易，一倚本垚。本垚亦乐就某某，而奉宜人居官署，闻宜人事又习，其可不铭。

赠君姓任，讳某，字某，世为巴陵人。曾祖某，祖某，考某。世基徽懿，文采放礉，至赠君遽罹颠顿，不竟所学，挈弟力作，没齿晏如。道光中，大饥且祲，人庶流进，行殣弥野。赠君连遭闵凶，猪瘁负土，敛窆用举，卒未尝勴于人。邻人黎文星者，富而侠，雅重赠君，赠君终未一往。比黎氏中落，向所周段，操剂迫责，室家为毁，而赠君以无负独完。盖其贞介自植，不苟资藉，踽步于穷林幽壑，以深树其进取一概之义，而待时研儿，发舒开布，所得于痛刚奔走者，抙涉同生斯世之人。其于艰窭冻馁，极人所不能忍而能忍。则其用也，视险阻阽危，丛脞歧骈，纷而相环，猝不得其首尾，莫不泊然相遭，犂然有当，而震烁之权煴以平。

咸丰初，洪秀全犯岳州，新墙晏仲武阴附之。里人某又附仲武，翘其攫金，召诱奸宄，期于里之慈云庵，揭竿首难，日率数十辈缮治供具。或陟高呼啸，迟仲武至。有问者拔刀叱曰："少选当识乃公也。"时府城不守，乡兵未兴，距所期又已迫。黠民悍夫，雄顾思逞，椎埋剽房，匪夙则暮，闾巷洶惧，莫必其命。赠君既廉其状，因从兄某与仲武习，夜遣就仲武诇以诡辞，仲武疑不敢发。官军寻至，诛仲武，夷其党。赠君亦计缚某斩于军。由是里中清晏，罔敢暴横，深识之士，益知众志之本固，乡之人之可与有为，藉以安坐画策，徐收乡兵之效。如所谓团练者，或以扞卫墟井，或乃奋戈四战。后先飙举云迈，莫不表表然著忠勤，隆称号于世，而赠君已前殁矣。时咸丰几年某月某日，年五十有九，以子赠为奉政大夫，葬某乡某原某首某趾。妻彭氏，封宜人，后赠君二十有几年某月某日殁于甘肃布政使署，年七十有二。以光绪十有九年某月某日祔于赠君之左。子一，即本垚，同知衔候选知县。女一，适甘肃候补县丞李琢。孙一，德厚。女孙三。

宜人亦巴陵人。道光十有二年进士江西河口同知昌运之孙，岁贡生安仁县教谕浣之子。来嫔赠君，即悉鬻奁饰，佐植生业，椎髻布群，操作而前。县故产名布，宜人所织，辄倍它值。永夜沍雪，未始休废。故赠君坦坦行其洁清之志，而无所于求，宜人之力多焉。赠君既殁，本垚年财十有四，宜人益自镌刻，劼本垚一如赠君之操。及本垚佐治甘肃，迎养历数州，崇奉日益腯厚。宜人弥务剿抑，余以禀恤困乏。真冷之辰，顾谓本垚毋纳赗赙，玷而翁清节。初，赠君疾笃，不御方药，曰："岂以死故累亲属？"若宜人可谓匹休齐烈者矣。方宜人家居时，违所居数十武，有溪焉。霖潦阗溢，砅揭病叹，宜人尽乎深恻，梁以柛楢，然苦易榷朽，谓本垚曰："它日当勉易石。"今本垚竟石之，如宜人命云。铭曰：

噫！祚微而尚可持，德卷而卒莫施；虽则莫施，以泽其牟裔而罔弗宜。隆庬之封，畴艰畴疑；绵融之佑，畴际厥涯。谓天或爽鉴此辞。

（作于 1891 年）

城南思旧铭并叙

往八九岁时，读书京师宣武城南，塾师为大兴韩苏农先生，余伯兄、仲兄咸在焉。地绝萧旷，巷无居人，屋二三椽，精洁乏纤尘。后临荒野，曰南下洼。广周数十里，苇塘麦陇，平远若未始有极。西山晚晴，翠色照地，雉堞隐然高下，不绝如带，又如去雁横列，霏微天末。城中鲜隙地，民间蕫葬，举归于此。蓬颗累累，坑谷皆满，至不可容，则叠瘗于上。甚且掘其无主者，委骸草莽，狸狌助虐，穿冢以嬉，髑髅如瓜，转徙道路。加北俗多忌，厝棺中野，雨日蚀漏，谽谺洞开，故城南少人而多鬼。余夜读，闻白杨号风，间杂鬼啸。大恐，往奔两兄，则皆抚慰而呵煦之。然名胜如龙泉寺、龙爪槐、陶然亭，瑶台枣林，皆参错其间。暇即浼两兄挈以游，伯兄严重不常出，出则健步独往，侪辈皆莫能及。仲兄通脱喜事，履险轻趫，陂池泽薮，靡不探索。城隅井甘冽，挈以致远，毂鸣啾啾，和以唫虫凄楚，动人肝脾。当夫清秋水落，万苇折霜，毁庙无瓦，偶像露坐，蔓草被径，阒不逢人，婆娑宰树，唏歔不自胜。欣欣即路，惘然以归。仆本恨人，僮年已尔乎。顾成人同游，盖莫不尔，皋坏使乐而墟墓生哀，抑所处殊也。

自伯兄不禄，韩师旋奄忽即世，余绝迹城南十有五年。后携从子传简入京师，寻所经历，一一示传简，且言余之悲。传简都不省意，颇怅恨，以为非仲兄无足以语此。而仲兄竟殁。素车星奔，取道南下洼。佛寺梵呗，钟磬朗澈，参以目所睹，瞿然大惊。谓是畴昔，徐悟其非，一恸几绝。今传简殁又四年，余于城南，乌乎忘情，又乌乎与言哉？

湖广义园，亦城南僻壤也。亲属殁京师，寄葬园中，岁时持鸡酒麦饭上冢，俗礼乘小车白布盖，纸钱飘飐左右，及冢，挂纸钱树枝，男妇皆白衣冠再拜哭祭。祭已，哭益哀，良久乃去。有少妇弱子，伏地哭不起，供具又倍盛，则新冢也。

方余读书城南际，春蛙啼雨，棠梨作华，哭声殷野，纸灰时时飞入庭院，即知清明时矣。起随家人上冢已，必游于大悲院。院邻义园，其僧与余兄弟久故，导余遍履奥曲。僧墓兆数十顷，众木翳之，昏雅欢叫，弥见虚静。蓬蒿长或蔽人，雊兔窜跃蓬蒿中。归受高菊涧诗，至"日墓（暮）狐狸眠冢上，夜归儿女笑镫前"，触其机栝，哽噎不复成诵。塾师骇责，究其所以，复不能自列。长大举问仲兄，兄忾然有间，乃曰："三复令骨肉增重。"乌虖！其曷已于思，抑曷已于铭？

峨峨华屋，冥冥邱山；人之既徂，鬼鸣其间。曰鬼来前，予识汝声，二十之年，汝唱予听，予于汝旧，汝弗予撄。昔予闻汝，雍穆群从；妄谓永保，交不汝重。岿然惟汝，孑然亦予；予其汝舍，予又奚趋？星明在天，雾暗覆野；被发走呼，寂无詟者。噫嘻吁嗟，予察厥原；汝之不詟，汝亦匪存。寒暑晦明，来以赓去；人道已然，鬼独能故？岂无巍巍，新死者歓；岂不魆魆，后寒之骨。噫嘻吁嗟，鬼无故人；忧谁与写，不辍如焚。卷地沙飞，索群兽寒；缺碣眠陇，白露弥阡。我之人兮，于兹焉托，面土厚丈，长幽不霈，酾酒荆榛，畴言可作。缅怀平生，亦富悲冤；泪酸在腹，赍以入泉。泉下何有，翳翳昏昏；息我以死，乃决其藩。闵予之留，实肩斯况；豪乐纤哀，奔会来向。明明城南，如何云忘？城南明明，千里恻怆！

（作于 1893 年）

寥天一阁文卷弟二[*]

启寰府君家传

府君名启寰，字佚，福建路汀州清流县人。今福建汀州府清流县。考挹，妣欧阳。宋末从主管殿前司《宋史·职官志》，殿前司都指挥使，以节度使为之，而副都指挥使都虞候，以勒史以上充，资序浅，则主管本司公事。苏刘义出师御元兵，水战不克，死之。旧谱云，与诸将并殉。无子，世绝。始祖避金兵而迁，至是复有元兵，南宋百五十年间，已阅八世，则府君年必甚少，谱又不详其配，盖未娶也。

二十世族孙嗣同曰：自迁福建之始祖，七传至府君，崛起单微，用节烈显，伟矣。财百年而崇安壮节侯及弟楚川府君死夹河之战，又二百年而新宁伯弘业公死流寇之难。大节炳炳，前后相望，遂以武功著望于有明。二百余年间，位侯伯者九世十人。建幢节，握牙璋，忼慨奋兴于功名之会者，肩相翼而足相蹱。青史勒于当年，英风扇乎来叶。入国朝，渐即零替，卒无有放辟邪侈，陷刑辟闵有司者。咸、同之际，兵事孔亟，宗族子弟，执干戈效死于四方十有二人。传本江西阵亡，传生陕西阵亡，传立浙江阵亡，传伦江四抚州阵亡，传清江西瑞州阵亡，传录广西阵亡，传位福建阵亡，传舞江西九江阵亡，传海甘肃阵亡，传健福建阵亡，传赟江西阵亡，恒达陕西阵亡，自有传。固旧谱云："铭盘府君，义方是训；敦实府君，英贤卓荦。有以启佑我后人，而成仁取义，开一族忠义之风，要莫夙于府君也。"府君固长子，礼无无后，似续阙如，殆未冠而殇之与？失勿殇汪踦

---

* 谭氏将《寥天一阁文》编定为"东海褰冥氏三十以前旧学弟一种"。录自《戊戌六君子遗集》。

之义矣。与身名俱寂。虽府君一往自靖，无所藉待，后者不述，又乌知兴起之所自有如此哉？有如此哉？

（作于 1894 年）

崇安侯壮节公家传

公讳渊，字溥泉，号时莽，福建汀州府清流县人。今同。考如嵩，明洪武间太祖纪元。官燕山今直隶顺天府大兴县西南。右护卫《明史·兵志》，隶后军都督府北平都司。副千户。《明史·职官志》，从五品。据钦定《续通典》，明制，武散官从五品有武毅将军，有武略将军。妣裴。考殁，公嗣职。公躯干修伟，膂力过人，骁勇善战，引两石弓，射无不中。建文元年惠帝纪元七月癸酉年月日据《明史·成祖纪》补。燕王起兵，从夺九门今京师。八月壬子月日据《明史·成祖纪》补。破雄县今直隶保定府雄县。甲寅南军都指挥日及官职据《明史·成祖纪》补潘忠、杨松自鄚州今直隶河间府任邱县。来援，公帅壮士千余人伏月漾桥在雄县。水中，人蒙菱草一束，通鼻息。南军已过，即出据桥。忠、松战败趋桥，因禽之。南军大将军耿炳文，屯真定滹沱河北今直隶正定府。壬戌，公与张玉大破之，获副将李坚、宁忠及都督顾成，斩首三万级。滹沱之战，《明史》本传及旧谱不载，据《明史·成祖纪》补。《成祖纪》，壬戌，王至真定，与张玉、谭渊等夹击炳文军，大破之，获其副将李坚、宁忠及都督顾成等，斩首三万级。又公事成祖靡役不从，则前此之拔居庸，破怀来，取密云，克遵化，降永平；后此之围真定，援永平，入大宁，击陈晖，败李景隆，降广昌，克蔚州，败平安，溃郭英，入德州，攻济南，败盛庸，袭孙霖，连败吴杰，宜皆有功。不应独沧州一役，夜坑降卒三千人，见于本传也。识以备考。以功累进都指挥同知。《明史·职官志》，从二品。据钦定《续通典》明制，武散官从二品有定国将军，奉国将军。建文三年三月辛巳，《明史》本传不详年月，旧谱有年月，而无日，今据《明史·惠帝纪·成祖纪》补。从燕王南出保宝今直隶保定府遇南军平燕将军官职据《明史·惠帝纪》补盛庸于夹河。今直隶保定府南。南军列盾以进，王令步卒先攻，骑兵乘间突之。公见南军阵动尘起，遽前搏战，马蹶，薨于阵。《明史·惠帝纪》建文三年三月辛巳，盛庸败燕兵于夹河，斩其将谭渊。《成祖纪》，建文三年三月辛巳，与盛庸遇于夹河，谭渊战死。《朱能传》，复从战夹河，谭渊死，燕师挫，能至，再战再捷，军复振。《盛庸传》，建文三年三月，燕兵复南出保定，庸营夹河，王将轻骑来觇，掠阵而过，庸遣千骑追之，为燕兵射却，及战，庸军列盾以进，王令步卒先攻，骑兵乘间驰入，庸麾军力战，斩其将谭渊。王悼惜。《明史·张玉传》，其后，谭渊没于夹河，王真没于滹河，虽悼惜不如玉也。即位，赠都指挥使，《明史·职官志》，正二品。据钦定《续通典》，明制，武散官正二品，初授骠骑将军，升授金吾将军，加授龙虎将军。追封崇安侯，崇安，今福建建宁府崇安县。谥壮节，建祠以祀。《明史》有传，《明史》本传，谭渊，清流人，嗣父职为燕山右护卫副千户。燕兵起，从夺九门，破雄县。潘忠、杨松自鄚州来援，渊帅壮士千余人，伏月漾桥水中，人持茭草一束，蒙头通鼻息。南军已过，即出据桥，忠等战败，趋桥，不得渡，遂被禽。累进都指挥同知。渊骁勇善战，引两石弓，射无不中，然性嗜杀。沧州破，成祖命给牒散降卒未遣者三千余人，待明给牒，渊一夜尽杀之。王怒。渊曰：此曹皆壮士，释之为后患。王曰：如尔言，当尽杀敌，敌可尽乎？渊惭而退。夹河之战，南军阵动尘起，渊遽前搏战，马蹶被杀，成祖悼惜之。即位，赠都指挥使，追封崇安侯，谥壮节，立嗣祀之。子忠，从入京师，有功，又以渊故封新宁伯，禄千石。永乐二十年，将右掖从征沙漠。宣德元年，从征乐安。三年，坐征交阯失律下狱论死，已得释，卒。子璟乞嗣，吏部官忠罪死，不当袭。帝曰：券有免死文，其予嗣。再傅至孙祐。成化中，协守南京还，掌前府提督团营，累加太傅，嗣伯，六十九年始卒，谥庄僖。子纶嗣，嘉靖十四年，镇湖广，剿九溪蛮有功，益禄，坐占役军士夺爵。数传至弘业，国亡，死于贼。案见于《续通鉴》者，无异《明史》，不悉录。并入《功臣世表》。《明史·功臣世表》，崇安侯谭渊夹河战死，成祖即位，追封，谥壮节。钦定《续文献通考》，渊从成祖起兵，战死于夹河。永乐初，追封崇安侯。《明史·职官志》，公侯伯凡三等，以封功臣及外戚，皆有流与世。功臣则给铁券，封号四等，从成祖起兵曰奉天靖难推诚功臣。《大明会典》，永乐间定功臣封号，曰奉天靖难推诚宣力武臣。视《职官志》多宣力字。季弟汉，字楚川，夹河之难殉焉。

十六世孙嗣同曰：公于启寰府君，为族元孙，傥风其雄武者与？兄弟并命，抑又加酷，茅土虽世，于公乎奚当，若夫君子之泽，九世未沫，国君死社稷，有明之天下，且与俱贲。以是始，以是终，而五等之封，乃足为世贵，赫赫然矣！

（作于 1894 年）

新宁伯荩臣公家传

公讳忠，字荩臣，崇安壮节侯长子，姒氏杨氏瞿，杨无出，公及弟恕皆瞿出。明建文四年惠帝纪元。从燕王入京师今江苏江宁府。力战有功，又以壮节故，当封。九月甲申月日据《明史·成祖纪》、《功臣世表》补。封新宁伯，新宁，今福建邵武府新宁县。赐铁券，《大明会典》，凡铁券形如覆瓦，刻封诰于其上，以黄金填之，左右各一面，右给功臣，左藏内府。禄千石。《明史·成祖纪》九月甲申，论靖难功，封邱福淇国公，朱能成国公、张武等侯者十三人，徐祥等伯者十一人。《功臣世表》新宁伯忠，九月甲申封，禄千石，宣德八年五月卒；璟，宣德十年二月丁卯袭，正统十四年六月卒；裕，正统十四年十月丁巳袭，景泰三年三月卒；祐，天顺元年六月癸巳袭，成化十七年领前府，屡与军职，加太保，正德四年七月管五军营，嘉靖四年卒，谥庄僖；纶，嘉靖四年闰十二月甲戌袭，十一年三月领南京前府，二十七年卒；功承，嘉靖二十七年八月辛未袭，三十六年十二月领南京左府，隆庆元年二月丙午卒；国佐，隆庆元年七月戊午袭，万历二十七年六月甲申卒；懋勋，万历二十七年八月乙酉袭，天启三年卒；弘业，天启中袭，崇祯末死于贼。钦定《续文献通考·封建考》，新宁伯谭忠，渊之子，成祖即位，封禄千石，宣德三年，从征交阯，失律下狱论死，已得释，八年卒；傅璟，宣德十年袭，正统十四年卒；裕，正统十四年袭，景泰三年卒；祐，裕之弟，天顺元年袭，嘉靖四年卒；纶，嘉靖四年袭，二十七年卒；功承，嘉靖二十七年袭，隆庆元年卒；国佐，隆庆元年袭，万历二十七年卒；懋勋，万历二十七年袭，天启三年卒；弘业，天启中袭，臣等谨案丧传，于成祖朝所封每阙予世券之文，于《谭渊传》亦无之，然传言璟袭封时，部臣言忠以罪死，不当袭。帝曰：券有免死文，其予嗣，则其予世券可知矣。又按《成祖纪》，靖难功臣徐祥等伯者十一人，自徐祥至刘才是也。但谭忠与刘才，何以不列于功臣叙次之内？王圻《续通考》于刘才亦云靖难广恩伯，于谭忠封号则亦无靖难字。永乐二十年成祖纪元。三月丁丑月日据《明史·成祖纪》补。将右掖从征阿鲁台，《明史·成祖纪》二十年三月丁丑亲征阿鲁台，阿鲁台元主本雅失里之臣属，《明史》壮节公传及旧谱作从征沙漠，举其地之大略也。宣德元年宣宗纪元。八月己巳月日据《明史·宣宗纪》补。从征乐安，《明史·宣宗纪》，元年八月己巳亲征高煦，辛巳至乐安，乐安今山东武定府惠民县。皆有功。十二月乙酉月日据《明史·宣宗纪》补。副征南将军总兵官官职据《明史·宣宗纪》补。沐晟讨黎利。《明史·宣宗纪》元年十二月乙酉，征南将军总兵官黔国公沐晟，帅兴安伯徐亨、新安伯覃忠；征虏副将军安远侯柳升，帅保定伯梁铭，都督崔聚，由云南广西，分道讨黎利。案《功臣》中无覃忠，《封建》又无新安伯，况《壮节公传》有征交阯之文可据，知"安"为"宁"之讹，"覃"为"谭"之讹，惟《外国传》尚不误。《名国传》又命沐晟为征南将军，兴安伯徐亨、新宁伯谭忠为左右副将军，从云南进兵。案公为副将军，《壮节公传》及旧谱皆不言，今不知为左为右，未便辄增，然名列徐亨后，疑右副将军也。黎利，安南叛寇僭称平定王者，后为安南王。三年，坐交阯今越南国地失律，下狱论死。《明史·宣宗纪》二年十月戊寅，王通弃交阯，与黎利盟。三年闰四月庚戌，论弃交阯罪，王通等及布政弋谦，中官山寿、马骐，下狱论死，籍其家。《外国传》三年夏，通等至京，文武诸臣合奏其罪，廷鞫具服，乃与陈智、马瑛、方政、山寿、马骐及布政使弋谦俱论死，下狱，籍其家。帝终不诛，长系待决而已。骐恣虐激变，罪尤重，而谦实无罪，皆同论，时议非之。案安南一役，始终误于王通及沐晟，至水尾则和议已成，不得已引退，遂为黎利所乘，今牵率与通同罪，宜时论非之。已得释，《明史·外国传》，廷臣复劾沐晟、徐亨、谭忠逗留，及丧师辱国罪，帝不问。案此劾盖在已释之后，故帝不问，然公之下狱，惟见《壮节公传》，《宣宗纪》、《外国传》皆不言，亦可见罪所不在也。八年五月年月据《明史·功臣世表》补。薨。《明史》附《壮节公传》，并入《功臣世表》。弟恕，官名青，字如心，积功至都督佥事。《明史·职官志》，正二品。据钦定《续通典》，明制，武散官正二品，初授骠骑将军，升授金吾将军，加授龙虎将军。永乐十二年二月庚戌月日据《明史·成祖纪》补。从征瓦剌，《明史·外国传》，瓦剌，蒙古部落也。以都督《明史·职官志》，正一品。据钦定《续通典》，明制，一品武散官，用文资。《大明会典》，文散官正一品，初授特进荣禄大夫，升授特进光禄大夫。领左掖，《明史·成祖纪》十二年二月庚戌，亲征瓦剌。安远侯柳升领大营，武安侯郑亨领中军，宁阳侯陈懋、丰城侯李彬领左右哨，成山侯王通、都督谭青领左右掖，都督刘江、朱荣为前锋。《王通传》，领右掖，则青所领为左掖。大破敌兵，追奔至土剌河。《明史·成祖纪》六月甲辰，刘江遇瓦剌兵，战于康哈里孩，败之。戊申，次忽兰忽失温。马哈木率众来犯，大败之，追至土剌河，马哈木宵遁。庚戌，班师。土剌河，旧谱作图拉河，盖夷语无正字，可随书之。土剌河，在蒙古地。师旋，受上赏。《明史·成祖纪》，八月辛丑朔，至北京，戊午赏从征将士。子源璟，官名璟，字怀光，嗣爵。时吏部言父罪死，不当嗣，宣宗援铁券免死文，特予嗣。宣德十年二月丁卯年月日据《明史·功臣世表》补。嗣封新宁伯。正统十四年英宗纪元。六月年月据《明史·功臣世表》补。薨。孙荫裕，官名裕，字元吉，正统十四年十月丁巳年月日据《明史·功臣世表》补。嗣封新宁伯，景泰三年代宗纪元。三月年月据《明史·功臣世表》补。薨。无子，传弟荫祐，自有传。

十五世孙嗣同曰：觥觥烈祖，启宇新宁。蹈厉扬休，克都厥成。亦有介弟，扶翼专征。庞绪无绝，勒于券铭。

（作于 1894 年）

太傅新宁伯庄僖公家传

公讳荫祐，官名祐，字履吉。考源璟，妣夏。明天顺元年英宗后元。

六月癸巳年月日据《明史·功臣世表》补。袭兄荫裕爵，为新宁伯。成化中宪宗纪元。协守南京。《明史·职官志》，隋京协同守备一人，以侯伯都督充之，又与主将固守一城者为协守。南京，今江苏江宁府。成化十七年年据《明史·功臣世表》补。还掌前府。还，谓还北京。前府，即前军都督府五军营之一。正德四年武宗纪元。七月年月据《明史·功臣世表》补。提督团营，《明史·功臣世表》作管五军营。五军营即团营。明制，京营凡三，五军其一，自于谦团练京营，遂有团营之称，悉以勋臣掌之。累加太保至太傅，《明史·职官志》，太傅太保，皆正一品。据钦定《续通典》，明制，一品武散官，用文资。《大明会典》，文散官正一品，初授特进荣禄大夫，升授特进光禄大夫。嘉靖四年世宗纪元。薨，谥庄僖。《明史》附《壮节公传》，并入《功臣世表》。

公好读书，言动必以礼法自持，善抚士卒，威不掩恩。薨之日，五营哀恸，声震原野。身历五朝，无豪发过失。《明史》歆其嗣爵六十九年始薨。盖硕德耆龄，在位长久，为近古未闻也。十三世孙嗣同谨述。

（作于 1894 年）

新宁伯平蛮公家传

公讳宗纶，官名纶，同时更有一谭纶，字子理，官兵部尚书，谥襄敏，彼自宜黄人。字诏音。新宁庄僖伯长子，姓李。公幼即轩昂，忠勤励志。明嘉靖四年世宗纪元。闰十二月甲戌月日据《明史·功臣世表》补。嗣封新宁伯。十一年三月月据《明史·功臣世表》补。领南京前府。即前军都督府。十四年佩平蛮将军印，旧谱讹征变，据《明史·职官志》改。充总兵官，镇守湖广，《明史·职官志》，总兵官无品级，总镇一方者为镇守，其总兵挂印称将军者，湖广白平蛮将军。又，镇守湖广总兵官一人，驻省城。考《明史·地理志》，湖广省城为武昌，今湖北武昌府治。剿九溪蛮今湖南永顺府地。有功益禄。坐占役军士夺爵，已而复封，二十七年薨。公剿九溪蛮，盖久于湖南，故子功安功完留居焉，则薨亦必在湖南。《明史》附《壮节公传》，并入《功臣世表》。

子功承，字光烈，嘉靖二十七年八月辛未年月日据《明史·功臣世表》补。嗣封新宁伯，三十六年十二月年月据《明史·功臣世表》补。领南京左府即左军都督府。隆庆元年穆宗纪元。二月丙午年月日据《明史·功臣世表》

补。薨。传国佐，隆庆元年七月戊午年月日据《明史·功臣世表》补封，万历二十七年神宗纪元。六月甲申年月日据《明史·功臣世表》补。薨。传懋勋，万历二十七年八月乙酉年月日据《明史·功臣世表》补。封，天启三年熹宗纪元，年据《明史·功臣世表》补。薨。传弘业，天启中封，崇祯十七年庄烈帝纪元。三月丙午流贼陷京师，殉节，明亡，国除。

十二世孙嗣同曰：公官湖广，子以绥府君留为湘人，十传至光禄公，遂以湘人巡抚湖北，兼摄湖广总督。江之永矣，汉之广矣，旧公建旌节之地也。予末小子，泳绎世芬，罔克负荷，则惟数典忘祖是惶。夕惕若，不敢康，辟不敏也，而谱由此其兴焉。

（作于 1894 年）

逸才府君家传

府君名国表，字兴基，号逸才，湖广长沙府长沙县人。今分湖南。考功安，肇迁兹土。妣氏卢、氏杨、卢无出，府君舅弟三人皆杨出。府君以嘉靖二十二年世宗纪元。生。少有大志，念先世以武功显，日以绍述为事，遂投身为防守操练营，卒以功官明保定今真隶保定府。参将。《明史·职官志》参将无品级。又案《职官志》，保定参将凡四：曰紫荆关参将，曰龙、固二关参将，曰马水口参将，曰倒马关参将，不知所官为某。又参将无品级，必别有本官，若《职官志》称明初虽参将、游击、把总，亦多充以勋戚都督等官者，旧谱言由都司迁参将，则似据国朝之官制为言，明制无都司也。惟《职官志》，洪武八年十月，诏各都卫并改为都指挥使司，凡改设都司十有三，行都司三，则都司者都指挥使司之省文也。且都指挥使司卫署之名，或都指挥使，或都指挥同知，或都指挥佥事，或经历都事断事吏目司狱仓库草扬大使之属，皆都署中之官，不得径称某官为都司也。疑当时必以都司署中之官充保定参将，其本支子孙不识明制，妄据国朝官制，增损旧文，而修谱者未考耳。旧谱于其配云封淑人，是为三品封。考《明史·职官志》，都指挥使司，惟都指挥佥事为正三品，或者为是官与？毋亦其后据国朝参将三品之制而妄益之也。识以存疑。民怀吏畏，去而见思。天启二年熹宗纪元。殁，旧谱云殁年未详，而家传又云寿八十，则必殁于是年。又其官品级究不可知，未敢同于大夫书卒之例，故书殁。年八十。

兄子懋武，字继乔，体貌魁梧，勇力兼人。幼习举业，不得志，乃从府君习骑射。挽弓数钧，矢无虚发。时人推文武材。明吉藩英宗弟七子见浚，封于长沙，国号吉。闻而召之，擢为护卫百户，《明史·职官志》正六品。据钦定《续通典》，明制，武散官正六品，曰承信校尉，昭信校尉。积功至副总兵。旧谱作副将，误沿国朝之名。在明称副总兵。《明史·职官志》副总兵无品级，则不知本官为何，又不知官于何地，其配云封夫人，亦不知为一品二品。生于嘉靖四十二年五月，殁于天启四年，年六十二。

旧谱叙逸才府君官，殆失实，又褒然特为传。继乔府君，为嗣同迁浏阳之祖所自出。旧谱濬轩府君序，继乔府君创宇舍于四方塘及八角亭，置田产于大贤都及东山段。据此可知未迁前之故居。然家传易创宇舍为增宇舍，则似继乔府君以上即居其地，而特有增加。案迁后四方塘之宇舍归于未迁者，旧谱经济等跋称为祖居，盖旧有四方塘之宇舍，其余为继乔府君所创。今则烽烟乔木，都不可复识。逸才府君曾孙俄从迁焉。今是正误文，隶以事类，夫岂徒哉，期不坠地云尔。

（作于 1894 年）

濬轩府君家传

府君讳世昌，字长发，号濬轩。考逢琪，越自湖广长沙府长沙县今分湖南。迁于浏阳，至今为县人。妣张。先世将门，闳于武烈，文学无闻焉。自府君之考为长沙县学生，旧谱不言入学在明代否，然入国朝，年已六十二，必明诸生。府君复继为府学生，旧谱亦不言入学年代，考顺治十三年修谱诸序，盖国朝诸生。始以诗礼启厥家。府君慨念宗祊，馂芬禋祀，族属交乎，傲修谱牒，爰箸家训，都二十二则。初箸家训八则：一、孝顺父母，曰，父母之德，同于昊天。人生百行，孝顺为先。跪乳反哺，物类犹然。凡我族姓，孺慕勿迁。二、友爱兄弟，曰，岂无他人，不如同父。连气分形，可御外侮。姜被田荆，终身无诈。友爱克敦，比隆前古。三、教训子孙，曰，名门右族，每赖后贤。父兄之责，教训为先。贻谋燕翼，世泽长绵。蒙以养正，勿负髫年。四、惇笃宗族，曰，大宗小宗，谁非一本。行苇方苞，葛藟勿损。远近亲疏，形迹尽浑。人道亲亲，各宜思忖。五、持身恭敬，曰，维桑与梓，不忘敬恭。况属戚党，敢存惰容。岁时伏腊，晋接雍雍。持身有道，庶几率从。六、居乡治和，曰，同井之风，相维相恤。粤稽成周，太和洋溢。出入往来，毋生嫌隙。共睦乡邻，其旋元吉。七、治家勤俭，曰，克勤克俭，禹乃成功。矧列士庶，财力不充。谨身节用，可致丰隆。吾侪共勉，善始图终。八、裕后诗书，曰，人求多闻，学古有获。诲尔谆谆，载籍极博。遗子一经，金玉靡乐。属在本支，须勤探索。又家戒四则：一、毋事豪钦，曰，禹疏仪狄，狂药非佳。三揖百拜，笑语无哗。宾既醉止，威仪忒差。戒尔勿耆，饮酒孔嘉。二、毋即惛淫，曰，耆欲既深，天机必浅。淫佚骄奢，面目有靦。我心匪石，不可以转。弗纳于邪，非礼是远。三、毋贪货财，曰，古人垂训，富贵在天。虽有机事，难与争权。一掷百万，终窭谁怜。守分安命，勿效鹰鹯。四、毋好争讼，曰，天水违行，事须谋始。君子无争，妄人自止。横逆虽来，存心仁礼。即命安贞，介尔繁祉。又家规十则：一、礼让宜明也：本族尊卑长幼，当分谊各安。凡在尊长之前，须知行后坐隅，言逊色柔，以尽卑幼之道。非特下不可犯上，少不可陵长，即尊长亦不得欺压卑幼。或财产未清，应听房族公剖，毋轻致讼，以伤和好。二、雍睦宜讲也：族人原出一祖，岂可视同秦、越？须有无相通，缓急相济。吉凶庆吊，尤当休戚相关。往来应酬，自必彼此相谅。即无礼仪，不妨亲至赞襄，以昭亲睦，主家断无嫌忌。三、困穷宜恤也：子姓繁衍，贫富安能如一？族内鳏寡孤独，无所依归者，果其生平正大，无疵可指，族众须设法任恤之；若漠不关心，路人相视，谓宗谊何？但穷者亦不得恃尊恃强，借端冒索。四、承祧宜慎也：我族荷先荫，椒衍瓜绵，固已生聚甚众。但恐偶有艰于嗣息，需人承继者，亦必昭穆相当，外姓及随母子慨不许立，即本宗子孙亦不得出抚他姓。慎之慎之！五、品行宜端也：夫礼义廉耻，生人之大节，不独为士子当知自重，即农工商贾，亦必恪守礼法。毋得轻薄妄为，致玷家声，贻讥后世。六、交游宜择也：朱子云，屈志老成，急可相倚，狎暱恶少，久必受累。且近朱者赤，近墨者黑，苟内无贤父兄，外无贤师友，而能有成者鲜矣。七、本业宜勤也：古人云，有田不耕仓廪虚，有书不读子孙愚。余族承世业，代续书香，凡秀者当习诗书，朴者务宝稼穑，即妇人亦宜操井臼，司纺绩，以章内助。八、持身宜俭也：人而不俭，不能兴家。故贫者须知从俭，富者亦当劕节。若于饮食衣服，居室器用，任意奢侈，则富者必不能久，贫者必至于终贫，本身难免饥寒，子孙亦受累矣。可不省哉！九、祭扫当虔也：子孙之昌炽，皆赖祖宗之积累。各房坟墓，每届清明，各自挂扫修理。而太祖茔墓，亲支子孙，挨房轮扫，不得推诿。至每年冬至祭期，族众齐集，以致孝享，必诚必敬，毋得怠忽！十、内外宜肃也：妇人之道，从夫从子。故内言不出于梱，外言不入于梱，所以正闺门，端家范。若牝鸡司晨，则惟家之索矣。至女生十岁，为父母者，须教训防闲，使他日咸称贞淑，亦足为宗族光。垂绪于兹，以无颠賈，可曙其本末矣。其学盖出程、朱，故训辞深厚，日可见诸行事。砥厉名谊，不旌殊峻，出之为敦笃，为雍睦，宗族犹能言之。明万历四十六年三月二十日生，入国朝康熙四十六年殁，年九十。

七世孙嗣同曰：府君行事多佚，旧谱又无传，辄缀拾谱叙诸杂说及耳于父兄者，百得一二，补为斯篇。率是而吾族乃有问学之士，则府君教泽远焉。然老师宿儒，湮于寒素，又不胜纪。今即所知最著者表出之，是皆衍府君之学，而思有光焉者也。

文章，字华国，号黻亭，府君之孙。县学增生。举优行，循守理道，乡里敬爱。重新学宫及书院，以货财筋力为人倡。髫期勤学，日手简策课诸孙。年八十二。

经权，号平山，府君曾孙。疏食没齿，贫而无怨。以字定衡，颜所居曰"衡门"。豁达善戏谑，工为楹联，今有传诵者。年七十九。

学炳，一名日新，字若星，号朗轩，府君元孙。操履刚方，奋发有为，善殖生产，济众不匮。道光中大水，发仓振困，全活无算。家庙祭费，悉出己资，至今赖之。年九十。

继谦，字坤山，号益臣，府君来孙。绩学有文，清迥不谐俗，族人多从之学。年六十七。

继志，字竟成，号立君，亦府君来孙。天资开敏，善属文；下笔千言，难与曹偶。利器不遇，郁伊以终。年三十四。

学淮，字济川，号柏山，县学附生。弟学洲，字登瀛，号仙舫，府君五世族孙。阒然自修，诲人不倦，从游者多所成就。兄年六十八，弟年七十二。

继雍，字培元，号介亭，府君六世族孙。隐居教授，博极群书，尤工诗。所箸有《字义考》五卷，《故事蒙求》二卷，《蓁竹山房诗》一卷，《文》一卷。书法骏整茂密，似文衡山。又善摹印，篆刻精审，似文三桥。常以意编辑世表，手录一通。嗣同犹获睹之，点画工致绝伦，下至阑格界线，无或苟简，修谱者资焉。年六十。

（作于 1894 年）

熙亭府君家传

府君讳文明，字斗煌，号熙亭。考之美，妣氏黄、氏陈，府君陈出。县学附生，以光禄公贵，累赠光禄大夫。夫人金氏，讳牡，赠一品夫人。

府君笃学固穷，文行有斐，所居深山，人问绵隔，荣垂不蕲，箪瓢宴如。阶下植松一，出入抚弄，遂署楹曰："数间茅屋蔽风雨，一个松兜傲雪霜。"闻者高其致焉。初补生员，信使至，会府君近出未归。夫人樵山中，圭荜外闭，若未始居人，使逡巡疑且非是，退遇夫人负薪于途，因问媪知谭秀才家不？夫人应尔尔，便导至家。曰："此是。"使曰："媪为谁？"具道所以，乃惊拜。夫人徐释所负薪，为治具，操作落落，初无遽容。家谱失修近百年，赖府君督成之。

府君生康熙三十二年十月二十九日丑时，殁乾隆三十三年七月初七日巳时，年七十六。夫人生康熙三十二年十一月初七日戌时，殁乾隆三十一年正月初二日巳时，年七十三。

子经义，字镇方，号矩斋，累赠光禄大夫，教授乡里，以还遗金，见称于时。其弱子学聚，被邻舍牛觝触，腹洞肠流，宛转遽毙。邻惶怖欲死，赙葬惟命。则自致哀而已，坚不少受，亦终无一言。识命归厚，为能嗣厥家响矣。生雍正七年十二月初三日辰时，殁乾隆五十三年正月初十日酉时，年六十。元孙嗣同谨述。

（作于 1894 年）

步襄府君家传

涂大围先生曰："启先凤耳谭赠公逸事。往与修县志，议不合，不问人物志。友人欲为先君子立传，引嫌却之。时赠公长子海峤先生，实主志事，谓亦当代为引嫌，而赠公竟不著。顷馆赠公三子敬甫先生家，会修谭氏谱，亟传之以补吾过。且谂来者，知志所以阙焉。"

传曰：赠公氏谭，讳学琴，字步襄，别字贵才。上祖功安，自福建迁湖南长沙县，数传迁浏阳。祖讳文明，始居南乡吾田市。考讳经义，妣氏黎，无出，氏李，生子六，赠公实仲。考病瘵，食必甘美，赠公典衣以供，至污浣必以夕，益贫不能终读。伯兄居城，为县吏，时往佐之，遂亦为吏。考殁，诸弟幼，偕徙城中，俟诸弟成立，始听析居，则独奉母，曲事之罔懈。久之，家渐裕。赠公质重，寡言笑，无赖子恒避之。而乞人知赠公慈，日踵门不绝，出则环而丐，赠公亦辄与之。族戚求贷，与尤厚。逋券累累，塞椟溢笥，卒未尝一追。遇讼争，或倾囊为解。乡有窘者，设辞诱使至家，强与之钱粟。先茔侧有某氏墓，谋迁而货兆域于赠公，拒之。则又谋它鬻，乃使书券偿值而不听迁，故墓至今存。尝过市，见或刲羊而趋，羊逸，跪赠公前，泣，反救之。屠恨羊狡，坚欲割刃，重赎不许，遂终不食羊。盖拂其所不忍，则不快如此。

初，谭氏有家庙，礼无资，赠公倡为墓祭，徒步往，斩荆覆篑，岁以为常。既醵金权子母，供家庙祀，晚岁益新家庙。时家西城，家庙在东城，日食于家，而督于役，相木计甓，往复不遑，甚且助运土石，寒暑风雨弗辍。家庙成而劳疾作，竟殁，道光八年九月十二日亥时也。生以乾隆三十一年六月二十三日亥时，年六十三。

赠公之事母也，母丧明，卜急，初不令佛。旦伺门启，入问安否，必敬询所欲，亲求诸市。出入必以告，暇则负母周历堂序内外。告以所至，告以所有，或为小儿嬉戏，笑声达户外。母忘无目之苦者十有余年。又时资诸舅弟乏，母益乐，诸子迎养，不旬日留也。赠公年五十，始举子，人咸以为孝征。

及疾革，召其孤前，令展诸债券，焚于匦。夫人毛氏止之不得，亟呼赠公季弟至，则灰沉水矣。大诟曰："乃不念藐诸孤乎？"赠公曰："吾子当不患贫。"平时自奉俭约，食不兼味，曰："吾何忍溷吾腹？"独喜儒术，见应试者，恒乐为之主。华竹蓻庭，晨自拂溉，吉日良辰，必数延文士吟赏，供辄不赀。至是，语夫人曰："勿令儿子废学，十年后，汝当稍安，殆自信有以贻之矣。"始援例为国子监生，以子继洵贵，累赠光禄大夫。又承遗志助振，奉旨旌表"乐善好施"。

孙嗣同曰："光禄公曰：吾不幸六岁而孤，于吾父言行，不得一二。然闻乡之人，荷薪入市，日暮弗售，皇皇路岐，神志俱失，吾父辄昂其值买之，慰藉使归。吾少壮时，闲至城隍庙，壁书劝善语，丛人聚观。或大言曰：'是惟谭某允躬蹈之，安可望于今之人哉？'则字吾父也。距吾父殁已二十许年，犹称颂如此，所造可略睹焉。"

谨案：府君殁二十二年，夫人亦殁。夫人讳开，累赠一品夫人。生乾隆五十三年十月初一日子时，殁道光三十六年六月二十日寅时，年六十三。事亲之孝，匹德府君。先曾祖姊故喜洁，既无睹，益疑馔具不洁，时时发怒。夫人烹溉精审，曲承其欢，盥沐抑搔，无或弗谨，易它先后，不一当意也。迨府君背弃，家暴落，抚幼迄长，以养以教，及府君困苦始末有不胜言者，世世万子孙，毋忘迈种之所自。

（作于 1894 年）

绍泗府君家传

律例独子出继，坐不应情重，仍更正。乾隆三十八年，和珅骤柄用，浙江某为户部员外郎，世父死，无子，遗产余八十万金。以半贿和珅，倡同父周亲一子两祧之议，曰："大宗无子，小宗止有独子，而同族实无可继之人，不可令大宗绝嗣。俟小宗独子生有二子，过继一子为大宗之孙。傥独子并无所出,或仅生一子,则当于同族孙辈中,过继一孙,以承大宗之祀。"是犹依托大宗为词,且必独子生二子,始以一子后大宗。无二子,则已与立孙之义差近,非一身两父,如后来部臣双桃之说敢公坏礼防也。迨部臣议服制,泥于不贰斩之文,擅增大宗双桃小宗,为议曰:"兄之子为弟双桃,则仍为大宗,持重服;若弟之子为兄双桃,则降其父之服。"夫降其父之服,则与出继何异?是独子出继之律例阴废矣。又不识古宗子之尊,必无后小宗理。甚至不能得大宗小宗之解,贸贸然以兄弟少长当之,使父子之亲,忽彼忽此,其于《礼经》抑又疏舛。首创于奸相之贪贿弄权,加厉于部臣之不学无术。由是民间争继争桃,讼狱日繁。或一人而两妻,又各有妾,则封赠无骈胪;或一子而两母,又有所生,则三年无适服。至嘉庆十九年山东黄氏,道光元年河南俞氏,有三桃之案,各有三妻三妾。其子呈请服制,应否皆比适母,虽部臣亦语塞气结,无以应之。先立法于必穷,势必至此也。然而笃于仁爱者,又因以伸其憾矣。其本非独子,可出继,亦可兼桃,例无明条。光禄公遂疏请曰:"臣少孤,兄弟四人,女兄弟又四人。家贫,臣母力难兼畜,故臣育于叔母彭,以迄成立,而叔父母无嗣。季弟殇,仲兄早出,后它叔父,今伯兄又故。请以臣兼桃叔父母。"特旨俞允。

嗣同谨案:兼桃之从祖考绍泗府君,先曾祖考之四子也。讳学新,字绍泗,别字日池。少佣力于人,初不知书。县南产石炭,肩运不绝于道,府君亦以任担受值。年既二十五,忽发愤思学,同人咸非笑之。府君不顾,读益奋,夜欲寐,倾敧不自持,愤炷香自创,豁然振痞。或隐几臂枕香,刻以分寸,爇至臂,觉殊痛,起复读。及试,辄不利。愤以一题为二艺,并一格挤书之,学政虽大惊叹,卒坐非例黜。年且四十,始以高等补县学附生,然精力则既惫甚。以乾隆三十九年六月十七日巳时生,嘉庆二十一年二月二十一日殁,年四十三。累赠光禄大夫,奉旨旌表"乐善好施"。

彭夫人,讳七,累赠一品夫人。夫人之抚光禄公也,凡为母之道无不备。光禄公苦羸疾,则日夜保抱而呴煦之。寐或惊痞,虽深夜必抱而越室。就乳已,复返。伺光禄公寐熟,潜起夜绩,且以易药饵,供衣服。光禄公稍长,则教之礼义,使就傅,慈爱训迪,三十年如一日。故兼桃者济人伦之穷,发于至情,不容已也。夫人以乾隆四十一年三月十七日午时生,咸丰六年五月二十日申时殁,年八十一。

光禄公既兼祧，遂以嗣同仲兄嗣襄为之后。

（作于 1894 年）

海峤府君家传

光绪十二年六月十四日寅时，海峤府君殁，距生嘉庆二十一年七月二十六日子时，年七十一。以助振议叙九品顶戴，以团练奏保，即选盐运使司经历，加同知衔，加保尽先选用知县。以弟封为朝议大夫，累赠光禄大夫，以子封为奉直大夫。殁既八年，其弟之子嗣同，谨为府君传曰：

府君讳继昇，字子惺，别字曙冈，海峤其号也。当道光、咸丰间，天下骚然用兵。然兵日益少，盗贼日益多，府厅州县，乃始各为团练，或以在籍大臣领之。蹙则守，纾则援，使贼无往不遇敌。名材辈出，卒集于大功。浏阳团练，则府君为主，奸外犯，宄内讧，连创之，不得逞。洪秀全犯长沙，分党疾窜浏阳，夜抵城西北二十里之蕉溪岭下。官民汹惧，不知所为，府君遣卒遍张镫岭上，熊熊林谷，光焖彗天，杂以金鼓阗哄，贼大震，即夜遁去。府君管带威镇营，既禀一不入己，息而取赢，得田二十余亩，出以佐防守费。县之公费且尽，综其出入，月丰而岁有余。治礼乐局，贸藏书，课经学，拓宾兴费，创会馆于京师。修县志，实义仓，数十年用无弗给，一县大和。岁大水，又出己赀以振，兼集群力，以饱直隶、河南、山西之饥，而家亦未尝或乏，固才智之过人与！抑仁者必有勇，其笃挚之性，有以发之也。光禄公昆弟四人，府君实伯，生有奇表，目深碧，久视日不眩。临事速决，应繁无跲。然先祖考见背，年十三耳。家政丛蔟，一埤遗我，日用斗匮将不支。府君愤而弃学，悉货先业为居积，忘其身以图之。养亲当大事，俶诸弟诵读，完婚姻，遣嫁诸妹，食指累数百，坐而仰之。又以其余易先墓，增祭田，资宗族，赡内外戚属，济孤寒之无告者。晚更新家庙，订族谱，兴清明祀，广始迁之祖宅，其心以为一不具，即无以见祖宗于地下。故虽癃老笃病，数展坟陇，流涕唏歔，移时不忍去。苦念光禄公官甘肃，垂殁，犹诵《诗》曰："岂不尔思，室是远而。"声嗫而气绝。乌虖！吾世父海峤府君，可以传矣。

（作于 1894 年）

忠义家传

　　嗣同曰：自有湘军以来，司马九伐之戚，畅于荒裔；踔厉中原，震詟水陆；剑械西域，戈横南交；东挢瓯奥，北棱辽海。四五十年中，布衣跻节镇，绾虎节，以殊勋为督抚提镇司道，国有庆，拜赐恒在诸侯群牧上，生拥位号，死而受谥者凡数百人。至若膺大衔虚爵，极武臣之伦品，归伏邱陇，或潜身卒伍，其数乃又不可纪录。所至通都大邑，洰乡炎徼，一鄙一郫，莫或无有湘人之踪。遂周二十三行省，莫或不然，亦莫或不惮慑。岂有它故？风气劲剽，无生还之心，出百死以贸之耳。故慨夫世之歆其显铄，以为万世而一遭，下而妒娟诋谦不息。乌知两军交绥，炮石雨集，阗然鼓之，断肮绝胆，残创支体。谁无父母，谁非人子，抱血肉轻脆知痛痒之躯，瞬息韲糜于丛矢交刃，肝脑膏原野，以争一旦夕之胜负，而奉扬国家威灵，其惨割哀号，或祈速一瞑而不得，乃至不容睹不忍闻乎？又不幸遇非其将，委之而去，并其死事之勤者，不一为表之，故湘军其衰矣。狃于积胜之形，士乃嚣然喜言兵事，人颇牧而家孙、吴，其朴拙坚苦之概，百不逮前；习俗沾溉，且日以趋于薄。读圣人之书，而芜其本图，以杀人为学，是何不仁之甚者乎？

　　浏阳县于山谷间，耕植足以自存，民颇庞谨，不乐去其乡，更数世老死，不见干戈。故应募从军，视它县无十之一，而以能战博厚赏大官，亦鲜有闻焉。吾谭氏又衰族，丁男始得逾二百，尤惴惴不敢远出。然且死于四战十有二人，其它久戍不返，卒莫悉其死状，尚十数人，不在此列。六品军功传本，考嗣彬，从军江西，殁，因葬焉。妣刘，道光六年正月初十日亥时生，江西阵亡。六品军功传生、传立，皆传本弟。一道光九年二月二十日亥时生，陕西阵亡；一道光十二年正月十六日亥时生，浙江阵亡。传伦，传本之从兄，考嗣松，妣罗。道光二年十二月初八日子时生，咸丰十年六月二十八日江西抚州府阵亡，年三十九。获归骨者，传伦一人而已。传清、传录，皆传伦弟。一道光十八年十一月二十三日辰时生，咸丰十年十月初十日江西瑞州府阵亡，年二十三；一道光二十年十月十五日巳时生，广西阵亡。守备传位，传本之从弟，考嗣椿，妣李。道光十三年十二月十二日戌时生，福建阵亡。六品顶戴外委传舞，传位弟，道光十七年十一月初一日午时生，江西九江府阵亡。守备传海，传舞弟，道光二十年二月十四日巳时生，甘肃阵亡。传健，传海弟,道光二十七年三月十一日寅时生,福建阵亡。传赟,字辅臣,亦传本从弟,考嗣枫,妣陈。道光二十二年九月初二日巳时生,江西阵亡。恒达,传本从子,考传衿,妣周。道光二十四年十二月二十八日子时生,陕西阵亡。

嗣同于诸人为无服之尊属,而齿特季,无由亲挹其风,及闻父子兄弟相勖于王事,传本父嗣彬,从弟传众,皆从军死;传伦弟传富、传仪,传赟弟传珠,从子恒发,久征战仅得归。酷者至骈殒锋镝,暴露莫收,未尝不壮而悲之。又皆文学之裔,文学妻廖氏,始以节孝著望邦族,语在《节孝传》。不五六世而虞殡竭义,萃于一门,以为其本支必代有兴者,何今转单微,类皆困不自振?惟传舞有子一人,余或未娶,宗祀斩焉。当时无大力者为请,恤死之典弗之及,志乘阙略,报功未祠,沦翳草莽,将谁复知之也哉!抑天之偏于吾宗溪刻与?古今兵祸,虑无不然,又况湘军炎炎之隆隆乎?

(作于 1894 年)

节孝家传

文学之妻廖氏,名泰,年二十七,文学殁。殁三月,始生子经世。初名经猷。忍死字育,用底成立。初,母怜其稚且贫,谕令嫁,涕泣矢之。翁姑每哭子,未尝不强颜出慰。然返室辄悲不自胜。康熙四十一年正月十七日生,乾隆四十七年十月殁,年八十一。有司汇上节孝,奉旨旌表建坊,入祀节孝祠。《湖南通志》、《浏阳县志》皆有传。

学健之妻易氏,名早,年十六,学健殁,无子,守节十七年。乾隆十八年正月十三日亥时生,四十九年四月二十日戌时殁,年三十二。学杰之妻徐氏,名春,年十七,学杰殁,无子,守节二十二年。乾隆二十一年四月初三日申时生,五十八年七月二十六日酉时殁,年三十八。继如之妻邓氏,名恩英,年二十,继如殁,无子,守节十二年。乾隆五十四年十月十三日午时生,嘉庆二十五年五月十一日寅时殁,年三十二。学健、学杰,一乳所产,继如其兄子也。并速夭殄世,又并有贤妇如此。亲支终斩,续绝无从,翳翳百年,光郜幽壤,旌淑之典,莫可追逮。宗族遂无有复称者。幸旧牒未湮,匪无可述,率斯以征。吾族厉之死之誓,而蕴不见甄,抑亦繁有。或文网方密,格于年例;或单系不振，坠于绵褫。未敢率尔登录，等诸不信，此故箸其纪年独弱而罹毒畸至者。夫其违心席石，抱信渊泉，骈析迦陵之翔，踵告若敖之馁，兹冤易遣，岂曰其天。至于鲁人之袝，冥聚终期，简策烂然，风霜蠹蚀之所不害，此又其自为之，天弗能耳矣。

继志之妻黄氏，年二十四，继志殁。继志有文无遇，语在《潏轩府君传》。黄氏守节二十年。嘉庆四年十一月二十六日未时生，道光二十二年十一月初三日巳时殁，年四十四。行应旌例，而两子嗣笏、嗣鹤早死，无后。湮纪弥棼，孰为章矣？人能宏道，其如命何？继志夫妇，斯乃酷焉。

继芊之妻卜氏，年二十六，继芊殁，守节三十年，抚孤嗣柏成立。乾隆五十二年六月二十六日辰时生，道光二十一年殁，旧谱云殁年未详，而报节孝呈词又言殁年五十五，是殁在是年矣。年五十五。有司汇上节孝，奉旨旌表建坊，入祀节孝祠。《浏阳县志》有传。

传德之妻杨氏，年二十一，传德殁，守节十八年，无子，以夫兄传绮子恒栯后。道光二十一年正月初二日申时生，光绪五年闰三月二十三日辰时殁，年三十九。有司汇上节孝，奉旨旌表建坊，入祀节孝祠。

文训之妻何氏，名祉，年二十六，文训殁，守节三十八年，抚孤经正成立。康熙三十五年十一月二十七日亥时生，乾隆二十三年殁，年六十三。行辈独先，孙子其丽，何旧谱虽褒其节，而旌表无闻焉，岂非采风之责与？

学藻之妻曾氏，年二十九，学藻殁，守节四十七年，抚孤继丙成立。嘉庆十一年正月初十日戌时生，光绪六年六月十五时戌时殁，年七十五。亦符旌例而未被旌者。

之纬之女，适刘士铭，士铭早殁，守节。奉旨旌表建坊，入祀节孝祠。

（作于 1894 年）

《浏阳谭氏谱》叙例

谱牒古为专门之学，今渐灭久矣尽矣。《周礼》小史掌邦国之志，定世系，辨昭穆。媒氏凡男女自成名以上，皆书年月日名焉。凡娶判妻入子者，皆书之，是即谱也。小司徒、乡师、乡大夫、族师之属，咸有校稽夫家之职。向使无谱，复何由悉其登耗哉？隋、唐而上，官人以族别流品，立中正，官有簿状，家有谱系。簿状据以选举，谱系资以婚姻。兼有图谱局，置郎令史掌之，仍命博通古今之儒知撰谱事。凡百官族姓之有家状者，上之官，为考订详实，藏于秘阁，副在左户。若私书有滥，则纠之以官籍；官籍不及，则稽之以私书。其矜尚也如。此司马子长箸《史记》，全采《世本》为说，是以唐以前史详于氏族。或衍公侯而成世表，或舍占籍而书族望，史且不能不赖乎谱。斯谱牒之学，史之根渊，何啻支流余裔而已。

五季云扰，斯义用沦，千余年来，官书充秘阁，日孳乳至不复可容，目录家并肩林立，收四部书无算，犹称多所未靓，独谱牒奄然阙焉。郑渔仲作《通志》时，尚箸绿谱牒百七十部，然率存空目，故《四库全书总目》竟削谱牒一门。惟飞文之士，撰录专集，劣具家传一二，如斯已尔，夫不重可唏乎？尝谓谱学莫精于六朝，六朝莫邃于刘孝标。其注《世说新语》，引吴氏谱、羊氏谱、谢氏谱、陈氏谱、王氏谱、孔氏谱、许氏谱、桓氏谱、冯氏谱、殷氏谱、陆氏谱、顾氏谱、庾氏谱、诸葛氏谱、刘氏谱、杨氏谱、傅氏谱、虞氏谱、卫氏谱、魏氏谱、温氏谱、曹氏谱、李氏谱、袁氏谱、索氏谱、戴氏谱、贾氏谱、郝氏谱、周氏谱、郄氏谱、韩氏谱、张氏谱、荀氏谱、祖氏谱、阮氏谱、司马氏谱、挚氏世本、袁氏世纪，至三十余家。北朝藻耀，宜若不逮。然郦善长《水经注·鲍邱水篇》引阳氏谱叙、《淮水篇》引秽氏谱，它若《史记》、《汉书》、《后汉书》、《三国志》、《文选》诸注及《圣贤群辅录》，并繁称引，既列官书，虑无不研罩于兹。又其文辞，根据典要，组斐可诵，非若今之私记子姓，不能通示于人，人亦无欲观之矣。

谱牒，又宗法所赖以不终坠也。王者封建、井田、学校、财赋、礼乐、政刑，事神理人，萃天下之涣，纲天下之目，一以宗法为率，宗法又一寄于谱牒。《礼记》："别子为祖，继别为宗，继祢者为小宗。"夫继别之宗，百世不迁者也，不容有二：继祢之宗，五世即迁者也，故继祢祖曾高而有四。此班孟坚之旧说，而纪眘斋所力为发明者也。然四者举一人焉以为例也，人皆有祢祖曾高，亦皆有为祢祖曾高之日，则小宗不止四也。四者举一人焉以为例也，别子有三：一公子之别子，大夫不敢祖诸侯，别为族而身为别子；一始迁之别子，别于本宗而为别子，一始为大夫之别子，别为庙而为别子。顾亭林遵而是之，而毛西河独以为非，訾始为大夫之别子为宋儒臆造。于是无封建即不得有宗法，所当弃置勿复道，而宗法斩矣。至许酉生，汪钝翁、纪眘齐，又一反其说，必庶姓起为大夫，始得谓之别子。甚至诋前二别子为注疏之误，虽未必合古，而实可行于今。故曰：王者封建诸政，必依乎宗法，非宗法依封建。封建可废，宗法不可废。宗法者，王政之精微而博大，又易易者也，非繁重迂缓之类也。举之则立行，行之则立效。邓潜谷封建废宗法格之论，又未尽然也。变而通之，无封建之世，宗法曷尝不可治天下哉？程易畴所图宗法近是矣，而偏主兄道立论，仅得旁杀之情，于上杀下杀犹疏也。至若解有大宗而无小宗，有小宗而无大宗，有无宗亦莫之宗，以为三公子在后世，亦犹别子为祖也。与万充宗诸侯世子之兄弟，不分适（嫡）庶，皆称别子，同为深得《礼》意。今虽无公子之别子，固有始迁始为大夫之别子。

嗣同迁浏阳之祖，昆弟四人，初不同居，宜各为族。其族子世贤后迁，又自为一族。使泥于兄道之说，不皆为别子，必将舍其祖，而祖他人之祖，情所不协，尤事所必不行。今家庙，共祀迁长沙之祖，为迁浏阳之祖所自出，是犹始祖庙也。五别子之裔，法当各立祖庙，乃臻明备。嗣同撰世系，弟详本支，亦此意矣。

夫大宗，犹易明也；小宗难明，非明之难，明之者难之也。诸家聚讼，得失不遑备论。统之人皆有祢祖曾高，亦皆有为祢祖曾高之日。则小宗不止四，非大宗，即人人皆小宗。假别子有三子，伯为一族，所宗为大宗，仲叔各为其子孙曾元所宗，兼宗大宗，为小宗。小宗有三子，伯为继祢之小宗，仲叔又各为其子孙曾元所宗，兼宗继祢之小宗，自为小宗。继祢之小宗有三子，伯为继祖之小宗，仲叔又各为其子孙曾元所宗，兼宗继祖之小宗，自为小宗。继祖之小宗有三子，伯为继曾祖之小宗，仲叔又各为其子孙曾元所宗，兼宗继曾祖之小宗，自为小宗。继曾祖之小宗有三子，伯为继高祖之小宗，仲叔又各为其子孙曾元所宗，兼宗继高祖之小宗，自为小宗。至继高祖之小宗，有子则祧其父之高祖，而宗其父之曾祖，亦为继高祖之小宗。以下皆仿此。自为小宗者有三子，伯亦为继祢之小宗，兼宗继高祖之小宗；仲叔亦自为小宗，兼宗其继祢之小宗。以下皆仿此。凡五世则祧其始为小宗者，而宗其弟二世，凡六世并祧其弟二世，而宗其弟三世，由是递嬗以至无穷。大宗则无不宗之者，小宗已祧之祖，已毁之庙，其所衍之支裔，于我为无服之疏属，我不宗之，而亦不复我宗。所谓祖迁于上，宗易于下，庶姓别于上，戚单于下，非大宗即人人皆小宗矣。

古今言宗法者，明邱文庄差平易近情，顾黄公图诸《白茅堂集》，今少采其说为谱。惟所列世数，不数别子，而以继别为弟一世，以言宗别子者始此则可耳，于世数无取。嗟乎！天下祸乱相寻，不知所届，由亲亲之谊薄，散无友纪，而宗法不行于今也。宗法不行，宗法之不明也。使无谱牒，又乌从明而行之？是足为宗法之本焉。

《说文》："鄂，国也。齐桓公之所灭，从邑，覃声。"徐铉氏曰："今作谭，非是。《说文》注义有谭长，疑后人传写之误。"段玉裁氏以为鄂谭古今字。《史记·齐世家》作郯，《白虎通德论》名号宗族，两引《诗》作覃，《仪礼经传通解》引《尔雅》郭注，亦作覃，皆通假字。徐锴氏《系传》："杜预曰：东海寒冥是也，不知何据子爵。"范宁氏《谷梁传集解》，谭子国灭不名，盖无罪也。杜预氏《左传注》，谭国在济南平陵县西南。《春秋释例》土地名，谭，济南平陵县西南谭城。《玉篇》，鄂在济南平陵县南，通作谭。郦道元氏《水经注·济水篇》，武原水出谭城南平泽中；又曰：汉文帝十六年，置为王国，景帝二年为郡，王莽更名乐安。《汉书·地理志》同。《郡国志》，东平陵有谭城，故谭国。李吉甫氏《元和郡县志》，齐州全节县，本春秋谭国之地，齐灭之，汉以为东平陵县，属济南郡。杜佑氏《通典》，齐州全节县，春秋时谭国，城在县西南。郑樵氏《通志·氏族略》，今齐州历城有古谭城，子孙以国为氏。乐史氏《太平寰宇记》，历城县谭城，在县东南一十五里。欧阳忞氏《舆地广记》，汉末平陵县本谭国，二汉为济南郡治，其后郡徙历城，而平陵又废。唐武德二年，置谭州，复平陵县；贞观六年，州废，属齐州；十七年，齐王祐起兵，平陵人李君求据县不从，因改名全节。罗泌氏《路史》，今齐之历城，武德中为谭州，东南十里有故城；罗苹氏注引杜预氏作济南东平陆西南有古谭城。案陆，陵之讹，文亦小异。窦苹氏曰："今齐州东平陵镇也。"《齐乘》，东平陵城在济南东七十五里，春秋鄂国，齐桓灭之，古城在西南龙山镇相对，汉为东平陵县。秦嘉谟氏《世本辑补》，谭氏国在济南。范（顾）祖禹氏《读史方舆纪要》，东平陵城府东七十五里，春秋时谭国地也。《一统志》，故谭城在济南府历城县东七十里，东平陵故城在县东七十五里。案今山东济南府治东南七十里，有故谭城，东平陵故城在今济南府治东七十五里，后世以之封建，则有唐谭国公邱和。

《诗》有谭公，《毛序》有谭大夫，《急就篇》有谭平定，《汉书·古今人表》有谭大夫。《说苑》，桓公曰："昔者，吾围谭三年，得而不自与者仁也。"据此虽灭于齐，尚存宗祀，故孟尝君时，齐有谭子。《新序》，吴有士曰谭夫吾。《风俗通义》，孟尝君逐于齐，见反，谭子迎于滰。邵思氏《姓解》，汉有河南尹谭闳；《广韵》同。《后汉书·逸民传》有太原谭贤，《南齐书》及《南史·孝义传》皆有零陵谭宏宝，《五代史·闽世家》有正一先生谭紫霄。道家又称箸《谭子化书》之谭峭为紫霄真人，不知是一是二。沈汾氏《续仙传》，称峭为唐国子司业谭洙之子，或传其诗曰："线作长江扇作天，靸鞔抛在海东边；蓬莱信道无多路，祗在谭生拄杖前。"《五代史·卢光稠传》又有南康谭全播。《宋史》有朝城谭延美，谭继伦，长沙谭世勣；《文苑传》有谭用之，至若谭稹，又其败类者矣。《元史》有怀来谭资荣，谭澄，谭克修；《孝友传》有茶陵谭景星。《明史》自吾祖崇安侯、新宁伯外，有丹徒谭广；《何孟春传》有谭缵，《姜绾传》有谭肃，《吴岳传》有始兴谭太初，《袁洪愈传》有箸《明大政纂要》之四川巡抚茶陵谭希思，《安希范传》有大庾谭一召，《文苑传》有竟陵谭元春，《忠义传》有谭丝，谭恩，平坝谭先哲。《明史》又同时有两谭纶：一为吾祖，嗣新宁伯镇湖广，原名宗纶，其后遂迁长沙；一为宜黄人，字子理，官兵部尚书，谥襄敏，与戚继光齐名，称谭戚者也。

又《南史·王俭传》，政府见一选人姓谭，戏曰："齐侯灭谭，那得有卿？"对曰："谭子奔莒，所以有仆。"辩对俊敏，惜不得其名。其它见于杂书者，隋大业当阳铁镬款识有伯达谭俗生，唐《麻姑仙坛记》有谭仙岩，《裴镜民碑》有谭公大将军，《云溪友议》有吴门秀士谭铢《题真娘墓诗》："武邱山下冢累累，松柏萧条尽可悲；何事世人偏重色，真娘墓上独题诗。"宋有长真子宁海谭处端，皇祐进士始兴谭侁，绍兴进士高要谭惟寅，七岁应童子科茶陵谭昭宝。《枫窗小牍》有童子科之泰州谭孺卿。《长沙府志》有谭顺妃，为明洪熙帝妃，湘潭人，父福官御史。《南疆绎史》有殉桂王难昆阳谭三谟，《皇朝通志》有同知谭丝，主事谭文化，皆通谥节愍。国朝仕宦至显达者，福建陆路提督谥恭愍三台谭行义，吏部侍郎云南巡抚南丰谭尚忠，尚书谭廷襄，新疆提督湘潭谭拔萃，兼护云贵总督云南巡抚镇远谭钧培，今太子少保四川总督茶陵谭钟麟，太子少保江南提督湘潭谭碧理。仕宦不显而国史有传者，嘉兴谭吉璁，成都谭公义。谭氏古今闻人，略备于此，亦云仅矣，而犹非吾谱所有。

旧谱乃远溯洪荒，称谭氏系出颛顼，遍稽故籍，不悉所本，又不详何姓。顾栋高氏《春秋大事表》，以谭为子姓，尤不悉所本。秦嘉谟氏曰："《左传》，郯子来朝，称少昊为吾祖。杜预以为己姓，《史记》、《潜夫论》以为嬴姓，方以为疑。及校《史记·齐世家》有云：'二年伐灭郯，郯子奔莒。'始悟二书所称之郯，即《左传》之谭也。"案鄠、郯声同形近，故易讹。段玉裁氏亦曰："《齐世家》讹作郯。"可证司马所据正作鄠，是秦说信矣。然郯子来朝之郯自己姓，特司马迁氏王符氏所称之郯为即谭耳。以此确知谭是嬴姓矣。《通志》列于周不得姓之国，殆未考。《路史》郯谭皆嬴国，是又误《史记》、《潜夫论》之郯，为《左传》已姓之谭，而并以为嬴姓。又云："鄠、谈、佼三姓，皆谭所衍。"《通志》亦云："鄠氏本谭，或去言为鄠。"又云："巴南六姓，有谭氏，盘瓠之后也。"此是别谭。陈士元《氏姓觿》，鄠韵有谭，引《千家姓》云："宏农族。"侵韵又有谭，音寻，引《千家姓》云："广平族。"案谭去言，犹曰谭衍，况一字遂两读而分二族乎？鄠韵又别出鄠，引《姓考》云："齐大夫食采鄠城，因氏。"案谭行而鄠废，非有二字，己不识字，乃别纪一姓，且杜撰食采鄠城之说以实之。廖用贤氏《尚友录》，至称鄠国在平阴县，为秦所灭，诞陋无稽，至此蔑加矣。

谱学绝，宗法亡，于是有大宗无后，或有后而不详于谱，一族遂莫知所宗。拟以某宗推补之，又嫌乖于事实，仍复空其系，冀后之人能继。继之不能，则以次近大宗之小宗，敬之如大宗。今特引其议端而已。推此凡详略存佚，一仍旧谱，无所于革，愈近则愈详，势固然也。惟一事此不言而彼言，则援彼以证此，或彼此两注，它篇又注者，更端也。别见它书，确凿足征，亦复引以校补，时代、舆地、官制、史事，尤讨索不避复累。别同异，明是非，决嫌疑，定犹豫。在本篇文近，乃不更疏，具前也。其有牴牾踳驳，疑莫能明，则从盖阙，间下子注，少效匡正，而仍附原文于下，辟专也。世系丙篇，崇安侯不称别子，而图称别子，穷于称也。弟嗣兄爵，而列为一世者，顾亭林、万充宗同庙异室之指趣也。世系不讳，公言也。家传讳，自我言之也。生殁年月日时葬所，及嫁娶之族，必详书之，无书乃已，庶几媒氏旧例也。其它随事见义，无取发凡。

今世谱式横而左行者，云始欧阳氏，名："欧谱。"纵而下行者，云始苏氏，名："苏谱"。虽纪文达不能不援用为谱，其实皆图表也，非世系也。今撰世系悉准宗法，首书别子为弟一世，系以大宗为弟二世、三世，可至于万世。别子之余子，为弟二世小宗，小宗非一，以数纲之，称弟二世小宗。凡小宗之余子，及二世大宗之余子，又别为弟三世小宗。小宗非一，以数纲之，称弟三世小宗，凡亦可至于万世。至于序次前后，同父则以年，不以宗；指兄夭绝，而弟嗣宗子为父后者。非同父则以宗，不以年。无子则无宗，附书于父系。一人而数妻数妾，其子女则分隶于所生。夫存，妻妾醮，书出；夫殁，则书去。凡易一宗，则跳行更端，条其人之出于弟几世大宗，或弟几世小宗，几小宗所出，远则兼溯其始为小宗者。小宗不言继祢祖曾高，而言弟几世，取明世数，齐长幼，不言迁祧，义自见也。合之则横，析之则纵，上统乎一，下御乎纷。故曰："非大宗即人人皆小宗矣。"世系或易紊，又质之以图，古书之繁博者，类为图以杜讹夺，使得据以勘校，非为人省烦，而遏其寻汲之勤也。《尔雅》、《列女传》尚矣！使《山海经》无图，何以言首之某向？使初封平原无图，孙德达亦无以决鸣犊之诈。在史家谓之表，表亦图也。《史》、《汉》缺误时，赖表以自纠，所以独高于群史，故曰图杜讹夺也。六朝以图谱名局，则图尤谱所必重。世系若干篇，篇皆有图。

谱牒之学，有大蔽二。一曰：攀附。遥遥华胄，流为讥谪，郭崇韬、狄青所由判贤否也。一曰：夸大。虽孝子孝孙之心，称美不称恶，其体比于鼎铭。然既不为王充之自贬所天，亦不当如阳休之贿佳父传，贤而勿伐，庶几既美其所称，又美其所为也。乃或非所出而觍属之，非所有而横诬之，失各不同，其为不仁其先则同。旧谱颇崇严谨，不骛繁缛，上溯仅及宋靖康而止。始祖思永府君孝成，避金乱，自宋之江南西路洪州新建县樵舍本籍，迁宋之福建路汀州长汀县。再传铭盘府君承新，迁清流县。十四传以绥府君功安，迁明之湖广长沙府长沙县。又三传祥瑞府君逢琪暨弟及族子世贤，避明季之乱，乃迁今浏阳县。谱始成于以绥府君。顺治十三年，修于潏轩府君世昌，佐者世禄、世贤。乾隆十四年，再修于熙亭府君文明，佐者文开、文章、文徵、文皋、文卓、文庠、文翠、经邦、经济、经权、经诗、经书、经恒、经庸、经方、经世、经正、经鼎、经渭、经铎、经体、学纲、学诚、学姬、学奎、学荣、学博。光绪六年，三修于海峤府君继昇，佐者继芨、继墉、继棠、继权、嗣棻、嗣棻、嗣楚、嗣曦、嗣煋、嗣炯、嗣德、传信、传甲、传绮，及兹又十四年矣。

有为之先，莫或赓衍，非情也。且自东方用兵，四宇骚然不靖，强邻环窥，权慝内蛰，财涸军岋，京师震动，诸侯卿大夫士庶人咸翕翕无以自必。念昔先人郁德丁患，望烽转徙，用播斯土，早世志乘，亦少散失焉。仁泽贯累代，迄育于藐躬，质在凡近，名窃副介，郦亭侍节，麦铁陪麾，被服金玉，驱猎秘笈，幸获绎此遗文。不效服膺，宛同遏佚。夫诸父诸兄之相为聚处，敬宗收族之相与周旋，任恤睦姻，欢以相即，乐酒今夕，君子维宴，此自戒溢持满之事。我生不辰，焉可源源如此哉？分崩离析之谁止，还定安集之无时，纂叙弗就，刘子元所以亟愤于修史，至泣尽而继之以血。况谱牒前无所踵，难十于史，绪千载之绝，成一家之言，不可不夙讲也。士食旧德，所由兢兢宝守，罔敢坠殁。不自知其庸陋，稍易旧规，主明宗法，文或损益，其事则故，近事谨阙不录，以符三十年增修之议。惟三长之资，天人交窀，于考订《礼经》，句稽故实，比次体例，粗尽心焉。嗟乎！企壁经之孔甲，未理惑于牟融，弱草栖尘，枯泉飞液，傥后之群从诸子，不我差池，完其草创，策其不逮，益霸而大之，兼综众美，不蹈二蔽。嗣同今日愚僭，冀有蔽乎！某须矣，未敢幸也。

起光绪二十年仲冬，讫岁除，成《浏阳谭氏谱》四卷，凡为世系十，图十，家传十三，叙例目录终焉。

（作于 1894 年冬）

先妣徐夫人逸事状

光绪纪元二年春，京师疠疫熛起，暴死喉风者，衡宇相望。城门出丧，或哽噎不时通。遭家凶害，笃贾颠虐，所尤残割腐心，欹邑不忍言者，则先妣徐夫人卷德遘蹇，遂以斯疾委弃不肖等弗子，伯兄仲姊亦先后数日殁。"悠悠昊天，曰父母且。何辜于天，我罪伊何？"然则古言痎不病君子，虚也。嗣同伊蒿伊蔚之质，生既十二年，梁疫独厚，曾不能一起侍先夫人之困危创楚，亲承末命。且使向少自力，颇调剂汤液，或不遽罹摧裂；若此擢发之辜，故应万有余死。然短死三日，仍更苏，戕其根而弗槁，此棘荆之所以丛恶，大人以是字嗣同复生矣。

先夫人贤行之大，即又坠于嗣同之昏顽不识，虽其较略已具欧阳瓣蕠先生所为墓志铭。其略曰："同治甲戌中鹄计偕至京师，时父执同县谭君继洵，字敬甫，以进士官户都员外郎，居浏阳会馆。中鹄往见，主其家。是年七月，中鹄官中书，谭君延教其子嗣襄，嗣同，因得请见其夫人。夫人恭俭诚朴，居常梱内肃然，家人皆秩秩有法，以是心常敬之，窃谓其有古贤女之风。未几，谭君转本部郎中，旋监督坐粮厅，夫人偕至署。岁丙子，夫人唐氏女得喉疾，入京师，往视，染焉，遂卒于故所居浏阳会馆内寝。是疾也，夫人之女先之，元子继之，前后六日间，皆不起，谭君悲不自胜，几成疾。其年九月，归夫人丧于浏阳。明年八月，谭君奉旨补授甘肃巩秦阶道，加二品衔，乃请假回籍修墓。既将之任，豫卜期葬夫人，属志于中鹄，为志其要者。夫人氏徐，讳五缘，浏阳人。父韶春，国子监生，从九品职衔，貤赠中宪大夫；母熊，貤封恭人。夫人年十九，适谭君，以夫官累封恭人，赠夫人。子三：长嗣贻，附贡生，中书科中书衔，后夫人一日殁；次嗣襄，国子监生，候选通判，为叔祖学新后；三嗣同。女二：长嗣怀，字候选府经历同县宋德康，在室殇；次嗣淑，适翰林院庶吉士灌阳唐景崶，先夫人四日殁。孙一，传赞，嗣贻出。夫人生于道光九年十一月二十五日寅时，卒于光绪二年二月初一日卯时，春秋四十有八。以光绪四年五月二十九日，安厝本县南乡十五都石山下之原，艮山坤向，礼也。呜呼！夫人之归谭君也，食贫者十余年，随于京师者十余年，佐夫治家，条理毕具，一旦遘厉虐疾以死，且死其克家子，自时厥后，谭君巨细必亲，隐然有内顾忧，虽欲勿悲也，得乎？既志且铭，铭曰：夫人之行，殆女中贤耶！何女先后相弃捐耶？岂修德获报而亦有不然耶？"嗣同谨案：先夫人旋晋赠一品夫人。嗣襄后十三年亦殁。庶出子嗣准，殇；嗣同，国子监生，候选主事；嗣揆，殇。女嗣莆，殇；嗣嘉，适候选州判湘乡刘国祉。孙传觉，嗣贻长子，因殇不书。传炜，光禄寺署正街，嗣襄出。传怿，殇，嗣同出。女孙传瑜、传瑾，嗣襄出。抑闻见所及，犹尚不止于此。

先夫人性惠而肃，训不肖等谆谆然，自一步一趋至植身接物，无不委曲详尽。又喜道往时贫苦事，使知衣食之不易。居平正襟危坐，略不倾倚，或终日不一言笑。不肖等过失，折蔓操笞不少假贷。故嗣同诵书，窃疑师说，以为父慈而母严也。御下整齐有法度，虽当时偶烦苦，积严惮之致，实阴纳之于无过之地，以全其所事。一旦失庇荫，未尝不或流涕思之。光禄公起家寒峻，先夫人佐以勤慎作苦，鸡鸣兴纂，氾埽浣涤，纫绩至夜分不得息。恒面拥一儿，背负一褓，提罂自行汲，筋力强固，十余年不以厌倦。追随光禄公官京朝，禄入日丰，本无俟先夫人之操劳，而先夫人不欲忘弃旧所能力之可及，则勉没如故。食仅具蔬笋，亦不得逾三四肴。每食以布自卫，云恐涴衽。衣群俭陋，补绽重复。有一丝蕴衣，缕缕直裂，依稀出蕴，自嗣同知事即见之，卒未一易。家塾去内室一垣，塾师云南杨先生，闻纺车轧轧，夜彻于外。嗣同晨入塾，因问汝家婢媪乃尔劬耶？谨以母对，则大惊叹，且曰："汝父官郎曹十余年，位四品，汝母犹不自暇逸，汝曹嬉游惰学，独无不安于心乎？"是以嗣同兄弟所遇即益华腴，终不敢弛于慆淫非辟，赖先夫人之身教夙焉。方嗣同七岁时，先夫人挈伯兄南归就婚，置嗣同京师，戒令毋思念。嗣同坚守是言，拜送车前，目泪盈眶，强抑不令出。人问终不言，然实内念致疾，日羸瘠。逾年，先夫人返，垂察情状，又坚不自承。先夫人顾左右笑曰："此子倔强能自立，吾死无虑矣！"嗣同初不辨语之重轻，乌知其后之果然耶！哀哉！名德不昌，所生以乔，及今遂俨然三十矣。每思恭述懿范，辄愧怆不自持。两兄两姊皆不幸早世，先夫人逸事将无有见知者，遂茹痛状之。三子嗣同谨状。

（作于 1894 年冬）

三十自纪[①]

　　古无集部书。《七略》虽有诗赋，而班氏所叙，仍判赋家、歌诗为二，称某赋若干篇，某歌诗若干篇而已。列传中亦弟称所箸诗赋箴铭颂赞若干篇，初不言集。若夫汉武帝命所忠求相如遗书，魏文帝诏天下上孔融文章，渐昭风轨，犹无集名。自荀况诸集，编题后人；张融《玉海》，标目己意，乃始波颓雾靡，不可胜遏。宋、明以还，降而鄙滥，粗了文义，莫不各有专集。精识雅才，所当借鉴其失，何复更效之也。

　　嗣同少颇为桐城所震，刻意规之数年，久自以为似矣；出示人，亦以为似。诵书偶多，广识当世淹通姝壹之士，稍稍自惭，即又无以自达。或授以魏、晋间文，乃大喜，时时籀绎，益笃耆之。由是上溯秦、汉，下循六朝，始悟心好沉博绝丽之文，子云所以独辽辽焉。旧所为遗弃殆尽，续有论箸及弃不尽者，部居无所，仍命为集。亦以识不学之陋，后便不复称集。昔侯方域少喜骈文，壮而悔之，以名其堂。嗣同亦既壮，所悔乃在此不在彼。窃意侯氏之骈文特伪体，非然，正尔不容悔也。所谓骈文，非四六排偶之谓，体例气息之谓也。则存乎深观者，既悔其所为，又悔其成集。子云抑有言，雕虫篆刻，壮夫不为。处中外虎争文无所用之日，丁盛衰互纽膂力方刚之年，行并其所悔者悔矣，由是自名"壮飞"。

　　五岁受书，即审四声，能属对。十五学诗，二十学文，今凡有《寥天一阁文》二卷、《莽苍苍斋诗》二卷、《远遗堂集外文初编》一卷、《续编》一卷、《石菊影庐笔识》二卷、《仲叔四书义》一卷、《谥考前编》二卷、《浏阳谭氏谱》四卷，都十五卷。又《纬学》，翼经也；《史

---

　　① 录自《戊戌六君子遗集·寥天一阁文》卷二。

例》,书法也;《谥考正编今编》,名典也;《张子正蒙参两篇补注》,天治也;《王志》,私淑船山也;《浏阳三先生弟子箸录》,欧阳、涂、刘也;《思纬壹壹台短书》,甄俗也;《剑经衍葛》,武事也;《楚天凉雨轩怀人录》,思旧也;《寸碧岑楼玩物小记》,耆古也,未成,无卷数。惟《史例》有叙。

同治四年春二月己卯,嗣同生于京师宣武城南懒眠胡同邸第。旋徙库堆胡同,今为浏阳会馆者也。光绪元年春,随任北通州,犹时往京师。三年冬,归湖南,取道天津、浮海迳烟台,至上海,易舟溯江,迳江苏、安徽、九江至湖北。又易舟仍溯江泛洞庭,溯湘至长沙,陆抵浏阳。四年春,赴甘肃,舟至长沙,易舟流湘泛洞庭,流江迳湖北,溯汉至襄阳,陆迳洛阳入函谷,潼关至陕西。秋,至兰州,回抵秦州。五年夏,归湖南,取道徽县,流嘉陵江至略阳,陆至汉中,流汉至襄阳,易舟仍流汉迳湖北,溯江泛洞庭。秋,至长沙,陆抵浏阳。七年秋,游长沙,寻归。八年春,赴甘肃,舟至长沙,易舟流湘泛洞庭,流江迳湖北,溯汉至襄阳。又易舟仍溯汉,溯丹至荆紫关,陆迳陕西。夏,抵秦州,从行县伏羌。秋,赴兰州,冬返。九年春,赴兰州。十一年春,归湖南,迳陕西至龙驹寨,流丹迳淅川,流汉至襄阳,易舟仍流汉,至湖北;又易舟溯江泛洞庭,溯濬至益阳;又易舟流濬溯湘,至长沙。夏,陆抵浏阳。秋,赴长沙,寻归。冬,赴甘肃,陆至长沙,流湘泛洞庭,流江迳湖北,溯汉至襄阳,易舟仍溯汉,溯丹至荆紫关,陆迳陕西。十二年春,抵兰州。十四年夏,归湖南,迳陕西至龙驹寨,流丹迳淅川,流汉至老河口,易舟仍流汉至沙洋;又易舟至荆州;又易舟溯江,出太平口泛洞庭,流濬溯湘至长沙,陆抵浏阳。秋,赴长沙,寻归。冬,赴甘肃,同十一年。十五年春,抵兰州,寻上京师,迳陕西,出潼关,渡河迳山西。夏,抵京师,寻归湖南,同三年。秋,抵浏阳。十六年春,赴湖北,舟至长沙,易舟流湘泛洞庭,流江抵湖北。夏,归湖南。秋返,赴安徽,流江迳九江抵安徽,寻返。十七年秋,归湖南,抵长沙,游衡岳,冬返。十九年春,赴芜湖,流江迳九江、安徽抵芜湖,寻返。夏,上京师,流江迳九江、安徽、江苏至上海,易舟浮海,迳烟台至天津,又易舟溯潞至北通州,陆抵京师。秋,返湖北,取道天津,浮海迳烟台至上海,易舟溯江,迳江苏至安徽,易舟仍溯江,迳九江抵湖北。二十年秋,归湖南,抵长沙,陆赴湘乡。寻流涟,流湘,返长沙,陆抵浏阳,冬返湖北。为此仆仆,迫于试事居多。十年中,至六赴南北省试，惟一以兄忧不与试，然行既万有余里矣。合数都八万余里，引而长之，堪绕地球一周。经大山若朱圉、乌鼠、崆峒、六盘、太华、终南、霍山、匡庐无算；小水若泾、渭、漆、沮、浐、灞、洮、潼、沣、蓝、伊、洛、涧、瀍、恒、卫、汾、沁、滹沱、无定、沅、澧、蒸、渌无算，形势胜迹益无算。制情偷惰，未付简毕；退缅游乐，难忘于怀。风景不殊，山河顿异；城郭犹是，人民复非。续此以往，仍有前之升峻远览以写忧，浮深纵涉以骋志，哀鸣箫于凌霞，翼叠鼓于华辀者乎？不敢知也。聊复登录，识一时欣遇，云补游记焉尔。

东海蹇冥，厥系孔多。姓嬴氏谭，作浏于家。乃名嗣同，锡由俶傥。死而复生，字余维嘉。复子自目，聊欲婆献。复思复思，罙怼是仪。径言复复，故旧谧诶。马永卿《嬾真子》，唐《中兴颂》，复复指期，引《匡衡传》所更或不可行而复复之，又何武为九卿奏言宜置三公官，又与翟方进共奏罢刺史置甘州牧，后皆复复故为证。曰通眉生，卫诗匹蚁。辰在轧纽，维吾则讹。核理达艺，笃念编摩。隶首竖亥，摘洛钩河。博弈角觚，钟律乌蜾。典坟莫莫，篇章峨峨。妄心骀吾，渺思鸾鈇。孰是不类，变乱骈苛。屿属渚族，瀺灂谰诣。瘝噬京周，滂沱泣嗟。触藩羸角，行棘荷戈。豫章之蠹，不拔奚为？焦冥嬉巢，蚳蠊掌挝。川蟹不归，縶独逢罹。反袂告绝，悽矣其歌！

（作于 1894 年冬）

莽苍苍斋诗卷弟一[*]

潼 关
(1882 年)

终古高云簇此城，秋风吹散马蹄声。河流大野犹嫌束，山入潼关不解平。

雪 夜
(1882 年)

雪夜独行役，北风吹短莎。冻云侵路断，疲马怯山多。大地白成晓，长溪寒不波。澂清杳难问，关塞屡经过。

兰州庄严寺
(1882 年秋)

访僧入孤寺，一径苍苔深。寒磬秋花落，承尘破纸吟。潭光澄夕照，松翠下庭阴。不尽古时意，萧萧雅满林。

病 起
(1884 年秋)

萧斋卧病久，起听咽寒蝉。伫立空阶上，遥看暮树边。万山迎落

---

* 作于 1882 年至 1889 年。谭氏将《莽苍苍斋诗》编定为"东海褰冥氏三十以前旧学弟二种"，卷一大都为 1889 年前的诗。录自《戊戌六君子遗集》。

日，一鸟堕孤烟。秋雨园林好，携筇感逝川。

秋日郊外
(1883 年秋)

寒山草犹绿，长薄树全昏。鸿雁迟乡信，牛羊识远邨。边风挟沙起，河水拆冰喧。野老去何许？日斜归里门。

冬 夜
(1883 年)

班马肃清霜，严城暮色凉。镫青一电瞬，剑碧两龙长。调角急如语，寒星动有芒。遥怜诸将士，雪夜戍氐羌。

古 意
(1883 年)

鳞鳞日照鸳鸯瓦，姑射仙人住其下。素手闲调雁柱筝，花雨空向湘弦洒。

六幅秋江曳画缯，珠帘垂地暗香凝。春风不动秋千索，独上红楼弟一层。

道吾山
(1884 年)

夕阳恋高树，薄暮入青峰。古寺云依鹤，空潭月照龙。尘消百尺瀑，心断一声钟。禅意渺何著？啾啾阶下蛩。

江 行
(1885 年)

野犬吠丛薄，深林知有邨。岸荒群动寂，月缺暝烟昏。渔火随星出，云帆挟浪奔。橹声惊断梦，摇曳起江根。

角　声
（1884 年）

江汉夜滔滔，严城片月高。声随风咽鼓，泪杂酒沾袍。思妇劳人怨，长歌短剑豪。壮怀消不尽，马首向临洮。

夜　泊
（1885 年）

系缆北风劲，五更荒岸舟。戍楼孤角语，残腊异乡愁。月晕山如睡，霜寒江不流。窅然万物静，而我独何求？

别兰州
（1885 年）

前度别皋兰，驱车今又还。两行出塞柳，一带赴城山。壮士事戎马，封侯入汉关。十年独何似，转徙媿兵闲。

马上作
（1884 年）

少有驰驱志，愁看髀肉生。一鞭冲暮霭，积雪乱微晴。冻雀迎风堕，馋狼尾客行。休论羁泊苦，马亦困长征。

秋　夜
（1885 年）

何来风万壑，城北涌惊涛。众籁当秋爽，孤吟入夜豪。寒中鸡口噤，雨背雁声高。无梦欲忘晓，诗肠转桔槔。

老　马
（1885 年）

败枥铜声瘦，危崖铁色高。防秋千里志，顾影十年劳。厩养封俱贵，牛羊气自豪。咸阳原上骨，谁是九方皋？

西域引
（1884 年）

将军夜战战北庭，横绝大漠回奔星，雪花如掌吹血腥。边风冽冽沉悲角，冻鼓咽断貔狖跃，堕指裂肤金甲薄。云阴月黑单于逃，惊沙锵击苍龙刀，野眠未一辞征袍。欲晓不晓鬼车叫，风中僵立挥大纛，又促衔枚赴征调。

登山观雨
（1885 年）

老树秋阴邨路黯，残霞岭表夕阳红。人盘绝磴出云背，鸟堕寒烟没雨中。入塞万山青露顶，穿林一磬响摩空。不应更恋浮生乐，好御冷然列子风。

画 兰
（1885 年）

雁声吹梦下江皋，楚竹湘船起暮涛。帝子不来山鬼哭，一天风雨写《离骚》。

夜 成
（1885 年）

苦月霜林微有阴，镫寒欲雪夜钟深。此时危坐管宁榻，抱膝乃为《梁父吟》。斗酒纵横天下事，名山风雨百年心。摊书兀兀了无睡，起听五更孤角沉。

赠入塞人
（1886 年）

一骑龙沙道路开，王庭风雨会群才。笔携上国文光去，剑带单于颈血来。柳外家山陶令宅，梦中秋色李陵台。归舟未忘铙歌兴，更谱防边画角哀。

和景秋坪侍郎甘肃总督署拂云楼诗二篇
（1886 年）

作赋豪情脱帻投，不关王粲感登楼。烟消大漠群山出，河入长天落日浮。白塔无俦飞鸟迥，苍梧有泪断碑愁。碧血碑在楼下，肃妃殉难于此。惊心梁苑风流尽，欲把兴亡数到头。楼本肃藩后苑。

金城置郡几星霜，汉代穷兵拓战场。岂料一时雄武略，遂令千载重边防。西人转饷疲东国，甘肃军饷，岁四百八十万，皆仰给东南诸省。时总督为家云觐年伯，方请假归里，是以有取于谭大夫小东之义。南仲何年罢朔方。未必儒生解忧乐，登临偏易起旁皇。

陕西道中二篇
（1885 年）

曾闻剥枣旧风流，八月寒螀四野秋。翻恨此行行太早，枣花香里过豳州。

虎视龙兴竟若何，千秋劫急感山河。终南巨刃摩天起，怪底关中战伐多。

蜕 园
（1887 年）

水晶楼阁倚寒玉，竹翠描空远天绿。湘波湿影芙蓉魂，千年败草萋平麓。扁舟卧听瘦龙吼，幽花潜向诗鬼哭。昔日繁华余柳枝，水底倒挂黄金丝。

宿田家
（1883 年春）

暮色满天地，征人去未已。川原窈迥荡，人烟丛薄里。树隙款荆扉，茆檐坐可喜。肫挚存野人，繁冗见乡礼。皎月东方来，华云动如水。开轩望平野，皓皓一千里。鸥号灌木暗，虫荒幽草靡。悠然得真我，忽忘身在此。无惑古昭氏，哀丝弃不理。

洞庭夜泊
(1885 年)

船向镜中泊，水于天外浮。湖光千顷月，雁影一绳秋。帝子遗清泪，湘累赋远游。汀洲芳草歇，何处寄离忧？

随　意
(1888 年)

随意入深壑，山空太古春。幽居在何许，红叶自为邻。邨吠当门犬，桥通隔岸人。桃源亦尘境，不必有秦民。

儿缆船并叙
(1888 年)

友人泛舟衡阳，遇风，舟濒覆。船上儿甫十龄，曳舟入港，风引舟退，连曳儿仆，儿啼号不释缆，卒曳入港，儿两掌骨见焉。

北风蓬蓬，大浪雷吼，小儿曳缆逆风走。惶惶船中人，生死在儿手。缆倒曳儿儿屡仆，持缆愈力缆縻肉，儿肉附缆去，儿掌惟见骨。掌见骨，儿莫哭，儿掌有白骨，江心无白骨。

三鸳鸯篇
(1888 年)

辘轳鸣，秋风晚，寒日荒荒下秋苑。辘轳鸣，井水寒，三更络纬啼井阑。鸳鸯憔悴不成双，两雌一雄鸣锵锵。哀鸣声何长，飞飞入银塘。银塘浅，翠带结。塘水枯，带不绝。愁魂夜啸缺月低，惊起城头乌磔磔。城头乌，朝朝饮水鸳鸯湖。曾见莲底鸳鸯日来往，忘却罗敷犹有夫。夫怒啄雄，雄去何栖，翙然归来，闷此幽闺。幽闺匿迹那可久，花里秦宫君知否？不如万古一邱，长偕三白首。幽闺人去镫光寂，照见罗帏泪痕湿。同穴居然愿不虚，岁岁春风土花碧。并蒂不必莲，连理不必木。莲可折，木可劚，痴骨千年同一束。

罂粟米囊谣
(1888 年)

罂无粟，囊无米，室如县磬饥欲死。饥欲死，且莫理，米囊可疗饥，罂粟栽千里。非米非粟，苍生病矣！

泝 汉
(1888 年冬)

汉水落天上，飞桡下急滩。嗟予泝流者，终日半程难。前度此行役，孤舟迫岁阑。岂期境重历，风雪更漫漫。

宋徽宗画鹰二篇
(1888 年)

落日平原拍手呼，画中神俊世非无。当年狐兔纵横甚，祇少台臣似郅都。

禽兽声中失四京，夔夔曾笑艺徒精。锦绦早作青衣谶，天子樊笼五国城。

秦 岭
(1888 年)

秦山奔放竞东走，大气莽莽青嵯峨。至此一束截然止，狂澜欲倒回其波。百二奇险一岭扼，如马注坂勒于坡。蓝水在右丹水左，中分星野凌天河。唐昌黎伯伯曰愈，雪中偃蹇曾经过。于今破庙兀千载，岁时尊俎祠岩阿。关中之游已四度，往来登此常悲歌。仰公遗像慕厥德，谓钝可厉顽可磨。由汉迄唐道谁寄，董生与公余无它。公之文章若云汉，昭回天地光羲娥。文生于道道乃本，后有作者皆枝柯。惟文惟道日趋下，

赖公崛起蠲沉疴。我昔刻厉蹴前躅，百追不及理则何。才疏力薄固应
尔，就令有得必坎坷。观公所造岂不善，犹然举世相讥诃。是知白璧不
可为，使我奇气难英多。便欲从军弃文事，请缨转战肠堪拖。誓向沙场
为鬼雄，庶展怀抱无蹉跎。生平渴慕夔铄翁，马革一语心渐摩。非曰发
肤有弗爱，涓埃求补邦之讹。班超素恶文墨吏，良以无益徒烦苛。谨再
拜公与公别，束卷不复事吟哦。短衣长剑入秦去，乱峰汹涌森如戈。

陇　山
(1883 年)

古来形家者流谈山水，云皆源于西北委于东，三条飞舞趋大海，山
筋水脉交相通。我谓水之流兮始分而终合，夫岂山之峙兮愈岐而愈弱。
吁嗟乎！水则东入不极之沧溟，山则西出无边之沙漠，错互乾坤萃两
隅，气象纵横浩寥霩。昔我持此言，密默不敢论，足迹遍陇右，了了识
本原。陇右之山崛然起，号召峰峦俱至此。东南培塿小于拳，杂沓西行
万余里，渐行渐巨化为一，恍若朝宗汇群水。其上宽广不可计，肉张骨
大状殊异。欲断不断势相蘑，谁信人间犹有地。譬如亡秦以上之文章，
鼓荡寥天仗真气。不复矜言小波磔，横空一往茫无际。策我马，曳我
裳，天风终古吹琅琅。何当直上昆仑颠，旷观天下名山万叠来苍茫。山
苍茫，有终止。吁嗟乎！山之终兮水之始。

六盘山转饷谣
(1888 年)

马足蹩，车轴折，人蹉跌，山岌嶪，朔雁一声天雨雪。舆夫舆夫，
尔勿嗔官！仅用尔力，尔胡不肯竭？尔不思车中累累物，东南万户之膏
血。呜呼！车中累累物，东南万户之膏血！

寄仲兄台湾
(1889 年)

孤悬沧海外，洲岛一螺轻。狂飓宵移屋，妖氛昼满城。依人王粲
恨，采药仲雍行。所愿持忠信，风波险亦平。

崆峒
(1889 年)

斗星高被众峰吞，莽荡山河剑气昏。隔断尘寰云似海，划开天路岭为门。松拏霄汉来龙斗，石负苔衣挟兽奔。四望桃花红满谷，不应仍问武陵源。

自平凉柳湖至泾州道中
(1889 年)

春风送客出湖亭，官道迢遥接杳冥。百里平原经雨绿，两行高柳束天青。蛙声鸟语随鞭影，水态山容足性灵。为访瑶池歌舞地，飘零《黄竹》不堪听。瑶池，俗传在泾州城外。

骊山温泉
(1889 年)

周王烽燧燎于原，楚炬飞腾牧火昏。遗恨千年消不尽，至今山下水犹温。

出潼关渡河
(1889 年)

平原莽千里，到此忽嵯峨。关险山争势，途危石坠窝。崤、函罗半壁，秦、晋界长河。为趁斜阳渡，高吟《击楫歌》。

淮阴侯墓
(1889 年)

得葬汉家土，于君已厚恩。黥、彭俱化醢，暴露莽秋原。

井陉关
(1889 年)

平生忼慨悲歌士，今日驱车燕、赵间。无限苍茫怀古意，题诗独上井陉关。

卢沟桥
(1889 年)

河流固无定,人亦困征鞍。残月照千古,客心终不寒。山形依督
亢,天影接桑乾。为有皋鱼恨,重来泪欲弹。七岁时,侍先夫人过此。

河梁吟
(1884 年夏)

沙漠多雄风,四顾浩茫茫。落日下平地,萧萧人影长。抚剑起巡
酒,悲歌慨以忼。束发远行游,转战在四方。天地苟不毁,离合会有
常。车尘灭远道,道远安可忘。

别　意
(1884 年夏)

志士叹水逝,行子悲风寒。风寒犹得暖,水逝不复还。况我别同
志,遥遥千里间。揽袪泣将别,芳草青且歇。修途浩渺漫,形分肠断
绝。何以压轻装,鲛绡缝云裳。何以壮行色,宝剑丁香结。何以表劳
思,东海珊瑚枝。何以慰辽远,勤修惜日短。坠欢无续时,嘉会强相
期。为君歌,为君舞,君第行,毋自苦。

残魂曲
(1887 年)

漆镫昼暝白玉釭,殡宫长掩金扉双。深夜怪鸱作人语,白杨萧萧苦
月黄。残魂悄立冷露坠,酸风捎脸吹红泪。山萤一点照青燐,翁仲稳藉
莓苔睡。秋花贾草覆虫声,鬼车魆魆人不行。梦烟愁雾织幽径,惨歌啼
怨凄寒更。人生穷达空悲慕,金碗荒凉同古墓。君不见深林哀唱鲍家
诗,晓来魂气迷江树。

莽苍苍斋诗卷弟二[*]

湘痕词八篇并叙

悲夫！人困吁天，岂不信哉？余以降大功之丧，辍业有间。既终丧，乃定十有五岁至二十有五岁十年之诗为一卷。此十年中，时往事易，怅感遂深。少更多难，五日三丧。惟亲与故，岁以凋谢。营营四方，幽忧自轸。加以薄俗沴气，隐患潜滋。迁学孤往，良独怅然！夫内顾诸家既如此，外顾诸世又如彼，故发音鲜宣平之奏，摘辞有拂郁之嗟。客岁之夏，仲兄泗生，告终海外，同母五人，偶影坐吊。尝自念阅世既深，机趣渺邈。独兹艺事，降鉴自天。圜则九重，亦劳人瘁士所不默也。生于骚国，流连往躅，水绝山崩，靡可拟似。成轶歌八章，命曰《湘痕词》。时光绪十有六年春三月。

（作于 1890 年 4 月）

亦知百年内，此生无久理。犹冀及百年，虽死如不死。丰林秋故凋，嘉卉霜乃委。孰谓少壮人，一去不可止？哀哀父母心，有子乃如此。

中夜候邻鸡，晨兴戒涂潦。灵辂轧轧鸣，送子入山道。道亦不辽远，山亦非峻嶙。如何一挥手，终古音容杳。依依河畔柳，郁郁田中

---

[*] 作于 1890 年至 1893 年。谭氏将《莽苍苍斋诗》编定为"东海褰冥氏三十以前旧学弟二种"，卷二大都为 1890—1893 年间的诗作。录自《戊戌六君子遗集》。

草。夙昔同游处，践之劳心悄。悄悄复如何？幽宫阒人表。

今有途之人，其死吾犹叹。朔风悴朱秀，乃在骨肉间。昔为连理枝，郁郁桂与兰。今为泉下土，蔓草霜露寒。深谷或可陵，容光觊无端。亦有阡与陇，徒作异物观。忼慨重意气，至此何漫漫。英才发奇妙，黯然闳一棺。棺中者谁子？嗟我平生欢。

小时不识死，谓是远行游。况为果行游，讵解轸离忧。崇云西北没，河水东南流。既逝不复合，乃知生若浮。平居日相习，澹焉忘匹俦。及其判襟袂，中情挚以周。绣襦岂不暖，益以云锦裘。珍肴与琼浆，惟恐莫予求。依恋亦须臾，握手方夷犹。奈何物化后，沦弃同松楸。

纤条茁初颖，但知有同根。缠附茑与萝，继起乃相缘。同根不相保，妻子安足论。俯仰周旷宇，孰塞此烦冤。少小相响煦，爱至责亦繁。谓是陈腐言，掩耳致其喧。良觌会有穷，德音不再宣。嗟彼日因依，胡为若弃捐。倏忽繁霜贾，异路各朝昏。一处夏屋中，一痄榛莽原。难及不可代，徒令为弟昆。

丽景明朱晖，仓庚响深树。万类欣向荣，而独恻情素。谁言阳春时，乃是肃杀处。弱女戏复啼，亲串晞以慕。纵复日相临，终亦委之去。所爱非形骸，形骸况难驻。聊用酹一觞，冥冥或予顾。

人生贵适意，不以物重轻。胸中有哀乐，外物讵能分。矧彼遣与赠，何足竭其情。岂惟情不竭，适使忧心萦。含凄坐永日，所恶赘此生。

夙昔有噩梦，泛澜席上涕。晨风振林鸣，欣幸不胜计。奄忽能几何，斯境遂真莅。安知今日悲，非我梦中事。达观亦殊暂，觉梦终成异。欲知泉下恨，蜀魄血犹喋。试聆独征鸿，则知生者意。

古别离
（1890 年）

浮生莫远离，远离不如死。死时犹得执手啼，远离徒为耳。原何高？隰何卑？高者绿缛卑涂泥，西云驾雨东云曦。惊蓬卷天起，坠羽沦渊池。痛楚与欢乐，迢迢两不知。张筵会良辰，撤瑟亦兹期。谁谓精神通，山川莫闲之。

文信国日月星辰砚歌并叙
（1890 年）

砚藏醴陵张氏，长五寸，广半之，博又半之。质细腻微白，圆晕径寸。黑白周数重，中微黄，又中则纯白，圆匀朗润，皎若秋阳。星二，一径分，一半之。背晕益大，黑白纷错，宛然大地山河影。太极图一，径二分，赤白各半。余类云霞类沫者，乍隐乍见，莫得名目。右侧镌铭曰："瑞石成文，星辰日月，不磷不缁，始终坚白。"末署"文天祥识"。昔杨铁崖以七客名寮，玉带生居其一，吾不知视此奚若？而铁崖不矜细行，厥号文妖。张氏宝此砚，尤愿有以副此砚也。余旧蓄信国焦雨琴，亦旷代罕觏，行出相质，而诗以先焉。

天地既以其正气为河岳，为星日，复以余气为日月星辰之怪石。河岳精灵钟伟人，伟人既生石亦出。吁嗟乎！石不自今日而始，石亦不自今日而终。信国与之亦偶逢，遂令千载见者怀清风。当年喋血戎马中，与尔坚白之质相磨砻。方谓事定策尔功，天枢一绝徒相从。天枢绝，坤维裂，潮无信，海水竭，御舟覆，崖山蹶。丰隆伐鼓呼列缺，云师狂奔风烈烈，双轮碎碾蔚蓝屑，万星尽向沧溟灭。竹如意断冬青歇，叠山之外谁见节。斯时日月星辰安在哉？赖此片石独留不夜之星辰，长明之日月。

安庆大观亭
（1890 年秋）

漠漠秋潮送夕晖，片云斜趁水天飞。远山如画月将上，野店初镫人欲稀。异代忠魂应有泪，元余忠宣公墓在亭下。十年血战感无衣。咸丰间，安徽乱最久。霜严露冷犹常事，劫火烧残草不肥。

武昌夜泊二篇
（1890 年秋）

秋老夜苍苍，鸡鸣天雨霜。星河千里白，鼓角一城凉。镫炫新番舶，燐啼旧战场。青山终不改，人事费兴亡。

武汉烽销日，舟因览胜停。江空能受月，树远不藏星。露草逼蛩语，霜花凋雁翎。但忧悬磬室，兵气寓无形。

登洪山宝通寺塔
(1890 年秋)

颓乌西堕风忽忽，吹瘦千峰撑病骨。半规江影卧雕弓，郊原冷云结空绿。楚尾吴头入尘壒，一铃天上悬孤籁。凭栏俯见寒鸦背，余晖驮出秋城外。

潇湘晚景图二篇
(1891 年)

袅袅箫声袅袅风，潇湘水绿楚天空。向人指点山深处，家在兰烟竹雨中。

我所思兮隔野烟，画中情绪最凄然。悬知一叶扁舟上，凉月满湖秋梦圆。

残　蟹
(1890 年秋)

篱落寒深霜满洲，南朝风味忆曾留。雁声凄断吴天雨，菊影描成水国秋。无复文章横一世，空余镫火在孤舟。鱼龙此日同萧瑟，江上芦花又白头。

览武汉形势
(1890 年秋)

黄沙卷日堕荒荒，一鸟随云度莽苍。山入空城盘地起，江横旷野竟天长。东南形胜雄吴楚，今古人才感栋梁。远略未因愁病减，角声吹彻满林霜。

武昌踏青词
(1891 年春)

陌上春风骢马嘶，鄂君画舸共逶迤。江山和淑归群屐，荆楚嬉游属岁时。觅径雨迷乌舅寺，耕烟梦绕白蛮祠。余里中祠名。偏于嫩绿残红外，宿草茫茫一怆思。从子传简亡一年矣。

鹦鹉洲吊祢正平
（1891 年）

云冥冥兮天压水，黄祖小儿挺剑起。大笑语黄祖，如汝差可喜。丈夫呰窳偷生，固当伏剑断头死。生亦我所欲，死亦贵其所。侧闻汉水之南，湘水之浒，桂旗靡烟赴箫鼓。若有人兮灵均甫，波底喁喁双鬼语，岁岁江蓠哭江渚。江渚去邺城，迢迢复几许？有血不上邺城刀，有骨不污邺城土。邺城有人怒目视，如此头颅不敢取。乃汝黄祖真英雄，尊酒相雠意气何栩栩。蛾者谁？彼魏武。虎者谁？汝黄祖。与其死于蛾，孰若死于虎！鱼腹孤臣泪秋雨，蛾眉谣诼不如汝。谣诼深时骨已销，欲果鱼腹畏鱼吐。

咏史七篇
（1888 年）

始雷奋群蛰，百昌缛春煦。乃知造物心，大用存喜怒。个个功名士，属情但珪组。忼慨策治平，试之无一补。问其所以乃，灵源方自斧。喜怒不已持，物终受其窳。遝哉鲁两生，韬修谢干羽。

蓼不恤其纬，宵中独泛澜。漆室非明堂，乃闻忧国叹。矧彼衣缝掖，而忘危于安。抚兹意屏营，当乐不能欢。顾己岂有余，奈此悲悯端。先师炳遗训，果哉末之难。

违山果十里，蟪蛄岂云喧。毋亦竞新好，古处遂相捐。齐国饮醇醪，治开文景先。茂陵崇儒术，刑徒日以繁。嘉种苟不熟，不如梯稗焉。诗书浅而猎，孰与黄老贤。

长安有游侠，飞鞚连钱骢；短剑曼胡缨，举世难可双。借问当何往，税驾赵城东。闻有赵主父，意气人所雄。引弓衣旃裘，鲜卑语亦工。长跪前致词，少安子毋匆。胡服岂不好，其效亦已穷。

宣防迫冬日，乃在登封后。由来事泰侈，灾眚与之耦。冯夷歌以嬉，太白日见蔀。洪水与兵戎，两者自交纽。孰为防川策，先戒防民口。

岳岳万户侯，不及狱吏尊。干戈既云戢，令甲遂纷纭。寥寥三章约，恢恢大度存。相国小吏耳，购若毋乃勤。黄、虞邈然逝，法以贤于人。

杳矣爽鸠乐，凄其雍门歌。百年倏已徂，流慨当如何？朔风赴严节，嘉植不复华。宠利患不得，既得哀始多。岂无一可悦，生也亦有涯。用世苟无具，虽用终蹉跎。堂堂两大夫，淹翳同委波。

汉上纪事四篇
（1891 年）

沧海横流日，长城入款年。雁臣皆北向，马市亦南迁。冒顿雄心在，余皇夜语传。耀兵骄未已，江上试投鞭。

微闻夏元昊，少小即凶残。法令轻戎索，威仪辱汉官。行看飞羖䍽，岂是召呼韩。帛树休相拟，熙朝礼数宽。

辽儿曾奉使，主父竟窥邻。厚德终归宋，无人莫谓秦。桥门虚入侍，汉室重和亲。转悼南征者，凄凉问水滨。

蹈海闻高义，斯人亦壮哉。岂知宾日地，犹有报韩椎。蕞尔蜻蜓国，居然獬豸才。一声燕市筑，千古尚余哀。

桃花夫人庙神弦曲三篇
（1891 年）

江城寒食冷烟碧，雨丝罥柳横江织。帝子灵旗千里遥，渚宫玉露苹花泣。山鬼啼月望桂娥，回风袅袅吹女萝。灵之来兮惨不语，铜鼓一声双燕下。

神鸟哑哑樯上啼，靡云小旆垂雌霓。酿恨为酒泪为浆，寡妇丝里弦铜鞮。楚宫阃人何自苦，烧瓦不作鸳鸯泥。残阳独自下章华，汉南草树春萋萋。

纸马旋地风萧骚，幽香一缕初振箫。十二峰头寒暮雨，秋梦不上巫山高。孤鸾映月飞春霄，骑鱼撇波下琼海。天河落处是家乡，山上蘼芜望相采。

晨登衡岳祝融峰二篇
（1891 年）

身高殊不觉，四顾乃无峰。但有浮云度，时时一荡胸。地沉星尽没，天跃日初镕。半勺洞庭水，秋寒欲起龙。

白帝高寻后，三年得此游。芒鞵能几两，踏破万山秋。独立乾坤迥，坐观江海流。朱陵有遗洞，怀古一搜求。

公 讌
（1890 年）

华月流绮疏，置酒临高台。剑佩拂零露，冠盖纷以来。园木郁茏葱，清晖濯氛埃。文鳞没澂波，驯麛嬉两阶。惊飙下纤云，瑶瑟声为哀。宾从请皆赋，繁音润琼瑰。匪此径寸翰，奚由罄所怀。

论艺绝句六篇
（1891 年）

万古人文会盛时，纷纷门户竟何为？祥鸾威凤兼鸡鹜，一遇承平尽羽仪。经学莫盛于国朝，不知史学、道学、经济、辞章以及金石、小学，无不超越前代。自王船山、黄梨洲诸大儒外，虽纯驳不齐，要各有所至，不可偏废，故尝论学亦学今学而已。

千年暗室任喧阗，汪、江都汪容甫中。魏、邵阳魏默深源。龚、仁和龚定庵自珍。王湘潭王壬闿运。始是才。万物昭苏天地曙，要凭南岳一声雷。文至唐已少替，宋后几绝。国朝衡阳王子，膺五百之运，发斯道之光，出其绪余，犹当空绝千古。下此若魏默深、龚定庵、王壬秋，皆能独往独来，不因人热。其余则章摹句效，终身役于古人而已。至于汪容甫，世所称骈文家，然高者直逼魏、晋，又乌得仅目曰骈文哉？自欧、曾、归、方以来，凡为八家者，始得谓之古文，虽汉、魏亦鄙为骈丽，狭为范以束迫天下之人才，千夫秉笔，若出一手，使无方者有方，而无体者有体，其归卒与时文律赋之雕镂声律，墨守章句，局促辕下而不敢放辔驰骋者无异。于是鸿文硕学，耻其所为，而不欲受其束、迫，遂甘自绝于古文。而总括三代、两汉，咸被以骈文之目，以摈八家之古文于不足道。为八家者，不深观其所以，而徒幸其不与争古文之名，遂亦曰此骈文云尔。呜呼！骈散分途，而文乃益衰，则虽骏发若恽子居，尚未能蠲除习气，其它又何道哉？

薑斋微意瓣薑同县欧阳师。探，王、壬秋。邓武冈邓弥之辅纶。翩翩靳共骖。更有长沙病齐已，湘潭诗僧寄禅。一时诗思落湖南。论诗于国朝，尤为美不胜收，然皆诗人之诗，无更向上一著者。淮王子之诗，能自达所学，近人欧阳、王、邓，庶可抗颜，即寄禅亦当代之秀也。

意思幽深节奏谐，朱弦寥落久成灰。灞桥两岸萧萧柳，曾听贞元乐府来。新乐府工者，代不数篇，盖取声繁促而情易径直，命意深曲而辞或啴缓，二难莫并，何以称世？近人如李篁仙外舅，以工新乐府名，然亦至铁崖、西涯、西堂而止。往见灞桥旅壁，尘封隐然，若有墨迹，拂拭谛辨，其辞曰："柳色黄于陌上尘，秋来长是翠眉颦，一弯月更黄于柳，愁杀桥南系马人。"读竟狂喜，以谓所见新乐府，斯为弟一，而末未署名，不知谁氏，至今恨恨。

渊源太傅溯中郎，河北江南各擅场。两派江河终到海，怀宁邓与武昌张。蔡、钟书法，无美不具，厥后分为二宗，晋人得其清骏，元魏得其雄厚，判不合，用迄于今。国朝邓顽伯石如，近人张濂卿裕钊，庶几复合。

旧曲新翻太古弦，《云门》高唱蔚庐同县刘师。传。若无小阮精论乐，布鼓终喧大雅前。音律之说，家异人殊，今古苍茫，如堕烟雾。乡先生邱穀士之秬，索隐探赜，希复正声，候气定律，审律求音，大合乐于瞽宗，著律音之汇考，彬彬乎抗迹风人矣。而于琴理，造端发议，犹待引申。刘艮生师箸《琴旨申邱》，尽启其蕴，援据《管子》、《史记》订大琴、中琴之制，辨太古弦通用弦之别，重谱《鱼丽》之诗，务趋昌和，无取纤促，七徽以上之子声，方之紫闺，备位而已。于是榛莽重辟，雅音虽微不坠，始知世传琴谱，皆靡靡之余，无关兴替焉。

极蠹歌并叙
（1891 年）

先仲兄手书，亦既联为大卷，乃开罪脉望，毁于柔口，生而不阅，死无幸焉。相苦抑何迫耶！诗不云乎："作此好歌，以极反侧。"泫然嗟痛，用有斯篇。

中妍不复实，外美有余貌。笈策甫豁辟，蟫蠹正超趠。害多终可祛，字灭讵堪校。形势肃鸾龙，文采碎圭瑁。嗟尔微齿角，端然坐侵暴。酣豢小人儒，诗礼君子盗。幺膺朋而从，渠魁前以导。躬弱惟馁余，援强乃居奥。蠡测未云深，蚕食转相效。语涩尚吐吞，篇佳益咀嚼。至其独工整，卒亦莫椎剽。偶思掇所遗，殊复领其妙。今想作书时，神应先笔到。平生雄千夫，兹事真一豹。犹然姬华藻，况乃见才调。溟鲲抟扶摇，坎蛙横责诮。仙人黄鹄举，下士苍蝇笑。颠贾理亦宜，排挤情可料。惟兹貌蝝蠢，为物仅翘肖。箕舌胡为张，鸱吻谁与噪。精金既焚铄，素纨宛衰耗。妄谓死易欺，盖同犯不较。远有万古期，耻为寸简悼。俯瞰江苍茫，仰观日焜燿。湍流有诡波，健行无私照。金薤署琅函，歌钟勒清庙。永言怀断编，不息咨汝爝。

湖北巡抚署六虚亭晚眺同饶仙槎作
(1890 年秋)

秋云不能高，日暮泊隆栋。平楚翳人踪，暗鸟沸寒哜。好音一何勤，了无片羽矼。寂永未碍喧，觉独乃疑梦。临高意慨忼，收远目纵送。野势浩无极，山形纠相贡。遐心抚四海，莽眇乘飞鞚。

和仙槎除夕感怀四篇并叙
(1893 年)

旧作除夕诗甚伙，往往风雪羁旅中，拉杂命笔，数十首不能休，已而碎其藁，与马矢车尘同朽矣。今见饶君作，不觉蓬蓬在腹，忆《除夕商州寄仲兄》："风樯抗手别家园，家有贤兄感鹡原。兄日嗟予弟行役，不知今夜宿何邨。"风景不殊，幽明顿隔，呜邑陈言，所感深焉，亦不自知粗放尔许。

断送古今惟岁月，昏昏腊酒又迎年。谁知羲仲寅宾日，已是共工缺陷天。桐待凤鸣心不死，泽因龙起腹难坚。寒灰自分终销歇，赖有诗兵斗火田。

我辈虫吟真碌碌，高歌《商颂》彼何人。十年醉梦天难醒，一寸芳心镜不尘。挥洒琴尊辞旧岁，安排险阻著孤身。乾坤剑气双龙啸，唤起幽潜共好春。

内顾何曾足肝胆，论交晚乃得髯翁。不观器识才终隐，即较文词势已雄。逃酒人随霜阵北，谈兵心逐海潮东。飞光自抚将三十，山简生来忧患中。

年华世事两迷离，敢道中原鹿死谁。自向冰天铼奇骨，暂教佳句属通眉。无端歌哭因长夜，婺尾阴阳剩此时。有约闻鸡同起舞，镫前转恨漏声迟。

邓贞女诗并状
(1893 年)

贞女名联姑，湖南善化县人。字同县龚家愧。家愧夭，贞女夜闻风飒飒户牖间。顷之，帐钩锵然有声。询得实，涕泣持服，父母拟夺之，即卧不食。幽忧昼哭，发为之童。卒归龚氏，行时复有闻如昔声。寻殁，年二十有六。

独茧之幕钩珊瑚，酸风微曳鸣声孤。阴燐四逼镫无华，邓女此夕为贞姑。宛然新妇登帷车，即死地下女有家。吁嗟死非人所无，匪难其竟难其初。临机立断识所趋，果力自策无滞濡。安步缓心气不粗，久且弥厉同须臾。家人不识疑可渝，鬔发凋落中自痡。生者可死死者苏，天孙不渡河为枯。俯视断断群小儒，孤持一义相牵拘。礼所未备义以敷，嫁殇之禁胡为乎。先圣平情用永图，整齐贤智不肖愚。至于精诚有独徂，鬼神无力使勿舒。穷今亘古乾坤俱，遑计举世毁与誉。尧、舜揖让汤征诛，安有往制供追摹。六月飞霜冰出鱼，天行且以回其途。不信其心尽信书，坐守常例如守株。林中挂剑云赠徐，鬼安用此将非诬。此心既发不可虚，岂以无济生崎躅。况是系属葭中莩，煌煌名义何当辜。处士殉国良艰劬，敢云未仕宜谓迂。夫妇谊不君臣殊，我思夷、齐两匹夫。

莽苍苍斋诗补遗[*]

　　天发杀机，龙蛇起陆，犹不自惩，而为此无用之呻吟，抑何靡
与？三十前之精力，敝于所谓考据辞章，垂垂尽矣！施于世，无一
当焉，愤而发箧，毕弃之。刘君淞芙独哀其不自聊，劝令少留，且
据拾残章为补遗，姑从之云尔。光绪二十年十二月也。

寄人五绝
(1878—1889 年)

　　边色苍茫夜，悲歌忼慨余。鲤鱼三十六，江上报秋书。

兰州王氏园林五律
(1883 年)

　　幽居远城市，秋色满南郊。野水双桥合，斜阳一塔高。天教松自
籁，人以隐而豪。为睹无怀象，苦吟深悔劳。

白草原五律
(1882—1884 年)

　　白草原头路，萧萧树两行。远天连雪暗，落日入沙黄。石立人形

---

　　* 作于 1878 年至 1894 年。谭氏将《莽苍苍斋诗》编定为"东海褰冥氏三十以前旧学弟二
种"，补遗大多为 1878—1894 年间的诗作。录自《戊戌六君子遗集》。

瘦，河流衣带长。不堪戎马后，把酒唱《伊凉》。

陇山道中五律
（1885 年春）

大壑宵飞雨，征轮晓碾霜。云痕渡水泾，草色上衣凉。浅麦远逾碧，新林微带黄。金城重回首，归路忆他乡。

秦岭韩文公祠七绝
（1889 年春）

绿雨笼烟山四围，水田千顷画僧衣。我来亦有家园感，一岭梨花似雪飞。

又五律
（1889 年春）

登峰望不极，霁色远霏微。古庙留鸥宿，征人逐雁归。碑残论佛骨，钟卧蚀苔衣。何处潮阳界，千山立夕晖。

湘水五律
（1889 年春）

天地莽空阔，飘然此一舟。野烟因树起，远水入山流。影事悲今日，临风忆昔游。乐忧都在眼，闲话且登楼。

岳阳楼五律
（1882 年春）

放棹洞庭湖，湖空天欲无。登楼望落日，暖暖远邨孤。水气昏渔浦，南风长嫩蒲。君山渺何许？青入《十眉图》。

到家七绝二首
(1888 年秋)

孤岭破烟石径微，湾头细雨鸬鹚飞。有人日暮倚门望，应念归人归未归？

又

别来三见流火星，秋风猿鹤哀前汀。谁知骨肉半人鬼，惟有乱山终古青。

山居五律
(1886—1888 年)

云生秋谷雨，树拂晓河星。自欲辟佳境，因之上草亭。虚怜一室白，坐拥万山青。为觅松根史，携锄种茯苓。

道旁柳七绝
(1889 年前)

破晓寒烟罨画楼，残蝉低咽不胜秋。当年去伴陶彭泽，无复斜风细雨愁。

枫浆桥晓发五律
(1885 年冬)

桥上一回首，晓风侵骨寒。送人意无尽，惟有故乡山。野水晴云薄，荒邨缺月弯。役车休未得，岁暮意阑珊。

洞庭阻风七绝
(1889 年春)

灵妃作恶石尤顽，日暮行人滞往还。烧透红霞天半壁，要凭返照赭湘山。

碧天洞五古
(1889 年春)

远树小于拳，数峰伸似掌。一峰起其前，浓绿秋自上。扪萝慄巉岩，欲往不得往。我非慕仙者，随遇寄清赏。颓曜薄虞渊，征鸟厉高敞。振衣踏残雪，樵唱逸幽响。

怪石歌七古
(1889 年夏)

神人绿章宵驰奏，平明谪下苍龙宿。賨地屹然賨奇兽，历万万劫犹未宥。如何剥落商山右，无有鬼物为留守。谁其知者吊荒堠，敲火砺角亘白昼。似此英姿天所富，沦没蒿莱不见售。我来幽谷昏黄候，睹之不敢摄衣就。疑是战士披甲胄，又疑河朔横行寇。若非山魈出世宙，定类木客鼻齁齁。北溟大鸟濡其味，南华真人短其胠。或者骅骝逸内厩，昆明石鲸逃禁囿。不然天竺亡灵鹫，月黑深林啸猿狖。心折神骇莫敢嗽，樵乃诏余此石瘤。急趋往视颠且仆，抚摩叹嗟信良遘。石兮石兮何疴偻，女萝纷披带青绶。我与子兮今邂逅，殊胜弯弓命镞镞。手持木杵宣大叩，雷雨夜鸣狮怒吼。怪哉补天女娲后，此石不炼绝悠谬。地不载兮天不覆，古有樗材石其又。自我钦之若危岫，浊酒以酹歌以侑。石其正我谬，石其歆吾酹。其首秀而瘦，其腹漏而透。其貌陋而绉，其气厚而茂。其肤绣而箍，其纪旧而寿。天孙遇之支机授，浮邱遇之纳诸袖，精卫遇之翼为覆，初平遇之叱以呪。苏髯供佛重金购，米颠再拜祈灵佑。今虽弃蠲侧清溜，嵚崎礌砢世罕觏。幸而逢我味同臭，我其携尔返岩窦。八九云梦谁共究，高枕江流含尔漱。

武关七绝
(1889 年春)

横空绝磴晓青苍，楚水秦山古战场。我亦湘中旧词客，忍听父老说怀王。

蓝桥七绝
（1889 年春）

湘西云树接秦西，次弟名山入马蹄。自笑琼浆无分饮，蓝桥薄酒醉如泥。

牡丹佛手画幛七绝
（1889 年前）

妙手空空感岁华，天风吹落赤城霞。不应既识西来意，一笑惟拈富贵花。

甘肃布政使署憩园秋日七绝
（1886—1887 年）

小楼人影倚高空，目尽疏林夕照中。为问西风竟何著，轻轻吹上雁来红。

哭武陵陈星五焕奎七绝三首
（1888 年）

和门长揖将军客，画舫追随一笛横。座上顿增知遇感，江南苏柳动公卿。
又
霜华满地小园空，一枕河声惨不东。却忆去年风雨里，秋窗摘阮夜镫红。
又
萧萧白草欲黄昏，柿叶摇风泪有痕。肠断依稀旧游处，虫声满地此招魂。

憩园雨五律三首
（1886—1888 年）

淅沥彻今夕，哀弦谁独弹。响泉当石咽，暗雨逼镫寒。秋气悬孤树，河声下万滩。拂窗惊客话，短竹两三竿。

又

憩园三月雨，四壁长苔衣。积水循阶上，低云入户飞。钟鸣龙欲吼，屋漏鼠常饥。一发青山外，层阴送夕晖。

又

深林初过雨，宛宛碧苔新。依岸残云泾，平桥一水春。看山浓似黛，种竹短于人。好续《齐民术》，桑麻万绿匀。

马鸣七绝
（1884 年）

边城苜蓿自秋深，何事长随画角鸣。差胜排班三品料，玉阶春曙悄无声。

秋熟五律
（1881 年秋）

长沙号卑湿，淫雨况连宵。千嶂晓忽霁，朝阳秋益骄。残蝉带暑咽，梦鸟随枝摇。一洗郁蒸气，乘风借海潮。

桂花五律
（1894 年秋）

湘上野烟轻，芙蓉落晚晴。桂花秋一苑，凉露夜三更。香满随云散，人归趁月明。谁知小山意，惆怅遍江城。

得仲兄台湾书感赋五律二首
（1889 年秋）

少小思年长，年增但益悲。我年今廿五，四顾竟安之？无命愁相慰，非才愧所知。犹疑沧海客，栖息已高枝。

又

连遇荆南刖，仍空冀北群。十年赓塞曲，今日逐燕云。飘荡嗟如我，蚩腾时望君。谁知万里外，踪迹困尘氛。

邠州七绝
(1889 年春)

棠梨树下鸟呼风，桃李蹊边白复红。一百里间春似海，孤城掩映万花中。

远遗堂集外文初编[*]

叙

叙曰：夫忧伤之中人，有飘忽冲荡，缠沉盘蛰，挟山岳之势，挈烈风雷雨之暴，举血气心知所能胜以干事者，猝不能当其一击。气息荓然，若存若亡，抗之则无上，按之则无下。其来也不得其绪，而引之则不可究极，合而为苍然之感，吾平生遭其二焉。五六岁时，居京师宣武城南，与先仲兄俱事毕莼斋师。夏雨初霁，嬉戏阶下，兄适他去，四顾孑然，情不可已，遂噭噭以哭，此其一也。后遭死生离异之感，辄一形焉。仲兄撤瑟之岁，以应试挈从子传简至京师，览童年之遗迹，怅岁月其不淹，以今准昔，喟焉远想。忆夫烟雨在帘，蛙声夜噪，或败叶塞窣，霜钟动宇，然镫共读，意接神亲，追溯所及，方怦怦于中，而兄之讣至矣。创巨痛深，曹不省事，哭踊略定，则志隳形索，清刻至骨，自顾宛五六岁孺子也。于时苍然之感，不可以解。当其幽思潜抽，莫可告语，道逢林叟耕夫，辄欲流涕，引与话旧。睹禾黍布陇，废塚断碑，以及壤牖蛛丝，皆若与我有一日之好。使得见曩之童仆，且将视为肺附，而不能一日离。然自恃尚有传简在，未几而传简亦殁。呜呼！机发必先，情极则返，折心之痛，行三年矣。乃克检仲兄遗文手书一通，单辞夺简，莫成卷帙，言行之大，见于行述志铭及哀诔之文，无所离丽，命曰《集外文》尔。

（光绪十有七年冬十有一月叙）

---

[*] 1891 年 12 月，谭嗣同检仲兄嗣襄的遗文、手书、行述、墓铭及哀诔等辑为《远遗堂集外文初编》，乃谭氏生前所编定为"东海褰冥氏三十以前旧学弟三种"。录自《戊戌六君子遗集》。

述怀诗一
(1889 年)

黄鹄翥云汉，白鹤鸣九皋。嗟彼燕雀群，安能测其高？息翼荆莽中，剥落伤羽毛。一枝亦可借，几疑同鹪鹩。浏浏飘天风，云露将翔翱。高飞语众鸟，饮啄非吾曹。

述怀诗二
(1889 年)

海外羁身客影孤，模糊谁辨故今吾。事如顾曲偏多误，诗似围棋总讳输。燕市臂交屠狗辈，楚狂名溷牧猪奴。放歌不用敲檀板，欲借王敦缺唾壶。

赠邱文阶诗
(1885 年)

抛却愁魔又病魔，一生才力半消磨。少年感慨犹如此，老日悲凉更奈何。边月意随千里远，大人方提刑陇右。夜台心想十年多。文阶尊人方泉先生，殁十年矣。怜余孔，李通家子，各有伤怀莫放歌。又有"盟心朗似申天月，立脚虽于上水船。谗言未免堪销骨，定论终须俟盖棺"之句，余佚。

报邹岳生书
(1891 年)

来书谨悉。每念足下忧贫甚切，窃以为过矣。人生世间，天必有以困之：以天下事困圣贤困英雄，以道德文章困士人，以功名困仕宦，以货利困商贾，以衣食困庸夫。天必欲困之，我必不为所困，是在局中人自悟耳。夫不为所困，岂必舍天下事与夫道德、文章、功名、货利、衣食而不顾哉？亦惟尽所当为，其得失利害，未足撄我之心，强为其善，成功则天，此孟子所以告滕文也。可见事至于极，虽圣贤亦惟任之而已。况足下之事，尚未至于极哉！天壤间自多乐趣，安用此长戚戚为耶？又如某事，嗣襄不过随意行之，初无成见，亦不预期其将来如何，纯任自然，未必不合圣人绝四之道。故遇事素无把握，惟发端则以此心有愧无愧为衡。若某事，请代思之，其有愧乎？其无愧乎？至足下所虑，是诚不可解矣。昌黎《伯夷颂》曰："举世非之，力行而不惑者，天下一人而已。"盖古人以理为断，不闻以人言为断。心为我之心，安能听转移于毁誉哉？傥足下必欲止此事，则请深思至理之极以相晓，便当伏首听命也。

附录　先仲兄行述
（1891 年）

兄讳嗣襄，初名嗣彭，字泗生。系出春秋时谭子，以国为氏。自宋为闽人，明季迁今湖南浏阳县。曾祖讳经义，赠光禄大夫；妣氏黎、氏李，赠一品夫人。祖讳学琴，赠光禄大夫；妣氏毛，赠一品夫人。父继洵，光禄大夫，赐进士出身。今甘肃布政使，升任湖北巡抚；妣氏徐，赠一品夫人。咸丰七年九月辛卯，徐夫人梦蛇而生兄。主后从祖，祖父讳学新，县学附生，赠光禄大夫；妣氏彭，赠一品夫人。兄生四岁，始能言。同治二年侍徐夫人至京师，教以《诗》、《书》，初不在意，及责其默诵，朗朗不失。为陈大旨，略指示，即领悟。然颇选事，好攀登屋脊上，又善骑，挥鞭绝尘，穷马力然后止。父师约束严，终不自戢，鞭挞之余，随以嬉笑。或嗤其材劣，或称其天全，而识者则以为志高才挺，阔达不矜细节也。

光绪二年，五日之间，徐夫人及伯兄仲姊先后亡。兄哀毁逾恒，而部署丧事，有条不紊。是年，护徐夫人丧归，亲属殁京师者六人，皆以归。京师去家几四千里，林麓之阻，江河之险，南北行者咸惴惴。兄以好弄为人轻，皆惧其不胜任。而兄戒惧辎輴有虔，祖荐至家，营葬丰俭，不失其宜。卜兆高爽，时促而事举。前后共葬九棺，久暂有序，厚薄有差，而皆坚实可经久，乡先生翕然称之曰才。而向之轻之者，亦稍稍惊异焉。四年，光禄公之官甘肃，送于襄阳。时襄阳乏车，载行装皆挽辂，御夫亡去。乃并所载于他车，车迟重，御夫嗟怨不前，俄又亡数人。税车旷野，徬徨无策。远见虚车辚辚然来，方谋僦以任重，至则兄遣也。其谋画周详，而切中机宜，大率类此。归理家政，勤敏异常。米盐钱刀琐屑之事，儒生或鄙而不为，兄乃并核兼综，算无遗策，出纳弃取，权时之赢绌而消息之，条理粲然，人莫能欺。未及十年，增置田百余亩，益务为慷慨好施，以义自任。尝言曰："用财之道，必留有余，以纾一己之力，乃能补不足，以济万物之穷。"从子某学贾折阅，贷数百金偿所负。族子某死无以殓，为贷钱治丧。外家贫窘，岁时助之。凡义举必争先为人倡，而爱才尤切。秀才陶甄，仰以举火，频数不厌。族戚告匮乏者，无弗应。由是获奇士称，而忌其才者，窃窃讥议，以为耗祖父业。然所费实自己出，己无所出，不得不称贷于人。人既以信义重兄，咄嗟之顷，千金立办，然亦颇负累矣。两次省亲甘肃，均能有所服助。四方函牍，及书记得失，僮仆勤惰，下逮烹饪洒扫之役，莫不亲察而详课之。

读书精研义理，不屑为章句之学，工制艺，精密沉郁，近明大家。偶为诗，辄鲜明可喜，顾不自惜，有作旋弃去。尤究心经世学，与客谈天下事，终日不倦。其论海防，主联络海军，首尾一贯。其论通商，以为红茶出口，洋烟入口，宜皆由官经理。盖彼所需者茶，价值低昂，权操于彼，而我以困。洋烟之来，既不能止，则当核其出入，使其权亦操于我。可视烟茶之低昂多寡，使两相当，以定其值。其论兵法尤详，书策所纪战事，殚思详讨，究其兴废之故，发而为论，皆具卓识。所经山川险阻，指画形胜，以决主客胜败之势。证之古书，询之父老，以及宿将老兵，若合符节。其于兵制，则主用乡兵，而以武科所取士为将，以武生为兵，斯兵不劳择，而武科亦不虚设。十年，法犯闽、粤，当道有民自为战之议，兄倡义助饷，旋闻议和，遂中止。为之扼腕太息，以为失此机，则长为人役矣。

三就乡试不第，十有四年，试罢，发愤出游。初欲上京师谒选，因乏资，折而至台湾。台湾道唐景崧，戚属也。以兄进于布政使沈应奎，沈进于巡抚刘铭传，刘一见奇之，与纵论时事，移晷乃退。明日，即委榷凤山县盐税。凤山地居台南，民贫赋重，莅斯土者，皆视盐税为利薮。分局二十有余，辗转胶葛，不可究诘。兄语人曰："数月之间，司榷者三易其人，择而使我，我必有以报命。"乃严约章，杜侵蚀，亲会计，勤考核，不数月而弊绝。当道深赏其才，遂留台湾候补，且欲荐于朝，而以改委台南府盐务为信，比公牍至，而兄殁矣。初，兄至台湾道署，患寒疾，医云无伤。兄笑曰："吾肾经绝矣，其能久乎？"作书与其弟嗣同曰："吾一病不起，岂非天乎？愿汝善事父，以慰我九原之心。吾别无长物，惟文徵明画，为友人物，当界还。吾负累已偿，有质剂可证。"既而欲移居，挽之不可，盖不欲殁于官廨，以身累人也。殁之日，犹与宾从笑谈，怡然自得。卓午，移居蓬壶书院，逾时而殁。时十有五年五月庚戌也，年三十有三。

夫圣人不轻言命，惟于颜渊则曰天，于伯牛则曰命，岂不以反诸心无可死之道，而死及之，则诚哉乎其为天命也。昔伯兄之殁也曰："吾一病不起，岂非天乎？"今兄亦云。兄孝友英笃，至性过人，弥留之际，首以老亲为念。平生好交游，重然诺，虽一图画之微，濒死犹恐遗失，以负其初心。聪明才力，颠沛不衰，顺受正命，而无偷安畏恋之情，是可以觇其所养矣。嬴弱多疾，不彻药物，自幼至长，每食辄逆；遭遇不偶，居恒忽忽；悲歌感慨，以发其堙郁之气；不祥之机，兆于曩昔。称之曰天，与伯兄皆无愧辞尔！以国子监生充实录馆誊录，议叙通判。于河南赈捐报捐盐运使司提举衔，嗣由新疆巡抚刘锦棠奏保以直隶州知州用。妻黎氏，子传炜，女二人。兄长身玉立，容光照人，目炯炯如岩下电，颖悟绝伦。幼见人围棋，试下数子，辄胜其偶。台湾语类鸟音，久客者莫辨，兄数日即能效其言。善诙谐，能言难言之理，往往出人意表。每当朋好聚谈，议论风生，四座披靡。好苦思，探索精奥，无微不入。读书为文，呻吟如病；好学短命，有余惋焉。其殁也，台湾大吏叹息不置，沈布政尤惜其才。乡之长老曰："未必非一乡之运也。"呜呼悲哉！他人且尔，况其亲焉者乎！叔弟嗣同，以丧归葬于冷水井之原，谨述行谊，俟秉笔者采焉。

远遗堂集外文续编[*]

叙

叙曰：《远遗堂集外文初编》为先仲兄作也。吾之哀吾兄也止此乎？呜呼！难言矣。吾之抒吾哀也，笔焉而中止，与不止而卒毁其草，不知其几。则四五年来独游孑处，仰而叹，俯而悲悯，方今思昔者，心绵之而益孤，遇参之而弥舛，目之而形枯，耳之而声恻，其始也微动，而其究也无穷。所为敛口而啸，哆口而歌，哭非哭，笑非笑，轮困樛葛，以塞噎于灵台之中，欲笔焉而不能者，又不知其几也。呜呼！难言矣。少勤业诗，然自吾兄之殁，气偃而吟不能长，音啴而举不能数，遂一发其迫于不忍者，于铭赞有韵之文，得若干篇，为《远遗堂集外文续编》，兼以俗所谓轓联者附之。既成，叙其意曰：人之于言也，非一端而已。或近而远，或显而微，或约之入毫发而无余，或扩之弥邱山而不可尽。然其归也一固一，不一亦一也。方其有所触而兴，游焉，处焉，仰焉，俯焉，今焉，昔焉，心焉，遇焉，目焉，耳焉，无往而非其所触。不必其啸以歌也，不必其哭以笑也。无以自解于己，益无以授解于人。人之闻其言，或惝恍缪悠，相去甚远，徐而迹之，若有可睹，而卒不得其意之所存。夫意之所存，己且无以得之，又何以为乎人哉？然则余虽久不为诗，而前此而有作，亦若是而已矣。继此而有作，亦若是而已矣。何也？一固一，不一亦一

---

* 1893 年 2 月，谭嗣同辑哀锐仲兄嗣襄的诗文为《远遗堂集外文续编》，乃谭氏生前所编定为"东海褰冥氏三十以前旧学弟三种"。续编大多为 1893—1894 年间的诗作。录自《戊戌六君子遗集》。

也。故吾之哀吾兄也，遂止于此。呜呼！难言矣。

（光绪十有九年春正月叙）

菊花石秋影砚铭

我思故园，西风振壑。花气微醒，秋心零落。郭索郭索，墨声如昨。菊二，备茎叶，水池在叶下，池有半蟹，其半掩于叶，名之曰："秋影"。

菊花石瘦梦砚铭

霜中影，迷离见。梦留痕，石一片。制极小，厚才分许，任石形之天然，无取雕琢，觚棱宛转，不可名以方圆。色泽黯澹，有凋敝可怜之意，残菊一，大如指，名之曰："瘦梦"。

菊花石瑶华砚铭

投我以琼英，以丹以黄，以莫不平。文质并茂，光润次玉，名之曰："瑶华"。

菊花石观澜砚铭

落英之泛泛，风行水上涣，文不在兹乎，才士也夫。墨池琢之甚光坦，余任其巉岩蠢叠，然序次鳞鳞有波澜奇趣，一花敷浮其上，名之曰："观澜"。

菊花石长秋砚铭 为龙爪霖作

秋何长也，不陨故不黄也。君子之道，阇然而日章也。铭则谭而赠则王也，谓同县王信余。厥家与石皆浏阳也，以是为龙子之藏也。

菊花石砚铭 为吴小珊作

谓其顽而又觚，谓其逸不隐而文以华。墨之墨之当其无。汤汤者浏，曰惟厥家。噫信余不余畀，而以滕于吴。砚为王信余所赠。

菊花石砚铭为唐筠庐作

身将隐，焉用文。然其笃实之辉光，终不以磨涅掩其真。以赠唐筠叟而铭云云。盖曰如其人，如其人。

邹砚铭并叙

邹岳生畀嗣同砚，质黔文质，形体如带两纵不同之立方。不琢不潢，制甚朴野。嗟乎！斯石之不外饰也，有取疏之道焉。岳生以其太素之质，辱与贱兄弟游，死生契阔，不易其度。卒累于嗣同之顽愚，为世所讥。凤兮凤兮，于鴝奚难，而断金之谊，遂邈以山河，可云悲哉！抚物追悼，幸不坠失，窃取虢钟郜鼎之义，名曰："邹砚"，而系以辞。

儵墨兮儵丹，式凭兹兮永叹。诎然兮虽其声，块然兮虽其颜，而硁硁之节兮卒以完。

停云琴铭为黎壬生作

欲雨不雨风飔然，秋痕吹入鸳鸯弦，矫首辍弄心悁悁。同声念我，愿我高骞。我马驯兮，我车完坚。汗漫八表周九天。以琴留君，请为君先。

单刀铭并叙

余有双剑，一曰麟角，一曰凤距，取抱朴子之论刀盾载杖曰："知之譬如麟角凤距，何必用之也。"若夫单刀，北方之剡器绝术，亦惟稚川始称之。且自言乃有秘法，其巧入神，由来古矣。铭以自贻。

单刀神者葛稚川，谭复后以千有年。

双剑铭

横绝太空，高倚天穹，矧伊崆峒。

蕤宾之铗，蚁鼻有烈，服之有截。

谗鼎铭

曾不出刀，曾不出薪，天下为秦相割烹。

萧笰轩像赞

神清而华，其贫则鹤。貌肃而挺，其屈则蠖。岂存诸中者，不足副其外欤？抑时犹未至也，故遇之莫人若？吾亦负奇表者，乃患难忧危日相寻而致蠚。吾与子长为天弃乎斯已矣，而孰谓其才之适宜夫所遭之寥寥而萧萧而漠漠。吁嗟乎！来者不可期，往者不可作。匪合孰获，孰获非合。如无所合也，亦无所获也。归去来兮，同我沦落。

画像赞

噫此为谁，崿崿其骨，棱棱其威。李长吉通眉，汝亦通眉。于是生二十有七年矣，幸绯衣使者之不汝追。天使将下，上帝曰咨。其文多恨与制违，然能独往难可非。放之人世称天累，海枯石烂孤鸾飞。

三人像赞并叙

光绪十有九年，与饶仙槎、李正则同写照于上海。既而焚轮振槁，雨绝于天，旋有议饶甚口者，词连嗣同，怲惧之余，弥用悄悒，遗此戒之云尔。

三子并立饶者髯，右者维李左者谭。洸洸之海天所涵，于此取别相北南。既南既北用不咸，相语以目旁有箝。髯乎髯乎尔何谈，平生已矣来可砭。右者阂洫其口缄，左者之铭神则监。

彭云飞像赞

莽莽大野，天高地卑，默寄其间，若有所思。其思维何？请为陈辞：丈夫磊落，千载为期。于时不利，庸也奚奇。没齿独清，孰撝其泥。永怀前躅，信迪无疲。萧然无人，兰香自吹。

先从兄馥峰遗像赞并叙

　　光绪十有五年冬，从子传简病且死，出其父遗像丐一言，人事卒卒，未即以为，而传简殁。乃撋掇百十字，为延陵之剑。从兄名嗣棻，县学增生，沉默强识，能属文，父子皆以忧患促年，尤可悲云。

吾门不幸耶，何以有君？吾门幸耶，君何以不存？超忽厌世，若无足群。谓天盖高，呼之则闻；谓君盖幽，有煜其文。令誉不忘，则庶几乎睎此，不犹愈于抚遗编而穆然以长勤。

附录　题先仲兄墓前石柱

恨血千年，秋后愁闻唱诗鬼；空山片石，苍然如待表阡人。

輓刘襄勤公昔巡抚新疆时，余兄弟皆蒙其疏荐。

西域传是兰台一家之书，县度纪师程，铭石还应迈前古；
东汉人行举主三年之服，深知惭荐剡，酒绵何止为情亲。

石菊影庐笔识卷上

学　篇①
（1894 年）

一

《尚书》孔传，《盘庚》上传，言："人贵旧，器贵新，汝不徙，是不贵旧?"案下文皆不忍诛责旧臣之意，则贵旧乃就王言；此云汝不徙，是不贵旧，是就民言，语嫌参差。即就民言，当云汝不徙，是不贵新，谓迁新居，如易新器，旧居不可苟安也。《集传》谓《盘庚》所引，其意在"人惟求旧"一语。是下句为泛设，殆失古义。又《说命》中传，高宗之祀特丰数近庙，故说因以戒之。案孔疏，孔氏以《高宗肜日》"祖己训诸王……祀无丰于昵"，谓傅说之言，为彼事而发。窃疑高宗免丧即得说，未免丧时，未必行肜祭。《王制》丧三年不祭，唯祭天地社稷，可为不祭之证；且篇次又在后，恐非命说以前事而说指之也。然则说何戒乎黩祭？盖商俗信鬼，故以为言。《集传》于《高宗肜日》，以为傅说尝以进谏，高宗斋改，故祖己有不听罪之言，是以说之谏在肜日前也；于《说命》，又谓祖己戒其祀无丰昵，傅说因其失而正之，则矛盾甚矣！

二

《文王》之诗凡七章，章八句。愚谓亦可作十四章，章四句。盖此

---

① 作于 1894 年前。《学篇》为《石菊影庐笔识》上卷，共七十七则，乃谭氏生前所编定为"东海褰冥氏三十以前旧学弟四种"，系读书札记，凡经、史、子、集、理、化、数学、天文、地理等，无所不包。录自《谭浏阳全集》。

诗每章首尾相衔，如贯鱼然，魏晋以来，时有仿此体者。分为十四章，亦复首尾相衔，与《下武》、《既醉》相似。或谓作十四章，则首章及"无念尔祖"章，中间不联贯。应曰作七章，亦有不联贯者，即《下武》、《既醉》，亦不尽相贯。

三

《召旻》之诗，命篇何取？《序》及《笺》、《疏》皆未免牵强。《集传》据经首尾旻召字为说。则是旻召，非召旻。窃疑召公之后所作，末述乃祖之功，以慨今无其人。人以出于召氏，标曰《召旻》，别于《小旻》云尔。不然，周初辟国之贤，独一召公而称之也哉？

四

《诗》疏《绿衣》疏："上章言其反幽显，此章责公乱尊卑。"案此疏在第三章，于义未合；当云首章言其反幽显，次章言其乱尊卑，三章言其紊先后，卒章言其失时序。又《七月》疏："孟子称冬至之后，女子相从夜绩。"案与《汉书·食货志》语相似，则孟子之子，疑坚字之讹。又《灵台》疏正义曰："娱乐游戏"云云。案此篇既分为五章，则疏当缀每章之下，此孔例也。此疏不在"于牣鱼跃"之下，而在"白鸟翯翯"之下，疑分五章，亦非古意。

五

《礼记·礼运》："法无常而礼无列。"案详上下文义，"而"疑作"则"。

六

《郊特牲》："县弧之义也。"案注疏，谓男子初生，县弧而不能射，如疾病而不能射也。殆非《礼》意。盖男子生而县弧，明其能射，今既不能，何以为士？故不直对不能者，揆之县弧之义，有不可也。

七

《明堂位》："昔者周公朝诸侯于明堂之位，天子负斧依南乡而立。"案注疏以天子为周公，陈云庄疑记者之误。愚谓记者不误，下既云三公，明周公本在臣位，未尝负依，此天子指成王。曰："周公朝诸侯"，周公以诸侯朝也。曰："周公明堂之位"，位，周公所定也，不然，周公既负依，彼中阶之三公又谁耶？至云："周公践天子之位"，则诚如方望溪之言，刘歆伪窜者也。

八

《周礼·天官》獻人，徒三百人。案马融以池塞苑囿，取鱼处多，故用三百人。窃疑取鱼者多至三百，于义未安。观甸师徒三百人，贾氏据其职以为耕耨藉田，则此三百人亦必兼工作，其职曰时歔为梁可见。

九

《仪礼·士昏礼》："弃余水于堂下阶间加勺。"案"加勺"二字，当在"三属于尊"之下，"弃余水于堂下阶间"之上。加谓加于尊，若余水既弃，无用勺矣。

十

《春秋左传》文公十八年："传以靖国人。"案此后凡宋之命官，皆有以靖国人之语，文气如别出一手，疑即宋史本文而左氏采之。

十一

《春秋左传》杜注，宣公十五年经，秦人伐晋，汲古阁本注："无传"。案有传，此注误衍，可补阮氏《校勘记》。

十二

顾亭林《左传杜解补正》："文马百驷。邱光庭曰：'文马'，马之毛色有文采者。"案马毛色有文采，已不多见，况百驷乎？当是被以文采，如康王之诰，所谓黄朱也。

十三

《论语》两"何有于我哉"，注疏皆以为人无而己独有，未免近夸。《集注》以为自谦，又未免太过。愚谓两处语同而意别，在《默识》章，若曰：吾之识与学与诲，皆本当然之理，何有我见存其间哉？在后章，若曰：此皆易为之事，何烦为我忧哉？即黄氏式三后案，以何有为不难也。

十四

记者于圣人之言，必联类而及。"故君子病无能焉。""君子疾没世而名不称焉。"疾病为一类，以见虽有六气之疾病，不若是之甚也。"色厉而内荏，譬诸小人，其犹穿窬之盗也与？""乡原，德之贼也。"盗贼为一类，以见虽有胠箧之盗贼，不若是之甚也。

十五

苏评《孟子》，今有传者，决非老泉手笔。议论猥浅，必庸陋无识者所伪为；且分节与朱子纤毫无异，老泉前朱子久矣，安得同之？即云节次为后人误改，非苏氏原本，而《不动心》一章，宰我、子贡及昔者窃闻之两节，注疏以为皆孟子之言，及朱子始定为问辞。此书竟批云，第几转第几转，灼然出朱子后矣。

十六

《尔雅·释天》，讲"武起大事，动大众，必先有事乎社而后出，谓之宜"。案此节应列前篇祭名中，与类祃比次。盖因起事动众错简于此。

十七

《说文解字》釆部："悉，详尽也，从心釆。"案心亦声，取诸双声。

十八

正部："正字从止。"亦双声。

十九

舛部："舜字从夂牛相背。"牛无音义，或谓仍是夂字，则当言从两夂相背。如亚字两已相背例，不当言从夂牛相背。且反夂为牛，字之相反相对者，必各有音义。岂得独无牛字？必有阙略，而今无可考矣。

二十

段氏玉裁《说文解字注》："叩部㕚字，从叩从州声。"案州特声而已，不兼会意，从州之从字当删。又，又部㪔字注，与祝双声。案许氏谓楚人谓卜问吉凶曰㪔，未言祝字。段氏殆以卜问吉凶为有祝意乎？然许氏解字亦有不取双声叠韵者，不得增字以为之声也。又大部奰字注，今音平秘切。案漏言音在第几部，今检《广韵》隶六至，依段表所列为十五部，此皆钮氏树玉遗而未订者也。

二十一

《说文》新附，水部有涯字，《系传》收入五支，《广韵》两收入五支十三佳，《玉篇》亦与佳为切，《文字·道原篇》则与訾叶，似唐以前音读本如是。故《音学五书》以歌戈合麻之半，亦不列涯字。至吴才老作《韵补》，始有牛何一切。然观张平子《西京赋》："浸石菌于重涯，濯灵芝以朱柯。"柳子厚《道州孔子庙碑铭辞》，涯与多叶，涯入歌韵，其来已旧，非始今通行韵本之谬陋也。今以偏旁推之，涯从厓，厓亦声，而厓之得声以圭，是涯之得声亦以圭，故朱丰芑、钮匪石竟谓厓涯为一字。凡从圭之字收入九麻者，如哇蛙洼窪皆圭声，歌戈麻既同部，是足为涯入歌之证。

二十二

《说文》焱部，煢，屋下灯烛之光也，从焱门。荥阳古作煢阳。又通萤，《尔雅》煢火即熠。又通莹，《庄子》："是黄帝之所听煢也。"而他部之字，从煢之声形义者，孳乳不下数十，俨然自为一部矣。形声兼会意者：小心态之嫈，桐木之㮉，绝小水之濙。濙，《集韵》亦作淡、濚。玉色之璆，璆亦作鎣；又段茎，故六茎或作六鎣。小瓜之瞢，瞢惑之瞢，瞢即萤惑之本字。《淮南》、《汉书》皆段萤为之，一本云从煢省

声，非是，义自以从熒省为长。收卷之縈，长颈鉼之甇。甇，《五经》
文字与罃同。鬼衣之褮，小声之謍。謍，《集韵》或作嶸，又与謱同。
车轹规之轚，酶酒之醟。醟，《韵会》小人以饮酒为榮，故从𤇾，是意
在从榮省，既牵强而乖本义。又言从𤇾，乃不知𤇾不成字，诚所谓俗训
诂一孔之见者也。器名之鎣，鸟有文章之鸑，一本云从榮省声，义无所
取，非是。匝居之營，皆从熒省声，至于墓地之塋，绵莚为營之縈，回
疾之榮；榮或作愕，罳，嬛，虽皆从營省声，而營又从熒，仍得祢營
而祧熒也。本熒之形义而不谐声者，用力之劳从熒省，古文作𤎥，𤎥，
其从熒则一，而驳牛之犖，臇或体之膋，虽得声以劳，亦不得祢劳而祧
熒也。其《说文》所不载者，《正字通》俗罳字之𤇾，《集韵》本作嶸，
或作嶸，嵘岹之嵤。《玉篇》覆也之幪，《集韵》同罌之罃，《正韵》垦
田也或作昀敄之甇，《正字通》同䃈之磐，《集韵》翁翁飞声，《类篇》
或作翯翯翙之翾，《集韵》声也之鸎，《唐韵》或作蝾之螢，《正字通》
俗字之觲，《韵会》野豆，《玉篇》或作蹽之譥，《广韵》声也之謍，《字
汇补》音未详之髻，又皆从熒。据曾文正以建一为首释转注，凡部首所
从之字，皆转注，则转注多者，如熒字，亦宜为部首。且以本书之例言
之，炎别于火，自为一部，焱又别炎，自为一部，因有从之者也。今从
者之多如熒字，何不可别焱为部乎？

二十三

《说文》字形之相反相对者，比附而观，可识会意、指事、象形之
要。聚以其类，亦小学之津逮也。⊥反丅，丨反丨，屮反巾，少反屵，凵反
冂，此反屮，而屮屮又止字两两相反。𣥠反𣥠，才反才，屮反士，乡反彡，
而正则为屮。州反艸，而正则为艸。彐反彐，𠂢反勹，甲反甲，臣反𦣞，
𦣻字从此。兒反兒，帆反艸，玉反玉，弓反丁，宫反吕，屰反中，夂反中，
果反杳，坴反而，米反米，吕反多，片反爿，几反几，爪反爪，而正则
为爪。𣇆反𣇆，兔反兔，𨸏反阜，后反司，巳反𠃌，𢇛反𢇛，犬反犬，彳
反𢓊，不反𠦂，尸反尸，门字从此。𠂆反乀，厂反匚，勹反勹，乁反乀，𠬞
反𡥀，𨺅字从此。多反夕，𠂹反𠂹，屮反屮，𢀖反𢀖，𦥑反𦥑，皆是。他若
𠂢反𠂢，畾反畾，又兼言其义，不专取形矣。

二十四

谥法之义，有裨于形声训诂者。如"仁义所往曰'王'"，"从之成
群曰'君'"，"敬事供上曰'共'"，"执事坚固曰'共'"，"执礼敬宾曰
'共'"，"温年好乐曰'康'"，皆六书之学。故《周书·谥法》一篇，释

说字义，当与《尔雅》、《急就》同科，未可忽略读之。又凡古人之字，必与命名相表里，或相因，或相反，莫不各有义焉。取其相因者汇为一书，往往得三代以前古训，为后儒所不达者。因知假借、引申之所自，且又可以解经，如公山不狃字子泄，可证《释兽》阙泄多狃，而订王引之《周秦名字解故》之误。言偃字子游，可证许慎之说。冉耕字伯牛，可证牛耕之不始于秦之类。暇当辑为《唐以上名字解诂》，与王引之及近人俞樾《春秋名字解诂》，用意微别。

二十五

《说文》："麦，金也。"《淮南子·时则训》注，及《素问》、《金匮真言论》注，皆同此说。《素问》又以为火类，郑高密以为性属木。曩于甘肃种麦笔洗中，萌芽皆南向，移而北，次日复南。若以术家五行方位而论，则云火类者允矣。及种于湖北，又皆北向。一物之性，且不可定，五行之说，其足信耶？故麦吾知其麦而已。要而言之，百谷而已。割裂万物以附五行，皆术家之妄也。然南阳而北阴，阳者实，阴者虚，南方之麦北向，其不宜麦也，亦于是而可征。

二十六

《毛诗》："泾以渭浊"，孔疏："泾水以有渭水清，故见泾水浊。"朱子沿之，谓"泾浊渭清"。他说皆谓"泾清渭浊"。纷争靡定，国朝遂有寻源之使。其实水之清浊，随所见之时为异耳。嗣同随任甘肃，往来度陇者八，其他小观近游，尤不胜纪，结筏方舟，乱于泾、渭，不下数十。留心觇之，夏秋二水皆浊，冬春二水皆清，合流处亦随时清浊，乌睹《毛传》所谓泾、渭相入而清浊异耶？湘江之清，遭风雨而浊；黄河之浊，逢冰凌而清，岂可据为常清浊哉？当泾涨渭涸，则"泾浊渭清"；泾涸渭涨，则"泾清渭浊"。《诗》所言，其为泾涨渭涸时乎？

二十七

《尔雅》："鸟鼠同穴，其鸟为鵌，其鼠为鼵。"是鸟鼠同穴之山，必为一山也。王子雍注《禹贡》，疑其妄谓鸟鼠一山，同穴又一山。不知鸟鼠同穴而居，今甘肃秦安县，及番夷部落，尚多有之。鸟鼠皆方头短尾，色如其土，鸟力微艰于翔远，恒食鼠蓄。所食曰角麻，形如鹿角，黄色长寸许，可煮粥，味甘涩。其穴深远，角麻多者数十石，郭景纯曰："鼠在内，鸟在外。"又引孔氏《尚书传》云："共为雄雌。"张氏《地理记》云："不为牝牡。"则无由验其然否耳。

二十八

甘肃西宁府番部，有食骨之鸟。番民死，负而适野，其长荷梃前导，至沙漠无人之区，左右顾视，若相幽宅。久之仰掷梃，视梃所坠，置尸其处，如梃首而首焉。乃出室女胫骨为乐器。其俗：室女死，截其胫，空之如管。至是吹以召鸟，其声幽鸣哀怨，和以凄渺之歌，天阴云惨，鬼风陡起。俄而翼声飒飒，乌鸢四集，地为之黑，血肉食尽，而食骨之鸟至，似鹰而大，长喙，骨遇之立化，骨尽则相与庆慰，谓之天葬。呼其鸟曰鹘。案《广韵》，鹘，鹰属也。意其字之从骨，殆形声兼会意欤？

二十九

《国语·周语》中："晋侯使随会聘于周。"案依内传次第，此节当在"单襄公聘宋"、"刘康公聘鲁"二节之下。

三十

《周语》中："夫战，尽敌为上；守，龢同顺义为上。"案战守二者平举，战则以尽敌为上，守则以龢同顺义为上，注解未晰。

三十一

《鲁语》下："季康子问于公父文伯之母。"案此下八节，以时考之，当在"吴伐越"、"仲尼在陈"二节之下。

三十二

《晋语》四："文公即位二年"，案此节当在"文公立四年"一节之上。

三十三

《国语》韦昭氏注，《周语》下注："以道补者，欲以天道补人事。"案韦说非也，谓人以道补天道也。若以天道补人事，则奉天非违天矣。

三十四

《史记·秦本纪》："蜚廉生恶来"云云，又曰："恶来革者，蜚廉子也，早死。"案早死即指见杀于周王，非有二人。观上文蜚廉复有子曰季胜，所以别于恶来也。《赵世家》亦言蜚廉有子二人。

三十五

《范睢蔡泽传》："持梁刺齿肥。"案刺齿，啮字之讹也。如《论语》"卒以学易"，卒讹五十；《孟子》"而勿忘"，忘讹正心。

三十六

《魏其武安侯传》："坐衣襜褕入宫不敬。"案此下夺"国除"二字。

三十七

《汉书·食货志》下："乃更请郡国铸五铢钱，周郭其质，令不可得摩取铅。"案铅即上文镕字之讹;《说文》镕,铜屑也。

三十八

《张陈王周传》:"吴奔壁东南陬,亚夫使备西北,其精兵果奔西北,不得入。"刘奉世曰:"两阵相向,吴奔东南陬,则西北在阵后,何由奔之?盖亚夫令备西南陬,传者但欲见能料敌,反其所攻,不知遂失实也。"案此驳误甚。吴奔东南,乃壁之东南,非阵之东南,斯时亚夫坚壁不出,吴故奔而攻之。不得谓两阵相向。至谓不能越汉军而奔其后,安知非更遣兵绕他道出其后耶?且明言其精兵果奔西北,可见奔东南者非精兵,特诱汉兵备东南,乃得以精兵自西北乘虚而入耳。

三十九

《樊郦滕灌传斩周传》:"所将卒斩韩信。"案此韩信谓韩王信,然信死于胡,非为唅卒斩,疑信下脱将字。

四十

《后汉书·赵咨传》:"陈大夫设参门之木。"案此句诸家未释,当指《礼记·檀弓》下,陈乾昔属"大为我棺,使吾二婢子夹我",并己而三,故曰参门之木。其曰门者,《素问·脉要精微论》"是门户不要也"注:"门户谓魄门,人死魄降于地,故谓死者曰门。"又"昔舜葬苍梧,二妃不从"注:"《礼记》舜葬于苍梧,盖二妃未之从也。"案注改三为二,不知其说。

四十一

《济阴悼王长传》"论曰"云云,案此系总论,自应跳行,如全书之例,不应附此传末。

四十二

《三国志》不立纪传之名,则每篇皆志君臣,不异《四库全书考证》。张照氏据以为不予魏之证,而今本目录有标《魏书》、《蜀书》、《吴书》者,有于第六卷标列传者,必出后人妄增,当刊去。著述家援引亦当言《魏志》、《蜀志》、《吴志》,或某帝志某人志,不当横被以纪传之目也。

四十三

《拾遗记》萧绮录曰:"楚令尹子革有言曰"云云。案论周穆王事,不当附鲁僖公下,当列周穆王下。又鲁僖公记中言晋事,于鲁无涉,自当附周,如下言鲁、晋、卫、宋、吴、越而统以周灵王之例。

四十四

《水经注·河水篇》"今系字在半也",官本及赵释皆疑有脱误。案在犹居，言今縣字系字居于半偏也。可见古縣字不如此，古盖作叓，即上文从系倒首也。其云举首易偏者，遍当作遍，言上系下首，以系举首则易周遍。如所言平徭役亦周遍之一验也。且作叓又正合懸之意，善长释字义毕，遂言今字之不然。此古字之仅存，而许叔重所不逮者。又"漓水在城南门前东过也"，案上文已言漓水又东迳枹罕縣故城南，则此为注中之注。

四十五

刘子元《史通·补注篇》，称"羊（杨）衒之《洛阳伽蓝记》定彼榛楛，列为子注。"则旧有自注，今本无之。考书中语多旁涉，间有文气不联贯者，是子注杂乱于正文中，犹《水经注》之失也。如"永宁寺中有九层浮图一所"云云，与上文不接。若将上文"阊阖门前御道东"云云，至"即四朝时藏冰处也"一段，改为小注，则文势自连接矣。"景，永昌河内人也"云云。至"给事封昈伯作序行于世"一段，亦改为小注，"则诏中书舍人常景为寺碑文"下，直接"装饰毕功"云云，始成一气，皆其显然有迹可寻者也。既获此二例，以推其余，凡记此寺遂及寺外府署里第，记此人兼考其人爵里氏族所处之世所历之事，并是子注，宜别本文。是注固未尝亡，且繁于毕载，若《史通》之言矣。

四十六

遵义黎氏《古逸丛书》中《史略》六卷，刊于光绪甲申，杨守敬氏跋，称为海外孤本。不知虞山鲍氏已刊于癸未，是又出其先矣。其板本如一。

四十七

《行在阳秋·纪桂王始末》有云："戊申，浏阳伯董英降于我。"今县志但言其为镇将，不言浏阳伯，当补。

四十八

顾承氏《吴门耆旧记》，有"吴翊凤，字伊仲，号枚庵，长洲诸生，善画工诗，所著《与稽斋丛稿》若干卷，尝主浏阳之南台书院"云云。案吾浏阳久不复知有是人，南台书院今将改课算学格致，尤不可不留此掌故，以备志乘之考流寓者。

四十九

魏默深《圣武记·武事余记》："乌鲁木齐，译言红庙儿也。"案纪文达《阅微草堂笔记》，乌鲁木齐，译言好围场也。询之西域人，咸是文达言。魏氏盖沿七十三氏《异域琐谈》之误。《异域琐谈》芜杂荒忽，不足信也。

五十

顾亭林《日知录·破题用庄字①》："以周元公道学之宗，而其为书犹有所谓无极之真者，吾又何责乎今之人哉？"案真字沿用已久，与伪字反对。《韩非子·说林》篇："齐伐鲁，索谗鼎，鲁以其雁往，齐人曰雁也，鲁人曰真也。"凡六书假借，久而遂失其本义者，不可胜举。论者当观古人命意所在，岂可剌取沿用之一二字，以为出于外教，遂概其所学乎？顾氏此论，与晁景迂论体用本释氏，毛西河訾道学非学道，同一苛酷。李二曲、黄薇香辈诋体用字尤力，不知体用字实出吾儒，翁凤西注《困学纪闻》论之详矣。又《汉书》注："《淮南厉王传》，命从者刑之。《史记》作剄之。当从剄，音相近而讹。下文太子自刑不殊，又云王自刑杀，《史记》亦皆作剄也。"案《说文》，刑，剄也。从刀开声，与荆罚之荆从刀守井者异。《汉书》不误，此顾氏不喜《说文》之疏也。

五十一

王止仲《墓铭举例》："《李元宾墓志铭》云，书石以志，则非刻石也。"案此刻今出土，书法极俊整，则书石即书而刻之也。

五十二

湖北当阳县，隋镬一，文四十九名，篆势隶心，兼孕行草，曰："隋大业十一年岁次乙亥十一月十八日，当阳县治下李慧达建造镬一口，用铁今秤三千斤，永充玉泉道场供养伯达谭俗生。"吾谭氏见于彝器款识者，惟斯而已。

五十三

陆贾《新语·慎微篇》"若当时定公不觉悟"云云。案自此"至吾末如之何也已矣"一节，于本篇意义无涉，疑属上篇之末，而错简在此。

五十四

《鹖子》："士民与之，明上举之，士民若之，明上去之。"逢行珪氏注，训若为如义，未为通曙。疑若当作苦字，画小讹也，且于音韵正叶。古书多叶韵者，可据以订误文也。

五十五

魏默深《海国图志·东南洋叙》有云："朝鲜、琉球，洋防无涉者

---

① "庄字"，《谭嗣同全集》（蔡尚思、方行编，北京，三联书店，1954）作"庄子"。

不及焉。"案琉球甚小，谓洋防无涉，犹之可也。朝鲜密迩于俄，为两京屏翰，一举足而有轻重之异，得言无涉而不及乎？呜呼！魏氏之所逢，贤于今日也远矣。其时所最患者英而已，俄不惟无患，且可资以制英。日本犹服中华之教，以与欧罗枝柱；越南、缅甸诸国，皆能自守。是以战守之方，强弱之形，离合之情，纵横之势，无不与今异；今则日本变为洋俗，而琉球墟矣。英、法横噬而越南、缅甸诸国不祀矣。俄日益富强，凌逼中国，而中国之边境削矣。朝鲜跪唬二强国间，潜事俄国，而中国之声教斩矣。然则亦幸而魏氏之言不用也。使如以夷攻夷之策，南结廓尔喀，北款俄罗斯，剑及于印度，矢交于伦敦，印度亡，伦敦䑏，大西洋诸部沦胥以灭；于是俄之为俄，十倍于今，挟助攘之功，责无餍之赂，中国能堪此乎？夫不能自振而恃援于人，亦已萎矣。所恃者而又欧人也。欧之与欧，复奚择焉？逞一朝之忿，而忽百年之忧；规眉睫之利，而阍旋踵之害。唐失于回纥，晋失于契丹，宋两失于金、元，而后之论者，犹曰以夷攻夷，则何其昧于计也。林文忠曰："中国之患在俄罗斯。"此其远见乎！然而犹末矣。夫患与时为变，有浅深之可言，无彼此之可执。执一以为患，患必发于所执之外，舍此以逐之，而他患又发焉。徒荒其始图，而势终处于不及，有动即应，至于应不胜应，营营四顾，目眩手束，将安归也？则莫如先立其不变者，而患之变以定，此未易一二言统之。中国自有中国之盛衰，不因外国而后有治乱，而猥曰以夷攻夷，此魏氏所以允为策士，而气实则病去，欧阳修氏所为太息发愤而论本也。

五十六

徐氏继畬《瀛寰志略》，视《海国图志》惟增琉球，而朝鲜亦在所缺，有与今不符者。如言俄罗斯据亚美利加之西北隅，今案地图乃美部。

五十七

友人邹沅帆撰《西征纪程》，谓希玛纳雅山即昆仑，精确可信。希玛纳雅山在印度北，唐人呼印度人为昆仑奴，亦一证也。

五十八

阎潜邱考"使功不如使过，本中有本，源复有源"，始叹稽古之难。曩读武侯"淡泊明志"二语，疑为道家语，然不知所出。后遇于《淮南子》，惟志作德，以为即刘安语矣。及读《文子》，乃知是老子语，惟泊作漠，志作德。信乎侯之尝学于黄、老也。

五十九

世皆呼黑为青，莫究所昉。郑君注，或素或青，谓黑之为青，始自赵高。此未必然。《玉藻》"狐青裘"，案狐无青色，其褡衣用玄，古制褡衣之色，咸视其裘，则青狐即玄狐，玄，黑也。黑之为青旧矣。后此若《淮南子·齐俗训》，夏后氏其服尚青，亦指黑为青。

六十

荀卿文章尔雅，当与屈、宋比肩，《赋篇》文体正复相似。谢埔氏谓《成相篇》为弹词之祖，余谓《赋篇》为廋语之宗。或谓廋语莫先于"庚癸曲穷之语"。余谓尤莫先于"风后力牧之梦"，至《赋篇》乃巨观耳。若夫楚庄王大鸟之喻，吴世子黄雀之谏，直寓微言，又当分论。

六十一

《世说新语》为刘孝标所注，然亦时有刘义庆自注者。第二卷僧意在瓦官寺中一条，注"庆校众本皆然，唯一书有之，故取以成其义"云云，是自注也。魏朝封晋文王为公一条，注"一本注阮籍《劝进文》"云云，明孝标前已有注。又温公丧妇一条，有谷口注云："刘氏政谓其姑尔，非指其女姓刘也。"孝标之注，亦未为得。案峤姑自是姓温，何言姓刘，此驳殊谬。

六十二

《酉阳杂俎》子目，有《诺皋记》，吴曾《能改斋漫录》，以为诺皋，太阴神名，语本《抱朴子》。案葛稚川《登涉篇》，引《遁甲中经》曰："往山林中，当以左手取青龙上草折半，置逢星下，历明堂，入太阴中，禹步而行。三咒曰：诺皋，太阴将军独闻曾孙王甲勿开外人，使人见甲者以为束薪，不见甲者以为非人。"则诺皋实禁咒发端之语辞，犹《仪礼》皋某复之皋，郑氏曰："皋，长声也。"本书《地真篇》，引太阴将军无诺皋字可知，非太阴神名。

六十三

何燕泉《余冬叙录》，透光镜，日中映之，背上花样文字，尽存影中，纤细无失，宋沈存中《笔谈》载以为奇。金麻知几赋透光镜诗，见《中州集》，而皆莫能明其理，岂古亦罕有，制法无传故耶？元吾子行云："镜对日射影于壁，镜背文藻，于影中一一皆见，磨之愈明。"盖是铜有清浊之故，假如镜背铸作盘龙，亦于镜面窍刻作龙，如背所状。复以稍浊之铜填补，铸入削平镜面，加铅其上，举以向日影，光相射，随清浊分明暗也。案嗣同曾目睹此镜，不足为异。而英人傅兰雅光绪三年

《格致汇编》互相问答中，时有华人以此镜问之，答以光学内无此理想，各种金类回光不同，即必有浓澹之别。将两种金类合成一镜，其大体以一种金类为之，其花纹以又一种金类为之，则目不能辨其回光。但照之日光中，其花纹即见。可见所照之花纹，与镜背面无相关云云。此说正与吾氏吻合，足证西人致思之精，益叹吾华人之无学。并古人所已明者而失之，而琐琐问之西人，又奚但此一镜尔乎？

六十四

《几何原本》论三角形第四十六题，直线上求立直角方形，尚阙其术，试补之。苟明乎此，则于测绘制造增一证矣。先作甲乙直线，次于甲乙线上，作丙丁线，与甲乙并行，长亦如之；次作甲丙乙丁两平行线，成甲丁直角长方形，如甲丙阔；引甲乙线使长至戊，由戊作对角线至丙，更引长之；次引乙丁线使长，与戊丙线相交于己，即成戊乙己三角形。倍之即成直角正方形，而两角线方形两余方形无不等矣。列图如左（下）。

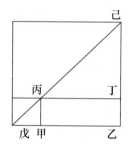

以数明之：戊乙己三角形，内容甲乙丙丁长方形，甲丙阔为甲乙长九分之一，以其阔为戊至甲之数，以其长为丁至己之数。设一十数，则戊甲为一尺，丁己为九尺，两数相乘，仍得九尺，为内容长线之积。用九归之得一尺，开方仍得一尺，为内容长方之阔，以九乘之得九尺，为背方长方之长。各加方外所余之数，皆得十尺，成戊乙己三角形。而戊己对角线，得一十四尺一寸，又二百八十三分寸之一百一十九有奇。则戊乙己三角形之类[1]，应得五十尺，倍之为百尺，成直角方形矣。

六十五

倪璠氏《庾子山集注》，《示封中录诗》二首，注："似吃语诗。"清诗体同前，皆双声，非吃语也。又《周大将军赵公墓志铭》"明旍庭

---

① "类"，《谭嗣同全集》（蔡尚思、方行编，北京，三联书店，1954）作"积"。

引"，注："当作旌"。案《广韵》旂同旌，非讹字。

六十六

《陶渊明集》首载昭明太子《陶渊明传》："卒年六十三。"案祁宽曰："《南史》及梁昭明太子传不载寿年。"然则此语，实传中所无，而后人所增。

六十七

《古文苑》宋玉《笛赋》，案赋中言荆卿易水，岂复宋玉之作？《古文苑》出宋时，而托言唐人写本，其不可信类如此。

六十八

《五百家注昌黎集》，《秋怀诗》："秋夜不可晨"，案此下别为一首，编缮者误不跳行也。又《送灵师诗》："惊电让归船。"注：让，责让也。案：让，逊让不及意。注非是。又《送殷侑员外使回鹘序》："持被入直三省"。注：三省见《论语》"吾日三省吾身"。案：三省谓中书、黄门、尚书也。《北史·儒林传》，刘炫"虽遍直三省，竟不得官"。诗文集中用三省尤不胜数，此注舁陋可笑，大率类此。宜《猗觉寮杂记》斥为妄凿。

六十九

陈氏本礼《协律钩元·梁台古意》"撞钟饮酒行射天"，引天覆作歇后语，谓射天即射覆。案此解甚谬，射天用商武乙及宋王射天事，下句"金虎蹙裘喷血斑"，正谓革囊盛血，深讥王之无道也。尝观古今集部，求其完善无疵，渊明之外，厥惟昌谷。语意明白如话，不烦解释，亦惟昌谷。牧之称殊不能知，亦坐不善解而求之过深耳。陈注于每篇不论何题，辄指为讥某人某事，文致附会，累牍不休，而诗之体义，反失之眉睫之前。甚至《新夏歌》本非三句一韵，乃误分三句为一韵，而以末单一句为疑。此类不胜辩，亦不足辩，盖古今注诗家通弊也。

七十

《二家宫词》宋徽宗宫词："日冷天晴近腊时。"案此诗已收入《三家宫词》王建诗中，此仅数字异。

七十一

《栾城集·和子瞻自净土步至功臣寺》诗，案此诗与子瞻诗一字不异，但坡集标题《游杭州山》耳。诗笔超迈，决为子瞻之作。盖子由和诗久逸，后人误以坡诗当之。又《次韵王巩自咏》诗，案坡集亦收此诗，标题《和子由如囊之句》，诗平实无气。又有"如囊之句"，必子由诗而误入坡集。又《和子瞻自徐移湖，将过宋都，途中见寄》诗，案自《千金筑黄楼》以下其三首，编集者误合为一，《欲买尔家田》为一首，《梁园久芜没》为一首，方足五首之数。

七十二

《淮海集·拟题织锦图诗》，注中有错误。案首句"悲风鸣叶秋宵冷"，冷当作长；次句"寒丝萦手泪残妆"，寒丝当作丝寒。如此则回环可诵，句句皆叶韵矣。

七十三

沈归愚选《别裁》集，张纲孙涿州城诸诗，已收入国朝诗，云张丹作，何以又列于明人？又费安、陈恭尹诸人，两代皆收其诗，究当何从？又翁照咏史诗"文成五利封"及"孔光潜王嘉"二章，一见于周金然之《咏史》，一见于唐孙华之《述古》，不但意境俱同，即出辞亦不甚异。选者两存之何耶？自序云："编诗之中，微具国史之义。"殆未然也。

七十四

纪文达言楹联始蜀孟昶"新年纳余庆，佳节号长春"十字。考宋刘孝绰，罢官不出，自题其门曰："闭门罢庆吊，高卧谢公卿。"其三妹令娴续曰："落花扫仍合，丛兰摘复生。"此虽似诗，而语皆骈俪，又题于门，自为联语之权舆矣。

七十五

顾黄公《白茅堂集·李新传》言张献忠有吊新诗，末署"关西张秉吾题吊李新"，案献忠字秉吾，仅见于此。其诗"山前山后皆出松"云云，与《绥寇纪略》载其屯曲山文昌祠诗"一线羊肠路"云云，的是一人口气。献忠在蜀时，又妄作五经，令人诵之，有"天以万物与人，人无一物与天"云云，大似今时制艺家之讲才气者。说部中往往称其《祭梓潼神文》"你姓张"云云。凶寇诗文亦复叠见纪录如此，视黄巢天津桥上之吟，诞而伙矣。

七十六

王贻上《声调谱》，雕镌音律，操术甚陋，何秘同鸿宝，致与赵秋谷攘夺成隙？盖北人四声不清，故河北古以学名，诗词本非所长，不能不依格以填诗也。近山西董研樵亦著《声调四谱》，瓣香新城。要之，皆北人故如此，若南人则脱口自然，有声调与古人阇合，无须用谱，诗即不工，而平仄未有或误者矣。

七十七

宋儒以善谈名理，称为道学，或曰理学。理之与道，虚悬无薄，由是辄易为世诟病。王船山先生乃改称精义之学，然不若六朝人目清谈元旨为义学也。义学乎！义学乎！其斯为学者正名之宏轨乎？

石菊影庐笔识卷下

思 篇①
(1894 年)

一

理、数二也，而实一也。自其显而有定者言之曰理；自其隐而难知者言之曰数。犹阴阳之为一气，礼乐之为一事，故知数者，知理而已，无数之可言也。不善言数而专任乎数，数始与理判矣。尝筮易两分以后，不待挂扐，奇偶已定。然犹挂扐者，尽人事也。可知两仪既奠，其间万品之物，万端之事，皆已前定，而有一发不可复收之势，虽天地鬼神，莫可如何！夫数之推移，如机轮之互运，因此及彼，辗转相之，不能自已。不能自已，庸非理乎？

二

数者，器也，所以器者，道也。自邵子囿数为道，而数始为天下惑。当其四体未效，蓍龟未形，亿于冥冥之中，无不奇中，似亦与于至诚之前知。然不过附会五行，排比八卦，听命于未定之天。及一值乎其机，遂同符契。而要之所以致此之故，莫之能知，则非器之无与于本，而为器者之无与于本也。故夫星卜命葬诸术，即有可观，君子必远之而弗为，以其不知本也。不知本者，不知天也。《皇极经世书》，谓日入地中者，男女构精之象。不惟拟不于伦，乃并不知日不入地，此可谓知

---

① 作于 1894 年前。《思篇》为《石菊影庐笔识》下卷，共五十四则，为谭氏生前所编定为"东海褰冥氏三十以前旧学弟四种"，包括杂记、诗文、掌故和交友情况。录自《谭浏阳全集》。

天乎？

三

地圆之说，古有之矣。惟地球五星绕日而运，月绕地球而运，及寒暑昼夜潮汐之所以然，则自横渠张子发之。《正蒙·参两篇》有云："地在气中，虽顺天左旋，其所系辰象随之，稍迟则反移，徙而右尔，间有缓速不齐者，七政之性殊也。"有云："凡圜转之物，动必有机，既谓之机，则动非自外也。古今谓天左旋，此直至粗之论耳，不考日月出没恒星昏晓之变。愚谓在天而运者，惟七曜而已。恒星所以为昼夜者，直以地气乘机左旋于中，故使恒星河汉回北为南，日月因天隐见。太虚无体，则无以验其迁动于外也。"有云："地有升降，日有修短，地虽凝聚不散之物，然二气升降其间，相从而不已也。阳日上地，日降而下者，虚也；阳日降地，日进而上者，盈也。此一岁寒暑之候也。至于一昼夜之盈虚升降，则以海水潮汐验之为信，然间有小大之差，则系日月朔望，其精相感。"案《周礼》以凭相保章分职，则固显分测量占验为二家，夫二家不相入者也。占验固多附会，而测量亦皆粗率，天文不章，伊古已然。今以西法推之，乃克发千古之蔽。疑者讥其妄，信者又以驾于中国之上。不知西人之说，张子皆已先之，今观其论，一一与西法合。可见西人格致之学，日新日奇，至于不可思议，实皆中国所固有。中国不能有，彼因专之，然张子苦心极力之功深，亦于是征焉。注家不解所谓，妄援古昔天文家不精不密之法，强自绳律，俾昭著之。文晦涩难晓，其理不合，转疑张子之疏。不知张子，又乌知天？

四

西人谓地圆而动，人物附丽其上，面面皆是而不堕者，气吸之也。余谓圆而动，是诚然矣。人物所以不堕者，纯任自然也。置轮于室，人立其上，轮转则人堕，以其圆而动也。是非轮之过也，轮转而室不转也。使室亦转，人必不堕于轮，而堕于室矣。是亦非室之过也，室转而地不转也。并地亦转，则行所无事而入于化矣。

五

地圆之说，见于《内经》、《周髀算经》、《大戴礼记》及郭守敬，非发于西人。且月之食也，食之者，地之圆影。地不圆，影何以圆？此尤昭昭可目验者也。独是论日之远近，以大小温凉测之，辄有如盘如汤之差，卒不得确证，然以地圆证之，则亦无可疑者。朝夕之凉，日去人远也。日中之温，日去人迩也。远何以大，迩何以小，朦气之差也。朦气者，可以升高为卑，映小为大，然惟近地则有之，何也？地在气中，如圆核在果中，地圆而气亦圆。人目上视，则直线也；旁视，则斜弦也，今以凸面厚玻璃为比例，自其凹处外视，正视则明，旁视则昏，此直线斜弦之差也。故朦气者，自人目所视之斜弦言之，非此气之外，别有朦气。日中天，则无朦气之障，而还其本体。日之本体，如盘者也。日中如盘，天下皆然，不独中国。中国之朝夕，东西洋之正午时，吾见之如轮，东西洋岂有日如轮之正午时哉？日出入如轮，天下皆然。不独中国，中国之正午时，东西洋之朝夕，吾见之如盘，东西洋岂有日如盘之朝夕哉？此王仲任所以致诘于扶桑细柳，而元真子所以创辩于旁视仰观也。故知为朦气。

六

地球五星绕日而行，月又绕地球而行，此由寒暑昼夜交会晦蚀，推而得之。五星复各有月绕之而行，其余众星亦各为所绕而行之日，各有绕之而行之月。河汉之光，皆为众星，此由远镜窥测而得之。远镜窥测，去天辽阔，世或未信为然。若夫地球绕日而有寒暑，地球自转而有昼夜，五星绕日而有交会，月绕地球而有晦蚀，则确不可易。且地之动，乃圣人之言也。《易》曰："坤至柔而动也刚，至静而德方。"又曰："坤道其顺乎，承天而时行。"又曰："天地以顺动，故日月不过，而四时不忒。"又曰："夫坤，其静也翕，其动也辟。"《易·乾凿度》曰："地道右迁。"《尚书·考灵曜》曰："地恒动不止。"《春秋·元命苞》曰："地右转。"《河图·括地象》曰："地右动。"《河图·始开图》曰："地有三千六百轴，犬牙相牵。"更若仓颉、尸子，皆有地动之说。使地不与天同动，而独凝立于其间，则是崛强不顺，而又何以承天耶？故动也者，其绕日也；时行也者，其自转也。绕日故四时不忒，自转故日月不过。然则所谓天者安在乎？曰："天无形质，无乎不在。"粗而言之，地球日月星以外皆天也。张湛《列子注》曰："自地以上皆天也。"此以气言也。精而言之，地球日月星及万物之附丽其上者，其中莫不有天存。朱子《四书注》曰："天即理也。"此以理言，而亦兼乎气也。然则所谓坤至静而德方者，何谓也？曰：此说极精微，自后人误分天地为二，其解遂晦。夫地在天中，天亦即在地中，阳中有阴，阴中有阳也。就其虚而无形者言之曰天，就其实而有形者言之曰地。天，阳也，未尝无阴；地，阴也，未尝无阳。阴阳一气也，天地可离而二乎？天圆者，地球日月星莫不圆也；地方者，则固曰德方也，非以形言也，犹义本无形，而称其德曰方也。天动者，地球日月星莫不动也；地静者，亦以德言也，动根于静也。夫如是则可以圆而动者为天，方而静者为地，而浑天四游之说，益用明焉。

七

《易》卦六爻，说者谓上三爻天，下三爻地。又谓上二爻天，下二爻地，中二爻人。三爻天三爻地者，何也？此所谓天者气也，气附于地球，由地球而上，推气之所穷，至于气极薄之处，去地约二百里，是气之在外者也，是为上爻。故上爻穷极之位，危道也。夫二百里之上，未必无气，而生物之气，则自此止。且易道切近，无取荒远，由外而内，至于兴云降雨之处，即五爻云行雨施，君象也。故五为君。地以上，人资以生之气，是为四爻。此天之三爻也。地以下未及泉之处，是为三爻，及泉则为二爻，泉气上蒸，郁为云雨，二应乎五也，故二为臣。地之极中，周地球面面皆以为至下之处，则地球之根本，如果之有核，轮之有轴，是为初爻。此地之三爻也。其分六爻为天、地、人者，何也？气之极外，至有云雨处，上去人远，统谓之天。地之极中，至有泉处，下去人远，统谓之地。地以上地以下，化生人物者也，统谓之人。或分天地，或分天地人，而内外卦分界，要以地面为准。自土以下为内卦，自气以上为外卦。十一月为阳生，阳生者，生于地之极中处，则地以上宜阳，不得达矣；而土重灰轻，所感神速，此四应乎初也。初爻动于下，四爻即应于上，既有应，则亦有承乘孚比，有承乘孚比，则一爻动，上下爻皆感焉。上感历三爻而止，下感历三爻而止，故初上爻容有偏绝，而地以上地以下，所谓中二爻人者，无日不在阴阳交感之中，是以能化生。然此特就所处之地球上半面而论，其实面面皆然，与吾相对之下半面，亦有六爻。合之则十二爻半隐半见，即衡阳王子十二位之说也。

八

暑，阳之舒也。寒，阴之惨也。动，阳之发也。静，阴之敛也。气，阳之炎也。血，阴之润也。乘奔车，轹巨石，动极矣；于血则能流通，而不能静细，其气乐胜则流也。坐静室，屏视听，静极矣；于气则能调摄，而常患郁滞，其血礼胜则离也。阴足以益阳，阳足以益阴，而偏则相妨也。暑，益人之气，而损人之血，故气盛而汗溢。寒，益人之血，而损人之气，故血敛而气馁。阴足以益阴，阳足以益阳，而偏则相妨也。有利必有害，有损必有益，相纠相寻，至于无尽，此君子所以贵乎中也。元气绸缊，以运为化生者也，而地球又运于元气之中，舟车又运于地球之中，人又运于舟车之中，心又运于人身之中。元气一运无不运者，人心一不运，则视不见，听不闻，运者皆废矣。是知天地万物果为一体，心正莫不正，心乖莫不乖，而决无顽空断灭之一会，此君子所以贵乎和也。中和所以济阴阳之穷也。然中和亦分阴阳：中，体也，静之类也；和，用也，动之类也。然中之中，和之中，亦各有阴阳，偏全纯驳，过不及是也。由斯而谈，变化错综，盈天地间，皆易也。

九

西人论气，由地而上，至二百里而尽矣，或谓不止二百里。其谓止二百里者，如高山不产生物，惟草木是植。更高则草木亦不复植，气有厚薄故也。愈高愈薄，以至于无，故乘气球而上升，必储气于囊，以供呼吸，为其无气也。其谓不止二百里者，以日之暄，直达乎地也。二说皆有考验，而后说较胜，然亦有未尽。二百里之气，乃生物之气，若夫天地往来之气，固无可止也。日达其气于地，月星皆达其气于地。月星之光，照地则明，是月星之气达于地矣。人目仰见月星，是地之气，达于月星矣。且日月吸地海为之潮，故朔望潮盛。夫岂有理之所至，而气之所不至乎？

十

地球，一星也，则星皆地球也，而星陨者何也？曰："地球之毁也。"故星有古有今无，古无今有者。无其毁也，有其成焉。有成有毁，地与万物共之，其故则地亦天中之一物，既成乎物而有形矣，无无毁者也。天乎人乎？曰："其成也天而人，其毁也人而天。"天以其浑沌磅礴之气，充塞固结而成质，质立而人物生焉。人物生而噩噩闷闷，禽植榛狉，圣人者起，开而辟之，经而纬之，质而文之，于是为治平之世。人事日趋于隆，而世风日趋于降，降而不能止则大乱，久之又大治。如是者数十数百，以销磨宇宙之精华，而乱日益甚。故今之治，视古必退，今之乱，视古必进。阴阳消息之理，亦地球成毁之机也。镫之灭也，必数数明，其明也，非明也，速其灭也。然苟益以膏，未尝不可复明。故以苟且涂饰为治，是无本也，是不益将灭之镫以膏也。是地球之毁，人自毁之也。毁之于有形欤？浆酒藿肉，狼藉百谷，糅绮罗，挥金玉，穷天地之产而产以薄，麋万物之力而力以绌。水以隄防而汩陈，地以穿凿而内匮，孜孜焉惟恐其毁之不速。毁之于无形欤？先毁其廉耻，继之以礼义，四维不张，百行皆靡，邪说并腾，异教蜂起。强邻乘隙而驾中原，封狼思噬而蟠巨野，圣道正学，不绝如缒，卒会祸乱，必尽草薙而禽狝之，狝薙之不已，并此一线之留遗，亦渐焉泯灭而人道穷矣。夫人道已穷，则地球之毁，纵不若星之陨，而其实久毁，天又何爱此无实之地球，而不决去之耶？然有圣人生其时，又未尝不可拨挽，故圣人之功用，可以参天赞化，而地球之成在天，而毁在人也。虽然，圣人或千百世不一生，或生而不际其时，又诚天也夫，天也夫。

十一

星陨而为地球之毁矣。然夏秋间，星流竟夜，有流而不陨，陨而为石者，则何也？曰：此非星也，空中飞行之石也。石触地球之气，激而成光，望之有似乎星也。石之飞行，无时不然，但不触地球之气，则无以见之。夏秋日，去吾所居之地近，气热而盛，与流星相摩。如金之触石，火光迸裂，故视常时必多。如夏日登高山，观日光，其光一荡一跃，亦热而盛之地气为之也。何以知其非星？以流星去地甚近而知之。曷言乎近？夫以远而至于数十百千万里，则其流之寻丈，亦当为数十百千万里。数十百千万里而一瞬即至，虽光影之速，不能若此，故知其甚近也。近莫如月，然且去地八十万里有奇，果其为星，岂复能以道里计耶？则流星之非星明矣。且陨而为石，故知其石也。石而既飞行矣，又何陨也？石之于石，必有相击之道也。

十二

西人谓正方形体，皆人力所造，天地自然所生者无有，以证地圆之说。地圆本无可疑，何必取证于此。如以此论，则甘肃花马池之盐根，皆等边直角，六面立方形体。藿香紫苏之梗，亦间有正方，其交角皆九十度者。又凡金石类之质点，皆具方形，谁谓无正方之物乎？

十三

圣人之言，无可革也，而治历明时，《易》独许之以革。盖在天者即为理，虽圣人不能固执一理以囿天，积千百世之人心，其思愈密；阅千百年之天变，其测愈真。故西学之天文历算，皆革古法，钦天监以之授时而不闻差忒。革而当，圣人之所许也。

十四

释氏之末流，灭裂天地，等诸声光之幻，以求合所谓空寂。此不惟自绝于天地，乃并不知有声光。夫天地非幻，即声光亦至实，声光虽无体，而以所凭之气为体。光一而已，其行也，气为光所烁而相射以流也。声一而已，其行也，气为声所迫而相禅以鸣也。然而光疾而声迟，非有异气，光于气近乎迎，声于气近乎距，而其本体亦自分轻重之差也。光发于此，倏达于彼，无所阂即无所待，故曰："轻以疾。"今夫隙中之日，篝中之火，自旁而观，见其一缕直达，是即其体。不惟火日也，人目之光亦然。视之所及，皆其光之所及，日月星辰之光至地，其气亦至焉。人目之光至日月星辰，其气亦至焉。轻以疾，故能远也。声发于此，逾时始达于彼，有传递，即有绝续，故曰："重以迟。"今夫山谷之应响，林木之号风，其进皆有序，而其返也亦有序，是即其体视所至之远迩，为往返之久暂，其进出于形，与形相击，或形与气相摩，或气与气相荡。其返则气为形所阻，而气与气还相激以成声。无阻则无返，无阻无返，则气以平，平斯弱，弱斯尽矣。重以迟，故不能远也。验声光之迟疾，尤莫近于声光并发之时。雷与炮去人虽远，其电光火光随发随见，而其声则不论巨细猛缓，必须十四秒之久，始行十里。若地气极寒则加疾，极热亦稍迟；冬与夜闻声较清于夏与日者，亦寒则气凝而厚，热则气散而薄之变也。且声不惟迟于光，并迟于有质之物，故丸先至而炮后闻，而光则与电同体，电虽速于光，仍可名为光之速。然则天地间至疾者，莫如光；至迟者，莫如声也。光虽至疾，而所被有先后次第，有先后次第，则有行之迹而可算，特相授之际甚密，无由纪其数，或谓一秒约行六十五万里，亦举大略耳。古圣人正五色以养明，定六律以养聪，岂能凭虚无而创造哉？亦实有是物而不容废也。嗟乎！耳目之用至广也，亦至贵也。光驰其焜燿而引人速，声蓄其淳回而感人深，礼乐且藉以表著，而可不慎乎？

十五

今有所谓地学者，考察疆石，得其生物，因知洪荒以上寒暑燥湿之异候，山海水陆之改形，百昌万汇，亲上亲下，蜎飞蠕动之殊状，冰期火期之变，石刀铜刀之奇，可得而据者，仅乃地面三四十里之深，则已不胜，其时代之渺远，而罄竹千亩，不足书其纪矣。即其所及知，以究天地生物之序，盖莫先螺蛤之属，而鱼属次之，蛇龟之属又次之，鸟兽又次之，而人其最后焉者也。人之初生，浑浑灏灏，肉食而露处，若有知，若无知，殆亦无以自远于螺蛤、鱼、蛇龟、鸟兽焉。有智者出，规画榛莽，有以养，有以卫，拔其身于螺蛤、鱼、蛇龟、鸟兽之中，固已切切然全生远害，而有以自立，然于夷狄也亦无辨。于是独有圣人者，利之以器用，文之以等威，经之以礼义，纬之以法政，纪之以伦类，纲之以师长。又恐其久而渐弛也，创制文字，载著图箓，发天道之精微，明人事之必不容己，俾知圣人之教，皆本于人性之自然，非有矫揉于其间。由之而吉，背之而凶，内反之而自足，叛去之而卒无所归，而教以不陨绝于天下。故人，至贵者也，天地阅几千万亿至不可年，而后有人。故《诗》、《书》，人道之至贵者也，人阅几千万亿至不可年，而后有《诗》、《书》，有《诗》、《书》，而后人终以不沦于螺蛤、鱼、蛇龟、鸟兽，抑终以不沦于夷狄。今之时，中西争雄，中国日弱而下，西人日强而上。上而无已，下而不忧，则必废《诗》、《书》而夷狄，则亦可反夷狄而螺蛤、鱼、蛇龟、鸟兽，以渐渐灭，而至于无丛生之草，周而燎之，求其不燔以有遗种也，岂有幸乎？求其不燔以有遗种，则又非深闭固拒而已也。则必恃其中之有人焉，起而扑灭之，而焰以不延也。故中国圣人之道，无可云变也，而于卫中国圣人之道，以为扑灭之具，其若测算制造农矿工商者，独不深察而殊旌之，甚且耻言焉，又何以为哉？嗟乎！天地之生生，人性之存存，往圣之有经，《诗》、《书》之有灵。自此而几千万亿至不可年，必有大圣人出，以道之至神，御器之至精，驱彗孛而挞沧溟，浑一地球之五大洲，而皆为自主之民，斯为开创之极隆，而别味辨声被色之伦，赖以不即于冥也。

十六

《春秋》"震夷伯之庙"，左氏谬言展氏有隐慝。由是人世彰瘅之柄，举以归诸雷霆，盖莫不以为诚然矣。而百世之上，有王仲任者，独不信之。所称背上火迹，俗云天书。图画力士，左引连鼓，右推椎，皆与今同，虚妄之谈，几二千年而未已。但今之说雷家或辨其字，图雷家又傅以翼，为小异耳。夫雷即电之声也，今之电学家，不惟习睹其光，并能谛审其质，或燥或湿，惟所取携，乌睹所谓神异乎？西人有防雷钟者，累累梁间，如铃如铎，雷将至，则钟如其所至之方而鸣，得以豫设机械，至即尽取其电转鬻，获利甚厚。雷而有神，顾被辱如此乎？然则为雷所震者，非有隐慝也，特无器以制之耳。汉人习闻谶纬五行之说，其诞至不可诘，王氏生于其时，乃能卓然不惑，指摘其失，持论虽时近偏矫，甚至非圣无法。然统观始末，弃短取长，亦可谓豪杰之士哉！

十七

以人之游魂而变我耶？我不知其谁也。以我之游魂而变人也？我不知其谁也。以今日之我，不知前后之我；则前后之我，亦必不知今日之我。试以前后之我，视今日之我，以今日之我，视前后之我，则所谓我，皆他人也。所谓我皆他人也，安知所谓他人不皆我耶？原始反终，大

《易》所以知生死，于以见万物一体，无容以自囿者自私也。大至于地球，而丽天之星，皆为地球，其数百千万亿而未止也。小至于虫豸，而一滴之水，皆有虫豸，其数百千万亿而未止也。以丽天之星视地球，则地球虽海粟仓稊可矣。以一滴之水视虫豸，则虫豸虽巴蛇溟鲲可矣。鸢飞鱼跃，《中庸》所以察上下，于以见大道为公，无容以自私者自囿也。

十八

有好芝菌导引之说者，自以为冷然仙矣。就问之曰："如子之术，可不死乎？"曰："然。"曰："是诚大可哀也已。人生数十年耳，与我周旋其间，无论天合人合，能六七十年者寡矣，然君子犹以为憾。使百年，则先乎我与同乎我者无存矣。更百年以至于无穷，则后乎我与后乎后乎我者，又无存矣。新进后生，与我皆不习，念我同游，云徂何往？即我所生之子姓，亦或更数世而不可问，于斯时也，有泫然悲耳。乌睹所谓神仙之乐耶？而徒以块然之身，独立不坏，以与阴阳造化争衡。反不如顺时而死，犹不至四顾无亲，而恻怆感悼，以戾乎人道之常也。即谓神仙䏆聪黜明，不复有知，则是石与土而已矣。土石虽寿，不得谓之生。人至无知，其心已死，身虽存，奚贵乎？而况乎犹未能也。"

十九

北人有出殃之说，南人谓之出杀[①]。纪文达公言幼尝亲见，余七岁时亦见之。如炊烟没空，高卑方位，悉如日者言，惟时日不雠。盖《周易》所谓游魂，而横渠张子之论生死者也。

二十

方余之遭仲兄忧，偕从子传简困顿海上也，晰云水之混茫，夕营魂而九逝，心诵《南华》，用深感乎方生方死、方死方生之言。死者长已矣，生者待死而未遽死。未遽死，岂得谓之无死哉？待焉已耳。是故今日之我虽生，昨日之我死已久矣，至明日而今日之我又死。自一息而百年，往者死，来者生，绝续无间，回环无端，固不必眼无光口无音而后死也。阅一年，则谓之增而不至其减也；易一境，则谓之舒而不知其蹙也。生而有即续之死，人之所以哀逝；死而终无可绝之生，天之所以显仁。衡阳王子曰："未生之天地，今日是也；已生之天地，今日是也。"又曰："以为德之已得，功之已成，皆逝者也。"夫川上之叹，虽圣人不能据天地

---

① "杀"，《谭嗣同全集》（蔡尚思、方行编，北京，三联书店，1954）及增订本皆作"死"。

之运，以为己私。天与人固若是之不相谋也，而岂庄生河汉其言哉？虽然，若不委穷达素抱，深可惜夫。惟驰域外之观，极不忘情天下耳。

二十一

国初湖北学者，当推胡石庄为最。所著《读书说》，盖《绎志》之外篇，视《绎志》稍粗矣。书久佚，仅见于李申耆《绎志序》。嗣同随任湖北，访得其书，属友人进于赵学政尚辅，为之重梓。其论春正月，秋七月，寒暑常甚于冬夏，以为历算积差之失，则非也。若然，则生物皆失其时矣。故验时于草木，信于日星，若夫寒暑之盛，积久而然也。冬而至于正月，夏而至于七月，积寒暑既久矣，而风亦足以使之。凡北风凉而南风温，所从来之地异，赤道南则反是，其理易明。独东风长养，西风肃杀者，纾疾之势异耳。风本止有南北，而无东西。其有东西，则因偶随山川形势，或潮汐涨缩，或两风相激，地球东转，风常落后，故东风缓而纾；若人觉有西风，则其行必速过于地，故西风劲而疾。推此凡云之自西而东即不雨者，亦由西风劲疾太甚，驱使顺地行去，不能渟蓄致雨耳。

二十二

同县邱谷士先生之稯幽求钟律，钩索元音，从古乐久废之余，独传候气定律之法。殆由天授，非第人力。由是吾乡之乐，有声天下，先生著有《律音汇考》，已邀乙览。刘蔚庐师复作《琴旨申邱》，发明奥窔，其道益显。而嗣同微有憾者，诸器具备，独阙比竹之管，好学博闻之士，所当补其漏略者也。

二十三

昔人所谓淫声，靡靡而已。今则专尚鄙促激厉，视古之靡靡，且如《咸英》、《韶濩》。此风会之大变，治乱之大闲，华夷之大辨，生死之大源。然非精审独至，不能察也。

二十四

三古之士，没齿礼乐，盖罔不份份矣。汉兴，张皇坠遗，仅乃皮傅，自时厥后，器虽不备，然观其文辞行谊，类有一春一容雍穆之遗风。赵宋儒先致叹成材之难，思有以启佑学者，刊录华采，指归实践，绳准秩然，动中分寸。读书曰："丧志"，能文曰："不幸"。用为灭质溺心之戒，唆[1]拔绝俗，矫振颓流，可谓笃信果力，孤臻千仞，礼教以

---

[1] "唆"，《谭嗣同全集》（蔡尚思、方行编，北京，三联书店，1954）作"峻"。

昌，而乐之意亦寖衰矣。夫严乎实而无文，惟夷道则然，气机先兆，代有同悲。今之海国，务实益迫，而卒以厉民，大雅不作，阋敢知厥攸届也。《记》曰："声音之道微矣哉。"矧无声之乐，无体之礼，尤微乎其微乎。

二十五

书之至俗极陋，而世以相沿既久，无由测其得失，遂不敢斥其非者，今所传之琴谱是也。夫古乐之缺废久矣。不知何一人起于雅音歇绝之余，妄以其臆度之私，操习之鄙，摹写俗乐，入于古器。观其仪，则指法以繁难而眩巧；聆其籁，则节奏以纤碎而诩美。或伪为高古，则失于粗浮；或缀以文辞，则益其鄙诞。甚且涂附经传诗古文辞以为之谱，不古不今，忽正忽变，谬种流传，蔓延世宙。群然惊之曰："此古调也。"于是奔走之隶，倚门之倡，皆稔习其法，以鸣高矜奇，为取悦于人之资。揆其心之所明，亦何尝深味其微，而果以为盛美哉？特以其古也，因崇之云尔，抑何不思之甚也！今之谱，今之里巷讴吟也；今之琴，今之筝琶阮咸也。衡阳王子亦以为今之琴操，淫声也，故曲终有泛音。刘蔚庐师亦以为取音当取七徽以下，宽和正大之音；七徽以上，发音尖促凄厉，不宜频用。嗣同阅谱不下数十种，无不兼有此病。尤可笑者，写指法惰用全字，谬为减省，至并数字为一，此不知始自何代。然观近刻《古逸丛书》影唐本《碣石调幽兰》，尚皆字字正书，无妄减妄并者。指法之名，亦多与今异，可知今所传，果皆虚造，非风雅之遗也。且不惟谱为然，蔚庐师援证古书，独探往制，乃知今之琴，亦非古之琴；今之弦，亦非古之弦，说详《琴旨申邱》。《易》曰："形而上者谓之道，形而下者谓之器。"今之论乐者，皆泥于形而下之器，而不进求其所以然。呜呼！安得知道者与言器哉？

二十六

子夏曰："四海之内，皆兄弟也。"胡氏以为语滞，然于张子"民吾同胞"之言，何以不致疑耶？孟子曰："大人者，言不必信，行不必果，惟义所在。"朱子以为使夺末句，岂不害事？然何解于《论语》"君子之于天下也，无适也，无莫也，义之与比"耶？执此论古，古于是蔽。迩者巴陵吴南屏《秝湖文集》，诋《西铭》"乾称父坤称母"之说，以为似天主教，是不知称父称母之本于《易》。惟天地万物父母之本，于书又何诛焉？

二十七

乌之罹于罗也，绊以丝绁，固以樊笼；水以饮之，食以食之，斯时也，惟人用之而已。虽刀锯鼎镬，义无所辞。而冥冥之鸿，方翱翔于人外，五步一饮，十步一啄，未尝不自得也。夫已罹于罗，而不为人用，几于不仁；未罹于罗，而求为人用，几于不智。不仁不可为也，不智亦不可为也。故出处者，生死之柄也。出非其时，是谓自触于死。夫死奚足道？独是不能发舒其用，贸贸焉随众以死，为可悲耳。今之求进者，岂诚能有为哉？苟焉以为利也。凡利其利者，死其死；不能死其死，何为利其利？执雉取其死节，古之士未有不誓死者。特非后世匹夫匹妇之谅。所得而解也。

二十八

夫浩然之气，非有异气，即鼻息出入之气。理气此气，血气亦此气，圣贤庸众皆此气，辨在养不养耳。得养静以盈，失养暴以歉，气行于五官百骸，形而为视听言动，著而为喜怒哀乐，推而究之，齐治均平，所由出也。其养之也，又非吐纳屈伸之谓也。惩忿窒欲固其体，极深研几精其用。惩与窒，斯不忧不惧继之矣；极与研，斯尽性至命继之矣。故善养气者，喜怒哀乐视听言动之权，皆操之自我者也。操之自我，而又知言以辨其得失，于是无有能惑之者，而不动心之功成矣。嗣同时过后学，罔知攸赖，广籀陈籍，征之所处，以学莫大于养气，而养气之方，宜有如此。至其节目详审，履者自知，无用弹说，亦不能也。

二十九

养气之学，前说既备，无已，更一申焉。窒欲者，惩忿之前事，欲窒，则忿易以惩，然而未密也。去矜则窒欲之极，忍诟则惩忿之精也。夫如是，气不其弱乎，加以不忧不惧而体刚矣。然不窒且惩，亦不能不忧不惧。研几者极深之通途，几研则深易以极，然而未周也。明势则极深之著，趣时则研几之发也。夫如是，气不其腼乎，加以尽性至命而用大矣。然不极，且研亦不能尽性至命。夫至大至刚，无不充之气，即无不平之气。充者易见，而平者难知，以吾之至平，平万物之不平，物无不平，即气无不充。平也者，其充之极致乎。是以辟易万夫易，酬酢一二人难，酬酢之无憾，威仪之无憾也。《传》曰："威仪定命。"夫威仪，养气之验也。

三十

往年上刘蔚庐师书一通，今识于此，略足见为学大致。其辞曰："久不书候起居，实以籀诵陈编，漫无曾益，愧悚之情，于恩师前尤难可自解。虽有欲陈，援笔辄止，连于致王、贝两君书中，得谂道履绥和为慰。惟奖掖曲加，几于逢人说项，循名课实，赧然无以自容。窃以为易为人所称道，必其人之致饰于外，抚躬省责，益用蹙没。迩为学专主船山遗书，辅以广览博取，又得贤师友如瓣薑师之刚健文明，王信余之笃实辉光，涂质初之质直，贝元徵之温纯，而又推元徵足医嗣同之偏弊。然晤语仅及粗泛，深论之日盖寡。窃以为心气之间，发越最显，见即默喻，多言转足障阂，此古人所以乐乎亲炙也。静式古训，动占丽泽，宜乎日有进矣。而迂拙疏略，日甚一日，视往者英勃之气，退不知几，或者退乃其进欤？前命肆力《四书训义》，伏读一过，不敢自谓有得也。然于'内省不疚，夫何忧何惧'，始知内省不疚之后，大有功力，非一省即已。虽然，功力果安在？以意逆之，殆中庸之云乎？夫欲不忧惧，必先省无可忧惧，所谓无疚也。无可忧惧，仍不能不忧惧，则亦忧惧之而已矣。故以无可忧惧治忧惧，不如以忧惧治忧惧。若曰无可忧而忧，无可惧而惧，是则可忧也，是则可惧也。《中庸》曰：'戒慎乎其所不睹，恐惧乎其所不闻。'戒慎焉斯可矣，奚为其恐惧乎？苟非至愚至妄，其于不睹不闻之顷，自当天机内畅，舒气外余，而必皇皇焉恐且惧者何哉？且恐惧果安属乎？以为事耶，则不与忧惧之君子异矣；以为私耶欲耶，犹粗言之也。求之而不得，盖亦喜怒哀乐已尔。其未发也，不滞于喜，不滞于怒，不滞于哀，不滞于乐。虽不滞也，有无过不及之则焉，故曰'中'。其已发也，无过不及之喜，无过不及之怒，无过不及之哀，无过不及之乐，虽无过不及也，有不滞之机焉，故曰'和'。天以之化生万物，人以之经纬万端，戒慎其中和，恐惧其未中和，不必其无忧惧也，而非犹夫人之忧惧也。返其忧惧之施之囿于事者，归之于理，则存诚之学也。举其忧惧之由之柄于天于人者，责之于己，则立命之说也。是故不必其无忧惧也，易以地为判霄壤矣。嗣同蚤岁瞀瞀，不自揣量，喜谈经世略，乃正其不能自治喜怒哀乐之见端，苟不自治，何暇治人？苟欲自治，又何暇言治人？即欲治人，亦本诸喜怒哀乐而已矣。第所谓未发者，又有疑焉。人非木石，欲其冥而无思，惛而无薄，幽求之梦寐，远期之终身，实无此冥与惛之一会。本所无而强致之，是以目喻心之异说也，是泥沙金玉两无可著也，是人而木石之也，而人固不能也。然则未发者何心耶？既未发矣，又焉知中？又焉知不中？曰：是亦戒慎之心也，是亦恐惧之心也。舍此无以为未发，即无以为中，亦无以为心也，舍此更无以为不忧惧之君子也。嗟乎！躬不逮言，古者攸耻。以嗣同而言及此，夫亦僭越无等矣。故虽有贤师友如前所云，犹不敢臆说瞽论，迟重其发，即书报阙然，皆职此故。既而思违教如此其久，相去如此其远，则非亲炙之不言而喻者比，默而息乎，其奚以考镜得失？辄敢觍缕，惟裁示焉，然已不胜其恶而汗濡背也。"

三十一

于征诛观世变，则三代之誓词，周不如殷，殷不如夏，夏不如虞。不知揖让亦然。尧让于舜，舜一辞而已；舜让于禹，禹乃辞至再三。禹岂劣于舜哉？则以时有不同，而处夫运之渐降也。尧之时，民方昏垫，思得大圣人治之，而在廷诸臣，又有凶嚚之属，舜知舍己其谁，于是坦然受之不惑。舜之时，天下乂安，民乐于治，而民之知识亦日启，其上师师贤圣皆帝王之器，此禹所以不敢径遂也。夫禹非苟辞焉，而求合于人也。使如舜之一辞即受，天下必有起而议其后者，是不几负舜之托乎？故必自尽其礼，而后可以为人上。是何也？运为之也。运之行也，益久而益替，惟圣人能挽其替，而归诸隆。即处圣人之不幸而当运之极，亦能与运转移，通变以渐而救其失，使将替者不遽替，已替者不更替，以尽礼为驭运之微权，而运失其权焉，于是乃可以长治。然而圣人不常见，愚不肖又杂然朋兴而不已。一彼一此，终必底于无可为。及其既久，虽有圣人起，亦莫能争于千年之扰攘，使一旦咸归于治。是以一治一乱之天下，往往乱常而治偶，乱久而治暂，乱速而治缓，乱多而治寡，乱易而治难。

三十二

管仲事子纠而欲杀桓公，魏徵事建成而欲杀太宗，是皆忠于其主也。杀桓公不克，而子纠以之杀；杀太宗不克，而建成以之杀，是皆不幸于其主也。以杀桓公不克而杀子纠之管仲，反而事桓公；以杀太宗不克而杀建成之魏徵，反而事太宗，何其前后谬欤？而论者责魏徵也严，责管仲也宽，殆以孔子之原之欤？非也。太宗，弟也；桓公，兄也。谭嗣同曰：使桓公而弟，子纠而兄，仲其能死之乎？何以知其不能也？曰：以交于鲍叔而知之。夫管、鲍之交，才也而知其所胜，过也而有以相谅。气类之相通，亲于肺腑，忧乐之与共，逾于骨肉。其交之深而可恃有如此。以管、鲍之交之深而可恃，不共事一公子，而各主其主。何也？曰：惟管、鲍之交之深而可恃，然后可以不共事一公子，而各主其主。方襄公之弑也，桓公奔莒，子纠奔鲁，桓公与子纠年未必不相若也，才亦未必相远也。莒之小，鲁之弱，又未必相悬殊也。桓公可立，子纠亦可立，则正不知立之在谁也。使仲与叔共事一公子，此一公子立，斯已矣。不立则仲与叔遂俱死。即不死，亦必不得志于齐国，度仲之智必不出此。彼其心未必不以平日相知之素，重以死生不相背负之约，不幸而蒙难，皆能有以相急而阴为之地，以使得志于齐国。于是遂不共事一公子而各主其主，而无所疑。然则带钩之射，桓公不幸而贯胸洞胁，则子纠立而仲相，仲于叔亦必阴为之地，以使得志于齐国。夫桓公、子纠，必有一得国者也。此得则彼失，彼得则此失，而仲与叔则无往而不得也。故仲之不死，于其与叔各事一公子以出，则已决矣。不然，子纠既杀以后，堂阜未被以前，桓公怒且不测，乃仲急自请行，若有卿相之荣，惟恐往取之不速。彼仲一败军之虏耳，亦何恃不恐哉？则诚逆知叔之为之地也。世言交友，咸慕管、鲍，夫管、鲍之交，岂不甚善，然迹其君臣之际，吾恐食禄养交者得而践也。孔子仁管仲，第即其功言之，死不死之心，未尝深论焉。其间果有难言者哉？嗣同持此论久矣，或訾其刻覈，后读《吕览·不广篇》，竟说其事如此。

三十三

以《秦誓》殿二帝三王之书，邵子谓知代周者秦也。此说亦未可厚非。国之兴亡，至诚前知，岂非有显然可见之理乎？秦据文、武龙兴之地，临天下之吭背，地广民强，其兴也不待智者而后明也。安知非欲周知秦有可兴之势，因惧而修德耶？又安知非欲秦知虽有可兴之势，要当如穆公自知其过，倾心耆老，不可力征经营，自贻伊戚耶？由今而观，《诗》终《商颂》，先周者也；《书》终《秦誓》，后周者也。特邵子旷理任数，适取疑耳。

三十四

兴必有祥，亡必有妖。祥岂必谶纬书所纪之图册符瑞哉？君子是也。妖岂必五行志所陈之灾沴疴眚哉？小人是也。

三十五

刃交矢集，是谓外患。患外者，富贵少而贫贱多。鱼烂瓜溃，是谓内患。患内者，贫贱轻而富贵重。然而则既有内外之辨矣，人能宏道，无如命何？巢、许、申徒，有所恶而逃之也。

三十六

封建之废，事势所必尔，非秦所能为。孟子答梁襄王曰："定于一。"是即废封建之说也。穷变通久，圣贤第视乎其时，乌有法之可言哉？故曰："地球浑一，则中外之变定。"

三十七

荀仲豫曰："汉高祖、光武当大乱之后，土旷人稀，可行井田而不行。非此时而行井田，骚扰不一矣。"案井田与封建同为天之所废，无能复兴。惟限田之法，差近治理，然亦必行之于开创之始。夫开创之盛，其惟秦乎？六而一之，国而郡县之，东极于海，南跨乎越，西北逼匈奴，数万里咸奉一主，开辟以来未尝有也。当此之时，天下惫极，农粟不足供转饷，女布不足应箕敛，忍死竭力，以效使令，沟壑之瘠，居九州之强半。然而秦令夕下，朝已奉行，凿五羊，填东海，筑长城，车驾遨游，军旅四出，死生劳逸，惟上所命，而不暇自爱，何也？其势张，故令无不行也；其威积，故人无不从也；其力果，故事无不举也。甚矣，兴朝盛气之大可用也。虽令以残暴不仁，使即死地，且冈敢不率，使有语以先王之道者，与其销兵，孰如限田？与其独取，孰如均分？与其焚书坑士，孰如诛豪强、严兼并？籍易行之时，行易行之政，又有使民不敢不行之权。其臻先王之治，犹星辰之倾西，江河之就东，浩浩其孰御之？时乎时乎！万世而一时也。惜乎其不出此也！

三十八

先仲兄喜论兵，嗣同承其意为《兵制论》，属草未卒，而罹原隰之痛，委废篚衍，不复省视。每一检校，辄摧怆不容精思。稍稍次第首尾，十不尽一，极知于论者之意无当焉。其略曰："匪用兵之难，选与养之实难，养不得其道，患无以御寇；选不得其人，是亦寇而已矣。今牧马于郊，皆踶跋不羁，又不通其意，饥渴不时，则见其冲突狂跃，蹸民之田，坏民之庐，啮竹木禾麻，充斥道路，行旅为断。猝有暴者起执而尽杀之，其主无敢孰何？是故兵可用不可用，先观其有制无制。今天下兵满矣，城以为之居，室以为之息，衣食取于是，妻子聚于是，幼壮老死，不出其间，又无征敛徭役之苦，待之如此其勤且厚，所以翼其一战至切也。一旦有事，鼓之前进，盱睢趑趄，相顾错愕，未及面敌，已弃甲遁，国家知其不可恃，易兵而勇，然后数收其功。然勇率旅人流亡之属，恒相聚焚掠，虐过于贼，虽严刑不为止，不则呻吟思归，往往逸去。迨英锐略尽，遇敌遂不可支。是故勇可用不可久，久不暴则弱；兵可久不可用，用则败北。不可久者弊在选，而日羁縻之不思所以易；不可用者弊在养，而日休息之不思所以振。不十年，天下无可用之兵。无他，兵有余，制不足也。欲定制，不外选与养。夫选，未可执途之人而遍察之也，必出于科目而后可。今之武科得士，岁以千计，然皆老死田陇，即一二得官者，浮沉散秩，无一人一士之权。是设科取之，适以废之。欲毋废之，必选而入兵。侍卫可长千人，进士长百人，举人长十人，武生则兵也。欲为兵，必先为武生。兵中贤者，递迁而上，尤必用土著，俾无他往。守其祖宗坟墓之墟则力奋，战于乡间长养之地则势审。平居无骚扰之端，征发无逃亡之患。如此则兵不择而精，气不鼓而壮，且武科亦不虚设。是一振而积弱祛，一举而众善备。自古养兵之法，多不可行。可行又不可久而无弊，然则奈何？曰："谨于形名，察于分数而已，兵者名也，一兵即有一兵之效。名所从生之形也，形生名，而名还以正乎形。一兵即有一兵之效，积而千而万，犹一兵也，而效则千万。效著而兵可以寡。兵寡效著，可以应卒，可以应泛。应而有往来，往来而有彼此，彼此而有分合，分合而有居行，居行而有奇正，奇正而有纵横，纵横而有经纬，经纬备而成章。恢恢之网，弥布宇内。如岳之峙，如风之随，如率然之还相救，如神龙之不可测，此分数之说也。若今之兵勇，渐令归农，如此则兵减而农多，武修而用节。兵减农多，武修用节，无之不可，天下不足平也。宣王中兴，诗咏选徒。孔子曰：'以不教民战，是谓弃之。'兵不选且教，非徒弃兵，将弃国。以弃国之行，求用兵之效，而欲无糜烂斯民，涂一世于锋镝也，诚难。"

三十九

崔提督伟，甘肃清水县回部人。长大多力，食兼人，少有异征，乡里敬惮。同治中，陕西回民叛，应者蜂起，崔所部尚驯扰，官遇之不善，累死其人，遂相率为乱。纵横屠掠，所过一空，连下数十郡县，为诸贼冠。左文襄遣湘军连败之，崔率众数十万降，积功至今官，功成引退，耕于乡，为善人。大人虑回民滋多，无所系属，且召乱，募强健五百人，召崔长之，使捕不法者。尝召至左右，与坐语，结以恩信，后平贵德番民之乱，卒得其力。为人谦谨寡言，能下人。窃怪昔何暴，今何怯？则曰："吾侪小人，知力田而已，敢为逆哉？徒以官欲死我，吾曹畏死，是以叛耳。"又怪其遇他军胜，遇湘军则败，何也？曰："他军知战而已，湘军善陈，善战者难持久，善陈者气不衰竭。昔与湘军战，先以铁骑冲之，至三四不为动。俟我惫，然后击我，我则大败。其追奔逐北，以一里为率，未尝逾二里，以是计不得施，险不得据。且畏且感，是以就抚。昔者干戈遍天下，要为官所激变，况回纥号难治，乌可以残暴施哉？及与战也，又恃力轻进，而无坚忍镇定之操，往往覆没，使潢池不靖二十余年，民以贫，国以虚，谓非吏与将之罪哉？"观崔之已事，得长民之方焉，治师之要焉。凡物多则生患，天下之患，生于多者十，而外夷不与焉。士多而不教，官多而不择，民多而无业。士多而不知理，法多而无所守，说多而无所从。取多而无度，用多而不节，兵多而不可用，盗多而不能弭。有一于此，天下以乱，况备乎？若夫外夷虽多，不足患也。李大亮氏曰："中国如本根，外夷如枝叶。夫有本根之拨，而枝叶从之矣；未见枝叶之害及其本根者。自古以来，中国未有亡于外夷者也。皆先有以自亡而外夷因之，故以为天下之患，不在外夷，在中国也。"今之谈者，以为患莫大乎外夷，而荒中国之大计以殉之。强者主战，而不问所以战；弱者主和，而不察所以和。幸敌兵一旦不至，即谓长治久安，可以高枕无虑。偶有征兆，又力以掩饰，深讳不言。耕者患蟊之祸苗也，于是舍苗不事，厘土剔草，务尽去蓄下之蟊，蟊未必去，而苗芜久矣。夫蟊诚足恶，至于知有蟊不知有苗，未见其能知患。沃水于釜，鱼游其中，不识其釜也。方掀髯奋甲，相忘于江湖，而不知烈火之燔其下。岂不痛哉！岂不痛哉！

四十

浏阳山谷幽邃，士习简朴。宗姚江者为陶氏浔霍，有批点《王阳明集》行世。宗紫阳者，则朱氏文炳最著，著有《慎甫遗集》，大人为重刊于甘肃。及巡抚湖北，访知其墓，为埤土树石。惟时浏阳之学者，盖济济然矣。先进如刘蔚庐师之纯粹精，涂大围师之直方大，欧阳瓣薑师之刚健文明，王信余之笃实辉光。侪辈如涂质初，如贝元徵，如唐绂丞，如刘松芙，儒林硕彦，映照一时，嘻其盛矣！《慎甫遗集·易图正旨序》"由象以得象"，玩上下文，当是"由言以得象"，说盖本王辅嗣，其论《易》主"絜静精微"，而其诣亦似之。明体达用，独无一语落经济迹象，非疏也，未有不能治其心，而能治天下者。此《文中子》之驳，在言治多于言学；而《大学衍义》之纯，在言修齐而不及治平与？

四十一

县产菊花石，尝铭以为砚，因名庐曰"石菊影"。又以陶诗"远我遗世情"之言，名堂曰"远遗"。集《禊帖》字联于壁曰："人在有情天，得此群山，暂舍事事；生岂无怀世，每当九日，亦自欣欣。"跋曰："浏阳菊石，温而缜，野而文，复生谓己其影，名石菊影于庐，欲言其意不能。而'远我遗世情'，柴桑固为我言。复名远遗于堂，欲书其言不能。而修禊事之序，山阴固为我书，甄而录之，用属吴君小珊。"又集《禊帖》字赠吴小珊曰："此日盛游，同气仰为贤知列；异时文集，相期长在地天间。"系曰："家大人开府湖北，宾从文谦，盛极一时，瓣薑师外，若王君信余，吴君小珊，张君憩云，涂君质初，贝君元徵，方诸芝兰，吾臭味也。诗文旨趣，尤与吴君合，因集王氏字二十有二名，属憩云书以赠，志嘉会，兼示劼巩云。"

四十二

甘肃布政使署多鸽，《池上草堂笔记》纪其灵异，皆不诬。岁出帑百余金，酬其守库之劳。大堂左右为外库，二堂则内库也，故无二堂。大人重修内库，因辟其中为二堂，而气象一新。亦可见蓄藏不及曩年，而库可减也。甘肃故产牡丹，而以署中所植为冠，凡百数十本，本著花以百计，高或过屋。林亭之胜，复绝一时。园名曰憩，盖取分陕之义。尝撰联语，遍帖园中。今所记者，四照厅曰："人影镜中，被一片花光围住；霜华秋后，看四山岚翠飞来。"天香亭曰："鸠妇雨添三月翠；鼠姑风里一亭香。"夕佳楼曰："夕阳山色横危槛；夜雨河声上小楼。"

四十三

湖北公桑园，大人所创。昔官甘肃日，以蚕桑董民，而边地苦寒，民情窳惰，利以不兴。属官复以掩饰希课最，岁殚辄买邻省丝上供，诡言土物，责之愈迫，其遁亦愈巧。膏泽卒不下究，与陈文恭抚陕西时事正相类。今抚湖北，地本宜桑，民苦无所得种，率作兴事，不劳而成。购浙桑遍树郡县。复园于会城东北隅，以养其萌蘖，既长则易树所宜土。其曰"公桑"，《祭义》"古者天子诸侯必有公桑"也。棘垣外闭，朴而不陋，小有楼台，可休游展。欧阳瓣薑师代撰楹帖曰："美利尽田园，许万家生意平分，微行试辟廛诗地；成功告缫组，有五色天章可织，厥篚新呈荆贡时。"措辞雅切。又代题武昌湖南会馆楹帖曰："此山曾几建祠堂，天启中兴，独许湖南清绝；过客或暂为逆旅，时当公谶，应怀平楚苍然。"

四十四

先仲兄蚤慧，初就傅，以"海阔龙吟壮"命对。应声曰："天空鸟路宽"，终其身天怀超旷，才气飚举，辄肖斯言。及壮，尝自号曰菩英，即其明伟而爱人，可以见焉。嗣同作行状，多所未详。忆及，遂书于兹。

四十五

楹联之作，今以为投赠之具。尝赠贝元徵云："解字九千三百；坐席五十余重。"兼为跋云："五经无双许叔重，说经不穷戴侍中，惟我元徵齐年，泱泱其风。书者潘诵捷，赠者谭嗣同。"又集六朝人语赠唐黻丞云："思纬淹通比羊叔子；定礼决疑问陶覆之。"又檃括《抱朴子》、

《龙川集》语赠黄芳洲云："曾受双戟单刀，长于葛洪者剑；所谓粗块大脔，奄有陈亮之文。"又自撰壁联曰："云声雁天夕；雨梦蚁堂秋。"沈晓沂绝爱之。以为晶莹凄恻，骨重神寒。但当剪取半江秋水，蘸笔书之耳。

四十六

宋人以杜之《北征》，匹韩之《南山》，纷纷轩轾，闻者惑焉。以实求之，二诗体兴篇幅，各有不同，未当并论。夷岸于谷，雄鸣求牡，岂有当乎？杜之《北征》，可匹韩之《赴江陵》及《此日足可惜》等诗。韩之《南山》，惟白之《悟真寺》，乃劲敌耳。情事既类，修短亦称矣。

四十七

灞桥题壁诗云："柳色黄于陌上尘，秋来长是翠眉颦；一弯月更黄于柳，愁杀桥南系马人。"瓦亭驿云："满树秋声黄叶里，有人残梦到江南。"会宁县云："最是凄凉乡梦醒，卧听老马啮残刍。"西安旅舍有赞卿氏诗云："闲花著地秋将尽，落叶敲镫梦不圆。""自怜马齿加新岁，太觉猪肝累故人。"诗皆佳，惜不得其姓名。

四十八

昔友李榕石名景豫，甘肃狄道州人。博学工诗，身后所著皆佚。就余所见者录之：《题谢宣城诗后》云："词赋空西府，高翔不受羁。口防三日臭，首愿一生低。大节遥光抗，才名沈约齐。青山何处是，芳草自萋萋。"《武连驿阻雨寄怀成都李湘石张蓟云》云："栈路萦青翠，猿啼不可闻。乡心悬梦雨，山气结寒云。行李惯劳客，折梅遥赠君。鲁公楼畔宿，灯火烛宵分。"《彰德怀古》云："他家物去霸图空，满地黄花笑晚风。鹦鹉岂怜青雀子，雄鸡枉化白凫翁。百年幻梦团焦里，一代勋名褓襁中。应有长安上天月，夜深如镜照遗宫。"《夕阳亭》云："残笛离亭未忍闻，东都祖帐任纷纷。一言竟召公闾祸，万骑难屯仲颖军。柳径风疏雅导客，芦漪霜冷雁呼群。行人莫叹黄昏近，且倒清尊酹夕曛。"《栈道杂诗》云："一峰瘦削欲飞空，一峰欹侧如醉翁。两峰白云断还合，并作一峰峰正中。""画眉关前石径微，笆篱一带通荆扉。夕阳乌鹊坐牛背，牧童眠熟犹未归。"《花蕊夫人曲》云："海棠国破蓉城圮，万骑分香阵云紫。东风吹瘦杜鹃声，望帝春心数千里。蜀苑移根到汴宫，芳尘如梦寻无踪。玉树影销重问后，桃花笑入不言中。写翠传红斗眉妩，故镜应教乾德睹。杨柳新词感洞箫，蘼芜旧恨歌碪杵。画图金弹祀张仙，心事分明彩笔传。宣华回首空榛莽，百首宫词剧可怜。君不见南唐小周后，一般辛苦念家山。"《村居赠王山人迟士》云："村居绝尘境，习静长闭关。风细竹香澹，秋深花意间。偶来方外友，相赏画中山。斗酒自可酌，举杯招白鹇。"《候马亭》云："善马产贰师，信是神龙能生驹；天马歌汉武，那及跛猫能捕鼠。驱策封君走县官，如云如锦萃长安。碧玉环兜玛瑙勒，紫金华簇玫瑰鞍。乐府歌成气殊壮，开疆原为安边障。可惜千金汗血痕，只供一日皮毛相。苜蓿青青正发花，金城遥指玉鞭斜。寄语西征诸将士，凶奴未灭且忘家。"《嘉州晓发》云："晓日笼烟荡水光，扁舟载梦入苍茫。啼猿不识林檎熟，乱摘秋红打驾娘。"《艮岳》云："花石自南来，金缯向北去。十年媪相功，一纸老僧记。"见赠五言长篇，仅记其起二韵云："大围有灵鸟，文采一身备。翩翩来陇头，凡翮皆敛避。"又代人撰秦州宋荔裳先生祠水亭联云："北枕坚城，劳公百堵经营，不放山云低度；西襟萧寺，为我一池写照，顿教水月通明。"盖城为宋修，水月寺其西邻也。友人钱次郇、张松眉、曹悟生皆工诗。钱句云："芳草绿连梁父里，夕阳黄入伏生祠。"张句云："椒辛盐苦皆堪饱，人厄天穷两不妨。"曹句云："雁飞寒雨江声外，人话秋镫菊影中。"《登天心阁》诗云："一阁指天外，长沙血战城。旗翻孤日影，钟落万家声。岳色横窗翠，江光绕郡城。我来独凭吊，今古不胜情。"《九日登长沙城》云："莽荡西风画角哀，苍茫野色上城台。一江飞雨楼头过，万里寒云雁背开。戎马至今伤我辈，山河终古费人才。登临漫话沧桑感，烂醉黄花浊酒杯。"

四十九

"奔走风尘意惘然，酒尊诗卷压吴船。大都世事全如梦，阅尽人情懒问天。驹隙任添新岁月，马头还我好山川。弃繻关吏何须讶，若比终军更少年。""秋光心事两茫茫，飘泊年来剑有霜。塞上牛羊卧衰草，城头乌鹊下斜阳。千行柳弹鞭丝重，九折河眠弓势长。鼓角边城凄绝处，感怀今古一徬徨。"此余已删《入关途中》诗也。偶检幼作，喜其尚能流转一气，漫录于此。删余之诗，亦间有可诵者。如《兰州小西湖》云："黄水挟秋喧树杪，青山劝酒落尊前。"《山寺》云："云随一磬出林杪，窗放群山到榻前。"《山路》云："鸟鸣空谷冷，人影夕阳低。"《夜集武昌曾文正祠园》云："四面晴岚山气湿，一庭空翠笛声凉。"《感秋》云："满地菊花初有雁，度关杨柳尽辞鸦。"《舟中》云："穿篷寒月劲，啮舵夜江喧。"《晚望》云："暝色荡寒绿，苍莽生空烟。"《咏柳》云："不妨俯仰随风力，自有经纶织雨丝。"

五十

性不喜词，以其靡也。忆十八岁作《望海潮调》自题小照云："曾经沧海，又来沙漠，四千里外关河。骨相空谈，肠轮自转，回头十八年过。春梦醒来波，对春帆细雨，独自吟哦。惟有瓶花数枝，相伴不须多。寒江才脱渔蓑，剩风尘面貌，自看如何。鉴不因人，形还问影，岂缘酒后颜酡。拔剑欲高歌，有几根侠骨，禁得揉搓？忽说此人是我，睁眼细瞧科。"尚觉微有气骨。

五十一

先仲兄之去海上，嗣同亦西出塞，·为别于汉口。同舟涉江，风大作，冻雨横飞。浪高于舟数尺，时时跃入舟，衣履皆濡。舟人失色，兄弟相视而笑。嗣同遂口占二诗，其一曰："波揉浪簸一舟轻，呼吸之间辨死生。十二年来无此险，布帆重挂武昌城。"谓十二年前，从瓣薑师渡此遇厉风也。其二曰："白浪釭头聒旱雷，逆风犹自片帆开。他年击楫浑间事，曾向中流炼胆来。"仲兄为击节赏叹。语音未绝，遂已泊岸。相与从容拂衣而去，见者诧为异人。及别，又为诗曰："燕燕归飞影不变，秋心零落倚船窗。波声和梦初离枕，山色迎人欲渡江。泪到思亲难辨点，诗因久客渐无腔。填胸孤愤谁堪语，呜咽寒流石自淙。"又曰："茫茫天地复何之？怅望西风泪欲丝。悲愤情深貂拌肉，功名心折豹留皮。一朝马革孤还日，绝胜牛衣对泣时。各有桑蓬千里志，不劳辛苦寄相思。"时方同卜，有牛衣对泣之语，故云。呜呼！马革裹尸，嗣同以之自兆，而应乃在兄，所谓诗谶耶？可云悲矣！《别后怀仲兄》有云："沧江莽莽孤舟泊，一夜怀人听雨眠。"《上巳怀仲兄》有云："江湖归梦消长夜，风雨离愁了一春。"及今居湖北巡抚署，日夕登六虚亭，望江水卷风，峭帆出没，辄隐然于中，凝立不能下。寥寥天壤，一死一生，魂魄有知，犹当聚此尔。

五十二

幼时梦赋诗，亦能成语。《咏瀑布》云："手提一匹练，高挂万峰颠。"又《梦阅近人诗集，怀南朝某歌者》，下署名蔡际，结语云："古声托杨柳，私度与莺听。"是想是因，孰得而辨？

五十三

伏羲因图画卦，至史（仓）颉始有文字，画之先于书也夙矣。设色之工，《考工》所详，学者于兹，盖未可忽。三代鼎彝尊罍，时存片羽，汉砖瓦之鸿鹿，镜洗之鱼羊，亦云后劲。刊于石者，孝堂山武梁石室，嘉祥洪福院诸画像，及曲阜《负宸图》，虽钩勒多失真，而神气充溢，可悟其旨。若《西狭颂》之《五瑞图》，尤工整有法，落落数笔，匀圆劲秀，而人物体度，木禾枝叶，皆生动含情。后之画史，殆全失斯义，运笔严密，而局伤繁缛；取势疏宕，而骨几颓败。七宝缨络，非无可观，迨析而离之，不复成用。子瞻曰："论画以形似，见与儿童邻。"亦既心知其意，而所自作特粗犷，殊不能类。必求与汉接轸，则八大山人之屈铁伸钩，允称殆庶。

五十四

痏公干之疾，厥名幽忧；咏嗣宗之怀，不堪流涕。对此茫茫，亦聊复尔尔也。以团扇浼人作两面画，其一深崖峻壑，草木苍劲，老僧衣状奇古，虎立其前，若就驯伏。从而赞之曰："仰卧看天，云霞壮丽。万色千光，颠倒神志。长风西来，卷我天际。正色苍苍，下亦若是。始知曩者，以目自蔽。善哉大千，本自无异。自人视之，苦乐殊趣。了了去来，固云真谛。浪死虚生，亦岂梦醉？我佛慈悲，运圆明智。一切众生，各得其意。剨然长啸，乱草满地。"其一靓妆女子，徙倚望远，若不胜情。赞曰："夫以蕙纕而见替兮，则亦何草之不秋？苟鹈鴂之不遏乎芳年兮，岂恤屈志于蹇修？洞庭波兮湘水流，思公子兮夷犹。"夫达观之于牢愁，如北辕而适楚、越。然惟极思沉郁，乃发轻肆之谈，遗物外己，终见悱恻之致。故《兔爰》骛情于尚寐，《远游》诡志于登仙。思之思之，何远之有？斯其增叹而累伸也。

下

卷

思纬壹壹台短书 *

叙

王仲任有言，彼短书之家，世俗之人也。沈休文名所著书曰《俗说》，循短书之趣也。嗣同夙愤末世之诬妄，惑于神怪杂谶，使民弗亹亹乎事业，坐为异邦隶役，读衡阳王子辟五行卦气诸说，慨焉慕之。独怪于《河图》、《洛书》、《太极图》等，何复津津乐道。然苟明乎五行非以统万物，八卦非以纲百名，则诸杂说非五行八卦无所牵附以苟其义者，亦且自息。尝分条讼辩，以与世俗砥砺，而仍恐自不出乎世俗，遂标曰《短书》。奄积月日，得若干件，适有《报欧阳瓣薑师书》，足以絜括厥旨，间有未尽，复于《报贝元徵书》详焉。师以报书及拟为算学社章程，别刊《兴算学议》一卷，兹乃仅以报贝者，代吾短书。

夫彼之隶役我者，则必事业之有可征焉，吾独不可以反鉴乎哉？故观化学析别原质七十有奇，而五行之说，不足以立。呼天地曰乾坤，特巴比伦之方言。赫德氏因谓八卦为布算之号记。他若《尔雅》岁阳岁阴阙逢说提格之属，亦皆巴比伦语。至于甲子纪向，始见于东方朔《十洲神异》之篇，要皆依斗柄所揭分度为十二宫定子午，而余向胥定。月以甲子名，盖亦缘此。而岁缘岁星所躔而名，时缘日所加而名，各依全圜三百六十度为率，犹夫指南针之旋于圜盘，而甲子特方向之异名而已。然则壬遁孤虚风水生克，岂足当一辩哉？吾所欲辩，固有大于斯者。

---

* 作于 1898 年。《短书》指《报贝元徵》，《叙》为印行时所作。录自《谭浏阳全集》。

思纬壹壹台短书——报贝元徵[①]

元徵齐年有道：

李正则书称足下流寓天津，适馆厥家，德星辉聚，甚善甚善！

奉五月十四日书，具承操先醒之资，蕴悯乱之旨。方复图谋三反，盱衡相告，其日正则同驻，藉晓中外情事。此诚当务之急，儒者所尽心矣。嗟乎！谁为为之？不图才数月，使天下大局，破裂至此，割心沉痛，如何可言！夫不获已而和，是也。而利权兵权制造之权，骎骎乎及于用人行政之权，一以授之敌。无短篱之不撤，有一网而俱尽。直合四百兆人民之身家性命而亡之，即何能为今之条约解矣？前寄书有未宣究，今且即答来语，一一陈之。

来语"将讲洋务之术尚未精，必变法以图治欤？抑中国圣人之道，固有未可尽弃者欤？"嗣同以为圣人之道，无可疑也。方欲少弃之而不能，何况于尽！特所谓道，非空言而已。必有所丽而后见。《易》曰："形而上者谓之道；形而下者谓之器。"曰上曰下，明道器之相为一也。衡阳王子申其义曰："道者器之道，器者不可谓之道之器也。无其道则无其器，人类能言。虽然，苟有其器矣，岂患无其道哉？君子之所不知而圣人知之，圣人之所不能而匹夫匹妇能之，人或昧于其道者，其器不成，不成非无器也。无其器则无其道，人鲜能言之，而固其诚然者也。洪荒无揖让之道，唐、虞无吊伐之道，汉、唐无今日之道，则今日无他年之道多矣。未有弓矢而无射道，未有车马而无御道，未有牢、醴、璧、币、钟、磬、管、弦而无礼乐之道，则未有子而无父道，未有弟而无兄道，道之可有而且无者多矣。故无其器则无其道，诚然之言也，而人特未之察耳。故古之圣人，能治器而不能治道。治器者则谓之道，道得则谓之德，器成则谓之行，器用之广则谓之变通，器效之著则谓之事业。故《易》有象，象者像器者也；卦有爻，爻者效器者也；爻有辞，辞者辨器者也。故圣人者善治器而已矣。"又曰："君子之道，尽夫器而已矣。辞所以显器，而鼓天下之动，使勉于治器也。"由此观之，圣人之道，果非空言而已，必有所丽而后见。丽于耳目，有视听之道；丽于心思，有仁义智信之道；丽于伦纪，有忠孝友恭之道；丽于礼乐征伐，

---

① 录自《谭嗣同全集》（蔡尚思、方行编，北京，三联书店，1954）。

有治国平天下之道。故道，用也；器，体也。体立而用行，器存而道不亡。自学者不审，误以道为体，道始迷离徜恍，若一幻物，虚悬于空漠无朕之际，而果何物也耶？于人何补，于世何济，得之何益，失之何损耶？将非所谓惑世诬民异端者耶？夫苟辨道之不离乎器，则天下之为器亦大矣。器既变，道安得独不变？变而仍为器，亦仍不离乎道，人自不能弃器，又何以弃道哉？且道非圣人所独有也，尤非中国所私有也，惟圣人能尽之于器，故以归诸圣人。以归诸圣人，犹之可也。彼外洋莫不有之。以私诸中国，则大不可。以彼处乎数万里之海外，隔绝不相往来，初未尝互为谋而迭为教，及证以相见，则所食者谷与肉，不闻其或异也。所饮者酒与浆，不闻其或异也。所衣者布帛裘褐，所宝者金玉珠玑，不闻以冠代履，以贵贸贱也。所需之百工器用，商贾输贩，与体国经野，法度政令，不闻有一不备也。与中国通商互市，易器物而用之，又未尝不各相宜也。独于伦常，窃窃然疑其偏绝。

夫伦常者，天道之所以生生，人道这所以存存，上下四旁亲疏远迩之所以相维相系，俾不至瓦解而土崩。无一息之或离，无一人之不然，其有节文之小异，或立法之相去甚远，要皆不妨各因其几俗，使捷于知而便于行，未有一举伦常而无之者。即如君臣一伦，人人知其有，不待言矣。而有所谓民主者，尤为大公至正，彬彬唐、虞揖让之风，视中国秦以后尊君卑臣，以隔绝不通气为握固之愚计，相去奚止霄壤。于族属有姓氏之分，有谱牒之系，长幼卑尊之相次，父子兄弟之相处，未尝不熙熙然。彼惟无人不出于学，深得易子而教之义，故年至成立，艺术已就，其父母分与资财，令其自立，是尤合古之士父子异宫之法，其日日问视可如，故非一离不复合，一别不更亲也。且将以小离终保其大合，以有别不至相夷于无亲，是可无中国"室无空虚，妇姑勃豀"之弊，人人不能不求自立之道。通国于以无惰民，不似中国转累父母养之忧之，使父母有"多男多惧"，及"汝曹催我老"之叹也。祖父之产，身后不悉归于子孙，犹然民主之法之推也，是永无兄弟骨肉争产之讼，与夺嫡争继之讼。嗣同所识西人，有英医士某，能孝其母，言及其母，则肫肫然有孺慕之色。三数日一寄书，言琐屑事甚备，下至日所食之蔬果，无不奉告惟谨，又不时电问安否。至其俗左男而右女，自为风气所囿，亦犹中国烧拜香之陋俗，谓止可为母烧之，父则当不起也。夫妇则自君至民，无置妾之例，又皆出于两情相愿，故伉俪笃重，无妒争之患，其子孙亦遂无嫡庶相猜忌之患。朋友则崇尚风义，讲信修睦，通财忘势，而相赴难。其学堂书院之规模，一堂师弟，恩谊分明，迥非中国书院之攘诟，及近日师弟相待之薄。即与异邦人交，无不竭尽其诚，胡、越而肝胆，永无市井欺诈之习，是尤为中国衰世所绝无。至于取人之国，专尚阴谋狡险，此兵家之道，所谓"兼弱攻昧，取乱侮亡"，因可施而施之，所当自反，岂得怨人哉！

中国之五伦，详于文而略于法，彼不尚文，而其法能使家庭之间，不即不离，就令不无流弊，而长短适足相抵。何至如中国前跋后疐，貌合神离，强遏自然之天乐，尽失自主之权利，使古今贤圣君子于父子兄弟之间，动辄有难处之事！尊为天子，德为圣人，徒抱幽恨于无穷，而无术补不周之已缺，毋亦强密其文，而法未有以节宣之欤？

由是论之，夫惟仁，是以相人偶；夫惟义，是以能制事；夫惟礼，是以有《周官》之制，是以有朝聘、宴飨、军宾、婚丧、贺吊、岁时上塚之仪。其不祭，知其无益也。丧服各有等衰，为父母持服一年，余以次递降，其不三年者，文不具耳。天性笃至者，乌知不有终身之戚也。彼之免冠，吾之半跪也；彼之握手，吾之长揖也；彼之画数，吾之顶戴也；彼之宝星，吾之翎枝也。吾笑彼冠服简陋，彼即诘吾之发辫何为者，无以答也。若夫智信，又人人共知共睹，不待言者。子张问十世，孔子告以百世可知。万年之久，万里之遥，各安于所习，不必相远，不必相从，自不必相非也。其不能变者，极之纵天横地，无可变也。果未有一举伦常而无之也。使彼无伦常，则不相爱，不相育，彼吞此噬，攻斗涣散，族类澌灭久矣。尚安能举国一心，孜孜图治，一旦远出中国上，如今日乎？使无伦常而犹有今日，则伦常者，初无关于治乱得丧，为可有可无之赘疣，而吾圣人以伦常设教，反虚而多事矣。彼教或有不晓者，要亦尊天明鬼以整齐其民耳。中国之佛、老何谓也？乡曲之牛鬼蛇神，一木一石，一籀一井，皆虔而祀之，祷而祈之，又何谓也？诋之者谓在中国有抉目刳心为诸不道，而谁目睹之耶？果尔，何以在本国不闻有是，而天道又何在？此有识所断不信。

尝笑儒生妄意尊圣人，秘其道为中国所独有，外此皆不容窥吾之藩离，一若圣人之道，仅足行于中国者。尊圣人乎？小圣人也！盖圣人之道，莫不顺天之阴隲，率人之自然，初非有意增损于其间，强万物以所本无而涂附之也。则凡同生覆载之中，能别味、辨声、被色，顶上而踵下，抱阴而负阳，以口鼻食息，以手足持行，其形气同，其性情固不容少异。子思子曰："舟车所至，人力所通"，推之"天之所覆，地之所载，日月所照，霜雪所坠，凡有血气者，莫不尊亲"。不必即尊亲，其人自由其道而莫之知也。在人言之，类聚群分，各因其厚薄，以为等差，则有中外之辨，所谓分殊也。若自天视之，则固皆其子也，皆具秉彝而全界之者也。所谓理一也。夫岂天独别予一性，别立一道，与中国悬绝，而能自理其国者哉？而又何以处乎数万里之海外，隔绝不相往来，初未尝互为谋而迭为教，及证以相见，莫不从同，同如所云云也？惟性无不同，即性无不善，故性善之说，最为至精而无可疑，而圣人之道，果为尽性至命，贯澈天人，直可弥纶阆外，放之四海而准。乃论者犹曰："彼禽兽耳，乌足与计是非、较得失？"呜呼！安所得此大不仁之言而称之也哉！其自小而小圣人也，抑又甚矣。故中国所以不振者，士大夫徒抱虚憍无当之愤激，而不察夫至极之理也。苟明此理，则彼既同乎我，我又何不可酌取乎彼？酌取乎同乎我者，是不啻自取乎我。由此而法之当变不当变，始可进言之矣。

夫法也者，道之淆赜而蕃变者也。三代儒者，言道必兼言治法，在汉儒犹守之谊，故老、庄与申、韩同传，而《盐铁论》列于儒家。自言道者不依于法，且以法为粗迹，别求所谓精焉者，道无所寓之器，而道非道矣。至于法之与时为变也，所谓汉、唐无今日之道，今日无他年之道，道之可有而且无者也。且无则不能终无，可有尤必应亟有。然以语乎今日，又不徒可有而且无，实今无而古不必不有者也。

忆往年共足下谈时事，疾世之薄儒也，嗣同奋起作色曰："奈何诋儒术无用乎？今日所用，特非儒术耳。"足下便叹绝，说是知言。故夫法之当变，非谓变古法，直变去今之以非乱是以伪乱真之法，蕲渐复于古耳。古法可考者，《六经》尚矣，而其至实之法，要莫详于《周礼》。《周礼》，周公以之致太平，而宾服四夷者也。朱子谓："《周官》如一桶水，点滴不漏，盖几经历代圣君贤相创述因革，衷诸至善，而后有此郁郁乎文之治。"嗣同尝叹周公之法而在也，谁敢正目视中国，而蒙此普天之羞辱，至率九州含生之类以殉之也哉？盖至是始识周公立法之善，而孔子、孟子皇皇周流，思以匹夫挽救周公之法之将废，终不见用，犹垂空文以教后世，万一有能复之者，所以贻万世以安，不忍人类日趋消亡，遂有今日之奇祸也。其事至难，其心至苦，斯其计虚，亦至深远矣。当时既皆不悟，至秦果尽废周公之法。是周公之法，在秦时已荡然无存，况秦以来二千余年，日胧月削，以迄今日。虽汉、唐之法，尚远不逮，岂复有周公之法一毫哉？然则今日所用，不但非儒术而已，直积乱二千余年暴秦之弊法，且几于无法，而犹谓不当变者，抑尝深思而审处上下古今一综计之乎？然以积乱二千余年暴秦之弊法，且几于无法，而欲尽取周公之法之几经历代圣君贤相创述因革，衷诸至善，而后有此郁郁乎文之治，为两汉所可复而不复，而使一旦复于积重难返之时，则势有万万不能者。井田可复乎？封建可复乎？世禄可复乎？宗法可复乎？一切典章制度，声明文物，又泯然无传，非后世所能凭虚摹拟。此数者，周公藉以立法之质地也。数者不可复，其余无所依附，自阁室而难施。故曰："无其器，则无其道。无珩琚而为磬折垂佩之立，人鲜不笑其戚施矣；无筵几而为席地屈足之坐，人鲜不疑其瘫痪矣。"

是故后世人主，未尝不慕古之良法美意，鳃鳃然效之。若封禅，若乐舞，若耕籍，若亲蚕，诸如此等，不一而足，效之诚是也，而终于涂饰附会，故事奉行，牛非牛，马非马，泥虚文而无实济。即儒生则古称先，研覃经术，一若三代大同，得尺寸柄，遂可举而措之，及向用矣，亦终不能有如其所自期而踌躇满志之一日，岂皆学之不至，与所从学者之不至哉？"为高必因邱陵，为下必因川泽"，古法绝废，无以为因也。无以为因，则虽周、孔复作，亦必不能用今日之法，邀在昔之效明矣。贯七札者非空弮，伐大木者无徒手，无他，无其器则无其道而已。于此不忍坐视，而幡然改图，势不得不酌取西法，以补吾中国古法之亡。正使西法不类于古，犹自远胜积乱二千余年暴秦之弊法，且几于无法。又况西法之博大精深，周密微至，按之《周礼》，往往而合，盖不徒工艺一端，足补《考工》而已。斯非圣人之道，中国亡之，独赖西人以存者耶？

说者谓周衰，畴人子弟相率而西，故西人得窃中国之绪而精之，反以陵驾中国之上，此犹粗浅之论，未达夫性善之旨，与圣人之道之所以大也。同生于覆载之中，性无不同，即性无不善。彼即无中国之圣人，固不乏才士也。积千百年才士之思与力，其创制显庸，卒能及夫中国之圣人，非性善而能然欤？又以见圣人之道，果顺天之阴隲，率人之自然，初非有意增损于其间，强万物以所本无而涂附之，故阖合而悬同欤？就令如说者之言，西法皆原于中国，则中国尤亟宜效法之，以收回吾所固有而复于古矣。见飞蓬而作车，见蜘蛛而结网，一草一虫，圣人犹制器尚象，师之以利用，况穷变通久，如西法之为圣人之道乎？不然，且日贫日弱，长为人役，圣人之道乃终亡矣。故嗣同以为变法图治，正所以不忍尽弃圣人之道，思以卫而存之也。

来语"数十年来士大夫争讲洋务,绝无成效,反驱天下人才,尽入于顽钝贪诈"。嗣同以为足下非惟不识洋务之谓,兼不识何者为讲矣。中国数十年来,何尝有洋务哉?抑岂有一士大夫能讲者?能讲洋务,即又无今日之事。足下所谓洋务:第就所见之轮船已耳,电线已耳,火车已耳,枪炮、水雷及织布、炼铁诸机器已耳。于其法度政令之美备,曾未梦见,固宜足下之云尔。凡此皆洋务之枝叶,非其根本。执枝叶而责根本之成效,何为不绝无哉?况枝叶尚无有能讲者。

试先即枝叶论之,西法入中国,当以枪炮为最先,其次则轮船,皆不为不久矣。枪炮尚不能晓测量,遑论制造?今置一精枪精炮于此,足下以为可仅凭目力而浪击之乎?势必用表用算,而后能命中,则试问:左右前后之炮界若何?昂度低度若何?平线若何?抛物线若何?速率若何?热度若何?远近击力若何?寒暑风雨阴晴之视差增减若何?平日自命读书才士,无一人能言者,甚则并其名与制犹不能识。有事则召募愚愿乡农,使用读书才士所不能识之器,不亦大可哀乎?去年日本闻中国购枪械,从而笑之曰:"纵得精者,其如无人解用何?终为我有而已。"后竟如其言。彼之炮兵,无不精测算,枪兵亦通晓大略,胜负之数,早辨于此矣。轮船虽内江商轮,曾不能自驶,必聘洋工驾驶,又况海船,又况海军之且战且行。回旋不成三角,何以避碰船?炮机不极灵熟,何以御雷艇?下至风涛沙线,犹须寄耳目于洋工,就令秦、越有同舟之谊,而攻战大事,何能专责一二驾驶之人?平时依违近港,虚作声威,初不意真使出战,迨迫以军法,将士环向而泣,至有宵遁者。其能如履险如夷少成习惯之悍敌,驰逐于洪波骇浪中,而望其不覆败乎?则凡汽机之灵滞,水火之均剂,速率、马力、涨力、压力之多寡,测天以辨经纬,测地以验远近,更无论矣。嗣同尝往来各省机器局,见所谓总办,非道即府,问其得道府之由,上之挟万无一用之举业,弋科目而驯致之;否则入赀财而货取之;营荐举而巧攫之。中国辨士论官,固自不出此。何怪于算学制造,了不省悟,则以下诸官属之懵然昏然,又不待言。即或一二奇材异能之士杂其中,夫谁知而听之?非无格致书院、武备水师诸学堂矣,而肄业不过百数十人,又不过每月应课,支领奖饩,以图敷衍塞责。非能合天下全力,如治八股之殚精竭智,以治其业,以求御侮之方。兼无一定登进之途,使免于夤缘千禄,而谓此智愚不齐之百数十人,皆可造成人材,有是理乎?材或成矣,又谁知而辨之?于是各局不得已而用西人主其事,西人竭诚忠事与否,已不可信,见我无知无识，安坐束手，以受指挥，而听愚弄，彼亦何为不遂愚弄之乎？故枪炮厂不一，天津、上海、江宁其最久者。至用枪炮之时，无枪炮也。船厂不一，旅顺、福州其最大者。至用船之时，无船也。于是又不得已而购于外洋，外洋知中国素无试验船械之机器，莫辨良楛也。尽以其共弃而已废者，昂值售之中国。其外观犹是也，而铁质之粗疏，铄法之苟简，花线骨节之不中程度，有非机器莫辨者，固不得谛审而争论也。又况如去年危迫时，欲购稍钝之器，皆碍于公法而不可得。智利为局外之国，因乏见钱，竟不愿售。而出使大臣意在分肥，收兑委员从而索费；值愈昂而器愈劣，又累被倭船搜夺，私相授受，急何能择耶！然则中国虚掷此数十年，足下犹称为讲洋务，毋乃过于高视衮衮诸公，为之出其罪乎？傲末流之失，遂谓创始之非，又何异惩羹而吹齑，因噎而废食矣。

　　且惟数十年士君子徒尚空谈，清流养望，以办洋务为降志辱身，攻击不遗余力。稍知愧耻者，至不敢与洋务人通往来。于是惟下贱无耻不恤声名之流，始甘心从事。上官明知其非类，窘于无人，不获已而用之。有细崽起为关道者矣，有从马占仕至封圻者矣。人才安得兴？洋务安得有效？足下所谓反驱天下人才，尽入于顽钝贪诈。反之一字，适足见洋务本非驱人之具，无真知洋务之人，使顽钝贪诈得诡托于洋务以售其奸，反似洋务有以驱之云尔。此又不得专罪诸公，实士君子引嫌自高，不屑务实事之过矣。有其学而不用，犹可曰不用者之罪也。白不肯为有用之学，将谁执其咎哉？某公尝叹曰："无惑乎合肥之得志也。遍中外大小臣工，学问非不好，人品非不好，心术亦未必都不好，然问以新旧小大炮数百种，新旧后膛枪数百种，形式若何，运用若何，某宜水，某宜陆，某利攻，某利守，某利山林，某利平地，以及水雷、旱雷、炮台、地营诸攻守之具，进而西人政事法度之美备，更有十百于此者，无能知焉。贤之与不肖一也，少知之惟一合肥，国家不用之而谁用乎？"而昨见王壬秋[①]上合肥书，痛诋洋务，兼及曾左，兼及香帅。其为合肥画计，则又劝其率铁甲船往攻日本，此诚奇计矣。然无论中国初无人解驱铁甲，即有之，而铁甲独非洋务乎？非测天无以识途，而谓当用中国之土圭乎？非测地无以记里，而谓当用中国之更香乎？不解汽

---

　　① "王壬秋"，据《谭嗣同全集》（蔡尚思、方行编，增订本，北京，中华书局，1981）补入。

机，何以行船；不熟算术，何以定炮；不习公法，不能悬旗；不通语言，不能答局外之问。凡此数者，非致力久，用心专，则不能得实用，而谓平日不当讲肄，自可取办于临事乎？是铁甲尤诸洋务之荟萃，是中国之名士，未始不知洋务之有用，特己所不知不能，恐一讲洋务，即失其所以为名士之具，不得不忍心出死力以挤之耳。试问诋洋务者，能不衣洋布用洋物乎？与其仰彼之物以为用，使其日耗吾民之财，何如皆自造之自用之，兼造彼所需用者抵御之，以留养民命，纾民力之脂膏耶？即如洋钱一宗，通行东南各省，西人获利无算，中国何以不早仿造？始以为资本太重耳，湖北建银元局，购置机器才数万金，是亦何难？乃至今始有广东、湖北二局，铜钱则竟坐视西人之销镕，而不为之所。

中国举事，著著落后，窥并落后之著而无之，是以陵迟至有今日。而所谓士者，方更坚持旧说，负固不服，不问此时为何时，所当为为何事。溺于考据词章，狃于湘军中国人杀中国人之百战百胜，而怙以矜夸，初不辨为某洲某国，概目之曰洋鬼。动辄夜郎自大，欲恃其一时之议论为经济，意气为志节，尽驱彼于海外，以闭关绝市，竟若经数十年贤士大夫焦思极虑无以处之者。彼一横蛮，即旦夕可定。见有识者讨论实学，力挽危局，又恶其形己虚而乘己短也，从而娼之、疾之、詈之，以异端訾之。然则便当拱手瞠目以待诛戮耶？愚尝谓中国有亡国之士者此也。

又不惟士，有亡国之民焉。各省之毁教堂，打洋人，湖南之阻矿务，阻电线。以天子之尊，不能举一事；官湖南者动色相戒，嗫口不敢谈洋务。加以周汉之稗士乱民煽惑之，快私志于一逞，而阴贻君父以危辱，犹施施然不知天高地厚，方自诩忠义，骄语于人曰："吾能辟邪说，攻异端矣。"顷四川教案，牵涉多国，大不易了。保护教堂之严旨，急如星火。驯至寓湖北之洋人，每日游洪山，令由督抚衙门派兵伺候，岂复成世界！西人犹谓中国之官，曾不能自约束中国之民，要此官何用？其评吾湘人，一则曰："无教化之野蛮"，再则曰："未开智识之童騃"，而中国之人尝一致思否乎？

穷其所以至于如此之故，即又不得不专罪诸公，处无法而当变法之时，不能出铁肩，下辣手，如张江陵毁天下书院，如国初薙发之令，以力遏此曹稗士乱民，反曲徇之使不变，使士民无所适从。欲不讲洋务，而接于聪明，接于精神，接于日用饮食，何莫非洋务？既不能高飞远走，不在人间，斯决去之，而势有不能。平时所考，不过八股、试律、大卷、白折，及使之也，迥异其所考，不问其习不习，一于求全责备，事事皆使为之，卒至一事不能为。欲讲洋务，而国家初无是法，乏师承以致其精，又望然而畏其烦苦，恐徒分治举业之日力，又不能与科目、赀财、荐举者争进取。目营四海，茫无系属，遂忍而付诸不论不议。无铁路及游历之费以扩充其见闻，乃真以为可不讲洋务，而讲之即非圣人之道。似是而非，习非成是；一唱百和，同然一词。虽家置一喙，亦将深闭固拒而不信。

日本、暹罗之变法也，先变衣冠，所以神其鼓舞之妙用，而昭其大信。一新士民观听，俾晓然共喻于法之决于一变，渐摩濡染，久久自将合为同心同德，以舍旧而新是图，进变他法。始自易于听从，乐于效用，民志于以定，谤议于以平也。日本遂以勃兴，暹罗亦不失为宇内第三等国。其不变者则皆不祀忽诸斩焉灭矣。故夫变衣冠，亦洋务根本之一端焉。或者以五十步笑百步，而不愿变，亦可不强之，而其他当变者，固无一可缓也。夫言不当变法，亦幸此取士用人无据之时，得匿其无所能，而冀幸于糊名之取士，资格之用人，以便身图耳。西人鄙中国之士，志趣卑陋，止思作状元宰相，绝不自谋一实在本领，以济世安民。吁，异哉！此言乃出自西人之口，吾中国之取士用人何如耶！

足下昔慨资格糊名之失，犹以为彼善于此，为公道之仅存。斯其愤时嫉俗之深心，非不知圣人之道之无存，惟恃此希疏将裂之法，聊为遮禁，而独不思变计何耶？变而乡举里选，谬采虚声，则得人爵，弃天爵，党同伐异，弊愈益滋，更出资格糊名之下。是古法果不可行于今，果不能不变为西法取士用人之依于实事。苟依于实事，即乡举里选又未尝终不可行，故以为变法即变而复乎圣人之道。此物此志也，何令早数十年变科举如西法之依于实事，舍此更无出身之阶；彼便身图者，复何所容其冀幸，而不回心易虑，以治西学？迄乎今日，民志久定，谤议久平，人才久布列在位，中国久复乎圣人之道，而首出乎万国，父以是诏，兄以是勉，我辈亦必精其业于公法条约，使务、界务、商务、农务、税务、矿务、天文、舆地、测绘、航海、兵刑、医牧、方言、算数、制器、格致之中，各占一门，各擅一艺，以共奋于功名之正路。何至如今日一无所长，而流为废物；又何劳腾其口说，至有此等辨论？令彼时有强我辈复为八股者，有不笑之骂之，如今之笑骂洋务者乎？又令我辈不生中国而生于英、俄、法、德、美、日诸邦，见中国所谓八股，及我辈此等辨论，有不旁观而目笑者乎？然则诸公与士民，皆有不得归罪者，不早变科举故也。

今之原祸始者，必以合肥为丛矢之的。夫日暮途穷，百政废弛，诚足恶矣。然二十年前，有绝大之名奏议，为中国生死存亡之所系，则为请以科举变西学一疏。既格不行，何从将群策群力以自辅，何从使君子自别于小人，而化四百兆无用之废物为有用，更何从有安来攘外建威销萌之一日？合肥聪明人，岂见不到此，故规模虽极宏远，布置虽极周匝，一有边警，即始终主和，亦灼见科举不变，材艺不奋，万无可战之理。此其洞睹几先，力维大局，非后生浅识所能阚观者矣。责人斯无难。我辈匡居逸豫，超然事表，但觉彼之失机后时，而当局者步步荆棘，居高地而不能行其志愿，事变万端，交乘迭赴，实有至难者。独怪其变科举之言既不用，何不以去就争之？争之不得，即奉身而退，不人己两全矣乎！俟至伊藤博文十年变法之诘，张目而不能对。嗟乎！贪位恋权之足以丧身如此，徒枉其才而已。

故夫变科举，诚为旋乾斡坤转移风会之大权，而根本之尤要者也。或难曰："不先正天下之人心，变犹不变也。"曰："是固根本之根本，而亦第正在上位之人之心可矣。"有《雎》、《麟》之意，而后可行《官》、《礼》之法，亦就在上位者言之，何便薄罪天下之人心乎？必谓天下人心皆不正，又何其过尊西人而自诬之甚也。西国之治平，岂皆人心正于中国乎？彼独操何术以致此，然则彼性善而我性恶乎？亦彼之法良意美，我无法而已。法良则中人以下，犹可自勉；无法即中人以上，难于孤存。法良则操、莽无从觊觎，无法即尧、舜终于犹病。且即欲正天下之人心，又岂空言能正之乎？极知今日之祸乱有为人心所召，彼甘心误国者，所谓不待教而诛，虽训人不能正此已死之人心，然有后来未死之人心焉。无法又从何处正起，则亦寓于变法之中已耳。衣食足，然后礼让兴；圣人言教，必在富之后。孟子谓："救死而恐不赡，奚暇治礼义？"言王道，则以耕桑树畜为先，无其器则无其道。圣人言道，未有不依于器者。岂能遍执四百兆颠连无告之民，一一责以空言，强令正心乎？所谓垂空文以教后世，亦望后之人能举其法以行其教，而空者不空耳。若但空文而已足，则前人之垂，亦既伙矣。今之于教何如哉？孔子作《春秋》，而乱臣贼子惧。并孔子之世，不乏乱臣贼子矣；后孔子之世，不乏乱臣贼子矣。孟子距杨、墨，而异端不绝于后世；韩昌黎辟佛、老，宋儒又辟佛、老，卒与昌黎、宋儒并存。无他，孔孟、昌黎、宋儒不幸不得位行权，以施其正人心之法，徒恃口诛笔伐，以为千里金隄而不忧横决，固不免为奸雄所窃笑。然则不变法，虽圣人不能行其教，以正人心。此变学校允为正人心之始基，根本之根本矣。学校何以变，亦犹科举依于实事而已。

夫人心既不可抉取以考察正否，故非借证于实事，尤无从以得其心。中国之经史性理，诵习如故，尊崇如故，抑坐定为人人应有而进观其他，不当别翘为一科，而外视之也。即考据、词章、八股、试律，亦听其自为之，不以入课程，不以差高下，皆取文理明通而已，以其可伪为也。余不可伪为，自必皆实事。皆实事，则科举之取士也有据，而乡举里选亦无计以遂其私。善夫西法学校科举之合为一也，有择官选士之意焉。有初学院、中学院、上学院，学者依次递升，其材者升于大书院，犹成均也。各守专门之学以待录用，学弗精进，或他过失，依次降之，犹郊遂也。其投考也，即由各专门院长考之，不拘人数，求考即考，一二人可也，百十人可也。不拘时日，随到随考，今日可也，明日可也。所考又皆实事，皆可实验。如考算学，即面令运算；船学面令驾船；律学面令决狱；医学面令治病；汽机学面令制造；天文测量面令运用仪器。众目昭彰，毫无假借，中式即面予证书，差其等第，以为名称，如中国举人、进士之类，其有殊尤，立即报明擢拔。考政学文学者官内部；考算学理财者官户部；考兵学者官海军陆军部；考法律者官刑部；考机器者掌机局；考测绘者掌舆图；考轮船者航江海；考矿学者司煤铁；考公法者充使臣；考农桑者列农部；考医学者入医院；考商务者为商官。余或掌教，或俟录用，或再考。每国大小公私书院学塾多至十数万区，少亦数万，学某学即读某门专书，而各门又无不兼有舆地之学。又有兵学校，凡兵均令读书。又有瞽学校，制凸字书令扪而读之。凡子女生八岁不读书，罪其父母。又有五家连坐之法，一家不读书，五家皆坐罪。故百工商贾农夫走卒，无不读书。又有女学校，故妇女无不读书。由是小儿得于母教，方七八岁，即知地为球体，月为地之行星，地为日之行星，地自转而成昼夜，地绕日而有寒暑，地凡几洲，凡几国，某国与我亲，某国与我雠，及其广狭强弱，均已晓其大概。至于品行心术，固无法以考验，实即寓于诸学之中，坐定为人人应有，而进观其他。苟其不端，亦决无能善其事而不败露者。况有警察官吏举刺之，有上下议院评论之，又有浓赏厚罚驱其后，复何忧不得人哉？中国之考八股，于品行心术，即又何涉！岂惟八股经史性理考据词章，凡可伪为者，其无涉犹八股也。顾亭林悼八股之祸，谓不减于秦之坑儒。愚谓凡不依于实事，即不得为儒术，即为坑儒之坑。惟变学校变科举，因之以变官制，下以实献，上以实求，使贤才登庸，而在位之人心以正。且由此进变养民卫民教民一切根本之法，而天下之人心亦以正。根本既立，枝叶乃得附之。夫何忧顽钝贪诈，夫何忧洋务之无效？

或又难曰："天下大局，已溃裂至此，所谓利权兵权制造之权，骎骎乎及于用人行政之权，一以授之敌。欲毁约又已无及，虽变法庸有济乎？"曰："是难言也。"吾独惜夫前此数十年宽闲之岁月，不计此，不为此。见日本之变法而兴，可谓虽无老成人，尚有典型矣。犹不思效法，反议之诋之笑之咒之。初通商之不变，尚曰不识中外情形也；庚申可变矣，庚辰可变矣，乙酉可变矣，而决不变。迄乎今日，奄奄一息，自救之不遑，顾不度德，不量力，张脉偾兴，忽起而与能变法之日本战。如泰山压鸡子，如腐肉齿利剑，岂有一幸乎？初闻湘军之见敌即溃也，心虽哀之，未尝不窃喜吾湘人之骄，从此可少戢矣。既而其骄如故，"躬自厚而薄责于人"，吾何暇计外洋之欺凌我虔刘我哉？责己而已矣。《春秋》之法，责贤者备，彼甘心误国之臣，既非贤者，责又将别有所在，则事之不可为，夫亦亡国之士与民为之也。何则？今日误国之臣，即前日之士民；今日之士民不变，他日又将误国矣。虽然，吾所云变学校，变科举，凡以为士与民，他其桀骜，而登庸其贤才也。贤才登庸，正如西人所称联合力，岂有不可为之时势哉？

试为今之时势筹之。已割之地，不必论矣。能有为者，固不在大，此其浅祸也。赔兵费二万万两，又议增三千万两，其祸较深。括尽中国之民财，及于妇女之环珥，恐犹不足取办。不足取办，则威海之倭兵，永不得撤；五十万之岁饷，永不得停；子金又日孳而日重，势不得不假贷于西人。西人更因而盘剥之，重息也，质地也，抵押海关也，皆所不免，而吾益不足取办。子金之日孳日重，负西人无益于负日本，积累既久，虽割地割海关，犹不能偿。统筹全局者，所以必首先从事于此，若无内国债可举，而择祸莫如轻。莫如俗谚"与其欠钱不如卖田"，是犹有办法者也。至于遍地通商，免税免厘，兴创机局，制造土货，其祸之烈，直无办法！

....

于是迁都中原，与天下更始，发愤为雄，决去壅蔽。且无中外之见，何有满汉之分？则凡一官两缺，凡专称旗缺，一律裁止；则凡宗禄驻防，凡旗丁名粮，一律裁止。广兴学校，无一乡一村不有学校，而群

才奋；大开议院，有一官一邑即有议院，而民气通。慎科举，无一定之
额数，无常限之日期，程其艺事，端其趋向，繁其汇目，精其较量，而
一人不求其备；改官制，无内外之重轻，无文武之区别，专其职业，少
其层累，迁其勋阶，增其禄糈，而终身不易其官。选士人治里闾，以复
乡官之旧；练乡兵隶守令，以代力役之征。凡府史皆用律学之士人，既
有升转之望，而书吏之盘踞空；凡胥徒即用在役之乡兵，既有践更之
期，而差班之蟊贼去。几阙失有警察之官，禁暴修闾之遗制也；正粮土
有测绘之官，封人、均人之职掌也。分海军、陆军为二部，将则必出于
武学堂。创办之始，募西贡、新加坡、新旧金山之华民以练海军。无事
则令运载货物，出洋贸易，既可挽救商务，又得熟习航海。陆军则守兵
仿寓农而隶守令，战兵募选锋而立将帅，枪兵可尚勇力，炮兵兼通算
学，工兵则备筑垒濬濠炮堤地营修造器具诸工作。其练之也，守兵令站
炮台，较准头，布阵势，习步伐。战兵于数者之外，益以征调代操练。
今日往某处，已而易一处，已而又易一处，日日如临大敌。彼出此归，
不使游惰。尽开中国所有之矿，以裕富强之源。兼以兵法部勒矿夫，有
事则处处皆兵。多修铁路，多造浅水轮船。以速征调，以便转饷，以隆
商务，以兴矿产，以广游历，以通漕运，以宏赈济。商务则设商部，集
商会，立商总，开公司，招民股，兴保险，建官银行，而必以学商务者
为之官。精求工艺制造，如磁器丝茶之属，与中外所共需者，下至烂布
可造纸，莱菔可熬糖，骆驼牛羊鸡鸭之毳可为毡为褐。工与商通力合
作，以收回利权。改订刑律，使中西合一，简而易晓，因以扫除繁冗之
簿书。清理庶狱，分别轻繁重繁，使操作如白粲鬼薪之罚。岁始豫算，
岁终决算，丝毫皆用之于民，而不私于府库，以明会计之无欺。出口免
税，入口重税，涓滴皆操之自我，而不授于外洋，以杜漏卮之有渐。食
盐与诸土货，则一征于出产之地，而不问所之。税坐贾而不税行商，以
归简易而塞弊窦。尤须研覃税务之学，缕晰中外税则，查验章程，始可
夺回税务司包办海关之权。讲求植物学，以裨农政，以丰材木。讲求动
物学，以蕃马政，以溥畜牧。兴女学以课妇职，兴废疾学以无坐食。蚕
织用机器，可去蚕瘟，而成功多以速。耕不必用机器，而引水用机器，
可省筒车之费，与手车脚车之劳。续电线，创邮便局，以理邮政。汲自
来水、然电气煤气灯，以利民用。街道修，则疠疫之源塞；医院多，则
医治之术工。造公共之花园，以为养生却病之方。七日一休沐，以合文
武弛张之政。博通各国语言文字，以翻译西书西报，以周知四国之为，

以造就使才；而四出游历，以长见识，以充学问，以觇人国之得失兴衰。各国之长并取之，各国之弊立去之。各国之船械，无一不能造；各国之器用，无一不愈精。谨权量，审法度，一道德，同风俗，法立而教自存焉矣。

而中国有屡去而不能去之弊二，不能不变而去之，曰："漕务"，曰："河务"。八省漕米，岁数百万石，由河运则费银四十两而致一石；从改海运，费仍十七八两，而河运亦不废。嗣同不解所谓，叹为可已不已，尝共足下言之。足下谓惟正之供，何当废绝。嗣同亦无以决。后见李次青布政条奏，果谓《禹贡》铚秸粟米不出五百里外，《周礼》九贡九赋亦专指王畿而言。汉高帝转关东粟，以给中都，不过数十万石，唐初漕运不过二十万石。宋都汴，去江淮不远，劳费尚轻。元行海运，初止四万石。迨明成祖得国不正，挟众北迁，虑南人不喜食麦，乃漕南米以赡北都，开运河数千里，引黄河以济运，劳民伤财，几竭天下之全力。然则今之漕务，特始于明成祖之枉道干誉，遂相沿不改。仓廪陈红，不知何用。宜将河运、海运均罢去，酌量都城每岁用米之数，另由铁路随时转运，余以贮各府州县，或由铁路运往各缺米之地。且有铁路，则民间之销售易，征收可尽改折色，俟缺米时，然后采买，尤为简便。古人耕九余三，与谨盖藏诸法，皆为人少又无铁路之时言之。今者生齿日繁，数十倍于古，所食之谷，自不甚有余。即有余，亦自知盖藏。岂虑货弃于地者，惟苦无铁路以流通耳。有铁路，则不在此即在彼，因其虚而趋填之，断无天下皆荒之理。即可有天下相通之事，初不必恃有余之留，与盖藏之谨。凡官仓、社仓之繁难，悉可省矣。往年山西、河南，旱灾连岁，赤地方数千里，富室拥重金，转死沟壑，有司疾视，莫可奈何，正坐运道艰远耳。使有铁路，何至穷窘若此？

治河古无良策，殷商五迁，半因河决。然则言齐桓湮九河，中国始有河患者虚也。西人治河，亦止筑堤一法，但善审形势，又多筑相距数重之遥堤，至三四重。两堤之间，筑横堤，使两堤相属，中成方罫。平时皆可栽种，偶溃一处，水仍束于一方罫中，进溃一处，又束于一方罫中，不至浩荡横流，使人无从施工，无地取土。嗣同因悟井田之法，亦必四面有堤，中如方罫，始成一井，堤上可行，所谓径也畛也，井愈多，则堤愈高愈厚，所谓途也道也路也，而畎遂沟浍洫者，即各依于本堤。盖堤四旁八达，皆有口门可以宣泄，由已水大堤圮，亦止一井被淹，余可无害。故八蜡中有防，可知堤者，井井皆有，为农家最切要之事。不然，一有水灾，沟洫畎浍，反足导水入灌。后儒遂以井田为不解之积疑，至战国时，毁井田为阡陌，殆恶堤之占地，因锄而去之，疆界乱而水患亦剧矣。今西人殆以井田之法治河，所亟宜效法者也。而治水之要，则曰不与水争地，湖湘垸圩，日筑日多，故洞庭、江、汉之氾溢，年甚一年。曾奉严旨禁革，卒不能止。亦由人满土稀，无可垦辟之地。昔行陕、甘道中，见山东、河南被水灾，黎民挈妻子负农器而西迈，流离饥困，心窃哀之。停车慰问，云："将迁耕旷土。"问素愿乎？曰："苦资斧不足自达耳。"故乡一片汪洋，岂复堪恋，于时陕、甘大吏颇有周之者。西北土满，胡不遂迁濒河濒江湖常被水之民于彼，使水得所容受，以杀堵激之怒耶？然此非铁路无以致之。故铁路之有益农务，尤在无形，诚根本之一端矣。

中国又有屡兴而不能兴之利二，不能不变而兴之，曰："铸钱"，曰："钞票"。金银铜三品，皆所应铸，而铜钱至今日尤坏极矣。重则私销，轻则盗铸，抑亦古今之通弊。惟有就出铜各矿，用机器铸极纯之铜，极精之花幕，而又少轻之钱，则私销无利，而盗铸不能。然钱中有孔，即不啻多出一边，尤宜力求细致机器。造物圆体易工，方形难好，故广东机铸之铜钱，方孔中不甚光净，无以杜刮取铜屑之弊，当改造圆孔，而孔内边外，皆作极细之平行纵线，略如银元之式。至妙之法，又莫如无孔铜钱。无孔积至千，不便提携，势不能不用银元。银元又无孔，势不能不用钞票。故西国钱皆无孔，亦其畅行钞票之微权矣。钞法又银钱兼权者也。国家不行钞，致令票号钱铺坐盗御世之大柄，而持轻重于其间，事之倒置，无逾此者。钱铺更易倒闭，甚至故设骗局，穷民受害无涯。然而犹通钱铺之票者，当世钱实不多，乡间尤窘，不得不赖此几张纸，以为转输耳。言者辄引咸丰朝钞事为戒，不知特行之未久，又未免失信，所以难行。若许民纳赋完税，皆可用钞；又订造外国精纸精板，自以中国之印印之；令票号钱铺即领用官钞，而严禁其出私票；随设官银行，视国家入银若干，始出钞若干，止求便民，毫无营利之心，原非持空纸以诳民，亦岂有不能行者？况官银行为商务先著，银行既设，商民存款，交易必以票为据。是钞票不待行，自不能不行也。从前陕、甘粮台有汇兑之票，可汇银往应解陕、甘协饷之各省，毫不需费。票至，各省由藩库发兑，以代运饷，立意极为灵巧。湖北善后局有台票，准其上缴厘金，及诸解款，皆未尝不畅行，且甚便也。钞票于行军，尤有三利：一便于转运；二士卒轻于赍带；三不幸战没，所亡止空纸而已。日本兵饷半银半币，故亡失甚少，此又亟宜效法者也。

凡利必兴，凡害必除，如此十年，少可自立。不须保护，人自不敢轻视矣。每逢换约之年，渐改订约章中之大有损者，援万国公法，止许海口及边口通商，不得阑入腹地。今无论东西大小各国皆如此，独中国任人入腹地耳。如不见许，即我通商于彼国之轮船，亦当阑入彼之腹地，此出洋贸易之船，所以万不可少。所谓"即以其人之道，还治其人之身"也。援各国之例，加重洋货进口之税。如不见许，即我往彼国之进口税，亦当视他国而独轻矣。去年湖北筹饷，加抽洋油厘金，止加于中国商民，于西人无与，而西人谓有碍其销路，竟不准行，此正苦于无以相报也。但使一国能改约，余皆可议改，如此又十年，始可由富而强，始可名之曰国。治定功成，礼乐可徐兴矣。夫"不入虎穴，焉得虎子？"不下十成死工夫，焉能办成一事？平日务当胸中雪亮，眼明手快，穷理尽性，大公无私，权衡数千年上之沿革损益，与数千年下之利弊究竟，调剂五大洲政教之盈虚消长，而因应以为变通，使人存政举，利权尽操之自我。以中国地宝之富，人民之众多而聪慧，必将为五大洲三十余国之冠。外洋皆将仰我鼻息，以为生活，更何至有战事！故今日言治，实有易于前人者。因格致诸理，早经西人发明，吾第取而用之。彼于医学，尤不恤剖割其肢骸，以订中国医书之误。其他大经大法，皆由屡试属效，考验而得。吾不难亲炙西人，目察其利病以法之也。

足下昔言"外洋煤铁向馨，中国之矿未开，他日中国挟煤铁二宗，即足制外洋之死命"，是诚然矣。然中国必先自开其矿，以图富强，始能制人。不然，人将夺我之矿以制我矣。西人亦有言，中国譬则富室，千仓万箱，蓄积至厚。即湖南一省之矿，足抵外洋各国而有余。无如四邻环居，皆穷饿乞丐，耽耽垂涎，即欲缄縢固箧，终闭不出，而势恐有所不能。危切之言，不啻箴规我矣。凡事不惮其难，不忧其繁，但当先寻一下手处，虽承群小人扰乱极弊之后，不难掉臂行游，密筹追补之策，以期异日可行。今之矿务、商务，已成中西不两立不并存之势，故西书《物类宗衍》中有"争自存宜遗种"之说，谓万物必争而后仅得自存，以绵延其种类也。以矿务、商务力与之争，即今之下手处，而所以能有此下手处者，岂他故哉？前所言贤才登庸之力，而固无望于今之执政者也。况会匪、回匪、散勇、饿民，行将四起大乱，即在眼前，更何暇及此？然失今则更不可为，又将奈何？曰："前所言者王道也，无已，则有霸道焉。"河西吴越以保民为心，旁求俊乂，精研格致制造，诸学猝起，与外洋力战，以争一旦夕之命，其胜也或可蒙数十年之安。然而无可必也。凡霸道必不如王道之可大可久，皆此类也。此而又不可得，则惟有自变其学术而已矣。

学术可变乎？亦曰复古而已矣。唐、虞之际，任农者稷，任工者倕，任水土者禹，任山林者益，任教者契，任刑者皋陶，任礼乐者伯夷、夔，任历算者羲和，皆深明其学。故多世其官，而群圣之相与咨谋，又不离乎兵刑六府鲜食艰食懋迁有无化居之实事。有薄一名一物之不足为，而别求所谓道者乎？

三代学者，亦皆有所专习，切近而平实。自秦变去古法，学术亦与之俱变，渐无复所谓实学，而今则滋甚。即如算学为中国最实之学，中国往往以虚妄乱之，故谈算者必推本《河图》、《洛书》，为加减乘除之所出。不知任举二数，皆可加可减可乘可除，何必《河》、《洛》？夫《河》、《洛》诚不解是何物，要与《太极图》、《先天图》、谶纬、五行、爻辰、卦气、纳甲、纳音、风角、壬遁、堪舆、星命、卜相、占验诸神怪之属，同为虚妄而已矣。必如西人将种种虚妄一扫而空，方能臻于精实。算家又言黄钟为万事之根本，此大可笑。黄钟一律筒而已，何能根本万事？即以造度量权衡而论，一二律吕，谁不可借为度量权衡，何必黄钟？况累黍之法，实迂谬不可行，何能取准？是以从古至今，九州十八省，无一齐而不差之度量权衡，则亦创法者未尽善，虽虞舜不能强同之矣。夫谨权量为王政之大者，奈何不求一定率，而听奸民相欺饰乎？惟法人分地而之天度为四千万分，以其一为度，度定则算立方容积以为量，即以其重为权衡，而权立方之轻重，又可还正乎度，一有差数，夫人可运算得之。中国之度，至分数止矣。彼有佛逆及分厘尺，每分可剖为千百。中国之权衡，至分数止矣。彼有化学天平，每分亦剖为千百。以故通都大邑，僻壤穷乡，出而相较，无不吻合。中国测量家，多用西尺，沿海民间交易，尤习用西人之度量权衡。非好新奇，实彼有准而我无准也。天地之机械，一发不可遏，将尽泄其灵奇，以牖民于聪明之域，其间自有不期变而自变者，此类是也。算术古有九章之说，割立方田粟布商功均输诸名目，实非本乎自然。疑《周礼》保氏之九数，初不如此。其说失传，汉儒乃割裂算数以补之。在先郑时已多出夕桀重差诸法，明不止九。至宋秦九韶知九章不足信，别立九章名目，所分乃益无理，是不若西人点线面体之说，足以包举一切。惟此则凡中国所称五谷、六谷、九谷、百谷、三江、九江、五湖、九河，要不过随举一数以为名，如九夷、八蛮之类，原可不必拘泥。经生家琐琐分辨，卒不能折衷一是。亦止觉玩时愒日而不切事理矣。格致之理，杂见周、秦诸子，乍聆之似甚奇，其实至平至实，人人能知能行，且已知已行，习焉不察，日用之不觉耳。而迂儒睹诸凡机器不辨美恶，一诋以奇技淫巧，及见其果有实用也，则又仗义执言，别为一说曰："与民争利。"当西人之创为机器，亦有持是说阻之者，久之货财阗溢，上下俱便，不惟本国废弃之物，化为神奇，民间日见富饶；并邻国之金钱，亦皆输輂四至。各国大恐，争造机器以相胜，仅得自保，彼此无所取赢，乃相率通商于中国，以中国无机器也。中国若广造机器，始足保利于民，而谓争民之利何耶？轮船似争船户之利矣，然任外国轮船往来江海，以刮取民财，吾不自造轮船，夺回一二可乎？又如招商局有民间之股分，各轮船所用民人以千计，各码头之商务繁盛，其利非仍归于民乎？铁路似争车夫之利矣，然应用之人，当百倍于车夫，铁路所不到之处，仍须车运，是车夫之利，且将日盛，而民间笨重不能运之顽铁怪石，遗秉滞穗，至此皆可易钱，其利民尤不胜计。汉阳铁政局似争铁匠之利矣，然所造皆铁匠所不能造之物，所雇工役，又皆即铁匠，余杂役及煤铁各矿山所用人，以千以万计。财既散于民间，亦以分外洋铁器之利。武昌机器缫丝局似争蚕妇之利矣，然自此育蚕者将日多，且雇用女工以千计，使武昌不产丝之地，忽增此厚利，而所缫之丝，又以售于外洋，争有大于此者乎？凡地方一设机器局，肩挑负贩，必数倍于平日，此亦利之浅而易见者也。

西国兵法，有气球飞船，机器中之最脆薄者。然最足以乱敌耳目，而夺其气。往年镇南关，缘此失事；今年澎湖，又因以不守。中国宜如何讲求仿造，及应付之道，偶与人言之，辄以"奇技淫巧"四字，一笔抹煞。中国之士，尚得谓之晓世事乎？舆图者为政之纲领，尤行军之首务，中西所同然也。然中国从古至今，无一详而确之图；经史大儒，恒自命舆地专门，于亚细亚洲沿革形胜，尚纷争不已，无从折衷，况此外岂复知为何地？西人分舆地为文、质、政三家。文家言地与日月诸行星之关系，各球体之大小轻重，各本质之松紧分数，寒暑昼夜潮汐之所以然，及测日星所躔高弧，定经纬道里而著之于图。质家辨土石之新旧层，各种礓石五金凝结之故，得太古以前冰山火山沧海桑田之形势，动物植物之同异，及矿苗之类别。政家纪风土礼俗及治忽之理，攻守之宜。故西学子目虽繁，而要皆从舆地入门。不明文家之理，即不能通天算、历法、气学、电学、水学、火学、光学、声学、航海绘图、动重、静重诸学。不明质家之理，即不能通化学、矿学、形学、金石学、动植物诸学。不明政家之理，即不能通政学、史学、文学、兵学、法律学、商学、农学、使务、界务、税务、制造诸学。去年前敌虏获倭兵，其身皆有地图。攻某处，即绘有某处之图。山泽险要，桥梁道路，无一不备。下至山之斜度，川之广狭，某容骑兵，某通单步，皆有比例可寻。每逢抄袭埋伏，要约期会，虽一走卒，能按图心领其意，不致歧误。西国史书记一大事，即有一当时之地图附之而行。凡游历士人，到一处，即绘一图。然西人犹自以为未臻其极，各国皆特结舆地会，邀集千百辈，潜心考究，精益求精，永无止息。中国则虽大将出师，不过恃向导之口述，初不解测绘为何事也。兵法者，亦儒家之大用，而今所谓纯儒，反讳言之。夫平居不讲习，临急又安得有一将才？西人既重韬略，尤喜观战。如我与日本之战，其胜负之由，为我所不自知者，皆详图其地，并附说以论断得失。回国印板售卖，使人人知兵，即人人可兵。人人可有枪械，兼许自造。故一呼即成劲旅，所谓"百足之虫，死而不僵"也。中国则惟恐民之知兵，军兴以来，奏报条陈，及两军之情，皆秘不示人。虽督抚大臣，亦不令知，而外洋则无不知也。民间售藏枪械，谓之犯法。明知弓矢无用，而考武终不改用火枪，盖防民熟其器而为乱，如汉时挟弓弩之禁也。卒之乱民未尝无火枪，又徒束缚良懦而已。一旦有事，或外患，或内忧，其不使蚩蚩之氓骈首被戮者，几何矣！况国家将召使为兵，何能期其得力？然则为握固之术，以愚黔首，适自患以自困耳。尤不可解者，日存猜忌之心，百端以制其民，民之不甘受制者，自托于外国，即莫敢孰何。犹一家兄弟相攻，不遗余力，一遇外侮，反觍然乐受，且召之焉。独何故哉？

商务者，儒生不屑以为意，防士而兼商，有背谋道不谋食之明训也。然此不惟中国防之，西人亦何独不然？官自官，士自士，商自商，仕宦而货殖者有常刑。富商虽挟敌国之赀，不少假以名位。其称商学商部，特研究商务之赢绌，而时消息，以匡救之，非以其身逐什一也。中国惮讲商务，遂并商务与国存亡之故，而亦弃置勿复道。修铁路则曰无费，然粤商某竟出赀为美国包办铁路矣。造轮船则曰无费，然闽、浙巨商往往购大轮船挂外国旗，自号洋商矣。渊鱼丛爵，楚材晋用，此固在上者驱迫使然，彼为士者独不可悟商务力量之大乎？惟此凡言农务、蚕务、牧务、渔务，皆非谓身为之，但当精察其理，以为民导耳。图表者尤所以总群学之目而会其归，为经济者所恃以程核而筹策者也。试问中国为此学者谁乎？西人表学译名统计，谓源出《禹贡》及九鼎之所图象，考西学近墨，而墨子法禹，则言必有据。故于政之至纤至悉，莫不列表，夫家登耗，百官进退，外国兴衰，及交涉事件，矿苗衰王（旺），出产增减，年谷丰歉，百物价值，用度奢俭，岁入多寡，兵额损益，船械精粗，工艺良楛，各种学术高下，医院治病得失，庶狱人数及罪名，皆分等级，为年月比较表，或变为方圆等图。既可省案牍之烦苦，尤能一目了然，视通国之事，如数掌纹。故常以简御繁，操之有要。太史公曰："吾观周谱，旁行斜上。"盖即中国治经作史之法。至于新闻报纸，最足增人见识，而藉知外事。林文忠督粤时，广翻西国新闻纸，故能洞悉其情，而应其变。今日切要之图，无过此者。况乡间无所闻见，尤须藉此为耳目。中国之大病，莫过于不好游历，又并此无之，终身聋盲矣。凡此诸端，有一非学者所当为者乎？抑有一非古法乎？而谓别有圣人之道，此不足容于圣人者过矣。

　　黄舍人[1]言昔客上海，有西人到其斋头，见书籍堆案，佯为不识而问曰："此何物也。"曰："书也。"又问有何用处，不能答。乃徐曰："此在我西国自皆有用处，汝中国何必要此。"哀哉！此言亦所谓无其器则无其道也。不力治今之器，徒虚谈古之道，终何益焉。若西人之于书，则诚哉其有用矣。经史《通鉴》及有宋儒先之书，各国久即译出，又皆有专译中书馆，其将中国经史子集，下逮小说新闻纸，概行翻译，以备采择。彼既有其器矣，道乃得以附之。观其设施，至于家给人足，道不拾遗之盛，视唐、虞三代，固品节无其详明，而收效卒不少异，区域且加广焉。尝恨博施济众之说，圣人以为至难，则将与天地终此缺陷乎？今不图于美、德诸邦遇之，虽西国亦断无终古不衰弱之理，而中西互为消长，如挹如注。彼所取者，即我所与；我所增者，亦即彼所损；我不自盛强，斯彼亦终无衰弱之理。则洋务之当讲不当讲，岂待徘徊而计决哉？

　　来语"倭未尝蓄内犯之志"云云，嗣同以为足下此言，视所云晓中外情事者，毋乃相去太远。倭之蓄谋，当在二十年前，储峙钱粟，缮治甲兵，久为外人侧目。合肥知为中国之大患，曾言于朝，沈文肃亦言之，薛叔耘又言之，而丁雨生中丞言尤激切。外此中西智士，谈东事者，指不胜屈，足下岂不知之，而故为轻敌之论者，殆犹以中国真可以

---

　　[1]　"黄舍人"，据《谭嗣同全集》（蔡尚思、方行编，增订本，北京，中华书局，1981）补入。

一战也？夫战必有所以，曹刿犹能言之，今则民从耶？神福耶？忠之属耶？去年主战之辈，不揆所以可战之人心风俗，与能战之饷与械，又不筹战胜何以善后，战败何以结局，瞢然侥幸于一胜。偶有一二深识之士出而阻之，即嗤为怯懦，甚则诋为汉奸。虽然，此无势之能审，犹有义之可执也。则亘日穷天，孤行其志，胜败存亡，或可不论。及至形见势绌，有百败，无一胜；所失膏壤，方数千里。沿海八九省，同时称警；顾此失彼，日不暇给。守则无此恒河沙数之兵，弃又资敌。而海军煨烬，浩浩大洋，悉为敌有。彼进而我不能拒，彼退而我不能追，彼他攻而我不能救，彼寄椗而我不能蹙。彼有优游自得，以逸待劳之势，方且意于东而东宜，意于西而西宜，择肥而噬，伺瑕而蹈；顾盼自雄，意气横出；我则望洋坐叹，不知所措。当海军之未亡也，言者欲直捣长崎、横滨为围魏救赵之计，不知我之海军且失事于海口，其能得志于外洋乎？一泛沧溟，即晕眩呕哕，不能行立。窃恐东南西北之莫辨，将举踵而却行，适幽、燕而南其趾，能识长崎、横滨之何在乎？然海军之不可用，犹曰中国所短也；中国所长，莫如陆军，而奉天败，高丽败，山东败，澎湖又败。旗军败，淮军败，豫军东军各省杂募就地召募之军无不败。即威名赫耀之湘军亦败，且较诸军尤为大败。将领相顾推诿而莫前，乡农至以从军为戒，闻与倭战，即缩朒不应募，或已募而中道逃亡。虽将领不得其人，然亦有善调度能苦战者矣，亡死数万人，亦不为少义勇之士矣，而卒至此者，则陆军之于海军又未必相悬殊也。至若饷械之亡失，大小炮以千计，炮弹以万计，枪以十万计，枪弹以百万计，其他刀矛、帐棚、锅碗、衣服之属，尤琐细不足计。亡失之银铅（钱）与工料以千万计，统中国所耗之战守填防，月饷加饷，转运一切，又以千万计。司农告匮，外库搜括靡遗，下而劝捐勒捐，房捐商捐，加税加厘，息借洋款，息借民财，名目杂出，剔脂钻髓。且陕、甘、云、贵之协饷，以及廉若俸，与凡应支之款，概支吾而不发。卷天下所有，曾不能供前敌之一败，而添购军械之款，尚无所从出。于是赤手空拳，坐以待毙。向之主战者，乃始目瞪舌挢，神丧胆落，不敢出一语，偶蒙顾问，惟顿首流涕，相持嚎哭而已。而和之势遂不至摇尾乞怜哀鸣缓死不止。嗣同以为孟浪主战之臣，以人家国为侥幸，事败则置之不理，而逍遥事外，其罪犹加败将一等矣。而日本则战无不胜，攻无不取，鼙鼓经年，其阵亡之真日本人，才六百余而已，饷械更有得无失。足下以为中国可战乎？不可战乎？

前见陈长镟①上书，言与西人战，不当用枪炮，当一切弃置，而用己之气。□□□同守此义，而持变气之说，曰专精诚。然观其文采则美甚，书法则佳甚，中国之名士，大抵如此矣。夫洋枪洋炮之利，在西人犹其余事。然亦万无徒手可御之理，殆误于孟子制梃之说耶？然孟子明明提出秦、楚二字，何尝谓可挞英、俄、法、德诸国之坚甲利兵乎？即以炮论之，最大之克虏伯、阿模士庄能击五六十里，而开花可洞铁尺许者可使万人同死于一炮。虽断无万人骈肩累足以待炮之理，而其力量所及，要不可不知。由是以推，彼不过发数万炮，而我四百兆之黄种可以无噍类，犹谓气与精诚足以敌之乎？况彼之法度政令，工艺器用，有十倍精于此者，初不必尽用蛮攻蛮打，自可从容以取我乎？今倭已得险要，已得命脉，已具席卷囊括之势。有可幸者，或各国牵制，恐碍商务，不即尽其所欲为耳。悲夫！会见中国所谓道德文章，学问经济，圣贤名士，一齐化为洋奴而已矣。岂不痛哉！岂不痛哉！而犹妄援"攘夷"之说，妄援"距杨、墨"之说，妄援"用夏变夷"之说，妄援"不贵异物贱用物"之说，妄援"舞干羽于两阶，七旬而有苗格"之说。如死已至眉睫，犹曰："我初无病，凡谓我病而进药者，皆异端也。"大愚不灵，岂复有加于此者耶？

且足下抑知天下之大患有不在战者乎？西人虽以商战为国，然所以为战者，即所以为商。以商为战，足以灭人之国于无形，其计至巧而至毒。今之策士动曰："防海。"不知曲折逶迤三四万里，如何防法。既无铁路，使调度灵便，即应有海军，可南可北，首尾相应。练一军而固数省之防，使数万里海面，不致尽为敌有，如围棋所称活著，今又亡失于非人，将从何处防起耶？于是有为练民团渔团之说者，此以张疑兵助声势可耳，若责令当大敌，匪惟不情，抑近儿戏矣。有为弃海口海岸，专守内地内江之说者，此殆以为西人止能水战，亦不识夷情之至矣。西人尤善陆战，有正有奇，能谋能勇。苟得我之海口海岸，所谓猇糠及米，而内地内江又化为海口海岸之形矣，然则又将弃之耶？故无铁路，无海军，直是无防法。且彼又不必真与我战也，率数艘铁甲，今日北洋，明日南洋，后日闽、广，乍离乍合，倏去倏来，止游弋而不接仗。彼所费无几，而我必倾天下之财力以为防，防密即退，偶疏又进，一夕数惊，

---

① "陈长镟"，据《谭嗣同全集》（蔡尚思、方行编，增订本，北京，中华书局，1981）补入。

乘间抵隙，不一年而我无有不疲极内乱者。此亟肆多方之故智，楚之所以灭亡也。今倭人专定数地，明目张胆，与我接仗，犹其老实易与处。若夫西人则更不须亟肆多方也。岁取中国八千万，视国家岁入，犹赢一千万，且无国家之费用，是商务一端，已远胜于作中国之木那克。迨至膏血竭尽，四百兆之人民，僵仆流离，自不能逃其掌握。今欲闭关绝市，既终天地无此一日，则不能不奋兴商务，即以其人之矛，转刺其人之盾，岂一战能了者乎？向令战胜日本，于中国全局初无裨益，转恐因以骄贪，而人心之疵疠永远于深痛。故败者未必非幸，和者尤当务之为急，但不当如此和耳。

更思足下轻敌之意，殆犹以为彼夷狄耳。此天下士大夫之通病，有断断不可不改者。语曰："知己知彼。"先必求己之有可重，而后可以轻人。今中国之人心风俗政治法度，无一可比数于夷狄，何尝有一毫所谓夏者？即求并列于夷狄，犹不可得，遑言变夷耶？即如万国公法，为西人仁至义尽之书，亦即《公羊春秋》之律。惜中国自己求亡，为外洋所不齿，曾不足列于公法，非法不足恃也。欧洲百里之国甚多，如瑞士国国势甚盛，众国公同保护，永为兵戈不到之国，享太平之福六百年矣。三代之盛，何以加此？尤奇者，摩奈哥止三里之国，岁入可万余元，居然列于盟会，非公法之力能如是乎？中国不自变法，以求列于公法，使外人代为变之，则养生送死之利权一操之外人，可使四百兆黄种之民，胥为白种之奴役，则胥化为日本之虾夷，美利坚之红皮土番，印度、阿非利加之黑奴！此数者，皆由不自振作，迨他人入室，悉驱之海隅及穷谷寒瘠之区，任其冻饿。黑奴生计日蹙，止堪为奴。红皮土番，初亦不下千百万，今则种类顿少至十数倍。虾夷则渐灭殆尽。皇天无亲，惟德是辅，奈何一不知惧乎？无怪西人谓中国不虚心，不自反，不自愧，不好学，不耻不若人。至目为不痛不痒顽钝无耻之国。自军兴后，其讥评中国尤不堪入耳。偶晤西人之晓华语者，辄故作哀怜慰勉之词，来相戏嬲，令人愧怍，无地自容。

而今日又有一种议论，谓圣贤不当计利害。此为自己一身言之，或万无可如何，为一往自靖之计，则可云尔。若关四百兆生灵之身家性命，壮于趾而直情径，遂不屑少计利害，是视天下如华山桃林之牛马，听其自生自死，漠然不回其志。开辟以来，无此忍心之圣贤，即圣人言季氏忧在萧墙之内，何尝不动之以利害乎？孟子一不可敌八之说，小固不可以敌大，寡不可以敌众，弱不可以敌强，又何尝不计利害？虽滕文公之艰窘，不过告以强为善以听天，若使孟子不计利害，便当告滕文公兴兵伐齐、楚矣。尧、舜相授受，犹以四海困穷，与十六字并传，而阜财之歌，不忘于游宴，是小民之一利一害，无日不往来于圣贤寝兴痌瘝之中。若今之所谓士，则诚不计利害矣。养民不如农，利民不如工，便民不如商贾，而又不一讲求维持挽救农工商贾之道，而安坐饱食，以高谈空虚无证之文与道。夫坐而论道，三公而已。今之士止骛坐言，不思起行，是人人为三公矣。吾孔子且下学而上达，今之士止贪上达，不勤下学，是人人过孔子矣。及至生民涂炭，万众水火，夺残生于虎口，招余魂于刀俎，则智不足以研几，勇不足以任事，惟抱无益之愤激，而哓哓以取憎。其上焉者，充其才力所至，不过发愤自经已耳，于天下大局，何补于毫毛？其平日虚度光阴，益可知矣。

英教士李提摩太者，著《中国失地失人失财之论》，其略曰："西北边地，为俄国陆续侵占者，可方六千里。此失地也，而知之者百无一人也。中国五十年前，人民已四百二十兆口，以西法养民之政计之，每岁生死相抵外，百人中可多一人，然至今初无增益也。此失人也，而知之者千无一人也。又以西法阜财之政计，每岁五口之家，可共生利一铤，然中国日贫一日也。此失财也，而知之者竟无其人也。"审是，则中国尚得谓之有士乎？嗣同深有痛于此，常耿耿不能下脐。平日于中外事，虽稍稍究心，终不能得其要领。经此创巨痛深，乃始屏弃一切，专精致思。当馈而忘食，既寝而复兴，绕房徬徨，未知所出。既忧性分中之民物，复念灾患来于切肤。虽躁心久定，而幽怀转结。详考数十年之世变，而切究其事理，远征之故籍，近访之深识之士。不敢专己而非人，不敢讳短而疾长，不敢徇一孔之见而封于旧说，不敢不舍己从人，取于人以为善。设身处境，机牙百出。因有见于大化之所趋，风气之所积，非守文因旧所能挽回，而必变法始能复古，不恤首发大难，画此尽变西法之策，于所谓算学格致，益不敢不尽心焉。

于是上书欧阳瓣薑师，请于本县兴创算学，其指曰："士生今日，亦止有隐之一法；然仕有所以仕，隐尤当有所以隐。为天地立心，为生民立命，以续衡阳王子之绪脉，使孔、孟、程、朱之传不坠于地，惟夫子与刘夫子、涂夫子自当任之。而诸门弟子亦宜分任其责：或如仲子之治赋，或如冉子之通算术能理财，或如端木子之通算术经商务，或如樊子之研究农务，或如公西子之足备使才，或如宰我子之专习语言，或如卜子之治文字，或如颛孙子之订仪注，或如言子之详节文。陶淑既久，必将有治学合一，高据德行之科，兼为邦南面之才与器，如颜子、仲弓其人者；师弟一堂，雍雍三代，有王者起，必来取法，可不疑矣。然今之世变，视衡阳王子所处，不无少异，则学必征诸实事，以期可起行而无窒碍。若使著书立说，搬弄昌平阙里之大门面，而不可施行于今，则何贵有此学耶？……闻曾发变法之论，伏望先小试于一县，邀集绅士讲明今日之时势与救败之道，设立算学格致馆，招集聪颖子弟肄业其中。此日之衔石填海，他日未必不收人材蔚起之效……上之可以辅翼明廷，次之亦足供河西吴越之用……即令付诸衡阳王子之噩梦，而万无可为之时，斯益有一息尚存之责。纵然春蚕到死，犹复捣麝成尘。谚曰：'巧妇不能作无米之炊。'然必有米而后作炊，亦不得谓之巧妇矣。然则畏难而就简因陋，一惭之不忍而累及终身，事急又横蛮言战，曾不恤情理之安，亦安得谓通天地人之为儒，推十合一之为士，包罗万有，本末兼该，体用具备之学乎？夫彼之横蛮言战及为闭关绝市之说者，其不计利害也，是劝五十里之国之滕文公伐齐、楚也。"书到以商于涂大围师，俱蒙嘉纳，遂有兴算学社之举。唐绂丞诸君复得请于学政，将县中南台书院改为算学馆，而刘淞芙又别联一小社，稽古振今，士风一奋。嗣此倡扶正学，丕振宗邦，尤为足下是赖，而乃慑于讲洋务之名，随众以诋，如诸来语，甚非所愿闻也。

窃意足下天姿开敏，行且猛悟，今特为嚣谈所夺耳。历观近代名公，其初皆未必了。更事既多，识力乃卓。如曾文正、惠敏父子，丁雨生中丞，洞彻洋务，皆由亲身阅历而得。左文襄晚达，故沉观最久。其请造轮船之疏曰："彼既巧，我不能安于拙；彼既有，我不能傲以无。"所至辄兴创机器，信知所先务矣。沈文肃疏论船政，自谓"臣则一无知而已矣，其悔恨为何如耶"。彭刚直号为不喜洋务，然筑沿江炮台，何尝不用西法，又何尝不请造兵轮。其序郑陶斋《盛世危言》，至谓"孔、孟复生，不能不变法而治"，是于洋务独能深入其蕴。黎莼斋兵备为诸生时，上书言事，似深薄洋务。及使东章奏，迥然如出两人。郭筠仙侍郎归自泰西，拟西国于唐虞三代之盛，几为士论所不容。薛叔耘副都初亦疑其扬之太过，后身使四国，始叹斯言不诬。夫阅历者，人所同也。但能不自护前，不自讳过，复何难寤之有？即嗣同少时，何尝不随波逐流，弹抵西学，与友人争辩，常至失欢。久之渐知怨艾，亟欲再晤其人，以状吾过；而或不更相遇，或遂墓上草宿，哀我无知，负此良友。故尤愿足下引为鉴戒焉。十年之前，作《治言》一篇，所言尚多隔膜，未衷于理，今并呈览，亦可考验其识见之增益。昔尝以日新相期，足下未遽领悟，或者其失即在此乎？若嗣同则自今益当求新，决不敢自囿于所陈，足下不斥其妄，尤有更精之策，并为足下倾箱倒箧而出之。

一曰："筹变法之费。"除卖地以供国家巨用外，余议院学堂乡塾之所需，莫如毁天下寺观庙宇诸不在祀典之列者。即在祀典，亦宜严立限制，节其侈费，以供正用。则各府州县，皆能就地筹财，无俟他顾。今之寺观庙宇，多而且侈，使悉废之，不惟财无虚掷，人无游手，而其云构崇阁，亦可为议院学堂诸公所之用。至民间每年所省香烛纸爆等费，尤为不可胜计。黄佩豹两至西藏及诸番部，金银之富，无与伦比。佛寺大小以万计，产可千万金者，随在有之。佛像屋顶，悉以赤金铸成，余黄白之属，或镕为山，或窖于地。民俗愚而勤苦，岁有赢赀，辄以献诸佛寺，堆积至厚，而不知取用。设若强邻内侵，枭雄窃据，其为借寇兵赍盗粮，害有不堪设想者。谁秉国钧，愿思冶容慢藏之训，亟有以收之，而中国自此富无与京矣。

一曰："利变法之用。"机器之兴，仅赖煤炭火油以司运动，则耗多而势必竭。西国有收地热日热以行轮船，及用电气以行铁车者。然地日之热，其力甚微，电气赀本，所费不给；则莫如就四川之火井，各省之温泉，以设机器，更助以地热或日热，是可以省火力矣。就各山之瀑布飞泉，安措轮轴，使摩激而生电气，因而传引至需用之处，是可以节物力矣。然而西人诸机器之力，犹有限量，欲求大至无限量之力，又莫如海潮。据天学家言，海潮与日月相吸之力，能令地球暂离其轨道，所以积久必有岁差。今任其自消自长，而不思所以用之。则亦徒负大力，而无裨于人事矣。可就沿海潮头极大之地，遍立极大之机厂，以取受其力。距海远者，则用电线传力之法，而无力不达。由是巨灵逊其开山，共工惭其陷地，助力之广，殆于不可思议。

一曰："严变法之卫。"夫甲船枪炮，日出新奇，久之必更有一物焉，驾乎其上，而他具皆废。涂大围师深痛战具酷烈，尝曰："不识气学电学能御枪炮否？"夫御之则不能，而有加酷之法，不啻御之而尤甚。西人尝欲以电气施于枪炮之中，各国聚谋，尚无精诣。惟英人玛格森者，曾造灵巧小炮，每分钟时，能放子六百出。宜车亦宜舟，兼有吸水柜，能减炮之热度，使久用不息，固已绝伦超群矣。而成此炮后，复精治电学，创为电气飞船，无论风之顺逆，皆可飞行无阻，进退升沉，转旋如意，但尚不能速耳。此与气球同为行军绝技，即薛叔耘副都所谓云军云战者也。今幸西人尚未极精，使中国从而精之，则可无敌于天下。盖各种枪炮俱不利仰击，田鸡炮虽较胜，亦不能及远，而电船气球行度，常在三十里内外，即降至十里或数里，亦无有能伤之者。是翱翔所至，山海失其阻深，枪炮都成废物矣。且重物下坠之率，于相距之平方，有反比例，渐次增速，即渐次增重，愈速则愈重。一斤之物，坠之于至高，及其至也，可陡增千万之重。故人乘电船气球，并不必用枪炮，第取开花炸弹，或实心巨弹而下坠之，即已无坚不摧。而西人又有用大凸透光镜，取日中之火以焚敌者。镜方八尺，即可镕化生铁于三十里之外，是尤宜参用其法，则凡铁甲船水雷旱雷各式炮台地营与城郭之属，皆为无用矣。然则气学电学所能御者，岂第枪炮而已哉。惟此策惨无人理，尤须防人之以此加我，宜专设一学，孜孜制造，庶几力争先著。若又让西人之我先，中国直几上肉耳。

一曰："求变法之才。"前言变学校变科举，是求才矣，而创办之始，尤贵有人焉以肩其任。莫如即责成各府州县之绅首，有能倡议废寺观，或集股开矿，或置办机器，与以一艺一事名者，与兴利诸事，即加服命宠异，令入议院充议员。由官饬助之、保护之，使成其事。有梗议者，籍其名不令出仕，并不准干预地方事。有一府一县皆顽梗不受化者，即将所属停止科举，以坐辱之。赏罚明，斯人材奋，无可疑也。然以中国民风之良懦，为五大洲之所无，故治国之易，莫易于治中国。他日治成，亦必为五洲之所无。患上之不行耳，何患民弗从哉？

嗣同拭目隆平，逾于饥渴，见诸公变法之奏，不禁跃如。所言傥皆蹐驳，望足下别思一可行之策。勿谈空理，勿尚浮文，并条举而件系之，庶乎吾儒之实学。若徒摘一字一句之未安，而遽尔见攻，虽墨翟环带之守，将不能任。惟高明图察是幸。

甲午秋七月，谭嗣同谨上

（作于一八九六年正月，即 1896 年 2 月①）

---

① 原署写作时间为"甲午秋七月"，经学者考证与事实不符。《谭嗣同全集》（蔡尚思、方行编，增订本，北京，中华书局，1981）疑"乙未"之讹，改为"甲午（乙未）秋七月；徐义君《谭嗣同思想研究》（长沙，湖南人民出版社，1981）认为应作于 1896 年 2 月，"署'甲午秋七月'，是有象征意义的。即以此提醒贝元徵，不要忘掉一八九四年七月爆发的日本侵华战争，不要忘掉中华民族的灾难，从而奋发图强，走维新的道路"。

附：治言①此嗣同最少作，于中外是非得失，全未缕悉，妄率
胸臆，务为尊己卑人一切迂疏虚怵之论，今知悔矣。
附此所以旌吾过，亦冀谈者比而观之，引为戒焉。

以十二万年为一元，天始局于句稽比遇，而人力无所用其挽救；以八十一州共一海，地始划于方罫广轮，而人事无以善其变通。于是天地之神化，束手帖耳，一听于万物之相积，而渐以推移。夫且颓然日即于竛，此亦以私意觇觊于一隅者，不恤情理之安之过也。乃若自其已然之迹，纪其固然之可纪而数计之，而条分之，则天凡四千年而三其变，地凡九万里而三其区。

唐、虞以前，吾不得而知也。夏后氏兴，出天下于洪水猛兽，俾东西南，朔海隅苍生，田田宅宅，而一登于大顺，固已洒然其非旧矣。虽其创制显庸，要皆黄帝、尧、舜井田封建之制，而州肇以九，山列以四，食鲜而艰，传贤而子。其他车服、礼器、百官、宗庙、乐律、政刑、正朔、徽号，罔不括五帝之终，而启三王之肇。故天于是成，地于是平，遂足以当一变。夏以后治乱损益不一，其大经大法，阅商、周未之有改，是曰道道之世。由是二千年，至于秦②而一变。尽取先王之法度弁髦而敝屣之，以趋后世一切苟简之治。郡县封建，阡陌井田，礼乐而会计，诗书而狱吏，其疾求而捷给，亦足以取快于一时，而箝举世别味辨声被色之伦，以无能自遁于其外。迨乎万物疲极而思戢，则且息肩于杂霸黄老，世主时相之稍有条理者，而见为一治。故秦以后，治乱损益不一，其大经大法，阅汉、晋、隋、唐、宋、元、明未之有改，是曰法道之世。由是二千年，至于今而一变。开辟之所未通，琛赆之所未供，鞮译之所未重，尉侯之所逢③，星辰寒暑之异其墟，而舟车人力之穷其途，东掘若木之所根，西竭虞渊之所沦，南北绲二极，若管以籥而络以绳。其间排虚跖实，根著浮流之毋午而纷赜，莫不蜎飞蠕动，跂行脊运，错蹄交内于上国，而莞莞乎，而蒸蒸乎，而芚芚乎，群起以与之

---

① 《思纬壹壹台短书——报贝元徵》云："十年之前，作《治言》一篇，所言尚多隔膜，未衷于理，今并呈览，亦可考验其识见之增益。"故《治言》应作于1886年。录自《谭浏阳全集》。
② "秦"，《谭嗣同全集》（蔡尚思、方行编，增订本，北京，中华书局，1981）作"今"。
③ "所逢"，《谭嗣同全集》（蔡尚思、方行编，增订本，北京，中华书局，1981）作"所未逢"。

抗。上国一再不胜，且俯首折气，日出其下而未有已。降一统而列邦，降朝请而盟会，降信义而货币，降仕宦而驵侩，而上国固已腼矣，而生民固已荼矣。此三王之所逆亿而不能，而汉、晋以下所色然惊其未闻者也。是曰市道之世。此天之三变也。

赤道以北，适居三百六十经度之中，西至于流沙，东南至于海，北不尽兴安岭，八荒风雨之所和会，圣贤帝王之所爱宅，而经纬、风教、礼俗于以敦，而三纲五常于以备也。是足以特为一区，曰华夏之国。而东朝鲜，西回、藏，洎越南、缅甸之遗民，犹觏面内向，潜震先王之声灵，以服教而畏神者，咸隶焉。由是而东起日本以北，迤俄罗斯而西，折而南，而土耳其，而西印度，西北逾地中海，而布路亚，而西班牙，而德、法、英诸国。又西逾海而北亚美利加，其壤地不同，同于法治，其风俗不同，同于艺术。其禀于天而章于用，为人所以生，而国所以立，而上下之所以相援系，视华夏则偏而不全，略而不详。视禽兽则偏而固，为全之偏，略而固，为详之略。是足以为一区，曰夷狄之国，而北之瑞典群岛，南之荷兰岛，咸隶焉。由是而南起阿非利加，西至南亚美利加，又西至澳大利亚，则有皆榛莽未辟之国也，又皆出夷狄下。是宜自为一区，曰禽兽之国。而近南极之群岛咸隶焉。立乎华夏而言，自而北而西，或左、或右、或后，三方环以拱者皆夷狄也。其南空阔泱漭，而落落以看列于前者，皆禽兽也。此地之三区也。

夫以天之所变，而市不蕲乎法，法不蕲乎道而天穷。地之所区，而夷狄率禽兽以凭陵乎华夏而地乱，不先不后，荟萃盘结于一朝。斯固天地自旦之宵，生民自长徂消，方将休息乎归墟，以待别起而为更始矣。虽然，又岂惟天地之主宰是纲维是哉？治不自治也，则亦乱不自乱也。人为之，质文递禅，势所必变也。夏、商之忠质，固已伏周之文；周之文，固已伏后世之文胜而质不存。周以降，皆敝于文胜质不存，今其加厉者也。审乎此而挽救而变通者可知，抑审乎此而夷狄之加乎华夏者皆可知。何以明其然耶？夷狄之加乎华夏，夷狄之由忠而质，且向乎文，而适当乎华夏之文胜质不存也。夷狄之生人生物，晚于华夏，不知几千万年之期。其草创简略，亦尚与古之噩闵相近，而人心之朴，于以不漓。故夷狄之富，不足以我虚；夷狄之强，不足以我孤；夷狄之愤盈而暴兴，不足以我徂；夷狄之阴狡而亟肆，不足以我图。惟其出一令而举国奉之若神明，立一法而举国循之若准绳，君与民而相联若项领，名与实而相副若形影，先王之言治，曰"道一而风同"。道非道而固一，风非风而固同，斯其忠质之效，而崛起强立，足以一振者矣。

世之言夷狄者，谓其教出于墨，故兼利而非斗，好学而博不异。其生也勤，其死也薄，节用故析秋毫之利，尚鬼故崇地狱之说。戛戛日造于新，而毁古之礼乐。其俗工巧善制器，制器不离乎规矩。景教之十字架，矩也，墨道也，运之则规也。故其数皆出于圆，而圆卒无不归于方。割圆者，割方以使圆。三角者，方之角也。故其教出于墨，乃今则不惟是也。出于墨，自其朔而言之也。其出而为治，不惟是也。其出而为治，罚必而赏信，刻覈而寡恩，暴敛而横征，苛法而断刑，君臣以形名相责，而父子不相亲，奋厉桓拨以空其国于佳兵。是昔之夷狄，墨家之夷狄也；今之夷狄，法家之夷狄也。墨家之学出于夏，忠也；法家之学出于商，质也。而又继之以靡丽。故曰：由忠而质，且向乎文也。且向乎文，则亦且向乎文胜而质不存。文胜质不存，则其衰也。孽不必自天陨，祸不必自地出，物产不必其不供，盐铁之大利，不必其或绌。而世降则俗浇，俗浇则人自为心，而民解裂，则令不行，而上下相厄。上下相厄，则所举皆废，而国以不国，虽欲如华夏之质不存，而犹可以存者，又乌可得耶？何者？其文固非文也。故其敝亦且一敝而终敝。文非文，则质亦非质，忠亦非忠，皆其似焉者也。何以似？反之极也。天下惟相反至于极，其归也必相似；相似至于极，亦适得其相反。循环而运，一左一右，相反也，而卒于相遇。绕地球而行，一东一西，相反也，而卒于相遇。此犹即一物而论也。朱似紫而一正一间，碔砆似玉而一贵一贱，骀牙似虎豹而一以暴，一以仁，卤沙似食盐而一以养人，一以杀人。相反莫如水火，而相济以为利；相反莫如刑赏，而皆为忠厚之至。故文、周之以圣者，操、莽之以奸；伊、霍之以权者，齐、梁之主之以相残。《诗》、《礼》非以发冢，而发冢者习之；仁义非以窃国，而窃国者并窃之。异端之惑人心，何尝不自记于圣贤；利口之覆邦家，何尝不自诡于忠言。观乎龙门之凿，然后知大巧若拙也；观乎昆阳之战，然后知大勇若怯也。是故其所以为似也，即其所以为反也。知其反则华夏之以自治者，固自有道矣。

今夫士之自号于人曰："治天下，治天下。"非不庞然以大而嚣然以繁，而括其言之指归，要不出于三端。曰："吾中国帝王之土，岂容溷以腥膻？士师猾夏之刑具在，而司马九伐之未可终淹。为生民以与封狼貙罴争此土也，固将一鼓而歼旃。"是作而进也，是战之说也。曰："一战不胜，吾将不支，毋亦务乎息民而讲信以柔之？是有天也，非人之所能为也。"是敛而退也,是和之说也。曰:"我加乎彼而我则尪,我无以加乎彼,而彼日益张,见可战而姑战焉,见可和而姑和焉,不为牛后,亦终不为戎首。且吾身所不及见者,吾又遑致吾之辨?"是不进不退而亦进亦退也,是守之说也。夫战,吾不知何恃以战;夫和,则今之患,方浸淫而无已。是后之说宜若近矣,乃误人家国而阶至今为梗之厉者,亦恒此之由。幸灾之不及己,而雍容以养奸;贪天之或我祐,而首鼠于两端。庸医不杀人,能致人不生不死之间;庸臣不亡国,能致国于不存不亡以不安。坐失岁月于宽闲,而饷后之人以艰。虽有善者,不已难乎?

故夫战,不可不夙讲也。以战之具,若测算,若制造,亦志士所有事,而诋之者拘也。不护己而和,以纾吾力焉。以和之具,若立约,若交聘,亦当官所宜慎,而待之者愚也。要之华夏之以自治者,则皆不在乎此。华夏之于夷狄,夫既有相反之形矣。夷狄且以文敝者,华夏固可反之于忠。忠者,中心而尽乎己也。以言乎役己之己,则华夏之自治为尽己。先王之典孔彰也,祖宗之泽方长也,举而措之,人存政不亡也。说者固曰:"儒者博而寡要,迂而寡效。"乃其所谓儒,非儒也,故庸之得以冒焉。反天下扰攘者一于礼,而后风俗敦,风俗敦而法乃可均。日驰骛于外侮,而荒其本图,是谓舍己之田,而人于耘。以言乎人己之己,则出治者先自治为尽己。我见以为独放之,则方州部家;我见以为微延之,则甲胄干戈。威福所以饰喜怒,喜怒不中而威福替;黜陟所以行好恶,好恶不审而黜陟蛊。故王道始于耕桑,君子慎于袪袷,苟徒恃乎科条,又何憬于内外也。或曰:"忠则忠矣,然以厉薄俗,何异进途人而讲姻亚?以驭强胡,何异救焚溺而用陔夏?非不言之,寒谷可黍,吾恐行之石田无稼也。"曰:是岂易于俗人言哉!其理则可谓云尔。性有秉彝,故三代之治不易民;道有污隆,故未定之天能胜人。事不求可,功不求成。君子之立本以趋时,居易以俟命,固已异于策士之纵横。创业垂统,求为可继,强为善者人,而成功者天。诚可期乎必济,孟子不以告滕文矣。且期乎必济,彼之为战、为和、为守之说者,能不济耶?抑不能漫以云云也。无可必而姑期之,将非自欺而欺人者乎?夫君子则何能治天下哉?能不自欺而已矣。又何敢言治天下哉?言不自欺而已矣。闻之吾师蔚庐先生曰:子朡以子之亡,不得为尧、舜,不当行揖让;李密以无恒戮,不得为汤武,不当用征诛;新莽败于井田,不得删《尚书》之《禹贡》;王安石祸于青苗,不得毁文公之官礼。天下事,知其一，不知二，固未有不罔于从违者也。

　　且世之自命通人，而大惑不解者，见外洋舟车之利，火器之精，刿心钬目，震悼失图，谓今之天下，虽孔子不治。噫！是何言欤？自开辟以来，事会之变，日新月异，不可纪极。子张问十①，而孔子答以百世可知，岂为是凿空之论，以疑罔后学哉？今之中国，犹昔之中国也；今之夷狄（之）情，犹昔之夷狄之情也。立中国之道，得夷狄之情，而驾驭柔服之，方因事会以为变通，而道之不可变者，虽百世而如操左券。若使夏禹受禅，而帝启即有崖山之沉；周武兴师，而尚父即膺黄巢之戮。则可云邹鲁之不灵，《六经》之有毒矣。而要之决无虑此，此则诚能不自欺也。夫不自欺，忠也。救文胜之敝，而质赖以存也。夫不自欺自知，知人明而致知之征也。夫不自欺，又意之所由诚也。夫言治至于意诚，治乃可以不言矣。夫圣人固曰："意诚而心正，心正而身修，身修而家齐，家齐而国治，国治而天下平。"

---

　　① "问十"，《谭嗣同全集》（蔡尚思、方行编，增订本，北京，中华书局，1981）作"问十世"。

秋雨年华之馆丛脞书卷一[*]

叙^①

三十以前所著集，既自言非古矣。今复有作，将焉适归？尝喜《笠泽丛书》编纂超出蹊径，以为有古诸子之遗风，其叙意曰："丛书者，丛脞之书也。"夫有丛谈，乃复有脞说，见《郡斋读书志》，而马永卿尝与《鸡肋》并引，今援往例，名曰《丛脞》。

乙未代龙芝生^②侍郎奏请变通科举先从岁科试起折

为请旨交通科举，先从岁科试起，以期速开风气，而广育人材，恭

* 《秋雨年华之馆丛脞书》是谭嗣同自编定为"东海褰冥氏三十以后新学弟二种"（后更改），为1895—1897年间所作。自第一篇《先从岁科试起折》起，至《赠梁莲涧先生序》止，录自《湖南历史资料》1959年第四期（1959年12月出版），其余部分录自《谭嗣同全集》（蔡尚思、方行编，增订本，北京，中华书局，1981）。

《湖南历史资料》编者按曰：

谭嗣同的"秋雨年华之馆丛脞书"稿本，为张篁溪收藏。原稿凡一百四十八页，书面有谭氏手书签题及"乙丁之际"字样。原稿首页书名下有"东海褰冥氏三十以后新学弟二种"十四字，后复涂去。文中且多增改之处，字迹与谭氏其他笔札相同。封面及书底之里页为当时两湖公文书之官册所改装，似亦当时原物，其为谭氏手订之稿无疑。

"秋雨年华之馆丛脞书"中的许多篇已收入《谭嗣同全集》，我们就其中未刊载的部分，辑录出来在本刊发表，这一期录载的共十二篇，都是谭嗣同三十岁以后的著作。这时正当甲午中国战败之后，严重的民族危机刺激影响了他，为了挽救国家民族的危亡，他愤志变法维新，在他给唐才常、陈宝箴等的书信里，反映了他思想上的急剧变化和推行新政的见解，对于我们研究谭嗣同的政治学术思想以及了解当时湖南维新运动期间的情况，是很珍贵的资料。

① 《叙》作于1897年冬。录自《谭嗣同全集》（蔡尚思、方行编，增订本，北京，中华书局，1981）。

② 龙湛霖，字芝生，攸县人，刑部右侍郎，时任江苏学政。此注释由《湖南历史资料》编辑注。

折仰祈圣鉴事：

窃见倭人就款之后，中外臣工，乃始徐徐筹及补救之策。于是变法之章奏，杂然而并陈。臣愚以为无百年不变之法，有一旦可行之事，语变法于今日，虽驰骤犹恐不及，而何可少迟？

论变法之次第，则根本有所宜先，而未容或紊，如铁路、轮船、钱币、枪炮、与夫务材、训农、通商、惠工诸大政，固无一不应规仿西法，亦无待今日而始知其然。然而某人果精某艺，某事宜任某人，瞻望徘徊，未知所属，则万不能不广育人材，为变法之本。因不能不变通科举，为育材之本也。

我朝科举之典，沿用明制，以制艺取士。当其始未尝不经经纬史，人材亦遂辈出其中。迨经二三百年之陈陈相因，势必雷同剿说，所学既已空疏，宜其无当于用，人材不兴，厥有由矣。而解之者犹曰：废去制艺，则五经四书，人将束之高阁而不复读。不知经自经，制艺自制艺，当古圣传经之初，固无所谓制艺。即在汉、宋，未有制艺之前，儒生治经，未必逊于既有制艺之后。况制艺之章法，已成窠臼，凡瑰奇俊伟之士，往往耻袭前人唾余，思有以自别于庸流，而一逞为怪诞。由是膺衡文之任者，将语语绳以法律，则失士必多。苟稍加宽容，又愈趋而愈甚，迁流所极，制艺将不成为制艺，又何论于经？故制艺之可废，非一二人之私意云尔，自其势之处乎不得不然也。

然臣尝熟计之，一旦骤废制艺，又将易何法以试士？而法久弊生，其陈腐亦无以异于制艺。反复研究，因悟人材之衰，非尽制艺之过也，制艺之外，一无所长也。此后科举，即仍考制艺，宜令各兼习西学一门，以裨实用。实用苟具，制艺亦必迥不犹人，而世复何所容其诟病？

臣未敢高言泛论，惟岁、科两试，系臣专职，抑士子应科举之始基。现在江苏岁试，已陆续竣事，而科试伊迩，兼值考取优拔年分，转移风气，尤莫捷于此时，拟请旨饬下各直省学臣，自光绪二十二年始，凡遇岁、科、优拔等试，除考制艺外，均兼考西学一门，以算学、重学、天文、测量为一门，外国史事及舆地为一门，万国公法及各国法律、政事、税则等为一门，海、陆兵学为一门，化学为一门，电学为一门，船学为一门，汽机学为一门，农学为一门，矿学为一门，工、商学为一门，医学为一门，水、气、声、光等学为一门，各国语言、文字为一门，必须果真精通一门，始得考取。不兼西学，虽制艺极工，概置不录。

所考若系工艺等学，并置列各门精器，面令运用，以免流于空谈。考取后，注明精某门学，汇册报部。如有才艺超群，能自创新法，更出西人之上者，随时专折保荐，以备朝廷量才录用。其在瘠苦省分，西学之风气未开，无人报考，自应详酌情形，稍为从缓办理。

一面饬令各直省督、抚臣，会同学臣于各直省书院，添课西学，随时加意培植，礼罗四布，谁不思奋？庶几奇材异能之士，不至湮没废弃；而向之徒以制艺见长者，亦必惭愤而自励于实学。

岁、科等试既变，而科举始能渐变，凡一切当变之法，始能切实举行，而无乏才之患矣。所有陈请变通科举，先从岁、科试起各缘由，理合专折驰奏。是否有当？伏祈圣鉴训示，谨奏。

《管音表》自叙

古无四声，外国皆无四声。"易"、"诗"、周秦诸子之用韵，亦止平、上、入、而无去声。魏晋以降，始有四声，至沉约而益辨。唐宋词曲家，又分平声为阴阳，则为五声。今湖南省会及附近各县，则去声分高低，而为六声。六声非音非韵，犹吹管者视指之启闭，分凡、工、尺、上、一、四、合七音，其实一声而已。故六声统目之管音。

管音虽以高下轻重而殊，究不当以古之宫、商、角、徵、羽、变宫、变徵，今之凡、工、尺、上、一、四、合分隶属之；何则？凡五音、七音，可为歌曲之管音，不可为语言之管音。歌曲管音，务令各归各律，还相为宫，可任意推移，初无定位。又各有高下轻重，参伍错综，可穷其数。至十七万语言，管音远在其先，为歌曲管音之原。则任举一声，皆有如彼之数，此故不得强为之割裂也。

尝论人为万物之灵，所以能著其灵者，于语言声音著之。当夫生民之初，亦未必遽能尔也。纪代绵永，其灵乃日启。西人谓五洲人种皆同出中亚细亚，又何以各国方言相去悬绝？盖巴别塔前一析，当在能言之前，是以摇首示否，点首示然，招手示进，挥手示退，万国同斯会意，尚为同种同俗，一线之据。其他一无留遗，沿为诡异，足征皆既分以后之缘起，非未分以前之所能。既分后，各就其族所习知之声音，创为语言，号之而成物，谓之而成事，互相流播，递相赓衍，如国家所订之条约，惟与国知之，远者胥弗之及。兹所以虽同种犹重九译，而莫喻其恉也。

　　然而语言、声音，无能久存，其流播赓衍，亦不能无讹舛，古今之积变，何殊中外之顿隔？于是乎乃贵有文字，是文字即语言声音，非有二物矣。

　　今中国语言声音，变既数千年，而犹诵写二千年以上之文字，合者由是离，易者由是难，显者由是晦，浅者由是深，不啻生三岁学语言声音，十岁大备，备而又须学二千年以上之语言声音，如三岁时一人而两经，孩提一口而自相鞮寄，繁苦疲顿，百为所以不振而易隳，而读书识字者，所以戛戛而落落焉。

　　求文字还合乎语言声音，必改象形字体为谐声，易高文典册为通俗。德士花之安①尝思代中国造谐声字，若彼并数字母而成一字，迄未见有成书。惟福建蔡锡勇②氏、江苏沈学③氏颇著称于时。或曰：字体象形，中外古时莫不如此，埃及古碑皆象形字，至希腊始变谐声，可证也。嗣同独不谓然，中国古时，实先谐声，而后象形。未有书契之前，号称结绳治事，夫绳结将棼乱，何以不患遗忘？是必别有法。若谐声之字母，乃能以绳结为字母之暗记，并之成音，庶可辨识耳。试观西人之草书，以字母纽结成字，缭绕不断，恰肖绳形，可由以悟古结绳之法。然则象形变谐声，亦复古之一端矣。

　　惟是中国语言声音，为方隅风气所囿，千里而近，甚乃不相通晓，是欲变通俗文字，必先遍解中国语言声音。案中国语言声音，实未始不同，双声皆谓之双声，叠韵皆谓之叠韵，特管音有高下轻重之异，遂以不相通晓。是欲遍解中国语言声音，必须辨各省参差不齐之管音，管音本止五，不难明也。

　　湖南独六，可以为异。今宜倚多者为准。嗣同又湖南人，先其土音，而列他省方音于后，为"管音表"。同于长沙则书同字，余各书其声，其不足六者，注阙字，或注混入某声。此省读平，而彼省或读上、读去，彼县读去，而此县或读平、读入，皆可各就其本读。仿此编表，排比而观，推勘而获，略其语言，取其声音，即由其声音，达其语言。所操仅六声，则守至简，而十八行省，府、厅、州、县及偏隅僻壤，山

---

　　① 花之安，德籍传教士，广学会会员，通中国语言文字，著有《自西徂东》等书。

　　② 蔡锡勇，字毅若，龙溪人，毕业京师同文馆，通速记术，著有《传音快字》，清季设速设学校，以为教本，更名中国速记学。

　　③ 沈学，字曲庄，江苏苏州人，是清末上海梵皇渡书院的一个医科学生，精通英文，十九岁写切音字著作，五年书成，在上海《申报》及《时务报》上发表，书名《盛首元音》。

陬海澨，千万种之语言声音，皆可检表接谈，无虞或阻。又驭至繁，通天下之志，类天下之情，倪遂兴欤？倪遂兴欤？

黄颖初①《传音快字简法》叙

物之生也，未有不简者，其末流始日繁。因其繁而繁之，是治丝而棼，瞀天下者也。强其繁而简之，是锢聪塞明，陋天下者也。然则如之何？曰：繁者，天地之所以为化也，生民之所以大也。自繁之简势甚易，惰者为之矣，而君子弗为。自简之繁势甚难，难则必求其益繁者，而反若居于简。夫即其求者观之，则亦可谓简已。

天地之间则繁矣，谁能遍物者？虽学之极博，要不能不退处于简。简之而后可以学繁。简之不至又已繁。天之予人声也，若非学也，若乃生而聋者，终身不能言，无以为学，将不能有其天。童子生而终日嘎，期而后名父母，五六年之学，其言数百句而已。若是乎学之难，而谓可不学，是瞀与陋两之也。

夫学，将以求繁也，求繁则不能不简其学之之法，留以为繁之地。今之学则异是，既学语言，又学文字，其始既不简，奚遑求繁？吾是以有取于传音快字之语言、文字合于一，而吾友黄君颖初犹以为未简。顷共学金陵，则取其二十四声而十八之，三十二韵而十二之，取其未备之声韵而摄之，取其辨四声之界线而无之，简几倍矣。

虽然，颖初之简之果何为也哉？曰：简其繁也，是不如无学之为简也。曰：简其学之之法，由是乃可以遍学夫群学，是愈求繁也，求繁则可谓之学也。

若夫其音学之渊澔，体要之灿著，词翰之茂密，思致之锐入，览者自识之。今为白其简之为用，吾故疾夫诿用简者。

金陵测量会章程

一、练习仪器。先将同人所有各种仪器凑集一处，每日一聚，各述所知，互相传习。不出一月，可期精熟。聚集之处，择藏仪器多者，自

---

① 黄颖初，浏阳人，精韵学，造传音快字简法，嗣同《致汪康年梁启超书》曾言及此事。

以杨仁山先生贵宅最为妥便。

每日上午九、十下钟到，下午一、二下钟散。测天最重午前、午后，望勿到迟。惟历时既久，须备便餐一顿，及茶水等项。愿入会者，请先交自身一月伙食钱十元。仆从等须自给钱，令在外买熟食充饥，尤应戒令安静毋哗。

演习虽止一月之久，仍恐主人过于劳费，约定除供茶水之外，不用点心。便餐亦宜极从俭约。且此会既为学问起见，尤不应有迎送寒暄种种虚文应酬，方为实事求是。倘若入会人数过多，则应分日轮班聚集，每日一班，班以七八人为度。班期既分，则非一月所能藏事，而伙食亦应按日另核。

一、专精一门。各种仪器皆已演习精熟，则各择其性近而喜习者，别为专门之学，庶几精益求精。专门总门有二：曰测天，曰测地。测天分门有二：曰测日，曰测星。测地分门有二：曰测立点相距，若测山、测岸之类。曰测平点相距，若测路、测河之类。各占一门，暂勿贪多。所用仪器，若天文镜、子午仪、经纬仪、纪限仪、叠测仪、全圜圈、墙环、半圜仪、十字仪、象限仪、地平仪、夺林仪、测向仪、罗盘、行船记里轮、陆地记里轮、水准钢炼带、尺度时表带、佛逆之寒暑表、水银风雨表、空气风雨表、燥湿表、量风器、量雨器、量潮器，均应各人专心考究一器，合之则成用。器余于人，则兼习数器，亦应此器既精，而后及彼器。人余于器，则同习一器。器有未备，容他日集赀购置。此时暂互相借用。各人在家专习，以俟定期会测。倘借用仪器，稍有损坏，亟应赔修还原。

一、测立距。须求此处高于海面若干？则应集赀公聘二人往吴淞口，雇民船溯江递测而上，至金陵为止。兼带测向仪、行船记里轮、顺便绘成长江下段之粗图。

一、测平距。测求经纬度。纬度测日躔高弧，按气节即可得此处天顶为若干纬度。惟经度难测，则应于本城公同测准定点一处，再集赀公聘二三人，赴此定点之东数百里，西数百里，各测准一定点，以度时表较两定点之时差。他日再证诸京师观象台经度中线之时差，然后可得此处地点为若干经度。数百里之往返，亦非甚难，靡（糜）费亦自无多。有志之士，当不惮其繁琐。

一、分测。地平与定点，胥测准后，则各挟其器，或一人，或数人，专测一门，以便互相印证。测地者兼练步法，练定每步若干尺寸，则随便可绘草图。

一、会测。择天气和煦清朗之时，定期会测，藉收观摩荟萃之益。是日醵酺，所以合欢也。

一、绘图。各人分测者，各绘于图，互相传观临摹，俟会测时公同复验，集为总图。惟初次绘图，部位宜求极塙，宁略无详。俟集为总图后，再行分测、会测，再绘为加大之总图，一次密于一次，永无止息，庶几终臻完善。

一、定尺。测量之尺，应公同酌定，用某尺为准，以归一律。其绘图之纸，即以此尺一寸，画为方格，纸旁仍画此尺数寸，以免涨缩异度。初次测绘，假使以方格一寸当十里，二次即当五里，三次当一里，所谓一次密于一次也。

起首数次，专以测绘陆地为主。至于水之深浅，及沙线暗礁等，须用别法探测者，暂从盖阙，以俟他年。

然水程远近，源流高下，及水面盛涨极涸之宽狭，足备陆军之用者，仍应详测。由此类推，应兼习一种行军之图，系从天空下视者，以细线相距之远近疏密，分地势之斜坦，可用小比例尺量出平图之斜度。

一、日记。各人分测者，各记其时与地。专管度时寒暑风雨燥湿等表者，尤应逐日详记昼夜早暮之差，而取其中数，编之为表。遇会测，即各出以相较。

一、著说。有图无说，读者断难取益，因能读说者多，而能读图者寡也。况古今沿革，山川形势，险要阨塞，兵家所重，尤非说不能明。

以上章程十条，先联合同志数辈试行之，暂勿邀请外人。俟成效既著，徐图扩充，然后劝捐购器，刻图出报，联为公会。洪由纤起，高以下基，孚甲培养，轮囷离奇，雅思渊才，倘或许之？

创办《矿学报》公启

通商者，两利之道，客固利，主尤利也。顾吾中国独以通商致贫，蓄怨毒于外国。吾尝深求其故而不得，以为金银者，饥不可食，寒不可衣，确然无所用之之物也。彼所输于我者，或以供食，或以供衣，或以供器，则皆有用矣。以无用易有用，利莫大焉。是不啻出赀佣彼之工，为我长作，佣彼之商，为我走隶。阳厚其值，实阴役其力也。标一的而万矢赴，翘一宝而万目注，轻重之不审，平准之不知，固危莫危于此时。苟权轻重，持平准，酌盈剂虚，渊然而靡穷，又齐威、管仲之所以笼盐铁而奔走夫天下，虽益通商夫何害？然而中国卒以致贫者，是必其奔走人之具有不具矣。

夫既谓金银为无用矣，即不具夫何害？虽然，金银诚无用，而可以代有用，且可以代无不可用之用。独不见算术乎？一则一，二则二，限于数，域于名，其用必不广。为代数者于是代以甲乙丙丁、天地人物之属。甲乙丙丁、天地人物之属，亦诚非数矣。然以代任举之一数，即凡数之权，莫不归之；而真数反退处于无权。今夫金银之为用，亦犹是也。确然非食非衣非器，而可以易食，可以易衣，可以易器，则可以命之为食、为衣、为器，而真食、真衣、真器，乃反不如其随人所命之适于用。

且夫金银，犹其一端者也，外此而铜、而铅、而锡、而煤、而铁、而一切金类，非金类，其类繁，其用尤广，今中国概乎无所增益，则宜其一通商，即为人弱也。此在无矿之国，则诚无能为计矣。而中国之矿，甲地球也；有矿而仍前之封焉禁焉，亦莫能为计矣。而开矿之谕旨，之文告，遍国中也。然而率相顾睊睊，莫肯争奋，坐拥厚赀，而日受冻馁，仅恃涓滴，而甘被腌削，转使所恃以奔走人者，为人所夺，而还供人之奔走。是盖有三故焉。曰：不知开矿之利；不知不开矿之害；知其利与害矣，又不知所以开之之法。将欲皆使知其利，知其害，知其法，于是不能不重赖乎报。

报也者，矿务之起点也，报出而学会可联，则点引而线矣。学会联而学堂可立，则线合而面矣。学堂立而公司可纠，则面积而体矣。此其序又不能不重赖乎报。

今将创办《矿学报》于金陵，首载中国之矿事，次译各国之矿报，使皆知其利与害。次译各国专门矿学、地学、质学、化学之书，书所不能赅者，则详之于表，表所不能明者，则著之于图，使皆知其法。

惟造端宏大，后望方长，不揣绵薄，敢效前驱。若夫致远图终，繄维将伯，是赖世之君子，其将闵其苦志，鉴厥嘤鸣，教之话言，助之赀财，俾由报馆而学会，而学堂，而公司，矿务幸甚！中国幸甚！

此启成后，议久不决，事以未果。然当时并为章程十二条。

一曰：本报专报矿务，于谕旨、奏折以及公牍、私著，惟关涉矿务者，始敢登录，余悉不得阑入。

二曰：四方会友论著、函牍、谨择要编为博议。有不编录者，亦不得催问。至原稿则不论编录与否，概不检还。

三曰：本报用白纸石印，半月一本，本三十叶，零售一角，全年二元。自五册后，即不零售，愿阅者请先交一年之赀。

四曰：代售本报逾十本以上者，则于售价十成内，提二成作为送报之费。

五曰：本馆出入帐目，年终编列简表，刊诸报末，以昭信实。凡捐款诸君，可随时到馆查帐。

六曰：凡捐款百元以上，按期送报，永不取赀。十元以上，送报十年。收到捐款，即由本馆总理填给收条为据。此外并无人在外劝捐。其外省代收捐款各处，另详报末。

七曰：本馆公举刘聚卿观察世珩为总理。又请编校二人，皆不受薪水。翻译二人，绘图一人，缮写一人，校刊一人，会计一人，薪水视事之繁简为率。工役人等，临时另议。

八曰：本报既出，一面即联矿学会，以讲求矿务。愿入会者，请将台衔、爵里，详细函示，以便登报。《矿学会章程》，俟续拟。

九曰：俟捐款稍裕，即就产矿之地，建设矿学堂，广购书器，陈列各种矿质及开矿机器样式，延聘矿学、化学各门名师，招集聪颖有志之士，以肄矿学而储矿材。矿学堂章程容缓拟。

十曰：矿学会力量稍充，即可纠集股本，禀请设立开矿公司，采炼矿质，方为今日办报之归宿。开矿公司章程另拟。

十一曰：学堂、公司，所有一切利益，会中人皆得一体均沾。

十二曰：本报章程，有未详备者，皆与《时务》、《农学》两报，大致相同；通例具在，无取冗沓。

"农学会"会友办事章程

第一条：本会承各会友不我遐弃，而愿入会，自是夙具办理农学之事之志矣。兹就各会友之志，议立办事章程，凡入会者，愿同遵守。

第二条：本会本无强人遵守章程之权，但既愿入会者，必愿办事，愿办事则不可无整齐划一之章程，以答各友之盛意。惟无权强人遵守，故所定章程，悉从极简极易，必不致因繁难而生厌倦。若夫一意求所办之事，或远过章程内所定之数，则存乎各会友之事业力量，及时之闲暇与否。固本会之所深愿，然不敢请也。故章程不得不极从简易，非谓应办之事，仅止于此。

第三条：本会总会设于上海，分会则随处可设。各会友有应商之件，随告总会、分会皆可。

第四条：与总会或分会同在一处之会友，遇事即可面谈。其不在一处者，彼此须以信札商议。故各会友之居址，倘有迁移，务必函告总会或分会，以便通问。

第五条：各会友于农学一有新得之理，请随时告知总会或分会，分会亦应即行转告总会。总会遇有新得之理，立即登报，各分会及会友皆可于报中见之，毋庸分告分会。分会能自出报章者，诸事可于报中见之，亦毋庸专告总会。

第六条：各会友有所质问，总会、分会务必详告。倘总会、分会亦不能知，亦应代为博访。

第七条：总会遇有应访查考究之事，可随时嘱托各分会各会友就近访查考究，分会亦然。凡受访查考究之嘱托者，应请详复。

第八条：各会友于农学有须试验，而力不能任者，可将其法详告总会或分会，由总会、分会量力之能任与否，酌量代为试验。

第九条：总会、分会需聘用某等人才，可于各会友中选择。或托各会友代聘。各会友于总会、分会亦然。惟薪水、路费，均须预先议定。

第十条：总会需购有关农学之物件，可托各分会、各会友就近代购。各分会、各会友亦可托总会、分会，互相代购物件，其价值或先兑，或指定于何处拨兑。

第十一条：各会友有愿出而办事，不受薪水者，请将所愿办之事，告知总会或分会，以便遇有合宜之事，专诚延请。随将所办之事，登列报章，以著钦仰。

第十二条：各会友自己所办农学之事，请将功夫效验，随时告知总会或分会，以便登报表扬学业。

第十三条：各会友有通晓东西各国文字者，请每年任意翻译东西各国农书或农报，函示总会或分会，不拘多少，虽一二条亦可，以便登报，藉志嘉惠。

第十四条：各会友有通晓地质、化、电、光、水各学者，请每年择其有关农学之理，函示总会或分会，不拘多少，以便登报，藉志嘉惠。

第十五条：各会友即不皆晓以上各学，应请于所居之地，就近访查雨旸旱潦、土宜物产、农物价值与农业巧拙、丰歉，及一切有关农学之事，每年随意函告总会或分会一二次，不拘多少，以便登报，藉志嘉惠。

第十六条：各会友有齿位已尊，政务殷繁，力不暇兼顾以上各事者，固非章程所得而拘。然仍应准本会于不论何时询问有关农学之事。前项会友即应随时具答。

第十七条：以上章程，有未详备，或应更改，可随时详议，不厌增删改订。至若开垦、制造、赛会、集款等事，另有专门章程，兹不赘及。

第十八条：除既已入会之会友，自可于报中见此项章程，不复分致外，以后凡新入会之会友，各赠此项章程一通。

与唐绂丞①书

绂丞同门足下：

昨寄近刻，到否？

三十以前，旧学凡六种，兹特其二。余待更刻。三十以后，新学洒然一变，前后判若两人。三十之年，适在甲午，地球全势忽变，嗣同学术更大变，境能生心，心实造境。天谋鬼谋，偶而不奇。故旧学之刻，亦三界中一大收束也。

嗣同不慧，蚤为旧学所溺，或饾饤襞绩，役于音训；或华藻宫商，辱为雕虫。握椠则为之腕脱，雒诵则为之气尽，夫亦可谓笃于文矣。往年罗穆倩谓嗣同："子通眉，必多幽挚之思。"饶仙槎则亦谓："惨澹精锐，吾惟见子。"故偶然造述，时复黝然深窅，而精光激射，亦颇不乏苍郁之概，峭蒨之致。其于哀乐，煎情锻思，昼夜十反。一丝潜引，无首无尾，溶裔长怀，若弥万仞，而莫之竟。顾纡徐愈婉，斯激出弥劲，忽便任之，遽有慓疾廉悍恣睢不可控制之观，孰使令之欤？由其性情与所遭遇在焉。过此以往，方当金篦刮目，慧剑刳胸，上九天而下九地，魄万生而魂万灭，长与旧学辞矣，又放笔为直干者乎？所谓心计转粗，不能复从容唱《渭城》②矣。

人苦不自知。向所论列，亦岂曲肖其中之所欲言？风轮持转，壑舟负趋，十八种震动，乾坤与俱，天鼓万物则精神亭亭，有莫以自主者。

---

① 即唐才常。

② 《渭城》，乐曲名，一曰《阳关》，王维所作，后歌入乐府以为送别之曲。

良以曹子桓①有言："年一过往，何可攀援。"又曰："后生可畏，来者难诬。"又曰："身后谁相知定吾文者？"结习未忘，不触而进。是以乐就吾子质矣。

虽然，三十曰壮，坐此萦缭迟回，卒不克自致于当世有用之学。苟非幽挚之思，钩深索隐，于格致差易入，见几自拔，劣得睹于经纶。天下之大经虽无，今日理亦宜之。更何一惭之可忍，百悔之可追！然则持此湮桎其支官、薶葬其精灵者，何可胜道？吁，可畏也，贻此亦以为吾党戒也！

抑嗣同怖头狂走，经岁经年，于世间众生之异同攻取，参伍错综，出定入定，澄念以观，殊自谓少审其曲折，则匪直文艺之无当于行也。即恃以办事之才智，比及事临，皆廓落不切所用，而涣然无所凭依，是其办事者何哉？一至诚无妄之局量而止矣。大舜袗衣鼓琴，若固有之。《诗》曰："訏谟定命，远猷辰告"。谢安石叹为雅人深致。陆子静曰："士先器识而后文艺"。皆言乎局量宏阔，莫得而际之焉。故夫英杰一出，海内景附，宁有异故？亦局量度越寻常累大万也。

夫局量不备，盖亦有由。尝语淞芙②曰："怨天尤人，具以救世之心，未尝迫切，心乎救世焉，知有我哉？佛门之局量，勇猛无畏最大，然不能径致也。必慈悲为之根。慈悲则德几全矣。益无以致？必植基于平等；欲平等，必化异同。欲化异同，必无我相；欲无我相，必断意识。"意识云何断？又尝语淞芙曰："大地山河，了了到眼"。此言故不易领，请征之《易》，曰"憧憧往来，朋从尔思"。子曰："天下何思何虑，天下同归而殊途，一致而百虑，天下何思何虑。"境界恰似，殆禅宗断意识之道矣。同辈中可语此者，厥惟铁樵③、卓如④；以是益不能不惜乎铁樵矣！伯纯⑤书来，言铁樵死为亡国先声。嗣同谓斯固然矣。然而国亡与人死，大不类，人死一了百了，更无有余。国亡，而人犹在也。则沿革废兴，万端而未已，乃十百巨于未亡之前。吾党其努力为亡后之图可乎？此亦绝望至尽之辞，幸无谓此言过也。

东征负创，不为不深；北邻要盟，不为不厉，变法三四年，不为不久。不惟大体了不更张，而犹以科目取士，资格用人。待其人自以时积

---

① 即魏文帝曹丕，字子桓，引语见曹丕《与吴质书》。
② 即刘善涵，浏阳人，与谭嗣同、唐才常过从甚密，戊戌时曾参加维新运动。
③ 吴樵，字铁樵，四川达县人，"于学无所不窥"，通格致，1893年与嗣同订交后病卒，年三十二。
④ 即梁启超。
⑤ 张通典，字伯纯，湘乡人，主张维新，与嗣同、铁樵友善。

累之，时久否耳，人贤否，不问也。是惟恐其人所阅之时，不瞬疾以逝，而设成格以促之。是不惟人贱，时又甚贱也。生时贱时，虽有经天纬地之文，澄清天下之志，天民大人之学，孔、墨、曾、史之行，横绝一世之才，辟易万夫之气，炙輠雕龙之辩，翘关扛鼎之勇，将焉用之！将焉用之！

同心千里，吴楚青苍，辄因翰风，摅寄永念。瀰瀰江水，耿此心光。

谭嗣同谨上

与唐绂丞书

绂丞同门足下：

前售《湘学报》赀，交熊秉三①带上矣。闻湘中长沙一城，销千数百分；销《时务报》又千余分。盛矣！士之好学也。金陵销《时务报》，仅及二百分，盖风气之通塞，文化之启闭，其差数亦如此矣。嗣同以各新闻纸为绝精之测量仪器，可合测其国，兼可分测其人。国愈盛者，出报必愈多，美利坚是也。人至极阎陋，必不阅报，中国之守旧党是也。合数国数人相较，以得其比例，若一之与二、三之与四、不难偻指数，而报之美恶亦因之。《湘学报》愈出愈奇，妙谛环生，辩才无碍，几欲囊古今中外群学而一之，同人交推为中国第一等报，信不诬也。

"质点配成万物说"②，竟明目张胆，说灵魂谈教务矣，尤足征足下救世盛心，于世俗嫌疑毁誉，悍然置之度外，可谓难矣。得此则嗣同之《仁学》殆欲无作，乃足下于《湘学报》一则曰："绵《仁学》之公理"；再则曰："《仁学》之真铨"；三则曰："《仁学》大兴"；四则曰："宅于《仁学》"；五则曰："积《仁学》以融机械之心"；六则曰："《仁学》大昌"。转令嗣同惭惶，虑《仁学》虚有其表，复何以副足下之重许？然近依《仁学》之理衍之，则读经不难迎刃而解，且日出新义焉。

尝慨孔教之衰，经学茫昧故也。既乱于汉，又乱于宋，一以为巫史，一以为乡愿，孔教之存，宁有幸乎？而其由来，又不惟是，孔子之发言为经，类皆因材施教。因材施教者，佛家所谓因众生之根器当以某

---

① 即熊希龄。
② 参见唐才常：《觉颠冥斋内言》卷4。此注释由《湖南历史资料》编辑注。

等得度者，即为现某等身而为说法。故孔子之言，或大或细，有半有全，犹佛家之有大乘、小乘，有实教权教，非圣言有异，众生根器不同也。记者误浑连为一编，漫不为区别，复不详记其某一言之发为何地何人何时何事，某为粗，某为精。精杂于粗，则以粗概精，而精者亡；粗杂于精，则以精疑粗，而粗者亦亡。是以牴牾謬辑羼乱而不可就理也。区区之愚，不揣固陋，以为阐明经义，犹置后图，而区别类目，实为先务。类目云何区别？试就《论语》言之：

《论语》专记圣人言行，为孔教之真源，群经之秘钥。方诸耶教，此其《新约》之福音。群经如《诗》、《书》、《仪礼》、《周礼》，其《旧约》乎？《春秋》、《王制》，为变从周改今制之书，亦新约之类。《周易》，其默示录。《礼记》，其使徒行传也。彼为耶教者，皆知笃信福音，而吾为孔教者，乃以《论语》为弋取科目之具。孔教不幸，莫兹为酷！今将区为八类：曰微言、曰雅言、曰大义、曰小学、曰大同、曰小康、曰阙疑、曰伪窜。何谓微言？高据群教之首，横括五洲之内，上阙三代所未知闻，下觉万世所共趋向，如公山、佛肸之召，子见南子、子击磬于卫，使子路问津之类是也。何谓雅言？诗书执礼，随事立称，偶然酬答，无关紧要之常言而已，如子语鲁太师乐、入太庙每事问之类是也。何谓大义？明乎学术、治术之当然，合乎地球万国之公理，可永远行之而无弊，如首章言"时习"、学堂课程也；次言"朋来"、学会也；次言"不知不愠"，盖学会之权力最大，可以保国、保教，势焰所不能消烁，兵劫所不能摧残，容有不知者，不必愠亦不足愠也。何谓小学？所以教初学，专举切近易从事者为言，如子曰："弟子入则孝"。有子曰："其为人也孝弟"。曾子曰："吾日三省吾身"。子夏曰："贤贤易色"之类是也。何谓大同？《春秋》之言太平，远近大小若一，如"为政以德"，"颜渊问之邦"之类是也。何谓小康？按切当时之情事，择取其能行者，如"道千乘之国使民，敬忠以劝"之类是也。何谓阙疑？孔子言各有当，皆非无为而发，今既佚其所以发言之故，与言之何所指，止好阙疑。不然，则偏畸之义，徒为乡愿，一孔之儒，遁身托足，如"放于利而行多怨，以约失之者鲜"之类是也。何谓伪窜？必显然与公理相背，决为理势所必不能行，徒赠守旧者以口实，如"述而不作，信而好古"之类是也。如此分标于每章之下，间有新义，亦略为疏其滞晦，庶几吾孔教复明于世。

《论语》既毕，遂可进治他经，而所执以为鉴别之权衡，则曰公理而已矣。公理者，放之东海而准，放之西海而准，放之南海而准，放之北海而准。东海有圣人，西海有圣人，此心同，此理同也。犹万国公法，不知创于何人，而万国遵而守之，非能遵守之也，乃不能不遵守之也。是之谓公理。且合乎公理者，虽闻野人之言，不殊见圣；不合乎公理，虽圣人亲诲我，我其吐之，目笑之哉。然则章句小儒，于声音、训诂，断断争其真伪，亦愚甚耳矣。

夫公理，犹验诸人事者也。至于公理之出，出于自理，自理则非人所能知矣。不能知，又不能不知，所谓日用之而不知也。犹几何学之公论界说。三角术之不论直锐钝角，并之必为一百八十度；不论直锐钝角，二边之和，必大于余一边。代数术之全，大于其分，全必等于其诸分之和。等度加等度，合度亦等。等度减等度，余度亦等。皆颠扑不破之自理也。而问其所以然，则未有能知之者矣。要之先有自理，而后有公理；亦必有公理，而后能证其果为自理与否？区区之愚，不揣固陋，所欲管窥天，蠡测地，鼹饮河，蚊负山，俛焉日有孜孜以治经术者，凭斯而已矣。惟念斯事体大，非一时所能就，尤非一人所能任，不胜大愿，窃欲附骥于千里，培风于六月，相与联为治经之约，足下其许之哉！

足下于《春秋》、《周礼》治之甚专，资之又甚深，迥非嗣同所能万一几及，盍先即此两经而为之？《春秋》三传，《公》、《谷》为传经，《左》为记史，刘贡父已早著此义。国朝庄存与诸春秋家沿之，足为定论。不必竟废《左》为伪书也。然此犹论经义，未及治事。自隽不疑引《公羊》决狱，而董仲舒治狱，班《志》列于《春秋》部，亦必公羊家言也。吾湘魏默深本之以谈洋务，今四川廖季平、广东康长素及其门人弥宏斯旨，蔚为大国，皆与湘学派合者也。若夫《周礼》，足下不攻其伪，特定为姬氏一朝掌故之书，尤为平允不激，而含意未伸之贬辞，亦即寓乎其中。如三夫人、九嫔、二十七世妇、八十一御妻与夫饮食衣服之属，独纷然侈汰，以恣肆于万民之上，最为显悖公理。又如议亲议贵之条，尤乖于平等，所当剔出分观者也。天假之缘，吾二人同堂讲习，得践此约，足下固精力过绝人，嗣同亦不惜躯命，即不能遍治十三经，当亦思过半矣。惜乎足下为饥驱，嗣同为纲伦驱，风劲草而著疾，薪劳轴而陨涕，各有兼营，不遑宁处。嗣同又骛事太广，役志太烦，血气倘或不副，将有危身之虑。然念蠢尔躯壳，除救人外，毫无他用。昔德公主见俄彼得，怪其面黑目深，则自言由于用心太苦。彼得霸者，不过自私自利，犹尚不自吝惜如此，况其在吾党也。但不知此愿何日可偿？聊复书之，留为异时之券。倘得径归，则拟于《湘学报》竟增经学一门，本群教群国之义理掌故时事，汇而以澄吾已亡之孔教，仍依原例，逐条设为问答，俾皆晓然于莫不尊亲之非诬，自谓为经传别开生面矣。

更若先圣之遗言遗法，尤莫备于周、秦古子，后世百家九流，虽复充斥肆宇，卒未有能过之者也。《庄子》长于诚意正心，确为孔氏之嫡派。《列子》虽伪书，然有足以为庄辅者，必有所受之也。余如《韩非》、《吕览》长于致知，后之《论衡》、《潜夫论》，足为其辅。如《内经》、《素问》、《周髀》、《墨子》，长于格物，后之谶纬、《淮南》，足为其辅。如荀子长于修齐，后之《法言》、《中论》，足为其辅。如管、晏、孙、吴、司马法、《国策》，长于治国，后之陆贾、贾谊，足为其辅。如《老子》、《阴符》、《关尹》、《文子》、《鹖冠》，长于平天下，后之道家间亦足为其辅。虽各不免偏蔽，然骎骎乎近之矣。于此欲遍治之，则非合大群，联大学会不可，顾安得尔许同志士乎？

南昌沈小沂兆祉[1]，吾瓣薑先生[2]弟子也。于考据学致力颇深，词章绵缈处，大似嗣同，亦好格致算学，时时谈西法。往与同学京师，渠治目录，嗣同治纬，相得欢甚。但稍觉其不脱经生气。东事后，久不相闻，迩忽得其书，言于《时务报》见嗣同著有《仁学》，为梁卓如所称，不知中作何等语？渠意以为学西法，惟平等教公法学最上；农矿工商，有益于贫民者，亦不可缓；兵学最下。不审《仁学》颇及上一路否？此正嗣同蚤暮惓惓焉欲有事者也，不图小沂猛进乃尔。

自惟年来挟一摩顶放踵之志，抱持公理平等诸说，长号索偶，百计以求伸，至为墨翟、禽滑厘、宋牼之徒之强聒不舍。绵岁时，涉道路，仰屋咨嗟，千不一合，而所如辄阻，其孤渺为足闵矣！而乃近得之吾同门之友。足下闻同门有此人，亦必为轩渠一乐。

邹绍航进益几许？足下当可就近教之，慎毋及高远，俾专心读格致书可矣。嗣同留意考验，从格致入者，万不差也。诸惟裁察是幸。

谭嗣同谨上

与徐砚甫[3]书

砚甫仁兄大宗师执事：

---

① 沈兆祉，南昌人，和谭嗣同同问学于欧阳中鹄，康有为发起保国会，他曾列名参加。
② 指欧阳中鹄。
③ 徐仁铸，字砚甫，1897 年 9 月继江标任湖南学政。

顷阅邸钞，欣悉皇华使节，督学吾湘，天末馨闻，笑乐不能自禁。匪以为彼此交谊之私，漫然欲称贺也，乃所以庆吾湘人焉。不然，吾砚甫亦何患不大用于时，顾于一学政沾沾为砚甫喜哉？

别国方言，辎轩是采，询谋咨诹，使乎使乎！援据往例，请得择言：

溯自三十年来，湘人以守旧闭化名天下，迄于前此三年犹弗瘳，此莫大之耻也。愚尝引为深痛，而思有以变之。则苦力莫能逮。会江建霞①学政莅湘，遂以改本县书院请，欣然嘉许。而他州县亦即相继以起。未几，义宁陈抚部②持节来，一意振兴新学。两贤交资提挈，煦翼湘人，果始丕变矣。至今日人思自奋，家议维新，绝无向者深闭固拒顽梗之谬俗，且风气之开，几为各行省冠。

两年间所兴创，若电线、若轮船、若矿务，若银元、若铸钱、若银行、若官钱局、若旬报馆、若日报馆、若校经堂学会、若舆地学会、若方言学会、若时务学堂、若武备学堂、若化学堂、若藏书楼、若刊行西书、若机器制造公司、若电灯公司、若火柴公司、若煤油公司、若种桑公社、若农矿工商之业，不一而足。近又议修铁路及马路。其诸书院，亦多增课算学、时务，乌睹所谓守旧闭化者耶！此其转移之机括，厥惟学政一人操之。何则？以督抚之位尊权重，宜乎无不可为，及责以学校之事，何以教育，何以奖掖，何以涤瑕，何以增美，则其位其权，皆成渺不相涉。学校废，则士无识，士无识，则民皆失其耳目，虽有良法美意，谁与共之？此故非学政莫能为力矣。

方江学政之至也，谤者颇众。及命题，喜牵涉洋务，所取之文，又专尚世俗所谓怪诞者，拔为前茅，士论益哗。至横造蜚语，箝构震撼，而江学政持之愈力，非周知四国之士，屏斥弗录。苟周知四国，或能算学、方言一技矣，文即至不通，亦褒然首举之。士知终莫能恫喝，而己之得失切也，乃相率尽弃其俗学，虚其心以勉为精实，冀投学政之所好，不知不觉，斩然簌然，变为一新。虽在僻乡，而愚瞽虚骄之论，亦殆几绝矣。班孟坚曰："利禄之途使然，在上者其慎所以导之之具"。《传》曰："上有好者，下必有甚焉者矣。"顾意诚否耳，何患民弗从哉。

诸新政中，又推《湘学报》之权力为最大。盖方今急务，在兴民

---

① 即江标。

② 指陈宝箴，时任湖南巡抚。

权，欲兴民权，在开民智。《湘学报》实巨声宏，既足以智其民矣，而立论处处注射民权，尤觉难能而可贵。主笔者，为同县唐绂丞拔贡才常，嗣同同学，刎颈交也。其品学才气，一时无两，使节抵湘，行自知之。要皆江学政主持风会之效也。

嗣同尝睠睠深念，以为湘学之任，难乎为继。去年薄上京师，获交执事，学术行谊，言论风采，若出云雾而睹青天，昭然发矇矣。仰悦之下，辄私谓顾安得吾砚甫为吾湘学政乎？别后犹念念不能忘。若有天幸，竟塞此望。可知他日吾湘教化之美，殆于不可思议，请纪使节之出，以为息壤。

若夫所以嘉惠吾湘之道，执事救世心殷，讲之夙矣。又得陈抚部及李仲仙①按察、黄公度②盐道，相为夹辅，复何俟愚鄙之喋喋为哉。谨与乡之人延颈拭目，喁喁企之而已。

兹仅稍举已然之事，云备观风，亦其笑乐不能自禁焉尔。诜征在即，疾为此函，冀于未出都时见之，故草略不暇检。

谭嗣同谨上

上陈右铭③抚部书

大中丞世伯大人阁下：

抵鄂后，一切详细情形，除已电达外，余由熊庶常④面陈，今不具述。

惟念铁路、商轮、煤矿诸端之于保国，其事固至急，而其效亦至缓。假使十年五年前早筹议及此，而毅然举办，则至今日，汽车已飞腾于骑田之岭，火船已络绎于洞庭之湖，矿山即不得遍开，亦必已用机器，已成巨产。以之图内治，恢远略，岂不甚善甚善。无如矿务之说，自我公始发其端，计开采以来，曾不满两年耳。商轮才具萌芽，铁路尚如梦幻。就令并日而食，兼程而进，人无旷工，工无旷事，亦必须三年五年，乃著成效。

夫以各国之挺剑而起，争先恐后，俄、法、德暗有合纵之约，明为

---

① 即李经羲。
② 即黄遵宪，1897 年 7 月以盐法道署湖南按察使。
③ 陈宝箴，字右铭。
④ 指熊希龄。

瓜华之举。德据胶州、即墨，俄军旅顺、大连，法又以强占琼州见告矣。英、日恐三国之崛起出其上也，谋与中国连横，以抵御三国，即以自卫其权利。而政府拒之，是激之使怒，以速其屠灭我也。今已西正月矣，在西二月分割之期，直不瞬息耳，危更逾于累棋，势将不及旋踵，复安能宽我以舒徐闲暇之岁月，俾得从容布置，以至于三五年之久哉？

且不惟无其时也，即幸而祈天永命，得至于三五年之久；而法人已占琼州，必且进而谋粤，谋粤必自揽利权始。揽利权必并铁路、矿务而笼之，一如德人之于山东者然。然则谓我之铁路，仍可展接至粤，恐无是理也。又不惟粤，法人若以琼雷之铁路谋粤，亦必以龙州广西之铁路谋湘。是湘之铁路由我办否，亦尚未可知也？湘、粤且然，鄂于何有？然则铁路之议，殆长已矣！铁路所至，矿利随之，德人山东之约可证也。即不尽夺取，而荦荦大者，要亦所余无几也。然则矿务亦长已矣！至于湘水行驶商轮，其事至小，其利至微，更不足言。外而祸变之速也既如彼，内而程功之迂也又如此，是以不恤违背教旨，弃俎豆而言军旅，坏佛法而破杀戒，明明然长顾而不已，遂遽有练兵之请也。

虽然，练兵之难，亦无以异于向之云云也。曰无饷之难、无械之难、无将才之难、无武备学堂之难、无炮台之难、无地营之难、无工程队之难、无测量绘图队之难、无红十字医队之难，虽公皆已经画过半矣，然未备也。数者有一不备，即不得为节制之师，以与有教化、讲公法之国战，而何况于胜？然而必数者备而后能战，又安得此悠远之时乎？且即使数者皆能取给于一旦，而两军相见，其为胜为负，亦尚在不可知之数。是故练兵固所以救亡，而非能决其不亡也明矣。于不能决其不亡之中，而作一亡后之想，则一面练兵以救亡，仍当一面筹办亡后之事。

亡者，地亡耳，民如故也，岂忍不一为之计耶？语曰："善败者不乱。"嗣同请赓之曰：善亡者亦不乱。善亡之策有二：曰国会，曰公司。国会者，群其才力，以抗压制也。湘省请立南学会，既蒙公优许矣，国会即于是植基，而议院亦且隐寓焉。法当筹款养士，使有以自存，而后能出万死不顾一生，以强力任事，不幸而圮圔有惊，钟虡无固，度力不能争，即可由国会遣使，往所欲分之国，卑词厚币，陈说民情，问其何以待之？语合则订约以归，不合，然后言战，亦未为晚。无论如何天翻地覆，惟力保国会，则民权终无能尽失。于有民权之地，而敢以待非澳棕黑诸种者待之，穷古今，亘日月，可以断其无是事矣。公司者，群其赀产，以防吞夺也。万国公法：凡属公产，其转移授受，一视其君与官，民不得保而有之。惟民产为民所独有，君与官亦不得转移而授受之。凡此界限，各国守之最严，未尝一淆乱。夫公司，民产之大者也。盛大理①言：胶州电报局既见夺于德人，盛电其外部，称系公司，德提督果谢不敏，而予以厚值，且正其名曰：借用。此公司之明效也。湘省商轮以及铁路，皆议立公司之名，姑无论其成否，然亦可谓深明大计者矣。独已开之矿其设分局者，无虑十数处，乃尚不名公司，则他人入室，必以公产视之，而据为己有，亦殊可虑也。以公之综核精密，具有条流，嗣同非敢议公之办法，而特欲改易其名目，请概改分局之名，而为公司，办法一切仍旧。惟须略附商股，以符公司之实，若虑开源未畅，招商不来，分息难期，诳民实甚，何妨虚设商股之名，以俟获利后陆续补入，或股额极少，聊作公司之凭据，但使有商一人，有股一金，即不得谓我非公司也。况局章原有官商合办一法，虽改公司之虚名，揆之初议，仍无抵迕。又闻公意欲将各矿分隶于学堂、书院，作为学校之产业，具见深谋远虑，洞烛几先，然嗣同以为仍公产，非民产也。即或以学校之故，而不夺其应得之利，安知不又以学校之故，而侵其办事之权乎？是仍不如径改公司之为愈也。凡属利源所在，一概总以"公司"，则印度、波兰吸髓剥肤之祸，吾知免矣。

呜呼！亡不亡，是有天焉，非公所能救也。若夫善亡之策，如所陈二事，与凡兴民权之类，公力已多优为之，且无俟嗣同哓渎矣。此日下民，譬如病至垂危，国医束手，而病者所宛转呼号，不求不死，但求为任殡敛掩埋之事，毋使暴露，喂狐狸，饱乌鸢，自非不共戴天之雠，夫孰能恝而置之！是故言兴民权，于此时非第养生之类也，是乃送死之类也！而动辄与言民权者为敌，南皮②督部于此为大不仁矣。

且南皮抑又阍于自计矣。夫民何为而乐有权乎哉？良以绝续存亡之交，其任至重，脆而累人，不忍使一二人独任，以召绝脰折脰之惨祸。乃群出而各任其任，厥祸乃息耳。南皮则悍然不顾，负万钧，走千里，骨散气尽，敝敝然立槁矣，而犹不得休止。或哀而拥助之，方且大怒曰：是争吾权也。呜呼！是能保中国之必无割灭也，是能保生民之必无遭杀虏也，是能保四万万人之身家性命而代尸其饔飧也，夫如是，民复

---

① 即盛宣怀，时任大理寺少卿。
② 指张之洞。

何为不乐而忧？呜呼！是蚊负山而蝉当车也，是大愚至顽而不可瘳也，是丧天下而身先及祸，怨毒且百世随之也。嗣同诚无如南皮何！又况其烈于南皮者。悲愤之机括，一触即跃如故，不觉其词之汹汹也。

方今海内能兴民权者，繄惟我公，又恃垂爱之久而弥厚，故敢蠲除忌讳，陷触文网，迫抑郁无聊之极思，怀收拾余烬之苦志，送崎嵚已薄之短景，发光华复旦之噩梦，外忧群牛之偾赢豕，内惭雄图之不克张，迩为国会、公司之深切著明，远拟复巢完卵之侥幸万一，则无有便于兴民权者，而遂以善亡之说进。

然皆于情事甚顺且易，又皆我公所已知而已行，非能发摅奇策，少益大海以涓滴，惟是民权之界线甚广，其条段亦甚繁密，嗣同之愚，不足以尽之。幸有黄按察、梁院长[①]、熊庶常诸英杰日在左右，倘命以熟筹亡后之计，必有千百于此者矣。

长夜漫漫，披衣秉烛，笔秃纸尽，腕脱声嘶，而词犹凌乱，不达其意。盖人穷呼父母，兽死不择音，哀痛迫切，其情一也。惟垂察不宣备。

江苏试用道世愚侄谭嗣同谨上

报涂质初[②]书

质初仁兄学长足下：

适莽苍者，怒如辀饥；逃空虚者，跫然则喜。于风尘澒洞，八表同昏之日，为官府走趋，焦诟无耻之行久矣。夫拚为同学所弃，而高节者所不齿，放废孤羁，宁有他冀？不图被其垢于千里而遥，三薰而三沐之，碧霄黄垆间，乃复有吾子翩然赍书，情文周挚，言之不已，复长言之，长言之不已，乃至作为歌诗，以咏叹之。《缁衣》无此好，《白茅》无此诚，溟渤淳容，无此宏量；文字死生，无此气谊。走也不力，当之惶惑！但觉江云四市，绪风一号，万思驰肠，千悲掩涕，积念所激，若趋承左右，而听受话言。如有所誉，则非凉德能可暂任矣。勤勤药石，敢不拜嘉。然而似尚有不深悉此间情事者，聊复一言，匪敢诬诿。

古者，政散民流时，则有流民。今不惟流民，又有流兵，又有流

---

①　指梁启超。

②　即涂儒翯，浏阳人，嗣同尝与之切磋学问，《石菊影庐笔识》之《思篇》中曾提到他。

士，又有流官。所谓候补官者，流官、流士兼焉者也；甚则流民、流兵、杂焉者也。朝廷不问其来去，疆吏或忘其姓名，循例参谒，不知何所为而乌合俯首唯诺？不知何所为而蛙鸣？已无与于民，民亦无所于赖，徒统名之曰：官尔官尔。

又况今日有不谋而合之大宗旨，曰：专以挫抑人才为务。他省或得其三，此间必居其七。就令小有驱使，不过奉守程期，以掩饰无过为称职。以云有为，此故难矣。

窃就尊论，自勅厥躬，高固不敢，然亦无可再下；激固不能，然亦无可更随。至若肃乂内治，辑穆外交，苟得一州斗大，自当禀承尊公在昔之训，推行仁兄斯今之箴，黄河之清，姑妄俟焉，以为非所当急也。

今之急务，端在学会。明知琯惟孤奏，无当于昭华；艾不三年，讵神于痼疾，其势至涣，其效至迂。然群圣之灵，六经之经，震旦之菁英，黄种之俦仃，寄斯焉耳。他无幸矣，尝妄谓何故变法、兴学而已。上即不变法，而终不能禁下之不兴学，镲而不舍，金石为开。国存而学足以强种，国亡而学亦足以保教，有学斯有会，会大而天下之权力归焉，复何为而不成乎？此其所志，亦正与来书以拙制诡，用诚驭巧之云，密合无间。

足下《议学》一刻，最为远大之图，寓言、诗说，尤觉洞达本原，字字皆宝。威凤延味，万音翕合，以嗣同之詹詹，但有服膺，却忘拟议。间有足为互证者，别纸疏出，借备省观。兼使据此以施督教，奢望无已。惟诗不及酬，请于异日。

嗟乎！此去故乡，鸟飞道曾不千百耳，山泽通气，沆瀣不绝，何为使我思君至于无时自释哉？非地之果远也，亦时日迭更，疾逝不少留耳。然则两勉交进，胡可忽诸？

伏维葆此爱力，施诸无穷，綮岂故人之惟幸。甚盛甚盛！叩头叩头！谭嗣同谨上。

赠梁莲涧[①]先生序

天将文明我中国，故使大地沟通，巨溟杯泻，汽船电线、籧交络会于太平洋之西亚细亚洲之东，远至乌拉乖、巴拉圭、拉巴拉他，近至朝

---

① 梁启超之父。

鲜、南掌、八百媳妇，若官若士，若兵若商，若旅北而南，南而北，必以广东海为所从出之途。濒海有山焉，曰崖山。自宋以后，颇著称于时。岛屿相宫，星罗散列，淞雾隐见，绵属无绝。登其上，则左挹扶桑，而蜻蜓三岛有雄封焉；右扪婆罗，而巫来由之种族栖焉。前瞩则天水吞涵，空气之以太汱瀞幽蔚，而莫之际。惜为地球之半圆弧面所隐，使削其弧而弦以径之，将直见文化早辟，几乎《春秋》之太平，《礼运》之大同、之美利坚而华盛顿，圣德神功，经文纬武，轶尧舜，羞汤武，雄略英灵所都焉。若夫后顾，则仍濛濛然，中国而已！

吾意其间必有魁耆巨子，日日侧身四望，抱先圣不传之学，蕴经世拨乱之才，上晤古人于火山、冰山、石刀、铜刀、铁刀之世，下遗后人于铁轮、铜轮、银轮、金轮、弥勒之世，不自我先，不自我后，运与命会，诞育于兹。时必将孜孜不遑暇食，心筹手策，所以善其由据乱进于昇平之机揽，毋苦我父老母，系累我子弟，毋虔刘我同父乾同母坤之肝、肾、肺、肠，以桎刖我手若足。或不得已而言保国，又不得已而言保教，又不得已而言保种，朝夕披发大荒，孤号沥血而道之。至于不得行其志，则以其素所渊涵土负者，毕授其子若弟。而已方屈意殚虑于耒耜被褵之小民，为之袚其患，为之贻其安，为之食且衣，且礼且俗，且久且永，永乡里然乎哉？是亦王道而已矣。

此不得于地球者，此得于地球千万微弧之一者，而顾可忽其人焉尔乎？则有新会者，县于崖山之滨，惟我莲涧梁先生，实挺出于其间。先生博学多通，笃好人伦。兄早卒，父母悲念特甚，先生曲意解之，使忘其苦，色养无方，以终考年。父病笃老，在视衣不解带，目不交睫，率数十日以为常。凡同祖昆弟，皆爱之如己，以养以教，以迄于成立。此其孜孜不遑暇食以行其道于家者也。其乡风气慓悍，好博而尚斗，海山间错，盗贼因而莽伏，樛结蛰盘，不可爬梳。先生先自一族治之，禁毋博，博有常罚；毋匿盗贼，匿有大刑。自一族而一乡，远师管子之内政，迩规近人之团练，有连有伍，谁臂谁指，戢戢井井受法令，仰隶于先生，名之曰保良会。良乃保，不保不良，而良益保。不良大惧，进而良，否亦他徙。其乡以无有博，而盗贼罔弗飏。

厥政使耆老数十人，议事视议院议定，使塾长一人，行之视官府。立乡约，无或犯视公法，凡诟谇勃谿争斗讼狱，皆就决，先生决如流，不以琐而厌，不以繁而疲。曰："时乃西国之致治也，吾姑于一乡兆之。吾孜孜不遑暇食以行其道于一乡，吾乌知地球之为大哉？吾一乡乃不仆缘于地球哉？"则顾其长子启超曰："治地球亦若是而已矣。"

然而先生于崖山之上，仰而苍苍者，俯而黄黄者，不有古，不有今，歌非歌，哭非哭，时而见日本崛于东矣，时而见俄罗斯眈于北矣，时而见英、德、法诸国横于西矣，亦且见南洋群岛弦且舞于南矣，先生宁能恝焉置之，目而笑之，以忍于我四万万人而为一乡之为乎？先生于是益授其道于其子若弟，子有四，皆才，启超尤有隆隆声于支那。

启超学既成，始使游于康南海之门，不他师也。启超以其所授者，教于吾湘之人，湘之人从如市。又溯其所授而思迎先生。先生至，吾将希觏鞠胚，肃起为寿，敬叩先生地球中之崖山，崖山外之地球，云何达之？达以马格尼之电浪；云何烛之？烛以葛格司之射光。先生尝有以语我来。

吴铁樵传[①]
（1897 年 6 月）

中国遂乃不可为乎？然则吾又将奚适也！去年客京师，王正谊遮而说之曰："吾子睊睊然狼顾而鹗视，夫果奚适也？吾一以子为农可乎？且子不闻燕、赵之士，任侠重然诺，勇于私斗而敢死。居平臂鹰走狗，歌声乌乌，酒酣击剑，见事风生，为闾里之患。夫彼皆农材也，而吾皆能鞭抶之，鞬控之。今夫出居庸塞而北，缘边而东，满、蒙、奉、吉之原，广莫千里，芜草如毳，林莽丛灌，莺野所都。吾将大市骆驼牛马羊，召彼使牧之。逐水草而居，且耕且猎，支幕以为宫室，潼酪以御饥渴，请尽使奉吾子。不然，即蓄而息之，货其骆驼牛马羊，归以其赀结士子，能为马新息乎？"嗣同既不顾而去，归遇吴铁樵于武昌。铁樵乃复大言农学。洞庭之南，有新洲焉，铁樵谋悉垦而辟之，以栖吾属同志之士。梁启超曰："巴西亦美洲大国也，土满而不治，召我中国之农农焉。苟群而往，将以中国之农塞其国。"而朱琪闻之笑曰："奚其远适为也？迩吾粤海，有茶山焉。不惟茶山，南洋之如茶山者，不可胜计，是皆可以巴西之也。"嗣同内计吾将奚适也？俄罗斯既订约假道满、蒙，凡农矿畜牧林薮虞衡之利，彼皆将专之，固无所措吾足。巴西、茶山，远者数万里，近亦万里，非吾所得而农也。洞庭之滨，吾家在焉。铁樵

---

① 《吴铁樵传》至卷一《题程子大横览图诗》，皆录自《谭嗣同全集》（蔡尚思、方行编，增订本，北京，中华书局，1981）。

能农，吾其终依铁樵，而铁樵竟死。

铁樵名樵，铁樵其字，四川达县人也。父德溥，为世大儒，令知县浙江之山阴。铁樵死以光绪二十三年四月二十一日，年三十二。嗣同初不识铁樵，亦于京师偶遇之。片言即合，有若夙契。嗣同甚乐铁樵，又钦其父名，因铁樵请见，连不值。既得见，则三年前对语终日而各不知姓名之季清先生也。相与抚掌大笑，剧谈略数万言不得休息。铁樵亦大诧，以为奇遇，以长铁樵一岁，父事季清先生而弟铁樵。过从日密，偶不见，则互相趋。所谓燕、赵之士，任侠重然诺者，益相助物色而罗致之。铁樵于学，无所不窥，古今之变，中外之故，天人之际，性道之原，靡不贯穴奥赜，而达之亹亹。童年即精算术，若由天授。元代微积，不师而能谈；几何条段，如出掌而目数其指。由是遂通西儒所谓格致学，尽能习其器而名其物，谁谓吾中国人莫彼若也？然铁樵不惟学而已，又多智略。体貌甚伟，有仪可象，骨开张而气沉肃，目精炯炯然，遇疑难数语而决。处事闲暇，初若无所为，而智烛几先，罔难罔钜，虽极之至纤至悉，无不秩秩就理。日啬其休养，而忘其身以救人。其所擘画，若报馆，若女学，若机厂，若矿产，若农田，虽不即举，而条理毕具。南皮张督部将召而用之，而义宁陈抚部则使治矿，极中国之所谓通人，或无以过。则莫不争愿其共治事，可谓才士也已。嗣同之知，不足以少概铁樵，而既荦荦已如此。

铁樵之疾也，咸谓铁樵必不死。铁樵非有甚疾也，即不药，铁樵必不死。铁樵连误服药，意其体壮实，其脏腑能抵拒之，铁樵必不死。既不然，中国不有铁樵；中国有铁樵，则中国之事之待于铁樵者，不知凡几，铁樵必不死。而铁樵竟死。然则吾又将奚适也！

刘淞芙《湘报馆章程》跋
（1896 年 2 月）

淞湖秀才，今开明士，被褐怀玉，郁居无聊，怆念神皋，驾言远览，竟江之委，阻海而止。奇书辐凑，佳士飞轪，逮乎来归，度识方遒。江山之助，沾丐饷遗，已达达人，君子曰恕，源源不渫，《湘报》斯集。

邹友沅帆，使西访学，言彼学成，不事悦绋。地图一册，新报一纸，载披载诵，用切于时。闻见既溥，法戒乃兴，迁善塞违，教治以懋。又言西史，初无官戒，亦惟新报，公厥是非。

嗣同究之，西报何妨？云见吾华，断烂朝报。天子失官，守在四夷，蕞尔一报，亦肇自中。《大学》格致，亡曷弗补。

伟哉沅帆，图既缋成。铄哉淞芙，洞瞩几要。开馆醵金，章程备明，大雅君子，宜有乐焉。

> 光绪纪年二十有二春正月，复生谭嗣同跋尾。

戏台联语
(1896 年)

何况到而今，即早生盛世唐虞，不过及身观梦幻；
明知终一散，滕片刻当场傀儡，自将苦口入笙歌。

法人无故索滇边乌乌地竟界之或为之谣
(1896 年)

法人来索地，华人去任天。莫黑匪乌乌乌地，问谁能虫虫虫天。

丙申之春缘事以知府引见候补浙江寄
别瓣薑师兼简同志诸子诗
(1896 年春)

睡触屏风是此头，也曾问绢向荆州。生随李广真奇数，死傍要离实壮游。洛下埋名王货备，芦中托命伍操舟。东家书剑同累狗，南国衣冠借沐猴。

白龙鱼腹办轻装，紫凤天吴旧业荒。尽有乾坤容电笑，寂无雅颂出云章。传观怕造《金缕子》，落寞兼思水部郎。去马来舟多岁月，北山翻觉稚圭狂。

海国①惟倾毕士马，逢时差喜卫哀骀。风云蛇②鸟堂堂陈，河洛龟

---

① "海国"，刊本作"寰海"。
② "蛇"，刊本作"烟"。

龙的的才。秦粟拟因三晋汛，蜀山虚遣五丁开。禅心剑气相思骨，并作樊南一寸灰。

射虎谁言都饮羽，辟蛟何处好文身。种来天上榆将老，赋到江南草不春。为抚铜驼寻洛社，更骑银马降涛神。袁公弦上堪容我，温尉桃中别有人。

楚囚辽鹤两无归，重向危时谒帝扉。铁骑角声殷地发，玉龙鳞甲满天飞。山河风景皆殊异，城郭人民有是非。畿甸犹然况邻里，绝粮谁为解匡围？

莫嫌南宋小京都，勾践、钱镠有霸图。枳棘凤鸾魂九逝，人文龙虎泪双粗。成军自是须君子，亡国偏来作大夫。賸水残山怜马远，天教留得一西湖。

大好湖山供宦学，妄凭愚鲁到公卿。生为小草柴桑①愿，谁寄当归魏武情。七尺杖抛漓葛朴②，八分书密愧王荆。会稽誓墓徒悽苦，回首师门感易生。

经年焚却砚君苗，何意投来策绕朝。凄矣其悲今麦秀，思之烂熟古弓招。点头自拜生公石，拗项争趋御史桥。手版倒持裘反著，是侬吴市一枝箫！③

江上闻笛诗奉怀陈义宁公也连辱见招竟不自拔
（1896 年）

亡命向江海，柯亭十六椽。世无马南郡，黄鹤自翛然。夜久风嬉水，天寒月吊烟。自为厨下爨，太息累名贤。

吏隐诗并引
（1896 年 7 月）

昔共唐筼庐说尘中扰扰，积厌苦之，复不知所由然，惟羁旅荒

---

① "柴桑"，刊本作"陶公"。
② 此句刊本作"七尺杖抛离葛杵"。
③ 梁启超在《饮冰室诗话》中说："篇中语语有寄托，而其词瑰玮连犿，断非寻常所能索解。唐绂丞尝语余曰：'此诗惟我能解之。'余时匆匆，未暇叩绂丞也，而今绂丞亦云亡。诵元遗山'独恨无人作郑笺'之句，又怆然涕下矣。"

榛，无思无为，转以为适。此亦人世燕息时矣，然遂道长焉。筠庐
笑谓涂隐，隐涂犹尔，况隐吏者乎？作《吏隐诗》。

铁肝将去世中磨，笑看堂堂岁月过。但见郑公殊妩媚，颇哀新息使
婆娑。卖痴犹恨餐符少，入梦俄成呼栗多。奇伟何缘便流露，忽添一剑
比摩诃。

四大从何著悲恼，哀哉天下国家身。禅深渐喜魔来扰，力定行看帝
返真。婚宦轮回皆饿鬼，虚空粉碎有完人。紫阳夜半闻钟候，苦恼居然
一众生。

江行感旧诗并引
（1897 年）

　　《江行感旧诗》哀外舅家也。外舅李篁仙先生，以名进士官京
曹，为权相中伤下狱。既昭雪，改官湖北，则十六年不奉檄，晚乃
一权汉黄德道。又改安徽，两权安庐滁和道、徽宁池太广道。年既
七十，行卒矣，宦迹不离大江之南。嗣同流寓奔驰，辄易合并，栖
止甥馆，颇遂观览。于时门祚鼎盛，饬肃穆雍。外舅暨外姑中江王
夫人，恩礼稠至。内外群从，率皆豪俊。登山临水，觞咏不绝。剑
客奇才，献技在门。一童工书，一仆善棋，府史吏卒，傲脱不俗，
所谓卖菜佣皆有六朝烟水气矣。芳时宛谢，雨绝霜凋，子女十余辈
皆前殁，外姑亦相继下世，隆隆炎炎，惟存一妾而已！昨与内子送
葬归，道前外姑湘阴蒋夫人、宛平王夫人墓下，四尺封颓，夷陵于
谷，更数十年，新冢行亦如斯，曷胜悼焉！青春北行，践履陈迹。
邱山华屋，遇拟羊昙。茫茫百端，感深卫玠。行歌且谣，未喻
衔悲。

面上青青草又生，土中玉树恨难平。西州门尚无多路，奈此江南十
数程。

萧萧芦荻濡须坞，昔日清游此最佳。妄拟猿公同话旧，干将池上渺
予怀。

冰玉澄鲜愧独顽，可儿豪胆镇相关。悲秋剩有桓宣武，雪涕重经战
鸟山。

花落棠梨冷券台，过车谁为蔫蒿莱。年时鸡酒弥珍重，曾自乔公墓
下来。

改官江苏诗^①
（1897 年 3 月）

乃有王郎在天壤，故令蒙叟著《逍遥》。死心越国难图霸，抉目吴门去看潮。

江东旧是他家物，垂柳丝丝尽姓杨。淮水姓秦山姓蒋，前朝寸土不曾亡。

赠友人联语

众生相托古禅忍，万劫其如此智悲。

秋海棠诗

李少君来鬼气春，帐中非喜亦非嗔。秋怀都不容言说，冷艳幽香殢杀人。

赠舞人诗^②
（1896 年 7 月）

二十年来好身手，于今侠气总萌芽。终葵入道首殊钝，浑脱观君剑欲花。太一神名书五夜，无双帘影第三车。冶^③城片土萧间甚，容得干将与莫邪。

快马轻刀曾遇我，长安道上老拳工。粗枝大叶英雄佛，带水拖泥富贵穷。归些游从三岛外，忽然走入众狙中。散官奉职真无状，输汝江湖卖舞容。

赠梁卓如诗四首
（1897 年 4 月）

大成大辟大雄氏，据乱昇平及太平。五始当王讫麟获，三言不识乃鸡鸣。人天帝网光中见，来去云孙脚下行。漫共龙蛙争寸土，从知教主亚洲生①。

普遍根尘入刹那，茫无绝续感川波。眼帘绘影影非实，耳鼓萧声声已过。外道顽空徒尔许，凡天执著更如何。一真法界相容纳，海印分明万象罗。

虚空以太显诸仁，络定阎浮脑气筋。何者众生非佛性，但牵一发动全身。机铃地轴言微纬，吸力星林主有神。希卜②梯西无著处，智悲香海返吾真。

祖龙、罗马东西帝，万古沉冤紫与蛙。伪礼谁攻秦博士，少年今见贾长沙。斯文未丧寄生国，公法居然卖饼家。闻道潮音最亲切，更从南海觅灵槎。

酬宋燕生道长见报之作即用原韵③
（1896 年 10 月）

居夷浮海一潜夫，佛肸、公山召岂徒。孔后言乖犹见义。《春秋》志文俱晦浅者，或不识之。若夫见诸行事，如《论语》之深切著明，独无传者，何哉？秦还禁弛亦无书。秦变法而学与之俱变，非关挟书之禁也。居大道晦盲之际，则敢为一大言断之曰：三代下无可读之书，士读尽三代下书已不易，况又等于无读，黄种所以穷也。以三五教圣长死，伦而不言天人，已足杀尽忠臣孝子弟弟，于吞声饮泣莫可名言之中。乃复有纲之残酷济之，所谓流血遍地球，染大地作红色，未足泄数千年亿兆生灵之冤毒，悲夫！此二千年闰小余。近喜宋忠开绝学，重编《世本》破瞍孤。今日急务，无有过于开学派者。

八福无闻道乃夷，悠悠谁是应先知？君修苦行甘阿鼻，其胆不敢入地狱，其才亦不堪成佛，尝以此衡人，惟燕生其两能之，前生灼然苦行僧矣。我亦多生困辟支。兀者中分通国士，卑之犹可后王师。燕生著有《卑议》。虚空一任天魔舞，高语乾坤某在斯。同志渐多，气为之壮。

丙申秋八月，偶客上海，燕生惠我以诗，人事卒卒，未有以报。及还金陵，乃克奉答，并书扇以俟指正。

　　　　　　　　　　　　　　　　　　复生谭嗣同

---

① 梁启超曰："此《新约》语"。
② "希卜"，刊本作"帝子"。
③ 据书扇手迹。稿本、刊本题作《酬宋燕生见赠诗》。

似曾诗^①
（1896 年 5 月）

同住莲华证四禅，空然一笑是横眞。惟红法雨偶生色，被黑罡风吹堕天。大患有身无想^②定，小言破道遣愁篇。年来嚼蜡成滋味，阑入楞严十种仙。

无端过去生中事，兜上朦胧业眼来。灯下髑髅谁一剑，尊前尸冢梦三槐。金裘喷血和天斗，云竹闻歌匝地哀。徐甲傥容心忏悔，愿身成骨骨成灰。

死生流转不相值，天地翻时忽一逢。干笑东风真解脱^③，春词残月已冥濛^④。桐花院落乌头白，芳草汀洲雁泪红。隔^⑤世金镮弹指过，结空为色又俄空。

柳花凤有何冤业？萍末相遭乃尔奇。直到化泥方是聚，祇今堕水尚成离。焉能忍此而终古，亦与之为无町畦。我佛天亲魔眷属，一时撒手劫僧祇。^⑥

集词赋题秦淮画舫联语
（1896 年）

画里移舟，鸥边就梦；镜中人影，衣上天香。

集华严题秦淮水榭
（1896 年）

秦淮水榭，为江南官吏征歌之地，偶拈《华严》第五大愿，颜

---

① 民元刊本题同。别本亦作《感怀四篇》。该诗与《题麦孺博扇有感旧四首之三》大同小异。

② "想"，刊本作"相"。

③ 此句刊本作"且喜无情成解脱"。

④ 此句刊本作"欲追前事已冥濛"。

⑤ "隔"，刊本作"再"。

⑥ 梁启超曰："沉郁哀艳，盖浏阳集中所罕见者，不知其何所指也。然遣情之中，字字皆学道有得语。"

曰"了非"，复集第二行第五愿作两楹联语：

天女姝丽，皆于五欲善行方便；妓乐聚会，当愿众生以法自娱。

金陵听说法诗[①]
(1896 年 10 月)

吴雁舟先生嘉瑞为余学佛第一导师，杨仁山先生文会为第二导师，乃大会于金陵，说甚深微妙之义，得未曾有。

火劫冰期接混茫，小之陵谷巨沧桑。有形潜逐人心改，创世谁怜我主忙。明日观身已非昨，微生归命向何方。文殊师利维摩诘，随顺重开大道场。

文殊师利维摩诘，一一云中自出音。各各分途戒定慧，亭亭三界去来今。乾坤尚燧易何有，神鬼不知心所深。愿为恒沙[②]留荫偈，依然建业暮钟沉。

而为上首普观察，承佛威神说颂[③]言。一任血[④]田卖人子，独从性海救灵魂。纲伦梏[⑤]以喀私德，法会极[⑥]于巴力门。大地山河今领取，庵摩罗果掌中论。[⑦]

厚地高天万想澄，并澄亦遣想何曾。名言景教演三一，知觉治心论级层。密印自持百鬼穴，现身犹是半跏僧。俨然未散灵山会，智者而还续此镫。

送吴雁舟先生官贵州诗叙
(1897 年)

《诗》何为终《商颂》？曰：先乎周。《书》何为终《秦誓》？曰：后

----

① 据稿本排印。刊本仅三首，并阙引语。
② "沙"，刊本作"河"。
③ "颂"，刊本作"偈"。
④ "血"，刊本作"法"。
⑤ "梏"，刊本作"惨"。
⑥ "极"，刊本作"格"，别本亦作"盛"。
⑦ 梁启超曰："喀私德（Caste）、巴力门（Parliament）皆译音。巴力门，英国议院名；喀私德，盖指印度分人为等级之制也。"按谭氏自称其三十岁以前所作为旧学，三十岁以后所作为新学，此诗殆即其所谓新学者。夏曾佑、黄遵宪等亦皆为之，当时号为"诗界革命"。详见《饮冰室诗话》。

乎周。不幸不先不后，则一衷之于《春秋》。鲁其有鸠，天下其有瘳。率斯以谈，圣人其有忧矣乎？又况二千年之苍赤递嬗，以有此茫茫下土方。于嗣同所住，名之曰吴江；于雁舟禅师所往，名之曰贵阳。名之焉云尔，吾乌能详矣。为纂录旧诗，甄其关宏恉者，赠以取别。嗟乎！人羊安有穷期，文实两俱不与。前有尧与舜，后有华盛顿。惟师正法眼藏，其诸深观之哉也。

集《急就篇》联语
(1897 年)

与天相保无穷极，积学所致非鬼神。

赠唐才常联语
(1897 年)

皇皇思作众生眼，板板知为上帝形。

赠刘淞芙联语
(1897 年)

道行孤乘莽眇鸟，声疑同订盰呼乌。

赠黄颖初联语
(1897 年)

去天尺五城南杜，如月之初江夏黄。

丁酉金陵杂诗[①]
(1897 年)

吴淞半江水，湘中一尺天。年来都翦得，持入秣陵烟。

---

① 刊本题作《丁酉金陵诗》。

云外钟声暮，人间晚照多。江南盛文物，孤感动山河。
裘带文章灿，壶歌礼乐娴。何如抛节钺，来看六朝山。
山远自苍翠，山势亦嵚奇。山外已如此，山中知有谁。

和友人诗
(1897 年)

上德阿罗本又东，胡泥胡露不空空。一官狂走求贫贱，八表同春有瞆聋。荀子学传君统贵，瞿婆女去佛情钟。怪卿何事恋茎发，薙此乃为天下雄。

大弟子中舍利佛，霎时平等见文殊。丧心谁妒龙归海，捏目浑忘豕负涂。揖让征诛忠质并，圣贤仙佛帝王俱。鲲身鹿耳皆天上，可有云霓下太虚。

题顾石公所编《顾氏忠贞录》兼答其见赠诗
(1897 年)

文章出离乱，当代顾黄公。独行何铿尔，由来有父风。当时竞云靡，处士自完忠。持此硁硁节，绵山火来红。石公之考长庚，洪秀全陷金陵，自燔死。

战血江南满，天高热泪浑。一身障颓俗，九死护清门。不肯书顺字于门，遂被逼。显晦存公论，襟期到后昆。磨笄山近远，冰焰有余温。

亦有婴婉子，高怀世所惩。夫何论贞女，独不见延陵！心许犹难负，闻丧况未曾。廉顽慰吾友，百世傥堪凭。石公之姊字袁，遭乱失音耗，守贞终于室，每读归震川《贞女论》，辄思作驳议。

区区抱微尚，孤介乃其天。见子论家世，于心有慨然。龙蛇自潜伏，吾道任屯邅。谁省《忠贞录》，乾坤方倒悬。

莫愁湖联语
(1897 年)

身是六朝人，依然乐府江山，谁数匆匆后来事？
家临九江水，为忆洞庭烟雨，可怜惘惘昔年游。

哀吴樵联语
(1897 年 10 月)

　　达县吴樵，死于湖北，其父季清先生，知县钱塘，因葬诸西湖之上，新会梁启超铭之曰：天民吴樵之墓。嗣同将往会葬而哀以联语：

魂气无不之，人因季札思观葬；华阳渺何许，鹤到林逋更合铭。

寄弟秦生诗
(1896 年)

超出伦常见兄弟，寒山拾得两禅师。惟君道行尤高妙，尚恐丰干未尽知。

深从万念丛中出，赢得翛然片念无。烂睡狂吟消一饱，世间谁似汝兄粗！

寄唐绂丞诗
(1897 年)

　　子真天下好，但觉为人多。别墨当如此，愚儒独奈何！虞衡桂海志方劝其游粤，风露洞庭波。梅满江南驿，钦迟一见过。

杭州赠吴季清先生诗
(1897 年 10 月)

　　此生当补他方佛，何意微尘补一官。湖水部民西子病，延陵魂气北邙寒先生方葬其子樵于湖上。君如归隐还思鹤，我为伤时欲控鸾。悲极翻今①成独笑，死前来看越中山。

———————————

　　① "翻今"疑为"翻令"。

题江建霞东邻巧笑图诗
图写日本女子小华生也
（1898 年 7 月）

散花有梦亦匆匆，八部衣云刼火红。空尽东方诸佛土，可怜粉碎不成空。苍然一目横天下，抵死怜才得几人。太息当年兴亚会，萧寥天地此前尘。世间无物抵春愁，合向沧溟一哭休。四万万人齐下泪，天涯何处是神州？①

娟娟香影梦灵修，此亦胜兵敌忾侤。蓦地思量十年事，图作于十年前。何曾谋种到欧洲？日本伊藤侯近自英返国，大唱进种之议。黄种荏弱，远逊白种，凡欧人游其境内，辄恣令野合，将以善其种焉。

题江标（建霞）修书图
（1897 年 12 月）

鲁中汲汲弥缝者，误尽群乌是旧巢。公意不嫌杀风景，直须取付祖龙烧。更语翰林今小宋，惟应有酒一中之。江山如此尚如此，书局何因得自随。三界惟心不等闲，圣人糟粕亦如山。众生绝顶聪明处，只在虚无缥渺间。划尽灵根尚有余，来生忏悔又成虚。无聊躯壳相厮混，身已嫌多何况书。

送江建霞归苏州诗
（1897 年 11 月）

君归邓尉花无那，我忆沧浪梦有余。五百名贤香火坐②，平添双席又何如？

题程子大横览图诗③
（1898 年 7 月）

家国两愁绝，人天一粲然。只余心独在，看汝更千年。世事几痕

---

① 此诗曾题为《有感一章》。
② 苏州城内沧浪亭名贤祠，有五百名贤像石刻嵌於壁上。
③ 刊本题为《戊戌六月别程子大》。诗后续云："昨为江倚雯（即建霞）题《东邻巧笑图》四首，今移此二题，亦殊有合之。子大仁兄先生教之。"

梦，微尘万座莲。后来凭吊意，分付此山川。

题麦孺博扇有感旧四首之三^①
（1896 年）

其一：无端过去生中事，兜上朦胧业眼来。灯下髑髅谁一剑，尊前尸塚梦三槐。金裘喷血和天斗，云竹闻歌匝地哀。徐甲傥容心忏悔，愿身成骨骨成灰。

其二：死生流转不相值，天地翻时忽一逢。且喜无情成解脱，欲追前事已冥濛。桐花院落乌头白，芳草汀洲雁泪红。再世金镮弹指过，结空为色又俄空。

其三：柳花凤有何冤业，萍末相遭乃尔奇。直到化泥方是聚，祗今堕水尚成离。焉能忍此而终古，亦与之为无町畦。我佛天亲魔眷属，一时撒手劫僧祇。

---

① 梁启超曰："浏阳殉国时，年仅三十二，故所谓新学之诗，寥寥极希，余所见惟《题麦孺博扇有感旧四首之三》。"按：谭嗣同于一八九八年戊戌政变后死难，此诗当写于政变以前，拟为一八九六年所写。录自《饮冰室合集·文集》之四十五（上）。

秋雨年华之馆丛脞书卷二 *

由武昌而建业诗
（1896 年 12 月）

偕刘君淞芙、黄君颖初由武昌而建业焉，乘楚材兵轮，侧庐山而狂注，瞻望未罢，俄而胶三日，为作是诗：

我与黄、刘共三笑，匡庐使者近如何？欲回飞瀑千年后，奈此狂澜九派多！道术将为天下裂，云山况是客中过。无端却到坳堂上，空复将军下濑戈。

由秦陇赴甘兰道中即事①

怪石逼人当面立，乱山迎客点头来。

阻风洞庭湖赠李君时敏
（1898 年 5 月）

风号水涸格行舟，江海茫茫路阻修。漫拟平原亲舐血，何赏栾布往祠头。圣朝未有鸥夷罚，高塚应伴鹦鹉洲。沉痛侧身天地里，只鸡绵酒荐兰羞。

---

* 为 1895—1898 年间所作。录自《谭嗣同全集》（蔡尚思、方行编，增订本，北京，中华书局，1981）。

① 此系残句，上缺。

中原击楫几何时，廊庙伊谁发杀机。岂有党人危社稷？竟教清议付诸夷。令名寿考原难并，郭太、申屠匪所思。忍绝读书真种子，先生如此我安归？

冰鹭将毋事定天，一腔热血负奇冤。岁星小隐依金马，甘露何辜累玉川。涑水谬蒙奸党目，椒山从此姓名传。竭来千里赏磨镜，了却平生愿执鞭。

回首当年讲院中，欲从万里借长风。未如文采干元礼，祇有皇元识太冲。援晚可怜成画虎，郊寒苦恨不为龙。那知无限伤心泪，积向今朝哭碧空。

傅保高媪小照赞并引
(1895 年 11 月)

高媪者，直隶通州人，刘氏女。长适高，生子四，皆夭。夫故无赖，流落不知所在。弟强之嫁，坚不允，出为佣媪，受雇于吾外舅李篁仙先生家。吾外姑宛平王夫人，绝敬重之，以所生女三人属其抚养。王夫人寻卒，媪念托孤之谊，爱养诸女如己出，教娴仪则，令习诗礼，出适名族，皆以贤闻。内子李闰，其长也。余二女既嫁而殁。次有子，更属媪，媪即终于其家，所谓善化陈氏者也。年八十有一，时光绪二十一年十一月初九日，从陈氏流寓汉口。

媪亮节孤励，垂老笃勤。赋性温淑，师保有仪。傅此三媛，克成令德。遭遇艰危，忘己施爱。终始三十年，不以少倦。卒仍抚陈氏之孤，迄尽形寿。此岂世俗一生一灭之心所堪任者哉？履贞不渝，可谓一节矣。

戊戌北上留别内子
(1898 年 5 月)

戊戌四月初三日，余治装将出游，忆与内子李君为婚在癸未四月初三日，恰一十五年。颂述嘉德，亦复欢然，不逮已生西方极乐世界。生生世世，同住莲花，如比迦陵毗迦同命鸟，可以互贺矣。但愿更求精进，自度度人，双修福慧。诗云：

婆娑世界善贤劫，净土生生此缔缘。十五年来同学道，养亲抚侄赖君贤。

又联云

为人竖起脊梁铁，把卷撑开眼海银。

又格言云

多一事不如少一事，多一念不如少一念。生死如梦幻，天地尽虚空。平时勤学道，病时不怕死。想到来生，则现在草草光阴无不可处之境，真无一事足劳我之心思者。偶然书此，实皆名言正理，不可不深信之！

题雷残琴铭

破天一声挥大斧，斩断柯枝皮骨腐，纵作良材遇已苦。遇已苦，呜咽哀鸣莽终古！

赠某友人联云

辘轳一转一回顾；多罗三藐三菩提。

送别仲兄泗生赴秦陇省父 （时年十有五） （1879 年夏）

一曲《阳关》意外声，青枫浦口送兄行。频将双泪溪边洒，流到长江载远征。

碧山深处小桥东，兄自西驰我未同。羡煞洞庭连汉水，布帆斜挂落花风。

潇潇连夜雨声多，一曲《骊驹》唤奈何。我愿将身化明月，照君车马度关河。

鹧鸪声里路迢迢，匹马春风过灞桥。灞上垂杨牵客思，也应回首故乡遥。

春烟澹澹黯离愁，雨后山光冷似秋。楚树边云四千里，梦魂飞不到秦州。

格　言

世间只有心生灭，赚得悲欢傀儡忙。

自题山水画扇

福州左君为余绘此，年九十余矣。
大石横冲雪浪粗，眼前突兀一峰孤。悬知背面江山远，无画图中有画图。

又五言绝句

到眼何偪仄，思从背面看。绝无图画处，时有好江山。

上张孝达督部笺
（1897 年 1 月）

往承清燕，侍言笑，撰杖之上仪未娴，击楫之孤心弥厉。遂乃潜横海之戈船，御焚轮而东迈。将校之精勤，部伍之严整，驶驭之巧捷，服趋之微至，私幸托体于安便，而皆我公盛德所惠被矣。

顷于十七，径达金陵，永惟吴、楚之青苍，益用溯风而偎唈。辄用回舟，奏记申谢。瀰瀰江水，耿此心光！

日　颂
（1897 年）

朝修止观，忘志矧气。饔而治事，无事书字。抑或演算，博诸工艺。日中体操，操已少憩。治事方殷，否则诵肄。倦又钞写，抵飧斯既。遏此言笑，昏乃治事。中宵无文，磅礴惟意。

狱中题壁
（1898 年 9 月）

望门投止思张俭，忍死须臾待杜根。我自横刀向天笑，去留肝胆两昆仑①。

临终语
（1898 年 9 月）

有心杀贼，无力回天。死得其所，快哉快哉！

附录：《秋雨年华之馆丛脞书》跋
（1912 年）

　　右旧学四种，先叔父复生公作也。幽邃沉雄，异境独辟，如神龙之不可方物，縠剑气之咄咄逼人，允堪饷遗士类，故久为海内所钦佩矣。在昔印刷无多，尚未足以餍求者；旋因三弟传炜家不戒于火，其版亦与煨焉。噫！岂造物之忌斯文欤？然先叔所著书亦多矣，自《仁学》外，尚有《壮飞楼治事十篇》、《剑经衍葛》一卷、《印录》一卷，要不仅所传四种已也。惟自京师被难至今，未尽珠还耳。稿多散佚，叔母李夫人因憾版之亡而谋重刊，并出所存《秋雨年华之馆丛脞书》一卷、《浏阳兴算学议》一卷，先付手民，以寿梨枣，余稿寻获，再为续刊焉。

　　呜呼！人以书传乎？书以人传乎？一俟世之论定者。

中华民国元年胞侄传赞谨跋。

---

　　① 梁启超曰："所谓两昆仑者，其一指南海，其一乃侠客大刀王五。浏阳少年尝从之受剑术，以道义相期许。戊戌之变，浏阳与谋夺门迎辟，事未就而浏阳被逮，王五怀此志不衰。"此释"两昆仑"与谭训聪不同，谭谓"两昆仑"系"指两仆，盖昆仑奴之"称也。

报章文辑

浏阳兴算记[①]
(1895 年)

中国沿元、明之制，号十八行省，而湖南独以疾恶洋务名于地球。及究其洋务之谓，则皆今日切要之大政事，惟无教化之土番野蛮或不识之，何湖南乃尔陋耶？然闻世之称精解洋务，又必曰湘阴郭筠仙侍郎、湘乡曾劼刚侍郎，虽西国亦云然。两侍郎可为湖南光矣，湖南人又丑诋焉，若是乎名实之不相契也。

嗣同少即引为深病，睹西书，独酷嗜若性成，求通算术亦未尝去诸怀。光绪二十一年，湘军与日本战，大溃于牛庄，湖南人始转侧豂癏，其虚骄不可向迩之气，亦顿馁矣。嗣同内计，乘此导之，亦千世而一

---

① 录自《湖南历史资料》1959 年第二期。本文大致作于 1895 年。原编者按曰：关于 1895—1897《浏阳兴算》的未刊史料之一浏阳的算学社，和在这个基础上组成的算学馆，是十九世纪末，由当时的维新派人士在湖南组织起来的第一个学术团体。

为了组织这样一个小小的团体，在当时的情况下，用谭嗣同的话来说，是"崎阻百出"。我们今天在建设社会主义文化的高潮中回顾这段历史，对了解学术研究在新旧社会中的不同遭遇，是有帮助的。

关于这段历史情况，原来已有一些文字记载：欧阳中鹄曾将谭嗣同的《兴算学议》等文编印了一本小册子，唐才常在《湘报》第 45 号发表过一篇《浏阳兴算记》（后收入《觉颠冥斋内言》卷 3），此外还有一些散见的资料。

我组近从张篁溪旧藏谭嗣同的《秋雨年华之馆丛脞书》稿本，欧阳予倩同志藏欧阳中鹄的《瓣蘉文稿》稿本以及湖南历史考古研究所藏刘人熙《蔚庐五十二岁日记》手稿中，辑录有关资料，分两期发表。

湖南省志学术志编辑小组

时也。

浏阳俗贵谨厚，以湘军之盛时，犹不得分其末光，则终亦无由渐其恶习。时方侍节湖北，而唐君绂丞、刘君淞芙亦适在两湖书院，因日与往复图议所以导之者，佥谓自算学始。唐、刘归述于县人，皆莫之应。

嗣同乃为书数万言上欧阳瓣薑师，请废经课，兼分南台书院膏火，兴算学、格致。师以抵涂大围师，则皆谓然。邹君岳生力筹经费，岁可得六百千钱。嗣同复为章程一通，寄瓣薑师。

章程曰：

夫非常之原，必核实以期共信，而兴事之始，贵循序以渐扩充，故量力而后不窘于财，用足而后可垂于久。今议立算学格致馆，筹得岁费六百千钱，谨依此为率，议开创、经常章程各若干条，划一于后。

开创章程八条

一曰岁入款项，需人管理，以专责成。所筹之款，由书院或礼乐局划拨，应预先指定，系田租、系铺屋等租、系息金某某项下、为每岁常用无绌之款，共六百千钱。即由书院或礼乐局首士兼管。此项无论何时何事，不得挪作别用，每岁按时交与本馆总理动用。至于本馆之事，该首士毋庸兼管。

二曰暂赁房屋以为开馆之地。宜于近城庙宇如奎文阁等处，佃屋居住，每岁以二十千钱为度。

三曰聘请总掌教兼充本馆总理一人，以资表率。宜择聘本县品学兼优，声望素著，又有才调，足以振兴一馆之事者，岁奉修金二百千钱，聘金、节敬均在内。此提纲挈领之事，专为教导生徒存心植品，督察功课之进退勤惰起见，兼管馆中聘请分教、一切用人布置事宜，及出入帐目等事。不必精通算学、格致，而本县亦难得其人也。如能兼通算学、格致，则所务益繁，应另举本县公正明通首士一人，充当副总理，本馆仅供火食，无力别筹薪赀。且未开馆之前，公举首士一人办理开馆事宜。既开馆，则事归总理，若有愿充副总理者，请自备火食。

四曰聘请精通算学者一人，以充分教。岁奉修金一百千钱，聘金、节敬，约以三十千钱为度。此时绌于经费，不能延聘各门专师，先以算学为主，格致则阅看书籍亦可得其大略。且格致无不从算学入手，此算学所以独重也。如本县有愿充帮教者，本馆仅供火食，无力别筹薪赀。

五曰招集生徒十人，以入馆肄业。此馆为有志向学，苦无师承者而设；原非借以谋生，故亦仅供火食，以每人每日四十钱计之，每岁当开销一百四十四千钱。此外有家资稍丰者，应请其自备火食。十人之中，择年长者二人管理书籍，兼装订各新闻纸。生徒太幼者，兼须点读经书，力难周到，故生徒必须经书早完，文理通顺，能晓珠算者更佳。年纪则以二十内外至三十零岁为度。愿入者先往开办首士处报名，查系家世清白，身无过犯，即行汇册，订期或分数期，由总掌教出题面试文理，取其最优者。如优者太多，难定去取，更面试珠算加减乘除诸法，取其最精熟者。稍次则列备取，以待补额。若身系生员，免其考试文理，惟人数较多，亦应面试珠算或笔算。

开创之始，拮据百端，一切不能从丰，且俟他日推广，惟明达谅之而已。即如十人之额，本嫌过窄，然学习一年后，即可转相授受，彼时再议加额，一面劝捐，以裕经费。

六曰雇厨役一人、杂役一人，以供使令。每岁工价共约三十千钱，二人火食，约二十九千钱。而总掌教、分教二人火食，亦约二十九千钱，并生徒火食，均令厨役包办，事既简易，而厨役工价，亦可少减。杂役兼令书写帐簿，管理器具。

七曰除上各开销外，尚余十八千钱，以供杂用。馆中木器等项，可暂向各公所借用，现只置办锅碗、粉牌、灯油、茶叶等物。初年宜宽筹数千钱，为买《申报》、《汉报》、《万国公报》诸新闻纸之用，下年如更有赢余，每月略买笔墨纸张，散给各生徒。

八曰开馆之前，由总理预计本年应用款项若干，逐条详书数目，悬单馆门。俟年终结算，更将本年已收经费及某某续捐之款（凡在馆办事及肄业有自备火食者，亦应将其交来火食钱作为捐款）。或有助捐书籍及诸用物者，亦应作一公允之价，详细开列，续将本年用项，提清款目，开列简明总数，某项赢余若干、某项不敷若干、共赢余或不敷若干、悬单馆门。馆中更须书写逐年简明帐簿及细数帐簿，及书籍器具帐簿，每簿夹缝，钤以私印，将来新旧总理接替，即凭此以为交代。嗣后年年仿此办理，以昭大信。

以上各条，系按六百千钱之经费，极从俭约办理，俟成效既著，经费加丰，再行随时详议更改。惟末一条，无论开创经常，均永遵不改。

至于买书之费，尚无从出，当另由嗣同设法捐助。

经常章程五条

一曰总掌教兼总理之职。日间常川在馆，管理教学，稽察大小事件，收发银钱，检阅帐簿。每日清晨，传集肄业生徒，询问前一日功课及所阅之书。即于此时，劝戒其平日行为，及一事之得失，使端趋向，至久以一点钟为度。余时阅看生徒前一日之日记、杂记、图表、论说、杂著，为之增删改正。惟日记、杂记，限本日内随传生徒交还，余可携回详酌，亦以三日为限，当面指授交还。其关涉算数者，阅后仍即交掌算学之教师，归其改削。若能兼通算学，即由自己主政。

生徒每日功课多寡，用功虚实，有无长进？及行文作字之工否？及言语动静之小过失，及每月请假若干日时？均应暗记一册，按月编为生徒等第比较表，悬贴讲堂。

每日三餐，师生均于讲堂会食，食毕亦可略加教诲。生徒如有不遵馆规者，权量轻重及次数，或应于休沐日加罚功课，或即谢遣，均应秉公办理。

厨役、杂役，每日将帐簿呈阅，亦应随时查察，或留或换。

休沐日亦应清晨到馆一行，与生徒会讲一次，为敷陈经史大义，然后乃散。遇有事故不能到馆，如延至两日，应自行请人代办。

若有愿充副总理者，其职掌应由总掌教量才分派。

二曰算学教师之职。日夜均须在馆，专以算数传授生徒。讲堂设长案一，师中坐，生徒序齿左右列坐。上午讲授算术，当面出题演草，为之改正，以三点钟为度。下午以二点钟为度。余时可任意出入。夜间阅看生徒本日之日记、杂记、图表、论说，杂著等，日记、杂记随即交还，余有关算数须改削者，限三日内当面交还。生徒算学进益，天资高下，应每日暗自登记，按月编为生徒等第比较表，详列某人若干日学至某法，精熟某法，悬贴讲堂。其有经一月之久，略无进益，百端讲解，略不省悟者，应告知总理谢遣。休沐日无事，非休沐日而自有事故须出馆者，应自行请人暂代，或以生徒中之高才者代之。

三曰生徒功课。此馆之设，原为作育人材起见，人材本乎心术，心术正，品行自无不正。在馆肄业，有大可见品行者，曰"恭敬师长，敬业乐群"，其余小节，可不苛求，若此八字有缺，决不敢相留矣。

夫"恭敬师长"，非第在馆然也。当思"民生于三"之义，终身以之。寤寐寝兴，常存一师保临之之意，平日传习有素，自不至临难而忘细席之言。"敬业"者，非第算学、格致日知其所无也。凤昔所业经、史、诸子，均应时常温习，以期月无忘其所能，庶可有益身心，施于实用。"乐群"者，非第和乐也。当有久而加敬之意，劝善规过，互相切磋，冰释理解，久之自有真乐。若夫言不及义，好行小慧，最足愒时丧德，所当切戒！

每日六点钟起，十点钟睡，共得十六点钟。学算、听讲、会食，约费八点钟，尚余八点钟，读书看书。清晨将前一日之日记、杂记、图表、论说、杂著，并前一日所读所看之书，面呈总掌教阅看，就问疑义，兼备总掌教查问。上午三点钟，下午二点钟，学习算法。每人发给粉牌一面，以便演算草，毋得伤损，至年终或他故出馆，即应缴还。余时温习经、史，阅看外国史事、古今政事、中外交涉、算学、格致诸书，及各新闻纸。其有心得及疑义，与夫应抄录以备遗忘者，即随时分类录入杂记。每日杂记，无论行、楷，总须过百字。有分数可相比较者，列为图表。有变通可须发挥者，即作论说、杂著，作图表、论说、杂著之日，可免写杂记。每七日中不拘何日，须请总掌教或算学教师出题，作图表或论说、杂著一次，视题之难易，酌予限期，能多作者听。夜间写日记，须载明本日阴晴风雨。此为初学而言，他日学益精进，尤应详书寒暑表、风雨表之度分，以备测算视差、考验地气之用。次即载明本日所习之业，某时听讲，某时习某算，某时读某书，从某处起，至某处止若干（叶）；某时看某书，某新闻纸，某起、某止若干页；某时作图表论说、杂著，本日共写杂记若干字；末尾总结本日功夫分数。假如将十六点钟分作一百分，某项功夫占若干分、某项功夫占若干分、饮食憩息占若干分、每七日即于日记簿上将七日所作功夫分数，总编一表，以验某项功夫为消为长，为盈为虚。日记写毕，当晚并本日之杂记、图表、论说、杂著及本日所读所看之书，呈与算学教师阅看，就问疑义，兼备查问，至此方为一日功课完毕。

夜间息灯，不得过十二点钟。平时不许出馆，遇有事故，须往总理处请假，仍自行将请假日期载入日记簿内。凡有宾客往来，以致耽误功夫若干时，均一体载入。若假期有数日之久，或不能预定者，即将日记簿交呈总理，由总理逐日填写旷废字样、或疾病与重大事故，给假自应从宽，然亦以一个月为限，逾一个月不到馆，即开缺另补。如有不遵馆规及久无长进者，亦即开缺。休沐日清晨至讲堂向总掌教一揖，以次列坐听讲，听毕，至算学教师前一揖，即可分散出馆，有愿在馆自行照常肄业者听。其有志举业者，可于是日专习，自行请师阅看。若平日短少功课，即于是日加罚功课，务令补完，方许出馆。

每届年终，将一年之日记簿并自行编列一年功夫分数总表，汇呈总掌教，由总掌教校对每月生徒等第比较表，列为总表，悬贴讲堂，择其学业最精勤、假期较少者，拔为高等，俟经费充裕时，酌给奖赏。

四曰厨役、杂役条规。此项人总以在馆肃静，无事不出馆为主。厨役司厨及火食人数帐簿，杂役管理器具日用帐簿及伺候饭食茶水灯油打扫等事。

五曰休沐日期。除厨役、杂役外，通馆均前后七日中，隔六日一休沐。遇房、虚、昂、星四宿值日，即为休沐之期，此固文武弛张之道，而特与西人之礼拜同期者，盖预备他日办理中外使务、界务、商务、税务诸交涉事件，可使事同一律，无俟迁就更张，所谓闭户造车，出门合辙也。至于每年正月上学，腊月散学，日期临时公议。

以上各条，亦系按照六百千钱之经费从简试办。生徒初学，不便分析多门，转无归宿。且生徒性所近，情所喜，又不知为某门，故专以算学为主，格致则责令看书而已。如生徒于格致中别有心悟，莫辨是否，或应由本馆试验，或作图说，由总理函寄各省专门之家，请其论断。如此试办一年之后，生徒于算学之浅近可见诸施行者，俱已精熟，可将本县所存前后膛各种枪炮借令用测量法施放，某种枪炮速率击力及某度之抛物线若何，即逐种绘图列表，以备他日应用，兼令演习测绘行军草图之法。

本县既已广栽桑树，即令讲求蚕务，如养蚕、辨种、缫丝各新法，果系屡经考验，属实可行，除本馆另行借赀种桑养蚕，收买丝茧外，仍将新法刊布，并面授乡民。

他若水利及耕种新法，一体考验，果胜旧法，亦广为刊传。农桑之利既厚，本馆所获亦丰，再议添聘教师，购办精器，讲求地学、化学，以集股开矿。矿务兴，则汽机制造、水火电力、声光、工商诸学，皆可见诸实事矣。

师汇前书并刊为《兴算学议》。议径改南台书院为算学馆。事垂就而阻者大起，县人某①以工制艺取甲科，廷对时虑无以胜人，则故为抵斥洋务之词以自旌异，而投好尚，竟以得进。时方目不谈洋务为正人，益挟以骄视当世，至是恶夺其所挟，首起出死力排击。嗣同归而谋诸唐、刘及涂君质初、罗君召甘诸有志之士；令禀请学院江建霞编修。

禀为刘君所为。其词曰：

___

① 即陈长橿。时官湖北宜都县知县。欧阳中鹄在《四书兴算学议后》中提"《兴算学议》著有成书，业已印行"，"是书未出时，陈宜都长橿在闻，未得所以然，驰书力争。……"

为创立算学，拟改书院旧章，以崇实学事：

窃以算学者，器象之权舆；学校者，人材之根本；而穷变通久者，又张弛之微权，转移之妙用。

中国自商高而后，以数学称者，代不乏人，至我朝大备。圣祖仁皇帝纂《数理精蕴》、《仪象考成》诸书，穷极幽眇，崇尚西法，海内承学之士，斐然向风，若宣城梅氏、大兴何氏、泰州陈氏、休宁戴氏诸儒，撰述流传，不一而足。

道、咸之际，海禁大开，西人旅华者，挈其格致算术，以相诱助，是时学者渐知西算为有用之学，特延西士广译西书，现在刊刻行世者，不下百数十种。而京师之同文馆、上海之广方言馆、湖北之自强学堂，均以算学课士。且国子监原设算学肄业生，满、汉、蒙古，分年教授，北闱乡试，并定有算学举人专额，诚见强邻压处，虎视鹰瞵，中国既与通商，自不能不讲求艺数，以收利权，而固国本。

考西国学校课程，童子就傅，先授以几何、平三角术，以后由浅入深，循序精进，皆有一定不易之等级。故上自王公大臣，下逮兵农工贾，未有不通算者，即未有通算而不出自学堂者。

盖以西国兴盛之本，虽在议院公会之互相联络，互相贯通，而其格致、制造、测地、行海诸学，固无一不自测算而得。故无诸学无以致富强，无算学则诸学又靡所附丽，层台寸基，洪波纤受，势使然也。

伏思"算"本中国六艺之一，西人触类引申，充积至于极盛，神明化裁，国势益固。我中国地广人稠，岂可阏塞其聪明，拘挛其手足，冥然罔觉，而不思讲求奋兴之理？无如推行未广，虚伪相承，官长既视为具文，子弟莫窥其堂奥，致使帖括自怙之士，抵隙蹈瑕，不遗余力，人材败坏，良用杞忧！

湖南向称人物荟萃之邦，自曾、胡诸公"戡平巨憝"，功伐烂然，然以去岁日人犯顺，战事方殷，赴援湘军，亦复溃散，不可收拾。可知虚骄之气，无所可施，而时事艰危，万非从前"绥靖逆氛"可比。为今日湖南计，非开矿无以裕商源，非制器无以饬军政，而开矿、制器等事，随在与算学相资，故兴算一节，匪但当世之远模，抑亦湘省之亟务。

伏读闰月十三日上谕：令各直省将军、督、抚，擢用人材，其有奇材异能，精于天文、地舆、算法、格致、制造诸学者，胪列事实，专折保荐。又内外臣工，先后陈请变法之奏，凡十余上，其中升任顺天府府尹胡燏棻拟请将各直省书院归并裁改，创立各项学堂，奉旨交各省疆臣议奏。据此，则大势所趋，而学校一途，似不能不略予更变。

惟省会风气未开，无论骤易，耳目辄生疑阻，而经费未纾，万难作速集办，不若择一县之旧有者，恢廓而整顿之，俟有成效，再行推广。一以便多士之观摩；一以省巨款之劝募，因势利导，莫善于此。

生等籍隶浏阳，闻见僻陋，窃以天下大计，经纬万端，机牙百启，欲讲富强，以刷国耻，则莫要于储才。欲崇道义以正人心，则莫先于立学。而储才、立学诸端，总非蹈常习故者所能了事。

浏阳城乡书院，共有五座：县城则有南台，县东则有狮山、洞溪，县西则有浏西，县南则有文华等目。然历年以来，均以时文课士，学子肄业，除帖括以外，曹无讲求。近益俗尚颓废，兰艾杂处，纷至沓来，有如传舍。推求其故，虽积习使然，实由课非实学，业无专长，以至流弊滋多，至于此极！

夫书院者，原以辅学校所不逮，既不能培植士类，则书院几同虚设，糜（糜）费膏奖，原属无名，掷弃光阴，尤为可惜！查县城之南台书院，每岁掌教修金、生童膏火及月课奖赏等项，统需千余缗之谱。生等拟请将该书院永远肄算，径改为算学馆名目，其岁费千余缗之赀，即改归授算经费。现在邑绅欧阳节吾中书中鹄、涂舜臣优贡启先，均不避劳怨，力主其议，并商请浏阳县知县唐令会同办理。而同县护湖广总督湖北巡抚谭敬甫中丞之子嗣同知府、山东登莱青道李勉林观察之子元恺知县自愿捐购西书，踊跃乐成，尤可概见。

惟事属创始，端绪纷繁，其通知时务者，自无异言，诚恐一二泥古拘儒，事体未明，横生谤议。若不呈请立案，虽一时兴办，终非永远万全之策。恭遇大宗师膺命视学湘省，专以实学课士，湘人士无不交口欣诵，争自濯磨。生等广益集思，不敢自安谫劣，冀于算学一门，稍收实效，以上副甄镕庶品，垂惠来学之至意。

为此仰恳饬谕浏阳县知县立案，准将南台书院永远改为算学馆；并会同公正明白绅耆，细定章程，妥为办理。行见观感则傚，萌芽长成，立格致之根源，为湘省之先导，其有造于士类者，诚莫大之惠也。

禀上，蒙特许。

批词曰：据禀浏阳城乡五书院，旧皆专课时文，近拟将南台书院永远改为算学馆，与四书院文课相辅而行，业有专长，学求实用，振今稽古，事创功先，循览禀词，实深嘉尚！当即札饬浏阳县知县立案，准将南台书院改为算学馆。并会同公正明白绅耆，董理经费，细定章程，妥为办理。

本院事事核实，乐观厥成，若或有名无实，徒事更张，既失育才养士之心，必开立异矜奇之渐，尚望不避艰难，力求振作，当仁不让，后效无穷，本院有厚盼焉。

案是时正值岁试，多士云集，批出，而众论大哗，至诋浏阳为妖异，相戒毋染浏阳之遍毒。学院则益搜取试卷中之言时务者，拔为前列，以为之招。嗣是每岁必如此，其持迂谈者弃弗录，凡应试者，不得不稍购新书读之。湘乡改东山书院之举，又继之以起，趋向亦渐变矣。而尤厚爱浏阳，时时向人称道。

其明年，浏阳果大兴算学，考算学洋务，名必在他州县上，至推为一省之冠。省会人士，始自惭奋，向学风气，由是大开。夫学院非有高爵大权，而上下合志，一引其端，其力遂足以转移全省，此以见中国变法之易也。

橄下县，县官故迟之不即行，会振事起，凡书院公款，皆当括以供振，瓣薑师乃纠同志十余人，釀赀结算学社，聘新化晏君壬卿为之师。

嗣同别为《算学社章程》一通，文较简明，已刊入《兴算学议》中。

义宁陈公之奉命抚湖南也，道出湖北，邹君沅帆以新政要而说之。及位湖南，见《兴算学议》，大赏叹。

致书瓣薑师有云："谭复生'书'，粗阅一过，其识度、才气、性情，得未曾有。侍居节府数年，阒然无闻，尤为可敬。惜某失之交臂，为内疚耳。"

命印千本，遍散于各书院。维时湖南渐向实学，张君伯纯至改湘乡东山书院专课算学、格致。嗣同念浏阳南台书院、学院虽允改，究未得举办，而章程亦未定，阻者势将复起，因代向者同禀诸君，撰禀及章程，上诸抚部。

其词曰：

为妥议浏阳算学馆章程，禀恳宪鉴，核准饬行事：

窃某等于本年八月内合词呈请提督学院将浏阳南台书院永远改为算学馆，当蒙批示："据禀浏阳城乡五书院旧皆专课时文，近拟将南台书院永远改为算学馆，与四书院文课相辅而行，业有专长，学求实用，振今稽古，事创功先，循览禀词，实深嘉尚！当即札饬浏阳县知县立案，准将南台书院改为算学馆，并会同公正明白绅耆，董理经费，细定章程，妥为办理。

本院事事核实，乐观厥成，若或有名无实，徒事更张，既失育才养士之心，必开立异矜奇之诮，尚望不避艰难，力求振作，当仁不让，后效无穷，本院有厚盼焉。"等因，并札饬浏阳县知县准行在案。

某等伏查县境宽阔，绅士散处，一时难于齐集；且事经官办，文书往返稽迟，筑室道谋，辩难于以不决。因陆续邀集公正明白绅耆，从长计议，迄今数月之久，始渐就绪。不料本年旱魃为虐，收成奇歉，灾民失业，振抚维艰。某等忝在胶庠，粗知大义，念饥溺之由己，何忍聊复弦歌。夫分人以财，力或未逮，而移缓就急，义在则然。因禀请浏阳县知县暂将准改算学馆而尚未开馆之南台书院停课一年，划拨光绪二十二年所有聘金膏火等项，一概提归筹振局，以助振款，业经批准照行在案。

惟课可暂停，而章程则不可不早定，盖预聘名师，编立功课，托购书籍，订造图器，种种应办之事，头绪纷繁，若不先事筹划，断难取办临时。况现今风气大开，人思自励，忽值停课之举，遂各纠合同志，自立算学社，精研算学，以备下年考取入馆。在本城中已成三社，余城乡续议结社者，尚纷纷未已；一见章程刊布，谁不蹶兴？若犹迟延不发，则算学馆如何兴办，既未经明宣，亦终在疑似之界。

窃恐事久则生变，而多士奋勉之气潜消，语杂则易哤，而无识阻挠之说复煽，事经一年，难保无乘机而起，因其惰归而击之，以图敷衍涂饰，奉行故事，阴以掀翻全案者。某等虽欲重新厘订，已觉失机而后时，降而中立调停，尤惜名存而实去，彼时既负大人提倡栽培之苦心，复乖提督学院嘉予殷勤之至意。某等怀此耿耿，不遑安处，与其辜恩负德于后，孰若径行吁恳于前，因迅将所议章程，赍呈宪鉴；伏乞俯赐核准，饬县立案。并将章程刊布施行，实为恩便。

在五书院仅改一而存四，本即无负于时文；在某等得惩后以惩前，谁不回心于实学？恩施所被，争自濯磨，下年开馆，庶乎咸基其业于夙昔矣。

所有妥议《浏阳算学馆章程》各缘由，除禀提督学院外，理合肃禀具陈，不胜惶悚待命之至。

章程八条：

一曰浏阳南台书院既经奉到提督学院批示准改为算学馆，则旧有南台书院经费自应照旧仍旧首士董理。惟既改为算学馆，其旧定之聘金，课额等项，亦自不能不从新更定。查每年旧入田屋等租钱约一千串，县署发给膏火钱一百二十串，共约一千一百二十串。除周公祠、奎星楼祭费应开支钱六十串，完粮、岁修、雇工等项约开支钱二百串，共约二百六十串外，应实存钱八百六十串。今议以三百串聘请算学掌教，余五百六十串约供四十人一年之火食，则每年甄别时由掌教考取生童三十余人、或四十人入馆肄业，为正课。此馆系专为有志向学者而设，原非借以谋生，故膏火仅足敷火食而止。其未经考取正课诸生童，择其资禀尤异者，酌取五六十人或七八十人为副课，一体入馆肄业，但须自备火食。

二曰聘请本县品学兼优者一人为总理，每年除由馆供给火食外，仍酌筹夫马筹费。在馆教导生徒，申明学规，督察功课，兼管延请掌教、分教、一切用人布置事宜及稽查出入帐目等事。其学规则谨依《白鹿洞规》、《蓝田乡约》、《湖州经义治事》、《河北精舍学规》，择要仿办，兹不更立专条。

三曰聘请精通算学者一人为算学掌教。夫算学为六艺之一，无人不当肄习。方今右文之代，正学昌明，凡承学之士，于礼、乐与书，盖莫不少成习惯，攸攸然矣。惟射、御或虑古今异宜，而算数则断推格致之本，故仅聘算学专师，略能包举群学之途径。至于经学、史学、理学、文学等，家有师承，专长凤擅，兼有本馆总理随时指授，无难逐事咨询。现在力求撙节，一面劝捐，一俟经费充裕，再行聘请方言、格致各门专师。教习算学成材，分门肄业。如有自愿入馆充当分教及副总理者，请自备火食，其职掌应由总理量才分派。

四曰每年开馆考甄别，应俟算学掌教到馆后，由县正堂示期，在考棚点名收考；所考：杂文一题、算学一题。拟题阅卷，均由算学掌教主政。取定正课、副课、填写名次后，移送县正堂出榜晓谕；正课、副课及名次，但论学业深浅，天资高下，不分生员、童生。既入馆后，再由算学掌教面试算学，差其等第，分别正课、副课，各为头班、二班、三班等名目，编为生徒等第比较表，悬贴讲堂；每月功夫进退，班次即随之升降，另行改换贴示。并会同总理随时酌派正课头班肄业生，充当分教；俟年终视款项若何，酌量酬给薪资。遇有正课某班额出，由算学掌教先以正课班次名次递升，再按副课班次，挨名推进。若副课缺额过十名以上，可由总理举生童入馆补之。

五曰每日学算时讲堂设长案一，算学掌教中坐，每班肄业生序齿左右列坐，分教或同坐，或另行设案，视每班人数多寡办理。

掌教、分教讲授算术，当面出题演草，为之改正；上午以三点钟为度，下午以二点钟为度，余时分阅肄业生本日之日记、杂记、图表、论说、杂著等，为之改正；日记、杂记，随即交还，余可听便。

某生若干日学至某法，精熟某法，应由掌教暗自登记，以备编表之用。年终总编一表，择其高等，量提公项给奖。如有不遵学规及无事久不到馆者，即告知总理驱逐。惟副课肄业生既无膏火，则常到馆与否，应听其自便。

六曰肄业生每日除学算外，所余时刻尚多，应时常温习经史，阅看各国史事、古今政事、中外交涉、算学、格致诸书，及各新闻纸。其有心得及疑义，与夫应抄录以备遗忘者，即分类录入杂记。有分数可相比较者，列为图表。有变通可须发挥者，即作论说、杂著。此与日记均听人自便。惟每七日中须请掌教会同总理出题作图表或论说、杂著一次，限三日内交卷，由掌教会同总理阅看，取前列者另由本人录稿送呈总理，以备寄登各报及选刻本馆课艺。

正课肄业生除考试及端午、中元外，如有事不能到馆，一日以上，须往掌教处请假。每月中不得逾七日，或疾病与重大事故，不得逾一月。

七曰本馆前后七日中，隔六日一休沐，遇房、虚、昴、星四宿值日，即为休沐之期，此固文武弛张之道，而特与西人之礼拜同期者，盖预备他日办理中外使务、界务、商务、税务诸交涉事件，可使事同一律，无事迁就更张，所谓闭户造车，出门合辙也。每年上学、散学，日期临时公议。

八曰本馆藏书除旧存经史诸书外，仍应添备御制数理精蕴、几何原本及古今算术、中外格致诸书及图器等项。俟章程刊布，另由绅士捐资购办，办到之后，择人管理，毋许出借，并由总理不时查点，以专责成。

缘振事亟，未及批示。然至次年算学社之效已大著，风气已大开，瓣薑师已筹得巨款，兼废经课，分南台书院膏火，别创一算学馆，而南台书院亦增课算学、时务云。

夫以一县蕞尔，絜诸地球，奚啻黑子之著面，然谋举一事，乃复崎阻百出，经年而始成。此以见任事之难，无惑乎当官者相习为退避，望望然去之也。

顾自用兵以后，增设西学学堂之谕旨，申降迭沛；卒无有议兴革者。惟《东山书院章程》，见于上海《时务报》①；而浏阳又在其先焉，故不可以不记也。

附录②　浏阳算学馆原定章程③
（1897 年 10 月 21 日）

一、馆中聘掌教一人，岁需束修、薪水、赀敬、路费及仆人工资约三百余串。置监院一人，岁需薪水津贴约柒拾串。肄业生徒十六人，中立四，东南西北乡各三，每人月给钱二串、米三斗。钱按月，米按日，作十个月算，须钱四百八十串。管书一人，视肄业生，须钱三十串。斋夫二人，约须工赀钱四十串。并季课奖赏、添置器具书籍、买报等项，岁约须钱一千串有奇。以八千金扣作钱数，照现在时价，不过万缗而强。通以一分扣息，仅可敷衍，故必岁拨南台书院余款二百缗，为置书等项之用。南台余款无多，遂于议驳。

一、掌教择外省外县品端学粹、精于算法、兼通西学者延聘。不聘本县人，以杜滥竽恋栈之弊。监院约束生徒，按日稽察工课。凡旷废及不遵守馆规者，均由商请总理开缺。择本县有品望能破除情面者为之。如难其选，即以总理兼摄。管书用本县人，生童不拘，草率懈怠者更换。或请监院及派肄业生带管，每年临时酌量。

一、馆事公择七人经理。总理一人，不拘城乡。分理六人，中立二人，东南西北乡各一。分理三年一更换，善者留。中立管钱谷诸事，商酌而行，年终会同核算账目，平时入馆稽察，给火食。

一、肄业生徒，由县甄别入馆，分额内、额外录取。额内以三年为限，或开缺，以额外在前者补，各补其乡之缺。如额外补完或传不到，于年终另行招考。其额内或初传不到，遇有缺时补传一次，再不到开缺。

一、生徒除七日一休沐外，非病、非丧、非考，连旷废十日，及五月内共旷废至一月者，开缺。不守馆规者即行开缺。馆规由掌教会同总

①　《湘乡东山精舍学规章程》，载《时务报》第二册。

②　附录两章程，原载《湘学报》第十七、十八册，现据《谭嗣同全集》（蔡尚思、方行编，增订本，北京，中华书局，1981）补入。

③　刊《湘学报》第十七册，清光绪二十三年九月二十六日（1897 年 10 月 21 日）出版。

理酌拟，惟丁忧去馆者给钱三月，卒丧后不来肄业，另行补人。将来缺出，仍以顶补。服除不到，即以寻常开缺论。其不守馆规开缺者，不准再与甄别。由旷废开缺，以第二次甄别取入，复行开缺者，亦不准再与甄别。

一、拟每季一课，无论额内外及未取录者，均准赴试，分别等第酌奖，以资鼓励。

一、现在经费有限，不能建馆，暂假奎文阁为馆。算法亦止六艺之一，为格致入门之始，俟有成效，再筹开捐建立馆舍，将各学一律扩充。惟书籍必随时添置，各报必按日月购买。

一、经费目前难得妥人借放，及相安产业购买，拟即交浏通公钱店作为成本。其业已借出者，如遇倒闭等事，照公钱店规条内倒闭停帐办理。

浏阳算学馆增订章程①
(1897 年 10 月 31 日)

一、本馆招考诸生，于报名册内注明中、东、南、西、北外，并将三代、年貌开列。其年过三十者不得投考，如改捏取列，查出后扣除。

一、本馆照湖北自强学堂等处章程，于诸生入馆肄业半年后，举行甄别，以定去留，即《记》所谓"中年考校"也。其质地不近不能造就，及玩日愒时并无门径者，应避贤路，兼重既廪，若是者去：规避不与者，亦即开缺。如有切己要事万不能到，先行据实告假，假满后听候补试。

一、总理为馆中纲领，一切由其主持，最关紧要，应由公举，不必通晓算学，但须年及四十，以齿论，于诸生为父兄行。平日砥砺廉隅，和平公正，通达时务，学问优长，始能胜任。每节送薪水钱贰拾串。仆人每月工赀钱壹串，火食公备。其不受薪水或加课充奖者听，不住馆者减半。工赀按月照算。诸生事总理如事山长。任其随时问难，以及文艺恭求校阅，监院在馆，视山长，如一时难得其人，以一人兼理。

一、馆中置斋长一人，由山长会同总理，择肄业诸生中年岁较长、学业较优、心地笃厚、行谊谨饬者充选，并协同管理书籍，或不另置管

---

① 刊《湘学报》第十八册，清光绪二十三年十月六日（1897 年 10 月 31 日）出版。

书，即以兼管，月加给膏火钱壹串伍百。如监院缺，并即带办监院事务，其管书人亦会同酌办，诸生通待之如斋长，不以监院论。惟诸事必先关白，由其转达山长及总理，不得轻越傲慢，彼此交孚，以昭久敬。

一、每次季课，由山长点名给卷。卷用弥封编号扃试。或山长离馆，总理主之；不到，监院及分理主之。日午盖戳，日入纳卷。其带办监院之斋长及管书，不摄点名，但管弥封、编号、稽查诸事。或遇山长散馆赴考，馆中诸事，以次为主同。

一、季课四次外，每月逢八，由山长发题，课肄业诸生，别为馆课。限二日交卷，酌奖十名。其一连两课不到者开缺。

一、现奉新定咨送算生赴京乡试之例，如是年主讲山长奉准咨送，敬致程仪贰拾金。现在肄业及已卒业三年诸生，均各送路费贰拾圆。其未卒业出馆及不在馆肄业者，概不致送。盖本馆经费现尚极为支绌，且学重敬，业贵有恒，相期由小成以底大成，亦应区别，以示限制云。

一、诸生每月发日记大簿一本，每日一叶，按日将师所传授、己所演习、看书起止、朋友讲论及有心得与发明之处，并算学外旁及何业、宾客来住、何事外出，详载其上。于次早呈山长书阅。如是日告假，便书因何告假，或在馆无事，并未用功，即书旷废。山长如离馆，监院主之。监院或不到馆，每逢房、虚、昴、星日交斋长或管书送总理及分理处，按日照书。遇月满，呈山长，一小比较。连殿三次者开缺。四月底、八月半、十一月底一大比较。大比较最者酌奖，亦连殿三次者开缺。

一、为学莫重于尊师。《记》曰："师严然后道尊。"严，重也，言重师也。诸生当山长指授时，务当虚心听受，或有疑义，敬谨请益。如或凭虚捏藉，故相诘难，造为讥刺语言，诋毁信札，议论阅卷不公，批语失当，是为目无师长，不安承教。一经查明，由总理会同监院请山长戒饬，即行逐出。其情节较重者，禀明县君及学师会禀学使，生员斥革注劣，童生禁考。

一、诸生务宜平心和气，互相切磋。其功力较浅者，须执谦德，向胜己求益。胜己者亦当倾诚相与，去其骄吝，《记》所谓："相劝而善之谓摩"也。若蹈文人相轻之习，党同伐异，辄因小事，致相龃龉，即此一念，已不可与共学，何况出而致用。有似此者，由总理会同，断其曲直，曲者开缺，甚则请山长戒饬逐出。

一、诸生务寡交游，戒妨工课，如亲属探视，系尊长辈行，或道路遥远，准留一宿。若考试及平日亲友因事至县，为日久远，不得招邀寄居，有同客寓。违者斋长令其辞退，如不遵，以不守馆规论。

一、馆中立告假簿一本，交斋长执管。诸生如遇归省及有要事告假，即赴斋长处言明，于簿上书明某人于某日某时因何事告假，归亦书某时归馆。此簿逢月抄呈山长及总理、监院核阅，藉查旷废。膏火钱米，亦照此簿扣算，如斋长外出，交管书代管。

一、本馆之设，原以培植人材，期臻远大，并非为诸生谋食计。算学为格致初基，必欲诣极精微，终身亦不能尽。即求辨清门径，日积月累，亦必以三年为期。若仅从事半载一年，卤莽灭裂，挟其一孔之见，临深为高，加少为多，在馆为弟，又复出馆为师，非器小易倾，即意图餔啜，其志趣已可想见。本馆不能縻无益之钱，妨有志之路，若是者开缺。

一、古者六艺，礼、乐、射、御、书、数，算特其一。即论西人致用，自算学始，不自算学止。诸生为学，当先立乎其大者，重伦常，慎言行，崇礼义，尚廉耻。而于所业则勿忘，勿助长，无欲速，无见小利，知及仁守，富有日新，然后体立用行，推己及物。至于世俗所谓一切不肖，不问而知，应行逐出。无劳薄待斯人，悬为厉禁。

一、本馆所定章程及馆规，皆实事求是，平易近人；并非强以所难，为束缚驰骤之具。诸生异时风云际会，扬历中外，经画区宇，纲举目张，规模宏远；而要其行远自迩，登高自卑，率履不越，不离切近；其或天爵自尊，高尚不出，与夫功成身退，遂初林泉，名德既昌，众望斯属。本馆总理之任，必非异人，易地皆然，勿疑苛设。

跋《湘报章程》[①]
（1896 年 2 月）

松芙秀才，今开明士，被褐怀玉，郁居无聊，怆念神皋，驾言远览，竟江之委，阻海而止。奇古辐辏，佳士飞轩，逮乎来归，度识方道。江山之助，沾丐饷遗，已达达人，君子曰恕，源源不渫，《湘报》斯集。

沅帆邹友，使西访学，言彼学成，不事藻缋。地图一册，新报一纸，载披载诵，用切于时。闻见既溥，法戒乃兴，迁善塞违，教治已

---

① 作于一八九六年正月，即 1896 年 2 月。录自《湖南历史资料》1958 年第四期（1958 年 12 月 30 日出版）。

懋。又言西史，初无官戚，亦惟新报，公厥是非。

嗣同究之，西报何昉？云见吾华，断烂朝报，天子失官，守在四夷，蕞尔一报，亦肇自中。《大学》格致，亡曷勿补？

伟哉沅帆，图既缋成。烁哉松芙，洞瞩几要，开馆醵金，章程备明，大雅君子，宜有乐焉。

光绪纪年二十有二春正月复生谭嗣同跋尾

黎少谷《浏阳土产表》叙①
(1897 年 6 月)

浏阳山川币合，坟壤沃腴，峻坂叙至四十度，犹胜稷麦，杂产饶裕，枲布之精，至乃名于天下。往年湘中号为大县，必首浏阳。夫家岁登民食视前渐不给，不三十年，积至今乃复大贫。然吏治亦愈弛惰，都不以册籍为意，凡户口、农田、百产之数，无得而详也。

光绪二十一年，日本和议既成，嗣同归以算学、格致诐说于县之人，四乡颇有集者。时涉秋不雨，农民或以旱灾告，咸不之信，惟深识之士稍稍忧之，而黎君少谷言之独危切。嗣同殊不窹其惜，以谓浏阳田皆再熟，夏既丰获，仅半岁不刈何至是？且县官报旱，曾不及五分以上，例不得蠲缓，号不成灾。无何，赤贫下户，渐有饿死者，丁壮渐有逃亡者，官犹弗省。至冬十月，饥民蜂起求赈，喧哭于县官之堂。西南乡时闻聚众强夺，多者至数千人。事岌岌将乱，官乃始大惶，不知所为。会新抚部义宁陈公莅湘，专注意赈恤，奏委欧阳瓣薑师总办县赈，人心始定。嗣同念有事服劳之义，佐师为理，为办赈条陈十二条：②

一曰：县城设立筹赈总局，一切均由总办作主。凡在局办事者，均听候总办指挥，无事不得擅自出入。每日所办之事皆有课程，不得违误。如有不遵，由总办请官究办。

二曰：四乡各设筹赈分局，由总局遴选各本乡绅士为其首领，以下办事诸人，由该首领告知总局指名选派。如须更动，自由该首领作主，仍须报明总局存案。如有不遵首领指挥者，可由首领告知总局请官究办。首领办事不力，则由总局更换。

---

① 原刊《农学报》第三册，清光绪二十三年五月（1897 年 6 月）出版。现录自《谭嗣同全集》（蔡尚思、方行编，增订本，北京，中华书局，1981）。

② 十二条余文，《农学报》未载，现据手稿补入。

三曰：由官指派富家子弟每家几人入局办事，须年在二十以上者，听候总局及分局酌用。如抗违不到，即查拿究办。或不待指派自愿入局者，可往总局及分局报名。遇按亩派捐等事，准免十分之二。

四曰：由官清查城乡各公款，无论何项核算，实存银钱若干，予限扫数交出，由总局动用。

五曰：由官查明城乡现存谷米共若干，交总局拨用。其为私买之谷，则由总局出券作为借项。如有囤谷待价等情弊，一经查出，立即充公。

六曰：由官按照粮册，岁收田租在五百石以上者，计亩派捐，或田租不及五百石而别有生计者，仍不得邀免。凡铺户及纸槽等生业，则查照每年税厘之数，按分数抽捐。遇属庙宇祠堂之产业，既为公业，非关一家之生计，尤应倍捐。

七曰：由被灾之各团各境绅首详查待振户口，分别极贫、次贫，造册送分局，而汇总于总局。总局不时派人按册覆查，如有冒滥，立即请官将该户照例严惩，并密查倡首逃荒滋事之人，严予惩办。

八曰：总局出期票，自十千至一千，至五百，至二百，至一百钱止，限光绪二十二年五六月来局兑钱。更筹借现银往湖北兑换银元，自一元至五角，至二角，至一角，至半角止，每元定价钱一千文，此系湖北银元局会商东南各省督抚奏定之价。

九曰：招集灾民往省转运钱谷等项。分为西乡、北乡二路，每路以十里或二十里为一铺。每铺就招左近灾民实系极贫之户者充当运夫。即以本地绅士数人为督运，首士即在该铺居住，运夫共若干，皆归其管辖。每五十人为一队，队有队长；每十人为一棚，棚有棚长。如有滋扰紊乱等事，首士责队长，队长责棚长，棚长责运夫。情节较重者，准由首士捆送总局或分局惩办。运夫在铺，由本境绅士暂借民屋，或搭棚厂，以为住宿之地，往省时，或运煤，或运金沙等货，一铺递运一铺，下铺复行接运，至本县界上为止。由省运钱谷回县亦然。至出县界后，更无铺递，须一径运至省城，沿途由总局或分局派勇随同押运。省城宜派绅士长行驻扎，以便照料一切。运夫每日工食，除火食外酌给工钱一二十文。总局及分局不时派人往来沿途查察，如有不实不安静各情弊，惟该督运首士是问。

十曰：开办南乡煤矿，择白煤、油煤两宗，招左近灾民开挖。即用灾民运往江口，远或二三四十里不等，由江口雇船运出渌口，赴湘潭湖北铁政局采买委员处销售。平时渌水盛涨，每百斤煤可赢钱四五十文不等，今仅多费数十里之陆运，仍可敷本，则售煤后即运钱谷回县，可以源源不绝。至编列矿夫之法，与上款运夫同。如果矿苗甚旺，亦可令灾民运赴县城，再由西乡或北乡接运往省。地方绅士有能出赀兴办煤矿，以工代赈者，能照此章办理，即免按亩派捐。

十一曰：淘挖西乡河中金沙。今西乡淘金者聚众极多，势不能禁，此天地自然之利，亦救荒之上策，更无庸议禁，但不为之编定章程，则日后可虑之事正多。应就淘金之地公举淘者一人为首，其余皆归其管辖，由其指定地段某起某止。上流下流无碍渠坝之地可以多占，左右两岸无碍庐墓者亦可指占。惟业主须公议准其分成若干。此项业主亦应出而会同为首之人监督淘挖等事。地段既定，则由总局派就近之绅士会同为首之人将诸人夫造册编伍。十人为一棚，有棚长管辖之；十棚为一队，有队长管辖之。某队淘某处，均须派定；如金尽须改易其处，由为首之人调动，但不得出所定地段之外。如欲出所定地段或改易地段，应报明总局选派绅士踏勘地势有无妨碍，再行酌办，并由总局派人专驻查察，是否均能安分。每日出金沙若干，汇交为首之人，代为严立章程，酌照分数抽厘若干，余照时价由总局兑换钱谷，公平分给。如有争霸欺蒙及滋事等弊，在为首之人，则由总局立即拿办另举，余人则责成为首之人捆送总局。

十二曰：以上诸务并举，则灾民有业者居多，余老弱妇女则由各本团，本境绅士计口放赈。

又拟严禁灾民逃荒告示曰：①

为出示严禁事：照得浏阳本年旱灾，民间受害极重，此皆由本县不德所召，省躬自责，愧负尔等，方拟极力振抚，岂有坐视之理！现定某月日，选派公正绅耆，按口给振，尔等自当守分安命，静待振款。乃闻西南各乡，时有聚众滋闹之事，聚众一端，已干条律，况纷纷滋闹，何可姑容？本应立将倡首聚众之人置之重典，但念尔等多系良民，岂愿为此？其中必有不法之徒，倡为逃荒之说以煽惑尔等，希图藉端生事，以便其私。尔等良民，谨厚为心，岂知世间有此诡诈之事。但尔等何不思天灾流行，各处一样，尚有何处可逃？况本土有邻里关顾，犹难存活，一至异乡，谁来矜恤？势必至妻离子散，躯命沦亡，求生无路，欲归不

---

① 告示全文，《农学报》未载，现据手稿补入。

得，始悔误听人言，不已晚乎？至于以索振为名，聚众滋闹，本县既示有放振日期，决不食言，自不待尔等来索；但尔等一经聚众滋闹，则本县立即停振不发。盖朝廷振款，原为振安分之良民，非振众滋闹之莠民也。即谓尔等良民，或因人多势大，不免为威所胁，则何不禀报本团团总，密将倡首之人拿获重惩？现今抚部院派到营勇极多，不日即下乡巡查，如尚有倡首聚众滋闹者，立以军法从事；其余不早禀报之人，亦必科以扶同隐匿之罪。尔等既被天灾，复遭人祸，本县若不先行教谕，于心何忍！自经此次出示严禁，倘仍蹈前辙，决不宽贷！尔等良民，身家为重，勿谓本县言之不早也。为此严禁，各宜懔遵毋违！特示。

又拟晓谕待振各贫户告示曰：[①]

为出示晓谕事：照得浏阳本年秋旱被灾之地甚广，本县抚绥无方，几致尔等不免流离，夙夜轸念，殊深内愧。幸遇抚部院慈祥恺悌，速发振银；诸义绅宏济为怀，解囊解助。现定期于某月日按口给振，惟地方远近不一，户口贫富不齐，必先查明极贫、次贫之户，方能次第施济。兹叠经谕令各团团总，予限详查具报，至今册未造齐。推原其故，皆由地方刁徒痞棍，冒称极贫，希图领振，无知之辈，靡然从风。以致全团之大，普称极贫之户；有食之家，甘居极贫之名，不思极贫二字，为中人所深耻；而冒振罪名，尤律例所不容。乃无端冒此小惠，犯彼大恶，在中等人家，已为失计；况因此争执吵闹，致令造册稽延。册一日不造齐，则振一日不能发，是使果真极贫之户，嗷嗷待哺，果腹无从，皆此辈刁徒痞棍误之也。今与尔等约，如再有前项刁徒痞棍冒称极贫与造册之人为难者，立即严拿重惩。而果真极贫之户，亦应痛恶此辈稽迟上宪恩惠，阻挠诸绅义举，强争尔等振项，攘夺尔等生计。与官绅为难作对，即是与尔等果真极贫之户为难作对，即不啻设计贻误陷害尔等。尔等即当纠合同为果真极贫之户向之理论。如尚不服，即可捆送来署，或报明本团，由团总捆送本县，立即治以冒振之罪。现今抚部院派到营勇极多，日内当令下乡巡查。如有冒称极贫情弊，在本人固应拿办；而果真极贫之户扶同隐匿不报，亦即一概停振，以示薄惩。本县言出法随，决无宽容！尔等具有身家，当知自爱，为此出示晓谕，各宜懔遵毋违！特示。

顾苦无册籍，据以画策。少谷乃夙夜尽智句稽，科以岁销淮盐三十

---

① 告示全文，《农学报》未载，现据手稿补入。

票，粤私五票，硝盐船私等又数票，人岁食盐七斤余，当得百五十万人，又科以岁纳漕粮万四千余石，石应得田若干亩，则丰岁人仅得谷二石五斗有奇。依类以求，所谓户口、农田、百产之数，终朝即周知其大较。其后官中详查，竟不出所料，可谓能矣。

西人号称中国四万万人，以天下州县均分之，一县应得三十余万人而已。今浏阳赤贫丁数已逾四十万，其全数且百五十万，然则中国人数殆不止四万万，而东南各省尤阗溢不可容矣。浏阳前二十余年，丁口止七八十万，近乃倍之。而土田先即辟尽，无可复增，一县如此，天下可知。不亟图农桑新法，虽无水旱凶疠，人亦将槁饿以死。浏阳之民，岁仅得谷二石五斗者，惟恃杂粮薯蓣之属延命，聊以不死。可知即大有年，亦不过不死而已，不但无有余也。残喘苟存，藐兹一线，少际偏灾，焉有不沟壑者哉？

浏阳利源，当以矿产为大宗，特官持例禁，民惑风水，未得遍孚。嗣同于振事，故力主以工代振，为议曰：世所谓以工代振，若修筑、建造等类，皆非以工代振，直是以振代工耳。以工代振者，宜令所作之工可持以易钱，还以供振，流转灌输，无有竭涸，而振之力乃不忧不继，则惟有开矿足以当之。因共唐君绂丞办西乡之金矿，为拟保护金厂告示曰：[①]

为出示保护金厂事：照得西乡浏水所经一带地方，向产金沙，兹值年岁荒歉，农民失业，常藉淘取金沙，暂救日食。查金沙本为天地自然之利，于救荒尤为上策，但无人以资统驭，则有利不均；无法以杜争端，则为害尤甚。本县方自愧振济无方，致令尔等不待示谕，自行淘取；再不为尔等编定开厂章程，力加保护，以期广兴大利，免生事端，则本县心益不安。因立保护金厂章程六条，划一于后，尔等其敬听之！

一曰：尔等在淘金之地，必应举一人总管其事，方能使众人聚而不乱。如无其人，则由本县选派本地公正绅士督办金厂事宜，会同尔等就淘金诸人内公举一人，或公正为众所服，或资本比人独多者，充当总管。既举总管，尔等均应听从总管之言，遇有争执，即请总管剖断；如故意违抗总管，滋生事端，准总管商同督办绅士送署究办；而总管亦不得藉势欺压，致干未便。本县既派督办首士，更不时派近地绅士往来稽查。总管如有不公不法等事，准绅士送究。并准淘金诸人联名在绅士前

---

① 告示全文，《农学报》未载，现据手稿补入。

密陈；由绅士转禀本县查究。

二曰：开设金厂尤急宜指定地段，从某处起至某处止，由督办绅士会同总管查明具禀存案。上流下流无碍渠坝之处，又不与别厂邻接者，界限丈尺，尚可从宽勘定。左右两岸若遇有碍堤防庐墓者，即不得逾越；田亩园山等项，则须商同业主酌定每月分利若干作为股分，俟业主应允，方准定界。四至界址既定之后，倘敢故意越界淘金，则惟该总管是问，准由督办绅士禀送究办，另举一人充当总管。

三曰：此处既开金厂，距厂一里之内，无许他人再开。如欲再开，须报明本县候查，是否有碍原有之厂。如此厂利息渐薄，自请更易某处，仍须候禀本县详细踏勘，毋得擅自更易。

四曰：厂中人夫概归总管约束，则必须造册编伍，方能纲举目张。每百人为一队，由总管派队长一人领之。每队分十棚，每棚十人，派棚长一人领之。有事，督办绅士责总管，总管责队长，队长责棚长，棚长责散夫。名册共造二分，一交总管收掌，一交督办绅士收掌。

五曰：每人每日所淘之金，均须报明总管，登记数目。开厂若系总管自出资本，或别有股分，则所淘之金由总管交与督办绅士，照时价兑换银钱、谷米，发给人夫每日工食外，自应照资本股分摊分。若人夫均系自食其力，别无股分，则所淘之金，亦由总管交与督办绅士，照时价兑换银钱、谷米，即按各人所淘金数分给各人。但不论如何，总须抽取百分之一归公，以充振项，及督办绅士转运银钱、谷米、火食、夫马一切费用，每月由总管开列出入帐目总数县贴，以昭公允。

六曰：督办绅士准其搭入股分，无论何人皆准入股，但准驳须由督办绅士酌定。如总管向无赀本股分，而办理一月之久，著有成效，毫无贻误者，准每月分众人共淘之金千分之一，作为股分，以酬劳勤；其原有赀本股分者，不在此例。

以上六条，皆因保护尔等淘金之荒民起见，念尔等无业可闵，故所立章程，一切从宽，止求简便易行，日后再求精密。现今抚部院在省会设立矿务局，原期开采五金、煤、铁诸矿。尔等开立金厂，果能恪遵上开章程，详请抚部院立案，永远作为尔等产业，地方官无不随时保护。倘若查有侵越、欺朦、争斗、滋事及不守上开章程等弊，立即将该厂封禁，不准尔等淘取。斯时赀本既弁，生路全无，岂不追悔无及？本县为此，故不惮谆谆晓谕，令尔等慎之于始。尔等其敬听毋忽。特示。

进而与少谷谋南乡之煤矿。南乡煤矿前既开采，年饥煤不售罢工，待食者以万计。瓣疆师遂请疑屯煤，招民采运，一使少谷主之。矿大开，全活无算，而所屯之煤，亦并得善价。浏阳食货，以薯蓣为大宗，至是苗殆绝，少谷则先事市薯于他县，遍种之，迨苗出而以散诸宜薯而不得苗者。其明年，岁果大熟。义宁公故谓屯煤、种薯为办振奇策，足垂法于将来，而少谷亦由是以农学称焉。

少谷于农学研核有年，精析微秒，虽老农自谓弗及也。又通医学，故于草木华实，下逮一茎一叶，罔弗辨识。商货工艺，考察尤悉。爰属为《浏阳土产表》，备振务之用，亦俾为治者知所从事，厚生利用，殆庶几乎！

少谷又为《浏阳利弊论》五篇[①]：

一《团防》曰：道咸以来，莠民潜滋，自粤匪起金田村，蹂躏几遍天下。于是大吏檄各府州县设立团防，坚壁清野，法令森然。顾事久弊生，不肖之徒，至交结官长，勾通吏胥，恃符唆讼，以势凌人，中人之产，以而破家者不勘。统计四乡各团，惟上东团办法向称得法，虽有凶旱，民不知荒，其以极贫乞振者不过百数十人。北乡各团亚之，今岁转运，亦颇具章程。西南各团，良莠不齐，办理多具私见，以致荒民四煽，坐吃强索之风，倾动一邑；而普安大团之四知团及文市、金刚、大窑、枫林各团为尤甚。其中烟馆极多，游手无业之民，盘踞窟穴，团总置若罔闻。尤可恶者，如普迹每岁墟场及各团墟场，赌厂贼窝，纵横无忌，虽经宪示严禁，而刁悍凶顽，目无法纪，其团保亦于中渔利，狼狈为奸，法禁之不修，盖可知矣！闻前此潘有志、陈裕和等匪漏网之由，俱某某释放所致，团防之竁，人心之坏，有不忍言者。故士人自得一衿后，往往觊为团总，以肥其身家。如某某本寒儒，充团总十余年，遂至田连阡陌。其余侵蚀公费及团社积谷者，不一而足。无怪一遇凶荒，遍地棘手，坐以待毙也。窃以谓欲御将来之荒，必自清团防，严公举，杜词讼始。其公为无耻者，非科以重罪不可；其甘为同恶者，非律以连坐不可；而团务始有可理之机也。

二《书差》曰：府吏胥徒见于《周官》，公廨之不能无书吏，势也。然古之书吏出于士人，今之书吏多市井无赖充之，其弊遂不可胜言。浏邑书吏，权抗官绅，武断乡曲，久成锢习。虽县官严明公正，尚多所蔽；苟遇墨吏，便以若辈为耳目，而昏暮之求，苞苴之进，无所不至。

---

① 《农学报》未载，现据手稿补入。

甚至兴讼者，以歇家之通气与否为胜负。近来书吏益横，居然有大小金刚之称。官则倚为爪牙，民则畏如狼虎，不肖之绅衿则引与周旋，而视若兄弟。光天化日之中，豺狼当道，狐兔纵横，长民者视为固然，可胜浩叹！其助书吏为虐者，有差役。浏阳县署差役至千余人，捕班亦数百人，其人满布羽翼于城乡，盗贼匪类，罔不与之为缘。凡一充差役者，则窝赌窝贼，屯留状师，法纪即不能及。甚至占人妻女，侵人田地，遭其殃者，莫之敢校。盖此等差役，往往与书吏中之名金刚者，蛩蛡相依，故毫无忌惮，而士民惟侧目重足而末如之何。此非有严断之吏，一清其穴而遏其锋，吏治万无有起色。前此征义堂匪多差役中人。近来陈裕和亦身充差役，可见差役不加洗刷，将来递广其传，流毒未知胡底，是大可忧矣！且即令不至是，而日驱此千百虎狼扰攘间阎间，小民岂复堪命？是宜殄其渠魁，散其党羽，庶几除目前之害，而消后日之忧也。至更有不书不差而曰门房者，上则假官长之威以肆其要挟，下则通书差之气以广其侵渔。近日有某姓当门房数年，竟获良田至千余顷者。似此钱谷艰难，任若辈之掇取而去安享其成，殊为众心所不慊，是其弊与书差同者也。

　　三《豪强》曰：豪强兼并，秦、汉以来已然。然恤贫即以安富，此天地不易之常理，断未有贫民俱溃而能独享其富者。而彼豪强者流，祇知有己，不知有人，平时刻待庄佃，歧视邻里，一丝一粟，视如性命，刺骨之怨，何可胜言！及遇灾荒，复不先事筹防，以消未然，即祸延眉睫，悭吝益甚。且动以民间不荒为词，如议及捐振，必痛斥之曰多事；甚至荒民四煽，张皇迁避，而钱文仍一毫莫拔，此心真令人难解。侧闻邑东某家，有储谷待价至红朽不可食付诸一炬者。又坩郭某家，储明钱千万贯，当此钱荒已甚，不肯出一文以相济。且其以谷售贫民盘重利，每谷一石约明年还值，逾常价至六七百不等，似此豪强自恣，惟贪刻薄之利，而无恻隐之心，言之愤恨，而彼自以为得计者，虽糜烂其躯而不恤，此浏邑豪强之弊也。

　　四《仓储》曰：食储之匮，不匮于官，不匮于民，而匮于经理之首事。邑中仓储，道光间凡社仓八十所，储谷二万余石。同治间又捐义仓谷四万余石，其陆续捐置者，尚不在此数。据同治八年钱令详准章程，每岁发领石取息一斗二升，除耗谷及帮脚谷外，其所赢余仍造册报县，一并上仓。经理之人，不得议及薪水；县官查仓，夫马自备，不得藉端开销；立法原至周密。由同治至今二十余年，通以余息五升计之，义仓之谷，当得十数万石，社谷更难数计。乃历年报案，谷未闻加多，非由领谷之人或有蒂欠。揆厥所自，实因经理团绅，行则舆马塞途，食则粱肉满案，任意挥掷，百计侵渔，岁终则捏报开销，以图朦蔽。官长亦视为故事，并不追求，遂至以保护地方之良图，仅供经理之一饱，浏之失计，无逾于此。诚能责成邑令整顿章程，认真办理，其有糜费侵挪者，悉令赔偿，不数年间，当有不可胜食之效。又今年所捐防费钱谷，遇此饥荒，自可悉出振济，稍损民间捐输之费，而团绅视为己有，不肯交出，殊不可解。此项虽非社谷之比，然于荒政有关，故类及之。

五《商政》曰：浏阳河道浅狭，驿路不通，自来商务不及它邑。然曩时因商致富，岁不乏人，尔年以来，百难一二，而倒闭歇业之外，折本者十且七八，银钱日绌，市面日坏。揆厥所由，实奸商射利，自贻伊威也。如贩卖洋药，岁计出口钱几百五十万，历年消耗，有出无已。而习俗华侈，日用所须饮食衣服之类，较之往昔，岁增百十倍。进口之货日多，则出口之钱日众。县中除红茶、夏布、油纸、编爆可作抵销外，统计出口犹须百万，财尽民穷，几不成市。爰兴即日票，以济其穷，而本小之店不无受挤，一经倒闭，累及他人。故人不敢接，而票亦难行。本资较大之家，因得乘人之危，假之本而重其息，垄断独登，互相残害。票之不行，实大店不顾大局，欲专出票之利而故吝之，以神其用也。不知大局一坏，市面不堪，银票铜洋，均无一有。试思倒闭之店，必皆由出票而然，向使不至受挤，则虽小店，何故为之。且倒闭者不上二十之一，而受累类皆赀厚有力之人。以此之故，致使钱票两缺，非计之得也。当今日而不急图变法，必至贸易两穷，而生理日蹙矣。虽然，变法之道，不无缓急，其尤急者，曰创立钞票，专利权也；分别钱色，肃商规也；多开矿务，濬利源也；广种罂粟，杜漏卮也。又复求立分销，以资补益。盖自盐引之设，长属各县，多有分局，惟浏独无，迄今统计溢出者不下百数十万金。当此年荒财绌，遍野哀嗷，倘得自设分销局，亦可稍济不逮，故求立分销以资补救，要亦权时急务，不可不力筹者也。五者并得，则庶几生财有道，商政一新，即遇荒年，灾或可逭矣。

少谷又言，进口之货，惟煤油于浏阳甚有利。缘县产茶油，售值良厚，往以燃灯，不暇外售。煤油值裁半之，以彼易此，而省出茶油，运售出口，出进口相抵，利倍前矣。然出口货又不足敌雅片之输入，以二十人中吸者一人计之，已不下七万人，人至少岁输出钱十八千，则共输百二十六万千云。谭嗣同序。

报章文体说①
(1897 年 6 月 10、21 日)

周公以前，师道摄在上，故文总于史官，周公之制作，史之隆轨也。孔子以后，师道散在下，故文总于选家，孔子之删述，选之极则也。《传》曰："文王既没，文不在兹乎？"可为史禅选而选缵史之证。自尔以后，选家代兴，太史氏徒拥闲秩，备官书而已。辂轩绝代之使，难方方茝也；东观、石渠之秘，靡人人窥也。既不能网罗散失旧闻，复不足垂信天下后世。文之统绪，乃胥移于选家，而其黜陟显晦之权，亦惟选家操之。然选家率皆陈古而忽今，取中而弃外，或断代为书，或画疆分帙，致令奇觚环采，羌郁伊而被摈，瓦缶簦桴，轶钟球而引奏。进退失理，拘圄阶之焉。且事鉴切近，靡藻悦则无当于行；学富日新，隐尘牍则弥形其旧。以云识时务，谦让不遑，而日广见闻，未见其可。若夫皋牢百代，卢牟六合，贯穴古今，笼罩中外，宏史官之益，而昭其义法，都选家之长，而匡其阙漏，求之斯今，其惟报章乎？呫见肤受，罔识体要，以谓报章繁芜阘茸，见乖往例，此何异下里之唱，闻韺镛而惶惑，眢井之蛙，语溟瀚而却走者矣。

今为疏别天下文章体例，去其词赋诸不切民用者，区体为十，括以三类：曰名类，曰形类，曰法类。名类得四体，一曰纪：凡名皆托纪而彰，故纪为名之首。《尚书》之纪事，《春秋》之编年，《左氏》之隶故实，群史之本纪列传，纲目纪事本末，以及私家之行状、碑志、传诔、记事、书事咸隶焉。二曰志：志者，纪之详规制者也。《禹贡》、《王制》、《周礼》、《仪礼》与《礼记》之述品节者，《诗经》为古之乐章，则亦志也。及群史之书志，及山经、水注，历代舆地、郡县、掌故、礼乐制度之书咸隶焉。三曰论说：论说者，阐扬纪志之奥赜，而精其理、指其事者也。谟训诰命之书，《公羊》、《谷梁》之传，《周易》、《论语》、《孟子》、《孝经》与《礼记》之言礼意者，及《诗》、《书》之序，及诸子、佛经、道书，西人论学、论政、论教之书，及奏议、檄移、书札、序述、驳辩、考解、释议、铭赞、箴颂咸隶焉。四曰子注：子注者，纪

---

① 录自《时务报》第二十九、三十册，光绪二十三年五月十一、二十一日（1897 年 6 月 10、21 日）出版。

志论说之散见缀证者也。《尔雅》、《说文》及训诂、笺疏群书之注咸隶焉。形类得三体。五曰图：凡形皆依图而存，故图为形之著。《周易》之河图、卦画，《尚书》之绨绣作绘，及天文舆地，及诸物形，及几何形学之图咸隶焉。六曰表：表者图之变也。《禹贡》之田赋差上中下，《丧服》之等威杀上下，旁及群史群书之表咸隶焉。七曰谱：谱者，表之变也。《左传》之世系，经解之六艺，《尔雅》之虫鱼、草木，投壶之鲁鼓、薛鼓，及群史之艺文、经籍志，及氏族、目录、金石、法书、刀泉、耒耜、琴箫、博弈之谱，及一名一物之品题汇列者咸隶焉。法类得三体。八曰叙例：凡法皆据例而断，故叙例为法之先。《春秋》之发凡起例，《周易》之序卦、杂卦，及群史群书之叙例，为发明其书之宗旨条理者咸隶焉。九曰章程：章程者，例之见诸行事者也。《尚书》之誓命，《公羊》之战例，及公法、条约、律例、教令、告示，及凡百办事之章程咸隶焉。十曰计：计者，例与章程之分数也。《周礼》之要会质剂，与群经群史疆里禄赋之数，周制司寇孟冬献民数于王，汉制郡国遣吏上计于京师，在今谓之册籍，谓之报销，西人谓之豫算、决算，凡算经数学，及有数可稽者，下逮民间日用之帐簿，交易之券据咸隶焉。

凡此三类十体，虽会九州之典册鸿篇，魁耆钜子，外教杂流，竖儒鄙士，展轴晦日月，束笔齐山岳，诵声夺雷霆，视草逾恒沙，源流若江河，正变在指掌，时时讽读，家家谍箸，蕲于开物成务，利用前民，要无能出此三类十体之外。

乃若一编之中，可以具此三类十体，而犁然各当、无患陵躐者，抑又穷天地而无有也。有之，厥惟报章，则其体裁之博硕，纲领之汇萃，断可识已。胪列古今中外之言与事，则纪体也；缕悉其名与器，则志体也；发挥引申其是非得失，则论说体也；事有未核，意有未曙，夹注于下，则子注体也；绘形势，明交限，若战守之界线，货物之标识，则图体也；纵之横之，方之斜之，事物之比较在焉，价值之低昂在焉，则表体也；究极一切品类，一切体性，则谱体也；宣撰述之致用，则叙例体也；径载章程，则章程体也；句稽繁琐，则计体也；篇幅纡余，又以及于诗赋、词曲、骈联、俪句、歌谣、戏剧、舆诵、农谚、里谈、儿语、告白招帖之属，盖无不有焉。上下四方曰宇，往古来今曰宙，罔不兼容并包。同条共贯，高抠遐揽，广收毕蓄，识大识小，用宏取多。信乎经国之大业，不朽之盛事，人文之渊薮，词林之苑囿，典章之穹海，箸作之广庭，名实之舟楫，象数之修途。总群书，奏《七略》，谢其淹洽；

甄九流，综百家，惭其懿铄。自生民以来，书契所纪，文献所征，参之于史既如彼，伍之于选又如此。其文则选，其事则史，亦史亦选，史全选全。文武之道，未坠于地，知知觉觉，亦何常师？斯事体大，未有如报章之备哉灿烂者也。

浏阳麻利述[①]
(1897 年 10、11 月)

述意第一

日本之农，以拉美草制丝，坐致厚实。或曰：麻属也。蒋君伯斧、罗君叔蕴购厥种于日本，归而植之，以与中国之麻较。中国之麻，吾浏阳所产者最有名，因属购麻，并讯所以培练焉。浏阳家家种麻，独嗣同未尝亲其事。适同县邱君菊圃、周君同溪同客金陵，得备询其法。同溪尝自种麻，道之尤悉，并著诸器用于图。嗣同所携僮仆，皆乡农也，兼采所说，为麻利述。

既成，述其意曰：自昔吾浏阳以麻布战天下之商务，未尝遇敌，车牛远贾，南北奔凑，岁售银百十万。既竹布兴，服者渐伙，麻利稍杀，然犹未甚也。咸、同间，增开五口，互市便利。西人需茶急，茶船入泊汉口，收茶不计值。湘茶转运近捷，茶者辄底巨富，于是皆舍麻言茶利矣。浏阳以素所植麻，拔而植茶，麻布既不足供售，乃自转购于江西，运载出口，谬称浏阳产。江西布商亦乐人代其冒之，皆自称浏阳产，远商渐察知其实，遂谓浏阳麻布卒无异于江西，购麻布者咸不之浏阳。浏阳岁入之利骤减六七十万，前后之相去，若九〇与二五之比。迨茶业败北，贫不自聊，复思重食麻利，则望实俱瞒，又久为江西所夺，不可复振矣。中国之商，类皆无远识，见利即趋，不顾其后，甚至并己所本有之利[②]拱手让之于人，而己转从而丐其余焉。各口通商，动为西人所劫持，罔不由于此，不独浏阳之于江西然也。其实江西麻布远不逮浏阳，惟万载所产为愈，然本县人久业麻布者，辄能辨识之。大抵浏阳麻布缕缕皆圆，江西则略匾，莫得而淆也。浏阳售出之值，每尺贵者钱二百余

① 原刊《农学报》第十二、十三册，清光绪二十三年九、十月（1897 年 10、11 月）出版。原署：邱惟毅、周泰韵同述，谭嗣同属草。稿本仅有《述意》一节。现录自《谭嗣同全集》（蔡尚思、方行编，增订本，北京，中华书局，1981）。

② 此句据手稿补入。

而已，皆非其绝精者。绝精者尺四五百，女红年余始能成一匹。匹四丈八尺，可为二衫，一衫之重裁三两余，虽本县人犹不易求得，绝不暇外售。嗣同求之累年，仅于亲串家一见之。又闻有更精者，一衫重止二两，累五六年犹不及匹，则未尝望见之焉。[①]

辨种第二

麻有三种：曰鸡骨白，曰青麻，曰黄叶麻。鸡骨白为上，青麻次之，黄叶麻又次之。各有所宜之土，由试种而知之，乡农莫能言其故也。

种麻第三

择黄汲间杂鸡冠石之土，掘坎深尺，取老麻之根，断存尺许，横种之。每坎种三四茎，坎纵横相去各尺五六寸，种讫，覆以土，以后即丛生不绝，不烦种矣。惟十年须一易土，新遗之土，极宜种薯。

地势第四

麻宜山坡凹曲避风处，盖大风吹动麻杆，互相摩击，麻杆受伤，其麻即有红黑痕，不复堪用。平原多风，故不宜麻；而黏结之土，尤非所宜。

时令第五

不拘四时，皆可栽种。惟本年种者，不得刈，虽种于冬间，为日甚少，而次年可刈矣。

培壅第六

麻宜瘠土，培壅亦易，生尺许时，壅肥料一次。肥料若人、牛粪，或菜豆桐麻等枯饼，不拘何项，皆可。及二尺许时，撒石灰一次。每年冬季，加壅肥料，以新土覆其上一二寸。

去虫第七

麻长三四尺时，易生毛虫，宜勤去之，日日省视，见有虫即以箝箝去。

刈麻第八

鸡骨白一年可刈四次，余可三次。鸡骨白，小满前后一二日刈头次，名头麻。头麻最良，余皆弗及。阅月余辄刈一次，二次名月麻，三次四次名寒麻。青麻、黄叶麻须芒种后方可刈。

---

① 本段之末，手稿原有按语一段，其中论述春布、麻菌部分，与正文第二十、第二十三同，疑发表时有所改动。现仅将论述浏阳纸利部分录后："案浏阳麻利既薄，而纸利骤腾，足弥其缺而有余。纸凡十数种，皆以竹为之，精者曰汀贡纸，曰料半纸，曰竹纸。而销数最畅旺几遍南北各省者，则曰折表纸，即人家用以搓纸煤者也。精折表纸他处皆莫能造，为浏阳独有之利；江西间有仿制者，亦殊患粗恶。"

凡刈麻之法，将麻杆横腰折断，而皮仍连属如故，从折处将皮撕下，成把携回。所余无皮之麻杆，取浸水中十数日，漉出晒干，可代炬燎。刈后数日，幼麻萌生，略施肥料，三次四次皆如之。

刮麻第九

撕下之麻皮，即须浸诸清水盆内，不可令干，干则暗燥无色。以右手大指套竹筒（如第一图）。竹筒上槎箬一片，右手掌抑握刮刀（如第二图）。左手就清水盆内取麻皮数茎，置诸刮刀之上，大指以竹筒压之，左手拖麻，将其粗皮刮去。麻尾既净，复倒持刮其麻头，粗皮皆去，又用刀口将麻数茎，刮成一片，置诸阴凉处。若麻过短，不能成片，谓之散麻。

烘麻第十

以刮成之麻片，安放不透风之室内，用竹竿挑起，挂于四壁，中设煤灶烘之。煤宜用磺重者，麻乃白，火亦不必甚大，以烘干为度。

漂麻第十一

置麻近水斜岸有青草处，以清水漂之，晒干。又漂又晒，日七七次。如此数日，其麻自白，然后提挂高处晒干。若更求其白，则用些须黄牛粪，浸水漂数次，洁白如雪矣。

开麻第十二

用清水一桶，将麻浸湿，用手破成粗丝，如灯芯大，合数粗丝，绕成麻圈（如第三图）。晒干待绩。

绩麻第十三

用清水一碗，将麻圈浸湿，用手破成极细之丝，丝丝匀细如一，以一丝之头，搭一丝之尾，用手撚接成缕。有不匀者，量其粗细，头尾互相搭配，自然皆匀矣。绩成之麻，谓之綮。

经□第十四

用寸许径长三寸之光圆竹筒，一头略大，一头略小。筒口微破一丝，以绩成之綮头，夹于破处。右手执綮，左手大指入筒内旋转，由右至左，横绕筒腰数十周，然后斜上缭绕（如第四图）。愈绕愈大，绕至饭碗大则已。将本身之綮，从腰轻绕数周，缓缓将竹筒取出，成为经綮团（如第五图）。下筒时，毋令綮头紊乱，将头纽入綮团眼内，织时方易觅头。

浆经第十五

将经綮牵上机后，用早稻米磨粉，熟为浆汁，不可过清，再用草根名铁扫把者，做成浆刷（如第六图）。右手持刷醮浆，左手拨动刷须，浆自匀洒于经上。洒毕，复用浆刷轻轻梳之，随浆随干，随干随卷，依次递浆如上。

纬□第十六

用一二分径长六七寸之光圆无节竹筒，亦一头略大，一头略小，筒口微破一丝，以绩成之綮，缠绕其上，与经綮之法同，惟不以大指入筒内耳，绕至小茶杯大则已，将本身之綮，从腰紧绕数周，然后将筒取出，成为纬綮团（如第七图）。织布时以水浸湿，然后入梭。

织布第十七

与织棉布同。惟棉布先浆纱，然后上机，此则于上机后，一面梳匀，一面洒浆为异耳。纬但浸湿，不须用浆。成布下机，微以水喷湿之，悬系于木棍上，下坠以重物，干始取下，方无绉纹。织工巧者，并能提花，又能织罗，如五丝、七丝之属。

漂布第十八

将布数匹，或数十匹，浸于石灰水缸内，浸一昼夜，取出入大甑中，蒸半日，取置河边流水处，漂去石灰，置沙洲或青草地上晒干，连漂数次即白，但不必再蒸耳。

四宜第十九

开绩织漂宜夏日，为其腴润易干，而色光亮也。绩麻宜清洁，宜耐烦，为其白而匀也。织细布至千三百经以上，宜手法轻灵，为其易断而难续也。

春布第二十

以麻綮为经，以棉纱为纬，成布薄而坚韧，谓之春布，四时皆可服之。若试以蚕丝为纬，宜愈精矣。

麻线第二十一

亦与绩綮无异。惟绩时以双綮绩成一线，仍绕成綮团，任用多寡而绞之为线。

麻绳第二十二

散麻长者，仍可为綮，其次为线，再次则为绳索矣。

麻菌第二十三

于湘而称美味，必曰浏阳之麻菌，惜逾夕即腐，不能致远。寻常出售者，必晒而干之，犹斤值钱千余，然味大减矣。若能仿西人罐头果菜之法，缄诸铁罐之内，不使见空气，其鲜美当历久不变，斯销场必广远也。种菌之法，系用刮麻时所弃之粗皮，置诸不见日光之暗室，下用黄泥及牛粪，各匀铺一层，然后散铺麻皮，上盖黄泥寸许，日浇米泔水数次。阅十数日，或月余，即生菌。若久不生，移置一处，则必生。

附插图：

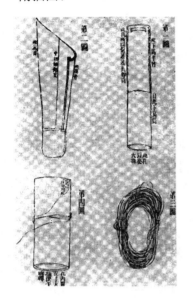
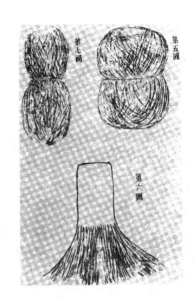

湖南不缠足会嫁娶章程①
(1897 年 11 月 15 日、12 月 4 日)

第一条　本会所以立会之旨，原为同会之人，互通婚姻，不致以不缠足之故，为世俗所弃。故会籍以姓分册，男女注明年岁，正以备同会择妇相攸之用。今依此意，定为同会嫁娶章程。

第二条　凡同会皆可互通婚姻，除会外人亦系不缠足者，仍通婚姻外，余不得与通婚姻。

第三条　同会虽可互通婚姻，然必须年辈相当，两家情愿方可。不得由任一家以同会之故，强人为婚。

第四条　同会之人，籍贯非一，苟平素两家相得，而两家中有一家力能远就者，即可为婚。有志之士，必能破除不肯远嫁之俗见。

第五条　订婚之时，以媒妁婚书为凭，或略仿古礼奠雁之意，随意备礼物数色。无论家道如何丰富，总以简省为宜，女家不得丝毫需索

---

① 录自《时务报》第四十五、四十七册，光绪二十三年十月二十一日、十一月十一日(1897 年 11 月 15 日、12 月 4 日) 出版。

聘礼。

第六条　女家置备嫁奁，亦应简省，男家尤不得以嫁奁不厚，遽存菲薄之意。

第七条　婚姻之礼，久矣废绝，古礼既不适于今，能依大清通礼，固亦可矣。有时不能不从俗从宜，总择其简便者用之。

第八条　不缠足之女，其衣饰仍可用时制。惟所著鞋袜，与男装同式，此节凡同会皆宜一律，不可独为诡异，致同会惊诧，难与为婚。

第九条　凡人莫不愿其女之贤，则女学万不可不讲。己即无女，亦莫不愿其妇之贤，则应出赀，随地倡立女学塾，塾之大小惟其力，以助人之女为学，安知非即助己之妇为学。盖必女学昌明，而后婚姻之本正矣。

第十条　以上章程，但择其易，于遵行者，胪列质实，屏弃华藻，务使人人皆解。若并此而不能遵行，又复入会何为？故初入会时，即当揣量及此，自无后悔也。

《寥天一阁印录》跋[①]
（1897 年）

《华严经》五地菩萨，为利益众生，故世间技艺，靡不该习。所谓文字、算数、图书、印玺，地水火风种种诸论，咸所通达，文笔、赞咏、歌舞、妓乐、戏笑、谈说，悉善其事。金刚藏菩萨说颂曰："善知书数印等法，文词歌舞皆巧妙。"

继丙丁之春，伏遇大善知识刘淞芙者，笃嗜愚鄙所造语言，虽我亦不能名其故，殆灵山法会早种此因耶？偶又索手镌印章，印之此幅，兼令跋其意。

大地山河，了了到眼，更无处可容言说，因为谨录摩诃衍大方广唐译华严一小品，以见印玺，亦佛所用心者也。淞芙慧眼如炬，端能洞悉厥旨，则庶几乎我说未曾有法学者佛声。谭嗣同造此。

---

① 作于 1897 年。录自《谭嗣同全集》（蔡尚思、方行编，增订本，北京，中华书局，1981）。

附录 《寥天一阁印录》序
（刘淞芙）
（1897 年）

《寥天一阁印录》，谭子复生所自镌造者也。余自金陵告归，谭子出以志别，计石二十六。形正方者十三：曰谭嗣同著，复子艺文，曰"楚天凉雨之轩"，曰"松言室"，曰"同"，曰"嗣同"，曰"寥天一阁"，曰"莽苍苍"，曰"谭嗣同作"，曰"复"，曰"寸碧岑楼"，曰"石菊景庐"，曰："夷白"。形长方形者九：曰"吾谁与玩此芳草"，曰"同治四年生"，曰"嗣同印"，曰"太华峰尖见秋隼"，曰"通眉生"，曰"海枯石烂"，又曰"同"，曰"复子"。其一横式，中镌一"同"字，两旁各镌"复子"二文，一翻一正，体势微衰，如鸟张翼。形体残裂者二：曰"抱残守缺"，其一则科斗文，不能复辨。又其一"态度肃□"，边角类上等之矿石，曰"谭嗣同儁书之印"。其一如钱之轮廓，中文"检点自己"，周边有子丑寅卯辰巳午未申酉戌亥十二文，盖谓十二时中检点自己也。后复缀以跋曰：（跋文见上）濒行，复印二石于纸尾，严正似六朝人书：一文"芬芳悱恻"，一文"勇猛精进"。申之曰："此嗣同居京时，湘乡曾慕陶侍郎广汉所赠刻也。"按谭君所造印石，特其余艺，严肃清妙，肖其为人。跋语亦赞叹欢喜，无有呆滞。置行箧三年，未尝一寓心目，家居无事，忽得之败纸堆中，因笔而存之，了著形象，显触跋旨，然自今以往，便不复时常省览矣。

跋《南海康工部有为条陈胶事折》①
（1898 年 1 月）

此南海先生第五次上书也。

先生前上四书，黈塞瑱置，以酿成今日之奇祸。象环行衋，牺纽垂绝，梦天压己，蹐地横摧。乃我三事大夫，邦人庶士，犹复处燕于焚幕

---

① 录自《湘报》第十六号，光绪二十四年三月初三日（1898 年 3 月 24 日）出版。此文登在康有为《上清帝第五书》前面，没有署名。又刊《湘学报》第三十一期，光绪二十四年三月二十三日（1898 年 4 月 13 日）出版，题为《跋〈康有为条陈胶事折〉》，署"浏阳谭嗣同跋"。

康有为《上清帝第五节》撰于光绪二十三年十二月，即 1898 年 1 月。

之上，翼卵于覆巢之下，甚乃甘鸩羽于不渴，噉漏脯而非饥。铸鼎象饕餮，口未入而身已亡；磨刀向牛羊，命尚悬而神先泣。卧尸坐塚，祢正平将不胜悲；天眚人疴，刘子政迫欲为传。大臣不言而小臣言之，此赤帻之辱也；今人不言而后人言之，亦儒冠之羞也。

先生于是愤不顾身，伏蒲而谏，敬王莫如我敬，言人所不敢言，其心为支那四万万人请命，其疏为国朝二百六十年所无也。适从友人处得见其草之半，亟登报首，不复拘论说冠前之常例。上以著继绝存亡之伟画，下以标起懦廉顽之正鹄。其半续获，当遂联书。

呜呼！六张五角，事至今而更危；万死一生，气薄天而弥厉。真宰上诉，我生不辰，然而世之昏骄悍陋、邪曲畏死之小夫，方且荧目咋舌，桀猾涩狥，訾訾然议先生矣！

谭复生观察（南学会）第一次讲义[①]
（1898 年 3 月 9 日）

今日所以立学会之故，诸公已讲清白，愚再就中国现在情形论之。

溯自道光以后，通商诸事，因应失宜，致酿成今日之衰弱。日本乃亚细亚之小国，偶一兴兵，即割地偿款，几不能国。而德国又起而乘之，瓜分豆剖，各肆侵凌，凡有人心，其何以堪？

即如土尔其国，居欧亚之间，不修政学，不入公法，中国昔日亦轻视之。或以土尔其比中国，中国辄以为耻。乃自俄、土战后，略有变法之意，其教宗以战死为登天堂，民心因而固结，同仇敌忾，颇似联合学会光景，故前年遂能战胜希腊，六大国皆为之震动。此其胜于中国者一也。土尔其陆军既强，海军亦具规模，中国乃无一任战之船。此其胜于中国者二也。尤可骇者，中国胶案既出之后，六大国皆移师，而各欲因利乘便，冀得土地，土尔其亦攘臂于其间，明目张胆而言曰："我情愿少索希腊赔款，速了此案，以便我亦往中国，分一块土地也。"夫以素为中国所轻所耻之土尔其，转而陵驾中国之上，至为分中国之谋，我中国之可耻可危，为何如哉？

暹罗者，亦亚洲弱小之南国也，土地、人民、财赋远不及中国，自

---

① 录自《湘报》第三号，光绪二十四年二月十七日（1898 年 3 月 9 日）出版。收入《谭嗣同全集》（蔡尚思、方行编，北京，三联书店，1954），题为《论中国情形危急》。

从翻然变化，国势居然日盛。昔薛叔耘《钦使日记》中，已称为宇内第三等国，今其国君游历泰西各国，共倡实学，各国爱之重之，国势由此更见兴盛，且将升为第二等国矣。我中国以十八省之大，乃不能比一暹罗，其耻又何如也？

诸君素怀忠君爱国之忧，谅必同深此耻。故愿与诸君讲明今日危急情形，共相勉为实学，以救此至危急之局。

且不惟中国当知其危也。鄙人顷在湖北，晤日本政府所遣官员三人，言中国（日）唇齿相依，中国若不能存，彼亦必亡。故甚悔从前之交战，愿与中国联络，救中国亦以自救也。并闻湖南设立学会，甚是景仰，自强之基，当从此起矣。

夫日本席全盛之势，犹时恐危亡，忧及我国，我何可不自危而自振乎？

延年会叙[①]
(1898 年 3 月 10 日)

人有年，天无年。天何以无年？天无始，天无终。无始则过去断，无终则未来断，断前后际，则现在亦无住。故佛说无时，无时则无尽年，而不可以年年也。年年乌乎始？始于年之有尽也，年有尽，自人言之也。人割取天之无年，据为己之由生以及死，其间所积之时，而段段分之，条条剖之，名之以为年。自有年名，而年始有尽矣。以有尽之年，而欲延之使无尽，朝菌、蟪蛄而已矣。然以有尽之年，安坐以待尽，且促之使速尽，而不知有无尽之理，鶗与莺、鸠而已矣。熊君秉三，于是倡为延年会，其言曰："天无年，无可延也；人有年，可自人延之也。"

夫人之有年也，号为百，莫能百也，其七八十且鲜也。其不谨于寒暑、晦明、衣食、居处、疾病、医药，不戒于水火、盗贼、舟车、道路、争斗、忿慾，而以夭其年者无论焉。使皆得免乎此，皆得至于七八十，且幸而至于百，诚所谓能尽其年者矣。顾吾数数计之，八十为上寿，去其未冠以前蒙弱之年不下二十，则余六十年，再去其既衰以后昏耄之年，又不下二十，则裁得四十年；其间纷扰于病废、眠息、酬应、奔走所耗之年，又去其大半。然则持藐藐之躬，与物为构，得以专精致力，从容舒布，一注意于天下之大势，而慷慨奋发，出以任事者，能几

---

① 录自《湘报》第四号，光绪二十四年二月十八日（1898 年 3 月 10 日）出版。

何时哉？夫举八十以为例，犹其至久者也。其不至乎八十，则所得之年乃愈少，即更进于八十，亦且同于昏眊；其足以任事之年，仍与八十无异也。于此而欲延之，其术必穷，而延年之说，亦终虚悬而无薄。虽然，无能延于所得之年之外，自可延于所得之年之中，无能延年于所阅之时，自可延年于所办之事。则惟有明去其纷扰以耗吾年者，即以所腾出闲暇之年，为暗中增益之年。少一分之纷扰，即多一分之闲暇。无纷扰，有闲暇，则一日可程数日之功，一年可办数年之事。统合算之，将使一世之成就可抵数世，一生之岁月恍历数生，一人之才力若并数人。志气发舒，智虑兴起，境象宽衍，天和充畅，谓之延年，岂为诬乎？

且夫世之为延年者，或芝菌导引，熊经鸟伸，或丹饵服食，玉浆甘露，其为术亦非不勤矣。然彼所延之年，仍不足供其纷扰之所耗，是延梦幻耳，非延年也，延更与不延等。吾之所谓延年，有所省之时可计，有所益之事可征，尤远逾于彼，所谓延之数十百年之云云也。

是故地球公理，其文明愈进者，其所事必愈简捷。简捷云者，非以便人之苟焉为窳惰也。文明愈进，其事必愈繁，不简不捷，则生人之年，将不暇给。即如一舟车然，吾笨重迟滞，经时累月，裁数千里；西人驰火轮，驶铁路，一日二日可达矣。是年之不耗于行旅也。又如一邮音然，吾辗转传递，经时累月，犹不得达；西人引电线，传记号，一时二时可复矣。是年之不耗于书问也。又如艺事然，吾恃手足，经时累月，所成无几；西人运机器，广制造，顷刻可办矣。是年之不耗于工作也。又如一文字然，吾尚形义，经时累月，诵不盈帙；西人废象形，任谐声，终朝可辨矣。是年之不耗于识字也。又如取士然，吾层累其科目，而西人惟重学校而已。是年之不耗于考试也。又如论官然，吾刻绳以资格，而西人惟问才智而已。是年之不耗于需次也。又如簿书然，吾烦冗无实；而西人惟求精当而已。是年之不耗于吏事也。又如厘税然，吾当关苛敛；而西人惟严讥察而已。是年之不耗于留难也。他若衣服惟取轻便，礼节不尚跪拜，皆恐其以冗缛者耗人之年，而思有以延之也。尝谓西人之治之盛几轶三代而上之，非有他术，特能延年，而年足以给其所为耳。反是以观，吾之为延为耗何如哉？

然此犹得曰："有刺之者，非吾所能自主也。"明明有能自主者，宾客之不时，起居之无节，酒食之征逐，博奕之纷呶，声伎戏剧之流连忘返。此岂有岩岩之象，赫赫之权，立为一王之经，垂为祖宗之法，挟其压力，而强人必遵守乎哉？乃家非官廨，门非列戟，舆从阗咽，出入如市，主人劳于倒屣，敝于将送，眠食失常，夜以继日，精力以之消铄，光阴以之虚糜，此何为也？晨起出闉，暮不得息，望门投刺，冠服重累。以肩舆为居室，以泥首为美观，寻无味之语言，弃有用之日月，又何为也？至于礼起饮食，宾尚宴飨，而既非蜡祀，又非庆贺，无故杀犬豕，所遇皆鼎俎，贸贸然肃客，戟戟然赴食。习俗所濡，尤贵卜夜，漏起烛烬而所期不来，斝干酒清而忍饥默对。既而杯盘杂沓，精粗旅陈，养生之义既乖，玩愒之愆弥厉，使一日而数局，虽数日犹莫能休复其精神，又何为也？更若为戏于叶子，丐灵于五木，《诗》、《礼》之儒俯侪博徒，搢绅之贤乃类争夺。言不及义，偏标名为雅集；好行小慧，遂诡托于诗钟。纵有篯铿、李耳之长龄，宁不虑夸父、鲁阳之易逝乎？且淫朋既翕，不肖之心应之；选色征歌，玩人丧德；倡优杂进，徒膺狂荡之讥；剧场一开，将穷昼夜之力。"坐令学殖荒落，白日销沉，惜阴谓何，老之将至，又何为也？此之诸端，不一而足，其年皆自我耗之，然亦可自我延之，非他人所得而牵掣也。

今请与诸君子约：凡在同会，共守规条，力保自主之全权，勿恤世俗之嫌怨。断鹤续凫，芳春自永。瞻乌顾兔，灵轨方宏。屏除尘俗，终葆天年。傥不遐遗，章程列后。

附录　延年会章程

一、每日六点半钟起，学习体操一次，七点钟早膳，八点钟至十一点钟办各事，十二点钟午膳，一点钟至两点钟见客拜客，三点钟至六点钟读书，七点钟晚膳，八点钟至九点钟办杂事，十点钟睡。

一、无故不得请客，无暇不得赴席，不赴不请，彼此皆不得见罪。

一、至熟之友来拜者，均不答拜，彼此谅之。惟外来生客，则可答拜一次。

一、每日非值见客之时，客来拜者，可不请见。

一、如客有要事来商者，可先以函约定钟点聚晤，过时迟到者，不候亦不见。（要事者关系应办之正事，其请托私事皆不得约期来商。）

一、客以某事来商者，见时只可言某事之本末，言毕即行，不得牵引他事及无聊闲谈，致延时刻。若喇喇不休者，主人可请茶送客。

一、定房、虚、昴、星日为休息日，遇休息日可请客，可游行。

一、彼此往来，非遇冠、昏、丧、祭大事不着冠带，平时虽生客，亦以便衣接待。

一、请客筵席，只准五簋八碟，不得奢侈无度。

一、非遇紧要面商之事，彼此皆以函闻。

一、凡办公之地，不见客，不饮酒。

一、逢五日，腾出三点钟时刻复远方各处函件。

一、生客来拜者，即遣人持章程一本送阅。

一、凡以情面请托者，事不能行则直复之，彼此不得见罪。

一、章程分散各友，另用知单，劝其入会。书知者即作为入会，以后照章办事。其不书知者，非其时而来，显与章程相违，不见不理可也。

一、入会者非遇休息日，不得博弈、听戏、撞诗钟。

一、贺节贺喜及虚文酬答之信函，皆宜免绝。

一、办公事时，本不可会客，然遇客若有事必须晤商，自愿坐候者，可请之旁坐，一面自行办事，事毕再议。

一、此会专立自主之权，即有官府因事来请来会，亦须照定例而行，断不能以势乱章。

一、居处不净，衣服不洁，皆在禁例。

谭复生观察南学会第二次讲义①
（1898 年 3 月 14 日）

今日开学会是第二次。头次所讲，云中国艰危，曾土耳其之不若，真是古今奇变。然吾约计开辟以来，战国与今日遥遥相印，时局虽皆极危，却又是极盛之萌芽。何也？绝大素王之学术，开于孔子，而战国诸儒，各衍其一派，著书立说，遂使后来无论何种新学，何种新理，俱不能出其范围。盖儒家本是孔教中之一门，道大能博，有教无类。太史公序六家要旨，无所不包的是我孔子立教本原。后世专以儒家为儒，其余有用之学，俱摈诸儒外，遂使吾儒之量反形狭隘，而周、秦诸子之蓬蓬勃勃，为孔门支派者，一概视为异端，以自诬其教主。殊不知当时学派，原称极盛：如商学，则有《管子》、《盐铁论》之类；兵学，则有孙、吴、司马穰苴之类；农学，则有商鞅之类；工学，则有公输子之类；刑名学，则有邓析之类；任侠而兼格致，则有墨子之类；性理，则

---

① 录自《湘报》第七号，光绪二十四年二月二十二日（1898 年 3 月 14 日）出版。收入《谭嗣同全集》（蔡尚思、方行编，北京，三联书店，1954），题为《论今日西学与中国古学》。

有庄、列、淮南之类；交涉，则有苏、张之类；法律，则有申、韩之类；辨学，则有公孙龙、惠施之类。盖举近来所谓新学、新理者，无一不萌芽于是。以此见吾圣教之精微博大，为古今中外所不能越。又以见彼此不谋而合者，乃地球之公理，教主之公学问，必大通其隔阂，大破其藩篱，始能取而还之中国也。《传》有之："天子失官，守在四夷。"譬如祖宗遗产，子孙弃之，外人业之，迨其业之日新月盛，反诧异以为奇技淫巧，机钤诡谲之秘术。呜呼！此可谓数典忘祖者矣！

昔郯子夷人也，而孔子尚学之。古人有言曰："询于刍荛。"又曰："谋及庶人。"又尝见飞轮而作车，见蜘蛛而作网，是圣人不论何人何物，惟知学以取其长而已。

然今日欲讲各种学问，宜从何处讲起？则天地其首务也。夫人生天地之中，不知天何以为天，地何以为地，且地是实物，尚可目见，天是空物，不可窥测。于不可窥测者，遂置之不讲，则人为万物之灵之谓何矣？

尝考《素问》曰："地在天中，大气举之。"《列子》曰："虹霓也，云雾也，风雨也，四时也，此积气之成乎天者也。"张子《正蒙》曰："夫天，气也，自地以上皆天。"可见天地交界，以地面为之，此天是气之明证。《列子》又曰："夫天地，空中之一细物。"是明知地为行星之一矣。至其为地圜地动之说，则亦确有明征。《大戴礼》曾子曰："如诚天圜而地方，则是四角之不掩也。"此地圜之铁案也。且《周髀算经》亦曰："地如覆槃。"盖仅举东半球言之，若合之西半球，则为圆形无疑。

西人谓亚美利加洲与亚细亚洲人足心相对，遂知为圆形。其说果何所凭？试于海面上观之，有海船来，始见其船之烟，既见其船之烟筒，至前始见其全船之身。是明明从下而上，而为圆形矣。又以日月食验之：日食，乃日行人月度，为月所掩，而成圆形，人人知之；若日在地下，月在天上，而成月食，假使地球不圆，则掩月之形必不圆矣。此又地圆之确证也。且地动之说，亦非始自西人。《易》曰："天地以顺动，故日月不过，四时不忒。"又曰："夫坤，至柔，而动也刚。承天而时行。"又曰："夫坤，其静也翕，其动也辟。"是地动之理，大《易》已详哉言之。又《易·乾凿度》："坤母运轴。"仓颉云："地日行一度，风轮扶之。"《尚书·考灵耀》："地恒动不止。"《春秋·元命符》："地右转以迎天。"《河图·括地象》："地右动起于毕。"凡此诸说，不一而足。

但地既绕日而转，何以日不可以绕地而转？盖日为八星之中心，其体积大于地球者一百四十万倍，乌有大至一百四十万倍，而反绕一小星之理？且八星皆绕日而成一世界，又安能撇却地球以外诸星，而如最小之月之自绕星球乎？此所以知地球绕日而转，日断不能绕地球而转也。

诸君但先讲明此理，则知吾身所附丽之地球，本变动不居，而凡泥不变之说者，为逆天矣。又以知吾身所处之地球，原天空中不大之物，则凡附丽斯球者，可作同里同闬同性命观，而不必惊疑骇异，夜郎吾国而禽兽他人矣。诸君勉乎哉！

试行印花税条说①
(1898 年 3 月 16、17 日)

西人谓中国之厘金，为呛商务喉咙之石灰气，方欲前出，乃从而曳之、窒之、倒筑之，使不得呼吸。此商脉之所以绝，商战之所以败北，中国之所以贫且弱也。古之赋税，未必轻于今日，田廛、山林、夫里、货殖皆有征，独于关则讥之而已。盖不忍阻碍行李之往来，为迹近暴客之为，故征税而民不困也。

西国税法，皆取于坐贾，不取于行商，最合中国之古法，而印花税尤便利商：无抑勒冤辱，一也；局员、司巡无中饱，二也；自买印花税票于行店，无交纳缪辂之弊，三也；货尤隐匿，四也；沿途省去立局卡之劳费，五也；惟于出口及到埠一查验而已，事简易办，六也；无留难阻滞，时速而商利自捷，七也；票轻于携带，无补水补数诸挑剔之弊，八也。八利具而厘金之弊去，弊去而上下交足焉。

或曰："西国之行印花税也，通国行之，是以能行也。今中国既未尝一行，则此省欲行而彼省不行；一省欲行而他省不行，未知能行与否？"应曰："不先于一省行之，又从何而试之？且一省之中，又必先从一局而试之。"今草具试行之法于左。

夫曰试行，则必为可行，亦必为可不行。行之善则行，否则止，公私无所损焉。其法之始，曰限地，曰限时。

限地者，先指定一地为试行之始，行不善则已。不善于一地，余无

---

① 录自《湘报》第九、十号，光绪二十四年二月二十四、二十五日（1898 年 3 月 16、17 日）出版。文后附梁启超注，《谭嗣同全集》（蔡尚思、方行编，增订本，北京，中华书局，1981）未收录。

不善也。今以湖南而论，任举一岳州，则自岳州始，且自岳州之下水厘金始。

限时者，豫定一期限为试行之时，行不善则已，余时不无不善也。今岳州去省城不一月程，则以一月为断。

时地既定，则于省城由官以精纸精板造印花税票。票式亦如钞币，不为西国印花税纸之式，令可黏帖者。创办与久办之难易有不同，而黏帖之纸张亦难造，用之亦多不便。但略师其意，不规其貌，且又为行钞币之地也。

票值分数十钱、百钱、千钱数等，以纸之大小为差，以巡抚开防印之，或钤以印花税局之钤记，必精审分明莫能伪。伪者以伪造信印论，杀无赦。尤须注明此票系某处出售之票，一以防伪，一使查验者知其货从某处来也。他日印花税法通行全省，处处皆可买票，有前买彼处之票不合此处之用者，准其就近向售票处换兑，售票处又向官换兑，所以为畅销此票，使视同钞票之地也。

先行税一月，将造成之印花税票，发交妥实行店数家出售，随售随缴钱于官。至行税之月之朔日，岳州始收印花税票以代厘金，至其月之望日，省城止不复售。自此至月终，尚余十五日，商即迟滞，可达岳州矣。而岳州之收印花税票则月终乃止，以便截数，逾月终之限，即作为废纸。此试行而限一月之时也。

行税之前，豫将百货完纳厘金之详细科则，如某货若干，应完厘金若干，运至某处应加完若干，及售缴印花税票之详细章程，刊印成册，随同试行印花税之告示，广颁发于各大商家。并于售印花税票之行店及各书坊等铺出售。商民运货由省城往岳州者，可自购此册，详查科则，计算货运至岳州应完出口到埠等正厘及杂捐共若干。如其数买印花税票若干，随货出运。仍恐商民计算有误，更由省城设立查验印花税局，查验出口往岳州之货之正厘杂捐等项，是否与货商所买之印花税票数目相符。符即放行，否亦不加罚，但令补买票后放行。及运至岳州，暂由厘金局查验，货票是否相符，如省城之查验，并另派正绅驻局监视查验，毋令司巡人等舞弊。如符，即由厘金局收其印花税票，汇缴省城，而另给以业经完纳厘金之放行票，听其或就近发售，或运往湖北一带出售。查出其货之厘金多于印花税票在十分之一之内，或百千钱以上之厘金，其差数在十千钱之内，作为误算，准其在岳州厘金局照数以现钱补缴，不更加罚。逾此数则为有意隐漏，除所买之印花税票仍作抵外，所逾之货，应照厘金局向行之罚款章程严罚。全无印花税票者尤加倍罚，仍均应查明是否系省城查验印花税局卖放。

如此试行一月，视省城售出之印花税票得钱若干，并计岳州厘金局所收补缴之现钱及罚款等项共若干，即为收到岳州厘金局是月所解厘金之数。比较常月收数如有赢，是试出印花税票可行无疑矣。绌则详究其所以见绌之故，如究出必不可行之故，然后止不行，则所绌不过一局一月之收数，为数无多，亦无大损。故限地限时者，谨之至也。

如其可行，则由暂行推及长行，凡买到印花税票者，不拘何时皆可用。旧敝可请更换，易一地可任意兑换，而时不可限矣。则由下水推及上水，岳州亦可分税印花税票，惟须注明岳州字样。上水之货，于此买票，以代进口及到埠之厘金。运至某处，即于某处缴票。更由此局推及彼局，通省之厘金，可次第废。惟于城市及水陆马头，悉设查验印花税局，令官督绅商查验，绝不收款，以符讥而不征之古义。又令各局互相查验，更不时派员密查，以防各局串通作弊。各处亦皆有分售印花税票之行店，亦皆注明某处之票，以便市面流通，而地不可限矣。然后由一省推及各省，而奏请饬下各省仿办。以意测之，商民自向行店买票，即是自向行店完厘，必皆乐其便利，则印花税票销售必速，其值亦必渐昂。可令出售之行店先行缴钱，然后按钱数发票，既不虞行店拖欠倒闭之累，又即是行店先代商民完厘。此法万无中饱之理，反取中饱之厘金归诸公家，必较常年所收厘金之数有赢无绌。就令无赢，而商民固已免去厘金之扰累，如西人石灰之消矣。且不惟此也，印花税票，既分数十钱、数百钱、千钱之差等，又已通行全省，自必持以交易，如钞币然，是钞币不待行而自行矣。

即虑售印花税票之行店私抬票价，似与厘金局司巡之中饱无异。不知票价一抬，即昂贵逾于现钱，民间谁不贵重此票而争藏之。其持此票交易者，见视现钱而加价，此票即由此畅行，利权即由此尽握之于公家，是惟恐票价之不抬也。且不妨明许行店抬价，太过，则由公家售票之局平价出售，以阴相裁制；价平，则公家又复停售，使其复涨。涨可平，平可涨，时其盈虚而消息之，无不操之自上，万万无可过虑者。是又钞币与印花税票合一之办法也。

以上条说，盖变通西人之税法而归重于钞法。其用广于钞法者，当时即可一扫厘金之苛虐。厘金既变，而征取地丁、钱粮亦可以此法推广行之。其效捷于钞法者，钞币出而复归，即须付钱，此祇收票而不付钱，不致受挤。然虽不付钱，而商民之完厘则收票即是收钱，暗中已将完厘之钱付之矣。故此法行后，有一事不可不知，票销速而价自涨，价涨而销益速，则必有从而屯积者，贩运者，移作交易而他用之者。于斯时也，所收卖票之钱将骤多，骤多者非真是本月或本年厘金之多也，乃豫支他月或他年之厘金也。其票终归于完厘，则厘金所收者，大率空票。空票积多而价自落，价落而销滞，所以卖票之钱，又将骤少。骤少者，亦非真是本月或本年厘金之少也，乃填还前月或前年之厘金也。然则计算多少，当以收回之票为据，不当以卖出之票为据。卖出之数有多，即作为豫储，以待填补之款，而综核乃得精密矣。至其办法详细章程，随时续拟。

梁启超注：

所拟极切，当条条可行。与中国言办事，如哄小孩儿，非以此法不可也。惟其中论票价可许行店抬高，鄙意谓必不可。盖印票究与钞票异，钞票则可以涨价。盖国家并无强人用钞票之例，不过人乐其便，喜用之耳。苟嫌其价涨而不用，则仍用现钱无不可也。若印花票，则凡运货者皆不能不用，不能以现钱代也，故苟一抬价，则怨讟必起矣。若厘金与印花许民间择一完纳，则用此法以鼓舞之，为畅销印票之计，或庶可耳。然并行，则必不可之事。盖官便厘金而不便印花，为其不能舞弊也。民则印花虽便矣，而初时知其利者少，必多迟疑。既可以并行，则官必设法抑勒，仍有右厘而左印之弊，如此则印必不行。故必勒令归一途，将厘金废之，非有印花者不准放行，然后可既如此，则有若干商货，自必有若干印税钱工，何有不畅销之足虑乎？如原议云云者，必钞法既行，印花税票可当钞票用，无往而不用之，上至纳钱粮地丁，下至市面交易，无不将此印票通行，然后可。然既能如彼，则此项权利归之于钞票，亦已足矣，不必再印票也。盖行印花，虽可以寓钞票之意，而仍不无径指为钞票，此亦不可不深察也。

新会梁启超注

改并浏阳城乡各书院为致用学堂公启^①
（1898 年 3 月 18 日）

浏阳书院凡六，城内曰南台，东乡曰狮山、曰洞溪，西乡曰浏西，

---

① 录自《湘报》第十一号，光绪二十四年二月二十六日（1898 年 3 月 18 日）出版。

南乡曰文华，北乡曰文光。夫其习礼容台，横经讲舍，儒雅之风斯扇，序塾之谊弥敦。运际隆平之时，生逢右文之代，即此亦足以造士，无所更用其改弦。流衍当年，迄乎有永，岂不既盛矣乎？谁复容其喙者？无如天关诀荡，海水横飞，中外通为一家，非复画疆之旧。古今仅此奇变，讵能袖手而观。溯自辽海行成，胶湾继衅，难既棘于生民，忧更贻于君父。揆厥祸始，端在才难。人挟八股八韵之文，以之治内犹嫌不足，而何况于攘外。家顺不识不知之则，以之守经或尚无济，而何况于达权。上有俊乂之求，下无钟球之应。疾视而莫救，掩卷而咨嗟。斯既雄志强立之士所引为深耻者矣。

于是圣天子毅然改图，涣其大号，首变科举，抑置虚文。苟非知时应变之才，将不容其进取；不有专门擅长之学，何能与彼书升。且遍设学堂，已有明诏，改并书院，叠沛纶音。多士登进之途既宽，学堂出身者，准其一体乡试，而更将破格予官。教习优保之例并启，训迪有方者，准其据实奏闻，而随即量材器使。加以抚部陈公，最重实学，学堂学会，广立于省城。学院徐公，尤薄时文，手谕条教，屡颁于黉序。无非勉人为识时务之俊杰，庶几合群以挽国步之艰难。

我浏阳士气纯庞，人文蔚起，以校应贡之选，恒远在他州县上，以言开新之风，仍不出相伯仲间。苟不及时绸缪，早思变计，将见九万抟扶摇而上，掩袂向隅；数千被衿褵之伦，束书坐废。虽隐居教授之不可得，复飞黄腾达之何所由。顾我同侪，宁不扼腕；抚兹时局，尤可寒心。夫人之欲善，谁不如我，穷则思变，盖亦有然。特苦就学无从，有志未逮。声、光、化、电之精微奥妙，岂可不师而能？图书仪器之灿烂高华，尤非巨赀莫办。合谋则绌于涣散，独任又无以支持。上年虽创算学馆于县城，而员额未宏，径途复隘。今将别营精舍于乡里，而草创不易，酿费更难。势非暂仍旧贯，重订新章，遂成生面之别开，一洗从前之简陋，而改书院为学堂不可矣。

惟是学堂之规模，岁费数千金以上，而各书院之散布，相去数十里而遥。独立则力不能供，相辅则远莫之致。同一县而此疆尔界，何殊左画方而右画圆；同一事而别户分门，终于一无成而两俱败。况各书院或经费未裕，停课时闻；或考工未竣，开院有待；即或仅能敷衍，亦觉收效微茫。正使率由旧章，犹虞竭蹶；忽值适更新政，何以图谋。此无他，众擎者易举，而备多则力分，势所必至，理有固然也。今议将旧有之六书院，及新立之算学馆，并而为一，改建学堂于县城，视各书院产业之分数，为具乡肄业生之额数。丰啬多寡，各不相侵，其名虽合，其实仍与分建者无异。功效既均，利益尤溥。然后广造斋舍，择聘名师，品学兼综，中西并茂；经义治事，各仞一门；格致方言，咸臻绝诣。行睹力合而巨，业专而精。征吉之占，茅以汇拔；匡时之杰，史不绝书。文致太平，光复区宇；夏声必大，造端靡微。后世推原其功，必曰："微诸君子之力不及此。"下走不敏，与有荣施。惟诸君子好行其德，实慎图之。

《湘报》后叙（上）①
（1898 年 3 月 18 日）

《春秋传》曰："中国亦新夷狄。"孟子曰："亦以新子之国。"新之为言也，盛美无憾之言也，而夷狄中国同此号者，何也？吾尝求其故于《诗》矣。周之兴也，僻在西戎，其地固夷狄也。自文王受命称王，始进为中国。秦虽继有雍州，《春秋》仍不以所据之地而不目之为夷。是夷狄中国，初不以地言。故《文王》之诗曰："周虽旧邦，其命维新。"旧者，夷狄之谓也；新者，中国之谓也。守旧则夷狄之，开新则中国之。新者忽旧，时曰新夷狄；旧者忽新，亦曰新中国。新同而所新者不同，危矣哉！己方悻悻然，自鸣曰守旧，而人固以新夷狄新之矣。是夷狄中国，果不以地言，辨于新，辨于所新者而已矣。

然仅言新，则新与所新者亦无辨。昨日之新，至今日而已旧；今日之新，至明日而又已旧，乌足以状其盛美而无憾也？吾又尝求其故于《礼》与《易》矣。《礼》著成汤之铭："苟日新，日日新，又日新。"《易·系》孔子之赞："日新之谓盛德。"言新必极之于日新，始足以为盛美而无憾，执此以言治言学，固无往不贵日新矣。

顾吾求其助人日新之具，又不可得也。世必曰："文武之政，布在方策。"识大识小，未坠于地。求其助人日新之具，则书是也。夫书，已往之陈迹，古人之糟粕也。千世之变异，非古人所得逆而知也；当时之情事，亦非今人所得虚以揣也。昨日之新，至今日而已旧；今日之新，至明日而又已旧。虽温故知新，存乎其人，而新究在人不在书也。书而新，势必日日使新人、阐新理、纪新事，而作为新书而后可也。然日日使新人、阐新理、纪新事而作为新书，其构意也有日，谋篇也有

① 录自《湘报》第十一号，光绪二十四年二月二十六日（1898 年 3 月 18 日）出版。

日，成卷也有日，刊行也又有日，比书之寓吾目，则去其初著书之时，不知凡若干日。昨日之新，至今日而已旧；今日之新，至明日而又已旧。所谓新理、新事，必更有新于此者，而书亦非新书矣。往者江君建霞，督学吾湘，有鉴于此。日日使新人、阐新理、纪新事，而作为新书，不俟其书之成也。而十日一出之，名之曰《湘学新报》，其助人日新之意至切也。然而则既已十日矣，昨日之新，至今日而已旧；今日之新，至明日而又已旧，然而则既已十日矣，谓之新可也，谓之日新不可也。于是同志诸友，复创为《湘报》，日一出之，其于日新之义庶有合也。

虽然，吾尤愿读此报者，勿泥以为新止于此也。天下之事之当新者多矣，日不一日，斯新不一新，闻斯行诸，不俟终日。为中国乎？为夷狄乎？吾宁自新，毋使人有以新我矣。

《湘报》后叙（下）①

夫言新于今日，其惟吾湘乎？其惟吾湘乎？自陈抚部覃敷新政，辅之以黄按察，敦大成裕，日起有功，而簪绂之中济济然一新矣。自江学政首倡新学，继之以徐学政，简要宏通，举归实践，而襟佩之中喁喁然一新矣。其所以为新之具不一，而假民自新之权以新吾民者，厥有三要。一曰：创学堂，改书院，以造英年之髦士，以智成材之宿儒也。然而学堂书院之容积，犹有限量，自余之不得入而肄业者，以国量乎泽若蕉。顾安所得长裘广厦而遍覆翼之，而遍讲论之乎？二曰：学会。学会成，则向之不得入学堂、书院而肄业焉者，乃赖以萃而讲焉。然而学会设于会城，会城以外无由致其观听，而况于外县，而况于外府？是必更有推行之妙术，不啻一一佛化百千身，一一身具百千口，一一口出百千音，执涂之人，而强聒不舍而后可也。三曰：报纸。报纸出，则不得观者观，不得听者听。学堂之所教可以传于一省，是使一省之人游于学堂矣；书院之所课可以传于一省，是使一省之人聚于书院矣；学会之所陈说可以传于一省，是使一省之人晤言于学会矣。且又不徒一省然也，又将以风气浸灌于他省，而予之耳，而授以目，而通其心与力，而一切新政、新学，皆可以弥纶贯午于其间而无憾矣。

且夫报纸又是非与众共之道也。新会梁氏，有君史民史之说，报

<hr>

①　录自《湘报》第十一号，光绪二十四年二月二十六日（1898 年 3 月 18 日）出版。

纸即民史也。彼夫二十四家之撰述，宁不烂焉，极其指归，要不过一姓之谱牒焉耳。于民之生业靡得而详也；于民之教法靡得而纪也；于民通商、惠工、务材、训农之章程靡得而毕录也。而徒专笔削于一己之私，滥褒诛于兴亡之后，直笔既压累而无以伸，旧闻遂放失而莫之恤。谥之曰官书，官书良可悼也。不有报纸以彰民史，其将长此汶汶阍阍以穷天，而终古为暗哑之民乎？西人论人与禽兽灵愚之比例，人之所以能喻志兴事以显其灵，而万过于禽兽者，以其能言耳。而暗之而哑之，其去禽兽几何矣。呜呼！"防民之口，甚于防川"，此周之所以亡也；"不毁乡校"，此郑之所以安也；导之使言，"谁毁谁誉"，此三代之所以直道而行也。吾见《湘报》之出，敢以为湘民庆，曰诸君复何忧乎？国有口矣。

论湘粤铁路之益[①]
（1898 年 3 月 28 日）

今日之世界，铁路之世界也。有铁路则存，无则亡；多铁路则强，寡则弱。西人为统计之学者，校稽环球各国铁路之长短，列为图表，惟美国最长，惟中国最短，而各国安危盛衰之数，率以是为差。问国富，亦辄举铁路以封，其效莫铢发爽也。俄人注全力于亚洲，于是经营西伯利亚大铁路，自森彼得罗堡以达海参崴，绵亘三万余里。美人将从而拓之，复由海参崴而东至于卑令海峡，渡海以达于美洲。曩之苦美洲孤立于西半球，由欧、亚而往，非数十日海程莫达者，今且陆行不二十日可周绕地球，而美、欧、亚三洲遂接轸，如在户庭间。壮哉观乎？是于地球寒热温五带之外，加束一铁路之带矣。然彼之大铁路自西而东，横铁路也。

吾中国将由奉、吉筑铁路以达于京师，复由京师之卢沟桥展筑以达于汉口，复由汉口展筑以达于广东，自北而南，纵铁路也。以纵敌横，其两路之相遇，作斜交形，锐角在西而钝角在东，隐示争先趋重太平洋之意。以征调，则旦暮可集；以飞辁，则饱腾可券；以商战，则灌输可速；以农战，则荒漠可穰；以矿利，则瑰异可出；以游学，则见闻可广。无疲工，无滞物，无弃地，无聋乡，条条岊布，节节灵通，有如常山率然，蜿蜒连蜷，偃卧于亚洲大陆之上。此路成，然后分筑枝路，与相衔接，如虫之有足，如蛛之有网，如鸷鸟之有羽翼，诚具席卷九州、

---

① 录自《湘报》第十九号，光绪二十四年三月初七日（1898 年 3 月 28 日）出版。

囊括四海、鞭笞六合之概，不世之伟烈，经国之至计也。

奉、吉以有俄约，暂置弗论。今首筑芦汉铁路，所以拱卫神京，绾毂诸夏，名"北干路"。次筑汉粤铁路，所以长驱岭峤，吞纳沧溟，名"南干路"。而南干路由汉达粤，取径有二：一道江西，一道湖南，孰为便利，议反覆不决。

吾请为借箸而前筹之曰：道江西，有不利者六；道湖南，则利铁路者九，而利湖南者十。何以言之？道江西，必自汉口复折而东，然后可由江西，而西而南，则弧而迂。道江西，必逾大庾之险，则阻而劳。即使渡江，而后能绕避鄱阳，而章、贡二水在所屡经，则梁而费。江西矿产未宏，林业未饬，煤铁材木皆无以供，则需而窘。江西习俗守旧，愚如土番，上无开民智之长官，下无通民情之学会，一睹俗人妇孺意计中所不能有之雄图霸业，势必群然奔骇，不恤出死力以相沮挠，则扰而败。且江西僻在一隅，四邻皆要地，而己独中立于间散，而又不能握天下之枢，其不足轻重，久为古来英雄用武所不屑争，敷千里之铁轨于非所必用之地，其义何取，则冷而涣。此道江西之六不利也。

道湖南之前九利，何也？一曰径直。自汉口渡江，贯武昌而南，而长沙，而广州，一线联串，无事傍绕。二曰坦易。洞庭之野，平原莽荡，培塿且无，何论大山？滨湘上溯，置驿宛然郴州，虽有骑田一岭，然斜度甚小，登陟如履平地，不假修凿，驰道天成。三曰免造巨桥。取道湘水之东，绝无大水横隔，舆梁徒杠未足算矣。四曰易招劳工。湖南人余于土，佣力者众，仅取自存，饩廪尤薄，而朴勇耐苦，视他省之工，二足当三。五曰产煤足以行车。湖南矿已遍采，煤出尤多，长江上下，往往仰给，火车所至，无虞缺乏，即需钢铁以及他种金类，皆可随地采炼。六曰产木足以垫道。沅、湘两水之上流，素称林深箐密，木商结筏出售，蔽江东下，至于海不绝，以供就近之用，尤便取携。七曰有能任事之官。或硕德重望，仁泽深入人心；或通学渊才，锐意以开风气。驾轻就熟，草偃风行，能用其民，何事不举。以历年欲办而不能办之电线、轮船，一旦竟其功于不觉，固已事之可证者也。八曰有能分任之民。湖南自数年以来，文明日启，脑筋日灵，言新则群喜，语旧则众唾。图算之学伙，则足以效工程；工商之途辟，则足以集股债。合官绅以通力合作，即无此南干路之议，犹当自请筑造，而或忧愚民之不乐从，决无是理矣。九曰力争形胜之地。湘军之兴，功耀区宇，天下谈地利者，咸注目湖南。项羽言郴为天下上游，信险要之所在，不可忽也。

有铁路以张之，然后朝廷益易收其用，而筑纵铁路之本意，乃为不虚，他人我先，其无怵焉。此利之在铁路者也。

　　道湖南之后十利，何也？一曰复固有之利权。从前海禁方严，番舶无埠，南洋、五岭之珍产，必道吾湘，然后施及各省。维时湘潭帆樯鳞萃，繁盛甲于东南，相传有小江南之目。厥后轮船租界曼衍沿边，商旅就彼轻捷，厌此艰滞，而吾湘口岸，始日衰耗。今以铁路复之，以较乘轮航海，稳速数倍，洋货一抵香港，必皆改而由陆。是上海一带之蕃富，将悉夺以入吾湘，而英公司数十年黄海之经画，亦一朝尽失其利。二曰杜觊觎之外患。德人挟巨野教案，勒修山东铁路，安知不遂山东吾湘也。况德国驻京公使海靖，已遣员向湖广督部启齿矣。而法人尤明目张胆，请展接龙州铁路道吾湘以至汉口。吾湘不早自图谋，则此路将非我有。路失而吾湘尚可问乎？且既非锁港闭关之世，内地通商在所不免，惟冀此路早成，网握全利，彼或望而却步。即不然，吾亦可以铁路为操纵，而事权在我矣。三曰收百粤之海口。各国兵商之比较，辄以海口多寡为衡，其无海口如瑞士者，仅堪为人保护。吾湘距海稍远，局势难使恢张。若铁路通粤，因粤之人才，因粤之财力，遂因粤之海口而用之，他日可于海上自成一军，而遥执海权矣。四曰作全湘之士气。士气之新，端在发皇耳目，开拓心胸。吾湘画疆自守，鲜与外人接，以故学业未及精邃，见识不尽宏通，虽有学会、学堂，亦苦无能周遍。西人谓凡兴大工役于境内者，不啻为其地普设各种学堂，即不啻合官绅、士农、商贾、工兵、智愚、文野不齐之人而一一教之。今以千数百里之铁路，首尾直穿全省，不出户而周知四国，不费日而游历他方，其为开物成务广教化育才俊何如也？五曰振疲钝之商务。有无懋迁，酌剂宜平，运售省时，取赢斯易。铁路所在，百产骈罗，余补不足，主客两利。岂若经岁累月，跋涉长途，既货价转变之不时，而盈亏又在不可知之数哉？六曰运重滞之矿沙。今有百钧之物，致千里而价三倍。然以拟运费，犹不能取偿，斯为弃物矣。今之开矿何以异是？明知煤铁用广，而煤铁之迁运最难，不有铁路，矿虽开而莫能运，铁路成则不惟运矿便也。他省殷富，皆将出其资以为吾湘办矿，而矿无不开矣。七曰尽耕耘之地力。人满土满，厥患不均，安土重迁，迁实匪易。铁路缩千程于咫尺，则荷耒赴垦者将如水之就壑，而人土之容积不概而自平。且相观而善，相师而精，新理新法流传日溥。无不辟之草莱，有十倍之刈获。美国以农名天下，亦其铁路之效也。八曰起组练之新兵。兵已多则饷不给，已少又防不密。惟铁路运兵，所向神速，化险为夷，收散作整，往来策应，御变无方。一兵之力可得数兵之用；一省之兵可固数省之防。即无事之时，亦可以远征代大操，而教战非无术矣。九曰兴精巧之工艺。吾湘雅尚美术，多好深思。铁路便于载重，则机器四至，而机厂随兴，新奇者不一其式，而仿造者必层出不穷。昔恨力不能为者，而今能为之；昔苦无所取法者，而今可法之。远人来会，则赛珍可场；名宝辐凑，则博物可院。昔马殷以工商立国，固往事之明征；今上海机器局徙设于此，又方来之佳兆也。十曰拯困乏之穷黎。铁路程功颇大，用人最多，给赏亦较丰。自书算奔走之长，以及任担负畚佣工杂技，并所需用，甚至老弱聋哑，皆可受雇得值，不待远求。而就地增出无数之生业，已可庆幸，而路成之后，在在招用工役，其数日繁，尤可长倚为衣食之计矣。且水旱偏灾，事所恒有，有铁路以为转运，丰则粜，歉则籴，谷价自可常平，而赈济岂忧无及乎？此利之在湖南者也。

十利之外，尤有无穷之利焉。干路既成，可由此广筑枝路，遍于全省，则十利可化为千百利。物丰财阜，政通人和，民艰无壅于远闻，吏治可借以详察。然则前之九利不得，铁路尤可改辕于他省；后之十利一失，吾湘殆将不可为乎？吾知洞幽辨微之士，必日日思得此路之经由吾湘而不可必得。今何幸官绅合志以上请，而圣天子亦若逆知民隐而慨然沛以殊恩，特允南干路不道江西而道湖南，并饬即行开办。吾侪小人，宜如何戴山知重，感激涕零，额手拭目，以俟大功之成，而欢喜赞叹曰："盛哉乎斯世！"而谓犹有持旧日用夷变夏，风水龙脉诸说以自外生成者，吾不信也。

昔闻南海先生尝主湘粤铁路之议，昨阅其《条陈胶事折》，亦曰以铁路为通，其人与其疏，皆旷古今所未尝见，宜其瞻言百里，是为天下后世法。然而向之所谓云云者，方且云云云云议嗣同过誉先生矣。

谭复生观察南学会第五次讲义[①]
(1898 年 3 月 29 日)

记得第二次开会时，曾与诸君讲明地圆的道理。诸君既知地圆，便

---

① 录自《湘报》第二十号，光绪二十四年三月初八日（1898 年 3 月 29 日）出版。收入《谭嗣同全集》（蔡尚思、方行编，北京，三联书店，1954），题为《论学者不当骄人》。

从此可破中外之见矣。

地既是圆的，试问何处是中？除非南北二极，可以说中，然南北极又非人所能到之地。我国处地球北温带限内，何故自命为中国，而轻人为外国乎？然而此亦不可厚非也。中者，据我所处之地而言，我既处于此国，即不得不以此国为中，而外此国者即为外。然则在美、法、英、德、日、俄各国之人，亦必以其国为中，非其国即为外。是中外亦通共之词，不得援此以骄人也。而我国不惟好以中国骄人，且又好以夷狄诋人，《春秋》之所谓夷狄中国，初非以地言，故进于中国则中国之，流于夷狄则夷狄之，惟视教化文明之进退何如耳。若以地言，则我湘、楚固春秋之夷狄，而今何如也？

且我国之骄又不止此，动辄诋西人无伦常，此大不可。夫无伦常矣，安得有国？使无伦常而犹能至今日之治平强盛，则治国者又何必要伦常乎？惟其万不能少，是以西人最讲究伦常，且更精而更实。即如民主、君民共主，岂非伦常中之大公者乎？又如西人招民兵，有独子留养之例，又最重居丧之礼，岂得谓其无父子乎？西人自命为一夫一妻世界，绝无置妾之事，岂非夫妇一伦之至正者乎？何得动诋西人无伦常？即令伦常中之礼文小有不同，要不过是末节耳。不妨各安其风俗，无所用其诋也，无所用其骄也。况伦常者，人人当尽之分，纵令做到极处，亦不过是分内之事，并算不得甚么本事，何得持此以骄人乎？

我国又好诋西教为邪教，尤为不恕。我诋他的耶稣，他就可以诋我的孔子，是替我孔子得罪人而树敌招怨也。且我既恨他传教，我为何不传我的孔子教？今耶教之盛遍满地球，而我孔教则不过几个真读书人能传之，其余农工商亦徒闻其名而已，谁去传孔教教他？每一府、厅、州、县止有一座孔子庙，而一年中祭祀又只有两次，又惟官与阔绅士方能与祭，其余皆不许进去，孔子庙徒为势利场而已矣，岂有一毫传教之意哉？是我孔教尚不能行于本国也，奈何不自愧自贵，而反以奉行无实之孔教骄人哉？

鄙人今日所以反覆戒一骄字者，因为学会上所重的是"学人一骄便不能为学"，是以第一要去骄字，不骄方能师人之长，而自成其学，有学而国乃可以不亡矣。

今向人说学问可以保国，人往往以为迂腐而不敢信。我今试举一确凿凭据与诸君说之，此事中国翻译书所不载，我曾闻一德国人亲向我言。其事维何？即普、法交战之事也。师丹一役，法国国破君擒，已万无图存之理矣，使普国稍逞其兵力，法国必灭。而普终许其和者何也？则普相毕士马克之识伟矣。当法国请和之际，普之诸将皆以为必不许，而毕士马克有许和意，诸将皆愤怒曰："我等背乡井，弃妻子，忘性命，出万死，不顾一生之计，国家费饷千万计，战死士卒十数万，始有今日。今日法国垂灭，公复舍而与之和，此何理也？"毕士马克曰："公等毋躁，且细权其利害。我且问公等，试思我德国人之学问，比法国人之学问何如？"则皆曰："不如也，且远不如也。"毕士马克曰："由此即可知法国之不可灭矣。大凡有学问之人，必能制伏无学问之人，而无学问之人，自然不能不受制，此世界上之公理也。即如乡间农夫，遇事必唯唯听命于读书人。无他，以有学问无学问之故也。我德国既自知学问不如法国，则不灭其国，两国犹有界限，我德国犹可防守，我虽不如，犹无大害。若径灭其国，则法、德两国浑而为一，无复防守之界限，以法国人之学问驾驭我德国人，我德国人之权将尽为法国人所夺，而我德国无噍类矣。公等要灭法国不难，速与之和，趁早回国，讲究学问，且待学问可以胜法国人矣，然后兴兵灭之，未为晚也。"而法国遂赖以不亡，此法国以学问保国之凭据也。

鄙人深愿诸君都讲究学问，则我国亦必赖以不亡。所谓学问者，政治、法律、农、矿、工、商、医、兵、声、光、化、电、图、算皆是也。

记官绅集议保卫局事①
(1898 年 4 月 4 日)

今夫舍其官权，略其势位，决弃其箝轭民、刀俎民之文若法，下与士民勤勤然谋国是，共治理，以全生而远害，初若不知己之为官，而官之可以箝轭、刀俎民也者，世必曰："天下乌有此不智之官矣？"然而舍其官权，略其势位，决弃其箝轭民、刀俎民之文若法，下与士民勤勤然谋国是，共治理，以全生而远害，初若不知己之为官，而官之可以箝轭、刀俎民也者，而士与民方窃窃焉疑之议之，远避之，曰："奈何不箝轭我而刀俎我也？"则宁得曰此天下之智士之智民乎？

---

① 录自《湘报》第二十五号，光绪二十四年三月十四日（1898 年 4 月 4 日）出版。

善乎唐才常之论保卫局也，曰："泰西、日本之有警察部也，长官主之，与凡议院章程不同。平心而论，此事本官权可了，而中丞、廉访必处处公之绅民者，盖恐后来官长视为具文，遂参以绅权，立吾湘永远不拔之基。此尤大公无我至诚至信之心，可以质鬼神，开金石，格豚鱼。"夫欲兴绅权，遂忘其为削己之官权，为人而遗己，宁非世俗所谓愚者乎？而廉访黄公与观察况公桂馨、黄公炳离，则犹恐绅之弗受其权也，而集诸绅士于保甲局，反覆引喻，终日不倦。且任之曰："某为董事，某为董事。"听者感动兴起，皆思有以自效，摅虑发谋，各陈其臆，盖冈不动中机宜矣。顾嗣同尤有大忧奇惧，腐心泣血，不忍言而又不忍不言者，遂杨言曰：保卫局之善，唐氏言之详矣，吾不赘言，言其大者。

事之大有如国之存亡乎？则胡不见台湾乎？一旦割弃，所谓官者，皆相率内渡矣。又不见山东乎？虽巡抚、总兵之尊，且褫职去位矣。故世变至无常，而官者至不可恃者也。官以遵奉朝旨为忠，以违抗朝旨为罪，不幸复有台湾、山东之事，官惟有襆被而去耳，岂能为我民而少迟回斯须哉？斯时也，则任外人之戎马蹴踏我，任外人之兵刃脔割我，谁为我父母而护翼我？谁为我长上而捍卫我？虽呼天抢地于京观血海之中，宛转哀号，悔向者之不早自为谋，而一听之官之非计。岂有及哉！岂有及哉！

然则乘此崦嵫之短景，豫防眉睫之急焰。官又假我以有可为之权，我不速出而自任而谁任矣？夫当速出而自任，宁止保卫一局？而保卫局特一切政事之起点，而治地方之大权也。自州县官不事事，于是有保甲局之设，其治地方之权，反重于州县官。今之所谓保卫，即昔之所谓保甲，特官权、绅权之异焉耳。夫治地方之大权，官之所以为官者此而已。今不自惜若此，岂真官之不智哉，亦诚自料不能终护翼我、捍卫我，又不忍人之蹴踏我、脔割我，而出此万不得已之策。以使我合群通力，萃离散，去壅蔽，先清内治，保固元气。庶几由此而自生抵力，以全其身家，此其用意之深而苦，亦至可感矣。

且闻之公法家，凡民间所办之事，即他人入室，例不得夺其权，是则历常变而不败者，又舍是末由也。议既终，吾请濡笔记之，且正告吾绅、吾士、吾民曰，吾愿睹吾属之智何如矣。

南学会问答①
(1898 年 4 月 7 日)

　　长沙杨鳌问"愚观《泰西新史揽要》，专发明民主之益。即湘省士林中，亦多有言民主为五大洲公共之理，至当不易、牢不可破者。及观梁君卓如《论君政民政递嬗之理》，则曰：多君为政者，据乱世之政也；一君为政者，昇平世之政也；民为政者，太平世之政也。多君为政，其别亦有二：一曰酋长之世，一曰封建及世卿之世。一君为政，其别有二：一曰一君为政之世，一曰君民共主之世。民为政，其别亦有二：一曰有总统之世，一曰无总统之世。且引'见群龙无首，吉'之语，以证之无总统之说。然则今美国之政，尚有变迁矣。此理愚颇信之。即以保甲而言，愚家居长沙清泰都，向例只有都总一人，渐分为三人。光绪甲午岁，因地方盗贼甚横，于是都中人士聚议者二十二人，订立合约，公举都总五人，事以大行，岂非一人力孤而多人势盛之故耶？又我境一都，分十甲三十六团。愚之本团，团总不得力，将辞之而无人接办，于是有议不要团总，每事集众公议者。抑岂非以责在一人，人人皆不管事，不如权在众人，人人皆肯任事之故耶？此盖无总统之小象矣。然而有疑民主之说者，其一曰：或谓西国民主之制，可行于中国，此非本朝士子所忍言也。

　　某意西学之不可少者，农政、工政、商政，与凡有益于三政者而已。盖四万万之众，非广其生计，必散漫溃裂而不可止，势不得不采用西法。若夫世变之大，则有天焉，吾不敢知，吾知吾君之不可弃而已。变君主为民主，将置我君于何地乎？此一说也。

　　又有谓西国公法，民主与君主交涉仪节之间，皆让君主以先。且俄，君主之国也，然其强也，亦为诸民主之国、君民共主之国所不及。日本以扶立王政而猝致盛强，是君主之国不可变也明矣。故《时务报》中有论中国宜尊君权者。且各省会匪其所以号召党与，亦持西人民主之义。民主之说，其可倡乎？此又一说也。

　　又有梁君所论，谓由多君之世而变为一君之世，由一君之世而变为

　　① 录自《湘报》第二十八号，光绪二十四年三月十七日（1898 年 4 月 7 日）出版。收入《谭嗣同全集》（蔡尚思、方行编，增订本，北京，中华书局，1981），题为《答杨昌济》。

民主之世，此天道之自然，一定之次第。按照其说，今日中国宜效英国君民共主之制，此又一说也。

又有谓倡民主之义者，非必欲变为民主也。但以减轻君主之压力，以伸民气而御外侮，于是而君主安若泰山。是倡言民主之义者，正所以保君权也，此又一说也。

此大事，愚不能明，请高明诲之。

谭嗣同答曰："于圣贤微言大义晦盲否塞之秋，独能发此奇伟精深之谇，此岂秦以后之学者胸中所能有哉？勉之乎，公羊氏之非常异义，其必有所得矣，斯事愚亦何敢论断。总之，眼光注定民身上，如何可以救民，即以如何为是，则头头是道，众说皆通矣。

南学会问答①
（1898 年 4 月 8 日）

毕永年敬问主讲先生："永年三莅会矣，聆雅颂之音，足令筝琶息响，佩诵良切。但今日设会盛心，一在保种，一在保教。盖民权不振，则必日危日险，终任人之印度我，而种不能保。然学业不精，则虽日言民权，日言保种，徒启草莽窥窃之念，并无自立不拔之基，将保种而适足灭种。永年居恒悲咤，大惧覆巢之下将无完卵。辄念吾湘风气已开，人知向学。举凡汉、宋学派，以及西学各书，幸已家置一编，士手一册，本末具在，循迹可求。抑亦非片时指陈，可卒而尽，东鳞西爪，可括而全也。伏愿先生捐弃陈言，益宏远略，惕以印度之辱，镜以日本之兴，诰群士以憔悴专壹之方，示群民以人皆读书之益。俾知通商之局，终此不更，则中西聚处日繁，不必再作闭关之想。中西日聚，则必中人果能日兴己学，日尊己教，日泯文武秀顽之见，日除操戈同室之羞，而后可绝西国之觊觎，而后可生西人之敬爱。庶不至野番我，即不至印度我。否则，愈厉以亲上死长之义，则客气愈深；愈激以自强卫国之功，则债事愈甚。终以保教为奴隶基督，终以保教为割地自王，终以民权为洒耻雪愤。一旦天崩地拆，万险环生，求如今日之文恬武嬉，将为六

---

① 录自《湘报》第二十九号，光绪二十四年三月十八日（1898 年 4 月 8 日）出版。收入《谭嗣同全集》（蔡尚思、方行编，增订本，北京，中华书局，1981），题为《答毕永年》。

朝五代之局，恐终不可得矣！岂诸君子设会之盛心哉？鄙人固陋，不知所裁，惟垂教幸甚。"

谭嗣同答曰："所言抑何痛快也。然佛说众生根器不齐，故说佛乘外，复说菩萨缘觉声闻三乘种种法。夫岂不惮烦哉？亦以众生根器不齐，不得不如此耳。假如人皆如君之高明，此会几欲不设矣。"

永年谨再问："顷闻复生先生讲义，声情激越，洵足兴顽起懦。但今日之局，根本一日不动，吾华不过受野番之虚名，銮舆一旦西巡，则中原有涂炭之实祸。所谓保种保教，非保之于今日，盖保之于将来也。此时若不将此层揭破，大声疾呼，终属隔膜，愈欲求雪耻，愈将畏首畏尾，或以西学为沽名之具，时务为特科之阶，非互相剿袭，即仅窃皮毛矣。质之高明，当有良法。"

谭嗣同答曰："王船山云：抱孤心，临万端。纵二千年，横十八省，可与深谭，惟见君耳。然因君又引出我无穷之悲矣！欲歌无声，欲哭无泪，此层教我如何揭破？会须与君以热血相见耳。"

论电灯之益①
(1898 年 4 月 8 日)

光，其生之原乎？百昌之绿缛，非自能绿缛也，光为之也。万类之昭煦，非自能昭煦也，光为之也。今试植草木于幽阴无光之地，则黄以萎；闭人于蔀暗无光之室，则其血渐淡，而疲顿枯瘠以趋于死，故曰光为生之原也。

原夫光之为光，何哉？一热之迸流而散而者也。热在空气之以太中，恒欲涨而四出，以渐减其本热，而热诸无热，与之相剂于平。以太为其所涨，依次而传之，合无量数之微质点，微气缕，互相焚烁，递相承达，条流激射，一秒时可行六十余万里，而所至豁然朗然，是即所谓光已也。惟热散成光，故光之聚，仍可返而为热。试以双凸面透光玻璃映于日中，置物于其光界中之聚光点，则无物不蒸。是光而热，热而光，非有二物，聚散之间而已矣。人物之生，皆原于热，则光亦为生之原，其理至平实而无足异。所异者，光与热皆生于日，而日于地球之

---

① 录自《湘报》第二十九号，光绪二十四年三月十八日（1898 年 4 月 8 日）出版。

立，圆体不能同时并照，不论如何转动，止能照其圆之半，其又一半无能照之，而昼夜之理以出。有昼有夜，则光与热必有时而偏绝，偏绝非生生之道也。幸热犹有植物所含蓄者，徐徐吐泄于夜，其力足以达旦。

光则终莫可如何，而焚膏继晷之制作兴焉。或束薪而为燎，或抟脂而为炬，法各不同，同于简陋。及西人蒸煤取油，或径取之于矿井，用以燃灯，乃始便利。然煤油性烈类硝磺，遇火而焰发，栋宇煨烬，时有遭其虐者。且其灯脆薄易毁，屡购则价转逾于常灯，履险縻赀，甚非计也。

抚部陈公，悯吾湘人，慨然思有以易之。于是命宝善成公司，创造电灯，自于抚署试然之，数月而善，乃令民间皆得同其利。取费又甚廉贱，由是长沙一城，自学堂报馆以逮通衢之大商肆，咸入夕炳炳然矣。

谭嗣同曰：光生于日，与热同体，而电又日之所以为日，生光与热者之所由生也。西人测日中黑斑，知其为电，故格致家称光、热、电同为三轻，明其为一也。今以电为灯，是不啻取日之光热以为灯，其益于人物也，与日无异。农学家知其然，以电灯照农圃，则生长之速视常加数倍。人目当之，目必愈精明；更由目传入脑气筋，则脑气筋灵动，而增人之神；更由皮肤之微丝管，传入红血轮，则血红轮疾旋，而壮人之体。故电灯之为用，用于养生之大用，而以为杜火患，防盗贼，节财而美观，其亦末矣。彼煤油之利不胜害，人犹争用之，况其有益于养者乎？宜其引线于途，相属而不绝也。乃前月有某家电线泄火，几毁其室，则别有他故存焉。吾曩游于租界电灯最繁之区，详察其线，皆以橡胶为表，虑其火星偶泄于外也。亦或缠以棉缕者，缘其墙垣甓甃，火泄而不能损。今吾湘多木垣，而电线仅护于弋弋之棉缕，夫是以百利不能无一害。今将尽以橡胶易棉缕，而司机之工又日益娴熟，断不至更有意外之虞。吾见如如法界，放大光明，居者有复旦之喜，行者无幽谷之叹。日重光，月重轮，一切众生，咸登乐土。其在是欤！其在是欤！

群萌学会叙[①]
（1898 年 4 月 12 日）

合中国十八行省，上自朝廷，下逮草野，大夫庶士，搢绅先生，越百执事，至于氓隶，称东事之后，能大变其风气，联群通力，发愤自

---

① 录自《湘报》第三十二号，光绪二十四年三月二十二日（1898 年 4 月 12 日）出版。

强，以治新学者，必首湖南。虽远在泰东、泰西，则亦云雨。而湖南合数十府厅州县，上自院司，下逮草野，大夫庶士，搢绅先生，越百执事，至于氓隶，称东事之后，能大变其风气，力倡联群通力，发愤自强，以治新学之说者，必首浏阳。虽远在外省，能稔习其端末者，则亦云尔。呜呼！此非有他故，马关之约初成，浏阳即有以书院改肄算学格致之请为少先耳。

然而湖南省会既大张新学，有若南学会，有若校经学会，有若时务学堂，有若武备学堂，有若方言学堂，有若课吏馆，有若保卫局，有若机器制造公司，有若旬报馆，有若日报馆，有若各书院之改课，骎骎乎文化日辟矣。独吾浏阳乃至今而不有学会，不有学会，是新学无得而治也。治而不能联群通力，犹不治也。今夫有物百钧，一人举之不足，数人、数十人举之，斯举之矣。有草一莛，孺子折之有余，数十、数百万莛，壮夫莫谁何焉。有书万卷，十年读之，莫能通其义，数十、数百人分任之，可计日而毕业矣。万事万物，莫不以群而强，以孤而败，类有然也。独吾浏阳，至今而不有学会，发议方在人前，而征实转居人后，能言而不能行，毋亦多士之耻辱矣乎！

黎君少谷、唐君绂丞、欧阳君笠耕诸君子乃愤然曰："独吾浏阳至今而不有学会，吾过矣！吾过矣！夫奚辞？"走书滕说，搜伦索偶，相地筮日，鸠赀简器，臭味翕袭，图册奔会，于是遂有群萌学会，志在群矣，然不敢必人之不我遐弃也，曰："萌芽焉尔。同方同志之君子，庶几悯其弱而扶掖之，而启迪之，不无汰心焉。"谭嗣同闻之曰："其然其然，又不惟然也。"夫群者学会之体，而智者学会之用。吾方奉义宁抚部之檄，从事于南学会。义宁之志，将以学会群湖南者智湖南，又以智湖南者智中国。然而南学会仅设于省城，其群未得遽广，其所智亦有所域。

吾意必使数十府厅州县，皆有学会，皆隶属于南学会。上下相亲，权力相平，长短相剂，学业相益，总一省之心思才力，而为一群一智。然后可进言他省，则内政不足修，外患不足弭也。顾吾浏阳，近在百里，乃至今而不有学会，吾谁与言群，复谁与言智哉？不图偶尔假归，适值群萌学会之成，此所以为群喜，为智喜，为浏阳喜，为湖南喜，为中国喜，更私为吾所从事之南学会喜，而奋笔鼓舌，乐叙其缘起如此。

附录　群萌学会章程

第一条　命名　本学会以群萌为名，盖因群学可由此而萌也，他日合群既广，即竟称为群学会。

第二条　命意　本学会以辅仁益智为主义而兼敦友睦任恤之风，凡此皆非合群不为功也。

第三条　会地　本学会暂行租屋开办，俟经费充裕，再专置房屋。

第四条　会董　本学会议立长年在县城居住之人为会董，会中诸事归其主持，更立副董事数人协同办理，均须时常到会。

第五条　住会　本学会专聘一人，长年在会居住，照料一切，兼管书籍。

第六条　年限　本学会会董及副董事诸人，应立定年限，几年一易，俟开办数年后再议。

第七条　会友　凡愿入本学会者，概名为会友，会友须由会董及副董事察其读书明理，品行无疵，无论士农工商，皆可入会。

第八条　助资　本学会系由同志数人捐资举办，故经费异常支绌，不能不望会友助力。凡入会者，皆请量力捐资，至少以一串钱为度，或捐书器亦可。

第九条　册籍　本学会设立册籍，凡入会者皆请登名；所捐银钱、书器，皆分册登记。

第十条　登报　本学会会友名姓及所捐银钱、书器等项，皆随时登录《湘报》，以彰好义；会中所办之事，亦可择要登报。

第十一条　账目　本学会出入银钱账目，可任会友随时到会查考。每届年终，将账目清单登诸《湘报》，以昭大信。

第十二条　藏书　本学会愿办之事甚多，现苦力莫能逮，故先从藏书办起。所藏之书，可任会友到会读阅，惟不得出借会外人，并不许到会读阅。

第十三条　看书　凡会友愿来本学会看书者，须先到会董或副董事处报名，由会董或副董事查明果系会友，方许登楼看书。

第十四条　领书　凡会友来看书者，欲看某书，先写一名条，书明借阅某书几本，交与管书人，管书人即照条发给，在楼阅看。去时，须将原书仍交明管书人，随即掣回名条。

第十五条　款待　凡会友来本学会或登楼看书者，本学会惟备清茶而已。且日暮即请自便，以便关锁楼门，谨防火烛。

第十六条　藏器　本学会除藏书外，仍陆续购备仪器，以供讲求。

第十七条　禁例　凡本学会会友，皆不得在本学会诽谤讪上，及作为分内所不应为之事，更不得借学会声名，在外猖狂招摇、劝捐借债及赊买物件等事。

第十八条 章程 此项章程系因试办而设，日后会巨事繁，可随时公议增删改订。

壮飞楼治事十篇
（1898 年 4 月 15、16、18 日）

治事篇第一[①] 释名

治事者何？无事而思事治也。无事曷言乎事治？发于至性之不容已也，曰庶几焉尔。事何以治？治于实。而今且委其系于名，天下皆惧名，吾乃不敢言名。则甚矣名之为状也无朕，而震骇人至易荧也。《庄》曰："朝三暮四，朝四暮三。非指喻指，非马喻马，寓言十九，卮言日出。"迕而观之，鲜不以为童阒而婴戏，而人情亦卒不能不转移于是。呜呼！实则犹是也，名小异耳，而人情亦卒不能不转移于是，是可以识治事之道矣。

今夫翘希世之环宝以示野人曰："汝盍往取是。"则色然喜。或曰："瓦砾也。"则又废然返。其实未始或异，而缘于名以为忻厌，野人之无识者然也。

自中外开通以后，因俗间呼海为洋，于是有洋务之名。凡一切来自他国者，与本国所有而少新颖者，悉以洋字冠之。浸淫既久，遂失其本义，而流为弹抵詈辱之名，其实了无所谓洋务，皆中国应办之实事。为抵御他国计在此，即不为他国，亦不能竟废此也。世顾诬以洋务也而惊疑之，唾弃之。曰"夷也夷也"。一夫倡之，千夫和之，流衍无极，锢蔽无终。及究其所惊疑而唾弃者，甚且不自知为何等事，特掠闻其名而已矣。然则苟易一名，不将背其朔而更为取舍乎哉！南海康工部以《新学伪经考》为一世所排，几构奇祸。嗣同常谓之曰："排君者何尝读君子之书哉！特眩于'伪经'二字，遂诋为非圣耳。向使不名伪经考，而名真经考，必皆相率而奉之矣。"又会之一字，迂儒所大忌也，然农学会则或相忘而和之。朱强父曰："彼仅睹农学二字诧为务本，遂忘其下尚有一'会'字。"悲夫！今世之号称儒者之脑气

---

① 治事篇第一至第四，录自《湘报》三十五号，光绪二十四年三月二十五日（1898 年 4 月 15 日）出版。

筋，其繁简之数，大略在非、澳之间，虽少有知觉而不甚完备。闻一言，见一事，知十遗五，罣一漏万，顾此失彼，日不暇给，又复矜其名，不察其实。故谬陋犷悍，颠倒可笑，至于如此。吾是以痛夫世之为名敝也，将以实救之。以实，则一切不为其名，惟择其于今可行者著焉。

治事篇第二　辨实

耳目之所构接，口鼻之所摄受，手足之所持循，无所往而非实者。即彼流质气质，以至太虚洞窅之际，莫不皆有实理实物。此理精奥难言，惟一空字足以释之。实到极处，所以空到极处。佛法有有门，复有空门，二者并行不悖，职此故也。曩与某文士论空，辄拾西人之唾余，横来谤法，彼乌知佛法之大，固无所不包涵也。故欲祛名之弊，亦惟有务实而已矣，不当别为名以益其敝也。

今之言变法者，固不得谓非实事，然法终不变，即实事亦何异于空言。是故能变法，上也；即不变，亦当筹一办法。今之有位，岂不曰不变法夫何能为？然苟变法，抑又无难为矣。特是河清乌白，宁复垂老之国所及待耶？且管子曰："人弃我取，反败为功。"安见已敝之法不可以有为，而不变者乃有无形之变耶？吾即今日之法，程其功，责其效，求其无变法之名而有变法之实，则又未始不可以有为也。

治事篇第三　学会

天下而无学会之名也，吾又奚敢为此名以撄天下？幸而强学会虽禁，而自余之学会乃由此而开。湖南校经堂学会且成奏案矣。大哉学会乎！所谓无变法之名而有变法之实者，此也。黄种以之而灵，中国以之而存，孔教以之而明。

今有孤翔之鸟，则命之曰穷鸟；今有独处之士，宁不谓之穷士乎？何也？不讲论，则其智不启也；不观摩，则其业不进也；不薰习，则其德不固也；不比较，则其力不奋也；不通力合作，则其所造有限而为程无尽也。物不相摩荡，则热不生。惟人亦然，不相会聚，则满腔热血亦渐就冷矣。热之与冷，乃活人死人之所由辨也，而可不慎乎？士会于庠而士气扬，农会于疆而农业昌，工会于场而工事良，商会于四方而商利孔长。各以其学而学，即互以其会而会。力小，会二三人；力大，会千万人。人人可以自致，处处可以见功，夫何惮而久不为也？会成而学成。近之中国，远之五洲；挈其短长，权其利弊，孰得孰失，奚去奚从，菁华荟萃，终朝可定，于是无变法之名，而有变法之实。

治事篇第四　通情

事之所以不治，有为之隔者也。君与臣隔，大臣与小臣隔，官与绅隔，绅与士隔，士与民隔，而官与官、绅与绅、士与士、民与民，又无不自相为隔。西人谓中国二十三行省各不相通，无异二十三国。不知一国之中，又复分为无数国。譬如一幅美锦，既条条裂之，复寸寸磔之，其存焉者与有几？

言治者有鉴于此，于是竞言通情，通之自上，通之自下；通之以言词歌泣，通之以笙簧酒醴。用力非不勤，而卒于罔效。岂通情乃尔其难哉？亦未得其道，而乌合兽散，无会焉以为之联系也。有会则必先有学，若农学，若工学，若商学，若矿学，若医学，若凡天地、化电、图算、格致诸学，无一不当有会，而统之于总学会与分学会。

今请于行省设总学会，督抚学政身入会以为之倡；府厅州县设分学会，其地方官学校官身入会以为之倡；分学会受成于总学会。或其地僻陋不知学，亦不妨姑设一会，徐与讲求。凡会悉以其地之绅士领之，分学会各举其绅士入总学会，总学会校其贤智才辩之品第以为之差。官欲举某事、兴某学，先与学会议之，议定而后行。议不合，择其说多者从之。民欲举某事、兴某学，先上于分学会，分学会上总学会，总学会可则行之。官询察疾苦，虽远弗阂也；民陈诉利病，虽微弗遏也，一以关捩于学会焉。有大事则上下一心，合群策群力以举之。疏者以亲，滞者以达，塞者以流，离者以合，幽者以明，羸者以强。又多出报章，导之使言，毋令少有壅蔽。大吏罔敢骄横，小吏罔敢欺诈。兴利除弊，罔不率此。官民上下，若师之于徒，兄之于弟，虽求其情之不通不可得也。于是无议院之名，而有议院之实。（未完）

治事篇第五① 平权 续前稿

中国之官之尊也，仰之如鬼神焉。平等亡，公理晦，而一切惨酷蒙蔽之祸，斯萌芽而浩瀚矣。平之于学会，权乃不重腿于幕友、家丁、书吏、差役之手。

且夫权也者，固非一人之智力所得而司也。以藐藐之躬，肩亿万人之权，不啻入亿万人之室家而代谋其生殖。童子而代大匠斲，侏儒而举乌获任，其不断指而绝脰，宁有幸也！又况律令不得官于其乡五百里以内。疆域迥隔，风俗攸殊。地非素习，人无旧识，贸贸而来，匆匆而去。无怪乎官之视民如驿卒，民之视官如路人也。

---

① 治事篇第五至第七，录自《湘报》第三十六号，光绪二十四年三月二十六日（1898年4月16日）出版。

然官即至贤明，久于其任，而谓胜于生其地者之详悉其曲折，忠于自为谋者之避就其利害，吾亦敢断曰："无是理也。"明明一渺不相涉之过客，乃尽操其主人之权，转不使其主人闻之而知之，遂泰然自信，以为足以善其事矣。天下至怪诞不近情理，孰有过此者乎？则何莫平其权于学会，使熟议其是非得失，晓然与众共之！官不至罔于措注，民不至壅于控诉。宓子单父之治，师事者若而人，友交者若而人，即学会通情平权之谓也。且平权，平其议事之权而已。办事之权仍官操之，无官令，民不敢干也，官又无所于侵权之为虑也。四（西）国于议事办事，分别最严。议院议事者也；官府办事者也。各不相侵，亦无偏重。明示大公，阴互牵制。治法之最善而无弊者也。中国言任绅士，辄援滥绅劣生为口实。呜呼！绅即滥，生即劣，不犹愈于家丁、差役矣乎？则何其疑于此而信于彼也！

乡官之制不复而复，三代之典不兴而兴。官虽鸣琴不下堂焉可也。于是无变官制之名而有变官制之实。

治事篇第六　仕学

唐末仕途猥滥，常调需次之官，为世轻贱，至有欲以告身易一醉而不得者。沿及五季，且以善歌善走而为节度使矣。

今之所谓官，亦甚伙而不可纪。原夫授官之始，皆由倖进。科举虽名为正途，其实特采于一日之长，非如古者之必出于学也。加以保举滥，捐例开，士农工商并出于仕之一途，屠沽无赖错杂其间。候补于省会，屋租为之一贵。终年营营，不得升斗禄，上官亦苦于无可位置，至为停分发之请，是两困也。停分发，必以人员拥挤为名，吾不知所谓拥挤者何也。苟其皆才也，但患才少耳，何患拥挤？如其不才，听其自去自来可也，不必代虑其拥挤也。毋亦上官困于请托之繁，无以应之，故聊为缓兵之计耳。然停分发，恐有碍于捐例；不久复开，与不停等。所谓拥挤者愈益拥挤，欲尽用之不可，欲尽去之又不可也。言治者莫不以处此之为至难，然熟思之，亦复何难之有？

人才不患多也。见为多者，不出于学，而非人才耳。法当尽取而教之，使皆出于学，而成为人才，则总学会尤为造就候补官之地矣。督抚既身入会，其余自不令而从，况候补官尤视督抚为风气者乎！总学会设仕学一科，使候补官就学；其不就学与学而惰者，停其差委。就学者使诵习古今中外政教源流、措施大体，与现今所行之吏事，严为之格。岁时会众绅士而面课之，而公评之，其及格而才行为众绅士所称者，擢用之，否则置之。使众绅士预闻选官之典，以符国会之本义。且使官绅相习，如家人父子，不至隔膜相视，计无有便于此者也。

要之，人才不出于学，将百施而无一可。总学会之设也，正以使官中之人才皆出于学，不独于候补官为然也。官中之人才皆出于学，于是无变科举之名，而有变科举之实。

治事篇第七　法律

吏事至烦苦，纤末苛谨，晰如牛毛，徒滋弊而扰民，甚无谓也。王船山论吏卒不畏廉明而畏简，最得吏事之要领。

今将悉取旧法而废之，又不可得，则莫如令总学会厘订一简要有定之法。法有三，一曰章程：今《会典》仿《周礼》体裁，叙述各衙门之职事。然仅京署，不及外官。且职事亦止言其大纲，而无办事之章程，降而外省各衙门各局所益无有矣。以中国之大，庶政之殷繁，乃无一章程以为办事之规则。惟恃拮扯尘牍，零星凑集不足，又取决于幕友书吏之口，而任其穿鼻牵引之，转不如二三裨贩，犹有所谓行规共相遵守，此绝可怪也。故总分学会，皆当立章程学，专意讨论，乃可就理。二曰表：旧案山积，吏胥因缘为奸，虽禀兼人之资，生知之圣，无能遍稽而并综。是必有提要之一术，所谓表也。表不惟提要而已，又可分别门类，相为比较，而功过、赢绌、进退、短长之迹生焉。表既成，则以简驭繁，一览而了如指掌，凡陈冗之簿书，悉畀炎火，毋为奸数。故总分学会，皆当立表学，广为宣布，使习于用。三曰图：有一名一物，即不应不有图，天文、舆地、疆界、田里、城郭、宫室、典礼、仪注、器械、物产，必著之于图，始足重其典守。夫表或精微难造，俗吏不解；至于图，少知书者皆任为之，何亦竟为绝学耶！吾不知无图矣，复何所凭借以施治而相授受也。故总分学会，皆当立图学，慎辨器象，储为故府。三法毕备，由总学会颁其式于分学会，分学会复上其成事于总学会，有不便，可随时议改，务臻美善。官苟实力奉行，吏事其有整饬之一日矣。

且由此较稽权量，以归画一；通达刑律，以清狱讼；旁及公法，以育使才。于是无变法律之名，而有变法律之实。（未完）

治事篇第八①　财用　续前稿

《易》曰："何以聚人曰财。"《记》又曰："有人此有土，有土此有财。"人之与财，其相需如是其急也。夫离群索居，则咨嗟太息，无以

---

①　治事篇第八至第十，录自《湘报》第三十七号，光绪二十四年三月二十八日（1898年4月18日）出版。

发舒其抱负。临深陟高，山川满目，我于人两无所裨，即两不相关。既而闻声争附，见影相趋，学会成矣，人才出矣。又安可不筹理财之事哉？

衰世言利之臣，大率以民为圈苙中之牛豕，日夺其食，朘其脂，绝其生命，而苟焉以自救。否亦屯密云之膏，遏流根之泽，以吝啬闭藏为报国耳。持此理财，财安得不日益竭？

今之所谓学会，民以其学来会也，则言理财，悉以养民为主义。众寡舒疾，互研其理，农矿工商，各精其术，斯固然矣。有善堂者亦会之义也，苟尽取而并之于学会，或督其成，或分其役。赀合而力始巨，事公而效愈睹。鳏寡孤独废疾有养，则益使习为工艺，自食其力。加以变人力而为机器，化腐臭而为神奇。岂患天既生之，乃不能养之耶？他若辟道路以通货殖，联商会以课厘捐。今之厘金局不废去，则商务日坏，民生日棘，诚无能为矣。故言理财，必自废厘金始。或虞格于成例，不能遽免，莫若以学会及商会中人办理厘金之事，庶几可也。阻力既去，新利自生。成效既昭，募赀亦易。然后溥施善政，慨振困穷，以会计为任恤，以任恤为丰阜。更由学会自设警部，则省去公家之兵费而足以靖地方矣。由学会公定祀典，则省去赛神之民财而庙宇足变为会产矣。而且衣服、宴乐、居处、仪文，由学会定一简易易从之准则，由是凡可以资小民之生计而制其用者，无不可以进议之矣。于是无变制度之名，而有变制度之实。

治事篇第九　群学

佛法以救度众生为本根，以檀波罗密为首义，克己时，当以蝼蚁、草芥、粪土自待；救人时，当以佛天、圣贤、帝王自待。即吾孔、孟救世之深心也。学者堕落小乘，不离我相，于是为孔、孟者独善其身，为佛者遁于断灭。揆之立教之初心，不啻背驰于燕、越，甚无谓也。

今将利济为怀，又非一手一足所能任，则善矣夫佛之说法也，必与数万数千菩萨俱，天龙八部、人非人等，恭敬围绕，无所往而非学，即无所往而不有会。然后悚然叹曰："古今来学佛者，咸不知为学会，未为能学佛者也。能学佛则必自倡明学会之义始。"倡明学会，吾知其功德必逾恒河沙数而不可思议。一生补他方，佛处生菩提树下，为法王子永断三途，住持极乐，遍治十方一切世界。何况此一世界，乃不能以学会治之耶？学会之条理，说已具前，然幸勿谓遂止此而已，其他遂不足为会也。

荀子曰："人之所以异于禽兽者，以其能群也。"是则但为人之智力所能为，而禽兽所不能为者，无不可以学而学，会而会，且通为一学一会也。儒而入会，于是无变书院之名，而有变书院之实。释老而入会，于是无变寺观之名，而有变寺观之实。农而入会，于是无农部之名，而有农部之实。商而入会，于是无商部之名，而有商部之实。工而入会，于是无劝工之名，而有劝工之实。矿而入会，于是无办矿之名，而有办矿之实。赛珍有会，则物不窳敝矣；记念有会，则人思自奋矣；戒鸦片有会，针膏肓也；戒缠足有会，起废疾也；戒时文有会，发墨守也。大哉学会乎！所谓无变法之名，而有变法之实者，此也。

治事篇第十　湘粤

时局之危，有危于此时者乎？图治之急，有急于此时者乎？屏藩之削夺，吾且弗暇论焉。舐糠则既及米矣，剥床则既切肤矣。台湾沦为日之版图，东三省又入俄之笼网，广西为法所涎，云南为英所睨 。迩者胶州海湾之强取，山东铁路之包办，德又逐逐焉。吁！虽有计、蠡弗能为策矣。然而昧者犹曰："谓他人父，何事非君，彼必不外视我。"恶！是何言也。生当天杀之际，谁能觏夫不血刃之兵？尽泯种类之见，岂可责诸不同洲之国？乃独不见越南乎？久为法之人民，而犹教以《味根录》，试以八股文，其愚民且滋厉也。又不见香港乎？久为英之属地，而犹不许其立报馆，不许其联国会，其防民为加酷也。香港华民，为英箝束压制，莫能转侧，巡捕满街，日以刺取华民阴私为事，一言不谨，辄为逻者系去。故华民终无振兴之一日，甘为奴役，得不鞭扑幸矣，思之可寒心也。他若南洋、印度之群国，非、澳两美之土番，供役不为不勤，翊戴不为不久，而奴虏虐遇，生死惟命。何尝得免于薙狝之惧，而毫末俾以自主之权乎？呜呼！殷鉴不远，覆车在前，吾人益不容不谋自强矣。

吾湘号为能开风气，而近与粤邻。粤又雄区也，人才蔚起，货宝充牣，表海为藩，环山作砺。亦必道吾湘而通中原，取远势，宏矿产，兴商务，辅车之依，自然之形也。近年两省士夫，互相倾慕，结纳情亲，迥非泛泛。粤人黄公度廉访、梁卓如孝廉来讲学于吾湘，吾湘亦有张阁学百熙督学于粤以报之。若夫学术沆瀣，尤足惊异。自南海康工部精探道奥，昌明正学，其门人克肩巨任，于斯有光。一洒俗儒破碎拘挛之陋，而追先圣微言大义之遗。湘人闻风，争自兴起，喁喁胶序，怀德慕思。几有平五岭而一逵之心，混两派而并流之势。其始虽由于一二人力为牵合，然亦会有天焉，岂初愿之遽能及此者哉？

嗣同昔于粤人绝无往来，初不知并世有南海其人也。偶于邸钞中见有某御史奏参之折与粤督昭雪之折，始识其名若字。因宛转觅得《新学伪经考》读之，乃大叹服。以为扫除乾、嘉以来愚谬之士习、厥功伟；而发明二千年幽蔀之经学，其德宏。即《广艺舟双揖》亦复笼罩古今中外，迥非耳目近玩。由是心仪其人，不能自释。然而于其微言大义，悉未有闻也。旋闻有上书之举，而名复不同，亦不知书中作何等语。乃乙未冬间，刘淞芙归自上海，袖出书一卷，云南海贻嗣同者，兼致殷勤之欢，若旧相识。嗣同大惊，南海何由知有嗣同？即欲为一书道意，而究不知见知之由与贻此书之意何在。五内傍皇，悲喜交集，一部十七史苦于无从说起。取视其书，则《长兴学记》也。雒诵反覆，略识其为学宗旨。其明年春，道上海，往访，则归广东矣。后得交梁、麦、韩、龙诸君，始备闻一切微言大义，竟与嗣同冥思者十同八九。上年梁君告嗣同，有朱菉苏者，闻嗣同前在上海，问今去否？将不远数千里见访。嗣同益不测何因至前，旋即澹然置之。次年春，到上海，果晤菉苏，问其见访之故。曰南海教之也。以嗣同粗陋不学，而厚被知遇如此，古称神交，宁复过之？直至秋末，始得一遂瞻依之愿，而梁、韩及嗣同亦先后俱南矣。夫即以彼此交谊之私，妄测时局，其亦有非偶然者乎！嗣同方以议修湘粤铁路谒来湖湘间，会同志诸君子倡为南学会，益以缔固湘粤之气，而又得嘉应黄公度按察之硕学精诚主持其事。虽茫茫禹甸，望远生悲，但使铁路及成，又申之以学会，则两省瓜华之祸吾知免矣。①

呜呼！造因靡微，得果将巨。先河后海，乐观厥成。世有明达，径庭宜鲜。此吾所以言学会既终，而睠睠焉一陈其旨也。

谭复生观察南学会第八次讲义②
（1898 年 4 月 23 日）

人在世界上，有几件事不可不知：一曰天，二曰地，斯二者前次已言之详矣。今日所讲，更有切要者，则为全体学。在天地间不知天地，已为可耻，若并自己之身体不知，不更可笑乎？

然全体学又极难讲，何则？无图以供指点也，无蜡人以为模样也。

①　自"嗣同昔于粤人绝无往来"至此一大段，为《湘报》所删。现据《谭嗣同全集》（蔡尚思、方行编，增订本，北京，中华书局，1981）补入。
②　录自《湘报》第四十二号，光绪二十四年闰三月初三日（1898 年 4 月 23 日）出版。收入《谭嗣同全集》（蔡尚思、方行编，北京，三联书店，1954），题为《论全体学》。

骨节如何承接？血脉如何周流？脑筋如何散布？肌肉皮肤如何层叠束固？则皆不能言矣。

试仅即脏腑言之，亦只能言其部位功用，不能将其形状曲曲传出。部位功用，中国医书亦言之最详，然必不如西国所言之确而可信者，则以彼有剖验之术可凭也。今乍与人言剖验，必诧以为怪，不知彼皆剖验死后之尸，或医生请剖，或病人遗嘱。故剖验之事常常有之，医学遂因之日精。亦有危险之证，必须剖腹洗涤始能疗治者，则考验尤为亲切，吾故以为可凭也。

今先言心：中国言心主思，西国则谓心不能思，而思特在脑。脑分大小，大脑主悟，小脑主记及视听之属。脑气筋布满四肢百体，则主四肢百体之知觉运动。所谓心者，亦徒主变血之事而已。夫中西论心不同如此，愚谓其理实亦相通。思固专在脑，而脑之所以能思者，全赖心能变血以养脑，是心与脑交相为用也。故思字从囟，从心。脑之主思，古人盖已知之矣。心之所以变血，因血历周身，而后化红色为紫色，养气之功用已竭，血中含足炭气。如不将炭气放出，其毒立刻足以杀人，赖由回血管仍回至心中，由心入肺，有呼吸以吐故纳新；俟再经心中，即复为红色，毒去而可以养人矣。故心之时时跃动，皆为上下四房红紫血出入之故，信足为生命之本矣。

古人谓肝左肺右，心居中央，此说实误。心虽居中，而心尖略斜向左。肺则左右各一大块，每块分六叶，左右共十二叶。肺中大小管极多，酷肖树木枝干，其为用有三：一主呼吸，二主变血，三主声音。肝则在右边肺下，其用亦主变血。凡新生之血，必经肝家一过，方由淡红色变成红色，而有甜味，有甜味乃能养人。故西人或称肝为造糖公司。

脾在左边肺下，中国言脾主消食，其实非也。脾与胃不相连，于消食之事绝不相干。脾惟主生白血轮。然白血轮之为用，西国历来名医皆不能知，直至去年《知新报》载有某医士始考出白血轮为杀虫之用。但白血轮虽有此用，却不宜多；白血轮一多，即成疟疾。按此说中国亦有之，江南一带，呼疟疾为"打脾寒"，可知疟疾果由于脾家也。

胆与肝近，主出酸汁入胃，以助消化；其间复有甜肉一块，为中国医家所未知闻，亦主出汁入胃，以助消化。

胃在心下，专主消化。胃中有一种消化之汁，能化食物，几如强水；而胃又时时动摇，使消化愈速；胃中又有无数微管，能取饮食中之精华以成血。饮食既消化后，变成糜粥，然后入小肠。小肠长可二丈余，专主取饮食中之精华以成血。饮食过小肠后，精华略已取尽，其糟粕遂归入大肠，而清水亦入小便。此脏腑之大略也。

大抵全体竟是一副绝精巧之机器，各司其职，缺一不可，与天地之大机器相似。

独是天必造此一种全体之精巧机器，果何为也哉？原是要使人顶天立地，做出一番事业来，所谓赞天地之化育与天地参也。诸君当知此堂堂七尺之躯，不是与人当奴仆、当牛马的。

诸君诸君！我辈不好自为之，则去当奴仆、当牛马之日不远矣。时事我更不忍言。然求能与外人一战，无论智愚皆知其不可。为今之计，惟有力保莫内乱，尚可为河西遗种处耳。

保之之法，无过于保卫局。保卫局即是团练之意。各府州县能遍设保卫局，乡间又清查保甲，则耳目灵通，匪类自无从窃发；即使乡僻之区或有聚众等事，而保卫局之巡查既经训练，聚之即可为兵，息事安人，无过于此。如欲别为团练之举，亦须变通旧法，整齐画一。聘武备学堂中之粗谙武事者为之教习；又须就地筹有的款，方可举办。然乡兵之额，亦自不能多。即以百人论，每年需钱三千数百串，而百人之用，仍与保卫局之巡查无异。故不如径办保卫局，而寓团练之意于其中，乃为经久之道。

今欲人人皆明此理，皆破除畛域，出而任事，又非学会不可。故今日救亡保命、至急不可缓之上策，无过于学会者。吾愿各府州县，就所有之书院概改为学堂、学会，一面造就人材，一面联合众力，官民上下，通为一气，相维相系，协心会谋，则内患其可以泯矣，人人之全体其可以安矣。

以太说①
（1898 年 5 月 6 日）

接吾目，吾知其为光，光之至吾目欤？抑目之即于光也？接吾耳，吾知其为声，声之至吾耳欤？抑耳之即于声也？通百丈之筒，此呼而彼吸，吾知其为气，而孰则推移是？引万里之线，此击而彼应，吾知其为电，而孰则纲维是？在格致家，必曰：光浪也，声浪也，气浪也，电浪

---

① 录自《湘报》第五十三号，光绪二十四年闰三月十六日（1898 年 5 月 6 日）出版。

也。为之传一也，一固然矣。然浪也者，言其动荡之数也。动荡者何物？谁司其动，谁使其荡，谁为其传？何以能成可纪之数？光、声、气、电之同时并发，其浪何以各不相碍？光、声、气、电之寂然未发，其浪又消归于何处？则非浪之一辞所能尽矣。

一地球，何以能摄月球与动植物？一日球，何以能摄行星、彗星、流星？一昴星，何以能摄天河圈内所有诸恒星？一虚空，何以能摄星林、星团、星云、星气，皆如昴星之天河圈而遥与之摄？在动重家，必曰：离心力也，向心力也。为之吸一也，一固然矣。然力也者，言其牵引之势也。牵引者何物？谁主其牵，谁令其引，谁任其吸？何以能成可睹之势？日月星地之各吸所吸，其力何能制其不相切附？日月星地之互吸所吸，其力何能保其不相陵撞？则非力之一辞所能尽矣。

任举万物中之一物，如一叶，如一尘，如一毛端，如一水滴，其为物眇乎其小矣，而要皆合无量之微质点黏砌而成。及以显微镜窥之，则叶之纹理，知其为山河；尘之旋舞，知其为小地球；一毛端，一水滴，知其有万亿京垓之微生物，微植物，或根著，或浮流，或蜎飞蠕动，跂行喙息。而微生物、微植物又莫不各有筋骨、肠胃、枝叶、根须，其筋骨、肠胃、枝叶、根须之间，又莫不更有寄生之微生物、微植物。由是辗转递测，以至于无穷。谓为质点之粘砌，则质点之微岂复可以言喻？虽天演家亦无以辨其物竞矣。

任举万事中之一事，如一言，如一动，如一歌泣，如一思念，其为事亦至庸无奇矣，而要皆合全体之脑气筋发动而显。以我之脑气筋感我之脑气筋，于是乎有知觉。牵一发而全身为动，伤一指而终日不适。疾痛疴痒，一触即知。其机极灵，其传至速。不灵不速时，曰麻木不仁。以我之脑气筋感人之脑气筋，于是乎有感应。善不善，千里之外应之；诚不诚，十手十目严之。容色可征意旨，幽独如见肺肝。本合天地人我为一全体，合众脑气筋为一脑气筋，而妄生分别，妄见畛域，自隔自蔽，绝不相通者，尤麻木不仁之大者也。然究其所以相通之神之故，虽心灵家无以达其分核矣。

是何也？是盖遍法界、虚空界、众生界，有至大至精微，无所不胶粘、不贯洽、不笼络而充满之一物焉。目不得而色，耳不得而声，口鼻不得而臭味，无以名之，名之曰"以太"。其显于用也，为浪、为力、为质点、为脑气。法界由是生，虚空由是立，众生由是出。无形焉，而为万形之所丽；无心焉，而为万心之所感，精而言之，夫亦曰"仁"而已矣。

谭浏阳遗墨①

浏阳之学，出乎天天，入乎人人。其大端具于《仁学》一书，我支那四千年未有之盛业，不待论矣。其零墨碎金，散于人间者，随时衰录之，以广其传。左三则为同志书箧之语也，其书在著《仁学》之后。

静观断念，动成匠心。静观断念者何也？业识流注，念念相续。惟余般若，无不能缘。由此之彼，因牛及马。如树分枝，枝又成干。忽遇崎挠，中立亭亭。悬旌无薄，是名暂断。乘此微隙，视其中何复续，若竟不复续，意识断矣。动成匠心者何也？道绝言思，遇识成境。境无违顺，遇心成理。闻歌起乐，见泣生悲。非歌泣之足凭，有为悲乐之主者也。然则苟变其主，必得立地改观，所谓三界惟心，即匠心也。

曾重伯言："舟中闻桨击水，心之知识，即逐声而往。桨自桨，水自水，声自声，心自心，何以遽相凑泊？因有悟于中阴入胎之理。"余谓中阴凑泊之机，信是如此。所可惧者，非具甚深智慧，转世之后，德业一时坠失，何其无记性也。及重思之，知识本来无记性。后境而思前境，今日而思昔日，似有记性矣。然必置此思彼而后得，非不待更端而同时并得也。然则知中识中，仅能容得一事，其余皆谓之遗忘可也。生人知识，有体魄之可寄，尚自无有记性，复何论于凭虚无著之中阴？此成大圆镜智者，所以无后无前，无今无昔，容则并容，得则同得，一多无碍，不在两时。

夫万善之首必曰信，万恶之首必曰不信。于耳目所不及接而生疑想者，是为不信；于过去未来而生久远想者，是为不信；于大小长短多寡而生容积想者，是为不信；于一念顷而自放逸者，是为不信；于常精进而生退转想者，是为不信；于少有所得而生自足想者，是为不信；于一乘中而生二想者，是为不信；广说虽累大，万不能尽也。譬如盲人而与说日，彼终不信。以不信，故虽佛威神力，终无能使彼知日。

① 录自《清议报》第三十二册《饮冰室自由书》，光绪二十五年十一月十一日（1899年12月13日）出版。文前为梁启超语，《谭嗣同全集》（蔡尚思、方行编，北京，三联书店，1954）删"其大端具于《仁学》一书，我支那四千年未有之盛业，不待论矣"数言。梁曰："左三则为同志书箧之语也，其书在著《仁学》之后"，故该三篇应作于1897年。

书　简

上谭继昇夫妇书①

一

大伯父母大人尊前：

　　暌违已久，企念殊深！辰维起居万福，至颂至祷。侄于四月二十六日抵泰州，均托福庇，幸获平安！父亲眠食如常，精神犹昔。保保、潞生、秦生等均聪慧可爱，真我家之福也。肃此敬请福安！并请诸兄大安。

侄嗣同谨禀

二

大伯父母大人膝下：

　　久未接来训，想念殊深！父亲于八月廿九日抵京，九月初一日陛见，廿二日请训，十月初四日出京，十一月十三日抵陇，越二日接印，计往来四阅月矣！虽柳雪驰驱，道途寒暑，而犹平安无恙、精力有加也。同行若黄秉钧、谨余等均顺适。署中一切均好，知关慈念，肃禀，恭请福安！

侄嗣同谨禀

　　外有刘云田信一封。

三

大伯父母大人膝下：

　　久未接信，想仍康健如昔，不胜念念。侄近来一切均幸敉平，九月

----

① 录自《湖南历史资料》1959 年第一期（1959 年 3 月 30 日出版）。写作时间不详，原编者按称："写给伯父母的 4 封信，从字体、内容看来，是随其父谭继洵宦游甘肃时写的。"

二十六日从父亲往兰州，于十月二十三日还署。父亲因途中感受风寒，眠食不豫，现已痊矣。惟于旅次接六兄信，知二兄于七月二十七日即世，发函伸读，曷胜于邑。伏念在京时，与二兄两次聚首后，于庚辰冬再会，亦甚怡怡，讵料去年分袂，顿成死别。侄于此际，真有不堪回首者矣。夫兄弟无故之时，往往不觉其乐，惟于事后追思，便有许多难得处。况三兄已先亡不数月，玉树齐摧，更想及当年五兄之去世，兄弟凋零若是，能不肝肠摧绝耶？惟望伯父母大人随处达观，顺时自保，死生前定，悲亦何益？诚能步履如常，宴安犹昔，则区区下怀，亦窃慰矣。肃此，恭请

福安！

并请大四兄大人台安！

侄嗣同谨禀

四

大伯父母大人膝下：

自拜别以来，僶经半载，曾于五月初间发一函，谅已达尊览矣。遥想迩来杖履安常，精神如旧，不胜拳拳！父亲亦甚安适，署中均属平安。顽体虽云无恙，但此间秋风多厉，寒暑不时，采薪之患，亦所恒有。侄尚未延师，现拟于伏羌①县令汪丹山年丈处付课也。肃此，恭请

福安！

侄嗣同谨禀

上欧阳中鹄书②
（1895 年 6—7 月）

一

——兴算学议

夫子大人函丈：

顷奉赐书，具承福躬嘉畅，训诲周动，以慰以感！致家严书呈上，河南书亦即驿寄，其中大义微言，既领悉矣。数月来不曾上一戕，因盼

---

① 伏羌，清属甘肃巩昌府。

② 原载第一函已收入《寥天一阁文》，此处删。现录自《谭嗣同全集》（蔡尚思、方行编，北京，三联书店，1954）。

尊驾之来，兼心灰意懒也。

近来所见，无一不可骇可恸，直不胜言。久之，转觉平常无奇，偶有不如此者，反以为异，斯诚运会矣。不幸躬丁此厄，别无好处，惟古人所意料不及之事，吾得耳而目之，或足夸殚见而已。悲愤至于无可如何，不得不以达观处之。《兔爰》不乐其生则有之，至欲披剃为缁流，了不记有是语，转述之失实欤？抑无意偶说而旋忘之欤？

惟去年风信紧时，颇存以一个字塞责之意。复妄意天下之人，无不当如此者。及睹和议条款，竟忍以四百兆人民之身家性命，一举而弃之，满、汉之见，至今未化，故视为饶来之物，图自全而已，他非所恤！岂二百五十年之竭力供上，遂无一点好处耶？宜乎台湾之民，闻见弃之信，腐心切齿，以为恩断义绝，开辟以来，无忍心如此者。大为爽然自失。在已仕者自不当公言怨怼，若乃蚩蚩之氓，方求河西、吴越而不得，即朝秦暮楚，南越北胡，中国之民，从前占籍西洋各国者，几及千万之数，此后当日增矣。近日大官富商之家属，多流寓上海租界，请保护。甚至流离颠沛，反面事雠，奉天七州县，倭允还我。而民间有号泣留倭者，且言倭一去，则官又来虐我矣。从而迁者数百户。无告之民，其惨痛乃尔乎！亦将何词以责之？鱼趋渊，雀趋丛，是岂鱼与雀之罪也哉！诸将待士卒，无不刻溪者；自宋祝帅、魏午庄、李健斋外，难宿将皆侵扣军饷。去冬蒙朝廷赏颁军士羊皮袄一件，及诸将发交，至扣抵饷银五六两之多。军士赴钦差处诉冤，刘岘帅置之不理，营务处冯莘垞之流转复助纣为虐，百端抑勒。余虎恩至不令勇丁出营买柴菜，防其控告也。丁槐夙有威名，此次刻扣尤甚，纵兵焚掠其营务处，至为叛兵所杀。李鉴帅初则盼之不来，终则推之不去，大为所苦；甚至自货其精枪快炮，供京僚帅府之应酬。董福祥手定新疆，人人称为名将者，且有"总办军务处及军机处需索太多，亏累无从填补"之语，此外更无论矣（一）。军士遂仰倭兵如神仙中人，恨不为所用，以免此冻饿困苦。倭人召募闽广健卒，几九万人，故战死者率皆中国人。真倭人阵亡者，自去年至停战，才六百余人而已！无怪战无不胜，攻无不取也（二）。又凡中国购买外洋军械，出使大臣从而分成，及兑价时，经手人又要分成。故吴清帅军有西人已运到枪炮，因扣价太多，不肯发药弹之事。此时西人视中国官吏，比于禽兽：故有"文官三只手，武官四只脚"之谑。又以"秽贿讳"三字批评中国，一切吏治军政无不识破。署中偶延洋医治病，及间至汉口洋行晤西人之晓华语者，辄故作哀怜慰勉之词，来相戏嬲，令人愧怍，无地自容。君以民为天，民心之涣萃，天心之去留也。往年威海冰胶，不能进船。去冬严寒胜往年，而倭进攻时，独不合冻。倭固万无蒙天祐之理，而以我之所为，又岂能望有偏祐哉！然则尊论二十年之期，犹仁恕之至矣。和者以苟目前，而目前即有万不可当之祸。尤可笑者，当全权定约尚未回华之时，即令各省纷纷撤兵，其续募者，无论行抵何处，即行就地遣散，其息借民款等项，一律停止，遂若可恃以久安者。及烟台方换约，即传四喜、同春诸名部演剧矣。台湾苦战三昼夜，仅乃一胜，倭兵复进，遂不可支。鸡笼、扈尾诸险要尽失，可俯瞰省会，万无可守之理，军民扰乱，自相焚杀，死者阗阗，抚署亦毁。唐薇卿率各官逃走，已登舟矣，复被民兵捉去，幸其家眷辎重前已内渡，仍得遁归，现在南京住家，原品休致。为南面王才数日耳，忠非忠，奸非奸，竟无词以品题之。然倭人遂不血刃而得台北府！并各省前所助所捐之饷械，及张香帅近所助之新式后膛精枪数千，枪弹数百万，具□五十万，一齐送之倭人！计初七开战，至十三失鸡笼，仅七日。国朝两次平台湾皆止七日，抑何报应之巧耶？倭现分兵徇近县，一面攻台南府，刘永福仍困守台南，然决不能久持。且电线久断，无从问讯，但望其能一死，死固无益，因军兴以来，统领死者止左、戴二人，或得以此遮羞耳。杨岐珍见鸡笼之败，事不可为，即率所部内渡，自回福建提台之任；其余湘、淮各勇，多由倭人遣回，隶湘者，已渐次抵鄂，闻有千余人，而到者寥寥，盖逃散沿江为匪矣。鄂中正为此大费经营，接应不暇。而李经方派充交割之使，即坐倭之兵舰往台，见倭已得手，径将文书交清，绝不一登岸，别附他国轮船而回，脱卸之巧，毫不费力。台湾之民，初则义愤，继则争乱，终见倭人入城，则又贴耳驯服。入城时秋毫无犯，主客相安。然三日之血战，亦足表暴于天下。所无可如何者，运会耳。又以见起义者仓猝乌合，其不可恃如此。倭既得台北，仍以大枝胜兵回趋奉天。先是倭碍俄人情面，允退侵地，诈为撤兵之状，实阴率精锐赴台湾。所谓七州县，初未尝还我尺地也。特令中国加赔兵费一万万两，始行交还（三）。议久不决，至是骤增兵数万，军械称是，兵轮运送往奉天者，尚络绎不绝。前敌奏报，尚奉"未即有他意"之旨。迨言者纷纷，又见倭人修濬濠垒，整顿地方，为经久之计，始令前敌戒严。然诸军遣散者已遣，调回者已调，退扎者已退，其余放心解体，优游观望，谁能复有斗志？然则退还者特虚语而已，且恐更进也。一旦决裂，直摧枯拉朽，求如前之节次递败何可得哉！俄人亦未必肯再为缓颊，且俄于珲春日日增兵，多至数十万，西人称其军容之盛，古未尝有，意果何在，乃犹梦梦耶！然割地一层，犹是祸之浅者。和约中通商各条，将兵权利权商务税务一网打尽，随地可造机器，可制土货。又将火轮舟车开矿制造等利一网打尽，将来占尽小民生计，并小民之一衣一食皆当仰之以给，自古取人之国，无此酷毒者！况又令出二万万两之巨款，中国几曾有此财力！国家岁入七千万两，仍复散之于下，初非长往不返。西洋各国岁获中国之利八千万两，然丝茶盛时，可抵去三千万两，余五千万两尚亦有货在中国，然已困穷不堪矣。今无端弃掷此数倍之款，即括尽小民脂膏，下至妇女之簪环首饰，犹难取办此数。闻京城特设一借贷衙门，以恭邸主其事，佐之者宰相尚书也。俄国允借一万万两，余向各国分借，皆由俄国作保，将以满洲借令修筑铁路酬其劳续。其取息之重自不待言，且恐不能无抵押之事（四）。总之，中国之生死命脉，惟恐不尽授之于人。非惟国也，将合含生之类无一家一人之不亡。窦融、钱镠之事，已万万无望，即求如南宋之稍缓须臾，亦何可得！然则"欲保京城"四字又何在乎？全权恫喝劫持，皆恃此四字，独不曰"四海为家"乎？此间是以有西迁之请，最为曲突徙薪之法，而迂儒大以为非（五），可见中国求一明白人不可得矣。又七督抚请俄、德、法居间，暂缓换约，实亦万不得已之策，而其全权怒异己而阻挠和局也，遂以引狼入室奏参张香帅，其肆无忌惮，闻之发指。由是香帅雇用俄国兵舰，以壮声势，兼教练中国水军之举，遂已成而复罢。既而我不联络英，而英与倭合；我不联络俄，而俄又将与倭合。而迂儒又以七督抚之禀为非，坐视全权挟一倭以制天下之死命。不能出一谋，画一策，转与全权忤者为不然，是城设淫辞而助之攻，适足为全权吠声之犬而已。**被发左衽，更无待论。**发久被矣，此后但须剪发耳。而祸更有烈于此者，中国不变法以期振作，使外洋人代为变之，则养生送死之利权一操之外人，可使四百兆黄种之民胥为白种之奴役，即胥化为日本之虾夷、美利坚之红皮土番、印度阿非利加之黑奴！此数者，皆由不自振作，迨他人入室，番驱之海隅及穷谷寒瘠之区，任其自生自死。黑奴生计日蹙，止堪为奴。红皮土番初亦不下数百万，今则种类顿少至十数倍。虾夷则渐灭殆尽。皇天无亲，惟德是辅，奈何一不知惧乎？今日之乱，古事无可比拟。古所称夷祸，犹是同洲同种之人，偶见为内外耳；今则别是一种，横来吞噬，又各有本国，特视此为外府，为鱼肉，岂复有相容之理？

夫彼全无心肝者，固来谕所云："胥天下无可责备之人，亦可不责之矣。"全权与倭相伊藤问答语，已自勒为书。至以中国比为倭之小儿，云："既欲其长大，又绝其乳，岂得不死？"伊藤云："中国岂可与孩提并论？"全权语塞。谓他人父亦莫我顾，徒取辱耳！吴清帅闻和议成，身为败物，不敢争论。尽出所藏古玩数百种，托香帅代奏，言可抵偿兵费一千万两。如倭主不要，则转请俄皇说情，别备古玩百种为谢。香帅以嬉笑答之。若吴之荒唐，罕见其匹。独怪博学工文、平日自命不凡之士，犹复不知此时为何时，所当为者为何事。溺于考据词章，而怙以虚骄；初不辨为某洲某国，概目之曰洋人（六）。动轧夜郎自大，而欲恃其一时之意气，尽驱彼于海外而闭关绝市，竟若经数十年贤士大夫无术以处之者，彼一出而旦夕可定。及见有识者讲求实学，力挽时局，又恶其形己虚而乘己短也，从而娼之疾之，诋之为异端，訾之为用夷变夏，然则便当高坐拱手以待诛戮耶？窃谓古有亡国之君，亡国之臣，今则有亡国之士，亡国之民！骛空谈而无实济，而又坚持一不变法之说（七），以议论为经济，以虚骄为气节，及责以艰巨，又未尝不循循然去之，此亡国之士也。烧教堂，打洋人，明知无益，而快于一逞。于是惑风水而阻开矿，毁电线，周汉之流又从而煽摇之。四川教案甚不易了，各国之房屋皆毁，斯各国之兵船皆至，昂昂上溯者已十余艘，沿途莫敢谁何。或曰："赔百万千万。"或曰："数千万止足赔房屋，而货物尚在外，打死之教民尚在外。"法国则曰："均不必赔；

但中国之君中国之官既不能自约束其民，要此君与官何用，我当代为理之。"内外大官惶惧不知所出，各省加意保护之电旨廷案纷至沓来。驯至湖北洋人每日游洪山须由督抚衙门派兵保护，一波未平，一波又起，此亡国之民也。士与民足以亡国，虽有窦融、钱镠，复何所资藉！故不变法，即偏安割据亦万万无望，即令不乏揭竿斩木之辈，终必被洋人之枪炮一击而空。衡阳王子愤明季之乱，谓求一操、莽不可得，今即求如李自成、张献忠尚能跳梁中原十数年者，何可得哉？中国今日之人心风俗，政治法度，无一可比数于夷狄（八），何尝有一毫所谓夏者，即求并列于夷狄，犹不可得，乃云变夷乎？陈长镞上书言："与洋人战不当用枪炮，当一切弃置而专用气。"然观其文采则美甚，书法则佳甚，中国之名士大抵如此矣。夫洋枪洋炮之利，在西人犹其余事，然亦万无徒手可御之理。殆误于孟子制梃之说耶？然孟子明明提出秦、楚二字，何尝说可挞英、俄、德、法诸国之坚甲利兵乎？且即以炮论之，其最大之克虏伯能击五六十里，而开花可洞铁尺许者，可使万人同死于一炮。虽断无万人骈肩累足以待炮之理，而其力量所及，要不可不知。由此以推，彼不过发数万炮，而我四百兆之黄种可以无噍类，犹谓气足以敌之乎（九）？况彼之法度政令，工艺器用，有十倍精于此者，初不必尽用蛮攻蛮打而自可从容以取我乎？使我而为西人，决无不瓜分中国者。且倭已得险要，已得命脉，已具席卷囊括之势，独不虑天与不取反受其殃乎？有可幸者，或各国牵制，恐碍商务不即发耳。悲夫！会见中国所谓道德文章，学问经济，圣贤名士，一齐化为洋奴而已矣。岂不痛哉！岂不痛哉！而犹妄援"攘夷"之说，妄援"距杨、墨"之说，妄援"用夏变夷"之说，妄援"不贵异物贱用物"之说，妄援"舞干羽于两阶七旬必有苗格"之说，为死已至眉睫，犹曰我初无病，凡谓我病而进药者，皆异端也。大愚不灵，岂复有加于此者耶（十）？且凡所谓西法，要皆我之固有，我不能有而西人有之，我是以弱焉。则变法者亦复古焉耳，何异之有？然则变法固可以复兴乎？曰：难能也，大势之已散也。然苟变法，犹可以开风气，育人才，备他日偏安割据之用，留黄种之民于一线耳。独惜夫前此之宽闲岁月，不计此，不为此，及见倭之变法而盛，犹不思效法，反诋之、讥之、笑之、咒之。初通商之不变，尚曰不习夷情也。庚申可变矣，乙酉可变矣，而决不变。至乎今日，奄奄一息，忽不度德，不量力，而与能变法之倭战，如泰山压鸡子，如腐肉齿利剑，岂有一幸乎？初闻湘军之见敌即溃也，心虽哀之，未尝不窃喜吾湘人虚骄之气从此可少止矣，久之而骄如故。善夫！左文襄请造轮船之疏曰："彼既巧，我不能安于拙；彼既有，我不能傲以无。"夫傲之一字，遂足以亡天下而有余（十）。虽有窦融、钱镠，亦将奈此亡国之士与民之傲何哉！此尊论所谓不知其何以战，一诘难而语已塞者也。战必有所以，曹刿犹能言之，今则民从耶？神福耶？忠之属耶？去年主战之翁同龢辈，不揆所以可战之人心风俗，与能战之饷与械，又不筹战胜何以善后，战败何以结局，瞢然侥幸于一胜。偶有一二深识之士出而阻之，即嗤为怯懦，甚则诋为汉奸。虽然，此无势之能审，犹有义之可执也，则亘日穷天，孤行其志，胜败存亡或可不计。及至形见势绌，有百败无一胜，所失膏壤方数千里，沿海八九省海岸曲折逶迤，不下三四万里，处处皆可登岸，顾此失彼，日不暇给，守则无此恒河沙数之兵，弃又资敌。而海军煨烬，浩浩大洋，悉为敌有，彼进而我不能拒，彼退而我不能追，彼他攻而我不能救，彼寄碇而我不能蹙。彼有优游自得以逸待劳之势，方且意于东而东宜，意于西而西宜，择肥而噬，伺瑕而蹈，顾盼自雄，意气横出；我则望洋而叹，束手无策。当海军之未亡也，言者欲直捣长崎、横滨，为围魏救赵之计，不知我之海军，且失事于海口，其能得志于外洋乎？训讨操练既属虚文，风涛沙线尤非素习，一泛沧溟，即晕眩呕哕，不能行立。窃恐东西南北之莫辨，不识长崎、横滨之何在，将举踵而却行，适幽燕而南其趾，其能与履险如夷习惯自然之悍敌，争旦夕之命于洪涛骇浪中乎？虽海军率雇西人驾驶，其竭诚忠事与否已不可信，而战之一事，又岂可责之一二驾驶之人乎？故我之海军，仅能依违近港，虚张声势，初不意真有战事。迨迫以军法，使当大敌，将士环向而泣，至有宵遁者，其不战而溃，不待智者知之矣。然海军之不可用，犹曰中国所短也；中国所长莫如陆军，而奉天败，高丽败，山东败，澎湖又败；旗军败，淮军败，豫军、东军、各省杂募就地召募之军无不败，即威名赫耀之湘军亦败，且较诸军尤为大败。将领相顾推诿而莫前，乡农至以从军为戒，闻与倭战即缩朒不应募，或已募而中道逃亡。虽将领不得其人，然亦有善调度能苦战者矣，亡死数万人，亦不为少义勇之士矣，而卒至此者，则陆军之于海军又未必相悬殊也。至若饷与械之亡失，大小炮以千计，炮弹以万计，枪以十万计，枪弹以百万计，其他刀矛帐棚锅碗衣服之属，尤琐细不足计。亡失之银钱与工料以千万计，统中国之战守填防月饷加饷储峙一切，又以千万计。司农告匮，外库搜括无遗，下而勤捐勒捐，房捐商捐，加税加厘，息借洋款，息借民财，名目杂出，剥脂钻髓。且陕甘云贵之协饷以及廉若俸与应支之款，概支吾而不发。卷天下所有，曾不能供前敌之一败，而添购军械之款，尚无所从出。去年总署即密向智国订购船械，外洋见中国之危，早即不肯借债，即购物无现钱亦竟不肯售。又虑倭人要截枪炮，偶有至者，亦常被搜查夺去。福建船政局有名无实，从不能造战舰。上海、金陵、天津各机器局工惰器窳，造枪炮甚迟，且非新式快利之器。湖北枪炮厂建造又未毕工，而各局之通患则曰缺费。于是赤手空拳，坐以待毙。向之主战者，乃始目瞪舌挢，神丧胆落，不敢出一语，偶蒙顾问，惟顿首流涕，君臣相持嚎哭而已。而和之势遂不至摇尾乞怜哀鸣缓死不止。愚以为孟浪主战之臣，以人家国为侥幸，事败则置之不理，而逍遥事外，其罪尤加全权一等矣。京城为之语曰："宰相合肥天下瘦，司农常熟世间荒。"亦可云恰切。今之衮衮诸公，尤能力顾大局，不分畛域，又能通权达变、讲求实济者，要惟张香帅一人。此次军务，赖其维持帮助十居八九，惜其才疏而不密，又为政府及全权所压制，不能自由耳。谭云帅来电，深以此间及七督抚之阻和为不然，且笑为好说便宜话。夫空言阻和，诚便宜矣，然不闻云帅之别筹一善策也。与此间私札密电，不过问其家属来往安否，行李运抵何处，应如何照料云云而已！且去年刘襄勤之奉召北援，恐其大用，颇向当路倾轧之。公尔忘私，固如是乎？然则便宜之中，更有便宜者焉。香帅尝叹曰："无怪乎合肥之得志也。遍观中外大小臣工，学问非不好，品行非不好，即心术亦未必都不好，然问以大小炮数百种，后膛精枪亦数百种，形式若何，运用若何，某宜水，某宜陆，某利攻，某利守，某利山林，某利平地，其左右前后之炮界何在，昂度低度若何，平线若何，抛物线若何，速率若何，热度若何，远近击力若何，以及水雷旱雷炮台地营一切攻守之具，无一人能知，且并其名亦不能辨，又况西人政事法度之美备，有十倍精于此者。某国当与，某国当拒，某国善良，某国凶狡，吾之联之而备之者，其道何在，宜更无一人知之矣。稍知之者，惟一合肥（十一）。国家不用之而谁用乎？"香帅之言明白如此；而近日又有一种议论，谓今日之祸，皆由数十年之讲洋务。冤乎！中国虚度此数十年，何曾有洋务，亦岂有能讲之者？虽有轮船、电线、枪炮等物，皆为洋务之枝叶，且犹不能精，徒奉行故事虚糜帑项而已。惩末流之失，遂谓创始者之非，何异因噎废食，惩羹吹虀乎！且惟数十年士君子徒尚空谈，清流养望，以办洋务为降志辱身，攻击不遗余力，稍知愧耻者，至不敢与办洋务者通往来。于是惟下贱无耻不恤声名之人，然后甘心为此。上官明知其非也，窘于无人，遂不得已而用之。有从细崽起为关道者矣，有从马占仕至封圻者矣，人才安得兴？洋务安得有效乎？此皆士君子引嫌自高，不务实事之过矣（十二）。昨见王壬秋上合肥书，痛诋洋务，兼及曾、左，然为合肥画计，则劝其率铁甲船直攻日本，是诚奇计矣。然铁甲船独非洋务乎？且不知测天以辨经纬，能航海乎？不知测地以定方向，能计里乎？不解机器何以行船？不谙算学何以开炮？不熟公法不能悬旗，不晓西洋语言不能答邻舟之问，是则铁甲船尤诸洋务之所荟萃；是则中国之名士未尝不知洋务之有用，特已所不知不能，恐一讲洋务，即失其所以为名士之具，不得不忍心罟之耳！且凡罟洋务者，能不衣洋布用洋物乎？抑日用之而不知遂忘之耶？吾仰彼之物以为用，使彼日耗吾之民财，何如皆自制造而自用之，又兼造彼所需用者以相抵御，以留吾民之脂膏耶？即如洋钱一宗，东南各省通行，西人获利无算，中国何以不早仿造？始以为资本太重耳。今湖北建银元局，购置机器，止费数万金，是亦何难？乃至今始有广东、湖北二局。中国举事著著落后，是以陵迟至有今日，而所谓士者犹坚持旧说，不思变计，又从而媚之诋之。呜呼！亡之犹晚矣。故议变法必先从士始，从士始则必先变科举，使人人自占一门，争自奋于实学（十三），然后人材不可胜用，人材多而天下始有可为矣，舍此更无出身之路，斯浮议亦不攻自破。故变法者非他，务使人人克尽其职，不为坐食之游民而已。考理学、文学者使官礼部，考算学、理财者使官户部，考兵学者使官兵部，考律学者使官刑部，考机器者使掌机局，考测量者使绘舆图，考轮船者使航江海，考枪炮者使备战守，考公法者使充使臣，考医学者使为医官，考农桑者使为农官，考商务者使为通商之官。善夫！西人学校科举之合为一也，有择官选士之意焉。其成材者升于大书院，各有专门之学以待录用。投考者即于大书院由院长考之，不拘人数，求考即考，一二人可也，百十人可也；不拘时日，随到随考，今日可也,明日可也。所考者又皆有实验:如考算学即令运算,考船学即令驾船,考医学即令治病,考律学即令决狱,考机器即令制器,考天文测量即令运用仪器,中式即面予凭单,差其等第,如中国举人、进士之类。其有殊尤,立即拔用,余俟录用或再考。考每一国大小公私书院,或数万或数十万,又有五家连坐之法,一人不读书五家皆坐罪,故农夫走卒无不读书识字。又有女学校,故妇女无不读书识字。由是小儿得力于母教,方七八岁即知地为球体,月为地之行星,地为日之行星,地自转而成昼夜,地绕日而有寒暑。地凡几洲,凡几国,某国与我亲,某国与我疏,及其大小强弱,均已晓其大概。至于品行心术,固无法以考验,而实即寓于诸学之中,苟其不端,亦决无能善其事而不败露者。况满街有警察吏以举刺之,到处有议院以评论之,又有浓赏厚刑以驱其后,复何忧其不得人哉?中国之考八股,于品行心术又有何干涉?不惟八股也,策论亦八股也,经学辞章皆八股也;即考算学而不讲实用,犹八股也。故必变科举而后可造就人才,而后可变一切之法矣。此间拟上变法之奏,尚未决定,若不变科举,直不如不变。然揆之当道,亦必不能听,且倭有中国举措必先商之于彼,然后准行之说。若使的确,变法无利于倭而大有害,必不见许,而时势又迫不及待,聊上言以尽心耳。夫变科举以育人材,开议院以达下情,改官制而少其层累,终身不迁以专其业,及财务、训农、通商、惠工、练兵、制器诸大政,既难行矣。且习气太深,行之转以滋弊,而其行之利病及算学格致可以试之而有效者,断不可不一心讲求,以供窦融、钱镠之用。故与唐绂丞、刘淞芙有于本县设立算学格致馆之议(十四),诚不忍数千年之圣教,四百兆之黄种,一旦斩焉俱尽,而无术以卫之耳。

且彼抑知天下之大患有不在战者乎?西人虽以商战为国,然所以为战者即所以为商。商之一道足以灭人之国于无形,其计至巧而至毒,人心风俗皆败坏于此。今欲闭关绝市,既终天地无此一日,则不能不奋兴商务,即以其人之道还治其人之身,岂一战能了者乎?向令战胜日本,于中国全局初无裨益,转恐因以骄贪,而人心之疵疠永终于深痼。故败者未必非幸,和者尤当务之为急,但不当败至如此地步,和至如此地步,虽有善者无如何耳。今之策士动曰防海,不知曲折逶迤三四万里如何防法。既无铁路使调度灵便,即应有海军可南可北,首尾相应,练一军而固数省之防,使数万里海面不致尽为敌有,如围棋所谓活著,今又亡失于非人,将从何处防起耶?于是有练民团、渔团之说,此以张疑兵助声势可耳,若责令当大敌,匪惟不情,抑近儿戏矣。有弃海口海岸专防内地内江之说,此殆以为洋人止能水战,亦不识夷情之至矣。洋人尤善于陆战,有正有奇,能谋能勇,苟得我之海口海岸,所谓猎糠及米,而内地内江又化为海口海岸之形矣,然则又将弃之耶?故无铁路无海军直是无防法。且彼又不必真与我战也,率数艘铁甲,今日北洋,明日南洋,后日闽、广,乍离乍合,倏去倏来,止游弋而不接仗。彼所费无几,而我必倾天下之财力以为防,防密即退,偶疏又进,一夕数惊,蹈瑕乘隙,不一年而我无有不疲极而内乱者。此呕肆多方之故智，楚之所以灭亡也。今倭人专定数地，明目张胆，与我接仗，犹其老实易与处。若夫西人，则更不须呕肆多方也。岁取中国八千万，视国家所入犹赢一千万，且无国家之费用，是商务一端已远胜于作中国之皇帝；况和约遍地可通商免厘，可造机器，可制土货，各国必援利益均沾之说，一体照办耶？迨至膏血竭尽，四百兆之人民僵仆颠连，自不能逃其掌握。陈伯严之言曰："国亡久矣，士大夫犹冥然无知，动即引八股家之言，天不变道亦不变，不知道尚安在，遑言变不变耶？"窃疑今人所谓道，不依于器，特遁于空虚而已矣。故衡阳王子有"道不离器"之说，曰："无其器则无其道，无弓矢则无射之道，无车马则无御之道，洪荒无揖让之道，唐虞无吊伐之道，汉唐无今日之道，则今日无他年之道者多矣。"又曰："道之可有而且无者多矣，故无其器则无其道。"诚然之言也。信如此言，则道必依于器而后有实用，果非空漠无物之中有所谓道矣。今天下亦一器也，所以驭是器之道安在耶（十五）？今日所行之法，三代之法耶？周孔之法耶？抑亦暴秦所变之弊法，又经二千年之丧乱，为夷狄盗贼所羼杂者耳。于此犹自命为夏，诋人为禽，亦真不能自反者矣。故变法者，器既变矣，道之且无者不能终无，道之可有者自须呕有也。至于可知于百世之后者，虽西人亦不能变也。昧者辄诋西人无伦常，无伦常则不相爱不相育，彼吞此噬，人类灭久矣，安能至今日转富强乎？夫伦常不自天降，不自地出，人人性分中所自有者也。使无伦常而犹有今日之富强，则圣人之设教为由外铄，我如骈拇枝指矣，而彼此有见为异者，特风俗所囿节文之有详略耳（十六）。又万国公法为西人仁至义尽之书，惜中国自己求亡，为外洋所不齿，曾不足列于公法，非公法不可恃也。欧洲百里之国甚多，如瑞士国，国势甚盛，众国公同保护，永为兵戈不到之国，享太平之福六百年矣。三代之盛何以加此？尤奇者，摩奈哥止三里之国，岁入可万余元，居然列于盟会，为自主之国，非公法之力能如是乎？何得谓彼无伦常乎？而昧者又以圣人之道私为中国所独有，是又以尊圣人者小圣人矣。圣人之道无所不包，岂仅行于中国而已哉！观西人之体国经野法度政事无不与"周礼"合，子思子曰："凡有血气，莫不尊亲，虽不尊亲其人，亦自不能不由其道也。"盖亦不自天降，不自地出，人人性分中所自有，故数万里初不通往来之国，放之而无不准，同生覆载之中，性无不同，即性无不善，是以性善之说最为至精而无可疑。然则变法者又蕲合乎周公之法度而已。惟周公之法度，自秦时即已荡然无存，声明文物，后世无从摹拟，若井田封建宗法又断断不能复，是不得不酌取西人之幸存者，以补吾中法之亡。而沾沾于洋务之枝叶，而遗其至精，一不效，即以为洋务之罪，岂得谓之识时务哉？嗟乎！不变今之法，虽周、孔复起，必不能以今之法治今之天下，断断然矣。或曰："不先正天下之人心，即变法犹无益也。"曰：亦第正在上位之人之心可矣，何得归罪天下人之心乎？必谓中国之人心皆不正，又何其过尊西人而自诬之甚也，西人之富强，岂皆人心之正于中国乎？然则彼性善而我性恶乎？亦彼之法良意美而我无法而已。法良，则中人以下犹可自勉，无法，即中人以上难于孤立；且即欲正人心又岂空谈能正之乎？则亦寓于变法之中已耳。衣食足则礼让兴，故圣人言教必在富之之后。孟子谓："救死不赡，奚暇治礼义？"言王道，则必以耕桑树育为先，无其器，则无其道，圣贤之言道，未有不依于器者，而岂能遍执四百兆之人而空责以正心乎？亦第划除内外衮衮诸公而法可变矣。或难曰："假使尽划除诸公而易以贤才，而时势已无可为，又将奈何？"曰：苟尽易以贤才矣，又岂有不可为之时势哉？……募新加坡及新旧金山之华民以练海军，无事则令运载货物往外洋贸易，既可获利，又得熟习航海。尽开中国所有之矿，以裕财源，兼以兵法部勒矿夫，有事则每矿皆有兵。多修铁路，多造浅水轮船，以兴商务，以练陆军，以通漕运，以便赈济。商务则立商部集商会，通力合作以收回利权。陆军则召募与抽丁，要须并举。其练之也，站炮台，挖地营，今日征调往某处，明日又易一处；无事如临大敌，彼出此归，不使游惰，而有铁路亦自不甚劳苦，此德国之练法也。战兵专立将帅，守兵则隶于守令，以符汉制，兼可不用差役。枪兵尚勇力，炮兵则必通算学，又有所谓工兵专为筑垒潜濠制器之用，此西国之通制也。改官制而设乡官，废书吏而用士人，改订刑律使简而易晓，因以扫除繁冗之簿书。改订税厘章程，出口免税厘，以夺外洋之利。入口重征之，以杜漏卮之渐。土货则于出产之地，一征之而不问所之，以归简易而塞弊窦（十八）。讲求种植以裨农政，讲求畜牧以蕃马政，皆有专门之学，皆有专设之官。而由种植以推，则材木不可胜用；由畜牧以推，则牛羊之羶可为呢为褐。兴女学以课妇职，用机器以溥蚕桑。女学成则一家多数人之用。蚕桑不用机器，所以不如外洋，日本能以显微镜辨别蚕种，故无病蚕，出丝多而好，中国之大利半为所夺，此受患于无形者也。凡利必兴，凡害必除，西人之所有，吾无不能造，又无不精，如此十年，少可以自立矣。既足自立，则无须保护而人自不敢轻视。每逢换约之年，渐改订约章中之大有损者，援万国公法止许海口及边地通商，不得阑入腹地，今无论东西大小各国皆如此，独中国任人入腹地耳！如不见许，即我通商于彼国之兵轮亦当阑入彼之腹地，此出洋贸易之船所以万不可少，所谓即"以其人之道还治其人之身"也。又援各国之例，加重洋货进口之税；如不见许，即我往彼国之货，应照我国进口之税，视他国而独轻矣。去年湖北加洋油厘金止加于中国商民，与西人无与，而西人谓有碍其销路，竟不准行，此皆苦于无以相报也。又援日本之例，不准传天主教、耶稣教，又不准贩鸦片烟。日本此二事极令人佩服；如不见许，即谬设一教亦往彼国传教，纵横骚扰，令主客不相安，一被焚打，即援中国赔教堂之例请赔。又自种鸦片烟运往彼国销售，彼禁民不准买，我亦照禁，彼强我开禁，我即令彼先开。但使一国能改订约章，余俱可议改矣。如此始可言强，始可谓之曰国，而礼乐可徐兴矣。大抵行法之要尤有二端：一通外国语言文字，以翻译西书西报，以周知四（西）国之为，以造就使才，以四出盟聘；一广游历以长见识，以增学问，以觇人国之盛衰得失。而二者于商务尤必不可少。现在因不精求此二者，吃亏不细，不可殚述，特无人能悉耳！至于续电线，立邮便局，兴自来水、火，平治道路，辟通草莱，虽近末务，要不可不同时并举。如此又十年，以中国地宝之富，人民之多而聪慧，其为五大洲首出之国也必矣。贝元徵昔有言："外洋之煤铁向尽，中国之矿未开，他日中国挟其煤铁二宗，即足制外洋之死命。"是诚然矣。然中国必先自开其矿以图富强，始能制人，不然人将夺我之矿以制我矣。西人亦有言："中国譬则富室。即湖南一省之矿，足抵外洋各国之矿而有余。无如各国环而居者，皆极贫困之乞儿盗贼也。虽缄縢藏固其可终守乎？"危切之言，不啻箴规我矣！凡事不惮其难，不忧其繁，但当先寻一下手处。今之矿务、商务，已成中西不两立不并存之势。故西人有争自存宜遗种之说，谓必争而后仅得自存，以绵延其种类也。是以矿务、商务，力与争盛，即为下手处。而所以有下手处者，岂他故哉？前所言贤才之力也，而固无望于诸公也。然失今则更不可为，故曰：虽有善者，无如何也。知其无如何，故儒生益不容不出而肩其责，孜孜以教育贤才为务矣，此议立算学格致馆之本意也。而今日又有一种议论，谓圣贤不当计利害。此为自己一身言之，或万无可如何，为一往自靖之计，则可云尔。若关四百兆生灵之身家性命，壮于趾而直情径，遂不屑少计利害，是视天下如华山桃林之牛马，听其自生自死，漠然不回其志。开辟以来，无此忍心之圣贤，即圣人言季氏忧在萧墙之内，何尝不动之以利害乎？孟子"一不可敌八"之说，小固不可以敌大，寡固不可以敌众，弱固不可以敌强，又何尝不计利害（十九）？虽滕文公之艰窘，不过告以强为善以听天，若使孟子不计利害，便当告滕文公兴兵伐齐、楚矣。尧、舜相授受，犹以四海困穷与十六字并传。其时任农者稷，任工者倕，任水土者禹，任山林者益，任教者契，任刑者皋陶，任礼乐者伯夷与夔，而群圣之相与咨谋，又不离乎兵刑六府、鲜食艰食、懋迁有无化居之实事，有一不当计利害者乎？又岂有薄一名一物之不足为，而别求所谓道者乎？是小民之一利一害，无日不往来于圣贤寝兴癙寐之中。若今之所谓士，则诚不计利害矣。养民不如农，利民不如工，便民不如商贾，而又不一讲求维持挽救农工商贾之道，而安坐饱食，以高谈空虚无证之文与道。夫坐而论道，三公而已。今之士，止鹜坐言不思起行，是人人为三公矣。吾孔子且下学而上达，今之士止贪上达不勤下学，是人人过孔子矣。及至生民涂炭，万众水火，夺残生于虎口，招余魂于刀俎，则智不足以研几，勇不足以任事，惟抱无益之愤激，而哓哓以取憎。其上焉者，充其才力所至，不过发愤自经已耳，于天下大局何补于毫毛！其平日虚度光阴，益可知矣。英教士有李提摩太者，著中国失地失人失财之论，其略曰："西北边地为俄国陆续侵占者可方六千里，此失地也，而知之者百无一人也。中国五十年前人民已四百二十兆口，以西法养民之政计之，每岁死生相抵外，百人中可多一人，然至今初无所增益也，此失人也，而知之者千无一人也。又以西法阜财之政计之，每岁五家可共生利一铤，然中国方日贫一日也，此失财也。而知之者竟无其人也。"（廿）审是，中国之士尚得谓之有学问乎？中国修铁路则云无费，然粤商伍某竟捐资数千万为美国包修铁路。中国造轮船则云无费，然闽浙巨商往往自造大轮船挂外国旗号自称洋商，此固在上者驱迫使然，而为士者犹不知商务力量之大，谈及商务，即有鄙屑之意，中国之士尚得谓之晓世事乎？舆图者，为政所必须，尤行军之首务，中国从古至今，无明详而确之图。上海刻《中外舆地图说集成》，要亦书贾射利之书，图则中国旧图，或西人至粗至略之草图，说尤芜杂，挂漏未可尽据。去年前敌获得倭兵，其身皆有地图，攻一处即有一处之图，山泽险要，桥梁道路，无一不备，下至山之斜度，川之广狭，皆有比例可寻，故抄袭埋伏，要约期会，虽一走卒能心领其意不致歧误（廿一）。然西人犹自以为舆图未精，德国特结一舆地会，邀集千百人潜心考究，期以七十年之久然后出图。邹叔绩先生之孙沅帆名代钧，顷在鄂倡为舆图之学，能自译西文之图六百余幅，招股付梓，而人咸非笑之（廿二）。西人兵法有气球飞车，最足以乱敌之耳目而多方以误之。往年镇南关缘此失事，今年澎湖又因以不守，中国宜如何讲求仿造及应付之道。偶与人言之，辄以"奇技淫巧"四字一笔抹倒。呜呼！中国之士尚得谓之有知识乎（廿三）？凡此皆不计利害之过也。不入虎穴，焉得虎子？不下十成死工夫，焉能办成一事？平日务当胸中雪亮，眼明手快，穷理尽性，大公无私，斟酌数千年上之沿革损益，及数千年下之利弊究竟，调剂五大洲政教之盈虚消长，而因应以为变通，使人存政举，利权尽操之自我，外洋皆将仰我鼻息以为生活，又何至有战事。即令付诸衡阳王子之《噩梦》，而万无可为之时，斯益有一息尚存之责。纵然春蚕到死，犹复捣麝成尘（廿四）。古谚曰："巧妇不能作无米之炊。"然必有米而后作炊，亦不得谓之巧妇矣。然则畏难而就简因陋，一惭之不忍而累及终身，事急又横蛮言战，曾不恤情理之安，亦岂得谓通天地人之为儒，推十合一之为士，为包罗万有，本末兼赅，体用具备之学乎？夫彼之横蛮言战及焉闭关绝市之说者，其不计利害也，是教五十里之国之滕文公伐齐、楚也。

士生今日，亦只有隐之一法；然仕有所以仕，隐尤当有所以隐。为天地立心，为生民立命，以续衡阳王子之绪脉，使孔、孟、程、朱之传不坠于地，惟夫子与刘夫子、涂夫子自当任之。而门弟子亦宜或如仲子之治赋；或如冉子之通算术、能理财；或如端木子之通算术、经商务；或如樊子之考究农务；或如公西子之足备使才；或如宰我子之习语言；或如卜子之治文字；或如颛孙子之订仪注；或如言子之详节文。陶淑既久，必将有治学合而为一，高据"德行"之科，兼"为邦"、"南面"之才与器，如颜子、仲弓其人者；师弟一堂，雍雍三代，有王者作，必来取法，可不疑矣。然今之世变，与衡阳王子所处不无少异，则学必征诸实事，以期可起行而无窒碍。若徒著书立说，搬弄昌平阙里之大门面，而不可施行于今日，谓可垂空言以教后世，则前人之所垂亦既伙矣。且此后不知尚有世界否？又谁能骄语有河清之寿以俟其效耶？黄舍人言：昔客上海，有西人到其斋头，见书籍堆案，佯为不识而问曰："此何物也？"曰："书也。"又问："有何用处？"舍人不能答。乃徐笑曰："此在我西国自皆有用处，汝中国何必要此？"哀哉此言！亦所谓无其器则无其道也。不力治今之器，而徒言古之道，终何益矣。若西人之于书，则诚哉其有用矣。故十三经、廿四史、《通鉴》及有宋儒先之书，各国久即译出。各国又皆有专译中书之馆，期将中书经、史、子、集，下逮小说、新闻纸概行翻译，以备采择。彼既有其器矣，故道乃得附之。观其设施，至于家给人足，道不拾遗之盛，视唐、虞、三代固品节不及其详明，而其效率与唐、虞、三代无异。虽西国亦断无终古不衰弱之理，而中西互为消长，如挹如注，中国不自强盛，斯西国亦终无衰弱之理。然中国言治于今日，又实易于前人，则以格致诸理，西人均已发明，吾第取而用之，其大经大法，吾又得亲炙目验于西人而效法之也。夫华夏夷狄者，内外之词也。居乎内，即不得不谓外此者之为夷。苟平心论之，实我夷而彼犹不失为夏。中国尝笑西人冠服简陋，西人即诘我之发辫有何用处，亦无以答也。无怪西人谓中国不虚心，不自反，不自愧，不好学，不耻不若人，至目为不痛不痒顽钝无耻之国。彼在位而误国者不足责，奈何读书明理之人，曾不知变计以雪此谤耶？凡此诸言，迂儒闻之必将骇怪唾骂，特恐反客为主之时，再去思量此言亦既晚矣。

闻佩豹言，夫子去年在鄂曾发变法之论，伏望先小试于一县，邀集绅士讲明今日之时势与救败之道，设立算学格致馆，招集聪颖子弟肄业其中。此日之衔石填海，他日未必不收人材蔚起之效。算学为中国所本有，中国特好虚妄，谈算即推《河图》、《洛书》为加减乘除之本。不知随举二数，皆可加减，可乘除，何必河、洛。夫河、洛诚不知为何物也，要与《先天图》与爻辰、卦气、纳甲、纳音与风角、壬遁、堪舆、星命、卜相之属，同为虚妄而已矣。必如西人将此等虚妄一扫而空之，方能臻于平实。谈算者又喜言黄钟为万事之根本，此大可笑，黄钟一律管而已，何得为万事之根本？即以造度量权衡而论，十二律吕谁不可借为度量权衡，何必黄钟？况累黍之法实迂谬而不可行，万不能取准。是以从古至今，九州十八省，无有齐一不差之度量权衡，则亦创法者之未尽善，虽虞舜不能强同之矣。惟西人分地面之天度为若干分，以其一为度，度定则算立方容积以为量，即以其重为权衡，一有差数，夫人可运算而知之，以故各国齐一，通都大邑穷乡僻处均无差失。中国测量家多用西尺，沿海民间交易，尤习用西人之度量权衡，则以彼准而我不准也。天地之机缄一发而不可遏，将尽泄其灵奇以牖民于聪明之域，其间自有不期变而自变者，此类是也。算术古有九章之说，强割粟布、方田、商功、均输诸名目，实非出于自然，疑《周礼》保氏九数之说久即失传，汉儒割裂算数以补之。故先郑时已多出夕桀重差，明不止于九。至宋秦九韶知九章不足信而别立九章名目，所分乃益无理，是不如西人点线面体之说足以包举一切。推此则凡中国五谷、六谷、百谷、三江、九江、五湖、九河之说，要不过随举一数以为名，如九夷、八蛮之类，原可不必拘泥。经生家琐琐分辨，卒不能衷于一是，亦止觉玩时愒日而不切于事理矣。格致之理，杂见于古子书中，乍见之以为奇，其实至平至实，人人能知能行，且已知已行，习焉不察，日用之而不知耳。谅亦不能以奇技淫巧见阻。而尤要者，除购读译出诸西书外，宜广阅各种新闻纸，如《申报》、《沪报》、《汉报》、《万国公报》之属，公置数分，凡谕旨、告示、奏疏与各省时事、外国政事与论说之可见施行者，与中外之民情嗜好，均令生徒分类摘抄。其专治商务者，物价低昂、银钱贵贱与出进口货之畅滞多寡，应令列为年月比较简明表。西人政事莫不列表，夫家登耗，百官进退，外国兴衰及交涉事件，出产增减，年谷丰歉，百物价值，用度奢俭，岁入多寡，兵额损益，船械精粗，工艺良楛，各种学问高下，医院治病得失，庶狱人数及罪名皆分等第为比较表，或变为方图，为圆图，尤一目了然。一国大小之事如数掌纹，故能以简御繁，操之有要。贾生言："王道极之，至纤至悉无不到"，此之谓也。太史公曰："吾观周谱，旁行斜上"，盖即中国治经作史之法。治天算者，各国各省极寒极热之度分异同与其星气之变，均应抄录。治医学者，各处风土所宜与其瘟疫札疠与药材产销之地与其价，均应抄录。自能长人学业，益人神智。林文忠督粤时，广翻西国新闻纸，故能洞悉其情，而应其变。今日切要之事无过此者。况乡间无所闻见，必须借此为耳目。中国人之大病，莫过于不好游历，又并此而无之，终身聋盲矣。即不设此馆，城乡亦应公置数分，轮流递阅。又严立课程，循名责实，每日止占一门，而皆从算学入手。每日工课尽可从多，不使暇逸。七日一休沐，以节其劳，而畅其机。此西国通例也，极合文武弛张之道，事如可行，其详细章程另拟呈。兼读中国书时，得文之以礼乐。如夫子就近教导，品行心术自不至违背。来谕所云："守先待后，皆有分任之责。"果立不朽之业，功亦不亚微管，嗣同所云："雍雍一堂，王者必来取法，皆将于是乎在。"盖作育人才，实贞下赖以起元，剥后得以来复也，舍此更无他法矣。备盛德大业王道圣功，而仅名其馆曰算学格致者，何哉？盖算学格致不笃信、不专精，即不能成，不以此为名，人将视为不急而不致一矣。书至此，闻易曼农之弟字惠农者自台湾来，急托人转问台湾之事，言台北三日苦战者，亦是唐薇卿夸张之词，实连战连败，遂失鸡笼。薇卿见事不可为，薙须而逃，兵民无主，始大乱。藩库存银一百万两，群往劫之，相争相杀死者无数。而杀人者旋复被杀，以至银钱弃掷满街，无人敢取。绅民不得已备酒席百桌，迎倭兵入城，银钱均被失去，除已抛弃之军械外，尚存新到未开箱之哈乞开斯五响枪五千枝，六响枪一万枝，刀矛更多。当倭未攻台之先，薇卿令家眷内渡，因辎重金银太多，标兵抬挑，心即不服。其中军又克扣招怨，遂鼓噪将中军杀毙。薇卿请杨岐珍之淮军往弹压，两军大哄，各死数十人，军心自此离矣。薇卿自立为王时，令其幕友俞确士名明震为布政使，俞寄电与陈伯严，自言得死所矣，兼与家人诀别。及督战大败，遂劝薇卿逃走，己亦同至南京，仍复寄书伯严，自夸战功甚伟。伯严乃作书痛骂之。又接别省转电，刘永福在台南获大胜五六次，外间传言倭大将桦山及大鸟、降将丁汝昌均被获，果然，亦大快人心。然不请别国保护，必无久持之理，何也？无人材也。可见不先储备人材，即起义兵亦徒苦父老而已。明季起义兵者无一能成，以衡阳王子命世亚圣之才，犹败于岳市，况其他哉？若云事不求可，功不求成，恐非所论于今日圣教将绝人类将灭之时矣（廿五）。此设馆之所以宜亟也。然细思设馆亦有难者，费之难筹也，愿学者之无其人也。使变法之议奏准，其势自顺而易。不然，或以经课之费先设算学馆，而置格致为后图，以待经费之充足。若无愿学之人，直不能办。然有大志者之举事其初，成不成亦有天焉。

嗣同务广才疏，毫无实济。偶有赞助，不出补苴目前之计，又未足以真有益也。惟觉练兵以防内乱，求贤以充将领，最为不可缓之要图耳。撤勇过者纷纷，极为可虑。前刘岘帅令郑连拔招勇五营，方至鄂，忽奉旨遣散。平日克扣已极，每人每日止给钱四五十文，士卒典尽卖绝，忍饿从军。及是，又不给川资，五营同变，将其营官捆顿，将遂杀之。郑逃至署告急，请王令往弹压，兼勒令发足月饷，并许回湘后再发恩饷，始得无事。后闻湘中所发恩饷仍被郑侵吞。娄峻山军门率军抵岳州，亦当裁撤，亦因克扣鼓噪。娄始其先缴军械，随令亲军以洋枪击之，毙三人，伤七人。众怒不可遏，捆娄于考棚，娄先已逾垣遁，遂燹考棚，烧民屋甚多，城内外罢市数日。府县出而调停，公助川资，此间又派兵往彼处，仅得解散。法纪荡然，阒无天日，不尽杀此种官与将，虽练兵无益也。至于吏治，固知是尤急之务，而竟无从着手。第一层是司道中无可与言者。安化方伯一味刻薄鄙琐，然在今日尚共推为正人。第二层是捐例太滥。昨有人以百余金捐一杂职到省，岂复成事体（廿六）。襄阳大水，田庐牛马漂没殆尽，现派办赈，省会又苦亢旱，看来内乱将不胜防矣。然事已糜烂至此，岂补苴所能了。平日于中外事虽稍稍究心，终不能得其要领。经此创钜痛深，乃始屏弃一切，专精致思。当馈而忘食，既寝而累兴，绕屋彷徨，未知所出。既忧性分中之民物，复念灾患来于切肤。虽躁心久定，而幽怀转结。详考数十年之世变，而切究其事理，远验之故籍，近咨之深识之士。不敢专己而非人，不敢讳短而疾长，不敢徇一孔之见而封于旧说，不敢不舍己从人，取于人以为善。设身处境，机牙百出。因有见于大化之所趋，风气之所溺，非守文因旧所能挽回者。不恤首发大难，画此尽变西法之策。将来变法之奏，不过略陈易变而少弊者数端，以无行法之人也。近颇劝令弟侄辈从事时务，昨晤陈伯严，亦云已令子弟改业西学矣。而变法又适所以复古。是否有当，祈训诲焉！

心血渐虚，不复能次第其语，拉杂潦草，负愆益巨，亦惟鉴督是幸！视天未定，来日大难，望为天下自卫。家严焦劳忧愤之余，体气幸尚安健，足纾系念。此叩福安。

受业谭嗣同谨禀

外由大家兄寄呈家严致彭、陈二君缄稿，系湘乡张伯纯名通典手笔。张与邹沅帆同委营务处差，皆通才也。黄舍人真奇士，然别是一路，今已他去矣。佩豹昨已有书寄呈，终日焦叹而已。

又"松柏后凋"云云，乃嗣同与人辨论之词，因都中人来述曾重伯、陈梅生等之言，因愤而论之耳。真不值一笑也！

附注：欧阳中鹄批跋

（一）宋军虽败，犹足自立。湘军之败，魏、李所部，殊死战。宋固节烈之师，魏亦宿将，李亦名父之子，而初次见仗，但不克扣军饷，即得人死力如此。来函又言：军士赴某处诉冤，营务处某之流，转复百端抑勒。某夙有威名，此次克扣尤甚，纵兵焚掠，营务处为叛兵所杀。甚至自贷其精枪快炮，以供应酬。某手定边陲，人人称为名将，亦有"需索太多，亏累无从填补"之语。此外更不必论。时为何时，用之为何事，而皆以利相接，是迫将卒以解体，不败何待！虽有二三忠义奋发之士，奚益哉！

（二）自倭犯顺以来，丧地数千里，丧轮船机器军械无算，兵则皆闻风即溃，盖当征调之初，即狃于越南事，已早怀一和了局之心。且丧师失律者多矣，其明正典刑者止卫汝贵一人，其余则或羁显戮，或竟保全官职，朝廷并未尝责人以死，又谁肯死哉？

（三）弃地即弃民，奉天七州县，犹曰已为倭得也，若台湾则无故弃之矣。然既曰割地，犹明明弃之也，若通商各条，则举天下之民而阴弃之矣。明弃易知，阴弃难知，故争割地者多，争通商各条者少。明弃者如暴病，如切肤之痛，台湾之民，能起而抗拒。阴弃者如瘵病，如附骨之疽，中国之民，直奄然待尽而已！

（四）俄人苦于不能越海，故修铁路达珲春，近计将及告成，已早拊东三省之背。从前侵占沿边之地，约数千里，本年直换约之期，又适有借贷之举，我自当有以酬之。乘机要挟，焉得不从，其视东三省已如俎上肉矣。

（五）国君死社稷，此指诸侯而言，若天子则四海为家也。唐宋以迁而存，明以不迁而亡，往事如此，衡阳王先生论之详矣。徒然责备从前误事之人，纵痛哭流涕，口诛笔伐，暴其罪状曰：某当诛，某当戮，曾何补于毫毛！惩前瑟后，非做不行，此变法所以刻不容缓也。

（六）不出户庭及不知世事变之人，大都如此。尤可笑者，一言洋人，辄曰："彼天主教"，一若洋人即天主教也者。此犹不辨，遑论其他？此真透顶语。

（七）与今人言变法，辄相非笑之，词已穷则诡曰："恐来不及。"试问高坐拱手，转来得及耶？蹈早袭故，醉生梦死，其不为虾夷、红皮、黑奴之续者几希！

（八）中国现存公道者二事：一，乡会试，糊名易书，暗中摸索；一，捐官，照花样选缺，论钱不论人，或时非善政，今日则善法也。

（九）以英、俄、德、法驳制，梃挞秦、楚，稍觉词强，然宋、魏、李诸军，未尝无气。宋之气足持久，魏、李之气足直前，李待士卒尤有恩，临陈帕首华刀，躬自督战，究其为败则一，且全军伤亡殆尽！然则无致远之器，徒尚一往之气，虽奋不顾身，亦尽驱入死地而已！

（十）中国士大夫，怙其虚骄之气于其所不知，辄忍心罨之。恰好夷夏之防，有此大题目可借，益攻击不遗余力，及溃败不可收拾，则归罪当事之人，以为不实事求是。归罪诚是矣，何为独不一讲求耶？丁雨生中丞、郭筠仙侍郎、曾惠敏侍郎，皆深识远见，洞知夷情，乃一言洋务，遂犯天下之大不韪。郭侍郎与人力争，间或扬之稍过，而忧时著论，急图自强，至造为传其痛加丑诋。王孝凤京卿，劾丁中丞为鬼，故丁之卒久矣。其论日本曰："其阴而有谋，固属可虑；其穷而无赖，尤为可忧。"此言发于维新之初，已若烛照数计，当时咸不以为意；及兴兵胁我朝鲜，当事已坐失先机，论者犹以为国小易与，曾不自问其何若！老成之言，往往事后始验，至已验，而无可为计矣。悲夫！

（十一）国家自中外交涉，以识夷情者少，举天下而界之一人者三十余年。内外诸公，遂甘为不知，且恃为透过之地。惟一人之命是听，即不至倒行逆施，要其权势所归，久必挟以自重。向令力加讲求，虽未必运筹帷幄，决胜千里，何至仰其鼻息，贻误不可收拾耶！？

（十二）君子思不出其位，位以内岂有容不思者？既有洋务，即当讲办洋务，此一定之理。周公克勤小物，岂有关国家之存亡，华夷之消长，人生之生灭，转视若分外，视若秦人视越人肥瘠者乎？试问不办洋务，将听洋人之有中国，而俯首帖耳从之耶？抑正言庄论责之曰："汝夷狄，何故乱华"，遂唯唯退，听我命也？夫读圣贤书，不求致用，舍本务末，避实击虚。其至愚者，以时文试帖小楷为身心性命之学；聪明之士，则溺于考据训诂词章，玩物丧志，一若希贤希圣希天，均不出此数者。纵令神州陆沉，绝不干与我事。朝菌不知晦朔，蟪蛄不知春秋！其高自位置者，又复好持清议，一遇谈洋务之人，即斥为非我族类。甚至考试总理衙门章京，亦引以为大辱。于是以洋务问宰辅卿贰，而宰辅卿贰不知；问养成公辅之器之翰林，而翰林不知；问各衙门司员，而司员不知；问各行省将军督抚及身经百战之提镇，以至司道府州县，而均不知。不若细崽马占之流，与洋人相习，尚能言其大略，而若辈功名之路启矣。且时文试帖小楷考据训诂词章诸公，方咨嗟叹息于诗书无灵，文武道尽，何竟至若辈之不如，呜呼，是岂若辈之过也哉！

（十三）西学出《墨子》，其立学官人，颇得《周官》遗意，故皆能实事求是。然使迂儒闻之，必又以为决夷夏之防，得罪名教。然则孔子问官郯子，及作《春秋》，夷而进于中国则中国之，与礼失而求诸野，非耶？甚至谓夷狄有君，不如诸夏之亡，何为尊夷狄轻诸夏至若斯之甚耶？！试去客气平心切实求之。

（十四）唐生才常、刘淞芙秀才善涵，皆吾邑崛起英俊，才气奋发。唐生曾有书来，言必变法。淞芙亦屡面论。皆明白晓畅，得其大恉。盖由敏而好学，又外游，阅历时变，故能知彼此之胜负长短之数。古人读万卷书，所以尤贵行万里路也，此最沉痛之论。西人既以商为国，即以商贫我之国，我欲与之相持，万不能不讲求商务。故织布织呢、煤矿铁矿诸务，次第兴举，虽无不赔本，要皆与之争利，使彼之货滞销。而论者辄曰糜费,不知国家所以不惜糜费者,正为救中国之民计。且所糜之费,仍散之中国之民,所谓楚弓楚得,可恨者办理不核实耳,非其策之不良也。即如日本,从前出口之货少于入口货三之一,所负国债,又复累累,可谓贫穷极矣。维新以来,男女皆有职业,立法既密,督课尤严,《大学》所谓:"生之者众,食之者寡,为之者疾,用之者舒",无不实见诸施行。故布则夺英吉利之利,丝则夺中国之利,其余铜器、铁器、瓷器、笺纸之类,莫不精美。近年出口之货,盖多于入口货三之一。欧洲各国,皆阴嫉之,独中国麻木不仁,举斯民之膏脂,听各国之群相利(刮)削,知民穷财尽,而不知民所以穷,财所以尽,则曷不观日本之率作兴事,仅十余年之间,其明效大验乃如此耶!《孟子》曰:"女耻之……大国五年,小国七年,必为政于天下。"果变一切之法,十年之间,必足自立,其曰"来不及"者,亦赵孟之伦已矣。

(十五)"道不离器"之说,精确不磨。即如乐亡久矣,我邑邱士谷先生,以能自制器,遂绍二千年之绝学,皆具明证。或曰:邱学止数十年,今渐微,然能制器者尚多,固未尝微也。其有习其事而不能成其器者,不为也,非不能也。

(十六)虎狼有父子,蜂蚁有君臣,岂有俨然立国,而无伦常者。果无伦常,则必无廉耻。日本当贫弱时,妇女皆流寓上海为娼。甲申、乙酉之间,其君耻其所为,雷厉风行,尽驱还国,概行予以职业,日省月试,或并教以武力,以防淫惰。上海之日本妇女,一旦绝迹,而其国则物力足,风俗彊,此岂无尚而能为者。中国仕宦,不以贿则以干求,廉耻道消,与倚市门何异!吾恐日本娼方且窃笑而顾诋以无伦常乎?且彼即真无伦常,吾今所取法者,其器其艺,并非举其无伦常而学之。如为左道所惑者之习天主教,何碍之有?世人不耻不若人,又高自位置,盖不加此大题目为违心之言,便抹西人不倒耳。论者辄谓公法为外国所著,何足以例中国,岂知中国为外国所屏弃,不使与于公法乎!

(十八)现在入口轻税,出口税重数倍,反客为主,自使土货不销,人贫之又自贫之,真天地间绝无仅有之事。今天下穷极,非从矿务、商务下手,万不能救穷,须人事事求精,无事极其所至。即如电学,其端起于琥珀能引灯草,因而推阐其用,遂至无穷,其余声学、光学、算学、化学、重学、气学诸门,无非能以内推,中国但坐不察耳。

(十九)此论最透快无匹,若治天下者,不计利害,则《孟子》所言"圣人之忧民如此",诬矣。发愤自经,尚须有匹夫匹妇之谅,今高谈之士,于天下利害,漠然无动于中,而一身之利害,则最明白,此而望其自经,难矣。圣人所谓"硁硁然者",其安御史维峻之流乎!

(廿)失地何尝不知,但自甘于失耳。若失人失财,则真无知之者。好官不过多得金钱,人非我之人,财非我之财,于我何与哉!

(廿一)《中外舆地图说集成》,图最陋劣,所收论说数百种,可取者约十之三。以余所见地图,惟天津水师营务处所刻沿海八省图,说明与诸水浅深,皆经测量,随地记明丈尺，此盖以西图为蓝本，若西人则必更有精详于此者矣。

（廿二）沅帆曾充出使随员，所著《西征纪程》，语皆切实尤达。舆地之学，招股付梓，最为简便，而人尚非笑之。若如德国之集千百人，期以七十年之久，不将比之下愚不移乎？

（廿三）奇技淫巧，谓耳目玩好耳。今以此斥之，试问能以不奇不巧者胜之否乎？

（廿四）穷理尽性以下数行，即《中庸》所谓"中和位育"，"凡有血气，莫不尊亲"，盖圣人之功用极矣，天下必当有此一日，但不知在何时耳。

（廿五）刘艮生太守人熙，涂舜臣明经启先，皆生所师事，故学有所授。舜臣春间，曾与余言，外洋枪炮之利，愈出愈奇，可使民无噍类！以枪炮敌枪炮，决无能胜之理，不审能否以电学、气学制之。好学深思，于此可见。天发杀机，必有当止之日。今必讲求格致诸学，原思有以制之，然不知枪炮之所以利，万不能得制枪炮之法，所谓"不入虎穴，焉得虎子"也。

（廿六）西人论中国三弊：曰雅片；曰女子缠足；曰时文。其辱没时文至于此极，进士、举人、秀才闻之，几愤恨欲食其肉。然试问圣贤之道，果在时文乎？所谓时文，果足代圣贤立言乎？兔园册子，摹仿终身，盖亦优孟衣冠耳。又况今日命题，多割截不成文理，狎侮圣贤，机械变诈，直为孔、孟之罪人。圣贤有知，方痛废之之不速，而犹挟其约渡换映带联络补上留下诸秘诀，传授心法，以为圣贤之道在是，而不知为圣贤之道所不容。庄生云："哀莫大于心死，而身死次之。"心死矣，又何论焉？

附：湖南郴州兴算学会章程

一、本会遵照二十三年秦学士奏准变通学校章程，共勉为有用之学，以济时艰。舆算二者，尤为时务阶梯，凡测天绘地，行军布阵，制器格物之实际，无不推本于此，故本会专习舆算之学，以亟先务。

一、本会先从郴州开办，由绅董劝集捐款，两学公同主持，并未动用官款，先此声明，免致另生枝节。

一、本会宗旨，以植人材伸士气为要，凡入会诸君，宜略去虚文，要求实用，平居讲学，互相切磋，勿存门户之见，庶合同志为一群，合一群以振中国。

一、本会集金赁舍，广购图籍，延海内通儒为师范，义取兼综，实事求是，与书院捐置公款不同。近来善举，如上海时务报馆、省城校经学会、衡州任学会，皆借绅士之力，襄助捐款。兹拟仿照其例，仰诸君乐善为心，赞成斯举，于学术有厚望焉。

一、此会不分畛域，无论生童及本省外省，皆可入会，惟以出捐费者为定。

一、捐款分为二项，一为购置书籍仪器之资，一为延师供给之资，以清眉目。

一、书籍仪器捐款，不拘多寡，量力捐输。延师供给之费，则以捐至银四十元者，准永额一名，每年不必另出学资；捐至银八元者，为暂额一名，只准一年之资；有愿捐至数名额，尤属盛举；其不足八元者，仍归入书籍仪器款内。

一、每年陆续收捐，按名登记额数，发给凭票一纸，年终换票。其来学者，无论系捐名之子弟亲戚，均听自便，但须于换票时，向董事关说明晰，填注册内，以凭照验，以免混淆。

一、学舍暂假文昌宫，为学师下榻及同学常叙并藏书藏器之所；再有不敷，则橘井观、濂溪祠、义鱼亭各公所或各家试馆，不妨分住。诸君志切观摩，谅无求安之见。俟经费充裕，再起学堂。

一、书籍仪器，藏公所中，派会中人管理，以便入会者领阅。所有领书章程，随后再行公议。

一、课程俟延请学师后，由学师详定。

一、会内董事，公举总理、分理各数名，司出入款项。年终由总理定期，邀请会友齐集，妥议应办增减各事宜，并将册簿请会友核算是否相符，以杜浮滥。

二

夫子大人钧座：

昨趋谒，有怀欲陈，适龙、沈诸君到，故默然而去。顷奉详谕，谨悉。得此正好力为雪清此谤，惟学堂事则有传闻不确者。姑无论功课中所言如何，至谓"分教皇遽无措，问计秉三，乃尽一夜之力统加决择，匿其极乖谬者，就正平之作，临时加批"云云等语。嗣同于调剂记时虽未到省，然于秉三及分教诸君，深信其不致如此之胆小。宗旨所在，亦无不可揭以示人者，何至皇遽至此？平日互相劝勉者全在"杀身灭族"四字，岂临小小利害而变其初心乎？耶稣以一匹夫而撄当世之文网，其弟子十二人皆横被诛戮，至今传教者犹以遭杀为荣，此其魄力所以横绝于五大洲，而其学且历二千年而弥盛也。呜呼！人之度量相越岂不远哉！今日中国能闹到新旧两党流血遍地，方有复兴之望。不然，则真亡种矣。佛语波旬曰："今日但观谁勇猛耳。"秉三及分教虽不勇猛，当不至此，此嗣同可代为抗辩者也。手此，恭叩福安。

受业谭嗣同谨禀

（作于一八九八年闰三月，即 1898 年 5 月）

三

夫子大人函丈：

奉环谕谨悉一切，从此自可省得许多笔舌。但谓凡事总以直说为好，若愈隐则愈误。嗣同自始至终，初无所谓隐，不过言有详略，各函皆就已问及者言之，其余自无暇多及。然此尚是小事，至于学术宗旨，则非面谈不能尽，不然，则满腔热血不知洒向何地。拟即邀佛尘同诣尊处，作竟日谈，嗣同亦即就此辞行，不识函丈有此闲暇否？伏乞见示为盼！但有数端不能不预先约定：（一）以前所言一切谤议，彼此均已剖明，从此一笔勾销，不必深论，免使近于争论是非。（二）系专讲明学问宗旨。（三）所言既长，颇消时刻，不识能不厌倦否？（四）学问宗旨要从源头说起，不免有宽泛之语。（五）有应驳者，请暂用笔录记，俟说完时一总指驳，使其讲时得以一气贯注，庶毕其词。（六）来讲之意，宗旨既明，志气相通，以后即有异同，各不相碍，其余是非事亦不辩自明。（七）来讲系剖明自己之志愿，并非强人从己。所云如何，望示为荷。此叩福安。

受业谭嗣同谨禀

学会聚集日，实已请不出时文题，当是函丈偶然忘却。其时函丈颇以无人看卷为疑，同座皆愿代任。又及。

（作于一八九八年闰三月，即 1898 年 5 月）

四

夫子大人钧座：

顷又接家信，王方伯奏调嗣同出洋。此公嗣同素轻之，岂愿为所用？况为彼办事不过代笔杀枪等，尤所深耻。但既经出奏，不知有解免之法否？方寸已乱，且痛且愤，明日面陈一切。家信送上，仍祈发下为叩。

受业谭嗣同谨禀。初三

（作于一八九五年十二月初三日，即 1896 年
1 月 7 日）

五

夫子大人函丈：

江南乞食，困乏无聊，不能不别图生食之计，遂于廿一日暂一还鄂。且将为盛杏荪太常赴湘与义宁公论说矿事，日内即行，惟恐匆匆不及还县，故为此书以叩起居。周同溪久候无事，除赠路费外，仍以五十元寄其家。恰遇蒋少穆得上海机器制造局总办，荐其前往，派洋枪厂司事，月廪十二金，在该局已为稍优矣。知念附陈。德兵舰窜夺山东之胶州湾，势甚凶猛，兵衅已开，恐不易了。政府拟请俄国调停，然舍此亦不得言有他策也。肃此，恭叩福安。

受业谭嗣同谨禀。十月廿三日自鄂

（作于一八九七年十月二十三日，即 1897 年 11 月 17 日）

六

夫子大人函丈：

薄游日下，获展驰慕，训辞深厚，充然在中。侍于君子，自然有益，悦其征炊！拜辞后，沿途平顺，过皖住三日，于十三日抵鄂。家严康健如常，署中均安好。堇如患心疾顷已愈，不日仍赴闽。奉月朔赐书，猥以誊录事深劳擘画，愚意正复如此。加级纪录，虽无足重轻，尚为求之有道，得之合义，视平日不甚切己之顶戴，其荣辱较然矣。今已禀明家严，即恳夫子代办，需费若干，祈开示即照寄。先此叩谢，无任依恋。肃此，恭叩福安。

受业谭嗣同谨禀。十月十九日

（作于一八九五年十月十九日，即 1895 年 12 月 5 日）

七

夫子大人函丈：

前奉五月廿四日赐书，并寿诗一卷，适值事冗，加之五中郁弗，意兴颓唐，虽欲上书，苦于无所可言而罢。县中公事好到极处，久即知之，被斯遐福，何止万家，舍身救人，必无吝焉。恭览诗篇，而叹起化之有本也。惜嗣同乞食千里，未亲叩贺，此为歉耳！至于不知者之诋议，则终无不诋议之时，亦诚不足道矣。同溪到此，嗣同苦于无可推荐，暂留在公馆居住，以俟机会，他日必有以报命。湘人风气果开，自《湘学》出报，读者咸仰湘才若在天上矣。浏阳自必有日新之象。肃此，恭叩福安。

受业谭嗣同谨禀。八月十八日

与少航信乞饬交

（作于一八九七年八月十八日，即 1897 年 9 月 14 日）

八

夫子大人函丈：

到鄂后原定即旋湘，忽因矿师事，盛大理反复不决，嗣同亦决意舍去之。明后日即赴南京，且到明年再议。时事日棘，不识如何变证。事忙心繁，不及多述。致绂丞信乞转交。此叩福安。

受业谭嗣同谨禀。十二月十九日

绂丞同门台鉴：煤船到，俟试验兑价后，再上详函达听。嗣同与矿师已将同行矣，乃盛杏荪忽然变卦，言天寒水浅，且到明年再议，嗣同亦遂决意舍去矣。怅怅无所之，止好到南京去过年，明春再作归计。盛狡诈纤巧，不可捉摸类如此。煤银如兑来，即托人寄回，嗣同明后日即行。忙溂，百不尽一。此讯道安。

谭嗣同顿首。十二月十九日

（作于一八九七年十二月十九日，即 1898 年 1 月 11 日）

九

夫子大人函丈：

连接友人书，得谂道履绥和，潭祉安吉！而敷布本县新学诸事，尤为宏远而精实。中国全局断无可为，而能用之于一县，亦自足以开风气，苏近困，育人材，保桑梓，即阴以存中国，甚盛德也。庆抃无已！

嗣同尝私计，即不能兴民权，亦当畀绅耆议事之权。办其地之事，而不令其人与谋，此何理也？夫苟有绅权，即不必有议院之名已有议院之实矣。是以合十八行省日日谈变法，而所事尚不逮吾浏阳，固存乎其人，亦由有绅权无绅权之故也。湖南绅士议创时务学堂，右帅既允助力，又于两淮盐务中筹得钜款，蒋少穆东来正为此事，陈伯严旋亦来，嗣同均晤之。议从方言算学入手，暂招学生二三十人试办，伏恳函托右帅及沅帆诸君早为浏阳多占名额，并乞精选十五六岁聪颖而能通中文之子弟，以备送往肄业，亦功德也。手此，恭叩福安。

受业谭嗣同谨禀。五月十七日

（作于一八九七年五月十七日，即 1897 年 6 月 16 日）

十

夫子大人函丈：

十五上船，十七开行，虽有北风，尚不甚大。下午抵金子湾，缘事须泊，明日或可行。沿途米船上溯者极多，皆私载赴下流，经营勇阻截押回者也。先是岳州厘局禀称，米船麇集数百号，势将闯越，力不能阻；闻已与局丁殴打，极凶狂。中丞震怒。而岳州府复为缓颊，且称阻之必激变，力劝放行；中丞愈怒，自称威令不行即指此，谈此事时声色俱愤，自言激变即激变。痛饬府局立派水师持大令而往，违者就地正法，局员不力阻即斩局员。令出，官民悚息，无一船敢不回者。省城骤添米近百万石，米价必渐落。周蕴斋亦言，明年正月米必顿贱。嗣同内计，鄂借二万之款，仍以多易银圆为是。拟易大者三千枚，五角者四千枚，二角者五千枚，一角者五万枚，半角者十万枚，其余大银圆一万六千枚。大者价一千文，余类推，约需银一万二三千两，余以买杂粮。盖湖北杂粮恐亦不多，秋收太歉，则春麦仅供本地之食，犹嫌不足，故鄂赈亦正不容缓。日与沅帆计议，均以银圆较为活动，俟到鄂详察情形办理。沅帆言湖南电线明春举修，并以附陈。此叩福安。

受业门人谭嗣同谨禀。十二月十七日

（作于一八九五年十二月十七日，即 1896 年 1 月 31 日）

十一

夫子大人函丈：

昨闻绅士请官出示晓谕，乡间遇有痞徒藉荒劫略者，格杀勿论。官自谓官小，无此权力，须抚院出示方可，而又不敢自请于抚院，嫌其教训上司出告示也。意欲夫子或嗣同专函上请，嗣同见来言者不足与辨，遂笑而不答。夫事但当论应办否耳：应办则小官与大官同，不应办则小官无此权力，大官亦无此权力也。况劫略为何等事，即寻常民间，黉夜入人家，尚许格杀勿论，今值聚众，固应大于奸盗，何不可出示之有？如谓事有窒碍，即抚院之告示亦不应出矣。至谓属员不当教上司出告示，请之而已，何教训之有。然则绅士固当教上官出告示耶？此等诿卸，无味已极。

南乡复行聚众，昨日将抵南流桥，县官遣人担钱往散，止其勿来。毫不示以威严，徒博目前之敷衍，则得钱而去，钱尽复聚，阻之适所以召之，又焉有已时耶？嗣同反复思之，不刑一人则聚众之风不能少息，且恐刑者将不止一人，何如及早图之耶。谨拟告示一通，寄呈钧鉴。又户口册几乎不能造，则赈务从何处办起？事无有急于此者。亦拟告示一通，呈上。是否有当，伏候裁夺。肃此，恭叩福安。

　　　　　　　　　　受业门人谭嗣同谨禀。十一月廿日

　　　　　　　（作于一八九五年十一月二十日，即 1896 年1 月 4 日）

　　十二

夫子大人函丈：

在长沙凡上两书，旋于卅日展轮，初二日到鄂，命带周清雅箱箦函件及邱菊圃函，均即分别妥交。署中自家严以次，皆一律安好。李竹虚处容托人致意。湘轮事家严虽不以为然，而自愿不管，行否均任湘人，但香帅阻之甚坚耳。《中俄新约》已刊入第十一册《时务报》，大约直隶、东三省以及黄海、山东海面及险要乃不割之割，而中分中国矣。而任大仔肩者，尚欲拘文牵义，瞻前顾后，徒以防弊为务者，不亦怪乎！香帅之文网渐密，私意更多，大率类此。

安得马尼曾经密访，确未到汉，如绕江西，自必出九江径赴上海矣。然折阅亦必甚矣。惟淞芙尚在两湖书院肄业，访查实未他往。前言欲赴上海，缘办报须购铅子，旋以股份难招，竟作罢论，亦无他往之意。与论安得马尼，亦深知自己从前见左，此刻毫无系恋之意。许久不复与闻，则此次之私运，淞芙实不知情，自属可信而无可疑。嗣同半月后赴南京，奉嫂挈侄儿女同去。侄儿觅师甚不易，拟约淞芙暂用新法教授一两月。淞芙亦不能久在外，二三月即归；一面再访能用新法之师。若日内即能得，淞芙更省此一行矣。肃此，恭叩福安。

受业谭嗣同谨禀。十一月初六日

（作于一八九六年十一月初六日，即 1896 年 12 月 10 日）

十三

夫子大人函丈：

章程草草拟就，暂秘不敢示人，故无与商议者。知曲折详细多所未到，乞裁夺是幸。涂师回信来否尚不可定，但东乡极安贴耳。本城绅士大致如一邱貉，愈商议必愈无成，愈思和衷必愈不和，迟疑不决，何日为止，十万生命岂能枵腹久待耶？况乱一发，更不可为矣。为今之计，止有包揽把持一法，伏祈酌定章程后即与县君言之。如此即办，不如此即不办，如县君不能坚持，势不能不上达帅听矣。

南乡煤矿事已详问罗迪吾，据云："此时渌水上流已涸，须由矿陆运至萍乡界上之江口上船，每船可载千石以内，二百余里至湘潭销售。因陆运远者四十里，近则二三十里，加此脚力，不能取赢。"故渠已挖出之煤，尚存滞二千串钱之谱，无从出售，甚以为苦。嗣同自称将代鄂局采买煤斤，渠即极愿效力。如果办赈之策可行，似可借渠滞而不售之煤，予以明年二三月春水涨时之期票，令灾民运赴江口上船，售钱再挖再运，并邀迪吾同开他矿。物产既丰，米谷自至矣。

银圆一节，中丞已令省城商民通用，想已由鄂局运解来湘，则省城宜有买也。妙在细至半角，值制钱五十文，交易尤为便利，则钱当不至甚荒矣。使发甚急，不暇庄写，伏祈鉴恕。章程似应俟可行时再出以示人，不然徒滋诋议，甚无谓也。手肃，恭叩福安。

受业门人谭嗣同谨禀。十八日

（作于一八九五年十一月十八日，即 1896 年 1 月 2 日）

十四

夫子大人函丈：

前商团练事，绂丞所拟之办法正与尊意同，而师中吉所拟之办法又与绂丞同。师说在绂丞前，唐说在夫子前，而彼此暗合如此，亦一奇也。绂丞及嗣同于前七八日已函商岳生，请由县送百人至省，即令师中吉统之往泽生营中学习。面商泽生两次，大以为然，并极赏识。师中吉闰月即可率百人住其营中，渠必加意训练云云。按前所商拟请刘崐山止可为绅董，哨弁必须师中吉为之，且崐山尚不知有暇来省否，其中又多犯忌之处。依愚见既得师为哨弁，崐山可不至省矣。岳生来信呈上，难得大家兄以为可办，大约岳生已办有头绪矣。或四乡都来，或中立独任，均听岳生去办。若四乡愿意分任，亦止可任饷，不宜由各乡送人，恐选择不精，强弱不齐，转是费事。嗣同等及师中吉所知之勇力果敢之士不下数十人，即可由师中吉一手招募百余人，而请各绅选试，可选得百人，师中吉带至省城，再由泽生选试，必易精矣。不审尊意如何？拟日内即令师中吉还县招募，闰月半间即可到省，兵贵神速，此之谓也。

　　湘潭县官陈宇初大令不肯考县试时务，似此守旧之官，讯断又最糊涂，终日坐堂并不能结一案。而补吾浏阳之缺，如之何其可也？不如留黎大令万万矣。昨日已将此意函告中丞，便中乞更为一言。此叩福安。

受业门人谭嗣同谨禀。廿九日

　　（作于一八九八年三月二十九日，即 1898 年
4 月 19 日）

十五

夫子大人钧座：

　　去腊在鄂曾上一笺，以事迟延至初十日始克启行。沿途兵船浅搁，至十七日到金陵，十九日起坡住东关头公馆。腊尽春回，瞬目一月有余，虽有委筹防局提调之说，然无味甚矣。伏维道履春和为颂。

　　鄂岸督销委刘彝庭观察思训，为武慎之子，既有年世谊，又旧交也。尚未接事，而嗣同已将去鄂，乃为函留以畀之。谆托为世叔调一优差，今春在此间接其复书，不过官话而已，谨将原信寄呈。渠昨到此，又托彦槐面恳，且看以后何如。嗣同在此，用度一切亦全恃彦槐接济也。

　　函丈今年行止如何？毋任慕念，然非有大本钱，官场万难驻足矣。

刘嘉树得补首府，尚未接印，亦时相过从。此请福安。

受业门人谭嗣同谨禀。正月廿五日

笠耕世兄并此问好

（作于一八九七年正月二十五日，即 1897 年
2 月 26 日）

十六

夫子大人函丈：

敬肃者：里门常亲训诲，嗣在省复侍起居，藉慰数年来仰止，欢喜无量！别后奉赐翰，敬谨读悉，伏维福履绥愉，凡百亨吉，式符臆祝。

近时风气，凡认真办事，不肯苟同流俗者，人窃非之。德至谤兴，道高毁来，古今同慨，而于先生何疑焉！惟大度处之可也。刘艮翁两信均已先后加封递去。鄂署一切如旧，堂上康健，堪以告慰。岗肃，祗颂春祺，敬请钧安。

通家门生谭期嗣同谨肃

（作于一八九六年正月，即 1896 年 2 月）

十七

夫子大人函丈：

奉到赐谕谨悉。顷奉家严电谕云，闻湘以漕项减款练团，此举甚善，令在县劝官绅照办。其电顷已寄熊秉三，因电中另有机器制茶事，须与一商也。当复以"乡绅多不以为然，现拟在省进禀，前已与中丞说通矣"云云。此事终望办到方好，请力与中丞言之为叩。嗣同归来，感受风寒，疲顿已极，何时到省尚不能定。所言地事，他日路过其处，必当详细一看。昨晤熊会亭，言江西学堂事甚著急，其意终望伯严再赴江西一行，方有成议，不然将不堪设想，并希转达。此请福安。

受业谭嗣同谨禀。廿七日灯下

（作于一八九八年闰三月二十七日，即 1898
年 5 月 17 日）

十八

夫子大人函丈：

除已寄复一函外，又接两书均悉。漕项即改入团练一节何如，已有函与南学会，商之质初，言涂师意亦愿办矣。且此项不取，不过粮差发财耳，民间何能沾实惠？抗拒之说，可保其必无也。机器制茶事，且看商情如何，属件自可如命也。此请福安。

受业谭嗣同谨禀。廿九

（作于一八九八年闰三月二十九日，即1898年5月19日）

十九

夫子大人函丈：

晨奉赐谕谨悉。外间浮言，何所蔑有？嗣同等一闻此等语，即为力辩，然却未究其为何所指也。出题事极动公愤，其余谣言虽多，殆不足道。批何卷事，外间绝无所闻，可决其不为此。总之，衔之深者不止一人。凡新党无不如此，其中有极冤者，剖白几至舌敝唇焦。谤之丛者不止一事，牵涉赈事，新旧两党皆然。此嗣同所以不能不欲有所陈也。然事既过往，亦不欲遍述，第言其大略而已。此复，即颂福安。

受业谭嗣同谨禀。初六日

（作于一八九八年四月初六日，即1898年5月25日）

二十

夫子大人函丈：

顷又接赐书，极论出题之事，此中别有曲折，今一并陈之，亦即前书所谓中有极冤者也。当在南学会议此事时，适请诸友入会，到者数十人，群属耳目焉。及闻经鹿门诸公再三乞请，而后允许不出时文题，即已有不悦者；又恰于后数日，在出题之前。中丞到会讲学，极力讥诋时文题，形容尽致，并自言我亦时文出身，所以无用云云。听者皆以为中丞非不愿废去书院时文题矣，乃出一题又是时文，将置中丞之言于何地？于是群然愤怒，以为中丞之恩意非不周挚，特为函丈把持耳。故是次开会，博问甌中即有"浏梦成颠，抚幕招摇"等语，可知所愤者初非区区一题，盖愤把持一切，新政不得展布，即由此一事而类推者也。外间人安知其中之底细，而事会之巧有绝相类者，古来冤案盖皆如此。嗣同所以重言之者，所见所闻并非无根据之言，而指出所以被冤之缘故耳。此上，即颂福安。

受业谭嗣同谨禀。初六夕

（作于一八九八年四月初六日，即 1898 年 5 月 25 日）

二十一

夫子大人函丈：

在京略复一笺，交舍侄带至汉口交袁九成寄。时正检点出京，拨冗写之，殊不极意。随于六月十八日出京，廿九日到南京，与舍侄分伴，独入官中矣。计北游迄此，几五个月，时不为不久，地不为不远，见人不为不多，于身心宜有长进。又虑不亲慈训，将入于偏妄而不觉，用敢条录所见，冒昧说之，冀加砭订。是此书为北游访学记矣。

去年底到鄂，意中忽忽如有所失；旋当北去，转复悲凉。然念天下可悲者大矣，此行何足论？且安知不为益乎？遂发一宏愿：愿遍见世间硕德多闻之士，虚心受教，挹取彼以自鉴观；又愿多见多闻世间种种异人异事异物，以自鉴观。作是愿已，遂至于上海。

于傅兰雅座见万年前之疆石，有植物、动物痕迹存其中，大要与今异。天地以日新，生物无一瞬不新也。今日之神奇，明日即以腐臭，奈何自以为有得，而不思猛进乎？由是访学之念益急。

又见算器，人不须解算，但明用法，即愚夫妇，可一朝而知算，句稽繁隐，无不立得。器中自有数目现出示人，百试不差；兼能自将数目印成一张清单送出。此虽至奇，然犹有数可计，推测而致者也。

又见照像一纸，系新法用电气照成。能见人肝胆、肺肠、筋络、骨血，朗朗如琉璃，如穿空。兼能照其状上纸，又能隔厚木或薄金类照人如不隔等。此后医学必大进！傅兰雅言："此尚不奇，更有新法，能测知人脑气筋，绘其人此时心中所思为何事，由是即可测知其所梦为何梦，由是即可以器造梦，即照器而梦焉。"且言："格致而有止境，即格致可废也。今虽萃五大洲人研格致，不过百千万茧丝，仅引其端焉。久之又久，新而益新，更百年不知若何神妙？况累千年、万年、十万、百万、千万、万万年，殆于不可思议。大约人身必能变化，星月必可通往，惜乎生早，不得见焉！"因思人为万物之灵，其灵亦自不可思议，不可以形气求，乃并不可以理求；无理之中，必有至理存焉。故西人格致，依理以求，能行而不能言其所以然，是与无理之理菅焉。西人之学，殆不止于此。且其政事如此之明且理，人心风俗如此之齐一，其中亦必有故焉，而未得察也。遍访天主、耶稣之教士与教书，伏读明辨，终无所得，益滋疑惑。殆后得《治心免病法》一书，始窥见其本原。今之教士与教书，悉失其真意焉。

到天津，见机厂、轮船、船坞、铁路、火车、铁桥、电线、炮台等。他如唐山之煤矿，漠河之金矿，无一不规模宏远，至精至当。此在他人，能举其一功即不细；合肥兼综其长，夫亦人杰，惜晚节不终，弥增悼叹！继其位者，远不能逮，敷衍尚不能了，公论惭焉。及出郭见上年被水灾之难民，栖止堤上，支蓆为屋，卑至尺余，长阔如身，望之如柜。鹄面鸠形，无虑数千；然能逃至于此，犹有天幸者也。顺直水灾，十余年未尝间断；今夏永定河又决。河道壅塞，海口高仰，自然止有水害而无水利。大沽口虽盛涨，商轮止能到塘沽，则瘀遏已可见；而中外大僚，决计不疏凿，方以为幸，云："天生奇险以卫京师，使外人兵输，不得驶入。"幸灾乐祸，以残忍为忠尽，生民殆将为鱼乎！且就彼所言，抑又左矣；外人要来，何必定由此道？独不记去年关外却不由水道耶？

见难民作种种状，悚然忆及去年家乡之灾，幸有人焉以维持之，不然大乱一作，惨毒当不止此。办赈者真功德无量哉！又自念幸生丰厚，不被此苦，有何优劣，致尔悬绝？犹曰优游，颜之厚矣！遂复发大心：誓拯同类，极于力所可至。

京居既久，始知所愿皆虚，一无可冀。慨念横目，徒具深悲，平日所学，至此竟茫无可倚！夫道不行而怨人者，道之不至者也；道必倚人而行者，亦自必穷之势也。因自省悟：所愿皆虚者，实所学皆虚也。或言："圣人处今日，苟无尺寸柄，仍然无济。"是大不然！圣人作用，岂平常人能测？人为至灵，岂有人所做不到之事？何况其为圣人？因念人所以灵者，以心也。人力或做不到，心当无有做不到者。即如函丈办赈之事，天时人事，一无可恃，性急之人，无有不焦思极虑，以为万无一成者；卒之竟平平澹澹，度此奇厄，虽天亦报之以丰熟之岁。岂有他哉？特函丈当初仁慈和平之一念为之也。当函丈焚香告天时，一心之力量，早已传于空气，使质点大震荡，而入乎众人之脑气筋，虽多端阻挠，而终不能不皈依于座下，此即鬼神之情状与诚之实际也。嗣同信道不笃，妄欲易以杂霸之术，拚命而行之，将以救然眉之急，使以此治天下，初必有奇效；久之，患气必将愈烈。何也？人心难静而易动者也。结冤甚易，解之甚难。静之以和平，天下自渐渐帖服；动之以操切，皆将诡诈流转，以心相战，由心达于外而劫运成矣。如两虎相斗，终于两毙而后已。以是益服函丈之坚忍果决，非浅心所能及也。自此猛悟，所学皆虚，了无实际，惟一心是实。心之力量，虽天地不能比拟，虽天地之大，可以由心成之、毁之、改造之，无不如意。即如射不能入石，此一定之理。理者何？即天也。然而至诚所感，可使饮羽。是理为心所致，亦即天为心所致矣。大约人为至奇之物，直不可以常理论。古人言冬起雷，夏造冰，以为必无之事；今西人则优为之。再阅万万年，所谓格致之学，真不知若何神奇矣。然不论神奇到何地步，总是心为之。若能了得心之本原，当下即可做出万万年后之神奇，较彼格致家惟知依理以求，节节而为之，费无穷岁月始得者，利钝何止霄壤？傅兰雅精于格致者也，近于格致亦少有微词，以其不能直见心之本原也。嗣同既悟心源，便欲以心度一切苦恼众生，以心挽劫者，不惟发愿救本国，并彼极强盛之西国，与夫含生之类，一切皆度之。心不公则道力不进也。佛说出三界，三界又何能出？亦言其识与度而已。故凡欲为教主者，不可自说我是某国人，当自命为天人，俯视万国皆其国，皆其民也。立一法不惟利于本国，必无伤于各国，皆使有利；创一教不惟可行于本国，必合万国之公理，使贤愚皆可授法。以此居心，始可言仁，言恕，言诚，言絜矩，言参天地、赞化育、以之感一二人，而一二人化，则以感天下，而劫运可挽也。虽穷为匹夫，又何伤也哉？重经上海，访傅兰雅，欲与讲明此理，适值其回国，惟获其所译《治心免病法》一卷，读之不觉奇喜。以为今之乱为开辟未有，则乱后之治亦必为开辟未有，可于此书卜之也。此书在美国，已非甚新，近年宜更有长进。然已入佛家之小乘法，于吾儒诚之一字，亦甚能见到。由此长进不已，至万万年，大约一切众生，无不成佛者。学者何不力争上流，而甘让人诞先登岸耶？涂夫子思以化电诸学制枪炮，此书所言感应之理，皆由格致得来，是即化电之根原。各国苟能讲心学，一切杀人之具，自皆弃置勿复道。此是必有之事，可为众生豫贺。然必由于格致、政务入手，方不杂于曼秋太史专精诚之说，故曰下学而上达也。持此以读《六经》，往往可得神解，独惜《易》学尚未昌明耳。《易》冒天下之道，大约各教之精微诞谬，《易》皆足以括之，故曰至赜而不可恶。其精微处，船山《易传》多已发明；惟诞谬处，尚待旁通耳。今谨购《治心免病法》呈览。其所用字样，各就本教立名，于大义无涉，读者可随意改之，初无伤也。

在京晤诸讲佛学者，如吴雁舟、如夏穗卿、如吴小村父子，与语辄有微契。又晤耶稣教中人，宗旨亦甚相合。五大洲人，其心皆如一辙，此亦一奇也。于是重发大愿，昼夜精治佛咒，不少间断；一愿老亲康健，家人平安；二愿师友平安；三知大劫将临，愿众生咸免杀戮死亡。渐渐自能入定。能历一二点钟久始出定，目中亦渐渐如有所见。惟恨道力浅薄，一入官场，便多扰乱耳。

"达则兼善天下"，不知穷亦能兼善天下，且比达官之力量更大。盖天下人之脑气筋皆相连者也。此发一善念，彼必有应之者，如寄电信然，万里无阻也。即先圣先贤，死而不亡。生人之善气，尤易感动，则冥冥中亦能挽回气数，此断断无可疑者，特患人不专精耳。张巽之曰："如来说法，与达摩面壁，其度一切众生苦厄，功效一也，且不徒在生然也。"王船山先生曰不能举其词，概括其意：圣人之所养，死后可化为百十贤人，贤人可化为百十庸众，故善吾生者，乃所以善吾死也。亦尊诗所谓"薪火犹传死后功"也。所以，第一当知人是永不死之物。所谓死者，躯壳变化耳；性灵无可死也。且躯壳之质料，亦分毫不失。西人以蜡烛譬之，既焚完后，若以化学法收其被焚之炭气、养气与蜡泪、蜡煤等，仍与原蜡烛等重，毫无损失，何况人为至灵乎？此理不深，愚夫妇亦能解。愚夫妇能常念此，则知生前之声色、货利诸适意事，一无可恋，而转思得死后之永乐，尤畏死后之永苦，于是皆易相勉于善。吴雁舟曰，西人虽日日研求枪炮，一切杀人之具，而其心却时时顾悝天之明命，故其政俗几乎开五大洲太平之局；亦彼教灵魂之说，足以竦动其心，遂叠叠于善也。今察其乐，和平中正，迥非中国梆子、二黄噍杀之音，其得力自有在矣。至于生前欲为功于天下，尤易见效。致中和，天地位焉，万物育焉。至诚之道，不可诬也。

所闻于今之人者，至不一矣，约而言之，凡三家：一曰学，二曰政，三曰教。夫学亦不一，当以格致为真际。政亦不一，当以兴民权为真际。教则总括政与学而精言其理。至于教，则最难言之，中外各有所阎，莫折于衷。试即今日之事论之：教之真际，无过五伦，而今日君臣一伦，实黑暗否塞，无复人理。要皆秦始皇尊君卑臣，愚黔首之故智，后世帝王，喜其利己，遂因循而加厉行之，千余年至宋末，不料有人而代之者，即以其法还制其人。且以伦常字样制其身，并制其心，所谓田成子窃齐国，并其仁义圣智之法而窃之也。原夫生民之初，必无所谓君臣，各各不能相治，于是共举一人以为君。夫曰共举之，亦必可共废之，故君也者，为天下人办事者，非竭天下之身命膏血，供其骄奢淫纵者也。供一身之不足，又欲为子孙万世之计，而一切酷烈钳制之法，乃繁然兴矣。而圣教不明，韩愈"臣罪当诛，天王圣明"之邪说，得以乘间而起，以深中于人心。一传而为胡安国之《春秋》，遂开有宋诸大儒之学派，而诸大儒亦卒不能出此牢笼，亦良可哀矣。故后世帝王，极尊宋儒，取其有利于己也。王铁珊之祖，死节者也，当与论死节之理曰："君臣以义合者也，人合者也。君亦一民也，苟非事与有连，民之与民，无相为死之理。则敢为一大言以断之曰：止有死事的道理，断无死君的道理。死君者，是以宦官、宫妾自待也，所谓匹夫匹妇之谅也。况后世之君，皆以兵力强取之，非自然共戴者乎？又况有彼此种类之见，奴役天下者乎？"铁珊击节叹赏，称为圣贤之精微。并言刘夫子于古今君臣之际，亦尝慨乎言之。而同乡某或疑为不臣。噫！人心痼疲，至于如此。焚书以愚黔首，不如即以《诗》、《书》愚黔首。秦真钝人哉！

西人悯中国之死于愚也，则劝中国称天而治，庶无畸重畸轻之弊。因秘天为彼教所独有，转疑我圣教之有缺，不知是皆吾所旧有也。三代以上，人与天亲，自君权日盛，民权日衰，遂乃绝地天通，惟天子始得祀天。天下人望天子俨然一天，而天子亦遂挟一天以制天下。天下俱卑，天子孤立，当时之强侯，因起而持其柄；然民之受制则仍如故也。孔子忧之，于是乎作《春秋》。《春秋》称天而治者也，故自天子、诸侯，皆得施其褒贬，而自立为素王。《春秋》授之公羊，故《公羊传》多微言。其于《尹氏》章云："讥世卿也。卿且不可世，又况于君乎？"诸如此类，兴民权之说，不一而足；且其战例，亦往往与今之万国公法合。故《公羊春秋》，确为孔氏之真传。然其学不昌者，亦为与君主之学相悖而已矣。孔子于《春秋》，犹多隐晦，至于佛肸、公山之召而欲往，则孔子之心见矣。而后儒于《佛肸》、《公山》两章书，几不能读；可知中国君臣一伦，何尝明乎？孔子之学，衍为两大支：一由曾子，再传而至孟子，然后畅发民主之理，以竟孔子之志。一由子夏，再传而至庄子，遂痛诋君主，逃之人外，不为时君之民，虽三代之君，悉受其非薄，虽似矫激，实亦孔子之真传也。持此识以论古，则唐虞以后，无可观之政，三代以下，无可读之书。更以论国初三大儒，惟国初船山先生，纯是兴民权之微旨；次则黄梨洲《明夷待访录》，亦具此义；顾亭林之学，殆无足观。

言进学之次第，则格致为下学之始基，次及于政务，次始可窥见教务之精微。以言其衰也，则教不行而政乱，政乱而学亡。故今之言政、言学，苟不言教，则等于无用。英人韦廉臣著《古教汇参》一书，博考古今中西之教凡数十，每教复各有门户；其中亦有精微者，亦有诞谬不可究诘者。然不论何教，皆有相同之公理二：一曰慈悲，吾儒所谓"仁"也。一曰灵魂，《易》所谓"精气为物，游魂为变"也。言慈悲而不言灵魂，止能教贤智，而无以化愚顽；言灵魂而不极其诞谬，又不足以化异域之愚顽。吾儒鄙外教之诞谬，外教亦不喜吾儒之无其诞谬，二者必无相从之势也。惟佛教精微者极精微，诞谬者极诞谬。佛之精微，实与吾儒无异。偶观佛书，见其不可为典要；惟变所适，往往与船山之学宗旨密合，知必得力于此。若夫诸儒所辟之佛，乃佛家末流之失，非其真也。据佛书，如来佛尝娶三妻，诸菩萨亦多有妻子者，何曾似今日之僧流乎？佛教虽出于印度，不过师弟相授受，卒未尝一日行也。数传后，并其精微而亡之，仍自重其所谓婆罗门教。故印度之亡，与佛无与焉。《古教汇参》中遍诋各教，独于佛则叹曰："佛真圣人也。"美国欧格教士尝言："遍地球最兴盛之教，无过耶稣。他日耶稣教衰，足以代兴者，其惟佛教乎！"缘不论何教之精微及诞谬不可究诘，佛书皆已言之，而包扫之也。尤奇者，格致家恃器数求得诸理，如行星皆为地球，某星以若干日为一岁，及微尘世界，及一滴水有微虫万计等，佛书皆已言之。李提摩太尝翻译佛书回国，又西国讲佛学之会凡四十余处，此行佛教之兆也。故言佛教，则地球之教可以合而为一。西人又极拜服中国井田之法，其治河用之，颇收奇效。又言欲地球皆太平，非井田封建不可。故行井田封建，兼改民主，则地球之政可合为一。又政、教与学所以难遍行于愚顽者，亦文字为之梗也；悉改文字之象形为谐声，则地球之学可合为一。

孔子教何尝不可遍治地球哉？然教则是，而所以行其教者非也。无论何教，无不专事其教主，使定于一尊，而牢笼万有。故求财者往焉，求子者往焉，求寿者往焉。人人悬一教主于心目之前，而不敢纷驰于无定，道德所以一，风俗所以同也。中国则不然，各府县孔子庙，惟官中学中人始得祭之，至不堪亦必费数十金，捐一监生，赖以升降拜跪于其间；农夫野老，徘徊观望于门墙之外，既不识礼乐之声容，复不解何所为而祭之，而己独不得一与其盛，其心岂不曰孔子庙一势利之场而已矣，如此又安望其教之行哉？且西人之尊耶稣也，无论何种学问，必归功于耶稣，甚至治好一病，赚得数钱，亦必归功曰："此耶稣之赐也。"附会归美，故耶稣庞然而日大。中国儒者，专以剥削孔子为务，见霸术，则曰孔门五尺羞称也；见刑名，又以为申、韩；见兵法，又以为孙、吴；见果报轮回之说，又以为异端；皆不容于孔子者也。于是孔子之道日削日小，几无措足之地。小民无所归命，止好一事祀一神，甚且一人事一神，而异教乃真起矣。当柄亦终不思行其教于民也。东汉以后，佛遂代为教之，至今日耶稣又代为教之。耶稣教士曰："中国既不自教其民，即不能禁我之代教。"彼得托于一视同仁，我转无词以拒。故强学会诸君子，深抱亡教之忧，欲创建孔子教堂，仿西人传教之法，遍行于愚贱。某西人闻之，向邹沅帆曰："信能如此，我等教士，皆可以回国矣。"不知此举适与愚黔首之意相反，故遭禁锢。后虽名为开禁，实则止设一空无所有之官书局，亦徒增一势利场而已。此后孔子教竟不知如何结局。意者将附于佛教以行其精意耶？亦可哀甚矣！士生今日，除却念佛持咒，又何由遭此黑暗之岁月乎？

钱尺岑曾在山海关魏军中，后同往甘肃，言上年盛京大饥，流民逃入关乞赈，只山海关一处，每日病饿死以千百计；乃钦差不理，地方官亦不理，日本军中哀之，遂随战随放赈；于是关内之民，重复出关就敌赈。此仅官不之理而已，犹可言也。魏军赴甘，遇强回辄败。适西宁有降已半年之老弱妇女，西宁镇邓增至，一旦尽杀之，悉括其衣服器饰，凡万余人，虽数月小孩，无一得免者。魏军次日至，遂攘以为功，以克复三关，张皇入告，并大开保举。钱尺岑愤不受，即日襆被去。不一月，主稿之两幕友皆暴死。此案现已有人参奏，交陶制军查办。此等事不论何国皆无之，即土番野蛮，亦尚不至此。顷来金陵，见满地荒寒气象。本地人言：发匪据城时，并未焚杀，百姓安堵如故。终以为彼叛匪也，故日盼官军之至，不料湘军一破城，见人即杀，见屋即烧，子女玉帛，扫数悉入于湘军，而金陵遂永穷矣。至今父老言之，犹深愤恨。……准部回部之事已可鉴也。曾重伯发叹曰："仁义之师，所以无敌于天下者，恃我之不杀也。故《易》曰：'神武不杀'。东征之败，亦由日本不妄杀我军，因以无固志耳。"斯言真至言也！今之策富强而不言教化，不兴民权者，吴雁舟所目为助纣辅桀之臣也。

　　大劫将至矣，亦人心制造而成也。西人以在外之机器制造货物，中国以在心之机器制造大劫。今之人莫不尚机心，其根皆由于疑忌。乍见一人，其目灼灼然，其口缄，其舌矫矫欲鼓，其体能极卑屈，而其臂将欲翔而搏击，伺人之间隙而时发焉。吁！可畏也。谈人之恶则大乐，闻人之善则厌而怒，以骂人为高节，为奇士，其始渐失其好恶，终则胥天下而无是非。今之论人者，鲜不失真焉。京朝官日以攻击为是，初尚分君子小人之党，旋并君子小人而两攻之。党之中又有党，党之党又自相攻，苟非势力绝大，亦卒不能有党；如釜中虾蟹，嚣然以哄，火益烈，水益热，而哄益甚，故知大劫不远矣。此风尤以湘人为剧，立誓不与外省人相亲厚，外省人亦至耻恶之，其劫殆将加惨。此皆由数十年湘军强盛所使然。湘军名震天下，通盘打算，其利甚少，而人心风俗之受害，殆不可胜言；无术以救之，亦惟以心救之。缘劫既由心造，亦可以心解之也。见一用机之人，必立去自己机心，重发一慈悲之念，自能不觉人之有机，而人之机为我所忘，亦必能自忘。无召之者，自不来也。此可试之一人数人而立效。使道力骤增万万倍，则天下之机，皆可泯矣。道力不能骤增，则莫如开一学派，合同志以讲明心学。心之用莫良于慈悲；慈悲者，尤化机心之妙药。今夫向人涕泣诉苦，恻怛沉痛，则人莫不暂去其机心而哀怜之。此仅悲而不慈，已足动人如此；又凡长参诵经，日以佞佛为事者，人不过笑其庸陋，而其人必终身免于疑忌，此亦小试之而小效也。又况以天地民物为量，天下一家，中国一人之大慈悲乎？亦勿虑学派之难开也，患道力不足耳。各教教主，皆自匹夫一意孤行而创之者也，即天津在理教最新而又最小，然从之者几遍直隶；其教主力量，亦自可观。此次在京，极力考求在理教，宛转觅得其书，乃刺取佛教、回教、耶稣教之浅者而为之。然别有口传秘诀，誓不与外人说，仍无由求之；不得已至拜一师，始得其传，则亦道家炼气口诀而已，非有他不善也。赖有灵魂、轮回、果报之说，愚夫妇辄易听从。又严断烟酒，亦能为穷民省却许多闲钱。故不论何教，于民皆能有益，总胜于今之摈弃愚贱于教外，全然不去理会也。饥者易为食，渴者易为饮，岂但政为然哉？处无教之时，民苦于无所系属，不问何人，立一诞谬之教，亦足使民归命，不尤可悲乎？虽然，又岂但愚贱之不教乎？

　　梁卓如言："佛门止有世间、出世间二法。出世间者，当伏处深山，运水搬柴，终日止食一粒米，以苦其身，修成善果，再来投胎入世，以普度众生。若不能忍此苦，便当修世间法，五伦五常，无一不要做到极处；不问如何极繁极琐、极困苦之事，皆当为之，不使有顷刻安逸。二者之间，更无立足之地，有之，即地狱也。"此盖得于其师康长素者也。嗣同谓独候补官，于世间、出世间两无所处。固知官场黑暗，而不意金陵为尤甚。到此半月，日日参谒，虽首府首县，拜之数次，又不能一望见颜色，又何论上官？及上官赐以一见，仅问一两语，而同寅早已疑之忌之矣。在京与王铁珊约，决不带一纸书以玷辱师门。己方以此自重，而上官即以此见轻。尤奇者，本地知名士，曾往拜之，以求学问中之益，而人闻其候补官也，辄屏之不见，并不答拜。幸有流寓杨文会者，佛学、西学，海内有名，时相往还，差足自慰。凡此诸般苦恼困辱，皆能以定力耐之。独至自思，我为何事而来，则终不能得其解。为君乎？为民乎？为友乎？以言乎贵，适以取贱；以言乎富，终必至于大贫。王铁珊言："此出为一意皈依刘夫子耳，非为官也。"独嗣同无所皈依，殆过去生中，发此宏愿，一到人间，空无依倚之境，然后乃得坚强自植，勇猛精进耳。故官场所以不可来者，非有他也，不知其何所为而已矣。函丈既通义宁公，大善知识，留办湘矿，自足造福无量。伏愿不为出山之计，以葆潜龙之德。绂丞、淞芙诸同志，不知何在，皆上上等根器之再来人也。然不通佛学，则堕落地狱，亦不甚难，惟大力扶掖之耳。衙参余暇，潦草作此。恭叩福安。

　　　　　　　　　　受业门人谭嗣同谨禀。七月二十三日
时借寓杨彦槻公馆，拟即赴苏州。九月当旋鄂。

　　　　　　　　（作于一八九六年七月二十三日，即
　　　　　　　1896 年 8 月 31 日）

　　二十二

夫子大人函丈：

　　在金陵上一长书，寄陈杏畇转达。九月十三日还鄂，署中自家严以次，一是安好。顷监吾世叔交下五月初九日钧谕，因恐嗣同出都，故补寄此函，其实四月十八日书已接到矣。诰轴托吴铁樵带呈，计早到。会馆事交石帆，舍侄传赞已八月入都，当可照料。杜荭生移出，另佃一闽人。嗣同踽踽独游，于家乡事虽时时在怀，而道远书迟，如在烟雾，幸赖训诲常颁，得悉梗概。

算学事竟生意外之虞，矿事唐、刘又生疑贰，抑何事机之不顺如此！人材之难，自昔所慨，矧在今日天地晦盲否塞之秋，宜乎一有举便多阻滞，然而皆不足虑也。气象将兴，其初必有无数委曲艰难，将成而复败，大为世诟，引为鉴戒，而当事者乃得因其失而疾易其法，衡度精审，用底于善。不如此，其善不善遂无由以知也。又凡人之思振作也，其争必多，苟非甚私甚贪，争固无害，疑贰亦无害。久之利明害出，是非判然，论将自定。诸事有函丈镇抚弹压，何患无功？且见为弊者亦将转而为功；就令终不一效，亦曰天也，非人也。世事更无可为，似办矿较有实济，缘随在可济贫民也。绂丞书来，亦萌退避意，昨移书勉之。佛说以无畏为主，已成德者名大无畏，教人也名施无畏，而无畏之源出于慈悲，故为度一切众生故，无不活畏，无恶名畏，无死畏，无地狱恶道畏，乃至无大众威德畏，盖仁之至矣。笃吾世叔及周新吾拟荐余尧衢，不知受否？此系私荐，聊为栖止计，若家严允位置汉口则更妙。此请福安。

　　　　　　　　　　　　受业谭嗣同谨禀。九月廿一日
牙厘局是李竹虚。嗣同日内即起身回县。

　　　　　　　　（作于一八九六年九月二十一日，即
　　1896 年 10 月 27 日）

二十三
夫子大人函丈：

　　顷见致家严书，知振务异常顺适，官煤局几有博施济众景象，诸绅自然倾心，功德所被，万家衔感。湘赈捐减成既然碍难，自应将实收，移文各三十分并章程等交邱文阶带回面呈，乞察收。去腊廿二日赐函中所寄简明章程一并寄呈。

　　俄使改派合肥傅相，王布政仍回本任。嗣同不劳挽留，自然免却此行，当即飞函告知伯严转达右帅矣。沅帆在此，累述右帅之悃，敦促嗣同往湘，虽亦见许，终令缓行。故沅帆正月中旬尽室回湘，竟不克偕去。旋因舍侄传赞二月入都考荫，江海孤行，放心不下，原拟随尊驾同去，知一时不能成行，故改此议。令嗣同伴送，此自应去者也。乃事变万端，非意所及。嗣同之遭谣言，旋起旋止，已数年矣，去冬尤甚，至不堪入耳。张次珊御史已将贱名登诸白简，恰李正则在京闻知，托人说转，疏稽未即上，然都中流传颇广。近又有某御史已参，交德中丞查办之说，事或不确，然无味甚矣。

有李玉成者，假冒武大员，扯署中旗号，任意撞骗，詹知事为骗去现银一千两，票银一千两。事既不验，不肯照票兑银，李遂交于比利时国人之手，由德国驻汉领事备文索讨。幸嗣同与英国领事习，极力从中排解，得以无事。并代将起事根由详细查出，立将李玉成一干人证拿获，交县讯办，登时水落石出，当不致有他变。然此案破又扯出数案，或卖缺，或卖厘差，或卖营哨弁，究之不胜究，株连又太多。廿八日张香帅受事，不识能终敷衍否？

家严深罪嗣同不才所召，即令引见到省，久即有此意，至今始决耳。免致贻累全局。嗣同自为计，虽缘事而去，觉得不值，而因此远扬，又未尝不逍遥自得。至于候补场中之污秽，尚不足计，惟未克少襄振务，深负恩德，又复大言不惭，终不一任事而去，愧恨交并，不知所措。又算社金矿等事，皆弄成有始无终，恐贻累亲友，尤觉不安。致绂丞书谨乞饬交，如到局亦请以此信示之。

强学会之禁也，乃合肥姻家杨莘伯御史所劾，知高阳必袒护清流，乘其赴普陀峪始上疏。诸公不知所为，竟允其请，因之贻笑中外，在京西人面肆讥诋，遂至流播于新闻纸。朝廷深悔此举，高阳尤愤，适有胡公度请重开之奏，遂隆旨准其重开。驻汉英领事深有悲悯中国之意，故与议立私约，约未立而禁已开，此近日一大喜事也。高丽内乱，俄、日起而争之，其王为俄人挟去，俄、日恐有一场恶战。甘肃军务已将平息。邱文阶定二月初二日回浏。手肃，恭叩福安。

受业谭嗣同谨禀。正月廿八日

（作于一八九六年正月二十八日，即 1896 年 3 月 11 日）

二十四

夫子大人函丈：

途中连上数书计达。随于廿三日到鄂，舍妹灵榇已先期返湘。所幸署中自家严以次，均托安好，忧怀稍释。适有赞使之说，不能不暂作应酬，早出暮归及接见同事，竟无暇晷。加岁暮诸琐事蝟集，只得力为了清，始能及赈事。承交下实收等三十分，自往捐局查问一切。海防例捐实官只须三成，若买盐商捐款尤便宜，大约只得一成有余。湖北亦开办赈捐，奏请虽系三成，实在只作一成七，旋因山东赈捐已减至一成六，此间遂不得已改为一成五，然虚衔封典，谁有此闲钱来捐？唐季告身至谋一醉而不可得，几似之矣。甘肃亦在此劝捐，成数尚未悉。今湖南赈捐章程系三成，如何能办？陈右帅寄到实收八百分，家严因李正则现办鄂捐，并交其办理，至应如何核减成数，尚未商定。嗣同急思揽生意归浏阳，拟径将实收三十分将来设法报销。作一成五开捐，并交正则办理。正则谓鄂捐一成五犹劝不动，惟转寄上海可求速售。嗣同屡禀家严请照办，家严终以未经贵局核减成数，未便擅减；并命以此意函知大家兄。昨日发去，务请乞速示。请专函不言他事。借款二万已筹得，即当寄回。杂粮不但极昂贵，过二十石即无可买。

自岳州禁米之后，米价每石骤涨至四串八百文。正则买食米，大费经营，仅得两石。安陆一带早已过五串，湖北之荒亦为近年所未有，江夏已经逃荒，何论外县？而司道以下，至今尚持不赈之说，惟家严一人力以赈为任而已。上下古今如一邱貉，不有大英雄出而涤荡廓清之，中国殆终于自毙。现飞电往各省告饥，不知有应者否？湖北向恃安徽芜湖等处粮米接济，因各省同时往购，易致空虚，遂亦不能如数而得。前购米万石，派委员放赈，数日即罄，此后恐难一次即购万石矣。尤苦者，绅士无人任事，地方官不过尔尔，全恃二三委员，何能有济？来日方长，全无头绪，不了之了，非所敢知。时局如此，嗣同采购杂粮又属梦呓；况岳州阻米，鄂人归谤于家严，决不肯再运粮石回湘，且欲徇鄂人咨移开禁之请。

钱荒似比湖南尤甚，每两换钱一千二百零五文，银圆只值八百文。请以二万之数易银圆回县，家严有鉴于鄂省之不能通行，而小银圆尤不能行，故不肯俯允。而银圆局因江南定铸者太多，此后需用必先期知会另铸，将来或可运回大银圆一二千元耳。以嗣同观之，银圆之不行，实厘局与钱店挟制太甚耳。若严厉整顿厘局，商民以鄂局银圆完厘者，每元一串，不得少有抑勒，则商民乐用，而钱店亦自无所用其把持。二万解到后，如要换银圆，似可于湘善后局拨用。嗣同志非不坚，而形禁势格，徒负一诺而已。闻十九日湘雪三四寸，鄂亦同之，饥馑札疠，悉当缘此而免乎？

王爵堂方伯除奏调嗣同外，更有陈梅生、王惠堂、潘晟初、陆家翰，未经出奏者有冯慰农、徐莪恺及翻译二人，梅生已从魏军去，曾重伯复挟数巨公书钻营求去。乃方伯正拟起程，忽奉命著暂缓交卸起程，仍在鄂候旨。因俄国嫌其官尚不大，必令加以尊爵，否则请改派总署。现有改派李傅相之议，电问方伯愿为副否，复称不愿，且看怎生发落。若能免此一行，更省却奏留一番周折矣。中外事惟傅相肯任事，余俱不理。德国索厦门某岛，援俄国得胶州湾为词，傅相据理折之，而诸臣竟私允其请。日本商约犹未议成，傅相之出，益不可收拾。朝政无异于昔，经此挫折若无事。然湖北盐道简放郭子美之子，闻年甚少，用人行政大都类此。

康长素倡为强学会，主之者内有常熟，外有南皮，名士会者千计，集款亦数万。忽有某御史起而劾之，请严拿为首之人，果允其严禁。传耶稣教则保护之，传孔子教则封禁之，自虐其人以供外人鱼肉，中国人士何其驯也！初立会时，沅帆、伯纯、伯严、穰卿辈嫌其名士太多，华而不实，别立一分会于湖南，章程久经刻出，今并见禁，会中人遽爽然欲退。嗣同于总会、分会均未与闻，己既不求入会，亦无人来邀。无论或开或禁，原与嗣同毫不相干，今见事理失平，转思出而独逢其祸，拟暂将孔子搁起，略假耶稣为名，推英国驻汉领事贾礼士充会首，结为湖南强学分会，已与贾领事面议二次。惟订立密约极费推敲，既欲假耶稣之名，复欲行孔子之实，图目前之庇护，杜日后之隐忧，不图西人丝毫之利，亦不授西人以丝毫之权，语语蹈虚，字字从活，须明正方能定妥。此约一定，学会随意可兴，谁敢正目视者？并移书总会请其仿照办理，则所谓严禁者不值一嗤矣。

龙爪霖委沙坪厘局，开正即行，以周同溪谆切托之。李勉丈捐浏阳赈银前后共八千两，兹又汇交正则二千两，续为捐出，共得一万。娄尚书回家严信，竟一文不肯捐，惟诉苦满纸而已。肃此，恭叩年喜，顺请福安。

　　　　　　　　　　　　受业门人谭嗣同谨禀。乙未除夕
魏子纯股分折俟二月方能领出。致刘淞芙信乞交之。

　　　　　　　　　　（作于一八九五年十二月二十九日，即
　　　　　　　　1896 年 2 月 12 日）

二十五

（前缺）论亦难划一，唐绂丞、刘淞芙皆通才，似可与议。顷闻江西亦议开格致书院，以文学士廷式为之倡也。变法之谕尚未复奏，就中发下各疏，以胡云梅按察一折为最切实。湖北大约以开办铁路自任，现正委员四出，踏勘形势。而黄梅、孝感、德安、安陆等府县被水，一片汪洋，苦于无从下手；即令水退再议修筑，他日水至，又将奈何？不惟湖北为然也，倘修至河南、山东、直隶境内，猝遭黄水浸灌，又将奈何？此修路尤应以治河及讲求水利为主。中国政事废弛太久，办事者处处皆成荆棘。即如顺直水灾，年年如此，竟成应有之常例。两湖偶被水旱，其势已岌岌可危，即不为铁路起见，亦岂当任其如此而不为之计耶？然则虽变法难期有效，以无能行法之人也！

沙市、武汉两帮因口角没紧要事，至于纠众械斗，又误伤一湖南人，湖南帮从之而起，三帮斗至二十日之久，聚众至万数，官民皇避无所，匪徒乘势焚劫，死者无数。此间派两营前往尚不敷弹压，又添派营勇始得解散，死尸悉已抛弃江中，无从查点，可知者大约有二三百人。此诚未有之奇灾也。此事不能不具奏，而弥缝掩饰，措词极难。

川案尚未了结，而浙之温州、粤之南海、佛山均有闹教之衅，幸无大损。惟福建古田闹教杀毙美、英两国男妇七人，此外因伤重殒命者尚有数人，官中派兵救护，兵丁又因而抢劫。两国愤极，英国已有兵轮一艘载兵千余驰抵福州，余兵轮亦次第进发，且相约此次决不受赔款，恐比川案更难办矣。外国新闻纸言，中日用兵以来，五大洲全局皆为掣动，有虑日人遂强横者，有虑俄人乘便吞并者，有虑俄人助中国灭日者，有虑中日合一者，而尤虑俄日联为一气，惟美人独存局外之想，余欧洲各国皆震动不安，朝不保夕，议论纷纭，莫衷一是。故前日俄代中国争辽、旅，各国有愿与闻者，有不以为然者，要皆各有所见，各有深远之谋。及见俄日私立密约，外人不知为何事，各国益复恟惧，相与为瓜分中国之议，以合力抵御俄日，而彼此又不免猜忌，搭配地段极难停匀云云。案从前士耳其之削弱，亦因闹教起事，俄人首兴问罪之师，英、法、德、奥又从而抑勒之，遂至今不能复振。今遇教案四起，各国得以有词，板荡陵夷，中国无息肩之日，而五大洲之战祸亦从此烈矣。辽、旅既未见还，台湾尚差能枝柱。二万万之兵费几于告贷无门，如再有他变，岂堪设想！

昨接贝元徵书，刘夫子委署许州。当此民生困苦之时，得一好官亦可苏息片时，此可喜事也。吴清帅贿劣绅假托三书院人名到此进禀，乞代奏挽留。旅为三书院探知，亦赶至此进禀，力辩无此事，并将贿托情形和盘托出。此又一可笑事也。拉杂上陈，惟谅察之，此请福安。

受业谭嗣同谨禀。六月廿六日

（作于一八九五年六月二十六日，即 1895 年 8 月 16 日）

二十六

夫子大人钧座：

接读来谕，不胜骇异！所谓詈骂者曾未吐其千一万一，何况于过？然此犹得曰恶恶从短不欲闻人之恶也，岂赞美二字贤人君子之所用心而亦悬为禁令乎？既不许骂，又不许美，世间何必有报馆？第相率缄口为乡愿足矣。揆其命意，不过因南海先生传孔门不传之正学，阐五洲大同之公理，三代以还一人，孔子之外无偶，逆知教派将宏，垂泽必远，自揣学不能胜而又不胜其忌妒之私，于是谤之讪之，妄冀阻其教力，及终不能阻，则禁人之赞美，而斥之以为过，其用心何其艰深而迂苦也？然向之所赞，不过只就其一疏而言，于其微言大义，一字不曾赞及，既以为非，此后只好专赞其大处耳。

犹有持不通之说者，谓嗣同等非其门人，何为称先生？不知一佛出世，旷劫难逢，既克见圣，岂甘自弃，不以师礼事之，复以何礼事之？且普观世间，谁能禁嗣同等之不为其门人者，忌妒者又将奈之何哉！请转语伯严吏部，远毋为梁星海所压，近毋为邹沅帆所惑，然后是非可出，忌妒之心亦自化。即从此偶有异同，亦可彼此详商，不致遽借师权以相压。嗣同等如轻气球，压之则弥涨，且陡涨矣！此复，即叩福安。

受业弟子唐才常谭嗣同谨禀

再此信系嗣同主稿，合并声明。

（作于一八九八年三月，即 1898 年 4 月）

二十七

夫子大人函丈：

前奉赐函读悉。仁人之言，委曲引喻，若忘嗣同等之狼嗥豕突，而一以慈心视之，自不觉默然而俱化。当拟作复陈谢，又有深于自得而忘言之妙。今试言此事之由来，乃不止一端，虽累牍不能尽，亦自不欲言矣。言其近者，是日上午已有人来告某之丑诋，并谓先生之称谓，为嗣同等钻营康名士，自侪于门人之列；又谓湖南不应有此，意在设法阻压。及下午到尊处，见某在座，神色颇异，方欲与言，旋即避去，固疑所谓设法者，必于函丈处设法，而已进有言语矣。归途内念，报中小引，不过就奏折论奏折，并未誉及其人品学问一字。惟"其疏为二百六十年所无"一语说得太阔，然亦止就奏折论奏折，于其人品学问亦无与。且"长安布"、"衣煤山"等语，实在未经人道过，谓为"二百六十年所无"，亦非过誉。康某果何罪于天下，乃不许人著一好语耶？至于末数语似是骂人，然实无意指定某人，不过词章家咏叹之习气，词章家遇被谤最多之人，照例为之发牢骚。即梁星海之流亦尚未想到，何况时常相见之人乎？乃彼则自出承当，谓为詈彼，证以平日诋卓如、诋绂丞，及力阻不许聘康南海来湘。则其人亦太不测矣。而又往函丈处陈诉，岂欲出死力钤束嗣同等而后快耶！归未旋踵而赐函适至。

才常横人也，志在铺其蛮力于四海，不胜则以命继之。嗣同纵人也，志在超出此地球，视地球如掌上，果视此躯曾虮虱千万分一之不若。一死生，齐修短，嗤伦常，笑圣哲，方欲弃此躯而游于鸿濛之外，复何不敢勇不敢说之有！一纵一横，交触其机括，是以有前书，却非敢抗函丈谓不当教训之，而已决意不受教也。今事已过往，聊复述之，祈函丈亦勿以此示伯严。肃此，恭叩福安。

　　　　　　受业门人唐才常、谭嗣同同禀。初十日

（作于一八九八年闰三月十日，即 1898 年 4月 30 日）

致汪康年书①

一

穰卿先生大人鉴之：

初五寄书梁君卓如，并扇与佛经，计达。昨雁菩萨到，带下梁寄经价十五元，除还经价及寄费外，尚多四元六角，无便寄缴，闻梁将回粤，嗣同亦即去此，无可交代，止好存于嗣同箧衍，留俟他日再算。雁

___

① 　录自《谭嗣同全集》（蔡尚思、方行编，北京，三联书店，1954）。

菩萨又带到造像七躯拓本，具种种庄严、种种相，同人咸喜赞叹，说雁是入正定菩萨，嗣同是菩萨旁侍者，抑亦阿那含之亚也。此与嗣同平昔师事雁菩萨之恉正尔微合。前在上海，曾嘱造像之光绘楼造像，若佳，请其将原玻璃片存留，勿遽揩去，以便购回，随时晒印，务恳即为购出。并倩其将雁菩萨与嗣同二躯另晒上一块小磁片，勿填颜色，第将余像暂用纸隔住，则所印止二像矣，亦甚易办耳。所费若干，统希代垫，容后奉缴。嗣同十月中必仍来金陵，彼时再设法互寄此像，异时流落尘寰，后之考据家将曰此大魏太和几年龙门磨崖碑也，岂不亦狡狯矣哉！足下碑中之上首，似不能不为一铭，若赞以宠之，嗣同则以此书代记何如？书到，梁君必已行，仍望留此书，于其返也视之！

谭嗣同合十顶礼

（作于一八九六年九月，即 1896 年 10 月）

二

穰公赐鉴：

别又两月，思念之迫，直无日不往来于胸中。卓如兄闻当办《广报》，则近日必仍未返海上。我公为调伏，成就一切众生，故独力撑持，贤劳如何！报馆若需人者，弟前云之唐生绂丞，其文笔敏速，精力充满，实不多见；至若学识宏通，品行卓越，尤在洞鉴之中，尤俟鄙人之琐琐。独惜其本年不暇外出，明年又迫试事，惟春间必作海上之游。若趁彼时，勉强挽留数月，使摅谋虑成文章，想当不至坚拒。我公若有早为延揽之意，嗣同愿为先容，以书商之。吴铁樵仍在此，闻即赴湘，湘矿可办则办，否则鸠合同志，以极贱之值，买洞庭瘀壅之洲，讲求农学，然到贵报馆亦其志也。香帅拟聘沅帆主讲两湖，不识肯来否？伯纯已入幕中，可喜之至！嗣同九月中到鄂时接卓如书，并《西学书目表》两本，正装束往湘，故不复。雁舟同行，过洞庭即别，彼此卒卒，竟亦无从问讯。嗣同于月初仍返鄂，月底当赴南京，顷料简正忙也。

前命访鄂厘章程，谨上章程一本，局卡清册一本。至于牙厘如何抽查之法，嗣同亦极意考求有年矣。但知值千抽一十二，又加杂捐二十，又加赈捐十，共计千抽四十二。此外更有串子费，有补水，有补数，有补底，有茶赏，皆舞弊之私章，尤取之无艺，亦无由考其实数。盖各局不同，即一局亦各人不同，即一人亦前后不同也。与局卡之大小，委员之明阇，天气之早晚，风之顺逆，时之寒暑，商民之强弱，船之坚楛，货之高下，皆有相关，而等差生焉，夫孰能知其所以然乎？且所谓值若干者，何人所定之值，据何时之值而定，种种货如何差别，如何用丈量，如何用权衡，如何计算，虽久办厘局之委员无能知焉。把持于长老司事之手，由其选择而吞噬，不尤可大哀乎！公思考察天下厘章，嗣同以为止能得官样文章，以备尘牍而已，其所以办法，初不符合。一言以蔽之：曰，强盗中之虎狼。纵公勤勤编辑，为书为表章，与实迹相去甚远，毋乃疑误后学，转无由得其真，不亦可以已乎！质言之，如此黑暗地狱，直无一法一政，足备记录，徒滋人愤懑而已！

传闻英、俄领事在上海开捐"贡""监"，捐者可得保护，藉免华官妄辱冤杀，不识确实否？保护到如何地步？价值若干？有办捐章程否？嗣同甚愿自捐，兼为劝捐，此可救人不少。湖北近有一大冤狱，因有人谋奸实缺官之妾，遂诬此实缺官为会匪，派勇拿获，而先刺瞎其目，断其手若足，淫其妾，掳其财物，到案后复被以非刑，贿买剧盗使诬证之，职则革矣，命亦将尽矣，恐终不免于一杀。横天地，纵古今，岂有如此之不平事耶？嗣同求去湖北，如鸟兽之求出槛絷；求去中国，如败舟之求出风涛；但有一隙可乘，无所不至。若英、俄之捐可恃，则我辈皆可免被人横诬为会匪而冤杀之矣。伏望详查见复，可寄南京庐妃巷刘公祠杨公馆转交为荷。卓如处如有信去，望为致声。手肃，恭讯道安，不尽。

谭嗣同合掌谨白。十一月十三日

（作于一八九六年十一月十三日，即1896年12月17日）

三

穰卿先生鉴：

昨刚由郑苏龛兄带上一函，并致梁卓如兄买经余款数元数角，计收到矣。过年颇忙否？兴居万福为慰！去岁在鄂时，湘乡吴季甄来言，闻公云前者我辈同照之像，不能分别晒印，嗣同初不过高兴语耳，不必妄生分别也。能否再印一全张见寄否？乞留意。

嗣同前与伯纯、铁樵商量，于汉口设一《民听报》，每日一张，但筹款大难。顷来金陵，四处多方诱惑，竟不能招一人，集一钱，反从而笑之。六朝名胜地，乃尔俗陋耶！此事全仗鄂中筹款矣。嗣同谬拟一张报式寄上，希酌之。去年吴雁翁到金陵，述卓如兄见言，有韩无首大善知识，将为香港《民报》，属嗣同畅演宗风，敷陈大义。斯事体大，未敢率尔，且亦不暇也。近始操觚为之，孤心万端，触绪纷出。非精探性天之大原，不能写出此数千年之祸象，与今日宜扫荡桎梏冲决网罗之故，便觉刺刺不能休，已得数十篇矣。少迟当寄上。居今之世，吾辈力量所能为者，要无能过撰文发报之善矣。而遇乡党拘墟之士，辄谓报章体裁，古所无有，时时以文例绳之。嗣同辨不胜辨，因为一《报章总宇宙之文说》以示人，在湘中诸捷给口辨之士，而竟无以难也。今检以寄呈，可登诸贵报否？又同县黎少谷者，一生考究农学，大有所得，著有《浏阳土产表》。曩与公言之，今始录得，亦寄上，请转付农务会，仍发还则愈好。表言土产及货物，于农学亦微有别，依嗣同之见，亦请发贵报何如？使天下人皆知考察之道，亦大开风气之法。

刘淞芙同到此间，共学良不寂寞，渠二三月间，必来上海奉谒也。渠又言《浏阳算学社章程》一通，曾经寄上，不识收到否？此章程亦嗣同违众硬做者。去年尚系私结之社，极有效验；今年风气愈开，竟动本县公款，特设一书院，名算学馆，千回百折，始做到如此地步。任事之人，如欧阳节吾师，可谓难矣，然居此事，能成一事，亦是大奇。湘乡东山书院，亦援浏阳之例而兴，浏阳可云为天下先。拟撰《浏阳兴算始末记》一首，殆欲《民听报》中见之。曹子桓有言："君知我喜否？"思至此不觉起舞矣。

谭嗣同顿首。正月十八日

卓如先生同此未另。又致孙仲瑜一纸，乞交之。

（作于一八九七年正月十八日，即 1897 年 2
月 19 日）

四

穰公鉴：

十九日寄上长信十几页，并《土产表》、《报章说》、《民听报说》等件，计达。顷撰《管音表》，管音者何？平上去入是也。窃谓可为快字之辅，今将其叙寄上，可否发报？兼请质之沈学先生。其法甚易，作一六层之表，随所闻之语音，照之填写。今画一式于后：

湖南六声长沙	阴平	阳平	上	高去	低去	入
六声善化	同	同	同	同	同	同
五声浏阳	同	○阙	入	阳平	去	上
五声益阳	同	同	同	入	○阙	去
五声湘阴	同	同	同	去入二声无别	低去间有不多	○混入高去
京师止有四声	○混入入，间有混入上，如脚、北等字。混入低去，如入、肉等字。	上入声时亦混入	阴平入、二声无别	阳平	去入声时亦混入	○阙

　　表中皆以长沙之四声为准，如长沙之阳平，即京话之上之类。反而观之，则公解京话，即可由京话推诸表中各处之语音，一展卷即皆可效其言。又如公浙人，即可以浙语为主，以各处方音编列于后。无论何省人，皆可与接谈。编某处之方音，即用某处人之耳，吾诵我之土音，令彼听之。彼以为适当彼之某声，则异同差数，毕可得矣。公如编表，嗣同他日会晤，即可由公之浙音，遍通公所编之方音。公于嗣同所编者亦然，法至简至易，而可尽通中国各处之语言，又至便也。尽通中国语言，而后传音快字之用乃日宏矣。嗣同创此法颇自得，公意以为何如？

　　昨接伯纯信，《民听报》款未筹得，铁樵又须赴浙，竟不能办，且看他日何如，为之怅然。家严二月中旬入都陛见，嗣同当送至上海，伯纯亦同去，彼时可图一良晤也。顷见《申报》载澳门《知新报》告白，莫是《广时务报》改名否？如此计良得也。叶君曼卿极明通，诚难得之士，此后多一痛谈处矣。此上，即颂春祺。

　　　　　　　　　　　　　　　　　　谭嗣同顿首。正月二十六日

同馆诸君即此致意。

正封函问：叶君交下尊函，内信一纸，时事二纸，新印地图一纸，今择欲复者条列于后：

合肥与摩根所立合同，去年在鄂，曾细阅之，立意极灵巧，毫无流弊，亦开矿之良法也。且年限满后，机器及矿学堂，一切均归为中国独有，不意政府中故意与合肥为难，故有此变。

《农学报》出时，务乞见寄，《广时务报》亦希寄。农学会章程若何？考究各处土产，须有简要之法，此次寄上嗣同所为土产表叙，自视亦殊不菲薄也。

顾瑗殆仰承徐掌院之意旨，豫藩则真无赖矣，将来终属可虑。故嗣同去春会议时，主请外国招牌，正为此也，《民听报》若成，竟是美商矣。铁樵深怪贵馆不当与《广时务报》粘连一片，恐一被弹而两俱废也。此其关键甚微而甚大，高明宜早筹之！

（作于一八九七年正月二十六日，即 1897 年 2 月 27 日）

五

穰公鉴：

昨由淞芙带上一书。顷杨仁山先生交下来函一件，令觅代售报处，嗣同所知，靠得住者止两家，仁翁所识者较多，当即分途往问。今日会商，则两处所问者皆不愿，其故由既有钟山书院江义和等，恐此后销数无多，不足给其跑街送报之费。仁翁谓送《申报》处本有跑街之人，可托其并送，然不知为何许人，身家如何，究竟可靠否？两处皆无从确探，万一将卖价骗去，如何是好，是以又不能即行。仁翁又谓信行必可托，闻全泰盛信行与尊处有往来，想必应允。惟此间之全泰盛，必须上海之全泰盛作主，应请就近与该信行商之，即由该信行函知此间该信行，无不行者。该信行断不至亏短，一便也；本有跑街送信之人，顺便送报，二便也；此事所以繁者，除跑街外，又须一写帐人。售出之款，即由上海该信行汇兑，免得许多转展，三便也。具此三便，而贵馆尤应立一份售报章程，其故详于别纸。由专立章程而推行，贵馆尤应专用人，主句稽校核之事，皆条陈于后。念海纳百川，积小以高大，必不以鄙言为多事，嗣同亦藉以效其千虑一得，思裨高深之忱，惟垂察焉。

谭嗣同顿首。二月十六日

属查江义和松茂室之事，尚无私加售价之弊，想系误传也。

（作于一八九七年二月十六日，即 1897 年 3 月 18 日）

附：关于分售《时务报》章程

一、馆章以士大夫经理报务者，谓之派报处所与收费处所。以商店信行等代售报者，谓之代售处所。详揣前后所言，大致是如此。则以后所欲办者，皆依此主义。

一、既言代派收费处所，每收十元提二元为经费。又言商店等代售处所，售至十分以上，每年每分止交三元此是初次章程，则不知代售处所提费每年每分一元外，及汇交派报收费处所，仍须由派报收费处所再提二成乎否乎？若再提，殊觉太吃亏，而章程告白中皆未叙明。

一、告白又言，代售处所须售至三十份以上，方每年每分止交三元此是第二次改。后来告白又言，凡代经理各处，嗣后改为概提二成作经费，庶免两歧云云此是第三次改。经理二字，不知何属？若谓派报收费处所，则前既言十元提二元，非所谓改矣。自是专改商店等代售处所，所以说庶免两歧云云。然语意未经剔醒，商店何以能懂？况屡经更改，仅见于报末之告白中，商店岂暇参观前后而会其通耶？此所以商店不愿代售，实畏其繁而不得头绪也。愚以为章程不妨时时改订，惟必须另出派报收费章程及代售章程各一通，发交前两项处所阅报者不必送，因已散见于告白中也。每更改一条，即另颁新章一通旧章即废，如此则各有遵循，而无查检各册零碎告白之劳矣。

一、去年结尾一报，言邮政寄费太贵，到后年在今则谓之明年每年每分加寄费五角，却未言明此五角在提经费二成之外耶内耶？于五角中亦应提二分耶否耶？代售章程内尤宜叙明，使代售者知所从事。

一、又言零购者每本加寄费两角，系接上文后年之说耶？抑自本年起耶？更请提明。

一、定阅三年五年者，未言加寄费否？想是不加。

一、总而言之，不专立章程，终是不得明白零星凑集，必多遗忘也。

一、贵馆账目，亦为借箸而妄一筹之，说见下：

（一）去年收数，共约二万一千元之谱。

（一）去年用去外，约存七千元之谱。

（一）收数内有捐款近万元之谱，余为售报所获之款。然而售报所获者以存款七千元而论，实为入不敷出。依天元代数正负相消之理，则应除去不算，惟以捐款近万元指已收者，为确实之本钱，而存止七千元，是折阅将三千元矣。去年仅半年，而亏将三千，再过两个半年，至本年年底，七千可尽矣。即谓售报之款，各处尚未交齐，将不止七千之数，然当知所收售报之款，皆系一年者，又有三年五年者，此时预收将来之款，则此后出报愈多，收费转少矣。不识何以善后，要不可不早筹也。

（一）依上开诸理，要整理精密，必须专用一长于综核严于句稽之人，专管繁琐计算及校对之事总理事太繁，似非计，方可持久不败。

一、即如地图公会告白，去年有之，改用日本铜印，样张九月可到，此自九月以前之说，到九月则当改九月为本月矣。不料直到十月十一日第十一册报，犹称九月可到，此皆由总理事太烦劳，而无专管之人之过也。诸如此类，不一而足，几欲为贵报作一校勘记矣。

一、《知新报》交售贵报处所代售，价值间有不同，亦应专立章程与之。至于该报既声明凡阅《时务报》者，概送一册，今又加红戳云，如不阅报，下次取回，已属举棋不定，且既经送去，谁肯交回者？是不如直说送一次之为感情矣。

六

稣公鉴：

前寄《戒缠足会章程》与卓如，计见之矣。兹有欲言之事，划一于后：

一、收到寄来《知新报》四五、六七、八九三本。原说即在缪小翁处领取，尊处不必再寄，故有两册，缪已送来，兹又重复。若缪仍代办《知新报》事，尊处即不必寄，否再函索。现存重复之本，四月亲赴上海缴还。

一、《时务报》二十三册《辟韩》一首，好极好极！究系何人所作？自署"观我生室主人"，意者其为严又陵乎？望示悉。

一、去年十二册报《铸银条陈》，亦未署名，语气颇似宋芸子，是否并望示悉。

一、二十四册报《心力说》，洞见本原，自署"心月楼主"，竟不能揣为何人也，并望示悉。

一、唐绂丞应江建霞之聘，办《湘学报》，即当出报矣，可喜可喜！

一、嗣同赴上海当在四月二十前后。

一、《公论日报》究竟办否？

即请台安。

谭嗣同和南。三月二十四日

（作于一八九七年三月二十四日，即 1897 年 4 月 25 日）

七

穰卿、少穆、伯严三公同鉴：

今日赴金陵，即往杨仁山先生处穰公嘱带信件交讫，阅所存仪器，另纸详录，应用某件，祈速覆，因常有人来买也此间西人所设之学堂，已买去不少，并称其价廉。前龙积之兄属购仪器，嗣同应以嗣同湘人，于湘事不无私见，俟时务学堂择购之余，方能相让。此单请酌定某宗应买，用笔圈出，余乞转交积之兄择购，见示并乞致意，未另作函也单中皆赘以鄙说，乞酌之。机器木样据称无有，即在外国亦不易买惟博物院中有之，亦不卖。

机器图及各种格致之图、各种货物图兼有农学器具图，约计不下千数百张，惟现在尚未清出，俟五六月渠之新屋造成，地方较宽，方能检齐。嗣同念所费无多，已代订全买之说，以免分卖与人。

算学形体方圆尖斜等木块样式，可数百件，亦须五六月方能检齐，嗣同亦允全买。

以上二宗，所费不多，故能代决，如湖南不用，则请转问积之要否因二宗皆未取出，不肯言价，以愚意度之，当不过百数十元耳。

此外尚有甚精之小仪器数件，自己留用，坚不肯卖。嗣同商以托购于外洋，据云，现亦无熟人可托不能用仪器者，即不能辨识也。拟俟杨将各图检齐后，看少若干，再行设法添购图器。寻常画图仪器，能有多分，然上海洋行家家有卖，每分至贵不过十数元，似不必于此间买也。

其余应添买之件，似可商之钟鹤笙、贾步伟诸人，应添购何件，即托上海洋行往外洋订购。然以愚意计之，仅用以测天测地而著之于图，则所差亦自无几，约须添购夺林仪带测向盘者价二三十元、度时表价必需三百金者方合用，测量家最不可少，且须两具比较、带佛逆之寒暑表、水银风雨表、空气风雨表、测高空气风雨表、燥湿表以上均须两具、量风器、量雨器每件精者数十元或数元，测量家皆不可少者。

嗣同于仪器亦颇考究，然不过知测天、测地、绘图三种，杨所藏亦止此三种，若仅以测地绘图，则所用不多亦须测天，不过可少粗耳。至于测天以及行海，则必须至精者。精者颇难辨识，嗣同亦不敢自信，惟知其价皆甚廉，较之买于外洋，可省十之三四不等惟少旧，然无碍也。如欲买，则须觅一精解仪器之人来此细看，兼令携带回湘，以便途中照料。否则函商沅帆杨所有仪器，沅帆均见过，且用过，令其决择亦可收藏仪器，时常需人管理收拾，沅帆处当可得此等人也。杨自制之天地球，要几对？每对十数元必应买。天地球图，嗣同昨带交穰公一卷，可择取。图有廉者，上海卖者除地图外，尚有天文图、地学图、矿石图、水学图、火学图、电学图、化学图、全体图医院中颇多，皆极佳、百鸟图、百兽图、百虫图、百鱼图、重学图、植物图等，皆华文。矿石图嗣同亦要二分，乞穰公代买寄下为叩。

洋笔、洋墨等可多买，不但供学洋文之用，兼备画图也。

嗣同自刻《测量日记》样式寄上一纸（记得报馆中尚存有一本，故得抽出，缘信太厚也），以备采择。惜所撰《测量会章程》，于测量颇详实，方取回又遗失矣。然有沅帆之专门名家在湘中，不患不得法也。

以上皆乞速复，并转请积之兄作复。此请道安！

谭嗣同顿首。四月二十二日夜

再者：归来见穰公初十日书，嗣同十五日行，此书尚未到，可谓迟矣。祝心渊寄来信件均收到。《中日战争》一册，从来未见，何以在上海时，公竟未言及此事也？穰公北行定否？

（作于一八九七年四月二十二日，即 1897 年 5 月 23 日）

八

穰公法鉴：

前上二书：一言购仪器事；一言造天文台事。旋又寄令弟仲谷一信，不识收到否？兹致卓如兄一纸，乞转交，闻渠将往山阴，果否？亦有一信致山阴吴小村先生，请速为寄去，是所叩祷。湖南仪器，月内必检不齐，他日如何寄法，似应有人来取，我公当早与陈、蒋商之也。此请道安，不尽。

谭嗣同顿首。五月十二日

前发各书望作复。

（作于一八九七年五月十二日，即 1897 年 6 月 11 日）

九

穰公鉴：

接十一日手书，承招邀恳切，心怦怦然动；况铁樵丧将至，尤迫欲一哭奠。铁樵丧何以不还蜀而至上海？此大可怪，望即示知。然嗣同实有至难之处，万不能自由者：恐湖北知之，责其游荡，此又断乎瞒不住，因时有函电往来，无人作答，即露马脚，一也。假期太多，恐本局总办说话，而六月当送舍侄女往扬州出嫁，耽延多端，于公事上不好看，二也。尤有难者，□用不足，一动足即要拉债，三也。嗣同到此间，如仙人降谪，困辱泥涂，此类是也。知其无可奈何，而安之若命，愧负无既而已！计惟有催苏龛，而渠言督院行知将到，须上衙门销差，不能定计也；容再催之。

　　顷杨葵园自鄂来，系沅帆令其来买仪器即为时务学堂买，出沅帆之单，与伯严兄圈出者大致相符，多测地经纬仪、测经纬小器、白金度纪限仪、圆□□玻璃借地平、大十字仪，凡五宗。而少水银借地平、大子午仪、测高酒准、大天文镜、回光天文镜、干湿寒暑表，凡六宗。嗣同令葵园将沅帆与嗣同前后两单之器，一齐交带湖北，听沅帆决择。并作书与沅帆，详商一切，好在即是葵园之物，有不合式，仍交其退回，已与说明矣。嗣同正虑仪器难寄，寄到又难用，间有沅帆亦不习者，拟同仁山先生逐件作一篇用法说，头绪太多，不胜繁苦。今喜沅帆自己在鄂兑收，又使葵园亲手送去，两下接头，千妥万当，则用法说，亦可不作。且沅帆专在鄂等候，亦来不及，葵园十九即行，即影镫片粘一纸条，书写名目，亦赶办不及，然葵园当面与沅帆说知，亦可不必矣。葵园仪器之学极精，现在闲居觅事，嗣同函商沅帆，即聘葵园同往湖南，作为学堂中管理仪器之人。此人万不可少，沅帆虽解仪器，亦不暇管理仪器，别处又难寻觅，何不就便请葵园同去乎？他日亦可令其造天文台，此亦千妥万当之事也。惟须伯严兄或少穆兄速作一信与沅帆，方能定计。至要至要！刻不容缓。电知沅帆更好。余容续罄。明日衙参，百忙中作此，已四鼓矣。即颂道安。

谭嗣同顿首。五月十四日夜

　　报后添学堂报极好，余若农会、女学等，可函商一切也，然不若俟苏龛到。

（作于一八九七年五月十四日，即 1897 年 6
月 13 日）

　　十

穰公鉴：

　　奉十六日所寄手书，并《乩坛铁语》一纸，此事切不可信；沅帆、伯纯、浩吾皆明伟渊通之士，何遽为此，岂非于教务未甚考察耶？沅帆极不信教，公亦不信教，试一信教，即能见此事之本原，必不为所惑矣。凡乩者皆人之意识练而成神，名曰识神，故有时极灵验；久之将化为邪魔入人之藏识，或眩乱而成疯颠，或夺惑而致凶死，或流衍而成信鬼之俗，数世不绝，害将不可胜言。原纸缴上，并批其后。如有书往鄂，请力阻诸君，勿复为此，且其中无一语能知鬼神之情状者，岂吾铁樵乃舁陋如此哉？辱吾铁樵甚矣！固知诸君悲铁樵之不复见，聊以此自解。然要见铁樵，何不于定中见之？若其不能入定，便当自悲，何暇悲铁樵！故扶乩断乎不可为也。乩语尤望仲弢勿说与其家方好，徒乱人意，而又有害也。卓如深明生死之说，试以此语之，必有会也。

女学堂事，略与苏龛商之。学堂功课，嗣同谓自从方言算学入手之外，惟有医学一门，与女人最相宜，他学皆今时所不能用，苏龛甚以为然。至其中条理办法，苏龛到沪，自必能摅所见也。闻其到月底乃能成行。

农会事反复思之，竟无推广之法，大要此事非官为助力不可也。闻张季直欲拉新宁入会，若能成则妙矣。

《吴铁樵传》，甚嚣尘上，登报恐人窥破密谋，请卓如改之乃可，然易伤文气，不登报为是。若与铁樵之状、志、哀挽等汇而别刻则可，因不似报之张扬也。

《民听报》事，前答卓如意主缓办。今重思之，汉口他日为铁路之发端，且当展至广东，则上海之生意皆将夺归汉口，即时务报馆，亦凡有迁都之势矣。拟请俟今年年底，报馆出入账目结清，如果赢余甚多，可专提一款往汉口办《民听日报》。每年归息，视同放债一般。其名当各办各报，渺不相涉，即借款亦当密之，而其实乃贵报之分馆，阴为他日推广生意之地也。为贵报计，实无有工于此者，但当早物色办报之人。积之能去则大佳，请商之卓如伯纯可任主笔，兼联络宾客。

此时凡言商务，皆当注意汉口，公以为何如？此请道安。

谭嗣同顿首。五月十九日

（作于一八九七年五月十九日，即 1897 年 6 月 18 日）

十一

穰卿先生鉴：

前托买《算学报》，易得否？又二月间，曾托印去年所照之像，前月又托买矿石图（要著色者），俱何如矣？

　　兹者，徐积余乃昌欲托先生代售其所刻丛书，寄上四部，并原信寄上，乞酌办。嗣同以为渠于报事曾效力，似不便却，然似此旧学之书，登报则断乎不可（指告白言之），高明以为如何？切毋言嗣同饶舌。此请道安。

谭嗣同顿首。五月三十日

　　（作于一八九七年五月三十日，即 1897 年 6 月 29 日）

十二

穰公鉴：

　　奉初一日书，谨悉。杨寿南名声甚好，近回籍，无从访晤。顷问徐积余，复信呈上。于水师测绘等事，去信曾详问之，今复信未及此，而亦未言其不能，想既在水师学堂，宜无不能者。嗣同尚不放心，因仁山先生与水师学堂中人多习，因托其再为密访，须三五日始有回信，容再奉闻。徐信所云敝局，谓洋务局，徐现为局提调，故云敝，合并代为声明。复仁山先生各事，已为达到矣。此请道安，不尽。

谭嗣同顿首。六月初五日

　　不缠足草籍，是何款式，已印有印根否？乞速寄下多分，以便开办，至盼！至盼！章程有另刻之单张否？乞多寄，盖必须手中持有章程册籍等物，方好去劝人也。

　　《女学歌》成否？乞并寄。

　　（作于一八九七年六月初五日，即 1897 年 7 月 4 日）

十三

穰公鉴：

　　探听杨寿南事，今据仁山丈复称，杨既回里，学堂中熟人亦皆去，无从查悉，惟知其仍兼制造局差，各处争延，则其本领已可想见矣。

　　何诗生来信，乃复嗣同屡问其代送之报收到否之信也。公阅之，止好付诸一笑，渠流品不过江湖上卖手艺之人耳，固宜村陋若此。除知会缪小山即停止送报外，仍将原信寄呈。

求在我者之《论枪炮》甚精，玩其文笔，殆马相伯兄弟所为乎？此次暗中摸索，不识中否？望便中示悉。此请道安。

谭嗣同顿首。六月十日

（作于一八九七年六月初十日，即 1897 年 7 月 9 日）

十四

穰公鉴：

接颂榖书，诵悉。卫足会草籍五本收到。温州利济学堂所出报，乞订购一分，按期仍由钟山书院寄下，兹寄上洋四元，所以为《利济报》之价也，乞察收代办为祷！黄氏所出之《算学报》，屡托代购，可否？并希示复。此请道安！

谭嗣同顿首。六月十六日

颂公处未另函。

（作于一八九七年六月十六日，即 1897 年 7 月 15 日）

十五

穰公鉴：

《利济学堂报》，乃缘《时务报》已登告白，故买阅之。今寄到，不意中多迂陋荒谬之谈，直欲自创一教，不关于学术。彼既刊本，自可拆购，现寄到四本即请自此截然而止（若不许拆购，是否可全退）。共计若干，请于前奉之四元内划出。余以订购《算学报》，《算学报》则诚佳矣，乞常寄为叩。至于承寄下之利济医院收条，仍以缴还注销为叩。非嗣同敢为反复，致劳清神，实虑此报为害不浅。其阴阳、五行、风水、壬遁、星命诸说，本为中学致亡之道，吾辈辞而辟之，犹恐不及；若更张其焰，则守旧党益将有词，且适以贻笑于外国，不可不察也。彼欲为教主之私意犹其小焉者也。伏望我公谨之远之！千虑一得，思补高深，惟察是幸！信到并望示复。

谭嗣同顿首。六月二十四日

前寄徐积余所刊之书到否？乞并示。

（作于一八九七年六月二十四日，即 1897 年
7 月 23 日）

十六

穰公鉴：

得初二日所寄书，如获异宝，方喜之不暇，何暇骂乎？所欲言者，
亦遵条列：

一、徐托售书事已转达。

一、卫足会草籍已到。

一、《算学报》或谓不佳，然首册皆言至浅者，实无从判断佳否。
嗣同颇喜其不厌烦琐，甚便初学耳。或谓其抄袭，然首册仅及加减乘
除，试思加减乘除何须抄袭，且亦不能另生一新法也，但观此后如何。

一、秉三何以尚未到，意者不来金陵乎？

一、筱村先生邀卓如往西湖读书，此事嗣同极以为然，何也？嗣同
常虑卓如揽事太多，又兼两馆主笔，内外夹攻，实于身命有碍，能往西
湖清养，可保不致如铁樵之超然竟去。即仍兼主笔，亦自无妨，然而却
止宜小住数月，或归而再往，不宜久住，因恐自为太多，而为人太少
也。兹有函致卓如亦论及此事，乞转交为荷。

一、论湘粤铁路事，诚然！诚然！

一、《矿报》若得施君翻美报，请令弟润色之，真乃《矿报》之福
也。请即代为定夺。译出之美报系何名（须写西文来，恐重复购译也）？
如何寄法？若干日可到？每月可得华字若干字？月备修金及寄费共几
何？翻译人润色修金并允分书各应若干？伏乞详细查明见复为叩。此非
嗣同之私计，实中国之大计，千万勿疏略为祷！千万应见复！大凡六
条，皆已著圈。

一、《矿报》章程，嗣同虽拟出，尚须同人斟酌。此请道安。

谭嗣同顿首。七月初六日

致颂阁书一纸乞交。

（作于一八九七年七月初六日，即 1897 年 8
月 3 日）

十七

穰公鉴：

昨复一笺，计达。《矿学报》事，恐无成，因徐积余怕上司闻之，以为不应为也。此事本自彼发端，仍自彼收之，嗣同复何憾！世故深者，思虑真多，此官场所以相率为泄沓也。请知会卓如、积之等，勿令《知新报》登报，事既不成，反以贻笑，直如初无是议可耳。

公度昨来言，将为时务报馆改订章程，专为公省去许多烦劳，嗣同闻之，不胜其喜，想尊处必乐用新章也。嗣同当即画押矣。致少穆书，请于其到沪时转交为叩。此请道安。

谭嗣同顿首。七月初十日

（作于一八九七年七月初十日，即 1897 年 8 月 7 日）

十八

穰公鉴：

连得赐书、照像、《光绪会计录》等件，均收。又颂公函及《格物质学》、《决疑数学》等，亦收到。近为二侄女出阁事，忙碌一晌，幸亲家来金陵就婚，故免却扬州一行，然已疲倦极矣。是以久未上书，今已完竣，乃得略致数语。

洋员克驰马上两江禀，顷从旧案中钞出，亦可见机局炮台之毛病，惟尚有整顿章程，已无从寻觅矣。此件可入文编否？抑散列报前，统希裁夺，惟千万勿说是某寄来者，至要！至要！公事场中，动辄有关碍也。此上，即颂台安。

谭嗣同顿首。七月二十六日

（作于一八九七年七月二十六日，即 1897 年 8 月 23 日）

颂公前未另。

顷见《申报》登有告白，《圣学会后序》乃是康南海所作，而误以为岑大理作，此显系贵报有误，今既为人挑剔，何不于贵报上自行更正，发明缘由，庶比于自首减等之例。康南海海内贤达，必不至为嫁名诬人之事，非贵报执其咎，谁执其咎者？此于贵报体面声名大有妨碍，请与卓公酌之。

七月二十九日

（作于一八九七年七月二十九日，即 1897 年 8 月 26 日）

十九

穰公鉴：

正拟裁笺奉上，忽接初七日赐书，慰甚！《圣学会序》事，因人多为此而訾议，康南海心甚不平，故移责贵馆，既别有曲折，则自不必言矣。又承赐书，使充董理，董理本应有，何则？在今日有穰卿在馆，所以千妥万当，一切尽善尽美，但日后接办者安得人人皆穰卿乎？故不得不举董理，定章程矣。然嗣同却不足膺其选，此后有一知半解，无不竭忠尽言，亦不在乎董理不董理。承示章程，极周详细密，一字不必增改，请即以此信作为画押之据。季直处容与面商，另由渠自行作答可也。

读三十七册报中所列之账目，更与十八册中之账目参看，始知穰公之贤劳独任，办理已到绝顶好处。现在虽立董事，不过为将来之用。在今日循览账目，吾知游、夏不能赞一辞矣。请详言之：计自去年七月朔起，至本年六月底止，整整一年，售报约计一万二三千分，每分每年四元，应入售约五万元，查两册账目，仅共收售价二万五千余元，是尚有二万五千元未寄到也。然虽未见到，终必寄到，是与存于馆中无异也。而馆中仅将收到之二万五千余元动用，尚能存银约六千元，是未收到之二万五千元，并此存银六千元，共三万一千元，皆所获之余利矣。即将各处捐款约一万余元作为本银，以减三万一千元，尚能得利银近二万元。一年之功效如此，实出意外，安得不拜服穰公综核之才乎！然仅以赢利而论，吾知尚不是穰公极得意之举，嗣同沾沾以此为喜者，获此实利益，足令不知者心服也。此后开列账目，何不照此分别，某为本，某为利，比较而出之，则穰公之功，不益表著于天下乎？公事公办，在穰公亦不必过存谦让，而口不言功也以上所言账目，若非嗣同细心，他人亦不能知，故必须分别本利，然后方不致埋没。

金陵凡三学堂，曰水师，曰陆师，曰储材。经嗣同费许久之力，皆觅得其章程，今以寄上，绝好之报料也。虽是刊本，却甚难得中国习气如此。若暂不及登报，请珍重视之，嗣同亦再无第二本也。但勿说是某人所寄为要。计《水师学堂规条》一本，《陆师学堂章程》一本，又《规条》一本，《储材学堂章程》等共一本，总计四本，乞察收为荷！此请台安。

谭嗣同顿首。八月初十日

与卓如信，乞交之。

（作于一八九七年八月初十日，即 1897 年 9月 6 日）

二十

穰公鉴：

得廿五日书，领讫。湘延李一琴兄，似当从其请。公度遇此时，曾谈及此，盖报馆之事，犹不足尽李君之才，不如请其往湘教育人材，其功德尤大也。且卓既不往湘，而李又不往，亦似乎下不去。尊处之抄本，从来未得见。

汤蛰庵，嗣同素欣慕其人，而不曾一见，主笔一席，应否延请，悉出钧裁。至谓此事关涉外人干预报馆，所虑极是。复钱信虚与委蛇，极得体。大抵贵人好以权势迫人，而应之者惟以拖延二字，绝不与之触迕，彼自无可如何，此官场之秘诀也。今不惜以语公，亦可谓大公无私矣。而嗣同不过泛论如此，究竟汤君之应延与否，嗣同皆不赞一词，幸勿误会，谓嗣同不愿延聘也。

克驰马各条陈，宛转从营务处抄得一本，其图式则无从访觅矣，请刊入报何如？

《算学报》见三册矣，前蒙公垂问此作到底何如，时甫见一册，不敢率尔妄对。今渐窥见底蕴，似乎不佳。盖算学之粗浅者，本不能更出新奇，则抄袭亦自不足怪，并且不能免。第一册第二册之图尚有心得之处，至第三册，则潦草抄袭而无味矣。然此犹得曰取便初学，无贵精深也。独何以于谈算时阑入谈教之语，夫非欲以教之虚无恍忽而文饰算之浅陋耶？嗣同亦酷好谈教者，乃忽作此语者，何哉？盖谈教时尽可牵引他专门之学，谈专门之学时则必不可谈教，此一定之体例。其故，则因教能包括各专门之学，而各专门之学不能包括教，于此而谈教，除非有特识，为古今人所见不到者乃可。不然，则徒费纸墨，既荒其学，又适同谤教，学与教两无所处也。此请道安。

谭嗣同顿首。八月二十九日

（作于一八九七年八月二十九日，即 1897 年
9 月 25 日）

二十一

穰卿先生鉴：

昨寄上克驰马条陈陈一本，并函计达。顷拟《不缠足会嫁娶章程》一通，因湘中已成一会，在吾县则由唐绂丞、黎少谷辈主持，适有书来，商量办理之法，故为此章程寄去。今仍录呈台鉴，乞核酌是否可行，若尚堪改削，即乞改削后著为会中通例何如？卓如兄何日返沪，并乞商之。然不论通行与否，大约湘中必将照此行之矣。郑苏龛前有改衣服之议，细思实不可行，但可望诸异日，渐渐转移，若此时遽入章程，必无益也。公以为何如？

湘中时务学堂告示，大有可观，今将原张寄上（另作一包，同日寄，乞察收），请刊之报上为祷！熊秉三来书，言湘中官绅决计聘请卓如、一琴两君为时务学堂总教习，黄公度尤极力赞成。诸绅皆谓卓如虽在湘，仍可寄文稿至贵馆，而特虑公不肯兼放两位俱去，因公恳嗣同亲到上海哀吁，我公如更不肯，将不恤与公连而豪夺以去。嗣同窃计，遽用霸道，似乎使公太难堪，今为公计，不如自劝两君往湘，则尚不失自主之权，而湘人亦铭感公之大德矣。嗣同为乡人所迫，万分无可如何；兹先与公婉商，不遽作赴沪之举，所以为公地，使此事若出于公自己情愿者，可作一完全之人情也。公即不令卓如往湘，渠亦必往西湖，宁能终绊之耶？一琴兄在馆，公度久即不以为然，谓屈抑其长才，仅得为翻译也。公即不令一琴往湘，公度及与公度知好者，亦必别为谋置一地，又宁能终绊之耶？反复思之，终乞公勿强留之之为愈也。一琴兄前，未及致信，望为致意速驾。致卓如书乞转交。嗣同非不时时刻刻为贵馆计算，但事势所迫，不得不如此，惟公当能谅我，必不至使我往上海，又奔波一回也。翘首云天高谊，感祷实深。

案湘中时务学堂招考才数日，已逾二千人，而后至者犹以未与考为恨，此其机亦诚不可失也。又湘信言，南皮强令湘学报馆改正素王改制之说，自己认错，而学使不敢不从，南皮词甚严厉，有揭参之意，何其苛虐湘人也！湘人士颇为忿怒。甚矣，达官之压力，真可恶也！

谭嗣同顿首。九月初六日

（作于一八九七年九月初六日，即 1897 年 10 月 1 日）

二十二

穰公鉴：

顷奉二十三日手教，庄诵一过，始知我公所遇之难，与事之曲折层累，实有不可解者。而嗣同前书之孟浪唐突，无状已极，虽加朴责，不敢辞罪。惟公慈悲如佛，曲宥愚顽，不遽与之绝，而犹拨冗为长书，以牖其茅塞之下怀，使之启悟，不终于蒙阃回惑，则又我公莫大之赐也。但此后嗣同若更有过失，仍望我公不屏弃于不屑教诲之列，而时时如此诱掖之，则又嗣同莫大之益也。然此事始末，嗣同不忍辨，而又不敢不微辨者，实为熊秉三所迫。而熊书又未明言聘陈聘李之始末，第云公不放梁、李，令嗣同往上海去蛮拉硬做耳。此信行即亲携呈览，以见非嗣同之敢于生事，然嗣同既不悉此中始末，遽信秉三一偏之言，以致身为董事，全不知为报馆计，无故移书，备责我公，此则虽有万口，不能为嗣同曲解也。终夜徬徨，又不知所以自赎之道，恰张伯纯到此，因劝其往贵馆办事，而可否备用之处，仍决之于公，庶几为公之助，而嗣同亦藉是效其区区之愚也。日间即当偕伯纯亲到上海，在嗣同之意，则专为负荆请罪来也。惟公曲鉴之！然又有一语为公进箴者，此后倘遇更有如嗣同与诸湘人之无理取闹者，愿公毅然决然不允所请，如谓公不放某人，即从此不放某人矣。人须具横强之气，而后可以有为。于事既不能自主，亦止可坦然置之，而徒为郁郁不自得，是无益而又自伤也。公谓然否？此请道安。

谭嗣同顿首。二十七日

张伯纯兄嘱致意请安，余容面罄。

（作于一八九七年九月二十七日，即 1897 年 10 月 22 日）

二十三

穰公鉴：

顷又于尘牍中抄出《敬炮章程》一通，亦交涉中之大掌故也。寄上应请登报。再者，《储材》、《陆师》两章程已登报，而《水师学堂章程》尚未登报，幸勿忘却，则江南三学堂体段完全矣。嗣同本日南①归，此后通信较难矣，怅怅无已！此布，即颂道安。

谭嗣同顿首。十月十八日

（作于一八九七年十月十八日，即 1897 年 11 月 12 日）

二十四

穰公鉴：

杨仁翁先生问从前经价，因以片纸嘱寄上，渠正在衰绖之中，不便公然通信也。湖南买仪器价，请转向蒋少穆兄一问，速即寄来。仁翁光景，万难万难，又遭母丧，我辈能为收齐账目，是即助之也。沅帆地图股分，嗣同曾在沅帆手买得全分，其图是否即在尊处领取？然股票无妥人，不便寄至，是否可先交梁卓兄将图带下，即由卓兄在股票上书一笔，以为已经发交头批地图之据？统俟核夺。手肃，即颂道安。

谭嗣同顿首。十九日

（作于一八九七年十月十九日，即 1897 年 11 月 13 日）

二十五

穰公鉴：

久不通信，亦大怪事。《蒙学报》友来函（由鄂折回）云，公有专函寄鄂，而到在嗣同去后，不知书中作何语。浩、甘两兄，欲家公提倡蒙学事，嗣同极愿怂恿，但不识能听否？即如农学会，请入会终不允入。又如贵馆损项，亦是嗣同贴出，故甚属为难。鄙意极欲设法助蒙学，而

———————

① 原作"同"，现据《谭嗣同全集》（蔡尚思、方行编，增订本，北京，中华书局，1981）改。

力所限，有种种为力不到，但略与公言之耳。嗣同即日携眷归湘，将不复出，此后通信殆不易，言之怅怅！时事真可哭也。此颂年安。

谭嗣同顿首。正月初八

（作于一八九八年正月初八日，即 1898 年 1 月 29 日）

致汪康年梁启超书①

一

穰、卓两公鉴：

前寄书当达，顷接鄂信，张伯纯家遭火，书籍、衣服扫荡无存，伯纯跄踉而归，同志之士不幸如此，汉报何日能成乎？嗣同须月底方能到沪。顷与同寅郑苏龛、徐积余、山长缪小山、蒯礼卿（叶曼卿亦愿来，惟惜郑、蒯二公皆将去）、又流寓杨仁山丈、刘聚卿、茅子贞诸公，结一测量会，仪器大约可敷用。惟须买《行海通书》英文一分（要本年者），请向别发洋行代购一本，更请向制造局代购华文一本（亦本年者）；向格致书室代购英文八线表、英文对数表、英文八线对数表、英文开方表共四种，各一册（必须洋文者，华文不足用），购交刘淞芙带回南京，其价值请暂垫，嗣同来沪面缴也，叩托叩托。同县有黄颖初，精韵学，近造传音快字简法，将察字母减去一倍，而其用转加数倍，是近日一大奇事，容嗣同带沪面谈也；然大略问淞芙亦可知。蒯礼卿将为两湖书院监督，尊经山长聘吴清帅，亦大奇。《知新报》第一册到，吴介石乃似龚定盦，其中颇具微言大义，而妙能支离闪烁，使粗心人读之不觉，亦大奇。翻西报以美、法列前，尤见匠心。卓公叙例于录上谕一条，嗣同百思不能措词，而竟以"大哉王言，如丝如纶"八字，轻轻了之，其狡狯真匪夷所思矣。仪器不厌其多，两公于上海各知旧处，请为采访，有藏仪器而肯出借者否？务早为介绍，俟嗣同到沪面借。谬拟章程十一条，蒙同志均极见赏，大致是如此，小节处尚待详细会议，日内即将开议，议定，一俟书到即举行，章程先寄上，希同酌，然暂勿示人，缘小节须增损也。近又刻一日记样式，颇有用处，尚未刻完，容他日就政。此讯道安。

通眉莶刍谭嗣同顿首。十四日

<hr>

① 录自《谭嗣同全集》（蔡尚思、方行编，北京，三联书店，1954）。

Nautical Almanac for 1897 此摹西文《行海通书》字样，以便访购，然不知下笔之颠倒顺逆，恐不免讹误。再者上海之西人，久已测得上海在英经度之某处某分某秒，此数何处可查，望留意，于测量，省得许多繁苦也。

（作于一八九七年二月十四日，即 1897 年 3月 16 日）

二

穰、卓两公鉴：

前得卓如先生湖北寄书，嗣同早已有书寄去，乃到在卓公行后，昨仍寄回，然亦无他要语也。顷得穰公廿九日复书，敬悉。嗣同月半前后，必赴上海，函中一切应商之件，统俟面议。浏淞芙同行或先数日去尚未定，倘晤淞芙，凡非常要语，皆莫令知，缘渠近日似有心疾也。此意请告之铁樵。有信与张伯纯否？亦请带一笔。嗣同前数日方致书伯纯，而忘说此层，缓日更当函致。卓公不应鄂聘极是，嗣同前所寄书，亦正为此也。属查售报之事，容详查面复。月初奉委筹防提调，极无赖，力辞不可得，暂当几月再说。贵馆添聘章枚叔先生，读其文，真巨子也。大致卓公似贾谊，章似司马相如，惟麦孺博先生之作尚未见，然读其四上书、记、序，亦周之南华山人也。其于著作及译文，均非寻常肺腑所有。贵馆如大海，为众水所归，贞下起元，殆恃兹一线矣。第十一册报东文报译，第二段论英国殖民政策，末行注"未完"二字，迄今未见续译，毋乃误衍"未完"二字乎？查系译《国民报》，下注西九月十一日，如果未完，似不宜延如许久也。是否有当，希酌察。此候止观，并候各位报身佛。

谭嗣同顿首。二月初七日

（作于一八九七年二月初七日，即 1897 年 3月 9 日）

三

穰卿、卓如两兄鉴：

顷复有一大事，试与两公商之。张伯纯来信曰，张香帅与盛京卿锐意欲修汉口至长沙铁路，伯纯谓何不由长沙彬州①达广东海口，开通一路，尤为远图？广东多富商，闻芦汉铁路不肯入股，即鄂湘铁路亦未必肯入股，若汉粤铁路，则股款千万亦不难筹。西人估计粤汉铁路不过二千万可办成，一年之后即可归还本银，本银不为多，而利厚如此，信不可不早图之也。但此公司宜别立于芦汉公司之外，得数千金赂朝贵，并烦一御史论奏，即可行矣（以上皆伯纯语）。嗣同意谓何不绕道广西？广西既开通，西江又开通，龙州转瞬即繁盛矣，不可视为冷淡之地也。若安轨经此，可阴夺英、法西江轮船、龙州铁路之利，似无有便于此者。且尤有要者，近日广东、广西、湖南三省学派极相同，此亦天地间一大奇。若将三省一线连串，以湖南、广西为农矿之场，以广东为商务马头，志同道合，复何为而不成？公度到沪，请切托之，试与张香帅、陈右帅商定，会衔具奏，即可招股开办，不必俟芦汉铁路之成，并不必请一御史论奏也。盛京卿既与卓公有介然之知，卓公何不甘言诱之，令与香帅、右帅同奏，岂不更妙乎？广东招股，卓公宜任之；广西则请积之画策；湖南筹款固难，而煤铁甚便，若虑愚民梗阻，则嗣同能设法开导而弹压之，敢具保结者也。似此大举，时乎！时乎！机不可失，望熟筹之。此请道安。

谭嗣同顿首。六月十一日

（作于一八九七年六月十一日，即 1897 年 7 月 10 日）

四

穰卿、卓如两公同鉴：

嗣同原拟秋间赴沪，以便往浙去会吴樵之葬，乃本局总办病故，新旧交代之时，局中公事万分纷杂，竟不能不爽约，负负而已！兹寄上送吴樵挽联一首，请转致。仲弢、锡雄仍在沪否？乞为通意。卓公倘赴浙，望于季清丈前，代达鄙意。挽联可拆阅之，久不作大书，殊欠自然。此上，即颂道安。

谭嗣同顿首。九月十日

（作于一八九七年九月初十日，即 1897 年 10 月 5 日）

---

① 《谭嗣同全集》（蔡尚思、方行编，增订本，北京，中华书局，1981）为"郴州"。

致梁启超书①

一

任公仁者鉴：

会章小有增删，另录寄上，请觅原章比勘，自知其用意矣。筹款虽以开标为最妙，章程中却不可说，防小分会效尤也。副册之说，万万不可行，缘一经刊发，则身家不清白之名，虽孝子慈孙，百世不能改也，吾辈岂忍出此乎？此章亦乞邹殿书速定，以期风行。此上，余容续白。惟勤度众生。

谭嗣同合掌顿首。三月十一日

穰卿、颂毂、孺博、枚叔诸先生同乞以此讯起居。

（作于一八九七年三月十一日，即 1897 年 4 月 12 日）

二②

昨言化身菩萨为魔，魔皆化身菩萨。细想世间究竟无魔，魔必化身菩萨，何以故？菩萨与魔，皆众生自心所现，上等根器见之为菩萨，下等根器必见之为魔。佛说法度众生，亦可以误众生（如仁说信不信二蔽）。在得度者见佛为佛，在被误者即不得谓佛非魔也。波甸劝佛入涅槃，亦不足异。当佛灭度时，尚有许多外道婆罗门不肯皈依，故六师终未闻得度，即已被薙为僧者，且嫌戒律太严，深以佛灭度为幸，虽大迦叶亦无可如何（以上见《般涅槃经》）。此即请佛入涅槃之魔也。可见世间断断无魔，即众生也；亦可见世间断断无佛，即众生也。

魔佛众生，亦如卐字是一非三，魔安得不为化身菩萨乎？且必须如此，乃足以为不思议。今更以小事喻此深理。我辈以根本智生大爱力，由爱力又生许多牵挂，不能自断，仅凭此即足以致疾。夫爱力岂非佛性乎哉？然而已稍魔矣。即谓数日来所谈之佛法皆魔可也。故力劝公断绝爱根，方能入道。骨肉不易言，请先从朋友断起，深望公信此言。然恐以信此言，而

① 录自《谭嗣同全集》（蔡尚思、方行编，北京，三联书店，1954）。二、三录自《谭嗣同全集》（蔡尚思、方行编，增订本，北京，中华书局，1981）。

② 录自《谭嗣同全集》（蔡尚思、方行编，增订本，北京，中华书局，1981），原注曰："刊《平等阁笔记》卷四，狄平子著，上海有正书局发行。著者称：'湘中南学会，聚一时之俊杰。任公忽病，复生来视疾，谈法竟日。次日复生与任公书。'"

爱根即从此言生长，则此信皆魔说、非佛说，嗣同亦一大魔矣。由此益知法真无可说，有说即非法。不立文字，道断语言，禅宗诚非诸家所及矣。昔雁舟先生说心法于上海，公惟恐蹈空，惊惧不敢受，嗣同深以为怪，盖公之病已萌芽于此矣。公誓不成佛，固是精进，然窃欲更进一辞，誓不成佛，尚有佛在。何不竟说无佛，岂不直截了当？且竟不说佛，岂不更直截了当？无佛无魔，公尚有何事不了，而劳心思口说乎？

观公两年来，只因言外不能领悟，错过机会（谓此言为劝公入禅宗是一执著，但甚怪公当时何以不承当）。此后便生出疑虑不少。自度乎？度人乎？此等商量之语，不一而足。究竟谁为自？谁是人？谁度谁不度？公试觅来与我看。业识未断，本性不出，但恃一生一灭之心，自相补救，公殆欲以补救者为功德乎？已往所办之事，未来思办之事，何一非自相补救乎？欲以此为度众生，必不然矣，公见此信而起念欲写回信者，是又错过矣。

（作于 1896 年 2 月至 6 月间）

三

八月六日之祸，天地反覆，呜呼痛哉！我圣上之命，悬于太后、贼臣之手，嗣同死矣！嗣同之死毕矣！天下之大，臣民之众，宁无一二忠臣义士，伤心君父，痛念神州，出为平、勃、敬业之义举乎？果尔，则中国人心真已死尽，强邻分割即在目前，嗣同不恨先众人而死，而恨后嗣同而死者之虚生也。啮血书此，告我中国臣民，同兴义愤，剪除国贼，保全我圣上。嗣同生不能报国，死亦为厉鬼，为海内义师之助。卓如未死，以此书付之，卓如其必不负嗣同、皇上也。

八月十日嗣同狱中绝笔

（作于 1898 年 9 月 25 日）

报唐佛尘书①

一

佛尘同门足下：

别如许久，深念不可在胸中结块，铓角森森然，欲倾江海浣涤以出

---

① 录自《谭嗣同全集》（蔡尚思，方行编，北京，三联书店，1954）。二、三录自《谭嗣同全集》（蔡尚思、方行编，增订本，北京，中华书局，1981）。

之。梦寐常与足下及诸同志痛谈不可休，海内可与谈人，时复遇之。七月朔到金陵，颇孤寂无俚，旋往苏州，今于九月返江夏。绵历三时，速易厥居，始少有宁处。而足下及淞芙又皆不在此，曷由质证所得乎？接九月初一书，快慰快慰。

办矿坚忍绝伦，最得师门宗旨。安的马尼矿事，八月曾接淞芙书，称归官办，嗣同极不谓然。中国所以不可为者，由上权太重，民权尽失。官权虽有所压，却能伸其胁民之权，昏暗残酷胥本于是，故一闻官字即蹙额厌恶之。然所谓官办者，如何办法与？足下淞芙皆未详言，无从臆度，则亦不能径断其是非。盖官办有数种法。权与利皆归省局，不惟商民不准过问，即县中应办之一切有益公事皆不得分其利，县局出力承奉指挥，月酬以薪俸而已，此最不善之办法也。嗣同极不谓然者，疑是此种。或权归省局，而利与县局分之；或售矿之权归省局，办矿之权归县局，而利两分之；或权归省局，利归县局；或售矿之权归省局，办矿之权与利归县局；或权利皆归县局；或准入商股，及商股多寡，商股应得之利或有限制或无限制；凡此皆谓之官办，其得失乃至倍蓰百十千万。不知今欲用何种法，用其善者未始不善也。至若商办亦不一法，兹不暇一二数，请以数语括之：曰归商办，亦须于本地应办之公事有益，如学堂团练备荒水利之属，决不使一二家龙（垄）断其利，此必然矣。总之或商或官，有种种办法。嗣同更请括以二类：一收利于官，一散利于民。无论官商认定一途行去，皆有此二类道理，则于官办商办皆无关系轻重。缘商办一有抑勒压累，仍然收利于官，与官办等；官办苟使本地有他项利益，仍然散利于民，与商办等也。今既归官办，嗣同之愚，以为应专趋散利于民一类，其道有六：一、所获之利，除纳税外，举归本县兴办一切有益公事。二、办矿之权归县局。三、售矿之权可由省局发端，终须揽归县局，此可免出省局代运之费。且省局办事者及官中人，日久不知更易何许人，与县局能融洽否，欲祛将来之胶葛罣碍，不能不与县局以自主之全权也，所谓权利皆归县局也。来书言自家私与洋人交涉，而省局及县局皆成赘疣云云，此则不免过虑。今日正当使民遍与洋人交涉，庶可藉洋人以伸自主一权，而免压制豪杰挺起，始得乘隙以有为。况通商本非国家之所谓交涉，又何私之可言？赘疣之说，县局则可云尔，省局不过为全省矿务之总汇，存案牍，任保护而已。何可事事遥制？直不必代为顾虑也。四、准入商股，以联商民而鼓励矿务。五、商股应立限制，约居十之三，余七或假官款，或另拨筹本县公款，或出息借贷。六、商股应得之利应立限制，每年照本得二分或三分。其刘氏已垫之款，可即酌量估价，作为股分，立限某时起利，不愿即应照收已出之矿沙，估价售还。至山之或全买或买龙口，统归县局出本。如此，则以一县之公利办一县之公事，溥其利于一县，是不啻匀摊其利于一县之人，即不啻人人皆入股分，人人皆为有股分之商民。名为官办，其实至大至公之商办也。是故当知嗣同所谓商办，专主散利于民，绝非龙（垄）断于一二家之私办可比。然而又当知主私办者，未始非明于天下之大计也。西人于矿务铁路及诸制造不问官民，止要我有山有地有钱，即可由我随意开办，官即予以自主之权，绝不来相禁阻。一人获利，踵者纷出，率作兴事，争先恐后。不防民之贪，转因而鼓舞其气，使皆思出而任事，是以趋利若鸷禽猛兽之发，其民日富，其国势亦勃兴焉。此欧洲各国政府倚为奇策者也。夹乎各大国之间，欲与之争富强，舍此无以求速效也。此殆淞芙之所志也。而其弊也，惟富有财者始能创事，富者日盈，往往埒于国家，甚乃过之；贫者惟倚富室聊为生活，终无自致于大富之一术。其富而奸者又复居积以待奇赢，相率把持行市，百货能令顿空，无可购买；金镑则能令陡涨至倍，其力量能令地球所有之国并受其损，而小民之隐受其害，自不待言，于事理最为失平。于是工与商积为深雠，而均贫富之党起矣。其执政深厌苦此党而无如何，此党亦日与执政为难。环地球各国之经济家朝夕皇皇然，孜孜然，讲求处置此事之法，而卒莫得其要领。以目前而论，贫富万无可均之理。不惟做不到，兼恐贫富均，无复大有力者出，而与外国争商务，亦无复贫者肯效死力，国势顿弱矣。然无论百年千年，地球教化极盛之时，终须到均贫富地步，始足为地球之一法。故嗣同于此矿不欲令一二家龙（垄）断其利，亦不欲分入于官，而归诸一县之公事，亦隐寓均贫富意矣。足下所似办法不知与嗣同同否？要之，与淞芙争论不息者，实非小故龃龉，任偶然之意气，实乃地球上第一件大政事，合五洲万万人聚辩不能决者，何怪乎两君之各执一是，而见识亦互有未到也。假使两君中有一人知是地球上第一件大政事，合五洲万万人聚辩不能决，必不致轻于争论，争论亦不致遽存意见，益当心平气和，熟商如何办法。何以言之？凡办事有创始之材，有守成之才，似相反而实相成。所争者，先后之序不乱而已。创始当节目疏阔，重予人以利，而不多为否闭之法，但期风气速开，而事速以举，不问流弊如何，一于勇往直前，虽利归一二人，致召不平之怨怒，有所不恤，此欧美之所由也。气势已盛，守成者出，乃始渐渐调剂其盈虚，周密其法度，过者裁抑之，不及扶掖之，始足以日臻于治理，欧美颇昧于此，故均贫富之党出而警醒之。虽时时倡乱，为世诟病，实欧美之功臣也，不可少也。二者相持不下，不知相反有相成之理，夏葛而冬裘也，春播种而秋收谷也，时之先后异也，而相持不下，不亦悲乎？今以论于湖南之矿务，实创始而非守成，自以淞芙之说为正办。然而环顾天下大势，遂无几希之望。即湖南一切办法以矿救垂绝之贫民则可耳，以云霸业未见其可。且开风气亦不在此，区区一矿田，宁散利于民，少有实济，则吾心亦以少安，此真所谓一隅之见者也。嗣同力主官办，亦审知不能有为于天下，得一隅是一隅，此又不关时之先后，而所处之势大小异也。不谓淞芙竟昧于大小如此，两君见识皆有未到，而淞芙又差一重，若因此存意见，真儿戏耳。前上瓣蘁师书，称"两君具上等根器之再来人也，若不学道，则堕地狱亦不甚难"，彼时初不知两君之有意见也。及今果然，甚矣教务之不可不考究也。足下不求与淞芙详剖天下之事理，而进及于教务，妄欲引嫌退避，见识于此亦差一著也。嗣同深愧不能与诸君共事以成盛业，而缅想故乡矿事不能去怀，聊贡愚陋，以备采择。若夫近日所自治，则有更精于此者，颇思共相发明，别开一种冲决网罗之学。亦拟还县一游，日期又急不能定，大要归则甚速耳。彼时再当畅叙，此书其先声也。淞芙处亦欲作一详信，不识书得及否，乞以此书示之。

谭嗣同谨上

（作于一八九六年九月二十日，即 1896 年
10 月 26 日）

二

绂丞同门台鉴：

煤船到，俟试验兑价后，再上详函达听。嗣同与矿师已将同行矣，乃盛杏荪忽然变卦，言天寒水浅，且到明年再议，嗣同亦遂决意舍去矣。怅怅无所之，止好到南京去过年，明春再作归计。盛狡诈纤巧，不可捉摸类如此。煤银如兑来，即托人寄回。嗣同明后日即行。忙溠，百不尽一。此讯道安！

谭嗣同顿首。十二月十九日

（作于一八九七年十二月十九日，即 1898 年
1 月 11 日）

三

佛尘同门足下：

得廿二日书，诵悉。拟即奉复，不意二竖相嬲，神志荒耗，未克秉笔，幸连服归脾养心汤，已霍然瘳矣。勿念。

来书所示，若出诸嗣同胸臆，而其微有不同者，非异趣也。乃嗣同蒿目时艰，亟欲如前书所云，别开一种冲决网罗之学，思绪泉涌，率尔操觚，止期直达所见，未暇弥纶群言，不免有所漏耳。《鸿烈》谓作为书论者总要举凡，而语不剖判纯朴。靡散大宗，惧人之愗愗然，弗能知也，故多为之辞，博为之说。然诸子以下百家述作，其能如此者，不数数觏也。衡阳王子，可谓大雅宏达者矣。而其言曰：君子之立论，有不必相通而各自成一道，所以使人之随位自尽，是或一道也，后儒不察，视为牴牾而窜之，吁！其亦倜矣。

嗣同自束发治经学，好疏析章句，而不知拘于虚也。迄闻梁卓如述其师康南海之说，肇开生面，然亦有不敢苟同者。戈戈之见，蕴而未发。今来书及此，不宜复默，请略陈固陋。窃尝思之，孔子作《春秋》，其微言大义，《公羊》固得其真传，顾托词隐晦，虽何休为之解诂，亦难尽晓。至于左氏之书，则不尽合经，疑后人有所附益，然其叙事详，且皆可稽。苟说经而弃是书，则何由知其本事，而孔子之施其褒贬，亦何由察其深意，此章实斋所谓道不可以空诠也。夫《公羊》既难洞其秘谊，而又弗考之于本事，则犹舍舟楫而欲绝江河，可乎哉。然今之鸿生硕彦，争趋乎此而腾空言者，其意不在稽古，盖取传中之片言只字而引申为说，欲假之以行其道也，此固经义孳萌而冀有以辅时及物，则贤于世之抱残守缺而羁縻沽名者远矣。抑闻天地之道，一阴一阳，物之变者宜也，而物极必反，则变而不失物则也。今之治经学者，独重《公羊》，固时会使然，而以意逆志，意之肆而或凿空，奚翅达乎极也，意者将稍稍反于本义欤？夫诸子百家，其言道有不相入者，亦有道同而异术者，要在善取之而已。荀卿生孟子后，倡法后王而尊君统，务反孟子民主之说，嗣同尝斥为乡愿矣。然荀卿究天人之际，多发前人所未发，上可补孟子之阙，下则衍为王仲任之一派，此其可非乎？唐之韩愈，倡君尊民卑之邪说，宜膺笔伐。然韩愈于中唐板荡黬黕之时，嫉中官之狼戾，诛其无良，愤藩镇之猖狂，躬从天讨。且立朝謇愕，不附壬人，其节有足多者，而其跻工商于四民之列，不以为末而抑之，奏请勿困辱之，则庶几乎近世扶掖工商之道。至其论儒墨，以为孔子必用墨子，墨子必用孔子，不相用不足为孔、墨，虽为迂儒非难，亦足见其尊孔子而不蔽于末流之詹言，诚非姝姝守一先生之说者所能企及，岂可以其一眚而掩其大德哉？且俟异日而持平论之。

来书盛称永嘉，以为可资经世，善哉言乎。往者嗣同请业蔚庐，勉以尽性知天之学，而于永嘉则讥其浅中弱植，用是遂束阁焉。后以遭逢世患，深知揖让不可以退崔符，空言不可以弭祸乱，则于师训窃有疑焉。夫浙东诸儒，伤社稷阽危，蒸民涂炭，乃蹶然而起，不顾瞀儒曲士之訾短，极言空谈道德性命无补于事，而以崇功利为天下倡。揆其意，盖欲外御胡虏，内除秕政耳。使其道行，则偏安之宋，庶有豸乎。今之时势，不变法则必步宋之后尘，故嗣同于来书之盛称永嘉，深为叹服，亦见足下与我同心也。

远羁金陵，孤寂无俚，每摒挡繁剧，辄取梵夹而泛观之，虽有悟于华严唯识，假以探天人之奥，而尤服膺大鉴。盖其宗旨岂弇，无异孟子性善之说，亦与庄子于道之宏大而辟、深闳而肆者相合。至于陆子静、王阳明，其有所发，尤章章也。嗣同以为苟于此探其赜，则其所以去尔蔽，祛尔惑，濬尔智，成尔功者，诚匪夷所思矣。足下好学深思，必于此有喻，无待嗣同之喁嘤也。义宁中丞以礼为罗，已许之矣。顾刻下未遑，俟局事葳，且得汉口书，始能定行止也。余留面叙，不具。

谭嗣同谨上。三月十四日

（作于一八九六年三月十四日，即 1896 年 4 月 26 日）

致汪颂谷书[①]

一

仲谷仁兄大人台鉴：

接初四日手示，诵悉。卓如所寄信，并铁樵小照，幸俱觅得，可释远怀。并乞转语卓公，显微镜无小者，应复卓如各件，均于前致尊兄函中详之矣。又接伯严电，令催熊秉三，熊竟未来此间，当即电报贵馆，

---

① 　录自《谭嗣同全集》（蔡尚思、方行编，北京，三联书店，1954）。

计已见之。此复，即请著安。

谭嗣同顿首。五月初八日

尊兄处致意。

前由信行寄孺博函件，到否？乞代问。

（作于一八九七年五月初八日，即 1897 年 6
月 7 日）

二

颂阁先生鉴：

接来示，谨悉。嗣同既尚有二元存贵处，请代饬纪去买《格物质学》一部，《决疑数学》一部，如不敷，仍乞代垫，容后缴。买就，乞即寄下，寄费由嗣同出，至祷！至祷！丁宅信及报均照送，收片寄上。此请道安。

谭嗣同顿首。七月初六日

《算学报》茅子贞要一分，请寄缪小山处转交。

（作于一八九七年七月初六日，即 1897
年 8 月 3 日）

致刘淞芙书 其一①

一②

淞芙仁兄大人足下：

顷得来教诵悉。不以前书所言为猥鄙，转征引载籍以奖成之，博奥渊懿，莫测其朕，"欲知古韵，必究其得声之由"，名论不刊，足为音学之津筏，嗣同得此印证，俾所业由以即安，实莫大之惠。足下自视，欿然若不足者何也！

嗣同时过而学，阁知攸济，任重道远，日有皇然。尝假友朋之鞭策，以不终坠于下愚而无可为，则日思直谅忠诤之人，时时敷陈古谊，

---

① 录自《谭嗣同全集》（蔡尚思、方行编，北京，三联书店，1954）。

② 此函与《寥天一阁文·报刘淞芙书二》略有不同，《谭嗣同全集》（蔡尚思、方行编，增订本，北京，中华书局，1981）称："本文前四段为各种刻本所未收，故录之。"

因其不逮而督责之。往时师友，既暌析不可复并；而所与处者，类皆盅盂软美，久于官场之俗吏，廊庙公家之言，肤廓无当于人心；又其次则挟策竿摩，颂言无忌；下则钻刺陈托，日以不入耳之言强相聒。求有片言之忠谠，指摘其失，如古所云"告以善道，药石杂投"者，奚啻威凤，焉可得乎！自慨不幸处高明，艰危困厄，一不以关其怀，而耳目渐渍，气体颐养，由弱而壮，行趋于靡，以卒于不振，此其机栝，盖危甚矣。于此而稍思有以自全，要必砥志坚苦，深自绳削，百倍其功力，乃得比数于人，而居其间而握其枢者，又以友生之力为多。然又不幸性乐文史，甚有口辩，人将望其锋而畏之，谁复首印首论列，勤勤相辅导者？及睹足下，文质相宣，超逸尘壒之表，自以为丰蔀之下，遂觌镫日，宜有以导之出幽矣。故一札之投，未尝不反复再四。虽在艺文之末，亦思获益于无尽，况有进于此者乎！

前月在龙君斋头晤语，礼让彬秩，言庄容肃，商榷术艺，而终无一语及世俗事，窃谓大可以觇彼此之志趣学养。自此愈益钦畏，亦愈益爱慕，延企箴警，用萌侈心。故拙诗用涯字韵，一闻足下问难，不觉震掉失图，亟思改易，又恐仓卒不得当，遂胪举所知以闻。尔时实有自见其不雅驯者，非故谬为过谦之辞也。嗣是更愿屏除客气，纯用真率。如有未安，不妨直诃其妄，而在嗣同亦得以尽其恳恳一得之愚。学行千载事，岂厌往复求详。且直言极谏，古先王乞之求之而不时得者，吾侪匹夫，能扶此以相友，所获不既优乎？

书至此，而足下适至，畅论如前，所欲具答者，不复赘说。惟陶诗未论及，今更申之：

足下论陶，与嗣同所见若重规叠矩。真西山称陶公学本经术，最为特识。如足下所举之外，它若"道丧向千载"云云，"汲汲鲁中叟"云云，"遥遥沮溺心"云云，皆足为证。然嗣同尤有妄解，以为陶公慷慨悲歌之士也，非无意于世者；世人惟以冲澹目之，失远矣！朱子据《箕子》、《荆轲》诸篇，识其非冲澹人。今按其诗，不仅此也。如"本不植高原"云云，似自明所以不死之故；"若不委穷达"云云，伤己感时，衷情如诉，真可以泣鬼神，裂金石，兴亡之际，盖难言之。使不幸而居高位，必铮铮以烈鸣矣。今其诗转多中正和平也者，斯其涵养深纯，经术之效也。张南轩讥其委心之言，不知皆其不得已而托焉者也。且南轩能知其所委为何心乎？后此若王、孟、韦、柳、储、苏，特各各成家，于陶无涉。世人辄曰："原出于陶"，真皮相之言也。故尝云："学诗宜穷经，方不终身囿于词人"，闻者或不信之，今于陶公，既验其然矣。即有宋儒先，以性理为诗，至为后世深诟，然平心论之，惟《击壤集》中有过于俚率者，至于宋之朱子，明之陈白沙，在声调排偶之中，仍不乏超然自得之致，此诣又何易几及也！同县蔚庐、瓣薑两夫子，实能出《风》入《雅》，振前贤未坠之绪，瓣薑先生，深自矜惜，不欲以此皮肤粗迹表暴于人，故传钞未广。以愚观之，经义湛深，彭泽后未尝有也。蔚庐先生固稍逊，然称心而言，绝无依傍，一唱三叹，局度雍容，如离高山而履平地，如谢干戈而讲揖让，宽兮绰兮，适肖其胸中之所存，其《翠华》、《黄屋》、《明堂》、《重器》诸篇，非学穷万卷，贯澈天人，乌能道其一字？我辈兀兀雕镌声律，殆终无以企之矣，谨检以呈阅。惟知德者乃能知言，当不责其阿好。

嗣同于韵语，初亦从长吉、飞卿入手，旋转而太白，又转而昌黎，又转而六朝。近又欲从事玉溪，特苦不能丰腴。大抵能浮而不能沉，能辟而不能翕。拔起千仞，高唱入云，瑕隙尚不易见；迨至转调旋宫，陡然入破，便绷弦欲绝，吹竹欲裂，卒迫卞隘，不能自举其声，不得已而强之，则血涌筋粗，百脉腾沸，岌乎无以为继。此中得失，惟自己知之最审，道之最切。今时拟暂辍不为，别求所以养之者，久之必当有异。不然，则匪惟寡德之征，抑亦薄福之象（初唐四杰无此失，而不流于靡薄，确然治世之音也。凡开创之初，类皆若此。宋初西崑，国初渔洋，顺气成象，不可诬也。此论声音之道。若于字句间求之，又非矣！）。尊师巨湖山樵诗，亦觉微有此失。由斯以谈，则《击壤集》之俚率，要未可全非，而陶公益倜乎远矣！

闱艺仍留细玩，缓日缴上。外呈信笺二合，乞哂存！此请撰安，不宣。

谭嗣同顿首。初九日

正封函间，又拜来札，并惠砚材，凝重朴茂，良非近时所常觏，谢谢！拙文不堪寓目，容觅得，即呈政。又及。

（作于一八九四年十二月初九日，即 1895 年
1 月 4 日）

二

松湖仁兄世大人阁下：

相违咫尺，邈若山河。盖副介当潜伏之时，豪杰有相趋之戒；益以鄙性疏陋，不识酬酢，深居简出，终用恨然！是以知有叔度同里，北海通家，临邛高文，通德朴学，非一日之知，乃望衡之密，卒未尝执雉请间，屏卫升堂。大惧酣豢薄劣，见嗤哲匠之门；龋齿呻吟，无当偃师之听。然偻偻此心，何日忘矣！

不谓林宗神交，太邱道广，猥以故纸蟫蠹，尚足与于斯文，投之东瀛之画，媵以瑰伟之词。见赠之篇，入元和韩孟之奥；《瘗玉》之作，突初唐四杰之前。愚以为海内诗派，眉山江西而后，渐萌横流。梅村新城出，救以清新，后乃流为浮滑。迩者瓣薑先生嗣阮左之响，白香湘绮时振王杨之唱。湖山辉耀，文苑有属。若夫高华凝重，赋丽以则，擎孤掌以障奔流，上飞云而遏细响，四杰不作，舍湘绮其谁与归？佳什深厚，雅近景明《明月》，抱此绝艺，庶几湘绮替人，足以雪前者一县之陋，无任钦服！

画虽小道，尤难语于今日。东国有好古之名，所辑皆峭蒨入古。其称前古模样者，饕餮之象则出周鼎，鸡鹙之形则本彝品。图雷之家推椎引鼓，若武士而不著翼，亦与王充《论衡》之说符合。彼国作者必考证今古，然后下笔，非若今之向壁虚造，苟然而已也。虫鱼草木尤足资博识。先儒亟尚图象，《尔雅》、《列女传》皆有图。今摹覆流转，殆失真本。朱子据首某向之文，知《山海经》旧有图，当时服其特识。蒙不揣，辄欲补为之，得此足以自广。又昨与人争"河狝淞鲈"之辨，久持不决，亦拟据此本折之。至于天神七、地神五诸图，粗合日本史记，但观笔仗，无能深诘。

嗣同废学久矣，文囿荒芜，欲为报章，迄不得一字。日来宾从公讌，尤无佳兴。谨具旧墨八丸，乌箄一柄，用答厚贶，且勤劫劜。齐桓公之好可永，赵文子之请赋何答也！愿纳其不腆，不督其不逮，幸甚！幸甚！春和日丽，知存养时复似之，惟为学自卫！

谭嗣同肃答

（作于一八九五年正月，即 1895 年 2 月）

三

淞湖仁兄世大人阁下：

前日奉手书，仅得缴上条陈，匆匆数语，余不及。连日忙废，此心耿耿然。尊诗牧人，宜易圉人，次首亦佳。承代搜残稿，此名士之流落不偶，得足下拂拭而大用之，在施者不期报，而受者亦思自奋矣。惟乞千勿抄录，但于可存之句加圈即足，因尚多应改之处，阅毕掷下为便。

昨接山海关来电，廿四、初六，宋帅连战牛庄，甚不得手。然则前廿五六之捷，容有虚饰乎？湘军催赴前敌，枪械不足，军无斗志。长江上下数千里之炮台，皆彭刚直二十余年所经营，坚牢得地势。刘岘帅与彭公有隙，再莅两江，信曾广照之谀词，将炮台一律拆毁更造，糜钱六百万串，既不得地势，又脆窳不足当一击。他日南洋有警，则罪有攸归，宜香帅之怒也。岘帅次又檄调二十五营，江南防守军几为一空。数十年来，大臣专务相难相攻，置天下存亡于不顾。幸日人或不深知，或不能分，若窜南洋，是为不治之症，言之那得不寒心乎！

承惠胡公手札，名贤遗墨，良可宝贵，益叹今日兼顾大局如胡公之少矣！谢谢。此复，即请道安。

谭嗣同十七日辰刻呵冻草叩

（作于一八九五年正月十七日，即 1895 年 2 月 11 日）

四

松芙仁兄世大人阁下：

上月及今，署中诸事烦苦，不暇文字往还。读初十惠书，崇论闳议震铄心目，其深造处尤觉绎之不尽，"叔度汪洋千顷波"殆类此也。论声诗勘入，位天地，育万物，心细于发，力大于身，古之微言，今之大器。分字如氾音之论，坚卓奇创，又复平实，不觉失声叹绝，得足下引申推广，严咏叹淫泆之辨，义益曙矣。书中奖借之处，实溢本量，愧汗累日，不知所云。惟蒙示以善养之方，更无假于外求，我欲仁，斯仁至矣！即欲即仁，并至无二。不知为不知，是知矣。知不知者，即知亦并至无二，皆足与高论发明。因此自省平时好高骛（骛）远，坐失目前真实之义，不知凡几，获此提醒，庶有瘳乎！拜登嘉贶，为益不赀，《笔识》草创，撰述复多，涂乙未敢相质。陈君夦秋，才大气充，小试一邑，犹不足露其长也。

去年邓贞女完节之日，嗣同正在都门，友人征文，未有以应。状略二篇皆见之，骈文极善，为曾君重伯所造，洪作论尚佳，叙事全袭古文滥调，庸率可憎。时征诗已盈卷，偶与友人览之，首列某显者之作，发端曰："下山采蘼芜，上山望故夫！"不觉惊笑，继之以骂，此不惟艺苑之败类，抑亦贞女之罪人，以人为鉴，益瑟缩不敢置喙！今承见督，初不欲为，夜来忽有兴会，遂得歌行一篇，容缓改定奉上，然惟可令足下见，勿使外人知之，盖其间有三耻焉：一耻无其实，而使人知其名；二耻以虚词相角逐；三耻汇刻成集，致与哙等伍。故平日除至契相赠答，未尝以一字应人。伏乞婉谢余君，并隐去三耻之说，第云某所造述，不过剽窃字句而已，身临大敌，不敢唱《渭城》矣。余君索观鄙作，至三四不止，终不肯出，亦坐此故也。善为我辞，且希焚弃此书，所谓不有惠子，曷发狂言！其所博者素也。手肃，祇叩道安，不尽欲言。

谭嗣同顿首。十五夜

（作于一八九六年正月十五日，即 1896 年 2 月 27 日）

五

接来示，诵悉。马医士言：准明日下午七点钟，可与罗教士会晤。届时可先至马处，如马出行医，可径往博文书院或隔壁之福音堂，在何处即于何处晤谈，惟福音堂是其寓处，可先往也。

晏壬卿先生路费，应于何时致送，依嗣同愚见，似可俟明正到县时补送，希与绂丞酌之。又两兄回县度岁，当在何时起程，深愿更于县中一晤也。

顷适奉龙爪鳞兄转来汉口厘局罗君恒年一书，足下馆事，意已应允，但须少缓，亦是实情。他日嗣同行后，可到爪鳞处问信，兼须一见恒年，亦与爪鳞酌行可也。手奏，即请淞芙仁兄世大人安。

弟谭嗣同顿首。廿三夜

（作于一八九五年十二月二十三日，即 1896 年 2 月 6 日）

六

淞夫仁兄世大人阁下：

科举之文，古今所苦，事会如斯，未得而废，承不弃菲薄，与之商量，以此益思自奋。惟骫骳由人，实所不易，闻友人言："四家文，近日学者案置一编"，则闱中之光怪陆离，殆有十倍于去年者，即欲诡遇，已不胜轮毂填隘，遂决不读一文，不立一义，我行我法，成功则天，转觉超然，无所衼绊。

拟出各题，切实光大，亦有旧曾作过者，缓即把笔从事并呈正之。去年败鳞残甲，略存片段，附上一笑。《洛阳伽蓝记》并缴。外拓本《王子楹联》，蔚庐先生有跋，先生书法大进，深得鲁公心法，笔笔有可玩味，不负此联矣！贝元徵自陈州伏羲陵枝取蓍草一束，学《易》之士，宜不可少，均以奉赠。

《武昌开河记》究竟何指？若近年实无开河之事。嗣同荒陋可笑，但知"信口开河"，不知武昌开河也。手笺，即请元安，不具。

谭嗣同顿首。十九日

（作于一八九五年四月十九日，即 1895 年 5 月 13 日）

致刘淞芙书 其二①

一

题目册披览一过，何惊人乃尔。嗣同劣情，决不任此，拟留一玩，需时可来取。

学业固未能副期望，所处之时，尤无意为此。台端暨绂丞兄超然讲肆，为此自是本分，即戎服讲经，无所谓不可，唐六如所谓"狼虎丛中谈道书"者也。

----

① 录自《湖南历史资料》1958 年第四期（1958 年 12 月 30 日出版），为李友梧辑录，佚稿七件，六件为谭嗣同与刘淞芙书，写于 1894—1896 年。原编者按：

谭嗣同佚稿七件，据李友梧（凤池）先生述称："原件出自浏阳刘淞芙家，经他收藏多年，真迹早在浏阳遗失，所幸尚存有有抄底一份，特为投写本刊。"按三联版《谭嗣同全集》《编后记》曾提到李先生所藏的这些佚稿，认为"未见抄寄，实为美中不足"。

以上佚稿，大抵是谭氏在 1894—1896 年（光绪二十至二十二年）寄与刘淞芙的信札（另有《跋湘报章程》一篇）里面论到甲午中日战争失败，强学会的查禁，处于当时祖国形势下作为一个"士君子"的"稳"与"见"的态度以及筹办《湘报》和湘矿的意见等，都可看到谭氏强烈的爱国主义精神；至其中论述自明代以来学风一篇，可以帮助了解谭氏当时治学途径。

本刊对于这些佚稿虽未能获得原件加以核校，但从文字内容和风格上审定，确非赝作，因此将它发表出来，提供读者参考。

牛庄事亦仅传闻，未见确信，以密电往问，三问而三不答，窘状可
掬矣。吴清帅十日内而赴天津，不可解之极！王夔帅帮办北洋，腊底山
东荣城失守，与文登毗连，盖由旅顺斜渡至成山登陆，兵机迅捷，古无
比矣。和议益不易成，其要挟至无理，且阴有拥立异姓之意。外间议
论，极不堪入耳，甚谓先皇遗子，寄北洋者，两宫水火，上益岌岌矣。

函到适外出，久之始归，拜读奇作，得未曾有，朗咏再四，可想作
家抱负矣。"平生期许空依傍，到此沉冥一碗灯。"静趋空灵，天机充
盩，此为入禅学之方便法门。常言足下为具上等根器之再来人，信不诬
也。愿葆此灵光，益加策励，他日救度一切众生，殆于不可思议，喜切
祷切。

安御史（维峻）疏，久见之，虽谋篇未工，亦可云"不意永嘉之
末，复闻正始之音"者矣。至于以节义见，又岂惟一身之不幸而已乎。

湘绮诗剗风缉雅，哀感顽艳，更复执玩，不忍释手。湘中灵怪之
气，笃钟一枝笔。小注尤冷隽有奇致，下一字辄具史体，乃是奇耳。幕
中传观殆遍，尚有欲假抄者。按来示云已照录出，则似尊处仍有一本，
如无，则可著一力取去也。

令兄处烦于家书致声，江水千回，此心似之，不须字也。

二

都门作客，忽值端阳，于蒲酒半醉间接到四月十三日赐书，诵悉
一切。

《湘报》与湘矿并举，惬心贵当之作也。湘矿极佳，曾于唐绂丞书
中备闻情状，深为浏民额手称庆，并安的摩尼矿，均赖阁下与诸君子独
任其难而已。算社则尤盼阁下始终坚持之。嗣同如九天仙女，堕落尘
寰，于天上事，竟无从着力，亦无颜过问矣，愧赧曷已。

强学会之禁也，实防吾华民之盛强，故从而摧抑之，依然秦愚黔首
之故智。而当道诸公又挟一奇才之见，故禁之甚严。现今虽开，却改名
官书局，不过敷衍了事，羊存礼亡矣。李佳白系美国人，汪伯唐为汪穰
卿之弟，均极相契。今皆不在书局中，则其事可知矣。总之，时事较之
未乱前，其苟且涂饰，尤为加甚，岂复有一毫可望者哉？京官在下位
者，人材极多，游士中亦不乏人，三品以上，则诚无人矣。天命如此，
夫复何言。

县中麦秋受损，大为盩然，意者天欲扬之，故先抑之耶？

瓣薑师阅尽苦辛，思之欲涕，一片血诚，鲜能知之，惟苍生阴受其福而已。

尊作甚老辣，鼠辈自必望而却步。遇事有中丞主持，如释伽无言，自为众生所皈依，湘士必无忧也。

三

天寒不似暮春，厥罚常阴者邪？望课完未？《琴台记》有汪容甫作在前，恐未易突过耳。

乐章中复衬腔，与蔚卢先生言之，因援南北九宫为证，衬腔凡乙字于崐山曲为南曲，和婉雍容，故应胜昔。后夫子著《琴旨申邱》一卷①，遂采用鄙说，今竟重复旧观，曷胜忻慰，真有不得进退揖让于其间之叹。命作诗宣扬，思之连夕，无当意者，亦不复强为之矣。斯事体大，终当足下自为之。嗣同得观其成，亦云厚幸。

武冈贼平，而湘乡复有事，虽不燎原，亦未扑灭，尝云湘中非乐土，行且可验。即寄禅②外教，治乱何与彼事？乃为嚣嚣不止，亦足为民心不靖之见端。湘人士类皆跳梁跃冶之习，人管、乐而家孙、吴，其气发泄无余，遇事恐不足仗。足下讥寄禅诗，盖亦有见于此。留心世事，何处不勉焉。寄禅又何止在被法中为魔道乎？良夜未寐，抽毫作此，不能长也。

四

昨有书答绂丞兄，兼致阁下，计已见之。

昨奉手教，欲归之意，诚不违其情，为侍奉计耶？在家教授，或隔数里、数十里，仍不能晨昏侍侧，则在鄂亦只千里而近，每年仍可归觐也。为谋菽水资耶？此间膏火、馆谷之类，亦当去百金不远，回湘别图，急切何能？即得，徒荒时日，不如旧贯。若在本县，则断不能有此数。为避寇氛耶？则阁下之居此，正曾子居武城之时，待到兵临城下，徐徐他去，未为晚也，亦谁得而议之。此时南洋安然无恙，毋乃见弹而求鸮炙，见卵而求时夜，太早计矣。瑾先隐见之言，殆为他日处隐见间言之，若阁下今日隐，瑾先亦隐，即嗣同亦隐，皆不足言见，即皆非处

---

① 刘人熙，字蔚卢，嗣同曾师事之。著有《琴旨申邱》，内容系申述浏阳古乐家邱之荸在琴谱方面的成就。

② 寄禅，原名黄读山，出家后释名敬安，著有《八指头佗诗集》。

乎隐见之间。嗣同稍有尽言之责，故不能不忧深虑远，如在切肤，究其实仍隐也。

士君子固贵立节慨然，中其要必有个所以然，不可徒慕节慨之名，随他人为忧喜也。瑾先之言，愚尚以为非切己之学，何则？处阁下、瑾先诸君子之境，但不取科举，即是大隐。此外无事不可，或管幼安之居夷狄，或罗江东之客霸国，皆不失隐字面目。岂必伏处岩穴，反裘负薪，乃足为隐乎？仅“不求闻达”四字，何足为难。若衡阳王子，被桂藩之诏，则可云处隐与见之间，瑾先所难，殆为指此，要非我辈所得外援也。

天空地阔，岁月宽闲，所无可奈何者天下，所无入不自得者一身，忧与乐，正并行不悖，尽许优游啸歌，相缓急而为之去留。今世之士，稍识数字，或全不足言士，莫不忧时感世，忘其本业，此正是习气，不可不知。

嗣同尝喜为危苦恇惧之言，固因偏蔽无识，或亦由所处有不可言之所以然也。

衡阳王子有言：“天下自乱而我自治”，此则……（下缺）

五

承示造诣所至，倾吐无隐，实餍鄙心。窃见古人为学，虽师授不同，家法异尚，犹不欲专己任残，暖暖昧昧，墨守一先生之说，以自旌异，故必问难往复，出以相质。自八股、试律之说盛天下，始斤斤自封，私相授受，若惟恐一人之猎取其长，以假径于科目者，由是耳目不营于坟典，智计不出于盆盎，洪波孤涉，幽穴阇行，求其不蹶且溺者，庸有幸乎？此在偏隅所限，既有然矣。独怪有明三百年间，道学大明，巨人辈出，何以鸿文实学，郁蔚不舒？杨升庵博而寡要，又喜傅会，然在明人，已为奇特。故荆川、熙甫之流，得以其么弦细响，庞然自命为古；前后七子，踻蹭声律，边幅益隘；驯至唐六如、祝枝山、李卓吾诸人，靡荡披猖，儒行扫地，恢张才人之称，实乃斯文之蠹，不尚古书而传注佚，不习算学而四元亡。究其所由，盖非徒知行合一之说，而教人束书不观，而应试之经义，引绳披根，实足以困一世之通材，使即于弇陋。近见乡试闱艺，牛鬼神蛇，无奇不有，异学争鸣，足为世道之忧，而缀学之士，自略须检阅简策，非复前者抄袭报章之陋，虽不得肉，实且快意，虽不得仙，亦足以豪。区区之愚，私以文风怪诞为幸，职此故也。

前言宜手录名言，意正以备此。然实鄙薄可笑，似当以余暇为之。佳书一册，大约数日可了，分别部居，以意为之，亦不在甚精密，盖别有向上一著者，不足役志于此也。

《仪礼》苦其难读，未尝究心。《逸周书》惟于"谥法解"，初有纂述，于朱右曾氏多所辩证，亦未成帙，余望望然去之，无心得也。《春秋传》言礼言例，汇为成书者，闻有张氏之《五礼例宗》，惜未得见。惟《古经解汇函》有陆氏之《春秋集传纂例》，《武英殿丛书》有刘氏之《春秋传说例》，皆公羊专家之学。虽啖、赵遗说，颇赖陆氏以存，然已多缺佚，刘氏又疏略不备，故鄙性所嗜，尤在杜元凯之《春秋释例》。此书久为传公羊者所掊击，然言例之端，实引于此。先儒孤诣，何当厚诬？不揣固陋，尝欲持斯旨以治后世之史传，镜其得失，规其当否，勒为一书，俾秉笔者有所裁决。白日悠悠，恐遂虚此谈。

算学但求致用，原非极难。至于钩深索隐，辨析毫毛，则非尽舍去书策，终身尽力于此，不能殚尽其术。学者欲通经术，亦不可不涉其涯涘。甄氏《五经算术》，实多未备。尝欲仿其体例，演《考工记》轮辐三十、盖弓二十八为割圆之说，三十则以六边起算，二十八则以四边起算。终恐运算不密，必多疏失。至于《王制》之封建，以数较之则不合，盖经有误文也。西法易者极易，难者极难。读几何原本至五、六卷后，即愕然莫辨途径，近者侈言测量，实西法之极简易者，苦无仪器，遂末由致力耳。足下精力绝人，如欲究心此道，试先从浅者入手。国朝经师之书，故为简奥，骤不易解，戴东原尤艰晦，《梅氏丛书》至为明显，而入手次第，犹不分明，则莫如上海所刻之《中西算学大成》，先从第十八卷笔算入手，以及于比例、勾股诸术，由勾股而三角，由三角而割圆，深者乃可以渐及。总之，算学及机器，尚非天下至难。有天下之至难，令人望而却步者，则舆地是也。

古今沿革不同，名称各异，即《禹贡》一篇，已觉其毕世考之不尽。况上下五千年，纵横三万里，加以中外贯午，华夷互错，测其经纬，著其图象，诸家之言，汗漫无极，竟不识应从何处下手，自问固此生绝望，即同仁诸贤，亦全无通晓者。足下若肯任人所难，毅然为有用之学，殆无过舆地者。今之谈者，率皆为挟策之计，习口头语，以欺人耳，其能中外山川形势了然者，未尝见也。

金石学有志未逮，未敢率尔妄答。大率彼此为学门径，一一悬同，足征卓识果力，非时辈所及，而嗣同亦私幸其不谬焉。

属书勉强应命，可笑之至。嗣后愿勿复尔。

为骤寒所中，体中小不适，不能称其意中所欲言者，谅之谅之。

六

月初由瓣薑师转致一笺，计达。

昨奉去腊廿四日惠书，只领一切。见爱之切，为谋之忠，及睠怀世变，思有以振救之，而又虑鄙人或拘于凡近，遂荒远图，不惮谆谆匡弼，自顾略无善状，却常得益友之助，如足下之论，尤其亲切足感者也。

但此中形势，足下容有未悉，必面语乃得罄。今好在王公已经回任不去，朝命另简合肥傅相使俄，别有一干人同去，嗣同参随之属，自然一齐罢休。前此之是非，可不论矣。

《湘报》一事，愚见仍以设在湘省为妥。右帅决于今年接设湘中电线，则亦无所谓不便也。屡经与沅帆详议，渠意即将报馆合并湖南强学会中。强学会前奉旨严禁，贻笑中外，久之自知其非，复有旨准其重开。沅帆即是湘中会首。拟先从舆地试办起，足下可就近与商之。嗣同于此事应如何办法，实难远度。惟觉足下行数千里，费数千金，孤诣苦心，不计甘苦，在寒士中，可谓绝无仅有，总期事必有成，乃不负耳。

壬生处已劝其入股，渠已应允。余友倘得见，必为敦促。汪先生尚未到鄂。（汪穰卿，上海《时务报》主办人，名康年。）章程典赡详实，竟开报馆未有之奇。勉跋数语，知无当宏悒也。

沅帆行速，仅得一面。不暇作跋，此亦可就近求之者也。汪来无期，未便久稽，兹仍将章程及新闻纸样本送还，乞察入。

报贝元徵书[①]

元徵仁兄：

足下无恙，霜英遂徂，抚序曾喟，况乃远道，云胡不思。

昔奉第一书，会尊舅氏王先生辱过，发椷共省，薄言永叹。以谓

----

① 录自《谭嗣同全集》（蔡尚思、方行编，北京，三联书店，1954）。

足下资性卓绝，造德隆崇，出之渊渊，等辈咸伏。犹尚戢翼天衢，纡步尘鞅，兼抱齐衰之戚，空谷涟洏，同方雅故，畴不乡风偃喁乎？溯曩岁盍簪之盛，既皆睽进，王先生复之官山东，于兹朝发，居今谈昔，相与不欢而罢。以足下遂当西迈，振策在途，故不以时报，谅之谅之。

旋奉第二书，猥荷包蒙，存问周挚，感不可已，所布诸书，分达如恉。爪霖顷上京师，还当界之。足下改辕河南，允云胜算，既近尊外舅蔚庐先生之德光，又中原山川纯厚，益以自敦其蕴。比当税息嵩高，敷赋梁苑，一邀一观，蔑非进道之资矣。然则砭顽之责，足下宜为嗣同肩之，乃反见督耶？谨斋心以俟。

今奉第三书，忠告说言，果如私望。然又咎己进止不决，有类谰謷。夫事有万端，遇之者一，万无适形，一有定理。迨遇随事改，理以赴形，固非立乎其先者所能钩取逆观。宦学遏土，去留殆难自由，称心而言，无嫌参差也。嗣同神形疏放，靡有羁束，恒安冀不即弃于大雅，时复攻所阙略，饥渴情憺，匪伊朝昔，往所酬酓，尚未餍其佟心。今闻纷扰之规，恢扩宏义，开通鄙怀，不惜降志自责，宛曲引喻，揽察艾萧，中臣要害，此诚嗣同毕岁营营，期自制而不能者，获足下毅色呵止，为之涤衷易情，识奋勉之攸在，敢不钦登嘉贶，不惭以忻。特虑意久且懈，违谬厥初，和缓逝而疾复萌，电雷收而震遂泥。素丝何常？惟所染之。故忻者今兹，而惭者来日也。乃若足下自状，愚以为降志相诱，非其本怀。何者？足下降质纯一，夙德坚定，似与嗣同微反，而失亦因之。嗣同失既在此，则足下之失宜在彼矣，此对待之说也。且嗣同之失，往往不自觉，而足下自能省察如此，此又疏密之辨也。讯病推原，然与？不然与？

夫大《易》观象，变动不居，四序相宣，匪用其故。天以新为运，人以新为生，汤以日新为三省，孔以日新为盛德，川上逝者之叹，水哉水哉之取，惟日新故也。未生之天地，今日是也；已生之天地，今日是也，亦日新故也。喜怒哀乐，发不中节，不必其乖戾也。方其机已勃兴于后，乃其情犹执滞于前，何异鸿鹄翔于万仞，而罗者视乎薮泽？则势常处于不及矣。智名勇功，儒者弗重，不必其卑狭也。方其事之终成，即其害之始伏，何异日夜相代乎？前而藏舟，自谓已固，则患且发于无方矣。此又皆不新故也。早岁之盛彊，晚岁已成衰弱；今日之神奇，明日即化腐臭。道限之以无穷，学造之以不已，庸讵有一义之可概，一德之可得乎？常异善，岂一而已，择之何云固执？俛仰寻思，因知固执乎此，将以更择乎彼。不能守者，固不足以言战；不能进者，抑岂能长保不退耶？此拳拳服膺之颜子，必待欲罢不能而后纯；惟恐有闻之仲氏，且闻何足以臧而后进也。圣人重言性天，非能之而不言，殆亦言之而不能。盖日新者，行之而后见，泛然言之，徒滋陈迹而已。庄生者，疏人也。然其行文，时近日新，为其自言之而旋自驳之也。

嗣同之纷扰，殆坐欲新而卒不能新，其故由性急而又不乐小成。不乐小成是其所长，性急是其所短。性急则欲速，欲速则躐等，欲速躐等则终无所得。不得已又顾而之它；又无所得，则又它顾；且失且徙，益徙益失。此其弊在不循其序，所以自纷自扰而无底止也。夫不已者，日新之本体，循序者，日新之实用，颇思以循序自救，而以不已赠足下，不已则必不主故常而日新矣。墨墨乎株守，岂有一当哉。然在足下自治甚严，自观甚密，觉万一有近似于纷扰者。嗣同至愚极妄，以为乃明之未融，非守之不确。若夫读书忙乱，少沉潜玩索之味，此病不难医；苟挥斥箸书工文之念，霍然立瘳矣。

嗣同深感不遗在远之惠，又恃往日挚爱之雅，妄欲上慕仲、颜赠处之风，下规苏、李倡和之美，远取圣贤之所黾勉，近陈彼己之所忧患。竭心尽言，忘其自丑，将以大叩，敢云浅报。加久冻新煦，品汇向苏，筋力畅固，视听精明，兴至命笔，已不能休。故曼衍尔尔，世俗笺畲，都不复效。惟时时思闻德音，少解独学岑寂。

谭嗣同谨上

（作于一八九六年元月，即 1896 年 2 月）

致龙莪溪书①

一

莪溪仁兄亲家同门有道阁下：

颁奉来教，欣悉壹是。盛怀谦下，奖饰逾恒，使弟益愧悚不自聊耳。弟于时事，虽略见一二，此无异泰山之毫末，其于当世，恐仍无所

---

① 录自《谭嗣同全集》（蔡尚思、方行编，北京，三联书店，1954）。

裨益，惟望世之大贤，匡所不逮，庶或不囿于小成。若其化民成俗，自非常人之举，天爱黄种，当有人焉起而肩之，非弟之所克任。吾子隽才渊识，师门之俊，尔时想益为道自爱，藏器待时。中人近况，原不堪设想，言之令人沉哀。来教云云，诚为确论。脱得假手执事予以全权，当大有造于生民。机事不常，瞬息千变，可卜之执事，不可必之当涂，堪为三叹。然心固不可灰，一庐蛰伏，心在桃源，阁下之所期独善，则诚善耳。倘云兼善，方将为阁下靳之。弟以盛德大业期阁下，非以龌龊名利期阁下也。且世局如许，岸谷谷陵，意中事亦目中事，更何处觅深山以诵读自娱？春酒一杯，秋琴一曲，于胥乐兮！求之今日，乌可得耶？"人生行乐耳，须富贵何时"，弟屡诵斯言，觉陶渊明尚为大福独得，作羲皇上人，脱生今日，益饥驱无状而已。不先不后，生吾与子，以身丁其厄，天实为之，谓之何哉？愿阁下益自广，尽其所得为，而以不可知者听老天分付，是或一道也。否则非弟之所能及。辱厚爱，故胪其一知。以将有沪上之行，他皆不缕缕。瓣薑师仍在乡里办矿，音问辽阔，其详不可得闻，要亦不能尽其才耳。元宵前曾上尊公一禀，已呈电否，来书未见齿及，故冒昧一致询。不时幸赐教。春已六十，寒尚尔许，极懊恼。惟顺时自珍。益崇侍福不琐。

弟嗣同再拜上言。如月二十五日

（作于一八九七年二月二十五日，即 1897 年 3 月 27 日）

二

黄溪亲家同门执事：

接到来书，诵悉妹倩介蕃到。国龙自妹亡后，相见颇希，一切事均不甚悉。但知其是庶出，其母久已亡故，昆季五人，渠是第三，性情爽快可喜，余则不能知也。请执事再于他处采访。嗣同归后，忙得极无味，月底可到省城，余容面罄。手肃奉复，即请侍安。

谭嗣同顿首。二月十七日

（作于一八九六年二月十七日，即 1896 年 3 月 30 日）

三

莙溪同学亲家大人阁下：

久不奉书左右，伏惟侍奉清娱为慰！兹有恳者：湘中绅友来函，言时务学堂经费，曾由熊秉三太史、蒋少穆观察面恳刘岘帅，允于湘岸盐务中分款，每年七千金，而易实甫观察止拨五千金，岘帅将为所摇，故特函商尊公大人致书岘帅，争回此款，以为开办学堂之用。嗣同念既系一省紧要之公事，非同寻常请托者比，应请转禀尊公大人，略一援手何如？毋任拜祷，并希示复。此白，即颂文安。

谭嗣同顿首。重九日

（作于一八九七年九月初九日，即 1897 年 10 月 4 日）

致李闰书①

一

夫人如见：

正欲起程赴鄂，忽然记出一件至要之事：我既保举进京，而功名保札、部照及一切公文，均未带来，兹特专人来取。请详细检出来，并捐道员之实收，一一点清，封作一包，外加油纸，即交送信人带下，万不致误。

又单纱蟒袍各一件，挖云抓地虎新快靴一双，伽楠十八子香珠及镶金伽楠搬指（去年所买者）各一个，天球、地球、团扇各一柄（并纸盒）、香末数珠一串，好红烧料鼻烟壶二个，均请检作一包，一同寄来为要。

我此行真出人意外，绝处逢生。皆平日虔修之力，故得我佛慈悲也。

夫人益当自勉，视荣华如梦幻，视死辱为常事，无喜无悲，听其自然。惟必须节俭，免得人说嫌话，至要至要。

① 录自《湖南历史资料》1958 年第三期（1958 年 7 月 30 日出版），为湖南省博物馆搜集。原编者按：

写给他夫人李闰的信，作于 1898 年 6 月 20 日（光绪二十四年五月初二日）。这时他为徐致靖疏荐，正待从长沙赴鄂，进京引见，后因患病，延至秋初，方得启程北上。三联版《谭嗣同全集》收有《戊戌北上留别内子》的诗，后面附有见于这手札中的"视荣华如梦幻……免得人说嫌话耳"数语，于今看到原札，就更可帮助我们了解这位 60 年前在旧中国的黑暗中摸索救国真理的先驱，在直接参与"百日维新"前精神状态的一个侧面。

廿九日信收到，诸事即照办。

此请德安。

谭复生手草。五月初二日

（作于一八九八年五月初二日，即 1898 年 6 月 20 日）

二

夫人如见：

总理衙门有文书（系奉旨又有电报）来，催我入都引见，可见需人甚急。虽不值钱之候补官，亦珍贵如此！圣恩高厚，盖可见矣。现定本月十六日乘轮赴南京领取咨文，赶速入都，途中别无耽阁，亦甚忙碌。此后暂不写家信，实因无暇，幸勿悬盼，为要。

闻湖南今年又是荒年，浏阳可住则住，万一有土匪等可怕之事，即可雇一船迅速来鄂（且看五嫂回家何如，再与之商量），至要至要。

现在署中均相安，甚和平无事。

父亲①慈心更甚于昔，亦甚惦念我等，曾问我家眷到底在何处住好？我对云：暂在浏阳住甚好；若浏阳不安静，即可令其来署中住。大人深以为然，请临时自酌可也。若世界平静，总以住浏阳较为方便。

前在省托唐佛尘②寄回书箱等件，其中皆是要物，想均收到矣。此请德安！

复生手草。六月十三日

（作于一八九八年六月十三日，即 1898 年 7 月 31 日）

附录　电旨

湖南盐法长宝道黄遵宪、江苏候补知府谭嗣同，前经谕令该督抚送部引见，着刘坤一、张之洞、陈宝箴，即行饬令二员，迅速来京，毋稍迟延。钦此。

---

① 系谭继洵，时任湖北巡抚。

② 唐才常号佛尘。

三①

夫人如见：

在鄂连寄数信，嗣于六月十六日起程，本月初五日到京，事之忙迫，殆不胜述。朝廷毅然变法，国事大有可为。我因此益加奋勉，不欲自暇自逸，幸体气尚好，精神极健，一切可以放心。此后太忙，万难常写家信，请勿挂念。

寄上《女学报》及女学堂书共一包，此后，如欲看《女学报》，可开出卖报之处，请唐次丞②托人去买。唐如不能，可径托大兄设法在上海购买也（或函托秦生弟更好）。我十七、八可引见。此上，即颂坤安！

复生手草。七月十一日住浏阳会馆

（作于一八九八年七月十一日，即 1898 年 8 月 27 日）

报邹岳生书③

一

岳生仁兄姻大人阁下：

前奉赐笺，诵悉。具审赞画宜劳，卫摄安善，为慰。

兹有恳者：致刘嵩（淞）芙秀才信一件，纸包一个，务乞妥交。又致绍航世兄信一件，木匣一个，纸包三个，共一捆，并希饬交为荷！一切细情，详绍航世兄信中。

此时寒去饥来，万民托命，知必振济无数矣。恒河沙数大功德，子

---

① 《致李闰书》二、三录自《湖南历史资料》1959 年第一期（1959 年 3 月 30 日出版），原编者按：

写给夫人李闰的信：一封是 1898 年 7 月 31 日（六月十三日）晋京途中在武昌写的；一封是同年 8 月 27 日（七月十一日）到达北京后写的。与同年 6 月 20 日在长沙写给夫人李闰的信（已在本刊 1958 年第 3 期上刊出）构成一个整体，一在长沙、一在武昌、一在北京，可以看出他当时晋京的思想情况。后一封信中，有云："朝廷毅然变法，国事大有可为，我因此益加奋勉，不欲自暇自逸……"等语，还能使人们深刻地了解谭嗣同的爱国精神。

② 唐次丞即唐才常之弟才中。

③ 录自《谭嗣同全集》（蔡尚思、方行编，北京，三联书店，1954）。

子孙孙，永无既极。依依天末，住去两点，惟有馨香祷之而已。手肃，即颂侍安百吉！

愚弟谭嗣同顿首。正月廿四日

（作于一八九六年正月二十四日，即 1896 年 3 月 7 日）

二①

来书敬悉。每念足下忧贫甚切，窃以为过矣。人生世间，天地必有以困之：以天下事困圣贤困英雄，以道德文章困士人，以功名困仕宦，以货利困商贾，以衣食困庸夫。天必欲困之，我必不为所困，是在局中人自悟耳。夫不为所困，岂必舍天下事与夫道德、文章、功名、货利、衣食而不顾哉？亦惟尽所当为。其得失利害，未足撄我之心，强为其善，成功则天，此孟子所以告滕文公也。可见事至于极，虽圣贤亦惟任之而已！况足下之事，尚未至于极哉。天壤间自多乐趣，安用此长戚戚为耶？又如某事，嗣同不过随意行之，初无成见，亦不预期其将来如何，纯任自然，未必不合圣人绝四之道。故遇事素无把握，惟发端则以此心有愧无愧为衡。若某事，请代思之，其有愧乎？其无愧乎？至足下所虑，是诚不可解矣。昌黎《伯夷颂》曰："举世非之，力行而不惑者，天下一人而已。"盖古人以理为断，不闻以人言为断。心为我之心，安能听转移于毁誉哉！傥足下必欲止此事，则请深思至理之极以相晓，便当伏首听命也。

三②

岳生仁兄姻大人阁下：

到省后，颇为俗务所缠。机器制茶事，方弄得有头绪；而忽被保荐，即须入京引见。横生事端，无过于此。只好暂将诸事搁起，一意收拾行李，日内起程，过鄂小住数日，便往江南领取咨文，随即北上。他事尚不要紧，但为此增出无数"背弓"，大为可恼！所寄二百金，幸已

---

① 此函无落款、无日期，疑为谭嗣同兄嗣襄所作。

② 录自《湖南历史资料》1959 年第一期（1959 年 3 月 30 日出版）。原编者按曰："写给浏通公钱店邹岳生的信，感谢他借给晋京旅费两百金，大概是 1898 年 7 月 22 日（六月初四日）的事。"此信当写于 1898 年 7 月后。

收到，得以稍松，感激之至！借券一纸附呈，乞察收为要。此请台安！

嗣同顿首。初四

（作于 1898 年 7 月后）

致张蒇云书[①]

蒇云仁兄大人阁下：

去岁匆匆复一书，殊不欲多谈，世变如此，何事不堪流涕乎！

旋奉到赐札，奖饰万不克胜。佳什联翩，如获拱璧，久思作和，心绪太不佳，至今尚无一字，是以报书迟滞耳，幸勿怪。

自受尊托，便如国事在身，不敢或忘。无如所处之境，实有难言。

绂丞又失馆，淞芙则全未一助，绂丞幸到早，得取一课，此时书院额已满，无从措手，如何如何！

嗣同一生，未作过一件快意事，不谓亲友与有连者，亦皆抑塞如此。然而嗣同迂拙之罪，则无所逃也。江天漠漠，〔惟〕有遥望长唏而已。

时事不欲更言，但看天命如何耳。

手肃，即颂春祺。

愚弟谭嗣同顿。正月廿六

（作于一八九五年正月二十六日，即 1895 年
2 月 20 日）

致龙爪霖[②]

爪霖仁兄大人阁下：

别来思之不置，想起居佳胜也。兹有恳者，李丹农出京缺少旅

---

　　①　录自《湖南历史资料》1958 年第三期（1958 年 7 月 30 日出版），为湖南省博物馆搜集。原编者按：

　　写给蒇云的信札中所称的世变，当指中日甲午战争的败绩和由此引起的民族危机的严重化。根据札中所叙唐才常（绂丞）的情况，这信可能是 1895 年写的。这是谭嗣同答复友人请托的手札，从中可以看出他以及他所接近的知识分子当时处境的困难。还使我们注意的是：在这普通的信札中，随处流露着对时事的悲愤。

　　②　录自《谭嗣同全集》（蔡尚思、方行编，北京，三联书店，1954）。

费，因在天成亨号挪借百金。（京二两平足银。）丹农秋末即旋湘，道过湖北，归还该号。此时暂乞阁下担承，或先行代还，丹农一到，立即交清。阁下款友谊切，当不责其多事。手肃，即叩
升安！百不尽一。

谭嗣同顿首。八月廿五

（作于一八九六年八月二十五日，即 1896 年 10 月 1 日）

致康有为书^①

受衣带诏者六人，我四人必受戮；彼首鼠两端者不足与语；千钧一发，惟先生一人而已。天若未绝中国，先生必不死。呜呼！其无使死者徒死而生者徒生也！嗣同为其易，先生为其难。魂当为厉，以助杀贼！裂襟啮血，言尽于斯。
南海先生

谭嗣同绝笔敬上

（作于 1898 年 9 月 25—28 日）

致徐积余书^②

测高表甚精，惜显微镜上两个螺丝均坏，并螺眼亦坏，不易修理。若另钻眼，恐于本体有伤，又修不及原来之件之牢固。故仍以送还，乞转交。此致
积公仁兄大人大安。

谭嗣同。二十一日

（作于一八九七年五月二十一日，即 1897 年 6 月 20 日）

---

① 录自《知新报》第七十五册，光绪二十四年十一月十一日（1898 年 12 月 23 日）出版。
② 录自《谭嗣同全集》（蔡尚思、方行编，北京，三联书店，1954）。

狱中遗札①

一

来信知悉。尔等满怀忠爱，可嘉之至！谢得军机折，不用递了。

昨送来各件，都不差缺。我在此毫不受苦，尔等不必见面，必须王五爷②花钱方能进来；惟王五爷当能进来。并托其赶快通融饭食等事。

湖北电既由郭寄，我们不必寄了。戈什可回湖北。昨闻提督取去书三本，发下否？

（作于一八九八年八月初十日，即 1898 年 9 月 25 日）

二

速往源顺标局王子斌五爷处，告知我在南所头监，请其设法通融招扶。

再前日九门提督取去我的书三本：一本名《秋雨年华之馆丛脞书》；二本《名称录》，现送还会馆否？即回我一信。

我遭此难，速请郭之全老爷电告湖北。此外有何消息，可顺便告我。

主人谭复生字

（作于一八九八年八月十一日，即 1898 年 9 月 26 日）

---

①　录自《谭嗣同全集》（蔡尚思、方行编，北京，三联书店，1954）。

《湖南历史资料》1959 年第一期有关遗札的说明如下：1956 年 10 月前湖南省文物管理委员会在长沙搜集到《谭复生先生遗稿》一册，去年 10 月从整理册页文物中检了出来。计写给夫人李闰的信三封，邹岳生一封，狱中遗书三封，已装裱成册。册尾有其孙谭训聪、曾外孙宋才简与梁汉明、甘清池、梁为焯等的题跋。册中并夹有未装裱的手书《阻风洞庭湖赠李时敏》七律四首的名剌、《送别仲兄泗生赴秦陇省父》七绝四首的诗笺与少年时代写给伯父母的信等遗墨多件。

此外，关于狱中遗书，《谭嗣同真迹》说明第六项有云："狱中遗书三通……原件写在极粗劣的纸上"，现校对原件，它系较细致的灰白色纸，纸质并非极为粗劣，并此说明。

②　按：王子斌先生即大刀王五，名正谊，直隶人。郭之全先生字友琴，河南人，刑部官员。胡理臣、罗升，两仆人。《狱中题壁诗》"去留肝胆两昆仑"句，盖指两仆，盖昆仑奴之称也。——训聪注

三

北半截胡同浏阳会馆谭家人胡理臣罗升：送来厚被窝一床，洗脸手巾一条，换洗衣裤并袜子脚布一套，紫棉马褂一件，棉套裤一双，笔墨信纸并白纸等件，枕头一个，呢大帽一顶，靴子一双，扣带一根，均同来人送来为要。

主人谭复生字

又取铜脸盆一个，筷子一双，饭碗一个。

（作于一八九八年八月初十日至十二日，即1898 年 9 月 25 日至 27 日）

附　录

谭嗣同传[①]
(《清史稿》)

谭嗣同，字复生，湖南浏阳人。父继洵，湖北巡抚。嗣同少倜傥有大志，文为奇肆。其学以日新为主，视伦常旧说若无足措意者。继洵素谨饬，以是颇见恶。嗣同乃游新疆刘锦棠幕，以同知入赀为知府，铨江苏。陈宝箴抚湖南，嗣同还乡佐新政。梁启超倡办南学会，嗣同为之长。届会期，集者恒数百人，闻嗣同慷慨论时事，多感动。

光绪二十四年，召入都，奏对称旨，擢四品卿、军机章京。四人虽同被命，每召对，嗣同建议独多。上欲开懋勤殿，设顾问官，令嗣同拟旨，必载明前朝故事，将亲诣颐和园请命太后。嗣同退谓人曰："今乃知上绝无权也！"时荣禄督畿辅，袁世凯以监司练兵天津。诏擢世凯侍郎，召入觐。嗣同尝夜诣世凯有所议。明日，世凯返天津。越晨，太后自颐和园还宫，收政权。启超避匿日本使馆，嗣同往见之，劝嗣同东游。嗣同曰："不有行者，无以图将来；不有死者，无以酬圣主。"卒不去。未几，斩于市。著有《仁学》及《莽苍苍斋诗集》等。

唐才常，字佛尘。少与嗣同齐名，称"浏阳二生"，两湖学堂高材生也。闻嗣同死，忧愤，屡有所谋，每言及德宗，常泣下。二十六年，两宫出狩，才常阴结富有会谋举事，号勤王，将攻武、汉。被获，慷慨言无所隐，请就死，遂杀之。

---

① 　录自《清史稿》卷464列252。

谭嗣同传[①]

（梁启超）

谭君，字复生，又号壮飞，湖南浏阳县人。少倜傥有大志，淹通群籍，能文章，好任侠，善剑术。父继洵，官湖北巡抚。幼丧母，为父姜所虐，备极孤孽苦，故操心危，虑患深，而德慧术智日增长焉。弱冠从军新疆，游巡抚刘公锦棠幕府，刘大奇其才，将荐之于朝。会刘以养亲去官，不果。自是十年，来往于直隶、新疆、甘肃、陕西、河南、湖南、湖北、江苏、安徽、浙江、台湾各省，察视风土，物色豪杰。然终以巡抚君拘谨，不许远游，未能尽其四方之志也。

自甲午战事后，益发愤提倡新学，首在浏阳设一学会，集同志请求摩厉，实为湖南全省新学之起点焉。时南海先生方倡强学会于北京及上海，天下志士，走集应和之。君乃自湖南溯江，下上海，游京师，将以谒先生，而先生适归广东，不获见。余方在京师强学会，任记纂之役，始与君相见，语以南海讲学之宗旨，经世之条理，则感动大喜跃，自称私淑弟子，自是学识更日益进。

时和议初定，人人怀国耻，士气稍振起。君则激昂慷慨，大声疾呼。海内有志之士，睹其丰采，闻其言论，知其为非常人矣。以父命就官为候补知府，需次金陵者一年，闭户养心读书，冥探孔、佛之精奥，会通群哲之心法，衍绎南海之宗旨，成《仁学》一书。又时时至上海与同志商量学术，讨论天下事，未尝与俗吏一相接。君常自谓"作吏一年，无异入山"。

时陈公宝箴为湖南巡抚，其子三立辅之，慨然以湖南开化为己任。丁酉六月，黄君遵宪适拜湖南按察使之命，八月，徐君仁铸又来督湘学。湖南绅士□□□□□□□□□等蹈厉奋发，提倡桑梓，志士渐集于湘楚。陈公父子与前任学政江君标，乃谋大集豪杰于湖南，并力经营，为诸诸之倡。于是聘余及□□□□□□等为学堂教习，召□□□归练兵。而君亦为陈公所敦促，即弃官归，安置眷属于其浏阳之乡，而独留长沙，与群志士办新政。于是湖南倡办之事，若内河小轮船也，商办矿务也，湘粤铁路也，时务学堂也，武备学堂也，保卫局也，南学会也，

---

① 录自《清议报》第四册，光绪二十四年十二月十一日（1899年1月22日）出版。

皆君所倡论擘画者，而以南学会最为盛业。设会之意，将合南部诸省志士，聚为一气，相与讲爱国之理，求救亡之法，而先从湖南一省办起，盖实兼学会与地方议会之规模焉。地方有事公议而行，此议会之意也，每七日大集众而讲学，演说万国大势及政学原理，此学会之意也。于时君实为学长，任演说之事，每会集者千数百人。君慷慨论天下事，闻者无不感动。故湖南全省风气大开，君之功居多。

今年四月，定国是之诏既下，君以学士徐公致靖荐，被征。适大病不能行，至七月乃扶病入觐，奏对称旨。皇上超擢四品卿衔军机章京，与杨锐、林旭、刘光第同参预新政，时号为军机四卿。参预新政者，犹唐、宋之参知政事，实宰相之职也。皇上欲大用康先生，而上畏西后，不敢行其志。数月以来，皇上有所询问，则令总理衙门传旨，先生有所陈奏，则著之于所进呈书之中而已。自四卿入军机，然后皇上与康先生之意始能少通，锐意欲行大改革矣。而西后及贼臣忌益甚，未及十日，而变已起。初君之始入京也，与言皇上无权西后阻挠之事，君不之信。及七月二十七日，皇上欲开懋勤殿设顾问官，命君拟旨，先遣内侍捧历朝圣训授君，传上言谓康熙、乾隆、咸丰三朝，有开懋勤殿故事，令查出引入上谕中，盖将以二十八日亲往颐和园请命西后云。君退朝，乃告同人曰，"今而知皇上之真无权矣"。至二十八日，京朝人人咸知懋勤殿之事，以为今日谕旨将下，而卒不下，于是益知后与帝之不相容矣。二十九日，皇上召见杨锐，遂赐衣带诏，有"朕位几不保，命康与四卿及同志速设法筹救"之语。君与康先生捧诏恸哭，而皇上手无寸柄，无所为计。时诸将之中，惟袁世凯久使朝鲜，讲中外之故，力主变法。君密奏请皇上结以恩遇，冀缓急或可救助，词极激切。八月初一日，上召见袁世凯，特赏侍郎。初二日复召见。初三日夕，君径造袁所寓之法华寺，直诘袁曰："君谓皇上何如人也？"袁曰："旷代之圣主也。"君曰："天津阅兵之阴谋，君知之乎？"袁曰："然，固有所闻。"君乃直出密诏示之曰："今日可以救我圣主者，惟在足下，足下欲救则救之。"又以手自抚其颈曰："苟不欲救，请至颐和园首仆而杀仆，可以得富贵也。"袁正色厉声曰："君以袁某为何如人哉？圣主乃吾辈所共事之主，仆与足下，同受非常之遇，救护之责，非独足下，若有所教，仆固愿闻也。"君曰："荣禄密谋，全在天津阅兵之举，足下及董、聂三军，皆受荣所节制，将挟兵力以行大事。虽然，董、聂不足道也，天下健者，惟有足下。若变起，足下以一军敌彼二军，保护圣主，复大权，清君侧，肃宫廷，指挥若定，不世之业也。"袁曰："若皇上于阅兵时疾驰入仆营，仆号令以诛奸贼，则仆必能从诸君子之后，竭死力以补救。"君曰："荣禄遇足下素厚，足下何以待之？"袁笑而不言。袁幕府某曰："荣贼并非推心待慰帅者。昔某公欲增慰帅兵，荣曰：'汉人未可假大兵权。'盖向来不过笼络耳。即如前年胡景桂参劾慰帅一事，胡乃荣之私人，荣遣其劾帅，而已查办昭雪之以市恩。既而胡即放宁夏知府，旋升宁夏道。此乃荣贼心计险极巧极之处，慰帅岂不知之？"君乃曰："荣禄固操莽之才，绝世之雄，待之恐不易易。"袁怒目视曰："若皇上在仆营，则诛荣禄如杀一狗耳。"因相与言救上之条理甚详。袁曰："今营中枪弹火药，皆在荣贼之手，而营哨各官，亦多属旧人。事急矣，既定策，则仆须急归营，更选将官，而设法备贮弹药，则可也。"乃丁宁而去，时八月初三夜漏三下矣。

至初五日。袁复召见，至初六日，变遂发。时余方访君寓，对坐榻上，有所擘画，而抄捕南海馆康先生所居也之报忽至，旋闻垂帘之谕。君从容语余曰："昔欲救皇上，既无可救，今欲救先生，亦无可救，吾已无事可办，惟待死期耳！虽然，天下事知其不可而为之，足下试入日本使馆谒伊藤氏，请致电上海领事而救先生焉。"余是夕宿于日本使馆，君竟日不出门，以待捕者。捕者既不至，则于其明日入日本使馆，与余相见，劝东游，且携所著书及诗文辞稿本数册，家书一箧，托焉，曰："不有行者，无以图将来；不有死者，无以酬圣主。今南海之生死未可卜，程婴杵臼，月照西乡，吾与足下分任之。"遂相与一抱而别。初七、八、九三日，君复与侠士谋救皇上，事卒不成。初十日，遂被逮。被逮之前一日，日本志士数辈，苦劝君东游，君不听。再四强之，君曰："各国变法，无不从流血而成，今中国未闻有因变法而流血者，此国之所以不昌也。有之，请自嗣同始。"卒不去，故及于难。

君既系狱，题一诗于狱壁曰："望门投宿思张俭，忍死须臾待杜根。我自横刀向天笑，去留肝胆两昆仑。"盖念南海也。以八月十三日斩于市，春秋三十有三。就义之日，观者万人，君慷慨神气不少变。时军机大臣刚毅监斩，君呼刚前曰："吾有一言。"刚去不听，乃从容就戮。呜呼烈矣！

君资性绝特，于学无所不窥，而以日新为宗旨，故无所沾滞。善能舍己从人，故其学日进。每十日不相见，则议论学识必有增长。少年曾为考据笺注金石刻镂诗古文辞之学，亦好谈中国古兵法。三十岁以后，悉弃去，究心泰西天算格致政治历史之学，皆有心得。又究心教宗，当君之与余初相见也，极推崇耶氏兼爱之教，而不知有佛，不知有孔子。既而闻南海先生所发明《易》、《春秋》之义，穷大同太平之条理，体乾元统天之精意，则大服。又闻华严性海之说，而悟世界无量，现身无量，无人无我，无去无住，无垢无净，舍救人外更无他事之理。闻相宗识浪之说，而悟众生根器无量，故说法无量，种种差别，与圆性无碍之理，则益大服。自是豁然贯通，能汇万法为一，能衍一法为万，无所罣碍，而任事之勇猛，亦益加。作官金陵之一年，日夜冥搜孔、佛之书。金陵有居士杨文会者，博览教乘，熟于佛故，以流通经典为己任，君时时与之游，因得遍窥三藏，所得日益精深。其学术宗旨，大端见于《仁学》一书，又散见于与友人论学书中。所著书《仁学》之外，尚有《寥天一阁文》二卷，《莽苍苍斋诗》二卷，《远遗堂集外文》一卷，《兴算学议》一卷，已刻。《思纬壹壹台短书》一卷，《壮飞楼治事》十篇，《秋雨年华馆丛脞书》四卷，《剑经衍葛》一卷，《印录》一卷，并《仁学》皆藏于余处。又政论数十篇，见于《湘报》者，及与师友论学论事书数十篇，余将与君之石交□□□□□□□□等共搜辑之，为《谭浏阳遗集》若干卷。其《仁学》一书，先择其稍平易者，附印《清议报》中，公诸世焉。君平生一无嗜好，持躬严整，面棱棱有秋肃之气。无子女，妻李闰，为中国女学会倡办董事。

论曰：复生之行谊磊落，轰天撼地，人人共知，是以不论。论其所学，自唐宋以后，咕毕小儒，徇其一孔之论，以谤佛毁法，固不足道。而震旦末法流行，数百年来，宗门之人，耽乐小乘，堕断常见，龙象之才，罕有闻者。以为佛法皆清净而已，寂灭而已。岂知大乘之法，悲智双修，与孔子必仁且智之义，如两爪之相印。惟智也，故知即世间、即出世间，无所谓净土；即人即我，无所谓众生。世界之外无净土，众生之外无我，故惟有舍身以救众生。佛说："我不入地狱，谁入地狱？"孔子曰："吾非斯人之徒与而谁与？""天下有道，丘不与易。"故即智即仁焉。既思救众生矣，则必有救之之条理，故孔子治《春秋》，为大同小康之制，千条万绪，皆为世界也，为众生也。舍此一大事，无他事也。《华严》之菩萨行也，所谓誓不成佛也。《春秋》三世之义，救过去之众生，与救现在之众生，救现在之众生，与救将来之众生，其法异而不异，救此土之众生，与救彼土之众生，其法异而不异；救全世界之众生，与救一国之众生，救一人之众生，其法异而不异；此相宗之唯识也。因众生根器，各各不同，故说法不同，而实法无不同也。既无净土矣，既无我矣，则无所希恋，无所罣碍，无所恐怖。夫净土与我且不爱矣，复何有利害毁誉称讥苦乐之可以动其心乎？故孔子言不忧不惑不惧，佛言大无畏，盖即仁即智即勇焉。通乎此者，则游行自在，可以出生，可以入死；可以仁，可以救众生。

（作于1899年1月）

六哀　诗之四[①]
（康有为）

复生奇男子，神剑吐光莹，长虹亘白日，紫澜卷苍溟。足迹遍西域，抵掌好谈兵，横厉志无前，虚公心能平。才明挺峻特，涉猎得其荣，于学无不窥，海涵而渊渟。文词当瑰怪，火齐杂水晶。孤孽既备尝，德慧更耀灵。遍探异氏奥，遽徙筐频倾，归心服大雄，悲智能长惺。闻吾谈《春秋》，三世志太平，其道终于仁，乃服孔教精。贯串中外学，开通治教程，奇辟破窅奥，华妙启化城。大哉《仁学》书，勃窣天为惊！金翅来大鹏，溟海掣长鲸，巨力擎烛龙，雷霆吼大声。吾道有谭生，大地放光明。师师陈义宁，抚楚救黎蒸，变法与民权，新政百务兴。湘楚多奇材，君实主其盟。大开南学会，千万萃才英，新法丕矫变，旧俗涤以清。圣主发维新，贤哲应求征，奉诏来京师，翔凤集紫庭。宣室前席问，帝心特简膺，有命参新政，超阶列群卿。向以天下任，益为救国桢，旅吾南海馆，纬缅夜不宁。首商尊君权，次商救民萌，条理皆阖合，次第拟推行。煌煌十七日，新政焕庚庚，大猷未及告，奇变怒已形。衣带忽飞传，痛哭发精诚。大床方卧疾，挥涕起结缨。自任救圣主，挥吾出神京，横刀说袁绍，慷慨气填膺。奇计仗义侠，惜哉皆不成！神尧遂幽囚，王母宴飞琼。缇骑捕党人，黑云散冥冥。吾时将蹈海，欲救无可营，东国哀良臣，援拯与东征。上言念圣主，下言念先生，两者皆已矣，誓死延待刑。慷慨厉气猛，从容就义轻，竟无三字狱，遂以诛董承！毅魄请于天，

---

① 录自《谭嗣同全集》（蔡尚思、方行编，增订本，北京，中华书局，1981），原载《新民丛报》壬寅年第十七号，清光绪二十八年九月初一日（1902年10月2日）出版。

神旗化长星。

（作于 1902 年）

哀谭复生[1]

（皮锡瑞）

竟洒苌弘血，难完孟博躯！南冠已共惜，西市更何辜？浊世才为累，高堂泪定枯。荣华前月事，缓步入中枢！

同归头未白，相见眼常青。访我来南学，看君上大廷。枫林忽魂梦，天道有神灵。一自沉冤后，朝朝风雨冥！

嵇康养生戮，何事说延年！杳然匡时略，悽其怀旧篇。孝忠难喻俗，成败总由天。自古如弦直，纷纷死道边！

九关屯虎豹，一夜变龙鱼。李、杜死何憾？伾、文谤是虚！焙茶嗟未试，芳草痛先除！尚有湘人士，来披邺架书！

君非求富贵，富贵逼人来。讵意山公启，翻成党祸胎。曾无纨袴习，竟枉栋梁材。沧海横流酷，人间大可哀！

（作于 1898 年）

翁同龢日记二则[2]

（翁同龢）

光绪二十二年丙申

四月十三日　谭嗣同，号复生，行三，敬甫同年子，江苏（知）府，卅二岁，通洋务，高视阔步，世家子弟中桀傲（原作杰出，改为桀傲）者也。

光绪二十三年丁酉

三月廿七日　谭敬甫中丞来谈。此人拘谨，盖礼法之士，从前不知。

---

① 录自《谭嗣同全集》（蔡尚思、方行编，增订本，北京，中华书局，1981），原载《师伏堂未刊日记》，见《湖南历史资料》1959 年第二期。皮氏戊戌八月十六日记云：“五鼓时梦见复生，同彼实情，讶其何以得出，且云何人误事。彼云有李同康者作祟。怪哉！怪哉！”又云：“十六夜梦复生，是魂来告我矣。‘当君白首同归日，是我青山独往时’。此变与甘露同，而彼时无外侮。……枕上作诗哀复生。”

② 录自《谭嗣同全集》（蔡尚思、方行编，增订本，北京，中华书局，1981），原载《翁文恭公日记》第三十五、第三十六册。

谭嗣同就义轶闻[①]

（陈叔通）

光绪戊戌政变，浏阳谭嗣同所从学剑术侠客大刀王五名正谊，愿挟以出亡。嗣同湖北巡抚继洵子，惧罪连其父，方代父作责子书，为父解脱。书未就，不从王五请。迨书就，而捕者已至，书被抄。嗣同遇害，继洵未获谴。嗣同天才轶荡，为六君子中魁杰，未留身以有待，惜哉！

（作于 1959 年）

---

① 录自《谭嗣同全集》（蔡尚思、方行编，增订本，北京，中华书局，1981），原载《百梅书屋诗存》，北京，中华书局，1959。作者另有《从戊戌政变至云南起义之政治轶闻》一文，中有一节书谭嗣同就义轶闻，载《新建设》第一卷第三期（1949 年 10 月 6 日出版）。

谭嗣同年谱简编

同治四年（乙丑，1865 年）　一岁

二月二十三日（3 月 10 日），谭嗣同诞生于北京宣武城南孏眠胡同寓所。

陈乃乾《浏阳谭先生年谱》称："七世祖潇轩公（讳世昌）避明末乱，自长沙迁于浏阳，遂为浏阳人。……曾祖经义，字镇方，号矩斋，累赠光禄大夫，教授乡里，以义称于时；妣氏李。祖学琴，字步襄，别字贵才，国子监生，以子继洵贵，累赠光禄大夫；妣氏毛，讳开，累赠一品夫人。父继洵，字敬甫，光禄大夫，赐进士出身。"又称："浏阳产菊花石，温而缜，野而文，先生谓己其影也，署其居曰'石菊影庐'；又取陶诗'远我遗世情'语，名其堂曰'远遗'。"①

时父亲谭继洵四十二岁，官户部主事，后转户部郎中；母亲徐五缘年三十八岁。谭继洵生于道光三年（癸未，1823 年），咸丰庚申科进士。1884 年任甘肃布政使；1889 年升任湖北巡抚；1894 年兼署湖广总督。徐五缘"性惠而肃，训不肖等谆谆然，自一步一趋至植身接物，无不委曲详尽。又喜道往时贫苦事，使知衣食之不易"②。伯兄嗣贻（字癸生）十三岁，仲兄嗣襄（字泗生）九岁；同母姊二，长嗣怀，次嗣淑。

与谭嗣同思想有关的思想家：庄存与卒后七十七年；庄述祖卒后四十九年；宋翔凤卒后五年；龚自珍卒后二十四年；魏源卒后九年。杨文会二十九岁；康有为八岁。

---

① 陈乃乾：《浏阳谭先生年谱》，1～2 页，见《谭浏阳全集》（附续编），陈乃乾校订。
② 谭嗣同：《先妣徐夫人逸事状》。

"戊戌六君子"中，杨深秀十七岁；杨锐九岁；刘光第七岁。

是年：

四月，捻军赖文光、张宗禹等在山东曹州西北高楼寨大败清军，击毙僧格林沁。僧格林沁战殁，朝廷震惊，命曾国藩赴山东督师剿捻，以李鸿章暂署两江总督。

八月，曾国藩、李鸿章在上海设立江南制造总局。

同治五年（丙寅，1866 年）　二岁

随父在京。

十月初六日（11 月 12 日），孙中山生于广东香山县翠亨村。

是年：

八月，恭亲王等奏请在天津设局厂，专制外洋各种军火机器，雇用教习、派任局董等，皆由崇厚悉心筹画，妥立章程。一切款项，即崇厚酌定支发，准于关税项下作正开销。二十八日（10 月 6 日）从总署请，命崇厚筹设天津机器制造局。

左宗棠在福州设福建船政局。

同治六年（丁卯，1867 年）　三岁

唐才常生于湖南浏阳。

张元济生。

"戊戌六君子"之一康广仁（有溥）生。

同治七年（戊辰，1868 年）　四岁

蔡元培生于浙江绍兴。章炳麟（太炎）生于浙江余杭。

是年：

四月，天津机器局正式开局。

七月，清廷以平捻，左宗棠、李鸿章加太子太保衔，并命李鸿章以湖广总督协办大学士。

美国监理会传教士林乐知主编的《教会新报》在上海创刊，1874 年易名为《万国公报》。

日本国内战争，幕府统治被推翻，建立起以明治天皇为首的新政府，开始明治维新。

同治八年（己巳，1869 年） 五岁

在京始读书，与仲兄嗣襄共同师事毕莼斋。自称："五岁受书，即审四声，能属对。"

是年：

五月，贵州遵义发生反教会斗争。

十月，美教士丁韪良（W. A. P. Martin）出任京师同文馆总教习。

同治九年（庚午，1870 年） 六岁

是年：

五月，天津爆发大规模反教会斗争，清政府命直隶总督曾国藩赴天津，查办天津教案。

五月三十日（6 月 28 日），命崇厚为出使法国钦差大臣，以大理寺卿成林署三口通商大臣。同日，《上海新报》报道天津教案。

十一月，李鸿章奏请扩建天津机器制造局。

法国对普鲁士宣战，普法战争爆发。

熊希龄生。

同治十年（辛未，1871 年） 七岁

母亲徐五缘挈伯兄嗣贻返浏阳就婚，谭嗣同送母至卢沟桥，"目泪盈眶，强抑不令出。人问终不言，然实内念致疾，日羸瘠"。返家后，因受庶母歧视，精神上受到很大刺激，整日沉默，忧郁成疾。自谓："一旦失庇荫，未尝不或流涕思之。"

是年：

二月，香港至上海间海底电线敷成。

四月，上海至伦敦间通海底电线。

巴黎公社成立。

同治十一年（壬申，1872 年） 八岁

与伯兄嗣贻、仲兄嗣襄读书京师宣武城南，塾师为大兴韩荪农先生。

是年：

三月，英国商人安纳斯托·美查（Ernest Major）在上海创办《申报》。

七月，中国首批学童三十人（詹天佑、梁敦彦、蔡绍基、黄开甲

等）由陈兰彬、容闳率领赴美留学。

九月，同治帝大婚，册立阿鲁特氏为皇后。

十一月，李鸿章奏请在上海试办轮船招商局，官督商办。

曾国藩卒于金陵，年六十二岁。予曾国藩谥文正，由子纪泽袭侯爵。

同治十二年（癸酉，1873 年）　九岁

在京读书。

是年：

正月，慈禧太后归政，同治皇帝载淳"亲政"。

五月，第二批赴美留学幼童（蔡廷幹、容揆、吴应科、温秉忠等）自上海启行，由委员黄平甫率领。

正月二十六日（2 月 23 日），梁启超生于广东新会县熊子乡茶坑村（今广东省新会市会城镇茶坑村）。

同治十三年（甲戌，1874 年）　十岁

春，举家从宣武城南孀眠胡同寓所徙居库堆胡同（即浏阳会馆）。

八月，请同乡内阁中书欧阳中鹄（字节吾，号瓣蘦）主持家事，嗣襄、嗣同从欧阳中鹄读书。欧阳先生推崇王夫之（号薑斋，一号船山，湖南浏阳人），自号瓣蘦，取瓣香薑斋之意。其对谭嗣同思想的形成有一定的影响。

是年：

三月，日本借口日本船避风泊台湾，为生番所杀事，遂派兵侵略台湾。

八月，第三批赴美留学幼童（唐绍仪、梁如浩、周长龄、朱宝奎等）自上海启行，由委员祁兆熙率领。

十二月，同治皇帝载淳病卒，立醇亲王奕𫍜之子载湉承继，拟改年号"光绪"。慈安、慈禧两太后再度垂帘听政。

九月十六日（10 月 25 日），黄兴生于湖南善化县（今长沙）。

光绪元年（乙亥，1875 年）　十一岁

父谭继洵由户部员外郎升任郎中。春季，随父往通州任所，但时常往返京师。

是年：

正月，光绪帝载湉即位，行登极礼于太和殿。

马嘉理引导"探险队"由缅入滇,"马嘉理案"发生。

八月,清廷命郭嵩焘为出使英国钦差大臣,为清政府正式派遣常驻各国公使的开端。

林旭生。

光绪二年(丙子,1876年) 十二岁

春季,北京发生大瘟疫,谭嗣同染疫死去三日后苏醒,父继洵取"复生"为其字。母徐五缘亦被感染,遂于二月初一日病故,享年四十八岁。伯兄嗣贻于二月初二日卒;二姊嗣淑先母亲四日卒。"是岁亲属殁京师者六人"①。《湘痕词八篇并叙》曰:"少更多难,五日三丧。惟亲与故,岁以凋谢。"梁启超《谭嗣同传》云:"幼丧母,为父妾所虐,备极孤孽苦。"②

九月,仲兄嗣襄护丧归浏阳。

是年:

闰五月,英商筑成淞沪铁路,并举行通车典礼,旋由清廷以二十八万五千两购买淞沪铁路。

七月,李鸿章与威妥玛签订中英《烟台条约》。

光绪三年(丁丑,1877年) 十三岁

父继洵补授甘肃巩秦阶道,加二品衔。冬,随父回浏阳为母修墓,"取道天津、浮海迳烟台,至上海,易舟溯江,迳江苏、安徽、九江至湖北。又易舟仍溯江泛洞庭,溯湘至长沙,陆抵浏阳"③。

与同县唐才常订交。唐才常,字黻丞,后改佛尘,贡士出身。两人曾共师事欧阳中鹄。中日甲午战争后,愤而宣扬维新,以救中国为事,与谭嗣同共同创办南学会、群萌学会和《湘报》等。谭嗣同称:"二十年刎颈交,绂丞一人而已。"④ 谭嗣同殉难后,唐才常与孙中山等革命派联系。1900年8月准备在汉口起义,事泄被捕,就义于武昌。时称"浏阳二烈士"。

是年:

---

① 陈乃乾:《浏阳谭先生年谱》,3页,见《谭浏阳全集》(附续编),陈乃乾校订。
② 梁启超:《谭嗣同传》。
③ 谭嗣同:《三十自纪》。
④ 梁启超:《饮冰室合集·文集》之四十五(上),13页,见《饮冰室合集》卷5。

四月，左宗棠率军相继克复达坂城、鲁克沁、吐鲁番等地，阿古柏败逃自杀。

五月，上海有线电报建成。

十一月，清军收复新疆和阗，尽复南疆。

光绪四年（戊寅，1878 年） 十四岁

春，随父赴甘肃任所，由水路坐船至长沙，再换船经湘水泛洞庭湖，顺长江至湖北汉阳，再溯汉水抵襄阳，陆路经洛阳入函谷关，由潼关至陕西。秋，至兰州。回抵秦州。

是年：

六月，开平矿务局在直隶唐山开平镇成立。

十二月，崇厚在圣彼得堡呈递国书。

左宗棠在甘肃兰州筹设机器织呢局。

光绪五年（己卯，1879 年） 十五岁

自称："十五学诗，二十学文。"[①] 初学时，"从长吉（李贺）、飞卿（温庭筠）入手，转而太白（李白），又转而昌黎（韩愈）"[②]。当年作诗《送别仲兄泗生赴秦陇省父》曰："一曲《阳关》意外声，青枫浦口送兄行。频将双泪溪边洒，流到长江载远征。"已见其诗才不凡。

夏，自秦州回湖南；秋，抵浏阳。

是年：

三月，日本废琉球国王，正式吞并琉球，置为冲绳县。

八月，崇厚擅自与俄签订《里瓦几亚条约》、《瑷珲专条》、《兵费及恤款专条》和《陆路通商章程》。

十二月，谕责崇厚奉命出使，不听候谕旨，擅自启程回京，情节甚重，仅予革职，不足蔽辜，著先行革职拿问，交刑部治罪。英、法、美、德公使抗议拿问崇厚。

光绪六年（庚辰，1880 年） 十六岁

寓浏阳故乡，受业于欧阳中鹄、涂大围，有系统地学习中国传统文

---

① 谭嗣同：《三十自纪》。
② 谭嗣同：《报刘淞芙书二》。

化知识，"终暴弃于童蒙无知之日"①。"嗣同顾好弄，不喜书，冀盖所短，时时诡遁他途，流转滑疑其辞，与当世大人先生辩论枝柱。"②

是年：

正月，清政府改派驻英法公使曾纪泽为出使俄国钦差大臣，议改崇厚所签订的条约。

崇厚被定斩监候。

七月，清廷加恩开释崇厚。

从李鸿章奏，派前船政大臣吴赞诚驻天津筹办水师学堂事宜。

八月，左宗棠创办兰州机器织呢局正式开工。

李鸿章在天津设立电报总局。架设天津、上海间电线，1881 年 12 月通电。

光绪七年（辛巳，1881 年）　十七岁

春、夏在浏阳读书。秋，游长沙，寻归。

是年：

正月，曾纪泽与俄外部大臣格尔斯及前驻华公使布策，在圣彼得堡签订《中俄改订条约》和《改订陆路通商章程》。

三月，慈安太后猝死。

五月，开平矿务局修建的唐山至胥各庄运煤铁路通车。

八月初三日（9 月 25 日），鲁迅生于浙江绍兴。

十月，上海至天津电报线敷成并使用。

光绪八年（壬午，1882 年）　十八岁

春，自浏阳赴甘肃；夏，抵秦州；秋，赴兰州；冬，返。

是年：

二月，中国特派塔尔巴哈台参赞大臣升泰与俄国特派大臣佛礼德正式交收伊犁，其愿归俄籍之人，一年限内由俄国官兵管理保护。

三月，法军侵占越南河内。

六月，朝鲜京城发生"壬午政变"。

九月，中俄签订《伊犁界约》。

---

① 谭嗣同：《报刘淞芙书一》。
② 谭嗣同：《〈仲叔四书义〉自叙》。

十月，中俄签订《喀什噶尔界约》。

蔡锷生。

光绪九年（癸未，1883年）　十九岁

春，赴兰州。

四月初三日（5月9日），与李闰结婚。

年轻时的谭嗣同生活在西北边塞，极目荒山原野，"独喜强云田并辔走山谷中，时私出近寨，遇西北风大作，沙石击人，如中强弩。明驼咿嘤，与鸣雁嗥狼互畜。臂鹰腰弓矢，从百十健儿，与凹目凸鼻黄须雕题诸胡，大呼疾驰，争先逐猛兽。夜则支幕沙上，椎髻箕踞，掬黄羊血，杂雪而咽。拨琵琶，引吭作秦声。或据服匿，群相饮博，欢呼达旦"①。豪迈而浪漫的生活，既开拓了谭嗣同的胸怀，又磨练了他的体魄和意志。

是年：

二月，法军陷越南南定。

中俄订立《议定俄属贸易地址条约》和《议定两属缠头商民事宜条约》。

四月，刘永福黑旗军大败法军于河内附近纸桥，击毙法军司令李威利。

七月，中俄签订《科塔界约》。

九月，中俄签订《塔尔巴哈台西南界约》。

十一月，法提督孤拔率军攻占越南山西，刘永福、唐景崧军突围退屯兴化。

光绪十年（甲申，1884年）　二十岁

"弱冠从军新疆，游巡抚刘公锦棠幕府。刘大奇其才，将荐之于朝。会刘以养亲去官，不果。"② 谭嗣同自述"二十学文"，初学桐城古文，后好魏、晋骈文。"少颇为桐城所震，刻意规之数年，久自以为似矣；出示人，亦以为似。……稍稍自惭，即又无以自达。或授以魏、晋间文，乃大喜，时时籀绎，益笃耆之。由是上溯秦、汉，下循六朝，始悟心好沉博绝丽之文，子云所以独辽辽焉。"③

是年：

---

① 谭嗣同：《刘云田传》。

② 梁启超：《谭嗣同传》。

③ 谭嗣同：《三十自纪》。

五月，中俄签订《续勘喀什噶尔界约》。

七月，法国水师开炮摧毁福建马尾造船厂。清政府被迫对法宣战，马尾海战爆发。

八月，香港工人举行反对英、法侵略者的大罢工。

十月，朝鲜发生"甲申政变"。

光绪十一年（乙酉，1885 年） 二十一岁

春，由甘肃回湖南，夏抵浏阳。秋，赴长沙，寻归浏阳。冬，返甘肃，在陕西度岁。

是年：

正月，法军侵占镇南关，提督杨玉科等阵亡。

二月，冯子材率军在镇南关大败法军，攻克谅山等地。

四月，清政府派李鸿章与法使巴德诺在天津订立《天津条约》，承认越南为法保护国，中法战争结束。

七月，左宗棠卒于福州，年七十四。

九月，设台湾行省，改福建巡抚为台湾巡抚，福建巡抚事务由闽浙总督兼管。

光绪十二年（丙戌，1886 年） 二十二岁

春，由陕西到达兰州，全年居兰州。

是年：

三月，李鸿章与法使签订《越南边界通商章程》十九条。

六月，中英签订《缅甸条款》，承认英国占领缅甸。

八月，西太后批准奕譞奏，请皇帝亲政后再行训政数年。

十月，《天津时报》创刊，李提摩太为主笔。

光绪十三年（丁亥，1887 年） 二十三岁

在兰州度日。

是年：

正月，光绪帝载湉亲政，慈禧太后改垂帘听政为训政。

十二月，清政府命李鸿章筹办黑龙江漠河金矿。

光绪十四年（戊子，1888 年） 二十四岁

夏，由兰州回湖南浏阳。秋，赴长沙，寻归。冬，赴甘肃。

是年：

六月，张之洞在广州筹建枪炮厂。天津至唐山的铁路通车。

十月，慈禧太后立副都统桂祥之女叶赫那拉氏为皇后。原任侍郎长叙之十五岁女他他拉氏封为瑾嫔，长叙之十三岁女他他拉氏封为珍嫔。

十一月，北洋海军建成，拥有军舰二十二艘，共四万余吨。丁汝昌为提督。

光绪十五年（己丑，1889 年）　二十五岁

春，抵兰州。寻与上京师，经陕西，出潼关，渡河经山西，夏抵京师。应试不第。寻返回湖南。秋，抵浏阳。

五月初五日（6 月 3 日），仲兄嗣襄卒于台湾安平县蓬壶书院，享年三十三岁。兄弟感情笃厚，获悉噩耗，谭嗣同"创巨痛深，瞀不省事，哭踊略定，则志殢形索，清刻至骨，自顾宛五六岁孺子也"①。与侄子谭传简去台湾办理丧事。

十一月，父继洵升任湖北巡抚。

是年：

正月，光绪帝行大婚礼，册立叶赫那拉氏为皇太后。

二月，慈禧太后"归政"，光绪皇帝"亲政"。

八月，清廷派李鸿章、张之洞会同海军衙门筹办卢汉铁路。

十二月，上海机器织布局开工生产。

光绪十六年（庚寅，1890 年）　二十六岁

春，随父赴湖北巡抚任所。夏，归湖南。秋，回武昌，又去安徽，旋回武昌。冬，在武昌。"为学专主船山遗书，辅以广览博取"，潜心研究王夫之的学说思想，并与良师益友切磋学问，"得贤师友如瓣薑师之刚健文明，王信余之笃实辉光，涂质初之质直，贝元徵之温纯，而又推元徵足医嗣同之偏弊"②。

是年：

二月，驻藏大臣升泰与英印度总督兰斯顿在加尔各达签订《中英会议藏印条约》八款。

---

① 谭嗣同：《远遗堂集外文初编·叙》。
② 谭嗣同：《石菊影庐笔识·思篇》之三十。

七月，湖广总督张之洞在汉阳筹设湖北炼铁厂，在武昌筹设湖北织布局。

十一月，光绪帝生父醇亲王奕𫍽卒。

光绪十七年（辛卯，1891 年） 二十七岁

春、夏在武昌。秋，归长沙，游衡岳。冬，返回武昌。

十一月，检仲兄嗣襄的遗文、手书、行述、墓铭及哀诔等辑为《远遗堂集外文初编》并作叙。

是年：

四月，安徽芜湖市民因教会拐迷幼童，群起焚毁教堂，并包围英领事馆。

七月，湖北宜昌群众焚毁法国、英国及美国教堂。

康有为设万木草堂学馆于广州长兴里，讲学著书。

康有为所著《新学伪经考》刊行。

郭嵩焘卒。

光绪十八年（壬辰，1892 年） 二十八岁

全年在武昌。博览清代学者著作，尤其嗜好甘泉、焦循关于易学和数理的著作。

是年：

二月，杨衢云等十六人在香港成立爱国小团体辅仁文社，杨衢云任社长。

六月，孙中山毕业于香港西医书院。

十月，张之洞创办的湖北织布官局建成开工。

光绪十九年（癸巳，1893 年） 二十九岁

正月，辑哀挽仲兄嗣襄的诗文为《远遗堂集外文续编》并作叙。

春，去芜湖，旋即归。夏，在京师结识吴铁樵父子，对自然科学产生兴趣，大量阅读西洋史地、政治和自然科学的书籍。秋，回武昌。

是年：

正月，中外商人合资兴办的《新闻报》在上海创办。

九月，上海机器织布局失火全毁。旋由李鸿章奏请重建。

张之洞奏报汉阳炼铁厂全厂告成。

十一月十九日（12 月 26 日），毛泽东生于湖南省湘潭县韶山冲。

光绪二十年（甲午，1894 年）　三十岁

春、夏在武昌。秋，回浏阳。冬，去武昌。

冬，自定三十岁前后的诗文名称，即大致可以 1894 年为界，以前的诗篇大都收入《莽苍苍斋诗》卷一、卷二、补遗及《远遗堂集外文》初编、续编中；以后的诗篇大都收入《秋雨年华之馆丛脞书》卷一、卷二中。又成《浏阳谭氏谱》四卷。

冬，作《三十自纪》，总结过去，决心在"世变日亟"的时代，应该奋发有为，轰轰烈烈地干一番事业，"由是自名壮飞"。

是年：

四月，清政府命李鸿章办理中法和议。

九月，日军侵入辽东，攻进九连城及安东。

十月，日军侵占大连、旅顺。

十月二十七日（11 月 24 日），孙中山在檀香山创立中国第一个资产阶级革命小团体——兴中会。

十一月，日军侵占海城。

光绪二十一年（乙未，1895 年）　三十一岁

七月，谭嗣同在甲午战争失败的刺激下，提出变法主张。上欧阳中鹄书说："及睹和议条款，竟忍以四百兆人民之身家性命，一举而弃之。……中国不变法以期振作，使外洋人而代为变之，则养生送死之利权一操之外人，可使四百兆黄种之民胥为白种之奴役……"① 旋与唐才常等在浏阳设算学社，成为湖南新学之起点。

夏，至上海，闻康有为设强学会于京师，慕名往谒。适康有为归广东，不获见。梁启超时任强学会记纂，一见定交。梁启超介绍康师的学说和政见，谭嗣同景仰备至，自称私淑弟子。因梁启超的介绍与夏曾佑订交，夏曾佑于佛学有修养。又认识了文廷式、陈识、袁世凯、张元济等人。

十一月，因湖广发生灾荒，在长沙办理赈灾。

是年：

正月，刘公岛失陷，北洋水师全军覆没。

二月十二日（3 月 8 日），康有为与梁启超同入京会试。

---

① 谭嗣同：《兴算学议》。

三月二十三日（4 月 17 日），李鸿章与伊藤博文签订《马关条约》十一款，另约三款。

四月初八日（5 月 2 日），康有为联合入京十八省举人一千三百余人上书，请拒和、迁都、变法，史称"公车上书"。

九月，康有为在北京成立强学会。

十一月，上海出版《强学报》，徐勤、何树龄任主编。

光绪二十二年（丙申，1896 年） 三十二岁

正月，作《思纬壹壹台短书——报贝元徵》，提出维新变法、学习西方富国之术的主张。

三月，谭嗣同因吴樵介绍，在京与梁启超、麦孟华（孺博）等相识，自称："始备闻一切微言大义，竟与嗣同冥思者十同八九。"①

四月，"谭嗣同谒见翁同龢，畅谈洋务。旋奉父命，以同知入赀为候补知府，分司浙江。遂于六月至宁，需次金陵者一年，'闭门养心读书，冥探孔、佛之精奥，会通群哲之心法'，于丙申、丁酉间，成《仁学》上下二卷，凡五万言，一名《台湾人所著书》，书中多讥切清朝封建专制制度，'假台人抒愤也'"②。在金陵，与居士杨仁山（文会）交往，杨"博览教乘，熟于佛故，以流通经典为己任"，谭嗣同"因得遍窥三藏"③。

六月十八日（7 月 28 日）谭嗣同出京，六月二十九日（8 月 8 日）到南京。10 月回浏阳。

九月二十日（10 月 26 日）致函唐才常，提及撰述《仁学》事："若夫近日所自治，则有更精于此者，颇思共相发明，别开一种冲决网罗之学。"

是年：

七月，《时务报》在上海创刊，梁启超任主笔。

十月中旬，梁启超赴澳门筹办《知新报》。

光绪二十三年（丁酉，1897 年） 三十三岁

年初，梁启超致函严复说："侪辈之中，见有浏阳谭君复生者，其

---

① 谭嗣同：《治事篇第十·湘粤》。
② 汤志钧：《戊戌变法人物传稿》，32 页，北京，中华书局，1961。
③ 陈乃乾：《浏阳谭先生年谱》，6 页，见《谭浏阳全集》（附续编），陈乃乾校订。

慧不攘穗卿（夏曾佑），而力过之，真异才也。著《仁学》三卷，仅见其上卷，已为中国旧学所无矣。此君前年在都与穗卿同职之，彼时觉无以异于常人，近则深有得于佛学，一日千里，不可量也。"①

1月19日，谭嗣同重抵南京。

4月，自定旧学四种稿本：《寥天一阁文》卷一、卷二（东海褰冥氏三十以前旧学弟一种）；《莽苍苍斋诗》卷一、卷二和补遗（东海褰冥氏三十以前旧学弟二种）；《远遗堂集外文》初编、续编（东海褰冥氏三十以前旧学弟三种）；石菊影庐笔识上、下卷（东海褰冥氏三十以前旧学弟四种）在南京付样。

5月，与杨文会、刘聚卿等在南京创设"测量学会"，厘订章程九条。且时至上海，与同志商量学术，讨论天下事。又与梁启超、汪康年等发起设立"戒缠足会"于上海。

9月，谭嗣同、熊希龄等在陈宝箴、黄遵宪的支持下，在长沙筹设时务学堂，发布《缘起》和《招考示》。旋聘梁启超为中文总教习，欧榘甲、韩文举为分教习，谭嗣同为"董理"。

10—11月，大同译书局在上海开设，康广仁任经理。

是年：

2月22日，《知新报》在澳门创刊，康广仁、何廷光任经理，梁启超、韩文举、徐勤等为撰述。

3月，张之洞奏准于湖北设立武备学堂。

4月20日，章太炎致书谭献，告以与康门弟子论争以及辞《时务报》撰述事。

12月17日，清政府发出"自强"上谕。

光绪二十四年（戊戌，1898年）　三十四岁

1月5日，康有为等在南海馆创办粤学会。

1月16日，光绪帝诘问大臣"时事所宜先"，翁同龢答以"变法为急"。

1月17日，光绪帝谕饬各省督抚保荐人才，并实力淘汰防勇，各省制造、洋务、厘捐、盐务等局冗员，应即"严加核减"。

1月24日，光绪帝命王大臣延见康有为于总理衙门，康有为驳斥荣禄、李鸿章的保守思想，提出变法具体措施。

---

① 梁启超：《饮冰室合集·文集》之一，110页，见《饮冰室合集》卷1。

2月21日，南学会在长沙开讲，谭嗣同讲《论中国情形危急》。

3月7日，谭嗣同、唐才常在长沙创办《湘报》，按日刊行。

3月10日，谭嗣同与熊希龄等组织延年会，撰《延年会叙》及《章程》。

4月，由谭嗣同、黄遵宪、唐才常等发起的湖南不缠足会成立。

4月23日，《湘报》第四十二号刊登《谭复生观察南学会第八次讲义》，呼吁说："诸君诸君！我辈不好自为之，则去当奴仆、当牛马之日不远矣。""今欲人人皆明此理，皆破除畛域，出而任事，又非学会不可。故今日救亡保命、至急不可缓之上策，无过于学会者。"强调办学会的重要性。

4月25日，湖南延年会在长沙成立，谭嗣同撰写《叙》及《章程》。

6月11日，光绪帝下《定国是诏》，宣布变法，百日维新开始。

6月15日，慈禧下令，光绪帝下谕，革协办大学士翁同龢职，"开缺回籍"。又谕：凡二品以上大臣授新职，需具折至皇太后前谢恩。

6月23日，实授荣禄为直隶总督兼北洋大臣。

7月30日，上谕："刘坤一、张之洞等速饬黄遵宪、谭嗣同二员来京，送部引见。"[①]

9月5日，赏谭嗣同、杨锐、刘光第、林旭四人四品卿衔，在军机章京上行走，参预新政事宜，时称"军机四卿"。

9月15日，光绪帝赐杨锐等"密诏"，谕以政变危机，令筹对策。

9月18日，谭嗣同夜访袁世凯，劝袁世凯助行新政，举兵杀荣禄。袁世凯表示应允。光绪帝再下"密诏"。

9月19日，慈禧自颐和园还宫。康有为走访李提摩太、伊藤博文，请其相助"新政"。

9月20日，袁世凯请训回天津，向荣禄告密。

9月21日，慈禧再出"训政"，政变发生。慈禧下谕：康有为"结党营私，莠言乱政"，革职。康广仁交刑部治罪。谭嗣同从容对梁启超说："昔欲救皇上，既无可救，今欲救先生，亦无可救，吾已无事可办，惟待死期耳！虽然，天下事知其不可而为之，足下试入日本使馆谒伊藤氏，请致电上海领事而救先生焉。"自此谭嗣同"竟日不出门，以待捕者"。9月22日，至日本大使馆见梁启超，劝他去日本避难，并将著书

---

① 朱寿朋：《光绪朝东华续录》卷144。

及诗文辞稿本数册、家书一箧交给梁，说："不有行者，无以图将来；不有死者，无以酬圣主。今南海之生死未可卜，程婴杵臼，月照西乡，吾与足下分任之。"① 22 日至 24 日三天，谭嗣同和侠士大刀王五等谋救皇上，事卒不成。

9 月 23 日，光绪帝率群臣恭贺"训政"，囚禁光绪帝于瀛台。

9 月 24 日，日本志士数名劝谭嗣同避难日本，不听，再四苦劝，谭嗣同说："各国变法，无不从流血而成，今中国未闻有因变法而流血者，此国之所以不昌也。有之，请自嗣同始！"

9 月 25 日，清廷逮捕谭嗣同、杨锐、刘光第、林旭等，交刑部审讯。谭嗣同在狱中，题一诗于狱壁曰："望门投宿思张俭，忍死须臾待杜根。我自横刀向天笑，去留肝胆两昆仑。"

梁启超自塘沽乘轮逃往日本。清政府以光绪帝"病重，布告天下"。

9 月 28 日，谭嗣同、林旭、刘光第、杨深秀、康广仁、杨锐于北京菜市口遇难，史称"戊戌六君子"。"就义之日，观者万人"，谭嗣同"慷慨神气不少变。时军机大臣刚毅监斩，君呼刚前曰：'吾有一言。'刚去不听，乃从容就戮。呜呼烈矣！"②

谭嗣同无子女，以仲兄泗生子光禄寺署正传炜嗣。

---

① ② 梁启超：《谭嗣同传》。

参考文献

［1］谭嗣同. 谭浏阳全集（附续编）［M］. 陈乃乾，校订. 上海：上海文明书局，1917.

［2］戊戌六君子遗集［M］. 张乃济，编纂. 上海：商务印书馆，1917.

［3］欧阳予倩. 谭嗣同书简［M］. 上海：文化供应社，1948.

［4］谭嗣同. 仁学［M］. 国民报社藏版，1901.

［5］谭嗣同. 谭嗣同全集［M］. 蔡尚思，方行，编. 北京：三联书店，1954.

［6］谭嗣同. 谭嗣同全集［M］. 蔡尚思，方行，编. 增订本. 北京：中华书局，1981.

［7］汤志钧. 戊戌变法史［M］. 修订本. 上海：上海社会科学院出版社，2003.

［8］汤志钧. 戊戌变法人物传稿［M］. 北京：中华书局，1961.

［9］谭嗣同. 仁学［M］. 汤志钧，汤仁泽，校注. 台北：台湾学生书局，1998.

［10］徐义君. 谭嗣同思想研究［M］. 长沙：湖南人民出版社，1981.

［11］谭嗣同. 谭嗣同诗选注［M］. 刘玉来，注析. 北京：经济日报出版社，1998.

［12］杨廷福. 谭嗣同年谱［M］. 北京：人民出版社，1957.

［13］赵尔巽，等. 清史稿［M］. 北京：中华书局，1977.

［14］中国史学会，主编. 戊戌变法［M］. 上海：上海人民出版社，1957.

［15］蔡冠洛. 清代七百名人传［M］. 北京：中国书店，1984.

［16］梁启超. 饮冰室合集［M］. 上海：中华书局，1936.

［17］湖南历史资料编辑委员会，编辑. 湖南历史资料 3［M］. 长沙：湖南人民出版社，1958.

［18］湖南历史资料编辑委员会，编辑. 湖南历史资料 4［M］. 长沙：湖南人民出版社，1958.

［19］湖南历史资料编辑委员会，编辑. 湖南历史资料 1［M］. 长沙：湖南人民出版社，1959.

［20］湖南历史资料编辑委员会，编辑. 湖南历史资料 2［M］. 长沙：湖南人民出版社，1959.

［21］《清议报》、《湘报》、《湘学报》、《时务报》、《知新报》、《亚东时报》等.

中国近代思想家文库

图书在版编目（CIP）数据

中国近代思想家文库. 谭嗣同卷/汤仁泽编. —北京：中国人民大学出版社，2014

ISBN 978-7-300-19947-4

Ⅰ. ①中… Ⅱ. ①汤… Ⅲ. ①思想史-研究-中国-近代②谭嗣同（1865～1898）-思想评论 Ⅳ. ①B250.5

中国版本图书馆 CIP 数据核字（2014）第 207486 号

中国近代思想家文库

谭嗣同卷

汤仁泽　编

Tan Sitong Juan

出版发行	中国人民大学出版社			
社　　址	北京中关村大街 31 号		**邮政编码**	100080
电　　话	010－62511242（总编室）		010－62511770（质管部）	
	010－82501766（邮购部）		010－62514148（门市部）	
	010－62515195（发行公司）		010－62515275（盗版举报）	
网　　址	http://www.crup.com.cn			
经　　销	新华书店			
印　　刷	涿州市星河印刷有限公司			
开　　本	720 mm×1000 mm　1/16		**版　　次**	2015 年 1 月第 1 版
印　　张	30.5 插页 3		**印　　次**	2025 年 4 月第 3 次印刷
字　　数	488 000		**定　　价**	108.00 元